新編諸子集成

淮南子集釋

中

何寧撰

中華書局

漢涿郡高誘注

淮南子集釋卷七

精神訓

精者，人之氣；神者，人之守也。本其原，說其意，故曰精神，因以題篇。

古未有天地之時，惟像無形，惟，思也。念天地未成形之時，無有形生有形，故天地成焉。○俞樾云：「惟」乃「惘」字之誤。隸書「罔」字或作「罡」，故「惘」與「惟」相似而誤也。「惘像」即「罔象」也。文選思玄賦：「䚩汨飂淚，沛以罔象兮」。亦作「象罔」。莊子天地篇「乃使象罔，象罔得之」，是也。罔、象乃疊韻字，與下文「澒濛鴻洞」一律，皆無形之象，故曰「罔象無形」，今作「惟像無形」，義不可通。乃高注訓「惟」爲「思」，則其誤久矣。○吳承仕云：注「無有形生有形」上「有」字衍。說山篇注云：「未有天地生天地，故無形生有形也。」文義與此同。○向宗魯云：俞氏臆說非是。楚辭天問「馮翼惟像」，卽淮南所本，御覽一又三百六十引皆同。注，上「有」字衍，本書「無形生有形」常見。○寧案：向說是也。惟讀孟子「惟天爲大」之「惟」，非思惟字也，高注失之。窈窈冥冥，芒芠漠閔，澒濛鴻洞，莫知其門。皆未成形之氣也。芒讀王莽之「莽」，芠讀抆滅之「抆」，閔讀閔子騫之「閔」，澒讀項羽之「項」，鴻讀子贛之「贛」，洞讀同游之「同」也。皆無形之象，故曰「莫知其門」也。○劉文典云：御覽一引作「幽幽冥冥，茫茫昧昧，幕幕閔閔」，三百六十引與今本合，蓋許、高本各異也。有二神混生，經天營地，二神，陰陽之神也。混生，俱生也。○楊樹達云：方言云：「掍，同也。」「混」與「掍」

通。○寧案：太平御覽一引高注：「二神，經天營地之神。」三百六十引同今本，疑前者誤許爲高也。孔乎莫知其所終極，滔乎莫知其所止息。孔，深貌。滔，大貌。於是乃别爲陰陽，離爲八極，剛柔相成，萬物乃形，離，散也。八極，八方之極。剛柔，陰陽也。煩氣爲蟲，煩，亂也。精氣爲人。是故精神天之有也，而骨骸者地之有也；精神入其門，而骨骸反其根，精神無形，故能入天門；骨骸有形，故反其根，歸土也。○寧案：「其門」疑當作「天門」，注可證。「其」古作「亓」，故誤爲「天」。我尚何存？言人死各有所歸，我何猶尚存？○吴承仕云：「我何猶尚存」，文不成義，疑當作「我猶尚何存」，蓋以「猶」釋「尚」也。下文「猶未足爲也」，注云「猶，尚也」，「猶」「尚」互訓，是其證。景宋本作「何猶常存」，常存之義，本文所無，「常」即「尚」之譌字耳。○寧案：「猶」通「由」，「我何由尚存」，猶言「我尚何由存」也，不必倒字。是故聖人法天順情，不拘於俗，不誘於人。誘猶惑也。以天爲父，以地爲母，陰陽爲綱，四時爲紀。天靜以清，地定以寧，萬物失之者死，法之者生。夫靜漠者神明之定也，○寧案：「定」字義不可通，道藏本、中立本、景宋本皆作「宅」，「宅」字是也，形近而誤。「靜漠者神明之宅，虛無者道之所居」文異而義同，「宅」猶「居」也。神明以靜漠爲宅，故俶真篇云：「事其神者神去之，休其神者神居之。」又云：「夫人之事其神而嬈其精，營慧然而有求於外，此皆失其神明而離其宅也。」皆其證。虛無者道之所居也。是故或求之於外者，失之於內；有守之於內者，失之於外。○向宗魯云：「失之於外」，「失」當爲「得」，涉上句「失」字而誤。下云「譬猶本與末也」，正謂內爲本外爲末。下云「從本引之，千枝萬葉莫不隨也」，正謂守之內，則得之外。且後「有求之於四海之外而不能遇，或守之於形骸之內」，注云「心無欲也」。則此「守之於內」亦謂心無欲，即上文所謂靜漠虛無，正道家之所尚，其不當言失之於外審矣。譬猶本與末也，從本引之，千枝萬葉莫不隨也。

夫精神者，所受於天也，而形體者，所稟於地也。故曰：「一生二，二生三，三生萬物。一謂道也。二曰神明也。三曰和氣也。或説：一者元氣也。生二者乾坤也。二生三，三生萬物，天地設位，陰陽通流，萬物乃生。萬物背陰而抱陽，冲氣以爲和。」萬物以背爲陰，以腹爲陽，身中空虚，和氣所行。爲陰故腎雙，爲陽故心特。陰陽與和，共生物形，君臣以和，致太平也。○寧案：語本老子四十二章。故曰：一月而膏，始育如膏也。二月而胅，三月而胎，四月而肌，○王念孫云：文子九守篇作「一月而膏，二月而脈，三月而肧，四月而胎」，廣雅釋親作「一月而膏，二月而脂，三月而胎，四月而胞」，與此或同或異。又爾雅釋詁釋文及文選江賦注引此並作「三月而肧」，亦與今本異。○劉文典云：御覽三百六十三引「膏」作「氣」，「胅」作「血」，「肌」作「胞」。○楊樹達云：説文云：「胎，婦孕三月也。」説蓋本淮南，知諸書作「三月而肧」者誤也。○于省吾云：王念孫謂文子九守篇作「二月而脈」，按「脈」乃「胅」之譌。爾雅釋畜犦牛注：「領上肉犦胅起，高二尺許。」廣雅釋詁：「胅，腫也。」慧琳一切經音義七十三引通俗文「肉胅曰瘤」，説文「瘤，腫也」。然則胅即肉瘤也。○寧案：于謂文子「二月而脈」，「脈」乃「胅」之譌，是也。太平御覽作「二月而血」亦非，「血」乃「而」字形近而誤。文子纘義作「二月血脈」，蓋「胅」譌爲「脈」，「而」又譌爲「血」。後人以與上下句文不一律，故又「血」上加「而」字，下刪「脈」字，如御覽引，而相去益遠矣。又案大藏音義六十六、七十六兩引皆作「婦孕四月而胎」，與文子同，疑今本當同文子作「三月而肧，四月而胎」，故爾雅釋詁釋文及文選江賦注引作「三月而肧」也。楊樹達以爲説文「胎，婦孕三月也」本淮南，而説文以婦孕一月爲肧不作膏，知説文固不本淮南也。今本蓋爲後人所竄改。五月而筋，六月而骨，七月而成，八月而動，九月而躁，十月而生。形體以成，五藏乃形，是故肺主目，肺象朱雀，朱雀，火也，火外景，故主目。腎主鼻，腎象龜，龜，水也，水所以通溝，鼻所以通氣，故主鼻。膽主口，膽，勇者決所以處，故主口。肝主耳，肝，金也，金内景，故主耳。○王念孫云：文子作「肝主目，腎主耳，脾主舌，肺主鼻，膽主口」。說肝、腎、肺之所主，與此互異，而多「脾主舌」一句。案此言五藏之主五官，不當獨缺「脾主舌」。下文「膽爲雲，肺爲氣，脾爲風，腎爲雨，肝爲雷」，卽承此文言之，則此當有「脾主舌」一句，但未知次於何句之下耳。白虎通義亦曰「脾繫於舌」。○寧案：「膽主口」疑當作「脾主舌」，誤文也。此以五藏副五行主五官。周禮疾醫疏：「五藏：肺、心、肝、脾、腎。」素問痹論篇云：「五藏有俞。」王注：「肝之俞曰太衝，心之俞曰太陵，脾之俞曰太白，肺之俞曰太淵，腎之俞曰太谿。」五藏無膽。本書時則篇：「春祭先脾，夏祭先肺，季夏祭先心，秋祭先肝，冬祭先腎。」高注以五行副五藏，兼採今古文尚書說，亦不及膽。素問金匱真言論：「膽、胃、大腸、小腸、膀胱、三焦，六府皆爲陽。」蓋膽爲六府之一，不屬五藏也。其理一。「膽主口」注云「膽，勇者決所以處，故主口」，十字亦後人所加。高注肺腎肝皆言五行所屬，而膽獨不及，是其竄易之迹。其理二。中立本此處有「脾主舌」三字，唯與下句「外爲」二字，皆混入注中，知「脾主舌」句，卽次於「肝主耳」之下。後人增「膽主口」三字，此其致誤之由。其理三。下文云：「膽爲雲，肺爲氣，肝爲風，腎爲雨，脾爲雷，以與天地相參也，而心爲之主。」高注：「心土也，故爲四行之主。」注言「四行」，卽指肺肝腎脾所屬，與心而五，不得更與膽而六，則彼處衍「膽爲雲」三字審矣。彼無「膽爲雲」，知此無「膽主口」。其理四。且彼高注「膽金也，肺火也，肝木也，腎水也，心土也」，獨不注脾。王氏念孫云：「肝爲風本作脾爲風，注肝木也本作脾木也，脾爲雷本作肝爲雷。」王說是也。彼高注蓋本今文尚書說，「肝爲雷」下應注云「肝，金也」。此「脾主舌」既誤爲「膽主口」，彼「膽爲雲」亦後人所加以就上文之誤而爲之注曰「膽，金也」。與「肝，金也」複，故刪去注文「肝，金也」以不了了之。肝、脾二句又互誤，原文遂混亂不可復識矣。其理五。王念孫但言五藏之主五官，不當獨缺「脾主舌」，而不言於五藏之外何以置「膽主口」，其說不完。外爲表而內爲裏，開閉張歙，各有經紀。歙讀脅也。故頭之圓也象天，足之方也象地。天有四時、五行、九解、四時，春夏秋冬。五行，金木水火土也。九解，謂九十爲一解。一說：九解，六一之所解合也。一說：八方中央，故曰九解。〇俞樾云：高注九解有三說，當以八方中央之義爲塙。天文篇「天有九野：中央曰鈞天，東方曰蒼天，東北曰變天，北方曰玄天，西北方曰幽天，西方曰灝天，西南方曰朱天，南方曰炎天，東南方曰陽天」，即此九解矣。解者分也，謂分周天三百六十五度四分度之一而爲九也。〇劉文典云：高注之一說，多即許注。御覽三百六十引注云：「九解者，八方中央也。」與高注第三說正同，即許君注也。〇向宗魯云：書鈔一百八、初學記十六引樂叶圖徵曰：「君子鑠金爲鐘，四時九乳。」宋均注云：「九乳，法九州爲象天也。」案：九乳即九解。（玉燭寶典引天文篇許注：「乳古解字。」）宋以爲九州，與此八方中央說合。

三百六十六日，人亦有四支、五藏、九竅、三百六十六節。〇王念孫云：「三百六十六日」、「三百六十六節」，本作「三百六十日」、「三百六十節」，後人以堯典言「朞三百有六旬有六日」，故於上句加「六」字，因併下句而加之也，不知三百六十日，但舉大數言之。繫辭傳曰：「乾坤之策，凡三百有六十，當期之日」是也。若人之骨節，則諸書皆言三百六十。呂氏春秋本生篇曰「則三百六十節皆通利矣」，達鬱篇曰「三百六十節、九竅、五藏、六府」，太平御覽人事部一引公孫尼子曰「人有三百六十節，當天之數也」，皆其證矣。春秋繁露人副天數篇曰：「天以終歲之數，成人之身，故小節三百六十分，（今本「分」作「六」，亦是後人所改。上文云「人有三百六十節，偶天之數也」，即其證。今依上文改。）副日數也，大節十二分，副月數也。」淮南天文篇亦曰：「天有十二月，以制三百六十日，人亦有十二肢，以使三百六十節。」此皆以十二統三百六十，猶十二律之統三百六十音也，（見天文篇。）不得言三百六十六明矣。太平御覽引此已誤。文子九守篇正作「三百六十日」、「三百六十節」。○楊樹達云：王校是也。韓非解老篇云：「人之身三百六十節、四肢、九竅，其大具也。」亦作三百六十節。天有風雨寒暑，人亦有取與喜怒。故膽爲雲，膽，金也，金石雲之所出，故爲雲。肺爲氣，肺，火也，故爲氣。肝爲風，肝，木也，木爲風生，故爲風。○王念孫云：「肝爲風」本作「脾爲風」，注「肝，木也」本作「脾，木也」，「脾爲雷」本作「肝爲雷」，皆後人改之也。上注曰「肝，金也」，是高不以肝爲木也。時則篇「春祭先脾」，注引一説曰「脾屬木，自用其藏也」，是脾爲木也。（説詳經義述聞月令。）脾屬木而木爲風生，故曰「脾爲風」，脾爲風則肝爲雷矣。五行大義論人配五行篇及御覽人事部一引此並作「脾爲風，肝爲雷」，文子九守篇同。腎爲雨，腎，水也，因水故雨。「雨」或作「雹」。腎，水也，水爲光，故爲雹。脾爲雷，以與天地相參也，而心爲之主。心，土也，故爲四行之主。是故耳目者日月也，血氣者風雨也。日中有踆烏，踆猶蹲也，謂三足烏。踆讀踆巍之「踆」。○劉文典云：藝文類聚天部一、事類賦天部一並引注云：「踆，趾也。」北堂書鈔百四十九引「趾」作「止」。廣韻十八諄：「竣，止也。」踆與竣同，止、趾古亦通用。○吴承仕云：御覽九百二十引此注云：「踆，獨蹲，止不行，謂三足也。」（此引作「獨」者，即「猶」字之誤。「不行」二字，疑後人坿益之。「謂三足」當作「謂三足烏」，蓋傳寫誤奪。）以類書所引，互爲比勘，疑此文當云：「踆，猶蹲，（讀）止也。（句）」説文：「蹲，居也。」居亦訓止。蹲踆字，聲義並同。文言有烏蹲踞日中，故注謂踆即蹲字，義則爲止。莊子外物篇：「帥弟子而踆於窾水。」疏云：「與弟子踆踞水旁。」是也。劉氏謂踆訓趾，當是許義，不知踆爲動詞趾爲名詞，訓詁無相通之理，且於本文踆烏之義，更無所施也。〇寧案：劉說固非，（劉氏謂踆趾之訓爲許義，集解本如是。今從劉氏校補。）吴校亦未必是。竊謂今本注文不誤，太平御覽九百二十引，「止」字當卽「也」字形近而譌。曰「踆猶蹲」，其義已顯，不當更綴「止」字。「止」又誤作「趾」，後人不能正，於文各臆爲增删，此類書引所以互異也。又案「踆巍之踆」，當作「陖巍之陖」。說文：「陖，陗高也。巍，高也。」故以「陖巍」連文作音讀耳。「踆」「陖」形近涉上而誤。道藏本、景宋本「巍」作「魏」，省文也。而月中有蟾蜍。蟾蜍，蝦蟆。〇鍾佛操云：張衡靈憲曰：「月者陰精之宗，積而成獸，象蜍兔。」又曰：「姮娥奔月，是爲蟾蜍。」日月失其行，薄蝕無光；薄者，迫也。薄讀享薄之「薄」。〇莊逵吉云：「享薄」，太平御覽作「厚薄」，古字「厚」與「享」形近而誤。〇楊樹達云：說文云：「普，日無色也。」太炎先生謂是「薄蝕」「薄」之本字，是也。〇寧案：景宋本、蜀藏本「享」正作「厚」。風雨非其時，毁折生災；五星失其行，州國受殃。五星，熒惑、太白、歲星、辰星、鎮星也。今熒犯角、亢，則州國受其殃也。餘準此。〇劉家立云：譚氏復堂校此注文，「州國」「州」字乃「鄭」字之誤。天文篇：「角、亢鄭。」今熒犯角亢，則鄭國受其殃也。寧案：譚校是也，故注云「餘準此」，謂各依星部地名求之也。又「今」當爲「令」，蓋此假設之辭，故首擧熒惑。夫天地之道，至紘以大，〇楊樹達云：說文云：「宏，屋深響也。」「泓，下深貌。」此「紘」與「宏」「泓」義近，謂深也。尚猶節其章光，愛其神明，人之耳目，曷能久熏勞而不息乎？息，止。〇俞樾云：「熏」當讀爲「勳」。「勳勞」二字連文，古人常語。主乎「勳」而言之，則勞亦勳也。禮記明堂位篇「成王以周公爲有勳勞於天下」，言有勳於天下也。主乎「勞」而言之，則勳亦勞也。此文曰

「曷能久熏勞而不息乎」，言不能久勞而不息也。文子九守篇作「何能久燻而不息」，蓋由後人不達古語而改之。○孫詒讓云：「熏勞」無義，「熏」當作「勳」。「勳」挩其半爲「堇」，又譌作「熏」，遂不可通。文子九守篇襲此文作「何能久燻而不息」，亦非。御覽三百六十三引文子作「人之耳目，何能久勤而不愛」，文亦有譌，而「勤」字可正文子及淮南此文之誤。○馬宗霍云：說文屮部云：「熏，火煙上出也，从屮从黑。屮，黑熏象也。」引申之有焚灼之義。詩大雅雲漢篇「憂心如熏」，毛傳云：「熏，灼也。」孔穎達疏云：「憂在於心，如爲火所熏灼於己。」是「熏」所以形容憂之甚。然則「熏勞」者，亦謂勞之甚耳。文子作「久燻」，「燻」即「熏」之俗。御覽引文子作「久勤」，又由「燻」譌作「勳」，「勳」「勤」形近，故又轉作「勤」耳。俞、孫之說皆未是。「熏」非誤字也。○寧案：說文「勞从力熒省」，「熒从焱冂」，「焱，火華也」。是熏勞猶熏燎也。精神何能久馳騁而不既乎？既，盡。是故血氣者，人之華也，而五藏者，人之精也。夫血氣能專於五藏專，一。而不外越，則胷腹充而嗜欲省矣。胷腹充而嗜欲省，則耳目清，聽視達矣。耳目清聽視達謂之明。五藏能屬於心而無乖，則教志勝而行不僻矣。教志勝，言己之教志也。僻，邪也。「勝」或作「遯」。○李哲明云：說文「誖，亂也。或作悖」。玉篇：「愗，迷亂也。」此「教」亦當訓「亂」，與「誖」「悖」「愗」竝同，言惛亂之志勝而行自不邪僻矣。勝，勝之也，猶言克己也。○吳承仕云：「教志勝」者，謂克治己之教志而勝之。注云「言己之教志也」，句有奪文，無可據補。又案「勝或作遯」下，朱本有「言教志一去，則行正不邪」十字。○馬宗霍云：「教」字不見說文。玄應一切經音義十八辟支佛因緣論上卷教逆條云：「教，古文誖、愗二形同。」說文有「誖」無「愗」。言部云：「誖，亂也。」或从心作「悖」，是「教」「愗」與「悖」皆「誖」之別體。廣雅釋詁三云：「愗，亂也。」方言十云：「愗，惛也。楚揚或謂之愗。」郭璞注：

「憨音教。惛謂迷昏也。」然則，淮南本文之「教」，義亦當爲惛亂。勝者，説文訓「任也」，引申之義則爲「克」。爾雅釋詁云「勝，克也」。「教志勝而行不僻」者，言五藏能隸屬於心而不乖戾，則惛亂之志自可克去，而無邪僻之行矣。高注於「教」「勝」二字皆無釋，但云「教志勝，言己之教志也」，意殊未顯。又云「勝或作遯」。案廣雅釋詁二云：「遯，去也。」蓋亦謂教志去耳。○寧案：注「教志勝，言己之教志也」，「言」下疑奪「勝」字或「克」字。爾雅釋詁「勝，克也」。道藏本、景宋本「勝或作遯」下有「言教或遯去，（「或」字當依中立本作「志」。）故行正而不邪也」十二字，當據補。彼以「去」釋「遯」，知「教志勝」亦當以「克」釋「勝」矣。教志勝而行之不僻，則精神盛而氣不散矣。○寧案：「教志勝而行之不僻」，衍「之」字。此乃重述上句，與上文「胷腹充而嗜欲省」，下文「精神盛而氣不散」重述上句例同。中立本無「之」字，是其證。精神盛而氣不散則理，理則均，均則通，通則神，神則以視無不見，以聽無不聞也，以爲無不成也。○寧案：「見」下當有「也」字，與下二句同例。中立本有「也」字。是故憂患不能入也，而邪氣不能襲。襲猶因也，亦入。○寧案：莊子刻意篇：「平易恬惔，則憂患不能入，邪氣不能襲，故其德全而神不虧。」此淮南所本。故事有求之於四海之外而不能遇，遇，得。或守之於形骸之内心無欲也。而不見也。○俞樾云：「守」當作「得」，言求之於四海之外而不能遇者，或得之於形骸之内也。「求」與「得」文義相應。下文曰「故所求多者所得少」，正承此而言，今作「守之」，失其義矣。一切經音義一引衛宏古文官書曰：「㝵、得二字同體。」「㝵」與「守」相似，故誤爲「守」耳。○向宗魯云：俞説非是。上文「或求之於外者失之於内，有守之於内者得之於外」，正與此文相應，則「守」字不誤。又案「而不見也」，「而」下當有「無」字。下文「所求多者所得少」，即承「求之於四海之外而不能遇」言之；「所見大者所知小」，即承「守之於形骸之内而無不見」言之。無不見即見大之意。今本挩「無」字，不可通矣。○馬宗霍云：余謂「守」字不誤，俞説非是。下文云「精神馳騁於外而不守」，又云「精神内守形骸而不外越」，字皆作「守」，與本文「守之」前後互照。若作「得之」，則不貫矣。且高氏於本文注云：「心無欲也。」於下文「精神馳騁於外而不守矣」注云：「多情欲，故神不内守。」亦前後互照。若作「得之」，則注與正文又不相貫矣。○于省吾云：仍應作「守」爲是，俞説未允。既云得則必待於求，此言本在形骸之内，不待求而遇，故言守。下云「故所求多者所得少，所見大者所知小」，乃承「求之於四海之外而不能遇」爲言。所求多，所見大，即求之於四海之外之謂也。或言「不能遇」，或言「所得少」「所知小」，與「或守之於形骸之内而不見」反正爲義也。○寧案：非俞氏説是也。下文「望於往世之前，而視於來事之後」，即謂無不見。從向説「而」下沾「無」字。故所求多者所得少，所見大者所知小。

夫孔竅者，精神之户牖也，而氣志者，五藏之使候也。○王念孫云：氣可言五藏之使候，志不可言五藏之使候，「氣志」當爲「血氣」，此涉下文「氣志」而誤也。上文曰「血氣能專於五藏而不外越，則胷腹充而嗜欲省矣」，下文曰「五藏搖動而不定，則血氣滔蕩而不休矣」，故曰「血氣者五藏之使候」。文子九守篇正作「血氣」。耳目淫於聲色之樂，則五藏搖動而不定矣；○莊逵吉云：「不定」，本亦作「不寧」，下同。五藏搖動而不定，則血氣滔蕩而不休矣；血氣滔蕩而不休，則精神馳騁於外而不守矣；多情欲，故神不内守。精神馳騁於外而不守，則禍福之至雖如丘山，無由識之矣。丘山諭大。識，知也。○陳季皐曰：兩「於外」字並誤衍。上文「五藏搖動而不定」，「血氣滔蕩而不休」四句文一例，彼不云「於内」，此必不云「於外」，蓋「馳騁」「不守」，已含有於外之誼矣。文子九守篇無二字，劉晝新論清神篇襲此作「精神馳騖而不守」，亦無二字。○寧案：陳說未必是也，「於外」二字無由誤衍。韓子喻老篇：「空竅者，神明之户牖也，耳目竭於聲色，精神竭於外貌，故中無主，中無主則禍福雖如丘山，無從識之。」此淮南所本。韓子有「外」字。下文「精神内守形骸而不外越」、「以言乎精神之不可使外淫也」，正承此「外」字言之。且上文「耳目淫於聲色」句，與「五藏摇動而不定」，「血氣滔蕩而不休」，亦文不一例。文子、新論襲此文，自有改易，不足據也。使耳目精明玄達而無誘慕，氣志虚静恬愉而省嗜欲，五藏定寧充盈而不泄，精神内守形骸而不外越，則望於往世之前，而視於來事之後，猶未足爲也，猶，尚也。爲，治也。○楊樹達云：「事」疑亦當作「世」。豈直禍福之間哉！故曰：「其出彌遠者，其知彌少。」言雖知道故少。○寧案：故曰二句，見老子四十七章。高注，景宋本作「言雖以道故也」，道藏本、中立本同今本。其出彌遠，不可謂「雖知道」，且「雖」與「故」不相應，疑「雖」當爲「難」。二本可互校。以言乎精神之不可使外淫也。是故五色亂目，使目不明；不明，視而昏也。五聲譁耳，使耳不聰；不聰，聽無聞也。五味亂口，使口爽傷；爽，病，病傷滋味也。○王念孫云：「使口爽傷」，本作「使口厲爽」，注本作「厲爽，病傷滋味也」。大雅思齊箋曰：「厲，病也。」逸周書謚法篇曰：「爽，傷也。」（廣雅同。）故云：「厲爽，病傷滋味也。」後人以韻書「爽」在上聲，與「明」「聰」「揚」三字音不相協，故改「厲爽」爲「爽傷」，不知「爽」字古讀若「霜」，正與「明」「聰」「揚」爲韻。（衛風氓篇「女也不爽」與「湯」「裳」「行」爲韻，小雅蓼蕭篇「其德不爽」與「瀼」「光」「忘」爲韻，楚辭招魂「厲而不爽」與「方」「梁」「行」「芳」「羹」「漿」「鶬」「餭」「觴」「涼」「妨」爲韻。案「爽」字古皆讀若「霜」，毛詩楚辭而外，不煩覼縷。）故老子「五味令人口爽」亦與「盲」「聾」「狂」「妨」爲韻，而莊子天地篇「五色亂目，使目不明；五聲亂耳，使耳不聰；五味濁口，使口厲爽；趣舍滑心，使性飛揚」，即淮南所本也。且爽即是傷，若云「使口爽傷」，則是使口傷傷矣。（文子九守篇作「使口生創」，亦是後人所改。）乃既改正文之「厲爽」爲「爽傷」，又改注文之「厲爽」爲「爽病」，甚矣其謬也！（諸書無訓「爽」爲「病」者。又高注「不明，視而昏也」，「不聰，聽無聞也」，「厲爽，病傷滋味也」，「飛揚，不從軌度也」，皆先列正文，而後釋其義。今改「厲爽」爲「爽病」，則與上下注文不類矣。）○向宗魯云：王說未塙。呂氏本生篇高注引老子曰：「五聲亂耳，使耳不聰；五色亂目，使目不明；五味實口，使口爽傷。」此所引與今本老子異，而與莊子淮南文子句例畧同，足徵古本老子皆八字爲句，與今本異。而「使口爽傷」二句，本生篇注兩引皆同，正與淮南合，則非後人妄改明矣。莊子自作「厲爽」，文子自作「生創」，淮南自作「爽傷」，義俱通，韻俱協，不必據彼輕此也。（雲笈七籤引文子作「厲爽」，即後人依莊子改也。）呂子尊師篇「不學其言不若爽」，高注：「爽，病無所別也。」此訓「爽」爲「病」，亦猶彼注之「病無所別」。王謂諸書無訓「爽」爲「病」者，亦非也。（從句例求之，此注當作「爽傷，病傷滋味也」，蓋實以「病」釋「爽」也。）趣舍滑心，使行飛揚；滑，亂也。飛揚，不從軌度也。此四者，天下之所養性也，性，生也。然皆人累也。故曰：嗜欲者使人之氣越，而好憎者使人之心勞，弗疾去則志氣日耗。越，失。勞，病。耗猶亂也。夫人之所以不能終其壽命，而中道夭於刑戮者，何也？以其生生之厚。○馬宗霍云：莊子大宗師篇云：「生生者不生。」陸德明釋文引李頤云：「矜生者不生也。」又引崔譔云：「常營其生爲生生。」李、崔二說似異而相成，並可移釋本文之義。○寧案：老子五十章「人之生，動之死地十有三。夫何則？以其生生之厚」。河上注「所以動之死地者，以其求生活之事太厚」。夫惟能無以生爲者，則所以脩得生也。言生生之厚者何必極嗜欲，淫濫無厭，以傷耳目情性，故不終其壽命，中道夭殞以刑辟之戮也。無以生爲者，輕利害之鄉，除情性之欲，則長得生矣。○俞樾云：「脩得生」，本作「得脩生」。得脩生者，得長生也。淮南以父諱長，故變「長」言「脩」耳。文子九守篇正作「得長生」，是其證。今作「脩得生」則文不成義矣。高注曰：「無以生爲者，輕利害之鄉，除情性之欲，則長得生矣。」「長得生」亦當作「得長生」，後人依既倒之正文而改之耳。○向宗魯云：脩得生即長得生，長得生即長得不死，長得不死即得長生。正文注文有何不了，而勞公寫此數行？○寧案：注「必」當作「心」，字之誤也。「何」字上屬爲句。正文云「嗜欲者使人之氣越，而好憎者使人之心勞」，注云「心極嗜欲」合正文二句言之。後人於「者」字絕句，「何」字下屬，故「心」誤爲「必」耳。道藏本、中立本、茅本、景宋本皆作「心」。又「中道夭殞以刑辟之戮」，「以」當作「於」。正文「中道夭於刑戮」，是其證。道藏本、中立本、茅本正作「中道夭殞於刑辟之戮」。景宋本「夭殞」誤作「天讀」，「於」字不誤。

夫天地運而相通，萬物總而爲一。總，合。一，同也。萬物合同，統於一道。能知一，則無一之不知也；不能知一，則無一之能知也。上一，道也。下一，物也。譬吾處於天下也，亦爲一物矣，不識天下之以我備其物與？與，邪，詞也。且惟無我而物無不備者乎？然則我亦物也，物亦物也，物之與物也，又何以相物也？物亦物也，何相名爲物也？○寧案：道藏本、中立本、茅本、景宋本作「有何以相物也」，「又」字乃後人所改。雖然，其生我也，將以何益？言生我自然之道，亦當以何益乎？其殺我也，將以何損？損，減。夫造化者，既以我爲坯矣，將無所違之矣，言既以我爲人，無所離之，喻不求亦不避也。○楊樹達云：說文云：「坏，瓦未燒也，从土不聲。」「坯」與「坏」同。吾安知夫刺灸而欲生者之非惑也？又安知夫絞經而求死者之非福也？○向宗魯云：莊子齊物論：「予惡乎知説生之非惑邪？予惡乎知惡死之非弱喪而不知歸者邪？」列子天瑞篇：「吾又安知營營而求生非惑乎？亦又安知吾今之死，不愈昔之生乎？」或者生乃徭役也，而死乃休息也？○寧案：俶真篇「逸我以老，休我以死」，高注引莊子曰：「生乃徭役，死乃休息也。」又列子天瑞篇「生無所息」，張注引莊子曰「生爲徭役」，又「則知所息也」，注引莊子曰「死爲休息也」。蓋二句莊子佚文。天下茫茫，孰知之哉？○王念孫云：「孰知」下有脱文。劉本作「孰知之哉」，此以意補不可從。其生我也不彊求已，已，止也，言不惡生也。其殺我也不彊求止。言不畏死。欲生而不事，事，治。憎死而不辭，唯義所在，故不辭也。賤之而弗憎，貴之而弗喜。人有惡賤己者，己不憎也，人有尊己者，己不喜也。○于鬯云：此二句當即承上而進言之。上文云「欲生而不事，憎死而不辭」，此則并言不憎不欲，喜即欲也。故曰「賤之而弗憎，貴之而弗喜」，謂賤死而不憎死，貴生而不喜生也。兩「之」字仍指死生。高注云：「人有惡賤己者，己不憎也，人有尊己者，己不喜也」，以兩「之」字指己，而賤之貴之在人，殆非義。文子十守篇連上文二句皆有「可」字，云「欲生不可事也，憎死不可辭也，賤之不可憎也，貴之不可喜也」。如以高義説彼，更不可通，明高義之不然也。隨其天資，而安之不極。資，時也，一曰：性也。極，急也。喻道人不急求生也。○于鬯云：「極」字之義與「隨」字相反對。廣雅釋詁云：「極，已也。」此訓爲近。蓋隨者，不已之也。然則隨其天資而安之不極，即上文「不彊求已」「不彊求止」之謂矣。高注訓「極」爲「急」，殆未的。文子十守篇作「因其資而甯之，弗敢極也」，著一「敢」字，猶上條著四「可」字，語似較淺，而義更明。○馬宗霍云：「天資」猶言天所賦予，即受之於天者也。高訓「極」爲「急」，蓋讀「極」爲「亟」。詩邶風北風篇「既亟只且」毛傳，豳風七月篇「亟其乘屋」鄭箋，竝云「亟，急也」。易說卦「爲亟心」，陸德明釋文云：「亟，荀爽本作極。」書微子篇「亟行暴虐」，釋文云：「亟，本作極。」是「極」「亟」相通之證也。又案上文云：「其生我也不彊求已，其殺我也不彊求止。欲生而不事，憎死而不辭。」本文總承上文，則「安之不極」當兼生死言之。高氏謂「不急求生」，專就生言，似失之偏。

吾生也有七尺之形，吾死也有一棺之土。○于鬯云：「一棺之土」無義，疑「棺」本是「自」字。「自」誤加「宀」爲「官」，（官即从自，但不爲聲，故不得假借。）後人以「官」字無義，妄從死字生義，復加木旁爲「棺」。殊不省土在棺之外，豈可云一棺之土乎？「自」即「堆」字，一自之土者，即一堆之土也。○寧案：于說迂曲不可從。一棺之土，蓋謂可埋葬一棺，正以土在棺外，非謂土在棺內也。原文自通，不必改字。

吾生之比於有形之類，猶吾死之淪於無形之中也。○寧案：道藏本、景宋本注云：「淪，入也。」今本脫。

然則，吾生也，物不以益衆，吾死也，土不以加厚，吾又安知所喜憎利害其閒者乎？不知喜生之利，不知憎死之害，守其正性也。

夫造化者之攫援物也，攫，撮也。援，引也。譬猶陶人之埏埴也，○陶方琦云：文選長笛賦注引作「陶人之克埏埴」，又引許注「埏，抒也」。「抒」當是「揉」之壞文。說文作「煣」，云「屈申木也」。「揉」之本字即「柔」。說文：「柔，木曲直也。」字林：「挻，柔也。」聲類：「挻，柔也。」蕭該漢書音義引許注作「挻，抑也」，「抑」亦「揉」之譌文。「埴」之訓「土」，說文：「埴，黏土也。」老子河上注：「埴，土也。」釋文引杜弼曰：「埴，黏土也。」司馬曰：「埴土可以爲器。」字林：「埴，土也，黏土爲埴。」兵畧訓「陶人之化埴」，許注：「陶人復變爲埴土，不能化埴土也。」亦以「土」訓「埴」。文選注引許注作「埴土爲也」，恐即「黏土爲埴」之敚文。○寧案：「埏」當作「挻」。大藏音義十三「挻埴，上，从手延聲，从土者非也」。又三十一挻埴：「挻，从手延聲。从土作埏者，非正字也。」引許叔重注淮南子云

「挻，抑也。埴，土也」。又六十九引淮南子云「挻，抑土爲器也。說文从手延聲。从土作埏者非」。皆其證。又五十七「挻，舒延反。淮南子云：陶人之尅挻埴。許叔重曰：挻，揉也。埴，土也」。陶方琦以爲作「抒」作「抑」，皆「揉」之誤字，此其證。又八十五引許注「挻，押也」，八十八引許注「挻，柳土爲器也」，作「押」作「柳」，則又「抑」字之再誤。其取之地而已爲盆盎也，與其未離於地也無以異；其已成器而破碎漫瀾而復歸其故也，陶人，作瓦器之官也。頓泥坯，取之于地，目爲器，無以異于土也。明人不當惡死，死復歸其未生之故耳。譬猶瓦器之破而復反於土也。與其爲盆盎亦無以異矣。夫臨江之鄉，居人汲水以浸其園，江水弗憎也；○劉文典云：藝文類聚六十五引「浸」作「溉」，「憎」作「減」。○寧案：下文「無以異其浸園」，則此亦當爲「浸」字，藝文類聚未兩引。又上文云：「安知所喜憎利害其間者乎？」則此不當以增減言也；且憎與樂對舉，故注云「亦無憎樂也」。作「減」非。苦洿之家，決洿而注之江，洿水弗樂也。是故其在江也，無以異其浸園也，其在洿也，亦無以異其在江也。道尚空虛，貴無形。江水大，去不可消，就易故不憎也；窊水小，去易小消就不消，故不樂也。洿水猶澮水也，苦猶疾也。一說：言各自安其處也，及其轉易，亦無憎樂也。○陶方琦云：御覽三百七十一引許注：「洿，澮也。」按此高承許說，或卽羼入之許注。說文：「洿，濁水不流也，一曰：窊下也。」廣雅：「洿，深也。」與「洼」同字，或作「窪」。說文「洼，深池也」。又「窪，一曰窊也」。與「洿」之訓「窊」同。澮水之訓，「澮」乃「窪」之誤字。「澮」或作「澮」，與「窪」相似。方言：「洿，洼也。」大戴禮少間篇「洿池土察」，注：「洿，窪也。」老子釋文顧注：「窪，洿也。」並作「窪」。御覽所引亦據誤本。○蔣超伯云：高注「窊水」，廣韻：「窊，凹也。」引說文曰：「污，衺下也。」今江、淮以北悉呼下隰積潦處爲窊云。○吳承仕云：注言道以虛無爲宗，大水不可消，不如小水之易消。汲江灌園，園水易消，易消者道所貴；決洿注江，江水不可消，不可消者道所賤。道應篇以光爲無形之子，水爲無形之孫，與此同意。今本注文「江水大」以下二十七字，譌亂不可讀。今正之曰：「江水大，去不可消就易消，故不憎也；窊水小，去易消就不消，故不樂也。」又案：洿水猶澮水也，「澮」當讀爲「濶」。方言：「濶，洿也。」澮、濶聲近。○向宗魯云：此注「就易」下挩「消」字，「去易」下衍「小」字，遂不可通。今正之如下：「江水大，去不可消就易消，故不憎也；窊水小，去易消就不消，故不樂也。」高意謂道以無形爲貴，故以消爲善也。○寧案：「江水大」以下二十七字，吳、向所校是也。中立本下句正作「去易消，就不消」，「易」下無「小」字。又陶氏謂「澮」乃「窪」之誤，似是也。宋本太平御覽引許注作「洿盧也」，鮑本引作「洿虛也」，皆與「窪」字形似，亦猶「窪」之誤「澮」也。是故聖人因時以安其位，當世而樂其業。業，事也。

夫悲樂者德之邪也，而喜怒者道之過也，好憎者心之暴也。○王念孫云：「暴」當依文子九守篇作「累」，字之誤也。上文曰「好憎者使人之心勞」，故曰「好憎者心之累也」，作暴則非其指矣。原道篇曰：「喜怒者道之邪也，憂悲者德之失也，好憎者心之過也，嗜欲者性之累也。」語意畧與此同。故曰其生也天行，似天氣也。○寧案：莊子天道篇：「其生也天行。」又云：「夫尊卑先後，天地之行也。」郭注：「皆在至理中來，非聖人之所作也。」是天行者，謂順乎自然而運行。高注不明。其死也物化，如物之變化也。靜則與陰俱閉，動則與陽俱開，○王念孫云：「與陰俱閉，與陽俱開」，本作「與陰合德，與陽同波」，後人以原道篇云「與陰俱閉，與陽俱開」，故據彼以改此也。不知「波」與「化」爲韻，（自「其生也天行」至「不敢越也」皆隔句用韻。）若如後人所改，則失其韻矣。文子九守篇「靜卽與陰合德，動卽與陽同波」，即用淮南之文。莊子天道篇「其生也天行，其死也物化，靜而與陰同德，動而與陽同波」，（刻意篇同。）又淮南所本也。精神澹然無極，不與物散，而天下自服。極，盡也。散，褋亂貌。自服，服於德也。○王念孫云：諸書無訓散爲褋亂者，今本「散」當爲「殽」。隸書「殽」或作「𣪘」，與「散」相似，「散」或作「㪔」，與「殽」亦相似，因而致誤。莊子齊物論「樊然殽亂」，釋文：「殽，郭作散。」太玄元瑩「晝夜殽者，其禍福褋」，今本「殽」誤作「散」。皆其證也。故心者形之主也。而神者心之寶也。形勞而不休則蹶，蹶，顛。精用而不已則竭，○楊樹達云：莊子刻意篇云：「故曰形勞而不休則弊，精用而不已則勞，勞則竭。」此淮南文所出。是故聖人貴而尊之，不敢越也。夫有夏后氏之璜者，匣匱而藏之，寶之至也。半璧曰璜，珍玉也。○于省吾云：莊子刻意：「夫有干、越之劍者，柙而藏之，不敢用也，寶之至也。」列子湯問「柙而藏之」，釋文：「柙與匣同。」說文：「匣，匱也。」此文不應「匣匱」並言，「匱」字疑涉旁注而誤入正文。○寧案：夏后氏之璜，見左傳哀十四年。夫精神之可寶也，非直夏后氏之璜也。直猶但也。

是故聖人以無應有，必究其理；以虛受實，必窮其節；恬愉虛靜，以終其命。是故無所甚疏，而無所甚親，抱德煬和，以順于天。煬，炙也，向火中炙和氣以順天道也。煬讀供養之「養」。○徐仁甫云：「煬」讀爲「向」，即向火之「向」。齊俗訓「冬則短褐不掩形而煬竈口」，即向竈口也。餘詳莊子寓言「煬者避竈」及盜跖篇「冬則煬之」札迻。茲不重出。○寧案：莊子徐無鬼篇：「故無所甚親，無所甚疏，抱德煬和，以順天下，此謂真人。」此淮南文所本。與道爲際，與德爲鄰；際，合也。鄰，比也。不爲福始，不爲禍先。魂魄處其宅，而精神守其根，死生無變於己，故曰至神。變，動。

所謂真人者，性合于道也。真人者，伏羲、黄帝、老聃是也。故有而若無，實而若虚，處其一，不知其二，治其內，不識其外，治其內，守精神也。不識其外，不好憎也。明白太素，無爲復樸，體本抱神，以游于天地之樊，樊，崖也。樊讀麥飯之「飯」。○楊樹達云：莊子天地篇云：「識其一，不知其二，治其内而不治其外。夫明白入素，無爲復朴，體性抱神，以遊世俗之閒者，汝將固驚邪？」此淮南文所本。又案：「樊」假爲「棥」。説文爻部云：「棥，藩也，从爻林。」後世通言棥籬。高訓「崖」，乃讀「崖」爲「涯」，意雖可通，而失之迂矣。芒然仿佯于塵垢之外，芒讀王莽之「莽」。而消摇于無事之業，浩浩蕩蕩乎，機械之巧弗載於心。是故死生亦大矣，而不爲變；不爲變者，同死生也。○寧案：景宋本「之巧」作「知巧」，疑知字是。知巧連文，本書屢見。本經篇「機械詐僞莫藏於心」，彼作「詐譎」，此作「知巧」，字異義同。雖天地覆育，亦不與之抮抱矣。抮抱猶持著也。言不以天地養育萬物，故强與持著。守其純熟也。○楊樹達云：「天地覆育」二句，與上文意不相承。高説亦牽强不合。今按「育」當作「墜」，字之誤也。莊子德充符云：「死生亦大矣，而不得與之變，雖天地覆墜，亦將不與之遺。審乎無假，而不與物遷，命物之化而守其宗也。」爲淮南此文所本。高注云「天地養育萬物」，則其所據本已誤矣。「抮抱」，高訓爲「持著」非是。今按本經篇云「菱杼紾抱」，高注云：「紾，戾也。抱，轉也。」「抮抱」與「紾抱」同，亦當訓爲戾轉。言雖天地覆墜，亦不爲之轉移也。如此乃與上文相貫。○寧案：「抮抱」當作「抮⿰扌色」，説在原道訓。審乎無瑕而不與物糅，瑕猶釁也。其見利欲之來也，能審順之，故不與物相褋糅。○寧案：「瑕」，莊子德充符作「假」。文子九守篇纘義本作「瑕」，注云「一本作假」。假正字，瑕借字也。無假者，生命具之於天，非有所假借而有也。故郭象注云：「明性命之固當。」高訓「瑕」

爲「覺」，非是。見事之亂而能守其宗。見事亂者止之。亂不能眩惑，故能守其宗。宗，本也。○吳承仕云：注，「止」當爲「正」。呂氏春秋古樂篇注云：「正，治也。」「正之」，謂治其亂也。今本形近誤作「止」。若然者，正肝膽，遺耳目，言精神内守也。○王念孫云：「正」當爲「亡」，字之誤也。「亡」與「忘」同。「忘肝膽，遺耳目」，遺亦忘也。若云「正肝膽」，則義與下句不類矣。莊子大宗師篇「忘其肝膽，遺其耳目」，卽淮南所本。俶真篇又云：「忘肝膽，遺耳目。」○寧案：莊子達生篇亦云：「忘其肝膽，遺其耳目。」心志專于内，通達耦于一。一者道也。居不知所爲，行不知所之，言志意無所繫。渾然而往，逯然而來。渾，轉行貌。逯，謂無所爲。忽然往來也。逯讀詩綠衣之「綠」，渾讀大珠揮揮之「揮」。○莊逵吉云：説文解字「逯，行謹逯逯也」，與此義近。別本或誤作「逮」，非是。○寧案：渾當讀如「滾」，始與轉行相合。呂氏春秋大樂篇注：「渾讀如袞冕之袞。」此「揮揮之揮」，當作「渾渾之渾」，形近而譌。渾與滾同。荀子富國篇「財貨渾渾如泉源」，注：「户本反。」景宋本正作「渾渾之渾」。形若槁木，心若死灰，槁木無氣，死灰無熱，喻無爲也。忘其五藏，損其形骸。○寧案：王念孫云「損」當爲「捐」，説見原道訓。不學而知，不視而見，不爲而成，不治而辯。感而應，迫而動，迫切不得不動，然後乃動也。不得已而往，○寧案：莊子刻意篇「感而後應，迫而後動，不得已而後起」，此淮南文所本。如光之燿，如景之放，○王念孫云：劉績依文子九守篇改「放」爲「效」，案劉改是也。如景之效，謂如景之效形也。「效」與「燿」爲韻，若作「放」則失其韻矣。○王紹蘭云：「放」當爲「敫」，字之壞也。説文放部：「敫，光景流也。从白从放，讀若龠。」敫从白，故爲光景；从放，故爲流。然則淮南本作「如景之敫」，謂如景之流。許解敫爲光景流，正取此文爲義也。文子九守篇亦本作「敫」，傳寫者多見「效」，寡見「敫」，又以「效」與

「燿」韻，因誤「敫」爲「效」。不知「敫」讀若「龠」，正與「燿」爲韻。邶風簡兮篇「左手執籥，右手秉翟」，即其明證矣。是知劉本「放」爲「效」，「放」固失之，而「效」亦未爲得也。○楊樹達云：「放」字不誤。二王皆欲改字，説並非也。敫字从白从放，即此「放」字之義。今語猶言放光，是古之遺語也。「放」與上「往」字爲韻，不與「燿」爲韻。王念孫云作「放」失韻，尤非是。以道爲紃，有待而然。紃者，法也。以道待萬物，故曰有待而默默如是。○吴承仕云：注文當作：「故曰有待而然。(句)然，(讀)如是。(句)」凡注文言「故曰」者，皆重述本文，其例甚明。此注述本文竟，又以「如是」釋「然」字也。主術篇「治國則不然」，注云：「然，如是。」○向宗魯云：兩「默」字皆當作「然」，蓋複舉正文，而又以「如是」釋「然」字也。○于省吾云：注：「紃者，法也。」按「紃」應讀作「循」。荀子非十二子「及紃察之」，注：「紃與循同。」然則「以道爲紃」，即以道为循也。抱其太清之本而無所容與，無所容與於情欲也。而物無能營，營，惑也，一曰亂。廓惝而虚，清靖而無，思慮不勞精神。○陳季皐云：「思慮」二字，疑本在注文「精神」下，傳寫誤入正文。「惝」讀「敞」，誼與「廓」近。「靖」讀爲「静」，誼與「清」近。廓敞而虚，清靖而無，文義已足，不當更綴二字。文子九守篇「廓然而虚，清靖而無」，即其明證。○寧案：陳説是也。此云「不勞精神思慮」，下文「先王之道勝，故肥」，高注「精神内守無思慮」，其比同。大澤焚而不能熱，河、漢涸而不能寒也，大雷毁山而不能驚也，大風晦日而不能傷也。言體道之人，閉情守虚，雖此四者之大，不能感也。○楊樹達云：「涸」訓「乾」，與不能寒義不相承，余謂字蓋假爲「冱」，「冱」，凍也。莊子齊物論云「大澤焚而不能熱，河、漢冱而不能寒，疾雷破山風振海而不能驚」，爲淮南此文所本。字正作「冱」，其明證也。是故視珍寶珠玉猶石礫也，視至尊窮寵猶行客也，視毛嬙、西施猶䫏醜也。至尊謂帝王也，故曰「窮寵」也。行客猶行道過客。毛嬙、西施皆古之美人。䫏頭也。方相氏黄金四目，衣䫏，稀世之䫏貌，非生人也，但其像耳目䫏醜，言極醜也。○莊逵吉云：「䫏頭」見周禮。説文解字有「䫏」，云「醜也」。又有「娸」，杜林亦以爲醜。○王引之云：「石礫」本作「礫石」。説文：「礫，小石也。」逸周書文傳篇云：「礫石不可穀。」楚辭惜誓「相與貴夫礫石」，王注云：「相與貴重小石也。」韓詩外傳云：「太山不讓礫石，江海不辭小流。」皆其證也。石與客、魄爲韻，若作「石礫」，則失其韻矣。（古韻石在鐸部，礫在藥部，兩部絶不相通，此非精於三代、秦、漢之音者，不能辯也。）「䫏醜」本作「倛魄」，此「魄」誤爲「醜」，（「醜」與「魄」草書相似。）後人又改「倛」爲「䫏」耳。後人以荀子非相篇「面如蒙倛」，楊倞曰「倛，方相也」，周官方相氏注云「如今魌頭」，（魌與䫏、倛同。）遂誤以「倛」爲倛頭之「倛」。又以説文倛頭字作「䫏」，故改「倛」爲「䫏」。不知「倛醜」本作「倛魄」，乃請雨之土人，非逐疫之䫏頭也。「倛魄」一作「欺魄」，又作「欺頼」。列子仲尼篇「若欺魄焉而不可與接」，張湛曰：「欺魄，土人也。」釋文曰：「魄，片各反，字書作欺頼。」文選應璩與岑文瑜書注曰：「淮南子曰：『視西施、毛嬙，猶倛魄也。』高誘曰：『倛魄，請雨土人也。』」皆其明證矣。視毛嬙、西施如倛魄者，謂視如土偶，非謂視如䫏頭也。且「魄」與「石」「客」爲韻，若作「䫏醜」，則失其韻矣。集韻「倛」字注云：「淮南祈雨土偶人曰倛。」但言「倛」而不言「倛魄」，似所見本「魄」字已誤作「醜」，然「倛」字尚未改作「䫏」，且高氏「請雨土人」之注亦未嘗改也。今則正文既改，而高注亦非其舊矣。○寧案：䫏醜疑非誤字。荀子非相篇楊倞注引慎子曰：「毛嬙、西施，天下之至姣也，衣之以皮倛，則見之者皆走也。」則淮南文本慎子。蓋許作「倛魄」，注「倛魄，請雨土人也」；高作「䫏醜」，文選注誤許爲高也。今本注有奪誤。「䫏頭也」當重「䫏」字，「衣䫏稀」當作「衣赭衣」。周禮「方相氏掌蒙熊皮，黄金四目，玄衣朱裳」，即高注所本，中立本正作「衣赭衣」。以死生爲一化，以萬物爲一方，方，類也。○俞樾云：文子九守篇作「以千生爲一化」，當從之。言生之數雖有千而以爲一也。以千生爲一化，以萬物爲一方，兩文相儷，而意亦相準，若作「死生」，則不類矣。且「以死生爲一化」，義亦未安，當據文子訂正。○于省吾云：俞說非是。一死生，齊萬物，乃道家要指。俞氏以爲「千生」與「萬物」相儷，拘文牽義矣。下云「細萬物則心不惑矣，齊死生則志不懾矣」，亦以「萬物」與「死生」對文，是其證也。莊子德充符「胡不直使彼以死生爲一條」，知北遊「死生有待邪，皆有所一體」，庚桑楚「孰知有無死生之一守者」，此言「一化」，與「一條」、「一體」、「一守」義均相仿。○蔣禮鴻云：下文有云：「終則反本未生之時，而與化爲一體，死之與生一體也。」即此文之義。莊子德充符篇稱「以死生爲一條」，亦與此義同。何云義亦未安也？「死生」不誤，俞說非是。又案：雲笈七籤九十一所載九守篇亦作「以死生爲一化」，不作「千生」，是文子作「千生」之本，亦轉寫之誤耳。

同精於太清之本，而游於忽區之旁，忽區，忽恍無形之區旁也。○寧案：注「旁」字涉正文而衍。有精而不使，有神而不行，不濁其精，不勞其神，此之謂也。契大渾之樸，而立至清之中。樸，猶質也。渾，不散之貌。渾，讀「揮章」之揮。○吴承仕云：注文「渾」上疑脱一「大」字。○寧案：「揮章之揮」疑當作「惲㫗之惲」。說文：「惲，重厚也。於粉切。」「章」字景宋本作「韋」。「韋」「章」皆與「㫗」字形近而譌。「㫗」，古「厚」字。是故其寢不夢，其智不萌，其魄不抑，其魂不騰。其寢不夢，神內守也。其智不萌，無思念也。魄，陰神；魂，陽神。陰不沉抑，陽不飛騰，各守其宅也。○楊樹達云：「其寢不夢，其智不萌」二句，誤倒當乙。本文上下皆韻，此四句以夢、騰爲韻，（古登部。）誤倒則失其韻矣。此緣後世讀「夢」爲亡貢切，「萌」爲武庚切，淺人不知古音，疑「夢」與「騰」不協，而武庚切之音，與「騰」音較近，故妄乙之耳。不知「萌」古音在唐部，與「騰」在登部者，決不協也。高注先釋「其寢不夢」，後釋

「其智不萌」，或高作注時已誤，或緣後人既乙正文，又乙高注耳。○寧案：莊子刻意篇「其寢不夢，其覺無憂，其神純粹，其魂不罷」，又大宗師篇「其寢不夢，其覺無憂」，此淮南文所本。反覆終始，不知其端緒，甘瞑太宵之宅，而

覺視于昭昭之宇，○劉文典云：文選陸士衡答張士然詩、嵇叔夜養生論李注：「瞑，古眠字。」「甘瞑」猶酣眠也。高注「言其直瞑於大道之處，冥視昭昭矣」，未得其誼。本書俶真篇「甘瞑于溷澖之域」同。又案：「甘瞑」下當有「於」字。文選辛丑歲七月赴假還江陵夜行塗口詩注引作「甘瞑於大霄之宅」可證。俶真篇「甘瞑於溷澖之域」，「甘瞑」下亦有「於」字。○寧案：劉謂「甘瞑」下有「于」字是也，中立本正作「甘瞑于」。休息于無委曲之隅，而游敖于無形埒之野。太宵，長夜之中也。言其直瞑于大道之處，冥視昭昭矣。無委曲之隅，無形埒之野，冥冥無形象之貌也。居而無容，處而無所，言其人居無形容可得見也，處無常所。其動無形，其靜無體，無形無體，道之容也。存而若亡，生而若死，出入無間，役使鬼神，言耐化也。人不與鬼同形而耐使之者，道也。天神曰神，人神曰鬼也。淪於不測，入於無間，以不同形相嬗也，嬗，傳也。萬物之形不同，道以相傳生也。終始若環，莫得其倫，倫，理也，道也，人莫能得焉。此精神之所以能登假於道也，假，至也，上至于道也。或作蝦蟇雲氣。○陳直云：西嶽華山廟碑云：「思登假之道。」當卽遐字假借，謂登仙也。高注似失之迂曲。○寧案：注「或作蝦蟇雲氣」，景宋本「蝦」作「煆」。說文段注：「蝦，古或借爲霞字。」史記天官書「雷電蝦虹」，卽「雷電霞虹」也。字又作「遐」。墨子節葬篇「燻上謂之登遐」，太平廣記引作「熏，其煙上謂之登煙霞」。字又作「假」。莊子德充符「彼且擇日而登假」，釋文：「徐音遐。」本書齊俗篇：「其不能乘雲升假亦明矣。」列子周穆王篇作「登假」，湯問篇作「登遐」。是「假」「煆」「遐」「蝦」皆「霞」之借字也。「蟇」乃

「暮」字之誤。說文新附「霞，赤雲氣也」，故高注云「暮雲氣」。後人不知「蝦」乃「霞」之借字，因「蝦」从虫，故改「暮」爲「蟇」，妄矣。是故真人之所游。○俞樾云：「是故真人之所游」，本作「是真人之游也」，乃結上之辭。文子九守篇亦有此文，大畧相同，結之曰「此真人之游也」，乃其明證也。下文曰：「若吹呴呼吸，吐故納新，熊經鳥伸，鳧浴蝯躩，鴟視虎顧，是養形之人也，不以滑心。」高注曰：「是非真人之道也。」若如今本作「是故真人之所遊」，則下文云云，皆爲真人之道矣。其謬殊甚，不可不正。○向宗魯云：「故」與「固」同，本文自可通。○于省吾云：故猶固也，詳經傳釋詞。固者，本然之辭，「是固真人之所游」，正係結上，俞說非是。若吹呴呼吸，○楊樹達云：說文欠部云：「敂，吹也。从欠句聲。」「呴」蓋「敂」之或字。吐故内新，熊經鳥伸，鳧浴蝯躩，鴟視虎顧，是養形之人也，不以滑心。游，行也。經，動摇也。伸，頻伸也。若此養形之人，導引其神，屈伸跳踉，是非真人之道也。滑，亂也。言此養形者耳，不足以亂真人之心也。○寧案：莊子刻意篇：「吹呴呼吸，吐故納新，熊經鳥申，爲壽而已矣。此道引之士，養形之人，彭祖壽考者之所好也。」此淮南文所本。釋文引司馬云：「熊經，若熊之攀樹而引氣也。」後漢書華陀傳李賢注亦云：「若熊之攀枝自懸也。」義實優於高注。又案注「游，行也」，道藏本、景宋本無「也」字，在「是故真人之所游」下。後人誤以「是故真人之所游」爲起下之詞，故移置如今本耳。使神滔蕩而不失其充，日夜無傷，而與物爲春，充，實也。體道人同日夜，喻賊害也。無傷，無所賊害也。與物爲春，言養物也。○俞樾云：「充」當作「元」，元者本也，謂不失其本也。文子九守篇作「使精神暢達而不失於元」，與此不同，雖不必據彼改此，而「元」字之義自較「充」字爲長。高注曰「充，實也」，是其所據本已誤。○向宗魯云：莊子德充符云：「使之和豫通而不失於兑，使日夜無郤而與物爲春，是接而生時於心者也。」莊子作「兑」，此文作「充」，二字形近，未知孰是。郭注兑爲説。○寧案：俞説非也。春秋繁露循天之道篇云：「精神者，生之内充也。」故此曰「使神滔蕩而不失其充」也。又原道篇「氣者生之充也」，王念孫亦校「充」爲「元」，而不知淮南語本孟子。楊樹達氏駁之甚詳。彼言氣，此言神，孟子曰「氣體之充也」，與春秋繁露「精神者生之内充也」，其義一也。莊子自作「兑」，淮南自作「充」，高注云「充，實也」，是其明證矣。

則是合而生時于心也。若是者，合于道，生四時化其心也，言不干時害物也。○劉績云：文子作「則是合而生時於心者也」，莊子作「是接而生時於心者也」，則「干」乃「于」字之誤。○王念孫云：高注「生四時化其心也」，當作「生四時之化于其心也」，此是釋「生時于心」之義。生時于心而與物爲春，則是順時以養物，故注又云「言不干時害物也」。今本正文「于」字作「干」，即涉注文「干」時而誤。○寧案：藏本作「干」，故劉、王説如是。景宋本正作于，莊本不誤。

且人有戒形而無損於心，戒，備也，人形體備具。「戒」或作「革」，革，改也，言人形骸有改更而作化也。心喻神，神不損傷也。有綴宅而無耗精，綴宅，身也。精神居其宅則生，離其宅則死，言人雖死，精神終不耗滅，故曰「無耗精」也。○王念孫云：「無損於心」，「於」衍字也。「戒形」與「損心」，「綴宅」與「耗精」，皆相對爲文，則「損」下不當有「於」字。莊子大宗師篇「且彼有駭形而無損心，有旦宅而無情死」，即淮南所本。○陳季皐云：注「戒或作革」是也。莊子大宗師「戒」作「駭」，「綴」作「旦」。「戒」「駭」聲近，并「革」之借，（周禮太僕：「始崩，戒鼓。」鄭注：「戒鼓，擊鼓以警衆也，故書戒爲駭。」説文：「諽讀若戒。」）言形有革更而心無累損也。「綴」「旦」音近，（古無舌上，「綴」「旦」竝在端母。）竝嬗之耤，（嬗从亶聲，亶从旦聲，亦與綴同母。）身有嬗變而精無耗滅。高氏訓「戒」爲「備」既失，訓「綴宅」爲「身」亦未諦。注「綴」下肙高注當有「離」字。○吴承仕云：「戒形」「損心」，「綴宅」「耗精」，皆對文成義，此注以「身」訓「宅」，「綴」字別有訓釋之詞而今本奪之。○向宗魯云：慧琳音義九十四引許注「㤞惙，憂也」，即此處注文，疑本作「惙㤞，憂也」。「惙」與「怛」同。莊子作「旦宅」，即「怛㤞」之借字。蔡琰詩：「怛㤞糜肝肺。」「綴宅」、「旦宅」、「惙㤞」、「怛㤞」，一也。○楊樹達云：注「戒或作革」，作「革」者本字，「戒」同音借字。下文云「形有摩而神未嘗化」，與此句義同。「綴」讀爲「輟」。爾雅釋詁云：「輟，已也。」人死則精神離其宅，故云「有輟宅」也。禮記樂記云：「禮者，所以綴淫也。」鄭注云：「綴猶止也。」荀子成相篇云：「春申道綴基畢輸。」楊注云：「綴，止也。」止與已義同，皆假「綴」爲「輟」，與淮南同。○于省吾云：王説是也。「戒」仍應作「駭」。「駭」之作「戒」，猶「駭」之作「駴」矣。「綴宅」應讀作「怛度」，怛度即憂度，詳莊子新證。「憂度」與「駭形」對文，「度」亦形也。（莊子新證：大宗師「有旦宅而無情死」，釋文：「李本作怛㤞。」詩匪風「中心怛兮」，傳：「怛，傷也。」廣雅釋詁「怛，憂也」。「宅」應讀爲「度」。西清古鑑著録有作册宅彝，即書顧命之「作册度」也。書堯典「宅西曰昧谷」，周禮注「宅」作「度」。舜典「五流有宅，五宅三居」，史記「宅」並作「度」。立政「惟克厥宅心」，漢石經「宅」作「度」。此例不勝繁舉。「情」「精」古字通，古籍習見。「死」字本應在「精」字上。淮南子精神作「有綴宅而無秏精」，「秏」與「死」義相因，尤其明證矣。且「有怛度而無死精」與上文「有駭形而無損心」正相對爲文。度謂儀度，言有憂傷之儀度而無死精也。老子六章「谷神不死」，即欲神不死，詳老子新證，「神」與「精」義相因。此言而無死精，猶老子言欲神不死也。淮南子精神作「有綴宅」者，「綴」「怛」古韻隸脂部，「綴」「惙」字通。説文：「惙，憂也。」與「怛」同義。）○寧案：于説是。楊説義亦可通。夫癩者趨不變，狂者形不虧，神將有所遠徙，孰暇知其所爲。言病癩者，形生神在，故趨不變也。或作「介」，介，被甲者。禮，介者不拜，而能趨于步，故曰「不變」也。狂體具存，故曰「不虧」，但精神散越耳，故曰「神有所遠徙」也。○

莊逵吉云：錢別駕云「『癩』或作『介』者，『介』即『兀』字，莊子有兀者王駘」。或作「介」是也。雖于高注之外闢一解，與本文義更覺切近。○蔣超伯云：莊引錢別駕云云。按養生主：「公文軒見右師而驚曰，是何人也，惡乎介也？」郭注：「介，偏刖之名。」廣韻：「尬，行不正也。」「尬」即「介」也。介爲偏刖，郭氏已顯言之，錢置養生主而引王駘，失之眉睫矣。○吴承仕云：注「狂體具存」，當作「狂者體具存」。上文「病癩者」「被甲者」皆有「者」字，文例宜爾。○向宗魯云：或作介者，「介」與「疥」通，義仍與「癩」同。○楊樹達云：趨讀志趣、趣向之「趣」，非謂趨步也。説山篇云：「行合趨同，千里相從；行不合趨不同，對門不通。」「趨」字亦當讀爲「趣」。○馬宗霍云：「癩」字説文作「癘」，訓「惡疾也」。禮記月令：「孟冬行春令，民多疥癘。」然則此文「癩」或作「介」者，「介」蓋「疥」之省借字。廣雅釋詁一云：「疥，創也。」「創」俗作「瘡」，故廣韻十六怪云：「疥，瘡疥。」患瘡疥之疾者急於搔，故説文以「搔」訓之，「搔」俗作「瘙」，故廣雅疥、瘙同訓。高氏釋介爲被甲者，近於望文，錢氏謂「介」即「兀」字，亦未必是。

故形有摩而神未嘗化者，以不化應化，千變萬抮而未始有極。

摩滅猶死也。神變歸於無形，故曰未嘗化，化猶死也。不化者精神，化者形骸。死者形爲灰土，爲日化也。○吴承仕云：注「爲日化也」四字，義不可通，疑當作「故曰化也」。神變歸於無形，故曰未嘗化；形骸變爲灰土，故曰化。○呂傳元云：高注「摩滅猶死也」，是正文「摩」下本有「滅」字。「摩」當作「靡」。原道訓「忽去之則骨肉無倫矣」，注「骨肉靡滅無倫匹也」。高彼注「靡滅」，蓋即本諸此文。文子九守篇作「形有靡而神未嘗化」，亦無「滅」字，蓋後人據誤本淮南所改者，但「靡」字不誤。○于省吾云：「爲」字無由譌作「故」，吴説非是。爲猶謂也，古籍習見，亦詳經傳釋詞。「爲日化也」即謂日化也。○寧案：于謂「爲猶謂也」，説雖可通，疑非高氏之舊。上云「故曰未嘗化」，此云「故曰化」，下文注云「故曰豈木也」，「故曰非形也」，

（今本敚「曰」字。）「故曰未嘗化也」，「故曰則化」，皆複舉正文，注例一律，吴説是也。「爲」字涉上而誤。又案：吕謂「摩」下有「滅」字是也。「摩」「靡」古通，「摩」非誤字。化者復歸於無形也，不化者與天地俱生也。夫木之死也，青青去之也，夫使木生者，豈木也？使木生者天地，故曰豈木也。○寧案：注「天地」當作「天也」，涉正文「天地」而誤。下句注云「充形者氣也」，以「天」與「氣」對舉；又下句注云「若天、氣未嘗死也」，正總「天」「氣」二字，是其證。道藏本、中立本、茅本、景宋本皆作「天也」。猶充形者之非形也。充形者氣也，故曰「非形」也。故生生者未嘗死也，其所生則死矣；生生者道，喻道之人，若天、氣未嘗死也。下所生者萬物矣。○寧案：注「下所生」，「下」字疑「其」字之誤。「其」古作「亓」，與「下」形似。「生生者」與「其所生」皆複舉正文。化物者未嘗化也，其所化則化矣。化物者道也，道不化，故未嘗化也。所化者萬物也，萬物有變，故曰「則化」。輕天下則神無累矣，輕薄天下寵勢之權者，許由是也，故其精神無留累于物也。細萬物則心不惑矣，以萬物爲小事而弗欲，故心不惑物也。齊死生則志不懾矣，齊，等也。不畏義死，不樂不義生，其志意無所懾懼，故曰等也。同變化則明不眩矣。眩，惑。衆人以爲虚言，吾將舉類而實之。實，明。

人之所以樂爲人主者，以其窮耳目之欲，而適躬體之便也。○寧案：藝文類聚十一、太平御覽八十引「人主」作「天子」，蓋許本。御覽引注乃許注，以是知之。今高臺層榭，人之所麗也，四方而高曰臺，加木曰榭。麗，美也。而堯樸桷不斲，素題不枅；樸，采也。桷，椽也。不斲削。加宓石之素題者，不加采飾。不枅者，不施薄櫨。枅讀雞，或作「刮」也。○王念孫云：如高注，則「樸」爲「樣」之誤也。隸書「樸」或作「樸」，「樣」或作

「樣」，二形相近，故「樣」誤爲「樸」。樣，卽今橡栗字也。說文曰：「樣，栩實。」又曰：「栩，柔也。其實草，（今借用「早」字，俗作皁。）一曰樣。」又曰：「草斗，櫟實。一曰樣斗。」高注呂氏春秋恃君篇曰：「橡，早斗也，其狀似栗。」應劭注漢書司馬相如傳曰：「櫟，采木也。」韓子五蠹篇曰：「堯之王天下也，茅茨不翦，采椽不斲。」史記太史公自序索隱引韋昭漢書注曰：「采椽，櫟榱也。」合觀諸說，櫟，一名栩，一名柔，一名采，其實謂之早，亦謂之樣，是樣爲采實而非采也。然司馬彪注莊子齊物論篇云：「芧，橡子也。」（「芧」與「柔」同。）則采亦謂之樣矣。故韓子言「采椽不斲」，此言「樣桷不斲」，而高注亦訓「樣」爲「采」也。又案：說文「樣」字，今書傳皆作「橡」，蓋後人所改也。此「樣」字若不誤爲「樸」，則後人亦必改爲「橡」矣。○陶方琦云：大藏音義六十二引作「采椽不斲，㾓題不枅」。又引許注曰：「枅，櫨也。」御覽引舊注：「言梁柱相斥距，不著枅櫨也。」觀大藏音義所引，知御覽亦是許注無疑。說文：「枅，屋櫨也。」正合。○吳承仕云：尚書大傳：「其桷，天子斲其材而礱之，加密石焉。」注義卽本之書傳，謂不斲削，又不以宓石礲之也。今注文有誤奪，無可據改。又「素題不枅」類聚十一引作「斥題不枅」，并引注云：「言梁柱相斥距，不著枅櫨。」御覽八十引文注同。承仕案：此許、高異義也。類聚引注，蓋訓斥爲距，訓題爲湊，謂梁柱相湊之處，不著欂櫨也。素斥聲近而字異，故說義亦殊。不枅之說，則二家所同也。又朱本不施欂櫨下，有「俱交架也」四字，與不枅之義相成，莊本誤奪。○向宗魯云：「樸」，王疑「樣」之誤，是也。然類聚十一引此文作「采」，御覽八十引此文作「採」，「採」又「采」之誤，疑許本作「采」。又引「素題不枅」作「斥題不枅」。引注云：「梁柱相斥距，不著枅櫨也。」與今本不同，亦當是許注。○寧案：「樸」當爲「樣」，王校是也，主術篇亦云「采椽不斲」。**珍怪奇異**，○莊逵吉云：「奇異」本皆作「奇味」，惟藏本作「異」。○王念孫云：作「味」者是也。上文高臺層榭，指宮室言之，與樣桷素題相對；下文文繡狐白，指衣服言之，與布衣鹿裘相對；此文珍怪奇味，指飲食言之，與糲粢藜藿相對。若云珍怪奇異，則不專指飲食，失其指矣。藝文類聚帝王部一、太平御覽皇王部五、百穀部六、文選劉琨答盧諶詩注引此並作「奇味」。○劉文典云：王說是也。北堂書鈔百四十二引作「怪味，人之所美」，文雖小異，而作「味」則同也。人之所美也，而堯糲粢之飯，藜藿之羹；糲，粗也。粢，稷也，糲讀賴恃之「賴」，粢讀齊衰之「齊」。○王紹蘭云：「粢」當爲「秶」。說文米部無「粢」字。禾部：「𪗉，稷也。从禾齊聲。秶，𪗉或从次。」是「秶」即「𪗉」之或字，於穀爲稷，故高注「秶，稷也」。古者以稷食爲疏食，故「秶」與粗糲之「糲」對文。說文「糲，粟重一柘爲十六斗太半斗舂爲米一斛，曰糲。从米萬聲」。作「糲」者，今字也。經典齍盛之「齍」通作「粢」，其字从米，非糲秶之義。此文「粢」字，據注訓「稷」，知高誘所據舊本原作从禾之「秶」，後人多見「粢」，寡見「秶」，遂併注文皆改從米耳。注中「衺」亦「衰」之譌也。○寧案：王說是也。人間篇「糲粢之飯」，誤與此同。藝文類聚十一、太平御覽八十又八百四十二引「粢」又再誤爲「粱」。文選陸機君子有所思行注引賈逵云：「粱，食之精者。」此不得與藜藿並舉，更不得曰「糲粱」矣。又齊衰，喪服名，故高以作音。道藏本、中立本、景宋本、莊本皆作「衰」不誤。文繡狐白，人之所好也，而堯布衣揜形，鹿裘御寒。養性之具不加厚，而增之以任重之憂，任讀任俠之「任」。○寧案：藝文類聚十一引「繡」作「錦」，「性」作「生」，太平御覽八十引同，當是許本。「性」「生」古通，上文高注「性，生也」。故舉天下而傳之於舜，傳，禪。若解重負然。非直辭讓，誠無以爲也。此輕天下之具也。禹南省，方濟于江，巡狩爲省，省視四方也。濟，渡也。黄龍負舟，舟中之人，五色無主；禹乃熙笑而稱曰：「我受命于天，竭力而勞萬民，勞，憂也。○徐仁甫云：熙，廣韻云：「和也。」

正與下文「滑和」之「和」相呼應。論衡異虛篇引作「嘻笑」。說文無「嘻」有「熹」，玉篇云：「熹或作熙。」然則「嘻笑」當作「熹笑」，亦即「熙笑」。生寄也，死歸也，何足以滑和！」視龍猶蝘蜓，人壽蓋不過百年，故曰寄；死滅没化不見，故曰歸。滑，亂也。和，適也。蝘蜓，蜥蜴也，或曰守宫。東方朔射覆對武帝曰：「謂爲龍，無有角，謂爲蛇，而有足，騤騤脈脈喜緣壁，非守宫，即蜥蜴。」是也。○寧案：注「即蜥蜴」，道藏本、中立本、景宋本作「當蜥蜴」，今本據漢書東方朔傳所改。顏色不變，龍乃弭耳掉尾而逃。逃，去。禹之視物亦細矣。鄭之神巫相壺子林，見其徵，神在男曰覡，在女曰巫。巫能占骨法吉凶之氣，故見其兆徵。徵，應也。○于鬯云：此本莊子應帝王篇云「鄭有神巫曰季咸」，故曰鄭之神巫；而列子黄帝篇云「有神巫自齊來，處於鄭，命曰季咸」，則是本齊人，非鄭人。○寧案：太平御覽七百三十五引注無「神」字，此涉正文而衍也。國語楚語「在男曰覡，在女曰巫」，漢書郊祀志同。此高注所本。周禮春官神仕疏亦云：「按外傳云：在男曰覡，在女曰巫。」皆無「神」字。告列子，列子行泣報壺子，列子，鄭之隱士，壺子弟子也。報，白也。壺子持以天壤。言精神天之有也，形骸地之有也，死自歸其本，故曰持天壤矣。名實不入，機發於踵。名，爵號之名。實，幣帛貨財之實。不入者，心不恤也。機，喻疾也。謂命危殆不旋踵而至，猶不恐懼。○陶方琦云：列子釋文引許注「機發不旋踵」，按所引非全文。說文：「主發謂之機，从木幾聲。」壺子之視死生亦齊矣。齊，等。○向宗魯云：壺子事本莊子應帝王篇。（列子黄帝篇同。）子求行年五十有四，而病傴僂，脊管高于頂，䐈下迫頤，兩脾在上，燭營指天；子求，楚人也。僂，脊管下瘦也。高于頂，出頭上也。䐈，肝胃也。迫，薄。至于頤也。兩脾下在上，軀正員也。䐈讀精神歇越無之「歇」也。燭，陰華也。營，其竅也。上指天也。燭營讀曰括撮也。○顧廣圻云：「求」疑當作「永」，莊子大宗師釋文載崔譔引此作「子永」，是其證矣。抱朴子外篇博喻云：「子永歎天倫之偉。」亦作「永」字。○俞樾云：子求當作子來，字之誤也。子來事見莊子大宗師篇。其文曰：「子祀、子輿、子犂、子來四人相與友」；又曰：「俄而子輿有病，子祀往問之，曰：『偉哉！夫造物者，將以予爲此拘拘也！』曲僂發背，上有五管，頤隱於齊，肩高於頂，句贅指天」；又曰：「俄而子來有病，喘喘然將死」。淮南所見莊子，其「子輿有病」「子來有病」兩文，蓋與今本互易，故以傴僂之病屬之子來也。莊子釋文引崔譔云：「淮南作子永。」抱朴子博喻篇亦云：「子永歎天倫之偉。」顧氏千里以作「永」爲是。誠知其當爲子來，則「求」與「永」並屬形似之誤，「求」固非而「永」亦未是也。説互詳莊子。○孫詒讓云：注「䐑，肝胷也」，古無此訓，「䐑肝」當作「𩩲骬」。廣雅釋親云：「𩩲骬，貳也。」靈樞經骨度篇云：「結喉以下至缺盆長四寸，缺盆以下至𩩲骬長九寸。」是𩩲骬正當胸間，故高云「𩩲骬，胷也」。但據靈樞則缺盆、𩩲骬竝雙字爲名，不得單舉𩩲言之；且頤在𩩲骬上，而云「下迫」，於義亦乖。疑正文本作「䐑肝迫頤」，注「䐑肝」卽述正文也。「肝」或脱「肉」，形作「干」，又譌爲「下」，遂不可通耳。○吴承仕云：説文：「歇，息也。一曰：氣越泄。」七發曰：「精神越渫。」俶真訓「必形繫而神泄」，高注云：「身形疾而精神越泄。」歇越、越泄，意義大同。此注讀䐑爲精神越歇之「歇」，則「無」字爲衍文，灼然可知。又案：䐑，廣雅廣韻並作「𩩲」，曹憲音火伐反，類篇集韻並有許竭一切，與歇同音。又案：莊子人間世「會撮指天」，釋文引崔譔云：「會撮，項椎也。」明與燭營異物，卽聲類亦殊，注既釋燭營爲陰竅，更不得讀爲會撮明矣。（括、會聲近義同，高作括者，疑是莊子異文。）疑注文「讀曰括撮」以下，當是許、高二注錯襍之文。「讀曰」疑卽「讀爲」，若鄭箋之改字矣。○陳季皐云：「燭營」與「括撮」聲不近，如注則本當作「管燭」，卽莊子人間世之「會撮」，大宗師之「句贅」，字異而聲義不殊。司馬彪云：「會撮，髻也。古者髻在項中，脊曲頭低，故髻指天也。」蓋緣上文誤衍「管」字，改以避之，而又誤倒。（上文「脊管高于頂」，注「脊管下竅也」。既云「下竅」，又云「出頭上」，兩語相連，於誼不通，疑正文本作「脊高於頂」，注「管下竅也」，卽涉下「管其竅也」而衍。）○向宗魯云：莊子人間世「兩髀爲脅」，釋文「髀，本又作脾」。「脾」假借字，「髀」正字。此作「脾」，蓋淮南所據莊子與釋文一本同。又案此文云「燭營指天」，莊子人間世云「會撮指天」，大宗師云「句贅指天」，明是一物。高注讀爲「括撮」，尤與「會撮」相近。陳謂「營」爲「管」之誤，塙不可易。莊子釋文引李說于「會撮」「句贅」之訓，與上文「脊管」義複，司馬以爲髻，髻之指天，亦不足異，似俱未得其旨。高注既讀爲「括撮」，卽用莊子之文，其所訓亦必本莊子舊說。○楊樹達云：「腸」疑當爲「鬄」之或字。說文頁部云：「頞，鼻莖也。」或作「鬄」。鼻莖本在頤之上，而子求鼻莖與頤相接，故曰「下迫頤」也。又高注曰：「燭，陰華也，營其竅也。」案廣雅釋親、玉篇、廣韻皆有「豚」字，廣雅訓「臀」，玉篇訓「尻」，廣韻訓「尾下竅」，此文「燭」卽「豚」字也。說文「斀」訓「去陰之刑」，義亦相關，說詳余釋屬篇。○于省吾云：按莊子大宗師「句贅指天」，成疏：「項句曲大挺如贅。」釋文引李云：「句贅，項椎也。其形似贅，言其上向也。」「括撮」與「句贅」音近，注云「燭營讀曰括撮」，陳詩庭謂當作「營燭」。詳讀書證疑。○寧案：「脾」疑當爲「髆」。說文：「髆，肩甲也。」「髆」與「髀」形近，誤爲「髀」，道藏本、中立本、景宋本正作「髀」，古以「脾」爲「髀」。此文本莊子大宗師。「肩高於頂」，故曰「髃骬迫頤，（依孫校。楊樹達謂「腸」當爲「鬄」，「鬄下迫頤」，謂鼻莖與頤相接。按此言子求病傴僂而自照形，鼻莖與頤相接，與病傴僂何涉？）兩髆在上」，而注云「兩髆下在上」也。若作「兩髀在上」，則髃骬安得迫頤乎？匍匐自闚於井，○寧案：道藏本、中立本、景宋本有注云：「臨井水自覿照。」當據補。曰：「偉哉！造化者其以我爲此拘拘邪！」偉哉猶美哉也。造化，謂天也。拘拘，好貌。○楊樹達云：高訓拘拘爲好貌，蓋讀「拘」爲「竘」。說文立部云：「竘，健也，一曰匠也。」○寧案：楊說是也。人間篇「竘然善也」，善猶好也。此其視變化亦同矣。故覩堯之道，乃知天下之輕也；以其禪舜。觀禹之志，乃知天下之細也；以其視龍猶蝘蜓也。○王念孫云：「天下之細」，「天下」當爲「萬物」，此涉上「天下之輕」而誤也。上文云：「輕天下則神無累矣，細萬物則心不惑矣。」又云：「堯舉天下而傳之於舜，若解重負然，此輕天下之具也。」「禹視龍猶蝘蜓，龍乃弭耳掉尾而逃，禹之視物亦細矣。」此文「知天下之輕」，承上堯輕天下而言，「知萬物之細」，則承上禹細萬物而言。今本「萬物」作「天下」，則與上文不合。原壺子之論，乃知死生之齊也；論持以天壤也。見子求之行，乃知變化之同也。行匍匐窺于井，此之謂也。夫至人倚不拔之柱，行不關之塗，倚于不可拔搖之柱，行于不可關閉之塗，言無不通。稟不竭之府，學不死之師，無往而不遂，往而遂也。無至而不通。至而通也。生不足以挂志，死不足以幽神，屈伸俛仰，抱命而婉轉，抱天命而婉轉，不離違也。禍福利害，千變萬紾，紾，轉。孰足以患心！若此人者，抱素守精，蟬蛻蛇解，游於太清，輕舉獨住，忽然入冥。○王念孫云：「住」當爲「往」，謂輕舉而獨行也。若作「住」則與「忽然入冥」句義不相屬矣。隸書從彳從亻、從㞢從主之字多相亂，故「往」誤爲「住」。○寧案：王說是也。文選江淹雜體詩注引淮南王莊子畧要曰：「江海之士，山谷之人，輕天下，細萬物，而獨往者也。」司馬彪曰：「獨往，任自然，不復顧世。」陶淵明歸去來注引作淮南子要畧（淮南子要畧乃淮南王莊子畧要之省誤。）曰「山谷之人」云云，亦引「司馬彪曰」云云。可爲王說之證。景宋本正作「往」。鳳凰不能與之儷，而況斥鷃乎！儷，偕也。斥澤之鷃雀，飛不出頃畝，喻弱也。〇陶方琦云：文選七啟注引「斥」作「尺」。又引許注：「鷃雀飛不過一尺，言其劣弱也。」按說文：「鴳，雀也。从鳥安聲。」許注「飛不過一尺」，正釋「尺」之義，與高本作「斥」異。文選宋玉對楚王問「尺澤之鯢」，注：「尺澤，言小也。」夏侯湛抵疑「尺鷃不能凌桑榆」，亦作尺。然尺、斥古字通。莊子釋文「斥鷃笑之」，司馬注：「小澤也。本亦作尺。」一切經音義二十二尺鷃下云：「鷃長惟尺，即以名焉。一作『斥』，小澤也。」〇于省吾云：高以斥爲斥澤，許以爲飛不過一尺，二說並誤。尺鷃謂鷃之長僅及一尺。周尺核今尺六寸左右，古人言物之小者，每以尺喻，如「赤子」即「尺子」，「尺澤」即「小澤」，尺以度言，但言尺則無澤訓也。〇寧案：許云「鷃雀飛不過一尺」固非，于氏從一切經音義謂鷃長僅及一尺，亦不可從。雖周尺核今尺六寸，鷃雀之大，無及六寸者，況極言小乎？廣雅釋地：「斥，池也。」斥鷃蓋謂池澤之鷃。尺乃斥之假，非以度言也。又案：注「飛不出頃畝」，道藏本、中立本、茅本、景宋本作「飛不能出於頃畝」，今本脱「能」字「於」字。**勢位爵禄，何足以槩志也！**不足以槩至人之志。

晏子與崔杼盟，臨死地而不易其義；晏子名嬰，字平仲，齊大夫也。崔杼杀齊莊公，盟諸侯曰：「不唯崔慶是從者，如此盟。」晏子曰：「嬰所不唯忠於君而利社稷者是從，亦如之。」故曰「臨死地而不易其義」者也。〇寧案：晏子齊之大夫也，注不得曰「盟諸侯」，「諸侯」當作「諸大夫」。晏子春秋內篇襍上作「劫諸將軍大夫盟」。中立本正作「諸大夫」，當據正。又事見左傳襄公二十五年，吕氏春秋知分篇。**殖、華將戰而死，莒君厚賂而止之，不改其行。**殖，杞梁，華，華周，皆齊士。爲君伐莒，莒人圍之，壯其勇力，厚賂而止之，不可，遂戰而死。故曰「不改其行」也。〇寧案：注「爲君伐莒」下，道藏本、中立本、景宋本皆有「之隊」二字，「之隊」乃「入隊」之譌。齊莊公襲莒，事見襄公二十三年左傳。傳曰：

「杞殖、華還，載甲夜入且于之隧」，故省作「入隧」。「隊」與「隧」同，謂谷中險阻道也，作「之隊」則文理不通矣，而莊本並奪之。故晏子可迫以仁，而不可劫以兵；晏子不從崔杼之盟，將見殺。晏子曰：「句戟何不句，直矛何不摧，不撓不義。」故曰「不可劫以兵」也。殖、華可止以義而不可縣以利。縣，視也，言不爲利動也。○吴承仕云：縣視之訓，於古無徵，疑當作「縣，眩也」。釋名：「眩，縣也。」縣、眩音同。此注蓋讀「縣」爲「眩」，亦古人聲訓之例也。隸書「眂」或作「眡」，與「眩」相近，傳寫者仞「眩」爲「眂」，又改作「視」，遂不可通。下文「知養生之和，則不可縣以天下」，注云：「以修正道不惑，故不可示以天下之窮勢而移也。」「示」亦當作「眩」。其展轉傳譌之跡，正與此同。下文又云：「兩者心戰，故臞；先王之道勝，故肥。」注云：「道勝，不惑縣於富貴。」「惑縣」即「惑眩」也。此注文假「縣」爲「眩」之證。○寧案：吴說是也。下文注「道勝，不惑縣於富貴」，蜀藏本「縣」正作「眩」，尤爲「縣」「眩」相通之證。君子義死而不可以富貴留也，義爲而不可以死亡恐也。彼則直爲義耳，而尚猶不拘於物，又況無爲者矣！堯不以有天下爲貴，故授舜；公子札不以有國爲尊，故讓位；札，吴壽夢之少子，延州來季子也。讓位不受兄國，春秋賢之。諸侯之子稱公子也。子罕不以玉爲富，故不受寶；子罕，宋戴公六世之孫，西卿士之子司城樂喜也。宋人或得玉，以獻子罕，子罕不受。獻玉者曰：「以示玉人，玉人以爲寶，故敢獻之。」子罕曰：「我以不貪爲寶，子以玉爲寶，若與我，是皆喪寶也，不如人有其寶。」稽首告曰：「小人懷寶，不可以越鄉，納此以請死。」子罕置諸其里，使玉人爲之攻之，富而後使復其所。○吴承仕云：「西卿士」當作「西鄉士」，形近而誤。記檀弓正義引世本曰：「戴公生樂甫術，術生石甫願繹，繹生夷甫傾，傾生東鄉克，克生西鄉士曹，曹生子罕喜。」注言戴公六世孫，亦與世本相應。○向宗魯云：諸侯臣無卿士之稱，「卿」當作「鄉」。檀弓疏引世本作「鄉」。○寧案：吴、向説是也，道藏本正作西鄉士。又案：注「小人懷寶」，「寶」當作「璧」，涉上文「寶」字而誤。子罕寶者不貪，宋人寶者玉，若作「小人懷寶」，其義不明。高注本襄公十五年左傳，傳作「小人懷璧」，景宋本以形似誤作「璧」，中立本、蜀藏本正作「璧」。又案：道藏本、中立本、景宋本注末有「故曰不受寶也」六字，莊本脱，當據補。務光不以生害義，故自投於淵。務光，湯時隱士也。湯伐桀，讓天下於務光，人謂務光曰：「湯殺其君，將歸不義之名於子。」務光因抱石自投於深淵而死。○寧案：事見莊子讓王篇、呂氏春秋離俗覽。由此觀之，至貴不待爵，以至德見貴，許由、務光是也。故曰「不待爵」也。至富不待財。以至德見富，楚狂接輿是也。王聞其賢，使使者齎金百鎰聘之，欲以爲相而不受。故曰「至富不待財」也。○寧案：注「楚狂」上宋本、藏本有「若」字。正文舉務光，故注不言若，不舉楚狂，故注言若，當據補。天下至大矣，而以與佗人，堯是也。身至親矣，而棄之淵，務光是也。外此，其餘無足利矣。外猶除也。利猶貪。利或作「私」，私，獨受也。此之謂無累之人。無累之人，不以天下爲貴矣。

上觀至人之論，深原道德之意，以下考世俗之行，乃足羞也。攷，觀。○寧案：「攷」古「考」字，諸本與正文同。故通許由之意，金縢豹韜廢矣；金縢、豹韜，周公、太公陰謀圖王之書。許由輕天下不受，焉用此書，故曰廢矣。○寧案：注，宋本、藏本、中立本作「焉用此書爲」，於義爲長。延陵季子不受吴國，而訟閒田者慙矣；訟閒田者，虞、芮及暴桓公、蘇信公是也。子罕不利寶玉，而争券契者媿矣；務光不污於世，而貪利偷生者悶矣。故不觀大義者，不知生之不足貪也，不聞大言者，不知天下之不足利也。

大義，死君親之難也。大言，體道無欲之言。今夫窮鄙之社也，叩盆拊瓴，相和而歌，自以爲樂矣；窮鄙之社，窮巷之小社也。盆瓴器，叩之有音聲，故曰「自以爲樂」也。○劉文典云：「窮鄙」，北堂書鈔八十七、一百十一、藝文類聚三十九、御覽五百三十二、五百八十四引竝作「窮鄉」，唯四百八十六、七百五十八引作「窮鄙」，與今本合。疑古本作「窮鄉」，後人據已誤之本改御覽而未能遍耳。○向宗魯云：瓴盆未聞可拊，「瓴」乃「甂」之譌。（御覽七百五十八作「瓴」，乃後人依今本改之。）風俗通音聲篇謂「缶，瓦器，秦人鼓之以節歌」。史記藺相如傳、李斯傳、漢書楊惲傳皆有拊缶之文，「甂」與「缶」同。御覽五百八十四缶門引此文字作「瓶」，「瓶」亦當作「甂」，乃與標題相應。書鈔八十七引作「甂」，百十一引作「缶」，類聚三十九及御覽四百八十六及五百三十二引皆作「甂」，竝可證。御覽五百八十二引通禮義纂曰：「建鼓，大鼓也」云云。又引大周正樂劉昶曰：「後世復殷制建之，謂之建鼓，鼓高六尺六寸。」○鍾佛操云：御覽五百三十二、五百八十四引「盆」作「瓮」。凡引作「瓮」者，皆「瓫」之譌，「瓫」即「盆」字。○寧案：高注「盆瓴」下莊本脱瓦字，據宋本、藏本補。又案：「音聲」義複，「聲」當爲「者」。景宋本作「音声」，蓋「者」以形近誤作「声」，又寫作「聲」耳。蜀藏本正作「者」。嘗試爲之擊建鼓，撞巨鐘，乃性仍仍然知其盆瓴之足羞也。仍仍，不得志之貌。「仍仍」或作「聆聆」，猶聞也。○莊逵吉云：「乃性仍仍然」，「性」本皆作「始」。○王念孫云：「性」字義不可通，「性」當爲「始」。古人多以「乃始」二字連文。（俶真篇曰：「乃始昧昧楙楙，皆欲離其童蒙之心，而覺視於天地之間。」又曰：「儒墨乃始列道而議，分徒而訟。」管子版法篇曰：「外之有徒，禍乃始牙。」莊子馬蹄篇曰：「民乃始踶跂好知，爭歸於利。」在宥篇曰：「之八者，乃始臠卷傖囊而亂天下也，而天下乃始尊之惜之。」荀子儒效篇曰：「狂惑戇陋之人，乃始率其羣徒，辯其談説，明其辟稱。」

韓子外儲説右篇曰：「王自聽之，亂乃始生。」吕氏春秋禁塞篇曰：「雖欲幸而勝，禍乃始長。」）乃始猶然後也。藝文類聚禮部中、太平御覽人事部一百二十七、禮儀部十一、樂部二十二、器物部三引此並作「乃始」。又本經篇「愚夫惷婦，皆有流連之心，悽愴之志，乃使始爲之撞大鐘，擊鳴鼓，吹竽笙，彈琴瑟，失樂之本矣」。案「乃始」二字之間不當有「使」字，此因「始」「使」聲相亂而誤衍也。主術篇曰：「故民至於焦脣沸肝，有今無儲，而乃始撞大鐘，擊鳴鼓，吹竽笙，彈琴瑟，失樂之所由生矣。」是其證。

藏詩書，修文學，而不知至論之旨，則拊盆叩瓴之徒也；夫以天下爲者，學之建鼓矣。建鼓，樂之大者。○王念孫云：「夫以天下爲者」，「以」上當有「無」字。「無以天下爲者」，承上文許由而言，學之建鼓，對拊盆叩瓴而言，言無以天下爲者，其於世俗之學者，猶建鼓之於盆瓴也。今本「以天下」上脱「無」字，則義不可通。文子九守篇正作「無以天下爲者」。○寧案：王説疑有未善。此文前以「叩盆拊瓴」（「瓴」字依向宗魯校。）與「擊建鼓，撞巨鐘」正反相對舉，繼以「藏詩書，修文學，而不知至論之旨」喻叩盆拊瓴，以「無以天下爲」喻建鼓，亦正反相對舉，並列爲文，二句間不得有「夫」字。「夫」字即「無」字之誤也。「無」寫作「无」，與「夫」形近。文子九守篇但言「夫無以天下爲者，學之建鼓矣」以總述上文，非對舉並列爲文，句首有「夫」字，不得以例淮南。

尊勢厚利，人之所貪也。尊勢，窮位。厚利，重禄。使之左據天下圖而右手刎其喉，愚夫不爲。○劉文典云：泰族篇：「使人左據天下之圖而右刎喉，愚者不爲也。」「左」下亦無「手」字。唯吕氏春秋不侵篇高注引此文，知分篇高注引泰族篇文，「左」下並有「手」字。文子上義篇、後漢書仲長統傳昌言法誡篇、馬融傳、三國志彭羕傳、世説新語文學篇注亦並作「左手據天下之圖」。所謂據者，指天下之圖言之，非謂據天下也。高所見本敚手字，遂曲爲之説耳。○向宗魯云：「左」下捝「手」字，「圖」上捝「之」字。（泰族篇尤誤。）文子上義篇皆未捝，吕氏春秋不侵篇知分篇高注兩引淮南記皆作「左手據天下之圖，右手刎其喉」。（御覽四百七十四引韓詩外傳引莊子曰：「左手據天下之圖，右手刎其吭，愚者不爲也。」）由此觀之，生尊於天下也。天下至大，非手所據，故不言手也。使得據天下之圖籍，行其權勢，而刎喉殺身，雖愚者不肯爲也。故曰「生貴于天下」矣。○王念孫云：「尊」本作「貴」，此涉上文「尊勢厚利」而誤也。此言生貴而天下賤，非言生尊而天下卑。高注「故曰生貴于天下」，即其證。吕氏春秋知分篇注引此亦作「貴」，泰族篇亦云「身貴於天下」。○寧案：王校「尊」當爲「貴」是也。「生」字未校。「生」當爲「身」。墨子貴義篇云：「天下不若身之貴也。」吕氏春秋不侵篇云：「天下輕於身，而士以身爲人，以身爲人者，如此其重也。」即此文所本。泰族篇正作「身」，文子上義篇亦云「身貴于天下」。聖人食足以接氣，衣足以蓋形，適情不求餘，接，續也。蓋，覆也。餘，饒也。○寧案：墨子辭過篇：「其爲食也，足以增氣充虚」，又節用中篇：「聖王治爲飲食之法曰，足以充虚繼氣」，此淮南所本。

無天下不虧其性，有天下不羨其和，虧，損。羨，過。和，適也。○吴承仕云：「羨過」之訓，古所未聞，疑「過」當作「延」，字之誤也。衛世家：「共伯入釐侯羨道自殺。」索隱音延。羨、延、衍一聲之轉，其義皆爲饒多。有天下不羨其和者，猶云得天下不以爲泰也。誤「延」爲「過」，其義遠矣。○于省吾云：吴承仕云：「疑過當作延，字之誤也。」按不延其和，於本義殊乖，吴説非是。注訓「羨」爲「過」，乃讀「羨」爲「愆」也。詩板「及爾游羨」，釋文：「羨本作衍。」左昭二十一年傳「豐愆」，釋文：「愆，本或作衍。」是其證也。詩氓「匪我愆期」，傳：「愆，過也。」説文：「愆，過也。」左昭二十六年傳「用愆厥位」，注：「愆，失也。」失、過同義，故太玄擬易大過爲失。此言「有天下不失其和」與上句「無天下不虧其性」，文正相對。○寧案：唐本玉篇引淮南「夫羨者止於度」，又引許注「羨，過也」，此可從，「過」字不誤。有天下無天下一實也。實，等。今贛人敖倉，予人河水，贛，賜也。敖，地名。倉者，以立常滿倉也，在今滎陽縣北。○于省吾云：爾雅釋詁：「貢，賜也。」釋文：「貢或作贛。」○寧案：注「立」字，道藏本、中立本、景宋本皆作「之」，據正。飢而餐之，渴而飲之，其入腹者，不過簞食瓢漿，○寧案：道藏本、中立本、景宋本注云：「簞，笥。」莊本脱。則身飽而敖倉不爲之減也，減，少。腹滿而河水不爲之竭也；竭，盡。有之不加飽，無之不爲之飢，與守其篅笔，有其井，一實也。篅笔，受穀器。井，家人之井水也。篅讀顓頊之「顓」也。○莊逵吉云：説文解字：「笔，篅也。篅，以判竹圜以盛穀也。」急就篇所云「笔篅篗筥籅箅篝」是也。與注義合。○寧案：大藏音義六十二、六十八、七十二引許注淮南子云：「篅，笔也。」此蓋高承許説。又「顓頊」，道藏本、景宋本作「顓孫」，應據改。人大怒破陰，大喜墜陽，已説在原道訓。○吴承仕云：篇題「訓」字，疑後人所加。許、高作注，未有稱訓者。朱本、景宋本並作「已説在原道也」，莊本「也」字作「訓」，蓋淺人妄爲之。○寧案：吴説是也。道藏本「訓」亦作「也」。大憂内崩，大怖生狂，除穢去累，莫若未始出其宗，乃爲大通。○寧案：「莫」讀爲「漠」，廣雅釋言：「莫，漠也。」玉篇：「漠，寂也。」道藏本、景宋本作「漠」。清目而不以視，清，明。靜耳而不以聽，鉗口而不以言，委心而不以慮，棄聰明而反太素，休精神而棄知故，覺而若眛，以生而若死，眛，暗也，厭也。楚人謂厭爲眛，喻無知也。○王引之云：眛與厭，義不相近，「眛」皆當爲「眯」，（音米。）字之誤也。注中「暗也」二字，乃後人所加。説文：「𥧡，寐而厭也。」字通作「眯」。西山經：「鵸鵌，服之使人不眯。」郭璞曰：「不厭夢也。」引周書王會篇云：「服者不眯。」莊子天運篇「彼不得夢，必且數眯焉」。司馬彪曰：「眯，厭也。」是眯與厭同義，故高注亦云：「眯，厭也，楚人謂厭爲眯。」後人不知「眛」爲「眯」之譌，而誤讀爲暗昧之「昧」，遂於注内加「暗也」二字，何其謬也！且「眯」與「死」、「體」爲韻，若作「眛」則失其韻矣。○楊樹達云：「以生而若死」，「以」字衍文。劉家立集證本删之是也。○寧案：王引西山經當作「服之使人不厭」，誤作「眯」。下文始云「冉遺之魚，食之使人不眯」。終則反本未生之時，而與化爲一體。言人之未生時，欲同死生也，故曰「與化爲一體」也。死之與生一體也。○于鬯云：「體」當作「實」，上文可例。作「體」者，涉上句一體而誤。

今夫繇者揭钁臿，負籠土，繇，役也，今河東謂治道爲繇道。揭，舉也。钁，斫也。臿，鏵也，青州謂之鏵，有刃也，三輔謂之⿰金爲也。籠，受土籠也。○莊逵吉云：鏵，説文解字作「茉」，「⿰金爲」即「鑼」字。解字又曰：「鑼，相屬，讀若嬀。」蓋因讀「鑼」爲「嬀」，因之誤爲「⿰金爲」也。○寧案：鮑本太平御覽三百八十七引「钁」作「錢」，宋本太平御覽引同今本，疑許、高本之異也。又案：繇，宋本太平御覽引作「傜」，與北堂書鈔一百五十八引同，鮑本太平御覽作「徭」，古通用。鹽汗交流，喘息薄喉，白汗鹹如鹽，故曰鹽汗。薄，迫也，氣衝喉也。當此之時，得茠越下，則脱然而喜矣。茠，蔭也，三輔人謂休華樹下爲茠也。楚人樹上大本小如車蓋狀爲越，言多蔭也。脱，舒也。言繇人之得小休息則氣得舒，故喜也。越讀經無重越之「越」也。○馬宗霍云：説文艸部「茠」爲「薅」之重文。薅下云：「拔去田艸也。」呼毛切。音義皆與本文之「茠」異。爾雅釋言：「庥，蔭也。」郭璞注云：「今俗語呼樹蔭爲庥。」郭稱俗語與高舉三輔方言同。説文木部「庥」爲「休」之重文。休下云：「息止也。」許尤切。高亦以休釋「茠」，是則本文之「茠」，蓋「庥」之借字也。又案説文走部云：「越，度也。」亦非本文「越下」之義。北堂書鈔百五十八引許慎淮南注云：「楚謂兩樹交會，其陰曰越。」此與高注詞有詳畧，而義爲樹陰則一。尋玉篇木部云：「楚謂兩樹交陰之下曰樾。」義同許注而字作「樾」。集韻十月樾下引字林云「樹陰也」。廣韻樾下訓與字林合。則樹陰正字當從木。本書人間篇「武王蔭暍人於樾下」，彼注云：「樾下，衆樹之虛也。」字亦作樾可證。知本文之「越」，又「樾」之借字也。然説文木部無「樾」字，古即以「越」爲之。「樾」蓋後起之專字耳。巖穴之間，非直越下之休也。病疵瘕者，捧心抑腹，膝上叩頭，抑，按也。叩或作「跔」。跔讀車軥之「軥」。○孫詒讓云：疵與病義複，疑是「疝」之誤。急就篇云：「疝瘕顛疾狂失響。」○楊樹達云：孫説非也。詮言篇云：「豈若憂瘕疵之與痤疽之發而豫備之哉！」此云「疵瘕」，猶彼文云「瘕疵」，「疵」非誤字明矣。踡跼而諦，通夕不寐。○于鬯云：諦，疑即「啼」字。从口从言，義本甚近，故如「訡」之與「吟」，「詠」之與「咏」，「謨」之與「暮」，「諎」之與「唶」，皆同字也。此與諦審之「諦」同形而實異字，後人嫌其相溷，故易以口作「啼」。依説文作「嗁」，口部云：「嗁，號也。」則讀「諦」爲「嗁」，固無不可。然竊謂此并非假借也。荀子禮論篇「哭泣諦號」，（楊倞注引管子曰：「家人立而諦。」今大匡篇作「啼」，必經後人改。）春秋繁露執贄篇「羊殺之不諦」，皆用「諦」字。○章太炎云：按離騷「踡局顧而不行」，注：「踡局，詰屈不行貌也。」「諦」即「揥」。文賦「意徘徊而不能揥」是也。「而」當作「不」。踡局不揥，與文賦同意。○寧案：此以「諦」爲「啼」，盧文弨已言之。章説非。當此之時，噲然得卧，則親戚兄弟歡然而喜。夫脩夜之寧，非直一噲之樂也。謂得安卧極夜者，樂于一噲之樂，然不得比長夜之樂也。○于鬯云：一噲，猶今人言一寣，言因病苦，故得脩夜之寣，不但是尋常一寣之樂。高注謂不得比長夜之樂，非也。○馬宗霍云：高注不解「噲」字。説文口部云：「噲，咽也，讀若快。」「噲」與「快」通。詩小雅斯干篇「噲噲其正」，鄭箋云：「噲噲猶快快也。」玄應一切經音義五十八陽神呪經內噲條引三蒼云：「噲亦快字也。」公羊昭公二十七年經「邾婁快來奔」，陸德明釋文云：「快，本又作噲。」皆「噲」「快」相通之證。是則本文「噲然得卧」，即「快然得卧」也，「一噲之樂」即「一快之樂」也。又説文訓「噲」爲「咽」。就本義詁之，一噲猶一咽，一咽猶言一瞬，亦喻其時之暫也。故知宇宙之大，則不可劫以死生；劫，迫。知養生之和，則不可縣以天下；養生之和，謂正道也。以脩正道不惑，故不可示以天下之窮勢而移也。知未生之樂，則不可畏以死；樂其不生之時，雖懼之以死，不能使之畏死，言不畏死。○寧案：注「不生」，藏本同，宋本作「未生」。「未」字是也，正文可證。知許由之貴於舜，則不貪物。不貪利欲之物也。○寧案：注首宋本、藏本有「言」字，莊本脱。牆之立，不若其偃也，又況不爲牆乎？冰之凝，不若其釋也，又況不爲冰乎？不如未爲牆、冰之時，偃、凝能變也。○寧案：注疑「凝」當爲「釋」。自無蹠有，自有蹠無，自無蹠有，從無形至有形也，自有蹠無，從有形至無形也，至無形，謂死生變化也。○吴承仕云：「謂死生變化」上，「至無形」三字義不可通，蓋涉上文而衍，應删。終始無端，莫知其所萌。非通于外内，孰能無好憎？好憎，情欲。無外之外至大也，無内之内至貴也，言天無有垠外，而能爲之外，喻極大也。無内言其小，小無内，而能爲之内，道當微妙，故曰至貴也。○寧案：注「道當微妙」，道藏本、中立本、景宋本「當」作「尚」，應據改。能知大貴，何往而不遂？大貴，謂無内之内也，言道至微，能出入于無間，故曰「何往而不遂」。遂，通也。○寧案：「能知大貴，何往而不遂」，總上文「無外之外至大也，無内之内至貴也」言之。至大、至貴，故曰「大貴」。能知大貴，即上文「通于外内」之義，非獨就無内之内言之也。高注失之。

衰世湊學，不知原心反本，湊，趨也，趨其末，不脩稽古之典，苟徼名號耳。故曰「不知原心反本」也。○寧案：唐本玉篇水部引作「衰世湊學者」。許叔重云：「湊，競進也。」是許本有「者」字。大藏音義二十九引許注「湊，競進也」，與玉篇合。又案：注「徼名號」，道藏本、中立本、茅本、景宋本「徼」作「邀」，古通。直雕琢其性，矯拂其情，以與世交；直猶但也。雕琢其天性，拂戾其本情，以合流俗，與世人交接也。○楊樹達云：「拂」假爲「弗」。說文弗部云：「弗，矯也。」弗、矯同義，故以「矯拂」連文。故目雖欲之，禁之以度，心雖樂之，節之以禮，趨翔周旋，詘節卑拜，肉凝而不食，酒澄而不飲，外束其形，内總其德，○王念孫曰：「總」字義不可通，「總」當爲「愁」，「愁」與「揫」同。（鄉飲酒義：「秋之爲言愁也。」鄭注：「愁讀爲揫，揫，斂也。」）說文：「揫，束也。」外束其形，内揫其德，其義一也。俶真篇「内愁五藏，外勞耳目」，義亦與此同。俗書「總」字或作「揔」，又作「捴」，與「愁」相似，「愁」誤爲「捴」，後人因改爲「總」耳。文子上禮篇正作「外束其形，内愁其德」。○馬宗霍云：本文「總」字不誤。說文糸部云：「總，聚束也。」儀禮喪服篇「斬衰布總」，鄭玄注云：「總，束髮也。」禮記檀弓篇上「而總八寸」，鄭注云：「總，束髮垂爲飾。」管子弟子職篇「錯總之法横于坐所」，尹知章注云：「總，設燭之束也。」據此，是「總」之義本爲束，王氏必依文子作「愁」，轉爲「揫」而以「束」訓之，已爲好異；且謂「總」字義不可通，尤爲失檢。劉家立淮南集證又從王説，逕改本文「總」爲「愁」，彌失之矣。鉗陰陽之和，而迫性命之情，故終身爲悲人。悲，哀也，謂衰世之學。○寧案：「鉗」當爲「錯」，「鉗」乃「錯」之形殘。尚書孔安國序「錯亂摩滅」，是錯猶亂也。下文「無益情者不以累德，不便於性者不以滑和」，（依王念孫校。）正承此正反以申言之。高注：「滑，亂。」「滑和」猶「錯陰陽之和」也。作「鉗」則非其指矣。景宋本正作「錯陰陽之和」。達至道者則不然：理情性，治心術，養以和，持以適，樂道而忘賤，安德而忘貧，性有不欲，無欲而不得，言其守虛，執持不欲之情性，則無有所欲而不得也。心有不樂，無樂而不爲，言其志正，不樂邪淫之樂，則無有正樂而不爲樂，言皆爲之樂也。無益情者，不以累德，而便性者，不以滑和，滑，亂。○莊逵吉云：諸本作「無益於情者，不以累德，不便於性者，不以滑和」。○王念孫云：「便於性」二句，義不可通，且與上文不對。劉績依文子九守篇改爲「無益於情者，不以累德，不便於性者，不以滑和」，當是也。故縱體肆意，而度制可以爲天下儀。縱，放也。肆，緩也。儀，法也。今夫儒者，不本其所以欲，而禁其所欲，本所以欲，謂正性，恬漠也。所欲，謂情欲，驕奢權勢也。不原其所以樂，而閉其所樂，是猶決江河之源而障之以手也。障，蔽也，言不能掩也。夫牧民者，猶畜禽獸也，不塞其囿垣，使有野心，系絆其足，以禁其動，而欲脩生壽終，豈可得乎？夫顏回、季路、子夏、冉伯牛，孔子之通學也。然顏淵夭死，季路葅於衛，顏淵十八而卒，孔子曰：「回不幸短命死矣！」故曰夭也。季路仕于衛，衛君父子争國，季路死。孔子曰：「若由不得其死然。」言不得以壽命終也，故曰然。衛人醢之以爲醬，故曰葅。○于鬯云：高注云：「顏淵十八而卒」，此高氏當別有所本。後漢書郎顗傳則謂「顏淵十八，天下歸仁」，不言其卒年也。○吴承仕云：注「故曰然」三字，朱本作「故曰夭」，皆衍文也。文言顏淵夭，季路葅。注述夭葅之事，皆以「故曰」結之，文例顯白，中間不得復有「故曰」，明爲後人傳寫之譌。○于省吾云：吴説非是。「言不得以壽命終也，故曰然」，係申述「若由不得其死然」一語。上文「有待而然」，注：「然，如是。」此謂言不得以壽命終也，故孔子言之如是也。○寧案：注「十八」當作「四八」，蓋「四」「十」音近而譌也。列子力命篇：「顏淵之才，不出衆人之下，而壽四八。」論語雍也正義：「顏回二十九髮盡白，三十二而卒」，正符四八之數。是其證。于鬯以爲高氏別有所本，疑非。子夏失明，冉伯牛爲厲：子夏學于西河，喪其子而失明，曾子哭之。伯牛有疾，孔子自牖執其手曰：「斯人也，而有斯疾也。」○寧案：「冉伯牛爲厲」，論語雍也疏引作「伯牛癩」。說文無「癩」字。廣韻：「癩，疾也，說文作癘，惡疾也，今爲疫癘字。」是「癩」爲「癘」之後起字。「厲」乃「癘」之借。又案：注「曾子哭之」，「哭」當從檀弓作「弔」。此皆迫性拂情，而不得其和也。○劉文典云：文選王康琚反招隱詩注引作「顏回夭死，季由葅於衛，皆迫性命之情而不得天和者也」。○寧案：文選注引作「迫性命之情」非是。此承上文「錯陰陽之和而迫性命之情」言之，非重述上文也，蓋涉上「迫性命之情」而誤。「其」字又誤爲「天」。上文言「錯陰陽之和」，又云「養以和」，「不以滑和」，皆不言「天和」。蓋「其」字書作「亓」，與「天」形近，因以致誤也。文選乃約引，故不及子夏、冉伯牛。故子夏見曾子，一臞一肥，曾子問其故，曰：「出見富貴之樂而欲之，入見先王之道又說之，兩者心戰，故臞；先王之道勝，故肥。」道勝，不惑縣于富貴，精神內守無思慮，故肥也。○楊樹達云：此文本韓非子喻老篇作子夏曾子事。御覽三百七十八引尸子及韓詩外傳卷二則以爲閔子騫及子貢事。原道篇云：「子夏心戰而臞，得道而肥。」與此文同。推其志，非能貪富貴之位，不便侈靡之樂，此志，子夏之志。直宜迫性閉欲，以義自防也；直猶但也。○王念孫云：「貪」上當有「不」字，「直」下不當有「宜」字，「宜」即「直」之誤而衍者也。高注「宜」字亦當爲「直」，直之言特也，言子夏非能不貪富貴，不樂侈靡，特以義自强耳。特但一聲之轉，故云「直猶但也」。○徐仁甫云：「宜」爲「直」字之誤而衍。上文「直雕琢其性」，「直」下無「宜」字。新序襍事五「宜白玉之璞未獻耳」，「宜」爲「直」字之誤。是其證。○寧案：注，道藏本作「宜猶但也」，故王氏云然。雖情心鬱殪，形性屈竭，猶不得已自强也，故莫能終其天年。義以自防，故情心鬱殪不通，形性屈竭也。以不得止而自勉强，故無能終其天年之命。

若夫至人，量腹而食，度形而衣，容身而游，適情而行，餘天下而不貪，委萬物而不利，委，棄也，不以萬物爲利矣。○向宗魯云：「餘天下」三字不詞。○寧案：「餘天下」，謂以天下爲餘物也。「餘天下而不貪，委萬物而不利」，相對成文，其義則一。上文云「適情不求餘」，下文云「適情辭餘」，氾論篇亦云「適情辭餘，無所誘惑」，皆此文而約言之。文子九守篇襲此文作「餘天下而不有」，「餘天下」三字不異。向謂不詞，非是。處大廓之宇，游無極之野，廓，虛也。極，盡也。登太皇，馮太一，玩天地於掌握之中，太皇，天也。馮，依也。太一，天之形神也。玩，弄也。○吴承仕云：本經篇「帝者體太一」，注云：「太一，天之刑神也。」此注「形」讀爲「刑」，義與彼同。晉語：「蓐收，天之刑神也。」韋解云：「刑殺之神。」夫豈爲貧富肥臞哉！故儒者非能使人弗欲，而能止之，言不能使人無情欲也，己雖欲之，能以義自已也。非能使人勿樂，而能禁之。言不能使人無樂富貴，能以禮自禁止之。論語曰：「不義而富且貴，于我如浮雲」也。○寧案：欲、樂二句，文義不明。景宋本作「非能使人弗欲也，欲而能止之；非能使人勿樂也，樂而能禁之」。宋本是也。上句高注云：「言不能使人無情欲也，己雖欲之，能以義自已也。」「己雖欲之」，正釋下「欲」字，是其明證。下句與上句對文，則下句脫文可知矣。又上文云：「目雖欲之，禁之以度；心雖樂之，節之以禮。」即此「欲而能止之」，「樂而能禁之」之意。又案：注「能以禮自禁止之」，「止」字依道藏本、景宋本作「制」。上句以「已」釋「止」，下句以「制」釋「禁」，於文不複。夫使天下畏刑而不敢盜，豈若能使無有盜心哉！越人得髯蛇以爲上肴，中國得而棄之無用。髯蛇，大蛇也，其長數丈，俗以爲上肴。○劉文典云：御覽九百三十三引「髯」作

「蚺」，注同。○吴承仕云：注，「俗以爲上肴」，朱本、景宋本「俗」並作「厚」。案：文當作「享以爲上肴」。水經葉榆水注引南裔異物志曰：「蚺爲大蛇，既洪且長，賓享嘉宴，是豆是觴。」蓋南州視同珍異，故以供享獻之禮，此字當作「享」之明證也。「厚」正作「𣆪」，與「享」形近。上文「薄蝕無光」，注云：「薄讀享薄之薄。」景宋本及御覽引並作「厚薄之薄」，是也。彼誤「厚」爲「享」，此誤「享」爲「厚」，其比正同。本作「俗」者，蓋校者以「厚」字不可通，遂臆改之。故臆改之本，遠不如誤本之可貴也。○楊樹達云：説文虫部云：「蚺，大蛇，可食。从虫冉聲。」許所據淮南作「蚺」，故説文本之。説文多用淮南義也。御覽引作蚺者，正是許本。又案：廣州人今以蛇爲美食，據淮南此文，知其爲俗已久矣。

故知其無所用，貪者能辭之；不知其無所用，廉者不能讓也。夫人主之所以殘亡其國家，損棄其社稷，身死於人手，爲天下笑，未嘗非爲非欲也。○馬宗霍云：非欲，猶言不當欲而欲。下文所舉仇由、虞公、晉獻、齊桓、胡王五君，皆因欲所不當欲而不知止，以取大患者也。或以非欲之「非」爲衍字，殊誤。○寧案：馬説未必是也。道貴恬漠，故去情欲，不言有當欲之欲也。下「非」字，衍文也。文子上禮篇襲此文作「未嘗非欲也」，是其證。又案：王念孫云，「損」當爲「捐」，説在原道訓。

夫仇由貪大鐘之賂而亡其國，仇由，近晉之狄國。晉智襄子欲伐之，先賂以大鐘，仇由之君貪，開道來受鐘，爲和親，智伯因是以兵滅取其國也。仇讀仇餘之「仇」。○陶方琦云：史記集解七十一引許注：「仇猶，夷狄之國。」按説文厹字下云：「臨淮有厹猶縣。」字亦作「猶」，與此注作「猶」正合。國策作厹由。高誘注曰：「厹由，狄國。」亦同作「由」。吕覽權勳作内繇。注云：「或作仇酋。」「酋」即「猶」字，故高注云「或作」也。○向宗魯云：仇餘當是讐餘。左文十三年傳魏壽餘，秦本紀作魏讐餘。此讀「仇」爲「讐」也。○寧案：注，仇餘，即山海經東山經之犰狳。郭注：

「仇餘二音。」向以「仇餘」爲人名，恐非人所易知，則不當畧去「魏」字。虞君利垂棘之璧而禽其身，晉大夫荀息謀于獻公，以屈産之馬，垂棘之璧，假道於虞以伐虢。虞公貪璧馬，假晉道。既滅虢，還館于虞，遂襲虞滅之。君死位曰滅，故曰「禽其身」也。獻公豔驪姬之美而亂四世，晉獻公伐驪戎，得驪姬及其娣。好色曰美，好體曰豔。豔其色而變之，生奚齊，其娣生卓子，遂爲殺太子申生而立奚齊。殺嫡立庶故曰亂。四世者，奚齊、卓子、惠公夷吾、懷公圉也。○寧案：高注「豔其色而變之」，無主語。道藏本、中立本、景宋本作「獻公變之」，無「豔其色而」四字。茅本作「獻公豔其色而變之」，當出後人臆改。桓公甘易牙之和而不以時葬，齊桓好味，易牙蒸其首子而進之，遂見信用，專任國政，亂嫡庶。桓公卒，五公子争立，六十日而殯，蟲流出户，五月不葬，故曰「不以時葬」也。○劉家立云：「甘易牙之和」，「和」乃「味」字之誤。説文「和」作「咊」，與「味」相似，故誤爲「和」。注云「齊桓好味」，則本作「味」字明矣。○楊樹達云：説文皿部云：「盉，調味也。」此「和」假爲「盉」。○寧案：楊説是也，注「味」字正所以釋「和」。劉氏輒欲改字，不可從。又案：注「五月不葬」當作「九月不葬」，字之誤也。左傳僖公十七年：「十月乙亥，齊桓公卒，十二月乙亥赴，辛巳夜殯。」（杜注：六十七日乃殯。）十八年秋八月丁亥，葬齊桓公。（杜注：十一月而葬，亂故。）史記齊世家與左傳同。此云「六十日而殯」舉成數也。自死至葬，歷十一月，自殯日計之，則九月也。管子戒篇作「七日不斂」，（當作六十七日不斂，脱「六十」二字。）九月不葬」，又其證。呂氏春秋知接篇作「三月不葬」，不言殯，但言葬，疑「三」乃「十二」合寫之譌。胡王淫女樂之娱而亡上地，胡，西戎之君也。秦繆公欲伐之，先遺女樂以淫其志。其臣由余諫不從，去戎來適秦。秦代戎，得其上地。上地，美地也。○寧案：注，道藏本、中立本、景宋本「胡」下有「蓋」字。使此五君者，適情辭餘，以己爲度，不隨物而動，豈有此大患哉？五君：仇由、虞公、晉獻、齊桓、胡王也。適猶節也。動猶惑也。故射者非矢不中也，學射者不治矢也；不治矢，言不爲而得用之。然則，爲者不得用之。御者非轡不行，學御者不爲轡也。知冬日之箑，夏日之裘，無用於己，則萬物之變爲塵埃矣。箑，扇也，楚人謂扇爲箑。○寧案：知冬日之箑，夏日之裘，無用於己，不必萬物皆無用於己也，不得曰「則萬物變爲塵埃矣」。「知」字當是「如」字形近而誤，「萬物」下衍「之」字。文子上禮篇作「如冬日之扇，夏日之裘，無用於己，萬物變爲塵埃矣」，是其證。故以湯止沸，沸乃不止，誠知其本，則去火而已矣。已，止也。○寧案：呂氏春秋盡數篇：「夫以湯止沸，沸愈不止，去其火則止矣。」此淮南所本。

淮南子集釋卷八

漢涿郡高誘注

本經訓

本，始也。經，常也。本經造化出于道，治亂之由，得失有常，故曰本經。因以題篇。

太清之始也，和順以寂漠，清，靜也。太清無爲之始者，謂三皇之時。和順，不逆天暴物也。寂漠，不擾民。○王念孫云：太清之始，「始」當爲「治」，字之誤也。自「和順以寂漠」以下二十三句，皆言太清之治如此也。高注當云：「太清，（句）無爲之治也。（句）」今本作「太清無爲之始者」，文不成義。後人所改也。文選東都賦注、後漢書班固傳注引此並作「太清之化」。又引高注曰：「太清，無爲之化也。」「治」字作「化」，避高宗諱也。則其字之本作「治」明矣。太平御覽天部十五引作「太清之始」，亦後人依誤本改之。其竹部一引正作「太清之治」。文子下德篇作「清靜之治者，和順以寂漠，質真而素樸」，是其明證矣。○劉文典云：王說是。宋本「始」正作「治」。質真而素樸，閑靜而不躁，推而無故，質，性也。真，不變也。素樸，精不散也。閑靜，言無欲也。不躁擾。故，常也。○吴承仕云：注以擾訓躁，「不」字涉本文而衍。○寧案：「推而無故」，道藏本同，「推」下據景宋本補「移」字。「閑靜而不躁，推移而無故」對文。在內而合乎道，出外而調于義，在內者，志在心。平欲，故能合于道。出于外者，身所履行也。行不越規矩，故能調義。「義」或作「德」也。發動而成於文，行快而便於物，發，作也。動，行也。文，文章也。便，利也。物，事也。○俞樾云：「快」當爲「決」。周易文言傳，鄭注謂古書傳作立心與水相近。「決」「快」相亂，正由此矣。説文水部：「決，行流也。」是決有行義。上句曰「發動而成於文」，發亦動也。此云「行決而便於物」，決亦行也。○馬宗霍云：俞説非是。説文心部云：「快，喜也。」引申之義爲疾速。方言二云：「逞，快也。」又云：「速，逞，疾也。」即其證。本文「行快」，猶言行之速者。高注訓便爲利，速與利義正相成。若如俞説作「決」，「行決」爲行行，於詞爲累矣。劉家立淮南集證從俞改本文之「快」爲「決」，殊謬。其言略而循理，其行悦而順情，略，約要也。悦，簡易也。悦讀射悦取不覺之「悦」。○莊逵吉云：悦取不覺，義當是「敚」字。敚，今之「奪」字也。其心愉而不僞，其事素而不飾，愉，和也。僞，虚詐也。素，樸也。飾，巧也。是以不擇時日，不占卦兆，擇，選也。卦，八卦也。兆，契龜之兆也。世所以占吉凶也。不謀所始，不議所終，安則止，激則行，通體于天地，同精於陰陽，一和于四時，一，同也。明照于日月，與造化者相雌雄。造化，天地也。雌雄猶和適也。是以天覆以德，地載以樂，樂，生也。四時不失其叙，風雨不降其虐，日月淑清而揚光，光，明也。五星循軌而不失其行。五星：熒惑、太白、填、辰、歲星也。軌，道也。循，順也。○呂傳元云：高注「鎮」，莊本作「填」。（宋本、藏本皆作「鎮」。）此作「鎮」是也。天文訓「五星、八風、二十八宿」，高注：「五星：歲星、熒惑、鎮星、太白、辰星也。」此篇高注，自應作「鎮」。作「填」者，許注本也。（天文訓：「鎮星以甲寅元始建斗。」占經三十八引許注云：「甲寅，元始曆起之年也。建斗，填星起於斗也。」是許本作「填」之證。）○寧案：晏子春秋問上篇：「四時不失序，風雨不降虐。」又諫上篇：「是故天地四時和而不失，星辰日月順而不亂。」此淮南所本。漢書天文志云：「五星不失行，則年穀豐昌。」又云：「古人有言曰：天下太平，五星循度，亡有逆行。」又云：「五星贏縮，必有天應見杓。」古人於五星贏縮以知災變。又案：呂說「填」當爲「鎮」是也。精神篇「五星失其行，州國受殃」，高注亦作鎮星。**當此之時，玄玄至碭而運照。**玄，天也。元，氣也。碭，大也。盛德之君，恩仁廣大，偏照四海也。○王紹蘭云：說文石部「碭，文石也」，無大誼。口部「唐，大言也。啺，古文唐，从口昜」。是淮南假「碭」爲「啺」也。○俞樾云：高注曰「元，天也，元，氣也」，分兩字爲兩義，殊不可通。疑正文及注均誤。正文本曰「元光至碭而運照」。注文本曰「元，天也，光，氣也」。俶真篇曰：「弊其元光而求知之於耳目。」此「元光」二字見於本書者。高彼注曰：「元光，內明也，一曰元，天也。」然則此曰「元，天也」，正與彼注同。疑彼亦有「光氣也」三字而今脫之也。○劉文典云：各本並作「玄元」，注並作「玄，天也。元，氣也」。（莊逵吉校本避清聖祖諱，改「玄」爲「元」。）俞氏蓋據清代刊本立說，而不知上「元」字爲避諱所改也。○寧案：下「玄」字蓋誤改。**鳳麟至，著龜兆，**鳳麟聖德之世至於門庭。著，四十九策。兆，信也，善言臧否也。**甘露下，竹實滿，**○寧案：太平御覽九百六十二引「至」作「降」，「滿」作「盈」。注云：「竹實，鳳凰食。」當是許本。**流黃出而朱草生，**滿，成也。流黃，玉也。朱草生于庭。皆瑞應也。○于鬯云：石流黃見張華博物志，則是石也。高注云「流黃，玉也」，美其名耳。然竊謂此之流黃，當是醴泉別名，並不當以玉石訓。○吴承仕云：類聚五十二引此注作「流黃，土精也。餘並同。案天文篇「夏至而流黃澤」，注云：「流黃，土之精也。」天文、本經皆高注本，則說義不得互異。疑今本既奪「精」字，又譌「土」爲「玉」耳。且流黃訓玉，舊無此義，其非許、高異說，灼然可知。又案：御覽九百六十二引注云：「竹實，鳳凰實。」亦舊注之佚文也。**機械詐僞，莫藏於心。**莫，無也。**逮至衰世，鐫山石，**鐫猶鑿也。求金玉也。**鍥金玉，擿蚌蜃，**鍥，刻金玉以爲器也。擿猶開也。開以求珠也。○桂馥云：「擿」當爲「摘」。說文摘有拓義。增韻：「拓，庴開也。」揚雄甘泉賦「拓迹開統」，「拓」亦借字，當爲「祏」字。字書：「祏，張衣令大也。」太玄：「天地開闢，宇宙祏祖。」○楊樹達云：桂讀「擿」爲「摘」是也，而訓爲拓開之義則非是。說文云：「摘，拓果樹實也。」「拓，拾也。」此但謂摘取耳。○馬宗霍云：說文手部云：「擿，搔也，一曰投也。」義不爲「開」。周禮秋官「硩蔟氏掌覆夭鳥之巢」，鄭司農云：「硩讀爲擿。」鄭玄謂「硩古字。从石折聲」。賈公彥疏云：「先鄭意以爲杖擿破之，故從擿。後鄭意以石投擲毁之，故古字從石，以折爲聲。」據此，則「硩」與「擿」蓋爲古今字。說文石部云：「硩，上擿山巖空青珊瑚墮之，（此從文選吳都賦李善注引，今大小徐本「擿」並作「摘」，段玉裁說文注亦訂正作「擿」。）从石，折聲。周禮有硩蔟氏。」案許君以「擿」釋「硩」，與先鄭讀「硩」爲「擿」合。其引周禮證「硩」，又與後鄭以「硩」爲古字合。然則淮南本文之「擿」猶「硩」也。擿蚌蜃以求珠，與硩鳥巢以去鳥，其事正同。高氏訓「擿」爲「開」，開謂剖開。亦猶賈疏申二鄭之義爲「破之」「毁之」也。凡物必先破毁而後開，要皆自擿之第二義訓「投」引申而來。桂馥謂本文「擿當爲摘，說文摘有拓義」。非也。○于省吾云：注謂鐫山石爲求金玉，非是。鐫山石，鐸金玉，二句平列。鐫山石謂鐫刻山石以爲文物也，非謂鑿山求金玉，再鐸刻金玉也。「鐸」與「鍥」古同字。荀子勸學「鍥而舍之」注：「鍥，刻也。」消銅鐵，而萬物不滋。不滋長也，言盡物類也。刳胎殺夭，麒麟不游，胎，獸胎也。夭，麋子也。爲類見害，故不來游。覆巢毁卵，鳳凰不翔，鳥未鷇曰卵也。鑽燧取火，構木爲臺，焚林而田，竭澤而漁，田，獵也。竭澤，漏池也。○王念孫云：漏池即所謂漏陂池也。漉漏聲相近，故滲漉或謂之滲漏。人械不足，畜藏有餘，械，器用也。畜藏餘，府庫實也。而萬物不繁兆萌牙，卵胎而不成者，處之太半矣。○顧廣圻云：「而萬物不繁兆萌牙，卵胎而不成者」上「不」字疑當作「之」，與下文「草木之句萌銜華戴實而死者」一例。積壤而邱處，糞田而種穀，掘地而井飲，疏川而爲利，疏，通。築城而爲固，拘獸以爲畜，則陰陽繆戾，四時失敘，雷霆毁折，雹霰降虐，王念孫云：電、霰不同類，且電亦不得言降虐。「電」當爲「雹」，草書之誤也。雷霆爲一類，雹霰爲一類。呂氏春秋仲夏篇云「雹霰傷穀」，故言降虐也。文子上禮篇作「雹霜爲害」。是其證。○寧案：道藏本作「電霰降虐」，故王校云然。氛霧霜雪不霽，霽，止也。而萬物燋夭；霜雪之害不止，則萬物燋夭，不繁茂也。○于省吾云：案氾論篇「燋而不謳」，注：「燋，悴也。」玄應一切經音義六引三蒼「燋悴」作「顦顇」。然則此文言燋謂燋悴也。菑榛穢，聚埒畝，茂草曰菑，木聚曰榛。積之於疆畝。○俞樾云：高此注殊失其義。菑者殺草之名。爾雅釋地「田一歲曰菑」，孫炎曰：「菑，始災殺其草木也。」榛穢連文，其義相同。漢書揚雄傳注曰：「榛榛，梗穢貌。」是也。「菑榛穢，聚埒畝」，皆三字爲句，言榛穢之區，皆災殺之而集成埒畝也。下云「芟野菼，長苗秀」，是此四句皆言治田之事。菑榛穢故芟野菼，聚埒畝故長苗秀也。下文曰「草木之句萌銜華戴實而死者，不可勝數」，正見其殺草之多。若從高注，則與下文不貫矣。○吳承仕云：呂氏春秋達鬱篇「草鬱則爲蕢」，續郡國志劉昭注引作「草鬱卽爲菑」。此訓茂草曰菑，用呂氏説也。又案聚木曰榛，爲本書常詁，亦與茂草對文。此云木聚者，傳寫譌倒，應據正。芟野菼，長苗秀，芟，殺也。菼，草也。苗，稼也。不榮而實曰秀也。○王引之云：野草多矣，不應獨言菼。「菼」當爲「莽」。隸書「莽」字作「羙」，與「菼」極相似，故誤爲菼。説文作茻，「衆草也」，故野草謂之野莽。下文「野莽白素」，楚辭九歎「遵壄莽以呼風」是也。（壄與野同。）注「菼，草也」，亦當作「莽，草也」。泰族篇注「莽，草也」，正與此同。草木之句萌銜華戴實而死者，不可勝數。乃至夏屋宮駕，縣聯房植，夏屋，大屋也。縣聯，聯受雀頭著桷者，一曰，辟帶也。房，室也。植，户植也。○莊逵吉云：縣聯，「縣」即「櫋」字。辟帶之義，見楚辭九歌。○王念孫云：「縣」皆當爲「緜」，字之誤也。（隸書緜、縣二字相似。說見原道「旋縣」一條下。）說文：「櫋，屋櫋聯也。」又曰：「楣，秦名屋櫋聯也。齊謂之檐。楚謂之梠。」方言：「屋梠謂之欞。」郭璞曰：「即屋檐也，亦呼爲連緜。」（連緜猶緜聯，語之轉耳。）釋名：「梠，旅也，連旅旅也。或謂之櫋。櫋，緜也，緜連榱頭使齊平也。上入曰爵頭，形似爵頭也。」皆足與高注相證。櫋與緜，聯與連，並字異而義同。太平御覽人事部一百三十四引此正作緜聯。○孫詒讓云：「駕」當爲「架」之誤。後文云：「大構駕，興宫室。」注云：「駕，材木相乘駕也。」文選鮑照蕪城賦李注引彼文「駕」作「架」。此「宫駕」字誤與彼同。○吕傳元云：孫説是也。宫當讀若爾雅「大山宫小山霍」之「宫」。郭注：「宫謂圍繞之。」此猶言夏屋圍繞而架也。○馬宗霍云：説文木部無「架」字。別有「枷」字，从木在左不在下，訓曰「柫也」。柫訓「擊禾連枷也」，又非構架之義。架構之字，古蓋假「駕」爲之。説文馬部云：「駕，馬在軛中也。」軛爲轅前横木，横於馬之頸上。駕之言加，謂以車加於馬也。引申之，凡以物相交加者皆得曰駕。下文高注「乘駕」連文，以乘字足駕，是高氏所據本自作「駕」不作「架」。本文與下文「駕」皆非誤字也。「架」乃後起之構架專字。文選李注引「駕」作「架」，蓋以專字易假借字，未必所見淮南古本如是。孫據李引以校本文則可，其謂本文「駕」爲「架」之誤字則非也。下文又云「大厦曾加」，「曾加」猶「層架」。彼又省借作「加」，亦不作「架」也。**橑檐榱題**，橑，椽橑也。檐，屋垂也。榱，桷也。題，頭也。**雕琢刻鏤，喬枝菱阿，夫容芰荷**，阿，曲屋。夫容，蕅華也。芰，菱角交菭也。荷，夫渠也。○俞樾云：高注曰「阿，曲屋」，不説「菱」字之義。疑高氏所據本「菱」字作「淩」，言橑檐榱題之上，雕刻樹木，故其喬枝上淩於曲阿也。「淩」字之義易明，故不煩訓釋。後人因下句言芰荷，遂改「淩」作「菱」以配之，則義不可通矣。○于省吾云：按俞從注說，以阿爲曲阿，於義未允。「喬枝淩阿」於上下文句例不相比類，且橑檐榱題亦均就高處言之，豈高處之上更有曲屋乎？此句詞義均有不符。「菱」應讀作「陵」。釋名釋山：「陵，隆也，體隆高也。」按載籍訓隆爲越、爲升、爲上、爲乘，均有高義。「阿」應讀作「柯」，二字古通。春秋襄十九年「諸侯盟于祝柯」，公羊作「祝阿」，是其證。詩湛露箋「使物柯葉低垂」，疏：「柯謂枝也。」是陵亦喬，柯亦枝也。散文則通，對文則殊耳。五采爭勝，流漫陸離，流漫，采色相參和也。陸離，美好貌。脩掞曲挍，夭矯曾橈，芒繁紛挐，皆屋飾也。芒讀麥芒之「芒」。挐讀上谷茹縣之「茹」。以相交持。公輸王爾，無所錯其剞𠜾削鋸。公輸，巧者。一曰：魯班之號也。王爾，古之巧匠也。剞，巧刺畫盡頭黑邊箋也。𠜾，鈯尺。削，兩刃句刀也。剞讀技尺之「技」。𠜾讀詩「蹶角」之「蹶」。削讀綃頭之「綃」也。○莊逵吉云：原道訓注云：「剞，巧工鉤刀也。𠜾者，規度刺畫墨邊箋也。所以刻鏤之具也。」與此注異。錢別駕云：剞𠜾二字，古無定解。說文解字以剞𠜾爲曲刀。應劭曰：「剞，曲刀。𠜾，曲鑿。」又與許君不同。淮南書高、許二家注本相溷，故多前後互易歟？○寧案：太平御覽四百九十三引「𠜾」作「劂」。文選西京賦引同。魏都賦引許注曰：「剞劂，曲刀也。」齊俗篇「𠜾」皆作「劂」。蓋許本作「劂」，高本作「𠜾」。又案：「削」齊俗篇作「銷」，乃「削」之借。周禮考工記「築氏爲削，長尺博寸，合六而成規」，鄭注：「今之書刀。」脩務篇「羊頭之銷」，注：「白羊子刀。」陶方琦云，當是「鐃」字之叚。與此別。又案：段注說文云：高注「箋」字有誤。然猶未能澹人主之欲也。○寧案：道藏本、景宋本「澹」作「贍」。下同。說文水部：「澹，水搖也。」說文貝部無「贍」字，大徐本新坿有，訓「給也」。此「澹」乃「贍」之叚字。下同。是以松柏箘露夏槁，松柏根茂，箘露竹箭，皆冬生難殺之木。當是時，夏槁死也。刺君作事不時，陰陽失序。箘讀似「綸」。露讀南陽人言道路之「路」。○莊逵吉云：箘露之「露」當作「簬」。○王念孫云：藝文類聚治政部上引此「夏槁」上有「宛而」二字。案「松柏箘露，宛而夏槁，江、河、山川，絶而不流」，四句相對爲文，則有「宛而」二字者是也。「宛」與「苑」同。俶真篇「形傷於寒暑燥溼之虐者，形苑而神壯」，高注曰：「苑，枯病也。苑讀南陽宛之宛。」莊子天地篇釋文云：「苑本亦作宛。」是苑、宛古字通。素問四氣調神大論：「惡氣不發，風雨不節，白露不下，則菀槁不榮。」「菀」亦與「苑」同。唐風山有樞篇「宛其死矣」，毛傳曰：「宛，死貌。」義與此「宛」字亦相近。○寧案：莊伯鴻謂「露」當作「簬」，是也。藝文類聚五十二引作「簵」，「簵」卽「簬」之古字。書禹貢「惟箘簵楛」，正義曰：「箘簵，美竹。」與高注合。蓋「簬」又書作「簵」，故誤作「露」耳。中立本正作「簬」。江、河、三川，絶而不流，三川，涇、渭、汧也，出于岐山。絶，竭也，故曰不流。國語曰：「河竭而商亡也。」夷羊在牧，夷羊，土神。殷之將亡，見於商郊牧野之地。○陶方琦云：占經一百十九引許注：「夷羊，大羊也，時在商牧野。」按說文：「夷，平也。从大从弓。」夷之訓大，从形而得義。飛蛩滿野，蛩，蟬，蠛蠓之屬也。一曰：蝗也。沇州謂之螣。螣讀近「殆」，緩氣言之。蛩讀詩「小珙」之「珙」。○陶方琦云：御覽九百四十五引「蛩」作「蟲」。御覽及占經一百二十又引許注：「飛蟲，蠛蠓。」按高注「蛩蟬」下「蠛蠓之屬」四字乃許注羼入。爾雅釋蟲：「蠓，蠛蠓。」孫炎注：「蠛蠓，細小于蚉。」說文：「蠓，蠛蠓也。」史記周紀「飛鴻滿野」，索隱又引「高注：『蜚鴻，蠛蠓也。』言飛蟲蔽田滿野，故爲災」。此卽許注，誤爲高本也。唐宗聖觀碑作「飛蛬滿野」，亦因「蛩」而誤。○呂傳元云：高注「小珙之珙」，宋本作「受小共之拱」，藏本作「受小拱之拱」，高引詩魯頌文也。毛詩作「受小共」。陳氏奐詩傳疏云：「高誘注淮南子本經篇云：『蛩讀詩受小拱之拱。』則詩共字古本或作拱。」愚案此當依藏本改作「拱」。宋本「受小共之拱」，上「共」字蓋後人依毛詩竄改。今本「拱」誤「珙」，又脱去「受」字，謬甚。陳氏謂毛詩「共」字古本或作「拱」，亦非。高所據者，蓋三家異文耳。○寧案：注當作「蛩，蟬之屬也」。「蟣蠓」二字乃許注羼入。陶誤謂四字。觀下注自知。又案「受小共」乃詩商頌、長發篇文。呂誤作魯頌。天旱地坼，坼，燥裂也。鳳皇不下，句爪居牙戴角出距之獸於是鷙矣。句爪，鷹鸇之屬也。居牙，熊虎之屬也。距讀拒守之「拒」。民之專室蓬廬，無所歸宿，專，特，小室也。蓬廬，籧篨覆也。言小，有賓客歸之無所。○馬宗霍云：説文寸部云：「專，六寸簿也。从寸叀聲。一曰專，紡專」。詩小雅斯干篇「載弄之瓦」，毛傳云：「瓦，紡塼也。」陸德明釋文云：「塼，本又作專。」據此，是專有二義。許君紡專之訓，即本之毛傳。毛公以「紡專」釋「瓦」。説文瓦部云：「瓦，土器已燒之總名。」然則本文之「專室」猶「瓦室」。以瓦蓋室，以蓬覆廬，義正相對。高氏訓「專」爲「特」，又以「小室」申之，似未允。其曰小有賓客歸之，尤爲牽強。○蔣禮鴻云：此處文意了戾，當作「民無專室蓬廬所以歸宿」云云。主術篇云：「民無掘穴狹室所以託身者。」（道藏本如此。）句法正同。○寧案：專猶獨也，一也。左傳昭公十二年：「是四國者，專足畏也，況加之以楚。」專足畏言一足畏。爾雅釋水「士特舟」，郭注：「單船。」一公羊疏引李巡云：「一舟曰特。」故高注以特訓專。專室，謂僅容一人獨居之室。馬釋專室爲瓦室，蓬廬尚不可得，安敢言瓦？又「言小」，馬讀「小有賓客歸之」，尤未得其句讀。又案：注「無所」下脱「庇宿也」三字，據宋本、藏本補。凍餓飢寒死者，相枕席也。言其衆也。○楊樹達云：枕席猶枕藉。席、藉音義並近。及至分山川谿谷，使有壤界，計人多少衆寡，使有分數，○寧案：「多少」與「衆寡」義複。蓋上言山川谿谷，故後人於「衆寡」上加「多少」二字與之相儷耳。文子上禮篇作「計人衆寡」，無「多少」二字。築城掘池，設機械險阻以爲備，飾職事，制服等，等，差也。異貴賤，差賢不肖，經誹譽，行賞罰，經，書也。誹惡譽善，賞可賞，罰可罰也。○王念孫云：「差賢不」下本無「肖」字。不與否同。貴賤、賢不、誹譽、賞罰皆相對爲文。後人不知「不」爲「否」之借字，故又加「肖」字耳。○吴承仕云：「經」無「書」訓，「書」當爲「畫」，形近之誤也。經，介也。介，畫也。訓經爲畫，猶訓經爲理，皆别異之稱。吕氏春秋察傳篇「是非之經，不可不分」，注云：「經，理也。」泰族篇「明好惡以示之，經誹譽以道之」，與此同意。此言經誹譽，亦與上文異貴賤、差賢不肖句一例，誤「畫」爲「書」，義不可通。○于省吾云：注訓「經」爲「書」，非是。莊子漁父「而經子之所以」，釋文引司馬云：「經，理也。」吕氏春秋察傳「是非之經」，注：「經，理也。」詩小旻「匪先民是程，匪大猶是經」，經與程互文耳。經亦程也。廣雅釋詁：「程，量也。」量與理義相因。經誹譽謂分理其誹譽，程量其誹譽也。○寧案：吴謂「書」當爲「畫」是也。孟子滕文公上篇「夫仁政，必自經界始」，趙注：「經亦界也。」朱注：「謂治地分田，經畫其溝塗封植之界也。」經可訓畫，故經畫連文。則兵革興而分爭生，○楊樹達云：「分」當作「忿」。下文云「於是忿爭生」，又云「貪鄙忿爭不得生焉」，又云「不忿爭而養足」，並其證也。○寧案：楊説是也。文子上禮篇作「忿爭生」。民之滅抑夭隱，虐殺不辜而刑誅無罪於是生矣。抑，没也。言民有滅没夭折之痛。○寧案：此處文意不順。疑「民之滅抑夭隱」六字當在「刑誅無罪」下，與「於是生矣」四字作一句讀。兵革興而忿爭生，則殺虐不辜而刑誅無罪，殺虐不辜而刑誅無罪，故民生滅抑夭隱之痛；非殺虐不辜而刑誅無罪生於民之滅抑夭隱也。注曰：「言民有滅没夭折之痛」，正釋「民之滅抑夭隱於是生矣」。文子上禮篇無六字，則「殺虐不辜而刑誅無罪」

緊承「兵革興而忿爭生」甚明，不得於其間插入六字，令文義了戾矣。

天地之合和，陰陽之陶化萬物，皆乘人氣者也。天地合和其氣，故生陰陽，陶化萬物。○莊逵吉云：「乘人氣」本作「乘一氣」，唯藏本作「人」。○譚獻云：下「之」字衍。「陰陽」上屬，「陶化」下屬。○寧案：「人」字作「一」是也，中立本作一。「陰陽」上屬非也。一氣謂天地之合和。一生二，二生三，三生萬物。故高注云：「天地合和其氣，故生陰陽，陶化萬物。」作「天地之合和陰陽」則義不可通矣。文子下德篇作「陰陽陶冶萬物，皆乘一氣而生」，是其證。是故上下離心，氣乃上蒸，離者，不和也。○馬宗霍云：說文艸部云：「蒸，折麻中幹也。」非「上蒸」之義。本文「蒸」蓋「烝」之借字。說文火部云：「烝，火氣上行也。」是其義也。蒸從烝聲，故二字古通用。文選張華鷦鷯賦「陰陽陶蒸」，李善注云：「蒸，氣出貌。」又嵇康琴賦「蒸靈液以播雲」，李注云：「蒸，氣上貌。」竝借「蒸」爲「烝」之例也。君臣不和，五穀不爲。不爲，不成也。○寧案：注，景宋本「不爲」下文缺。道藏本、中立本作「不爲五穀」。皆有脱誤。疑當作「不成爲五穀」。天文篇「介蟲不爲」，高注：「不成爲介蟲也。」又「魚不爲」，高注：「不成爲魚。」莊逵吉云：「爲讀爲譌，化也。」引書「平秩南譌」。非是。彼下文云：「禾不爲。」「菽麥不爲。」「麥不爲。」「菽不爲。」高無注。蓋與前兩「爲」字同義。若讀爲「譌」，禾、菽、麥安得云不譌乎？高注「不成爲介蟲」，「不成爲魚」，「成」字卽釋「爲」字。此「五穀不爲」，高注當與同例。今注義是而文非也。距日冬至四十六日，天含和而未降，地懷氣而未揚，自立冬到冬至皆未動也。陰陽儲與，呼吸浸潭，包裹風俗，儲與猶尚羊，無所主之貌。一曰：褒大貌。浸潭，廣衍也。故曰包裹風俗。○馬宗霍云：本書要畧篇「合三王之風以儲與扈冶」，許慎注云：「儲與猶攝業也。」楚辭嚴忌哀時命篇「衣攝葉以儲與兮」，王逸注云：「攝葉儲與，不舒展貌。」案「攝業」即「攝葉」之異。義既與「儲與」同，故王叔師合釋之曰「不舒展貌」。本文高注以「尚羊」「褭大」釋「儲與」，「不舒展」與此兩義適相反。但上文云「天含和而未降，地懷氣而未揚」。未降、未揚正與不舒展之義近。就本文言，似依王説爲勝。然則「陰陽儲與」者，猶言陰陽二氣在絪緼之中耳。易繫辭曰：「天地絪緼，萬物化醇。」「絪緼」一作「氤氳」，説文作「壹壺」。是其本字。壹壺二字皆從壺，言氣在壺中不得泄也。氣不得泄，亦即不舒展之意。故下文又云「以相嘔咐醞釀而成育羣生」，醞釀正絪緼化醇之謂矣。又案説文人部云：「儲，偫也。」引申之義則爲積。舁部云：「與，黨與也。」引申之義則爲聚。「儲與」疊韻連緜字，猶言積聚之貌。楚辭以攝葉共文者，莊子胠篋篇「則必攝緘縢」，陸德明釋文引崔注「攝，收也」，李注「攝，結也」。方言三云：「葉，聚也。」是攝、葉亦積聚之意。積聚與不舒展義亦相成。易繫辭又云「精氣爲物」，韓康伯注云：「精氣絪緼聚而成物。」孔穎達疏申之云：「精氣爲物者，謂陰陽精靈之氣氤氳積聚而爲萬物也。」案孔氏以「積聚」申「絪緼」，又「絪緼」與「儲與」得通之一證也。○于省吾云：「潭」應讀作「尋」。原道「故雖游於江潯海裔」，注：「潯讀葛覃之覃也。」説山「瓠巴鼓瑟而淫魚出聽」，説文作「伯牙鼓瑟，鱏魚出聽」。爾雅釋言釋文：「覃本又作尋。」是其證也。史記孝武本紀「侵尋於泰山矣」，索隱：「侵尋即浸淫也。」尋、淫聲相近。文選魏都賦「緑芰泛濤而浸潭」，注：「浸潭，漸漬也。」漸漬與浸淫義相仿。原道「浸潭苽蔣」，注：「浸潭之潤，以生苽蔣。」既言浸潭之潤，亦謂浸淫也。

斟酌萬殊，旁薄衆宜，旁，竝。薄，近也。衆物宜適也。○吴承仕云：「薄，近也」，「近」當爲「迫」，字之誤也。旁竝，薄迫，皆以聲訓。此爲經籍常詁，亦屢見於本書，不煩舉證。以相嘔咐醞釀而成育羣生。醞釀猶和調也。○寧案：注首脱「咐讀符命之符」六字。依道藏本、中立本、景宋本補。是故春肅秋榮，冬雷夏霜，皆賊氣之所生。由此觀之，天地宇宙，一人之身也；六合之内，一人之制也。○王念孫云：「制」字義不可通，當爲「刑」，字之誤也。「刑」與「形」同。（淮南多以刑爲形。）一人之形，即承一人之身言之。文子下德篇正作「一人之形」。又主術篇「是故任一人之力者，則烏獲不足恃，乘衆人之制者，則天下不足有也」，「制」亦當爲「刑」。「刑」與「形」同，文子自然篇作「乘衆人之勢」，勢亦形也。劉績依文子改「制」爲「勢」，義則是而文則非矣。○寧案：道藏本、中立本、景宋本「身也」下有注云：「以身喻也。」「制也」下有注云：「六合，四方上下也。」今本脱。是故明於性者，天地不能脅也，脅，恐也。審於符者，怪物不能惑也。審，明也。符，驗也。怪物非常，人所疑惑也。故聖人者，由近知遠而萬殊爲一。殊，異也。一，同也。

古之人，同氣于天地，與一世而優游。優游猶委從也。○俞樾云：「古之人」三字衍文也。四句一氣相屬，皆蒙故聖人者爲文。若有「古之人」三字，則文義不貫矣。此文本云「故聖人者，由近而知遠，以萬殊爲一同，氣蒸於天地，與一世而優游」。今本「而」字脱去，校者誤補於「遠」字之下，遂誤删「以」字。「一同」與「萬殊」本相對爲文，今衍「古之人」三字，遂以「同」字下屬而誤删「蒸」字，皆非其舊。文子下德篇作「聖人由近以知遠，以萬異爲一同，炁蒸乎天地」，宜據以訂正。彼云由近以知遠，即由近而知遠也，以萬異爲一同，即以萬殊爲一同也。彼云炁蒸乎天地，故知此脱「蒸」字矣。上文云「氣乃上蒸」，即此「蒸」字之義也。○寧案：此文不誤，俞説不可從。文選盧子諒贈劉琨詩注引「文子曰：『聖人由近知遠，以萬異爲一同也。』淮南子曰：『萬殊爲一也。』」知文子自作「萬異爲一同」，淮南自作「萬殊爲一」。使淮南與文子同文，則李注不當兩引如是。又案文選范蔚宗逸民傳論注引此文作「古之人同氣于天地，與一世而優遊」。知文子自作

「氣蒸乎天地」，淮南自作「同氣于天地」，不得據彼以改此也。且詳究上文自「太清之治也」下至「機械詐僞莫藏於心」，皆言太清之治；自「逮至衰世」下至「虐殺不辜而刑誅無罪於是生矣」，乃言衰世之亂：正反相對舉爲文。自「天地之合和」下至「故聖人者由近知遠而萬殊爲一」，乃所以總結上文。「聖人」二字，即承上「明於性者」「審於符者」二句言之。自此「古之人」以下至「猶在於混冥之中」，言古之人無爲而治，與上文「太清之治」相應；自「逮至衰世」至「而非通治之至也」，言仁義禮樂乃衰世救敗之具，與上文「逮至衰世」相應：亦兩段正反相對舉爲文，進以申言上文之義。自「夫仁者所以救爭也」至「未可與言至也」，又所以總結上文。文章層次甚明。若如俞說，謂「由近知遠」四句一氣相屬，皆蒙「故聖人者」爲文，而以「古之人」三字爲衍，則上下兩段混而爲一，文理不清，謬矣！

當此之時，無慶賀之利，刑罰之威，○陳觀樓云：「賀」當爲「賞」，字之誤也。「慶賞」與「刑罰」相對，不當言「慶賀」。 禮義廉恥不設，毀譽仁鄙不立，○寧案：「毀譽」景宋本作「誹譽」是也，承上文「經誹譽」言之。 而萬民莫相侵欺暴虐，猶在于混冥之中。混，大也。大冥之中，謂道也。 逮至衰世，人衆財寡，事力勞而養不足，○寧案：「人衆」下脱「而」字。「人衆而財寡」與下句同一句式。景宋本有「而」字。文子下德篇作「用多而財寡」。 於是忿爭生，是以貴仁；仁鄙不齊，比周朋黨，設詐諝，懷機械巧故之心而信失矣，諝，謀也。性失，失其純樸之性也。 是以貴義；陰陽之情，莫不有血氣之感，男女羣居襍處而無別，是以貴禮；禮以別也。○吳承仕云：注「也」當作「之」。下文「是以貴樂」，注云：「樂以和之。」文例正同。 性命之情，淫而相脅，脅，迫。 以不得已則不和，是以貴樂。樂以和之。○劉家立云：貴仁、貴義、貴禮、貴樂四句，今本惟禮樂有注，仁義無注。文子下德篇貴仁句注云：「仁以安之。」貴義句注云：「義以斷之。」計淮南原本亦必有注，疑由傳寫而脱也。是故仁義禮樂者，可以救敗，而非通治之至也。

夫仁者所以救爭也，義者所以救失也，禮者所以救淫也，樂者所以救憂也。神明定於天下而心反其初，心反其初而民性善，初者始也，未有情也，未有情欲，故性善也。民性善而天地陰陽從而包之，則財足而人澹矣，○寧案：景宋本重「財足」二字，句例或然。貪鄙忿爭不得生焉。由此觀之，則仁義不用矣。道德定於天下而民純樸，則目不營於色，營，惑。耳不淫於聲，坐俳而歌謡，被髮而浮游，雖有毛嬙、西施之色，不知説也，言尚德也。掉羽、武象，不知樂也，掉羽，羽舞也。武象，周武王樂也。淫泆無別不得生焉。由此觀之，禮樂不用也。○寧案：上言「則仁義不用矣」。此「禮樂」上亦當有「則」字。「也」當作「矣」。是故德衰然後仁生，行沮然後義立，沮，敗也。和失然後聲調，禮淫然後容飾。○馬宗霍云：本文上下文皆仁義禮樂竝舉，則本文「和失」之「和」猶「樂」也。論語學而篇「禮之用和爲貴」，皇侃疏曰：「禮之用和爲貴，和即樂也。變樂言和，見樂功也。」邢昺疏曰：「禮之用和爲貴者，和謂樂也，樂主和同，故謂樂爲和。」然則本文易「樂」爲「和」，皇、邢二説足釋其義。是故知神明然後知道德之不足爲也，知道德然後知仁義之不足行也，道德本，仁義末。知仁義然後知禮樂之不足脩也。仁義大，禮樂小也。今背其本而求其末，釋其要而索之于詳，未可與言至也。至，至德之道也。○寧案：「求其末」景宋本作「求于末」。疑當作「求之于末」，與下句「索之于詳」同例。「求之于末」敓「之」字，「其」字古作「亓」，與「于」形似，因誤爲「其」。

天地之大，可以矩表識也；矩，度也。表，影表。識，知也。星月之行，可以曆推得也；曆，術也。推，求也。雷震之聲，可以鼓鐘寫也；寫猶放斆也。○王念孫云：「雷震」當爲「雷霆」，字之誤也。天地、星月、雷霆、風雨相對爲文。太平御覽天部十三引此正作「雷霆」。文子下德篇同。風雨之變，可以音律知也。律知陰陽。是故大可覩者，可得而量也；明可見者，可得而蔽也；「蔽」或作「察」。○于省吾云：按作「蔽」者是。晉語「及蔽獄之日」，注：「蔽，決也。」左昭十四年傳「叔魚蔽罪邢侯」，注：「蔽，斷也。」決斷義相因。「可得而決也」與上言「可得而量也」，詞例相仿。察雖有分別之義，但下云「色可察者」，作「察」則複。聲可聞者，可得而調也；色可察者，可得而別也。夫至大，天地弗能含也；至微，神明弗能領也。領，理也。及至建律曆，別五色，異清濁，清，商。濁，宮。味甘苦，則樸散而爲器矣；○楊樹達云：「味」字義不可通。蓋「殊」字形近之誤。殊與上文別、異二字同義。○寧案：楊說疑非。「味甘苦」謂究其甘苦，後漢書郎顗傳「含味經籍」，本書繆稱篇「古人味而弗貪也，今人貪而弗味」，即此味字之義。立仁義，脩禮樂，則德遷而爲僞矣。脩，設也。遷，移也。及僞之生也，飾智以驚愚，設詐以巧上，巧，欺上也。○馬宗霍云：注文當作「巧，欺也」。「上」字疑傳寫者涉正文而衍。天下有能持之者、有能治之者也？有能持之者，桀、紂之民。有能治之者，湯、武之君也。○王念孫云：「有能治之者也」當作「未有能治之者也」。言詐僞竝起，天下有能以法持之者，未有能以道治之者也。其能治之者，必待至人，下文「至人之治也」云云是也。文子下德篇作「天下有能持之而未有能治之者也」。是其證。高所見本，蓋脫「未」字。

〇于省吾云：按高注上句就民言，下句就君言，引桀、紂、湯、武以增成其義，殊爲望文生訓。然高所見本，本無「未」字，至明顯也。文子不達其意而增「未」字，王反據以改本書，疏矣。且王謂天下有能以法持之者，未有能以道治之者也。夫以法持之，猶不得謂之非治也。是王氏望文演訓，與高注同。「也」「邪」古字通，詳經傳釋詞。覽冥篇：「其失之，非乃得之也？」「也」讀「邪」。正言之，其失之乃得之也。此言天下有能持之者，有能治之者邪？係反詰之詞。正言之，天下未有能持之者，未有能治之者也。讀「也」如字，則失古人之語妙矣。**昔者，蒼頡作書而天雨粟，鬼夜哭；**蒼頡始視鳥迹之文造書契則詐僞萌生，詐僞萌生則去本趨末，棄耕作之業而務錐刀之利，天知其將餓，故爲雨粟；鬼恐爲書文所劾，故夜哭也。「鬼」或作「兔」。兔恐見取豪作筆，害及其軀，故夜哭。〇陶方琦云：意林引許注：「倉頡，黄帝史臣也。造文字則詐僞生，故鬼哭也。」按説文叙云：「黄帝之史倉頡。」與注淮南説同。〇寧案：注「造書契」，道藏本、中立本、景宋本「書」下有「有」字。疑文當作「蒼頡始視鳥迹之文造書契，有書契則詐譌萌生」，「有」上脱「契」字，下脱「書」字。今本脱「有書契」三字。**伯益作井而龍登玄雲，神棲昆侖；**伯益佐舜，初作井，鑿地而求水。龍知將決川谷，漉陂池，恐見害，故登雲而去，棲其神于昆侖之山。〇劉文典云：高注「登雲而去，棲其神于昆侖之山」，據此則神者龍之神也，殊失其義矣。龍登玄雲，神棲昆侖，相對爲文，謂龍登於玄雲，神棲於昆侖也。論衡感虚篇曰：「傳書又言伯益作井，龍登玄雲，神棲昆侖。言作井有害，故龍神爲變也。夫言龍登玄雲，實也。言神棲昆侖，又言爲作井之故，龍登神去，虚也。」又曰：「所謂神者，何神也？百神皆是。百神何故惡人爲井？」是神者百神，非龍之神也，明矣。高注失之。〇吴承仕云：御覽九百二十九引此注云：「伯夷，（御覽引文作伯益，而注文作夷，疑是誤字。）夏禹之佐也。初鑿井泄地氣，以後必漉池而漁，故龍登玄雲，神棲昆侖。一曰：龍在黄泉下，恐害及，故去之。」承仕案：御覽引注蓋有二義，既與今本不同，而文句亦異。疑今本注文襍采二説而聯綴之。至御覽所引，雖根依舊本，而稍有删節，故互不相應也。又案地理志：「柏益出自帝顓頊，堯時助禹治水，爲舜朕虞。」故易釋文引宋衷世本注云：「化益，堯臣。」御覽引注作夏禹之佐，今注本作舜佐，三説皆可通。而御覽所引，分列二義，最爲近古。則以伯益爲禹佐者，疑是舊義。能愈多而德愈薄矣。愈，益也。○王念孫云：太平御覽鱗介部一引此「能愈多」作「智愈多」。案當作「智能愈多」。「智能」二字總承上文言之。今本脱「智」字，御覽脱「能」字。文子下德篇作「智能彌多而德滋衰」。是其證。故周鼎著倕，使銜其指，以明大巧之不可爲也。倕，堯之巧工也。周鑄鼎，著倕像於鼎，使銜其指。假令倕在見之，伎巧不能復踰，但當銜齧其指，以明巧之不可爲也。一説：周人鑄鼎，畫象鏤倕身于鼎，使自銜其指，以戒後世，明不當大巧爲也。○于省吾云：按吕氏春秋離謂：「周鼎著倕而齕其指，先王有以見大巧之不可爲也。」與此文畧同。注後説是也。○寧案：于説是也。此承上文「能愈多而德愈薄」言之。使如前説，謂令倕在見之，自知伎巧不能復踰，故銜齧其指，則與德薄文不相應矣。又案：道藏本、中立本、景宋本「以明巧之不可爲也」上有「故曰」二字，當據沾。則此乃重述正文，「巧」上猶當有「大」字。故至人之治也，心與神處，形與性調，靜而體德，動而理通，隨自然之性，而緣不得已之化，洞然無爲而天下自和，憺然無欲而民自樸，○寧案：大藏音義十引許注：「憺，心志滿足也。」當卽此處注文。又七十六引許注：「足也。」又二又七引注「滿也」，亦是許注。曰滿曰足，蓋約文也。無禨祥而民不夭，不忿爭而養足，○寧案：「民」字涉上而衍。「心與神處」以下十二句皆兩兩相對爲文。集證本作「無禨祥而不夭」，是也。兼包海内，澤及後世，不知爲之者誰何。道無姓名，自當然也，故曰不知誰何也。是故生無號，死無謚，實不聚而名不立。實，財也。道不名，故名不立。施者不德，受者不讓，施者不以爲恩德，振不足而已。受者不讓之，則受之，不飾辭讓也。德交歸焉而莫之充忍也。忍，不忍也。○王念孫云：高蓋誤讀「忍也」二字爲句。訓忍爲不忍，於正文無當也。今案「充忍」二字當連讀，「忍」讀爲「牣」。大雅靈臺篇「於牣魚躍」，毛傳曰：「牣，滿也。」德交歸焉而莫之充滿，所謂大盈若虚也。鄭風將仲子、大雅抑及周官山虞釋文「忍」字並音「刃」。忍有刃音，故又與「牣」通。史記殷本紀「充仞宫室」，後漢書章八王傳「充牣其第」，牣、仞、忍並同聲而通用。○馬宗霍云：王氏訂高注是也。其釋充忍爲充滿，亦似失之牽强。余謂「交歸」與「充忍」相對爲義。説文儿部云：「充，長也，高也。」引申之義則爲「勝」。心部云：「忍，能也。」「能」之言「耐」，引申之義則爲「容」。莫之充忍猶言莫之勝容也。蓋惟德交歸之，故莫之勝容。質言之，卽德如不勝之意。亦卽老子所謂「廣德若不足」也。故德之所總，道弗能害也，總，一也。○俞樾云：「總」字無義，乃「利」字之誤。「利」古文作「𥝢」，「總」俗作「惣」，其上半相似，因而致誤。周書大匡篇「及其利害」，今本「利」亦誤作「總」，是其證也。德之所利，道弗能害，利與害義相應。高注曰「總，一也」，是其所據本已誤矣。○劉文典云：下文「德之所總要」，高注：「總，凡也。」與此文及注誼皆相類，則「總」非誤字，明矣。高注：「總，一也。」是所見本字已作「總」。若如俞説，則是「利」之譌「總」，漢代已然。俗書之「惣」，造於唐代，宋丁度集韻始收其字，安得言古文「𥝢」與俗書之「惣」以上半相似而致誤乎？俞説甚鑿，不可從也。○向宗魯云：俞説大謬。德與道非可以利害言者。如其言，則德之所不利，道遂能害之矣。道之爲害，未之前聞。竊以此「道德」二字當互易，「害」當爲「周」。（「害」與「周」形近易譌。如「周田」「割申」、「周狗」「害狗」之例。）此本作「道之所總，德弗能周」也。（老子曰「失道而後德」，道家之說，德不及道，故云然。）莊子徐無鬼篇：「道之所一者，德不能周也，知之所不能知者，辯不能舉也。」即淮南所本。（今本莊子「周」誤「同」。古佚本不誤。）智之所不知，辯弗能解也；有智謀者尚不能知，但口辯者何能解也？不言之辯，不道之道，若或通焉，謂之天府。或，有也。有能通不言之辯，不道之道者，入天之府藏。取焉而不損，損，減。酌焉而不竭，酌猶予。竭，盡也。莫知其所由出，是謂瑤光。○寧案：以上八句，文本莊子齊物論。瑤光者，資糧萬物者也。瑤光，謂北斗杓第七星也。居中而運歷，指十二辰，擿起陰陽以殺生萬物也。一說：瑤光，和氣之見者也。

振困窮，補不足，則名生；名，仁名也。興利除害，伐亂禁暴，則功成。功，武功也。世無災害，雖神無所施其德；上下和輯，雖賢無所立其功。昔容成氏之時，道路鴈行列處，容成，黃帝時造曆術者。鴈行，長幼有差也。○顧廣圻云：容成氏非黃帝之容成。託嬰兒於巢上，置餘糧於晦首，虎豹可尾，虺蛇可蹍，而不知其所由然。虎豹擾人，無害人之心，故可牽尾。虺蛇不螫毒，故可蹍履也。時人謂自當然耳。故曰不知其所由然。○莊逵吉云：「擾人」之「擾」當作「獿」，古「柔」字也。逮至堯之時，十日竝出，焦禾稼，殺草木，○寧案：太平御覽八十引作「燋禾穗」。三百五引同今本。禮記內則：「舉燋其脊。」釋文：「焦字又作燋。」而民無所食。猰貐、鑿齒、九嬰、大風、封豨、脩蛇皆爲民害。猰讀車軋履人之「軋」，貐讀疾除瘉之「瘉」。猰貐，獸名也。狀若龍首，或曰似貍，善走而食人，在西方也。鑿齒，獸名，齒長三尺，其狀如鑿，下徹頷下，而持戈盾。九嬰，水火之怪，爲人害。大風，風伯也，能壞人屋舍。封豨，大豕，楚人謂豕爲豨也。脩蛇，大蛇，吞象三年而出其骨之類。

○王念孫云：漢書揚雄傳應劭注、文選辯命論注、太平御覽皇王部五、兵部三十六引此，鑿齒皆在封豨下。各本誤在猰貐下。又案道藏本、劉本、朱本猰貐以下六者之注文，本分見於下文六句之下。（文選王融曲水詩序注、辯命論注、太平御覽皇王部五、兵部三十六、羽族部十四所引皆如是。）故「鑿齒獸名」云云，本在下文「誅鑿齒於疇華之澤」之下，自茅本始移六者之注於此文下而次鑿齒之注於猰貐之下九嬰之上，則是以已誤之正文，改不誤之注文也。莊本從之，謬矣。○俞樾云：高注曰：「大風，風伯也，能壞人屋舍。」此下當有「一曰鷙鳥」四字而今脱之。文選劉孝標辯命論注引高誘曰：「大風，鷙鳥。」是其證也。下文「繳大風於青丘之澤」，注曰：「羿于青丘之澤繳遮使不爲害也。一曰：以繳繫矢射殺之。」繳遮之説，以風言也。繳射之説，以鳥言也。○陶方琦云：漢書揚雄傳下注應劭曰：「淮南子云：堯之時，窫窳、封豨、鑿齒皆爲民害。窫窳類貙，虎爪食人。」案此必應劭引許君淮南也。又案：文選王元長曲水詩注引許注曰：「大風，風伯也。」此即羼入高注者。高注當作「大風，鷙鳥也」。御覽九百二十七引淮南注曰：「大風，鷙鳥也，在東方。一云大風，風伯也。」今本高注當有敚文。所謂「一曰」，乃許説也。文選辯命論注引高誘曰：「大風，鷙鳥也。」是高誘作「鷙鳥」之明證。○寧案：陶氏謂注云「大風，風伯也」乃許注羼入，高注當作「大風，鷙鳥也」。陶説未必然也。氾論篇「羿除天下之害」，高注亦云「風伯壞人屋室，羿射中其膝」。太平御覽五十三引許注則云：「大風，鷙鳥也。」疑當時固有二説而注家兼採之，未可以「一曰」定許、高也。

堯乃使羿誅鑿齒於疇華之野，羿善射，堯使羿射殺之。疇華，南方澤名。○洪亮吉云：當即國語依疇、歷華二地。○寧案：海外南經云：「羿與鑿齒戰於壽華之野，羿射殺之，在崑崙墟東。羿持弓矢。鑿齒持盾。一曰戈。」郭注：「鑿齒亦人也，齒如鑿，長五六尺，因以名之。」文選長楊賦李善注引服虔曰：「鑿齒，齒長五尺，似鑿，亦食人。」

當是高注所本。高注既曰鑿齒獸名，則不得曰持戈楯。疑「而持戈楯」四字乃後人據山海經臆補。太平御覽八十引注：「疇華，南方澤也。鑿齒，獸，持戈楯。羿持弓箭射殺也。」文約而誤同。殺九嬰於凶水之上，北狄之地有凶水。○寧案：太平御覽八十引注云：「九嬰，水之大恠，爲人之害者。北狄之地有凶水者也。」疑此「水火之怪」，「火」字乃「大」字之誤，在「之」字下。水之大怪，故殺之凶水之上也。太平御覽三百五引誤同。繳大風於青丘之澤，羿於青丘之澤繳遮使不爲害也。一曰以繳繫矢射殺之。青丘，東方之澤名也。○王念孫云：「疇華之野」，「野」本作「澤」，故高注云「南方澤名」。「青丘之澤」，「澤」本作「野」。時則篇云：「東至青丘樹木之野。」是也。高注本作「青丘，東方丘名也」。今本正文「澤」「野」二字互誤。高注「東方丘名」，「丘」字又誤作「澤」。文選王融三月三日曲水詩序注引此作「青丘之澤」，亦後人依誤本改之。辯命論注引此正作「疇華之澤」、「青丘之野」。又舊本北堂書鈔地部一及太平御覽地部十八、皇王部五、兵部三十六、資産部十二引此並作「疇華之澤」、「青丘之野」。又皇王部五、資産部十二引高注並作「青丘，東方丘」。論衡感類篇亦云「堯繳大風於青丘之野」。○俞樾云：王氏念孫謂「疇華之野」「野」本作「澤」，「青丘之澤」「澤」本作「野」，引北堂書鈔太平御覽爲證。然劉孝標辯命論曰：「鑿齒奮於華野。」華野者，疇華之野也。若本作「疇華之澤」，何不曰「華澤」而曰「華野」乎？然則古本自作「疇華之野」、「青丘之澤」。類書所引，殆未足據。○寧案：王氏念孫謂「猰貐」以下六者之注文，本分見於下文六句之下。俞樾謂「繳遮之說，以風言也，繳射之說，以鳥言也」。二說是也。然俞氏謂「能壞人屋舍」下當有「一曰鷙鳥」四字則非也。太平御覽八十引注云：「大風，大鷙鳥。繳，以石磯繳繫矢射之。青丘，東方丘。」竊疑正文「繳」當作「徼」，注當作「徼遮」。史記司馬相如傳索隱引司馬彪云：「徼，遮也。」乃「邀」之借字。御覽引「磯」乃「磻」字之誤。説文：「磻，以石箸隿繁也。」此注當作「大風，風伯也，能壞人屋舍。羿於青邱之澤徼遮使不爲害也。徼一作繳。一曰大風，大鷙鳥，以石磻繳繫矢射殺之。青丘，東方之澤名也」。今本「一曰」上脱「徼一作繳」四字。「一曰」下脱「大風大鷙鳥」五字。「以」下脱「石磻」二字。御覽引從「一曰」以下。又俞樾謂古本自作「疇華之野」，是也。海外南經云：「羿與鑿齒戰於壽華之野。」足爲俞説之證。太平御覽八十（皇王部五）疇華、青丘皆作澤。王失檢。**上射十日而下殺猰貐，**十日竝出，羿射去九。○寧案：海外東經郭注引淮南子云：「堯乃令羿射十日，中其九日，日中烏盡死。」北堂書鈔百四十九引作「命羿射十日，中九烏皆死，墮羽翼」。藝文類聚一引畧同，惟「射」上有「仰」字，「九」上有「其」字。太平御覽七百四十五引作「堯命羿仰射十日，中其九烏」。太平御覽三引作「堯命羿仰射十日，其九烏皆死，墮羽翼」。九百二十引畧同。惟「其」上有「中」字，「墮」下有「其」字。三百五引作「射十日而下其九日」。八十引同今本。注云：「羿射日，墮日中烏。」以上所引，有許、高之混，有正文、注文之混。然除太平御覽八十引同今本外，皆言「中九日」或「中九烏」。此正文但言所射而不言所中，於義不完，而注文「羿射去九」四字無著矣。且以「下殺猰貐」爲句，則六者皆下也，而五者皆不言下，又五者皆言其處，而猰貐獨無處，非其例也。疑當作「上射十日而下其九日，殺猰貐於弱水」。今本「下」下奪「其九日」三字，「猰貐」下奪「於弱水」三字。海内南經云：「窫窳龍首，居弱水中，在狌狌知人名（知人名三字衍文。）之西，其狀如龍首，食人。」此淮南文及高注所本。故曰殺猰貐於弱水也。**斷脩蛇於洞庭，禽封狶於桑林。**洞庭，南方澤名。桑林，湯所禱旱桑山之林。○寧案：太平御覽八十引注：「洞庭，南方水也。其蛇食象三歲而其骨出也。封豕，大彘也。桑林，湯禱旱地。」文小異。此云「楚人謂豕爲狶」，疑是許注羼入。**萬民皆喜，置堯以爲天子，於是天下廣狹險**

易遠近始有道里。○楊樹達云：說文𨸏部云：「陜，隘也。」今字多作狹。舜之時，共工振滔洪水，以薄空桑。共工，水官名也，柏有之後。振，動也。滔，蕩也。欲壅防百川，滔高堙庳，以害天下者。薄，迫也。空桑，地名，在魯也。○顧廣圻云：「柏有」當作「伯九有」。國語：「共工氏之伯九有也。」○吳承仕云：注稱柏有之後，語不可通。「柏有」當作「伯者」，蓋謂舜時居共工官者，即古伯者之後也。原道篇：「共工力觸不周之山。」注云：「共工以水霸於伏羲神農閒者也。」秦策：「禹伐共工。」注云：「共工，官名也，霸於水火之閒，任智刑之後子孫也。」（案「水火」當作「木火」，木謂伏羲，火謂神農。此注與原道注正相應。）三注皆高誘說。此言伯者之後，與秦策注義適相應。堯典：「都共工方鳩僝功。」鄭玄曰：「其人名氏未聞，先祖居此官，故以官氏也。」（書正義引。）通志云：「共工氏，當始於伏羲之後，子孫承傳，以至堯、舜之世，皆謂之共工氏。」鄭樵所述，亦據舊義而敷衍之耳。又案御覽八十一引此注云：「共工，炎帝之後。」與國語賈注同，當是許義。○向宗魯云：顧說是也。「伯九有」下當有「者」字，謂此共工乃霸九州者之後也。（共工氏霸九州已詳原道篇。）御覽八十一引注作「滔，漫之也。共工，炎帝之後。隨高堙下，壅百川以爲民害」。○寧案：「有」「者」形似而誤，吳說是也。

龍門未開，呂梁未發，江淮遍流，四海溟涬。民皆上邱陵，赴樹木。龍門，河之隘也，在左馮翊夏陽北，禹所鑿也。呂梁，在彭城呂縣，石生水中，禹決而通之，民所由得度也，故曰呂梁也。未發之時，水道不通，江、淮合流，四海溟涬，無岸畔也。○莊逵吉云：呂梁有兩說：一說在西河。司馬彪曰「呂梁在離石縣西」是也。水經注云：「河水左合一水，出善無縣故城西南八十里，其水西流歷於呂梁之山而爲呂梁洪。昔呂梁未闢，河出孟門之上，蓋大禹所闢以通河也。今離石縣西，歷山尋河，竝無過峘，至是乃爲巨險，即呂梁矣。在離石北以東百有餘里。」道元雖駁正郡國志，然亦主西河之説矣。一説在彭城，卽注是也。云石在水中者，説文解字：「砅，履石渡水也。」攷詩「在彼淇梁」，「在彼淇厲」，以例推之，「厲」亦卽「砅」字，梁、砅俱置石水中以渡行旅之義。段國沙州記云：「吐谷渾于河上作橋，謂之河砅。」亦其事矣。毛、鄭注詩，恐未得其解。○向宗魯云：此襲戴震毛鄭詩攷正之説，與本文無涉。且據吐谷渾事以攻毛、鄭，適足爲笑資也。

舜乃使禹疏三江五湖，闢伊闕，導廛澗，伊闕，山名也，禹所開以通伊水，故曰闢伊闕，在洛陽西南九十里。廛、澗兩水名。廛讀裹纏之「纏」。平通溝陸，流注東海。○向宗魯云：「平」字「流」字皆衍，「注」下挩「之」字。吕氏貴因篇云「迵溝陸」，「迵」與「通」同。御覽八十一引此亦無「平」字，是也。（御覽「陸」作「洫」，與吕氏不合，乃妄改。）上句衍「平」字，下句遂加「流」字以足句。吕氏及御覽所引皆曰「注之東海」。鴻水漏，○陶方琦云：大藏音義引許注曰：「漏，失也。」「失」當讀爲「泆」。説文：「泆，水所蕩泆也。」○寧案：大藏音義十八、四十七引許注：「漏，穿也。」六十六引許注：「漏，穿也，孔也，失也。」九州乾，萬民皆寧其性，○楊樹達云：吕氏春秋愛類篇云：「昔上古，龍門未開，吕梁未發，河出孟門，大溢逆流，無有邱陵沃衍，平原高阜，盡皆滅之，名曰鴻水。禹於是疏河決江，爲彭蠡之障，乾東土，所活者千八百國。」淮南文畧本此。是以稱堯、舜以爲聖。晚世之時，帝有桀、紂。爲琁室瑶臺，象廊玉牀；琁、瑶，石之似玉，以飾室臺也。用象牙飾廊殿，以玉爲牀，言淫役也。「琁」或作「旋」。「瑶」或作「摇」。言室施機關，可轉旋也。臺可摇動，極土木之巧也。○王念孫云：「爲琁室」上脱「桀」字。大戴禮少閒篇注、北堂書鈔帝王部二十、太平御覽皇王部七引此「爲」上皆有「桀」字。○陶方琦云：文選班固西都賦注引許注：「廊，屋也。」後漢申屠剛傳注：「廊，殿下屋也。」漢書司馬相如傳「高廊四注」，注：「堂下四周屋也。」史記龜策傳「教爲象郎」，集解引許君注：「象牙郎。」當亦是此處注文。○寧案：王説是也。原本玉篇广部引「桀爲象廊」，「爲」上亦有「桀」字。又引許叔重曰：「廊，屋也。」大藏音義六十三引許注：「廊，屋下也。」紂爲肉圃酒池，紂積肉以爲園圃，積酒以爲淵池。今河内朝歌，紂所都也，城西有糟邱酒池處是也。燎焚天下之財，○俞樾云：天下之財，不當言燎焚。「燎焚」當作「撩聚」。古人書「聚」字或作「⿱取灬」。漢書古今人表「⿱取灬子」，師古注曰：「⿱取灬，聚字也。」俗書「焚」字作「⿱林灬」，兩形相似而誤。「聚」誤爲「焚」，自然改「撩」爲「燎」矣。廣雅釋詁：「撩，取也。」「聚」與「取」古字通。周易萃象傳「聚以正也」，釋文曰：「聚，荀作取。」漢書五行志「内取茲爲禽」師古曰「取讀如禮記聚麀之聚」。並其證也。撩聚卽撩取，謂撩取天下之財也。○寧案：韓非子亡徵篇云：「罷露百姓，煎靡貨財。」「燎焚」與「煎靡」意同，言其浪費如火熾也。二字不應妄改。罷苦萬民之力，刳諫者，剔孕婦，王子比干，紂之諸父也，數諫紂之無道，紂剖其心而觀之，故曰刳諫者。孕婦，姙身將就草之婦也，紂解剔觀其胞裹，故曰剔孕婦也。攘天下，虐百姓。於是湯乃以革車三百乘，伐桀於南巢，放之夏臺。革車，兵車也。南巢，今盧江巢縣是也。夏臺，大臺，故作宫也。○吴承仕云：御覽八十二引注云：「南巢，盧江居巢。」案：居巢是也。地理志：居巢屬廬江郡。續郡國志：「居巢爲侯國，至唐時，始改稱巢耳。」修務篇注云：「南巢，今廬江居巢。」此注誤奪「居」字，失之遠矣。○向宗魯云：注文「故」當作「或」。御覽八十二引此文作「收之夏宫」，所引卽或本。武王甲卒三千，破紂牧野，殺之于宣室。武王，周文王之子發也。在車曰士，步曰卒。牧野，南郊地名，在朝歌城外。宣室，殷宫名。一曰：宣室，獄也。天下寧定，百姓和集，是以稱湯、武之賢。由此觀之，有賢聖之名者，必遭亂世之患也。

今至人生亂世之中，含德懷道，拘無窮之智，鉗口寢説，遂不言而死者，衆矣。至人，至德之人。

○王念孫云：「拘」字義不可通。劉本作「抱」是也。含、懷、抱三字同義。然天下莫知貴其不言也。無有貴鉗口不言而死也。故道可道，非常道，至道無名不可道，故曰可道者非常道也。名可名，非常名。真人之名，不可得名。著於竹帛，鏤於金石，可傳於人者，其粗也。五帝三王，殊事而同指，異路而同歸。五帝：黄帝、顓頊、帝嚳、帝堯、帝舜。三王，夏禹、商湯、周文王。同歸，同歸脩仁義也。晚世學者，不知道之所一體，德之所總要，總，凡也。要，約也。○陶方琦云：文選殷仲文桓公九井詩注、盧諶贈劉琨詩注、潘岳河陽詩注引許注：「猥，凡也。」當附此處。許本必作「德之所總猥」。廣雅：「猥，衆也。」漢書溝洫志「水猥盛」，注：「猥，多也。」董仲舒傳「勿猥勿并」，注：「猥，積也。」是「猥」又通「委」。委亦衆多義。凡，説文云：「冣括也。」三倉：「凡，數之總名也。」冣括亦總其緐多之謂。「凡」義亦與「緐」近。小爾雅：「凡，多也。」廣雅：「緐，衆也。」人物志效難篇「相與分亂于總猥之中」，是總與猥正連訓。○寧案：「一體」當作「體一」。體，法也。道貴於一，故曰體一，與總要相對爲文。人閒篇「執一而應萬，握要而治詳」，是其義也。涉書中多言「一體」而誤。文子精誠篇正作「道之所體一」。取成之迹，相與危坐而説之，鼓歌而舞之，故博學多聞而不免於惑。○陳觀樓云：「取成之迹」，當依文子精誠篇作「取成事之迹」。○楊樹達云：「鼓歌而舞之」，景宋本同。然文不成義。「歌」、「舞」二字蓋互誤。集證本作「鼓舞而歌之」是也。○寧案：楊説未必是。天文篇云：「女夷鼓歌。」此謂鼓歌之不足，繼之以舞，何云文不成義？集證本改字無據。詩云：「不敢暴虎，不敢馮河，人知其一，莫知其他。」此之謂也。無兵搏虎曰暴虎，無舟檝而渡曰馮河，言小人而爲政，不可不敬，不敬則危，猶暴虎馮河之必死。人皆知暴虎馮河立至害也，故曰知其一；而不知當畏脊小人危亡也，故曰莫知其佗。此不免于惑，此之謂也。○吴承仕云：「吕氏春秋安死篇引詩同，注云：「喻小人爲政，不可以不敬。不敬之，則危，猶暴虎馮河之必死也。人知其一，莫知其他。一，非也，人皆知小人之爲非，不知不敬小人之危殆。」毛傳云：「一，非也。他，不敬小人之危殆也。」鄭箋云：「人皆知暴虎馮河立至之害，而無知畏慎小人當危殆也。」高注與詩毛、鄭説及荀子臣道篇義同。此文「立至害也」，當作「立至之害也」。「而不知當畏慎小人危亡也」，「危亡」上亦奪一「之」字，當據補。」

帝者體太一，體，法也。太一，天之刑神也。王者法陰陽，霸者則四時，君者用六律。秉太一者，牢籠天地，彈壓山川，牢讀屋霤。楚人謂牢爲霤。彈山川令出雲雨，復能壓止之也。含吐陰陽，伸曳四時，伸曳猶伸引，和調之也。○李哲明云：「「伸曳」當作「臾曳」。説文臾下云：「束縛捽抴爲臾。」周禮臾弓，「往體多，來體少」，往多者，殆即牽引之意。又曳下云：「臾曳也。」臾、曳連文，蓋古有此語。「伸曳」當由注文而譌。」○寧案：李説是也。藝文類聚十一引作「申洩」。鮑刻本太平御覽引作「申曳」。「申」字篆書作「申」，與「臾」字形近而譌。宋本太平御覽又譌作「中」。紀綱八極，經緯六合，○王念孫云：「「秉太一者」，「秉」字後人所加。下文「體太一者」云云，是釋上文「體太一」之義，此文「太一者」云云，是專釋「太一」二字之義，「太一者」之上不當有「秉」字也。且下文陰陽者、四時者、六律者皆與此文同一例，加一「秉」字則與下文不合矣。藝文類聚帝王部一引此作「體太一者」，亦與下文相複。文選魏都賦、文賦注引此皆作「太一者」，無「秉」字，亦無「體」字。」○寧案：王念孫氏以爲「秉」字乃後人所加，非也。「秉」當作「體」。下文「陰陽者」上脱「法」字，「四時者」上脱「則」字，「六律者」上脱「用」字。細味「牢籠天地」云云，乃釋體太一而非釋太一；下文「承天地之和」云云，亦釋法陰陽而非釋陰陽；「春生夏長」云云，釋則四時而非釋四時；「生之與殺也」云云，釋用六律而非釋六律：且重在體、法、則、用四字。至下文又曰「體太一者」，「法陰陽者」，「則四時者」，「用六律者」，乃更申言四義，明四者之爲德。是前者重在事，而後者重在人，非太一與體太一之別也。文子下德篇曰：「體太一者，明於天地之情，通於道德之倫，聰明照於日月，精神通於萬物，動靜調乎陰陽，喜怒和乎四時，覆露皆道，博洽而無私，蜎飛蠕動，莫不仰德而生，德流方外，名聲傳乎後世。法陰陽者，承天地之和，德與天地參，光明與日月竝照，精神與鬼神齊靈，戴圓履方，抱表寢繩，內能治身，外得人心，發號司令，天下從風。則四時者，春生夏長，秋收冬藏，取與有節，出入有量，喜怒剛柔，不離其理，柔而不脃，剛而不壯，寬而不肆，肅而不悖，優柔委順，以養羣類，其德含愚而容不肖，無所私愛也。用六律者，生之與殺也，賞之與罰也，與之與奪也，非此無道也。伐亂禁暴，舉賢廢不肖，匡衺以爲正，攘險以爲平，矯枉以爲直，明於施舍開塞之道，乘時因勢，以服役人心者也。」文子此文襲淮南文前後兩段而爲一，若淮南前釋太一、陰陽、四時、六律，後乃釋體太一、法陰陽、則四時、用六律，則文子不得合二爲一也。且「非此無道也」下高注云：「則四時用六律之君，非用此上事，其餘無他道也。」據高注「四時者」上本有「則」字，「六律者」上本有「用」字，是「陰陽者」上脱「法」字，「太一者」上「秉」字乃「體」字之誤而非衍文明矣。藝文類聚十一、太平御覽七十七「秉」正作「體」，「陰陽者」上有「法」字，「四時者」上有「則」字，「六律者」上有「用」字。是其明證。文選魏都賦、文賦注引「太一者」上無「體」字，當是誤奪，王元長三月三日曲水詩序注引有「體」字。

覆露照導，普氾無私，普，太也。氾，衆也。無私愛憎，言皆公也。蠉飛蠕動，莫不仰德而生。陰陽者，承天地之和，形萬殊之體，含氣化物，以成埒類，埒，形也。贏縮卷舒，淪於不測，贏，長也。縮，短也。卷，屈也。舒，散也。淪，入也。測，深也。入于不可測盡之深。○寧案：「贏」太平御覽七十七引作「盈」，俶真篇作「盈縮卷舒」，古通用。説詳時則篇。又案：注「測，深也」，「深」當爲「盡」，涉下「深」字而誤也。原道篇、主術篇、呂氏春秋下賢篇高注皆云：「測，盡也。」下句「入於不可測盡之深」，正以盡字釋測。終始虛滿，轉於無原。轉化歸於無窮之原本也。○王念孫云：正文言無原，不言無窮之原，高説非也。原，度也，量也，言陰陽之化轉於無量也。廣雅：「量、謜，度也」。「謜」與「原」通。宋玉神女賦「志未可乎得原」，韓子主道篇「掩其跡，匿其端，下不能原」，皆謂不可量度也。漢書王莽傳「功亡原者賞不限」，言有無量之功，則有不限之賞也。（顔師古注：「無原，謂不可測其本原。」失之。）是古謂無量爲無原。淪於不測，轉於無原，其義一也。○楊樹達云：「虛滿」本當云「虛盈」，淮南爲惠帝諱改耳。○寧案：虛、滿並舉，又見繆稱篇「虛而能滿」，恐非避漢諱改也。本書「盈」字不可勝數，豈皆如「長」字之盡作「脩」歟？四時者，春生夏長，秋收冬藏，取予有節，出入有時，○王念孫云：「有時」本作「有量」，此涉上文「四時」而誤也。取予有節，出入有量，量與節義相近，若作時則非其指矣。且量與長、藏爲韻，若作時則失其韻矣。文子正作出入有量。開闔張歙，不失其叙，歙讀曰脅。叙，次也。喜怒剛柔，不離其理。理，道也。六律者，生之與殺也，賞之與罰也，予之與奪也，予，布施也。奪，取收也。非此無道也。則四時用六律之君，非用此上事，其餘無他道也。○馬宗霍云：上文分帝王霸君爲四等，而謂「霸者則四時，君者用六律」。則本文「非此無道也」一語，既緊承六律之下，蓋專指用六律之君而言。「非此無道」之「此」，即謂生殺賞罰予奪六事，言除此以外無他道也。下文「謹於權衡準繩，審乎輕重」，亦謂就此六事而謹之審之也。高注乃兼「則四時」爲言，是涉及霸者矣。疑注文「則四時」三字爲傳寫誤衍。故謹於權衡準繩，審乎輕重，足以治其境内矣。權衡，平也。準，法也。繩，直也。

是故體太一者，明於天地之情，通於道德之倫，聰明燿於日月，精神通於萬物，動靜調於陰陽，喜怒和於四時，德澤施於方外，施，延。延于遠方之外。名聲傳于後世。後世傳聞之也。法陰陽者，德與天地參，○鍾佛操云：道藏本、景宋本「參」下有注云：「參，明。」案「明」疑「朋」字之誤。明與日月竝，竝，併也。精與鬼神總，總，合也。戴圓履方，抱表懷繩，圓，天也。方，地也。表，正也。繩，直也。內能治身，外能得人，能得人之歡心。發號施令，天下莫不從風，風，化也。○王念孫云：「外能得人」，本作「外得人心」。高注：「能得人之歡心」，正釋「得人心」三字。今本作「外能得人」，即涉注內「能得人」而誤。此文以繩、心、風爲韻，（蒸、侵二部，古或相通。秦風小戎篇以膺、弓、縢、興、音爲韻，大雅大明篇以林、興、心爲韻，生民篇以登、升、歆、今爲韻，魯頌閟宮篇以乘、縢、弓、綅、增、膺、懲、承爲韻，管子小匡篇「子大夫受政，寡人勝任，子大夫不受政，寡人恐崩」，心術篇「專於意，一於心，耳目端，知遠之證」，淮南本經篇「上下離心，氣乃上蒸」，說山篇「欲學歌謳者，必先徵羽樂風，欲美和者，始於陽阿采菱」，皆其證也。古音「風」字在侵部，「弓」字在蒸部，說在唐韻正。）若作「外能得人」，則失其韻矣。文子正作「內能治身，外得人心」。則四時者，柔而不脆，剛而不鞼，鞼，折也。寬而不肆，肆，緩。雖寬不緩，過齊非也。肅而不悖，肅，急也。雖急不促悖。優柔委從，以養羣類，類，物類也。○寧案：原道篇作「委縱」。此從讀爲縱。其德含愚而容不肖，無所私愛。私，邪也。用六律者，伐亂禁暴，進賢而退不肖，○寧案：「退不肖」「退」當作「廢」，廢猶退也。後人習以進退對舉，故誤作「退」耳。道藏本、中立本、茅本、景宋本皆作「廢」。文子下德篇同。扶撥以爲正，撥，任也。扶，治也。○吳承仕云：扶撥以爲正，壞險以爲平，矯枉以爲直，文正相對。險爲不平，枉爲不直，則撥爲不正明矣。脩務篇「琴或撥刺」，注云：「撥刺，不正也。」重言曰撥刺，單言則曰撥。荀子正論篇「不能以撥弓曲矢中」，楊倞注云：「撥弓，不正之弓。」是也。此注當云：「扶，治也。撥，枉也。」「枉」形近譌作「任」。又先言撥，後言扶，傳寫失其次，遂不可通。○向宗魯云：「撥，任也。」「任」當作「枉」。○楊樹達云：撥，說文訓治，無枉義，蓋假爲「癶」。說文癶部云：「癶，足剌癶也。讀若撥。」又犬部云：「犮，犬走皃。从犬而丿之，曳其足則剌犮也。」剌癶、剌犮同，竝行步不正之皃，引申爲一切枉曲不正之稱。淮南假「撥」爲「癶」，故許君知癶讀如撥矣。○于省吾云：按主術篇「扶撥枉橈」，扶謂扶持，撥謂撥正，言枉橈者扶持而撥正之也，亦即此「扶撥以爲正」之義也。**壞險以爲平，矯枉以爲直，**矯，正也。枉，曲也。○馬宗霍云：本文「扶撥」、「壞險」、「矯枉」，皆上動詞下名詞。高訓「矯」爲「正」，訓「枉」爲「曲」。曲者不直，正之使直，故曰「矯枉以爲直」，其說是也。「扶撥」者，高氏先釋「撥」，後「釋扶」。疑正文本作「撥扶」。說文：「扶，左也。」漢書天文志「晷耆爲扶」，顏師古注引晉灼曰：「扶，附也。」本書人閒篇「去高木而巢扶枝」，許注云：「扶，旁也。」曰左，曰附，曰旁，引申之皆有不正之意。撥者，說文訓「治也」。不正者治之使正，故曰撥扶以爲正。高氏訓「撥」爲「任」，訓「扶」爲「治」，皆非本義。疑注文「治也」原在「撥」字下。「任也」之「任」，即「左」字形近之譌，原在「扶」字下，與說文合。傳寫亂之，致正文與注文參差，而義亦不可通矣。壞險者，高注未釋。「壞險」連文，於詞不馴。「壞」字疑當作「攘」，亦形近之誤。說文「攘，推也」。楚辭離騷「忍尤而攘垢」，王逸注云：「攘，除也。」險者，說文訓「阻難也」。險阻不平，推之除之使之平，故曰「攘險以爲平」。文子下德篇亦作「攘險」，又其證也。又案高注「撥，任」「扶，治」之訓，如吳說則正文「扶撥」非誤倒，「扶撥」猶言「治枉」，似亦可備一解。然下文已有「矯枉」，上文又爲「治枉」，於義爲複矣。○寧案：吴説是也。管子宙合篇：「繩，扶撥以爲正；準，壞險以爲平；鉤，入枉而出直。」此淮南文所本。馬氏以高注先釋撥後釋扶，謂正文本作「撥扶」，欲以傳寫失次之注文改正文之不誤，蓋未讀管子耳。管子亦作「壞險」。房注云：「準，必壞舊高峻而後以爲平也。」險阻非必高峻，故五侯歌則云「壞決高都」。馬氏必謂「壞險連文，於詞不馴」，欲據文子改「壞」爲「攘」，亦非。且鐵華館叢書本文子作「懷險」，則「攘」當亦「壞」字之誤，或又誤作「懷」耳。若謂「扶撥」皆動字，讀公羊傳「撥亂世反諸正」之「撥」，則不知所扶所撥爲何物，于氏不當以主術例此。明於禁舍開閉之道，乘時因勢以服役人心也。役，使也。帝者體陰陽則侵，爲諸夏所侵陵。王者法四時則削，爲諸夏所侵削。傳曰「諸侯侵犯王畧也」。霸者節六律則辱，爲鄰國所侮辱。○寧案：「節」當爲「則」，字之誤也。上文曰：「帝者體太一，王者法陰陽，霸者則四時，君者用六律。」又曰體太一者，法陰陽者，則四時者，用六律者。此謂帝者不體太一而體陰陽則侵，王者不法陰陽而法四時則削，霸者不則四時而則六律則辱，不得作節六律也。蓋「則」字通「卽」，因書作「卽」。後人不知「卽」乃「則」之誤，故加竹頭耳。文子下德篇作「霸者用六律卽辱」。「用」字亦當作「則」，涉上文「用六律」而誤。君者失準繩則廢。爲臣所廢絀，更立賢君。故小而行大，則滔窕而不親；滔窕，不滿密也。不爲下所親附也。○寧案：注，據下句注文「下」上當沾「臣」字。道藏本、中立本、茅本、景宋本皆有「臣」字。大而行小，則陿隘而不容。行小則政陿隘而不容包臣下。○寧案：注「政」當爲「上」，字之誤也。道藏本、景宋本作「正」，蓋「上」以形近誤作「正」，又書作「政」耳。上句注云「不爲下所親附」，謂下不親附其上也。此云「陿隘而不容包臣下」，謂上不容包其下也。反覆相明。中立本作「上」不誤。貴賤不失其體而天下治矣。不失其體，大行大小行小也。

天愛其精，地愛其平，精，光明也。平，正也。○俞樾云：詩黍苗篇「原隰既平」，毛傳曰：「土治曰平。」此「平」字之義也。高注曰：「平，正也。」未得其指。○馬宗霍云：俞説非是。下文云：「地之平，水火金木土也。」水火金木土爲五行，五行爲五正，故高氏以「正」訓之。俞氏不顧下文，反議高注之失，疏矣。人愛其情。情，性也。天之精，日月星辰雷電風雨也；地之平，水火金木土也；人之情，思慮聰明喜怒也。故閉四關，止五遁，則與道淪。四關，耳目心口。遁，逸也。淪，入也。是故神明藏於無形，精神反於至真，真，身也。○王念孫云：精神與神明意相複，「神」字卽涉上句而誤，「精神」當爲「精氣」。淮南一書多以神與氣對文也。文子下德篇正作「精氣反於至真」。則目明而不以視，耳聰而不以聽，心條達而不以思慮，委而弗爲，和而弗矜，矜，自大也。○譚獻云：「耳聰而不以聽」，下文「耳」下有「口」，故閉四關云云。○馬宗霍云：上文云：「故閉四關，止五遁，則與道淪。」高注云：「四關，耳目心口。」下文亦目耳口心四關並舉。本文祇言目耳心而不及口，則與上下文不貫。文子下德篇「耳聰而不以聽」下有「口當而不以言」一句，與下文「留於口則其言當」正相應，似可據補。王念孫亦依文子下德篇以校本節，獨未及此，蓋偶失之。○寧案：馬説是也。中立本「耳聰而不以聽」下正有「口當而不以言」一句，是其碻證。又案：「和而弗矜」，「和」字無義，疑「知」字形近而誤。「委而弗爲，知而弗矜」二句乃總上之詞。「知」字正總目明、耳聰、口當、心條達言之也。文子下德篇正作「知而不矜」。冥性命之情，而智故不得褋焉。褋，糅也。精泄於目則其視明，泄猶通也。在於耳則其聽聰，留於口則其言當，當，合也。集於心則其慮通。○寧案：道藏本、中立本、景宋本有注云：「集，止也。」故閉四關則身無患，百節莫苑，苑，病也。苑讀南陽之宛也。○王念孫云：「身無患」當依文子下德篇作「終身無患」。終身無患，百節莫苑，相對爲文。下二句亦相對爲文。脱去「終」字則句法參差不協矣。莫死莫生，莫虚莫盈，是謂真人。言守其常。

凡亂之所由生者，皆在流遁。流遁之所生者五：流，放也。遁，逸也。大構駕，興宮室，構，連也。駕，材木相乘駕也。○陶方琦云：文選蕪城賦注引「駕」作「架」。蕪城賦注及謝脁銅雀臺詩注並引許注云：「皆屋搆飭也。」飾、飭古通。故文選引許注下云：「飭亦作飾。」○寧案：謝脁銅雀臺詩注、初學記居處部引「駕」亦作「架」。馬宗霍云：「駕」乃「架」之假字。説在上文「夏屋宫駕」。延樓棧道，雞棲井幹，延樓，高樓也。棧道，飛閣複道相通。雞棲井幹，復屋棼井也，刻花置其中也。○楊樹達云：後漢書班彪傳注云：「井幹，樓名也。」按「幹」本字當作「韓」。説文韋部云：「韓，井垣也。从韋，取其帀也。倝聲。」井部井下亦云：「象構韓形。」此文井幹固指宫室。然以井幹連文，實取譬於井垣。字當作「韓」，「幹」以音同通假耳。標株欂櫨，標株，柱類。欂，枅也。櫨，柱上拊，即梁上短柱也。○寧案：「標」道藏本、中立本、景宋本作「欂」。無注文。今注疑明人所加。以相支持，木巧之飾，○寧案：道藏本、景宋本有注云：「飾，巧。」盤紆刻儼，盤，盤龍也。紆，曲屈。刻儼，浮首虎頭之屬，皆屋飾也。儼讀儼然之「儼」也。嬴鏤雕琢，詭文回波，嬴鏤，文章鏤。雕，畫也。玉曰琢。皆巧飾也。詭文，奇異之文也。回波，若水波也。○王念孫云：今本「嬴」當作「蠃」。蠃鏤，謂轉刻如蠃文，故下句即云詭文回波也。下文「冠無觚蠃之理」，高注云：「蠃讀指端蠃文之蠃。」即其證。○于省吾云：案「嬴」乃「蠃」之譌。易説卦傳「爲蠃」，釋文：「京作螺，姚作蠡。」本草：「蛞蝓一名陵蠡。」古今注作「陵螺」。文選東征賦「諒不登椽而椓蠡兮」注：「蠡與蠃古字通。」漢書東方朔傳「以蠡測海」，假「蠡」爲「蠃」。方言六：「蠡，分也。楚曰蠡。」字亦作「劙」。廣雅釋詁：「劙，解也。」荀子彊國「劙盤盂」，注「劙，割也」。然則此文蠃鏤即劙鏤矣。劙鏤謂分解刻鏤也。○寧案：鏤、雕、琢皆動字，則蠃字亦應是動字，不當釋爲蠃文。于説近之。

淌游瀷淢，菱杼紾抱，淌游瀷淢，皆文畫，擬象水勢之貌。菱，芰。杼，采實。紾，戾也。抱，轉也。皆壯采相銜持貌也。淌讀平敞之「敞」。瀷讀燕人強春言敕之「敕」。淢讀郁乎文哉之「郁」。杼讀楚言杼。紾讀紾結之「紾」。抱讀岐嶷之「嶷」。○王引之云：菱、杼皆水草也。「杼」讀爲「芧」。字亦作「苧」。漢書司馬相如傳上林賦「蔣芧青薠」，張揖曰：「芧，三棱也。」文選「芧」作「苧」。張衡南都賦曰：「其草則藨苧薠莞，蔣蒲蒹葭，藻茆菱芡，芙蓉含華。」是芧爲水草也。作苧者或字，作杼者借字耳。（莊子山木篇「食杼栗」，徐無鬼篇作「芧栗」。是「芧」與「杼」通。）畫爲菱杼，在水波之中，故曰「淌游瀷淢，菱杼紾抱」也。高以杼爲采實，采實即橡栗，與菱爲不類矣。○寧案：「瀷」乃「瀵」之誤字。注當作「瀵讀燕人強秦言粉之粉」。説在覽冥篇。又案：王謂「杼」乃「芧」之借字，是也。説文木部：「柔，栩也。」段注：「此與機杼字以下形上聲、左形右聲分別。」蓋从草者三棱，从木者橡子。此借「杼」爲「芧」，莊子山木篇借「杼」爲「柔」，徐無鬼篇借「芧」爲「柔」。又案注「紾，戾也，抱，轉也」，「戾」「轉」二字當互易。文選七發、策秀才文注引許注，大藏音義十八、七十三引許注，皆云「軫，轉也」。原道篇高注亦云「軫，轉也」。玉篇：「軳，戾也。」又案「紾讀紾結之紾」，下文高注：「繆紾，相纏結也。」是紾有結義，故此高氏以「紾結」連文作音釋。又案「紾抱」當爲「紾⿰扌色」。説在原道篇。

芒繁亂澤，巧僞紛挐，以相摧錯，此遁於木也；皆采色形象文章貌。挐讀人性紛挐不解之「挐」。

鑿汙池之深，肆畛崖之遠，肆，極也。崖，垠也。來谿谷之流，飾曲岸之際，積牒旋石，以純脩碕，飾，治也。牒，累。純，緣也。以玉石致之水邊爲脩碕。或作旋石。旋石切以牒累流水邊爲脩碕。脩碕，曲中水所當處也。○陶方琦云：文選吴都賦注、江賦注引許注：「碕，長邊也。」案：「碕」即「埼」。漢書司馬相如傳「激堆埼」。又通「隑」。相如傳「臨曲江之隑州」，注引張揖曰：「隑，長也。」與許注長邊義同。蓋「碕」從「奇」，奇羨、奇贏皆有長義。説文垂下云：「遠邊也。」崖下云：「高邊也。」碕爲長邊，訓義相類。○寧案：「旋」當爲「璇」，故注言玉石，又曰「或作旋石」。文選吴都賦注引正作琁。注：中立本「切」作「砌」，「中」作「岸」。切、砌古通，「中」乃「岸」之形譌。旋石砌以牒累流水邊爲脩碕，脩碕者，曲岸水所當處也。故下文曰「抑減怒瀨，以揚激波」。謂修碕當怒水而爲激波，即所謂飾曲岸之際也。抑減怒瀨，以揚激波，抑，止也。減，怒水也。瀨，急流也。而抑止，故激揚之波起也。○俞樾云：高注曰「減，怒水也」。減既爲怒水，何以又云怒瀨乎？高説非也。減者逆也。言抑而逆之，以揚其波也。莊子天下篇「其風窢然」，郭注曰：「逆風所動之聲。」水逆謂之減，猶風逆謂之窢。○吴承仕云：「抑減」與「怒瀨」對文。説文：「減，疾流也。」減、瀨義同，則抑、怒二文訓釋亦宜比近。注作「減，怒水也」，文不成義，疑有譌脱。又案「而抑止」下，朱本、景宋本並有「之」字，是也。莊本傳寫失之。○楊樹達云：俞氏疑高怒水之訓，不考之説文，釋減爲逆，肊説無據，其誤顯然。且郭釋窢爲逆風所動之聲，非釋窢爲風逆。俞云風逆謂之窢，尤爲牽附，吴以抑減與怒瀨爲對文，是矣，而置疑高説，則與俞同。愚謂減爲疾流，高釋爲怒水，亦即疾流之義。文謂抑止怒水，激怒急湍，使之揚起波濤耳。曲拂邅迴，以像湡浯，拂，戾也。邅迴，轉流也。湡，番隅。浯，蒼梧。之二國多水，江湖環之。故多象渠池以自邅迴，故法而象之也。湡讀愚戇之「愚」也。○莊逵吉云：錢別駕云：「浯，靈門水名。湡，邢國水名。」亦通。○寧案：「故法而象之也。」道藏本、中立本、景宋本皆無「故」字，當刪。益樹蓮菱，以食鼈魚，樹，種也。蓮，藕實也。菱，芰也。皆可以養魚鼈。蓮讀蓮羊魚之「蓮」也。○寧案：注「蓮讀蓮羊魚之蓮」，當作「蓮讀陵羊之陵」，「魚」字涉上而衍。羊、陽古通。陵羊地名，漢置，晉改廣陽。又西山經「浣水出焉，又北注於陵羊之澤」。可以證此。鴻鵠鶬鷞，稻粱饒餘，龍舟鷁首，浮吹以娛，此遁於水也；鶬鷞，雁類。一曰：鳳之別類。龍舟，大舟也，刻爲龍文。鷁，大鳥也，畫其像著船頭，故曰鷁首。舟中吹籟與竽以爲樂，故曰「浮吹以娛」。○劉文典云：北堂書鈔百三十七、藝文類聚七十一、文選西都賦注、江文通襍體詩注、顔延年三月三日曲水詩序注引「娛」並作「虞」。○寧案：太平御覽七百六十九引「娛」亦作「虞」。「虞」乃「娛」之假字。孟子盡心章「霸者之民驩虞如也」，朱注：「驩虞與歡娛同。」又案：注「刻爲龍文」下奪「以爲飾也」四字。「鷁首」下奪「於」字。據道藏本、中立本、景宋本補。高築城郭，設樹險阻，崇臺榭之隆，設，施也。樹，立也。一說：種樹木以爲險阻，令難攻易守也。積土高丈曰臺，加木曰榭也。侈苑囿之大，以窮要妙之望，侈，廣也。有牆曰苑，無牆曰囿，所以畜禽獸也。盡極要之觀望也。○吴承仕云：文當作「盡極要妙之觀望也」。注以盡極釋窮，以觀望釋望。句中脱一「妙」字則文義不具。○于省吾云：案注以要爲極要，非是。要、幽古字通，要妙即幽妙。詳老子新證。○寧案：吴説是也。注非以要爲極要也。「要妙」又作「要眇」。楚辭湘君「美要眇之宜脩」，王注：「眇一作妙。」遠遊「神要眇以淫放」，補曰：「眇與妙同。要眇，精微貌。」魏闕之高，上際青雲，大厦曾加，擬於昆侖，門闕高崇嵬嵬然，故曰魏闕。大厦，大屋也。曾，重。架，材木相乘架也。其高與昆侖山相擬象。○寧案：注「魏闕」下，景宋本多「也際接也上接青雲周禮所謂象魏也」十五字，據沾。脩爲牆垣，甬道相連，甬道，飛閣複道也。甬讀踊躍之「踊」。道讀道布之「道」也。殘高增下，積土爲山，殘，墮也。增，益也。○于鬯云：積土爲山，則何以殘高增下？竊疑「高」「下」二字當互易。惟殘下增高，故曰積土爲山。○寧案：于說非也。曰「殘高增下，積土爲山」云者，蓋謂不當爲山而爲山，此其所以遁於土也。若作殘下增高，則說山篇所謂「因高而爲臺，就下而爲池，各就其勢，不敢更爲」，非遁於土之義矣。接徑歷遠，直道夷險，接，疾也。徑，行也。道之阸者正直之。夷，平也。○王念孫云：「接徑歷遠」當在「直道夷險」之下。此以垣、連、山、遠、患爲韻，若移直道夷險於下，則失其韻矣。高注「接，疾也，徑，行也」，亦當在「夷，平也」之下。蓋正文爲寫者誤倒，後人又改注以從之耳。文選謝惠連秋懷詩注引此已作「接徑歷遠，直道夷險」，則其誤久矣。○楊樹達云：「接」讀爲「疌」。說文云：「疌，疾也。」竹部「箑」或作「篓」，知疌聲妾聲字可通用矣。○向宗魯云：「直道」乃「直迆」之譌。迆，邪也。直迆夷險，謂迆者直之，險者夷之也。高注「道之阸者」正釋「迆」字之意。若正文是「道」字，安知其爲道之阸者乎？要畧篇「接徑直施」即此文之「接徑直迆」也。「迆」與「施」通。說互詳主術篇。○寧案：荀子大畧篇「先事慮事謂之接」，楊注：「接讀爲捷。捷，速也。」捷假爲疌。又案：道字義可通。道固不直，何況遠道？要畧篇概括汜論之文，自作「直施」，不必以例此。文選謝惠連秋懷詩注，盧子諒贈劉琨詩注引此並作「直道夷險」。終日馳騖，而無蹪蹈之患，此遁於土也；○王念孫云：「蹪蹈」當爲「蹪陷」，字之誤也。（俗書「陷」字作「䧟」，又因「蹪」字而誤從足。）「蹪」與「隤」同。高注原道、說山、說林、脩務並云：「蹪，躓也。楚人謂躓爲蹪。」玉篇：「陷，蹪也。」原道篇曰：「先者隤陷，則後者以謀。」又曰：「隤陷（今本「陷」字亦誤作「蹈」。）於汙壑穽陷之中。」皆其證也。○楊樹達云：「無」當作「亡」，「亡」與「忘」同。

大鐘鼎，美重器，鐘，音之君也。重器，大器，蓋鐘鼎也。華蟲疏鏤，以相繆紾，書曰：「山龍華蟲，藻火粉米。」繆紾，相纏結也。○于省吾云：按禮記明堂位「疏屏」，疏：「疏，刻也。」莊子盜跖「内周樓疏」，章炳麟云：「疏」正作「𤴡」。說文：「𤴡，門户青𤴡窗也。」釋名釋宮室：「樓謂牖户之間有射孔慺慺然也。」是疏與鏤義相因。刻鏤使其透孔，故謂之「疏鏤」。**寢兕伏虎，蟠龍連組，**兕，獸名。寢伏，各有形也。蟠龍詰屈相連，文錯如織組文也。○蔣超伯云：荀子禮論篇：「龍旗九斿，所以養信也；寢兕、持虎、蛟韅、絲末、彌龍，所以養威也。」盧文弨曰：「持當爲特，字之誤也。寢兕特虎，謂畫輪爲飾也。劉昭注輿服志引古今注：『武帝天漢四年，令諸侯王朱輪特虎居前，左兕右麋；小國朱輪畫特熊居前，寢麋居左右。』」寢兕伏虎，係指車輪之飾。楊倞荀子注彌龍，「謂金飾衡軛之末爲龍首」，卽蟠龍連組也。兕虎龍悉金飾，故曰遁於金。高注未詳。○吴承仕云：「相連文錯」，「文」當作「交」，形近而誤。注以相連交錯如織組文釋「連組」，義甚顯白。**焜昱錯眩，照燿煇煌，**錯，襍也。眩，惑也。照燿煇煌，焜光澤色貌。**偃蹇寥糾，曲成文章，**○寧案：「寥糾」道藏本、中立本、茅本、景宋本作「蓼糾」。大人賦作「糾蓼」。漢書司馬相如傳注張揖曰：「糾蓼相引也。」**雕琢之飾，鍛錫文鐃，乍晦乍明，**雕，畫也。緣錯錫鐃，文如脂膩不可刷，如連珠不可掇，故曰「乍晦乍明」也。○莊逵吉云：「鐃」說文解字作「𨰻」，鐵也。○李哲明云：錫、鐃字注未分明，疑「鐃」字本義不類。說文：「𨰻，鐵文也。」段氏注：「謂鐵之文理也。」「鐃」蓋「𨰻」之媘借。周禮司服「錫衰」，鄭注：「錫，麻之滑易者」。儀禮喪服注：「謂之錫者，治其布使之滑易也。」滑易之說，與此注如脂膩合。是鍛錫文鐃者，謂鍛鍊滑澤，使文理精緻之鐵，光滑不可逼視也。故曰「乍晦乍明」。○寧案：李以滑易釋錫，言雖有據，義實未安。韓非子顯學篇：「視鍛錫而察青黄，區冶不能以必劍。」此「鍛錫」二字所本。又抱朴子内黄白篇：「金樓先生所從青林子受作黄金法，先鍛錫。」是「鍛錫」固冶鍊家常語。鍛錫云者，考工記輈人：「金有六齊：六分其金而錫居一，謂之鐘鼎之齊；五分其金而錫居一，謂之斧斤之齊；四分其金而錫居一，謂之戈戟之齊；參分其金而錫居一，謂之大刃之齊；五分其金而錫居二，謂之削殺矢之齊；金錫半，謂之鑒燧之齊。」鄭注：「凡金多錫，則忍白且明也。」蓋視錫之品數以爲上下。錫之品數不同，則劍色之青黄有別。此言雕琢之飾，曰鍛錫文鐃，謂鍛錫而鐃文遂生，即言鐵之含錫量不同而雕飾之色彩淺深自異。故曰「乍晦乍明」也。注云「緣錯錫鐃」，則錫非形頌字可知，而李云鍛鍊滑澤，失之矣。**抑微滅瑕，霜文沉居，若簟籧篨，**言劍理之美，没滅其瑕，文鐃如霜，皆没身中，故曰沈居。簟，竹蓆。籧篨，葦蓆。取其邪文次叙，劍鐃若此也。○孫詒讓云：「抑微」無注。以義審之，疑微當讀爲釁，聲近字通。周禮鬯人鄭司農注云：「釁讀爲徽。」此借「微」爲「釁」，與禮注讀「釁」爲「徽」正同。國語晉語韋注云：「釁，隙也。」抑微亦謂抑杜其釁隙，與滅瑕文相對也。○于省吾云：注「鐃如霜皆没身中，故曰沈居」。案：沈、湛古字通，載籍習見。荀子性惡「闔閭之干將、莫邪、鉅闕、辟閭」，注：「或曰，辟閭即湛盧。湛盧言湛然如水而黑也。」居語詞。詳經傳釋詞。湛居猶湛然，言其清澈也。○寧案：注「簟，竹蓆，籧篨，葦蓆」，當作「簟，葦蓆、籧篨，竹蓆」。禮喪大記「君以簟席」，注：「簟，細葦席也。」説文：「籧篨，粗竹席也。」取其邪文，兼舉粗細。此竹、葦二字互誤。大藏音義八十又八十三引許注：「籧篨，草蓆也。」「草」本作「艸」，與「竹」形近而譌。説文簟亦訓竹蓆，使高承許説，則不當以葦蓆別籧篨。

纏錦經亢，似數而疏，劍文相句，連纏如綺，經亢如錦，似數如疏，文鐃美眩人目。○章太炎云：按經當從説文訓織也。「亢」借爲「紞」。紞所以縣瑱，織五采絲爲之。其文采回曲，亦與錦相似。纏錦織紞，皆以狀劍文之句曲也。○楊樹達云：「錦」疑當作「綿」。○寧案：如楊説，則注文當於「連」字絶句，「纏」下當補「綿」字。**此遁於金也；煎熬焚炙，調齊**

和之適，以窮荆吴甘酸之變，荆，楚。言二國善酸鹹之和而窮盡之。焚林而獵，燒燎大木，鼓橐吹埵，以銷銅鐵，鼓，擊也。橐，冶鑪排橐也。埵，銅橐口鐵筩，埵入火中吹火也。故曰「吹埵」。銷，鑠。○寧案：排橐，或作韛囊，即排囊。冶者以韋囊鼓火。文選廣絶交論「鑪捶萬物」注引李頤莊子音義曰：「捶，排口鐵，以灼火也。」字作「捶」，从手。注「銅橐口鐵筩」，即李云排口鐵也。埵入火中，疑「埵」乃「插」之誤。靡流堅鍛，無猒足目，○莊逵吉云：盧詹事云：「無猒足目」別本作「足日」。○楊樹達云：「日」字是也。文以鐵、日爲韻。○寧案：中立本「目」作「日」。山無峻幹，林無柘梓，峻幹，長枝也。柘，桑。梓，滋生也。○孫詒讓云：王云「梓」當爲「榫」，「榫」古「櫱」字也。案王説是也。惟「柘榫」與「峻幹」文不相對。「柘」疑當爲「碩」之叚字。（柘、碩聲類同。）碩櫱謂萌櫱之大者。○寧案：孫説是也。又「林」字景宋本作「水」。上已言山，下又言林，於義爲複，作水是也。焚林而獵，燒燎大木，故山無峻幹；靡流堅鍛，無猒足日，故水無碩櫱。「碩櫱」誤爲「柘梓」，故後人改「水」爲「林」，又於注文加「柘桑」二字，以就其誤，而不知與靡流文不相承矣。覽冥篇「山無峻幹，澤無注水」，亦以山水對舉，是其比。（説文：「櫱，伐木餘也。」引申之，草亦云櫱。蘇軾園中草木詩云：「牽牛獨何畏，詰曲自牙櫱。」是也。故曰「水無碩櫱」。下文「燎木以爲炭，燔草而爲灰」，正承峻幹、碩櫱。燎木以爲炭，燔草而爲灰，野莽白素，不得其時，莽，草也。白，素也。○吕傳元云：注，宋本作「莽，稿草。白，素也」。今本脱「稿」字，當據沾。藏本作「槁草」，上脱「莽」字。○寧案：中立本注與藏本同。上掩天光，下殄地財，此遁於火也。殄，盡也。殄讀曰典也。此五者，一足以亡天下矣。五者之中有一，則足以滅亡也。是故古者明堂之制，○寧案：太平御覽五百三十三引注云：「明堂，太廟正室。」疑是許注。下之潤溼弗能及，上之霧露弗能入，四方之風弗能襲，明堂，王者布政之堂，上圓下方，堂四出，各有左右房，謂之个，凡十二所。王者月居其房，告朔朝歷，頒宣其令，謂之明堂。其中可以序昭穆，謂之太廟。其上可以望氛祥，書雲物，謂之靈臺。其外圜，似辟雍。諸侯之制半天子，謂之泮宮，詩云：「矯矯虎臣，在泮獻馘。」是也。〇寧案：晏子春秋諫下第十四：「是故明堂之制，下之潤溼不能及也，上之寒暑不能入也；土事不文，木事不鏤，示民知節也。」此淮南文所本。注，「其外圓似辟雍」，有脱文。詩大雅靈臺疏：「圓之以水似辟，故謂之辟雍。」此「辟雍」上當補「壁謂之」三字，與上文謂之明堂、謂之太廟、謂之靈臺、下文謂之泮宮文同一例。莊本「宮」上脱「泮」字，下脱「詩云」云云十二字，據景宋本補。土事不文，文質也。〇寧案：注，各本皆無「文」字，蓋涉正文而衍。木工不斲，樸而已，「斲」或作「琢」，不雕畫也。金器不鏤，不錯鏤舒文飾也。鏤讀婁之婁。〇莊逵吉云：婁之者，字從母中女，卽婁處子義也。此讀從之。孔户部繼涵疑句有脱字，恐未必然。〇孫星衍云：晏子春秋「是故明堂之制」云云。淮南用此文而增「金器不鏤」，謬也。明堂之上尚質，安有金器？以此知晏子書之是。〇吕傳元云：俶真篇「雖鏤金石，書竹帛，何足以舉其數」，高注：「婁讀婁數之婁。」知此「婁」下脱「數」字。莊説非是。〇于省吾云：孫説非是。淮南書所謂金器，非金銀之金，卽古彝器，銅爲之，而通稱之曰金。古彝器銘文，擇其吉金，以爲某器之語習見。金器不鏤與尚質之義不悖。〇寧案：注「舒文飾」，「舒」字無義，道藏本、景宋本作「設」，當據正。衣無隅差之削，隅，角也。差，邪也。古者質，皆全幅爲衣裳，無有邪角。邪角，削殺也。〇吴承仕云：注當作：「無有邪角。(句)削，殺也。(句)」上句統釋隅差，下句以殺釋削。各本並誤衍「邪角」二字，應删。〇寧案：注「古者」下集證本沾「尚」字是也。冠無觚蠃之理，觚蠃之理，謂若馬目籠相連干也。言無者，冠文取平直而已也。贏讀指端贏文之「贏」。○孫星衍云：觚，方文；贏，圓文也。堂大足以周旋理文，堂，明堂，所以升降揖讓修禮容，故曰周旋理文，理政事文書也。靜潔足以享上帝，禮鬼神，以示民知儉節。孝經曰：「宗祀文王於明堂以配上帝」也。○寧案：藝文類聚三十八、初學記禮部上引竝作示人知節也。晏子春秋諫下篇作「示民知節也」。作「人」者，避太宗諱改。今本「儉」字疑後人所加，又刪也字。夫聲色五味，遠國珍怪，瓌異奇物，足以變心易志，搖蕩精神，感動血氣者，不可勝計也。○寧案：「變心易志」當作「變易心志」。下二句以「精神」連文，「血氣」連文，此亦當以「心志」連文。景宋本、中立本正作「變易心志」。夫天地之生財也，本不過五。不過五行之數。聖人節五行則治不荒。五行，金木水火土也。水屬陰行，火爲陽行，木爲燠行，金爲寒行，土爲風行。五氣常行，故曰五行。○吳承仕云：洪範：「庶徵，曰雨，曰暘，曰燠，曰寒，曰風。」此注本之。以五行與五氣相配，則陰行當爲雨行，陽行當爲暘行。蓋暘陽舊多通借，注文本亦作陽，淺人不憭，乃妄改雨爲陰，以與陽對文，不知洪範自無陰氣也。又案洪範五行傳說「雨屬木，暘屬金，燠屬火，寒屬水，風屬土」。以校此注，唯土風相應，餘四行率錯互。此則注家說義自殊，非由傳寫之失。

凡人之性，心和欲得則樂，心和，不喜不怒。欲得，無違耳。樂斯動，動斯蹈，蹈斯蕩，蕩斯歌，歌斯舞，歌舞節則禽獸跳矣。○王念孫云：「歌舞節」作「歌舞無節」。○俞樾云：此本作「舞則禽獸跳矣」，與下文「動則手足不靜」、「發怒則有所釋憾矣」文義一律。「歌」字「節」字皆衍文也。下文曰：「故鐘鼓管簫，干鏚羽旄，所以飾喜也。」是此時所謂舞者，尚未有干鏚羽旄之飾，不過手之舞之足之蹈之而已，其去禽獸跳踉無幾也。今衍「歌」字「節」

字，義不可通。王氏念孫謂當作歌舞無節，不知節與不節，尚非所論於此也。人之性，心有憂喪則悲，悲則哀，有憂，艱難也。喪，亡也。亡失所離愛則悲，悲則傷。○吴承仕云：注文當作「憂，艱難也」。「有」字涉本文而衍。又「離愛」疑當作「親愛」。哀斯憤，憤斯怒，怒斯動，動則手足不靜。靜，寧也。擗踊哭泣，哀以送之也。人之性，有侵犯則怒，怒則血充，人性有侵犯則怒盛，氣血充盈，以成其勢。○寧案：羣書治要引「侵犯」上有「所」字，疑是也。云「有侵犯」，則既謂己犯人，亦謂人犯己，其義不明。注「人性有侵犯則怒盛」，道藏本、中立本、景宋本「人性」作「人欲」，則但謂己犯人，非謂人犯己也，尤見正文作「有所」，于義爲長。「性」字蓋涉正文而誤。又案「氣血」當作「血氣」。論語季氏「血氣方剛」是也。道藏本、中立本、茅本、景宋本皆作「血氣」。血充則氣激，氣激則發怒，發怒則有所釋憾矣。釋，解也。憾，恨也。故鐘鼓管簫，干鏚羽旄，所以飾喜也。衰絰苴杖，苴，麻之有實者。衰讀曰崔杼之「崔」也。○陶方琦云：羣書治要引許注：「苴，艸。」案説文：「苴，履中艸。」説正同。哭踊有節，所以飾哀也。爲哀所容，故曰飾也。兵革羽旄，金鼓斧鉞，所以飾怒也。必有其質，乃爲之文。

古者聖人在上，○寧案：道藏本、中立本、茅本、景宋本及羣書治要引「聖人」皆作「聖王」。政教平，仁愛洽，上下同心，君臣輯睦，衣食有餘，家給人足，父慈慈，柔。○吴承仕云：景宋本注「柔」作「哀」。案經典相承皆以愛釋慈，無言柔者。本作「哀」，哀即愛也。疑「柔」字誤。子孝，兄良弟順，生者不怨，死者不恨，有道之世，人得其志，故生者不怨也。皆終其天命，故死者不恨。天下和洽，人得其願。夫人相樂，無所發貺，故聖人爲之作樂以和節之。夫人，衆人也。但中心相樂，無以發其恩賜也。故聖人爲之作樂以節之，猶通制也。○

于鬯云：「貺」疑「祝」字之誤。後漢書賈逵傳李賢注云：「祝，詛也。」書無逸篇云：「否則厥口詛祝」，正與此「無所發祝」義相反對。高注云「無以發其恩賜也」，以「恩賜」訓「貺」，則其本已誤。然如漢縣祝其，見漢石刻作況其。蓋金石有形近假借一例，儻以例此，則「貺」亦可爲「祝」之借字矣。○劉文典云：羣書治要引「樂」上有「禮」字。○吴承仕云：注「猶通制也」，文不成義。「通」疑當作適，形近之誤也。和，適也。節，適也，制也。此爲經傳雅詁。吕氏春秋及淮南注，亦多用之。此注或當作「和，（讀）猶適。（句）節，（讀）制也。（句）」然亦未能輒定。○于省吾云：按注讀「貺」如字，訓爲恩賜，殊失本旨。貺、皇古字通。書大誥「若兄考」，「兄考」即「皇考」。無逸「無皇曰今日耽樂」，「則皇自敬德」，漢石經「皇」均作「兄」。秦誓「我皇多有之」，公羊「皇」作「況」。書大傳甫刑「皇於聽獄乎」，注：「皇猶況也。」詩棠棣「況也永歎」，釋文：「況或作兄。」左僖十五年傳「亦無貺也」，釋文：「貺本亦作況。」禮記聘義「北面拜況」，釋文：「況本又作貺。」均其證也。然則「發貺」即「發皇」。文選枚叔七發「發皇耳目」，是其左驗。發謂開發，皇謂張大，發皇即發張之義。○寧案：貺假爲皇，楊樹達説同。又案：羣書治要引「禮」字衍文。下文「乃始爲之撞大鐘，擊鳴鼓，吹竽笙，彈琴瑟，失樂之本矣」，與此正反申言樂之本，又「樂者所以致和，非所以爲淫也」，則總此二段言之：皆言樂，不言禮樂，是其證。又案：高注「猶通制也」，疑當作「節猶和也，不過制也」。蓋釋「節」字。今本「猶」上脱「節」字，「猶」下脱「和也不」三字，「通」乃「過」字形譌。吕氏春秋重己篇「節乎性也」，高注：「節猶和也，和適其情性而已，不過制也。」是其證。

末世之政，田漁重税，關市急征，澤梁畢禁，網罟無所布，耒耜無所設，民力竭於徭役，財用殫於會賦，

會，計，計人口數，責其税斂也。○陶方琦云：羣書治要引許注：「會，計。」案説文：「計，會也。」説正同。○寧

案：會謂頭會。氾論篇「頭會箕賦，輸於少府」是也。居者無食，行者無糧，老者不養，死者不葬，贅妻鬻子，以給上求，猶弗能澹；贅，從嫁也。或作質妻。○陶方琦云：大藏音義八十引許注曰：「贅者，賣子與人作奴婢也。」據許説，當作鬻妻贅子。漢書嚴助傳如淳注云：「淮南俗，賣子與人作奴婢爲贅子。」此如淳注引淮南俗，或謂卽淮南注亦是。又大藏音義引顧野王曰：「居婦家之壻爲贅。」今玉篇中亦無此文。○楊樹達云：説文貝部云：「贅，以物質錢也。从敖貝。」敖貝猶放貝，當復取之。漢書嚴助傳載淮南王安諫誅閩越疏云：「閒者數年歲比不登，民待賣爵贅子以接衣食。」如淳曰：「淮南俗，賣子與人作奴婢名爲贅子，三年不能贖，遂爲奴婢。」此贅妻與彼文贅子義同。高云從嫁，似非其義。兩文皆出劉安，故如淳知爲淮南俗矣。愚夫惷婦，皆有流連之心，悽愴之志，流連猶瀾漫，失其職業也。悽愴，傷悼之貌。惷讀近貯益之「䏞」，戇籠口言之也。○楊樹達云：贅妻鬻子則骨肉生離，故有流連之心。流連卽今語之留戀，謂不能決舍也。高注云瀾漫，謬以千里矣。○寧案：「貯益之䏞」，䏞當爲貯，形近而譌。吳承仕云：「貯益」卽「黈益」，卽「住益」，連文蓋漢時常語。説在主術訓。乃使始爲之撞大鐘，擊鳴鼓，吹竽笙，彈琴瑟，失樂之本矣。○寧案：「乃使始爲之」，王念孫云「使」字誤衍。劉文典集解云：「羣書治要引無使字。」古者，上求薄而民用給，給，足。君施其德，臣盡其忠，父行其慈，子竭其孝，竭，盡也。善事父母曰孝也。各致其愛，而無憾恨其間。無憾恨，各得其願也。夫三年之喪，非強而致之，非強行致孝子之情也，情自發于中。○王念孫云：「非強而致之」，「強」下當有「引」字。高注當作「非強引致孝子之情」。今本正文脱「引」字，注內「引」字又誤作「行」。羣書治要引此正作「非強引而致之」。○馬宗霍云：下文云：「雖致之三年，失喪之本也。」則上文「強」下不必有「引」字。若如王說，是下文「致」上亦當有「引」字矣。又案說文刅部云：「致，送詣也。从刅，从至。」引申爲召致之致，又爲引致之致。漢書公孫弘傳「致利除害」，顏師古注云：「致謂引而至也。」則「致」本有「引」義。言「致」不當贅言「引」矣。高注「行」字自爲正文「強」字助成其意。史記吳太伯世家「因吳太宰嚭而行成」，裴駰集解引服虔曰：「行成，求成也。」是「行」又有「求」義。然則高注之「強行」猶言「強求」。「行」非「引」字之誤也。且「強引致」三字連文，語亦近拙。余謂「引」與「行」之草書相近。羣書治要所引，疑緣高注「強行」之「行」傳寫作「引」，因又竄入正文耳。王說未可從。○于省吾云：按非強而致之，義本可通。王依治要於「強」下增「引」字，又改注文「行」字爲「引」，殊不可據。

聽樂不樂，食旨不甘，思慕之心，未能絶也。三年之思，思慕之心，未能自絶於哀戚也。○劉文典云：羣書治要引「絶」作「弛」，於義爲長。○寧案：羣書治要引作「弛」，非是。高注不得以「絶」釋「弛」也。齊俗篇云：「三月之服，是絶哀而迫切之性也。」又云：「悲哀抱於情，葬薶稱於養，不強人之所不能爲，不絶人之所不能已。」此與彼兩「絶」字義同，是其證。

晚世風流俗敗，嗜慾多，禮義廢，君臣相欺，父子相疑，怨尤充胷，思心盡亡，盡喪其忠孝思慕之心也。被衰戴絰，戲笑其中，雖致之三年，失喪之本也。本在哀戚。○劉文典云：羣書治要引「也」作「矣」，當從之。

古者天子一畿，諸侯一同，方千里爲畿，方百里爲同。○陶方琦云：羣書治要引許注：「畿，千里地。同，百里也。」案說文「畿，天子千里地」，與注淮南訓合。

各守其分，不得相侵。分猶界也。

有不行王道者，暴虐萬民，爭地侵壤，亂政犯禁，召之不至，令之不行，言不行上令者。行讀行馬之「行」。○寧案：周禮天官掌舍「設梐枑再重」，鄭注：「梐枑謂行馬，以周衛。」又曰互。秋官脩閭氏「掌比國中宿互㯔者」，鄭注：「互謂行馬，所以障互，禁止人也。」俗稱鹿角叉。此高注以名物作音釋。禁之不止，誨之不變，誨，教也。變，更也。乃舉兵而伐之，戮其君，易其黨，封其墓，類其社，有賢者受惡君之誅，則封殖其墓，若武王伐紂封比干之墓是也。祭社曰類，以事類祭之也。詩云「是類是禡」也。卜其子孫以代之。卜，擇立其子孫之賢也。天子不滅國，諸侯不滅姓，古之政也。○陶方琦云：羣書治要引許注：「天子不滅同姓，諸侯不滅國，自古之正也。」案此許注羼入高注中者。古之政蓋古禮也。論語「興滅國」，天子事也。公羊「衞侯燬，何以名？絶。曷爲絶之？爲滅同姓也」，諸侯事也。許注當乙轉。晚世務廣地侵壤，并兼無已，舉不義之兵，伐無罪之國，殺不辜之民，絶先聖之後，辜，罪也。民皆帝王之後，故曰「絶先聖之後」。大國出攻，小國城守，驅人之牛馬，傒人之子女，傒，繫囚之繫，讀若雞。○楊樹達云：説文女部云：「㜎，女隸也。」「傒」蓋「㜎」之異文。○寧案：楊説非是。孟子梁惠王下篇：「若殺其父兄，係累其子弟，毁其宗廟，遷其重器，如之何其可也？」此淮南文所本。「係」與「繫」通。史記孝景本紀「故相國蕭何孫係」，徐廣曰：「鄒誕生本作傒。」是「係」又通「傒」，故注曰「繫囚之繫」也。説文：「㜎，女隸也。」若以「傒」爲「㜎」之異文，則此不當以子女竝舉。毁人之宗廟，遷人之重寶，血流千里，暴骸滿野，○王念孫云：「血流」當爲「流血」。流血與暴骸相對爲文。羣書治要引此正作「流血」。兵畧篇亦云「流血千里，暴骸盈場」。以澹貪主之欲，非兵之所爲生也。言兵爲禁暴整亂設，不爲作亂生也。故兵者所以討暴，非所以爲暴也；言兵討人之暴亂，非所以自爲暴亂也。樂者所以致和，非所以爲淫也；樂蕩人之邪志，存人之正性，致其中和而已，非所爲自淫過也。喪者所以盡哀，非所以爲僞也。喪踊哭泣，所以盡孝子之哀情也，非所以爲詐僞佯哀戚而已也。故事親有道矣，而愛爲務；道，孝道。務在愛敬其親。朝廷有容矣，而敬爲上；朝廷之容濟濟也。父子主愛，君臣主敬，故以敬爲上也。處喪有禮矣，而哀爲主；處，居也。喪禮，三年之禮也。論語曰：「喪，與其易也，寧戚。」故曰以哀爲主也。用兵有術矣，而義爲本。術，數也，陰陽天生虛實之數也。傳曰：「天生五材，民竝用之，廢一不可，誰能去兵？兵之所來久矣。聖人以興，亂人以亡。廢興存亡，昏明之術也。」故曰「以義爲本」。○向宗魯云：「天生」二字涉下文而誤。○寧案：注，向謂「天生」二字涉下文而誤，疑「天生」當作「五行」，故下文引傳曰「天生五材」云云。六韜論將：「將有五材十過。所謂五材者，勇、智、仁、信、忠也。」本書兵畧篇云：「將者，必有三隧、四義、五行、十守。所謂五行者，柔而不可卷也，剛而不可折也，仁而不可犯也，信而不可欺也，勇而不可凌也。」以五行爲剛、柔、仁、信、勇，知兵畧作「五行」，六韜作「五材」，二者文小異耳。又昭二十五年左傳疏：「五物世所行用，故謂之五行。五者各有材能，故謂之五材。」此當與兵畧同。又案：「兵之所來久矣」，道藏本、景宋本「來」上有「由」字，兵畧篇「兵之所由來者遠矣」，亦作「由來」，當據補。襄公二十七年左傳作「兵之設久矣」，「亂人以亡」作「亂人以廢」，高引文亦小異。本立而道行，本傷而道廢。本立，義立也。本傷，義喪也。故曰道廢。○劉文典云：羣書治要引「廢」下有「矣」字。

淮南子集釋卷九

漢涿郡高誘注

主術訓

主，君也。術，道也。君之宰國，統御臣下，五帝三王以來，無不用道而興，故曰主術也。因以題篇。

人主之術，處無爲之事，而行不言之教，教，令也，謂不言而事辦也。○寧案：老子第二章：「是以聖人處無爲之事，行不言之教。」此淮南所本。清靜而不動，一度而不搖，因循而任下，責成而不勞。成辦而不自勞。是故心知規而師傅諭導，規，謀也。師者，所從取法則者也。傅，相也。諭導以正道也。○寧案：羣書治要引「導」作「道」，道字是也。作「導」與下「先導」複。涉注文「諭導」而誤。注以導字足成諭字之義，故曰「諭導以正道也」。口能言而行人稱辭，足能行而相者先導，相，儀也。耳能聽而執正進諫。「諫」或作「謀」也。○孫詒讓云：「正」與「政」聲同古通。後文「執正營事」同。○劉文典云：孫説是也。治要引正作「耳能聽而執政者進諫」。○寧案：注「謀也」下道藏本、中立本、茅本、景宋本有「其世子時也」五字。是故慮無失策，謀無過事，過猶誤也。○王念孫云：「謀」本作「舉」，此後人以意改之也。舉猶動也。慮無失策以謀事言之，舉無過事以行事言之，若改「舉」爲「謀」，則與「無過事」三字義不相屬，且與上句相複矣。羣書治要引此正作「舉無過事」。賈子保傅篇「是以慮無失計，而舉無過事」，即淮南所本。（大戴禮保傅篇同。）文子自然篇「謀無失策，舉無過事」，又本於淮南也。○楊樹達云：「高注『諫或作謀也』，作『謀』者是也。此文以道、導爲韻，辭、謀爲韻，作『諫』則失其韻矣。又案淮南此節本之愼子。太平御覽七十六引愼子云：『昔者，天子手能衣而宰夫設服，足能行而相者導進，口能言而行人稱辭，故無失言失禮也。』春秋繁露離合根云：『故爲人主者，以無爲爲道，以不私爲寶。足不自動而相者導進，口不自言而擯者贊辭，心不自慮而羣臣效當。』語意亦同。」言爲文章，○劉文典云：治要引「爲」作「成」。○寧案：「爲」字是也。上二句以兩「無」字爲對，此二句以兩「爲」字爲對，作「成」字則不偶矣。文子自然篇亦作「爲」。行爲儀表於天下，爲天下人所法則也。○俞樾云：「於天下」三字衍文也。涉高注曰「爲天下人所法則也」，故誤衍此三字。○寧案：俞說是也。文子作「行爲儀表」，無「於天下」三字。進退應時，動靜循理，不爲醜美好憎，不爲賞罰喜怒，名各自名，類各自類，事猶自然，莫出於己。○楊樹達云：「喜怒」當作「怒喜」。此淺人以古書多言「喜怒」，妄乙之耳。此文「喜」字與上文「理」字及下文「己」字爲韻，作喜怒則失其韻矣。○寧案：楊說是也。文子自然篇作「進退應時，動靜循理；美醜不好憎，賞罰不喜怒；名各自命，類各自以；事由自然，莫出於己」。雖亦「怒喜」倒作「喜怒」，其以理、喜、以、己叶韻尤明。疑此「類各自類」亦後人所改。故古之王者，冕而前旒，所以蔽明也；冕，王者冠也。前旒，前後垂珠飾邃綖也。下自目，故曰蔽明也。天子玉縣十二，公侯挂珠九，卿點珠六，伯子各應隨其命數也。○陶方琦云：羣書治要引許注：「冕，冠也。前旒，冕前珠飾也。」按說文冕下云：「冕，大夫以上冠也，邃延，垂瑬，紞纊。」又瑬下云：「垂玉也，冕飾。」○寧案：注「前後垂珠」，與鄭注玉藻及夏官弁師合。據正文則冕無後旒，後旒於義無取。大戴禮子張問入官：「故古者冕而前旒，所以蔽明也；黈絖塞耳，所以弇聽也。」晏子春秋外篇：「冕前有旒，惡多所見也；纊紘充耳，惡多所聞也。」東方朔答客難：「冕而前旒，所以蔽明；黈纊充耳，所以塞聰。」皆冕無後旒之證。羣書治要引許注正言前珠，於義爲勝。左傳桓二年「衮冕黻珽」，孔疏云：「世本：『黄帝作冕。』宋仲子云：『冕，冠之有旒者。禮文殘缺，形制難詳。』司馬彪漢書輿服志云：『孝明帝永平二年，初詔有司采周官禮記尚書之文制冕，皆前圓後方，朱裏玄上，前垂四寸，後垂三寸。天子白玉珠十二旒，三公諸侯青玉珠七旒，卿大夫黑玉珠五旒，皆有前無後。』此則漢法耳。」是漢法固不取後珠矣。高注以「前後垂珠」釋前旒，文不相應，今注殆有誤文歟？又案：遂，道藏本、茅本、景宋本作「邃」，古通。筵，玉藻作「延」，左傳作「綖」，亦同音通用。**黈纊塞耳，所以掩聰；**不欲其妄聞也。黈讀而買黈蓋之「黈」也。○陶方琦云：羣書治要引許注：「黈纊，所以塞耳。」按：說文「冕」下作「紞纊」。「紞」下云：「冕冠塞耳者也。」說正同。○吴承仕云：朱本作「黈讀而買黈益之黈」。（景宋本同。）承仕案：黈益是也。文選長笛賦「猶以二皇聖哲黈益」，李善注云：「黈猶衍也。他斗切。」胡紹煐箋證曰：「黈讀與絓同。」荀子禮論「絓纊聽息之時」，楊注：「絓讀爲注。」溝洫志顔注云：「注，引也。」引演義近，故云黈猶演也。黈益連文，證一。本篇又云「脩行者競於住」，注云：「住，自益也。」住、黈並從主聲，而住亦訓爲益，證二。本經訓「愚夫惷婦」，注云：「惷讀近貯益之貯。」貯、黈聲近，並與益連文，證三。孔平仲襍說曰：「俗言添黈，（原注：定斗反。）以水投酒謂之黈水。」然則黈益卽注益，謂挹注以盈之也，證四。據此則黈益爲漢人常語，故以之作音讀。「而」當讀作「如」，蓋聲近而誤耳。「買」字或誤，或「買」字下有奪文，或「買黈益」爲彼時諺語，今不能輒定。**天子外屏，所以自障。**屏，樹垣也。門内之垣謂之樹。論語曰：「國君樹塞門。」諸侯在內，天子在外，故曰「所以自障」也。○寧案：荀子大畧篇云：「天子外屏，諸侯內屏，禮也。外屏不欲見外也，内屏不欲見内也。」此淮南文所本。爾雅釋宮郝氏義疏云：「曲禮正義云：『諸侯内屏在路門之内，天子外屏在路門之外而近應門』，金鶚駁之云：『天子外屏，此言出於禮緯，鄭注禮記引其説，未可信也。太微垣有屏四星，在端門内，此天子内屏之象也。』外屏之説，亦見淮南書。金氏駁之是矣。淮南主術篇云：『天子外屏所以自障。』高誘注：『屏，樹垣也。』引爾雅曰：『門内之垣謂之樹。』此所引非本文，蓋亦駁外屏之説耳。」案：今本高注無「爾雅曰」三字，道藏本、景宋本有。爾雅釋宮云：「屏謂之樹。」此「爾雅曰」三字，當在「門内之垣」下，又脱「屏」字。郝氏謂此所引非本文，非是。又「塞門」下應沾「是也」二字。吕氏春秋季秋紀注：「天子外屏，屏樹垣也。爾雅云：『屏謂之樹。』論語曰『樹塞門』者也。」是其證也。故所理者遠，則所在者邇；○馬宗霍云：「在」讀如書堯典「在璿璣玉衡」之「在」。爾雅釋詁云：「在，察也。」郭璞注引書此文釋之。僞孔傳訓在爲察，卽用爾雅義。説文土部云：「在，存也。」釋詁存亦訓察。所在者邇，卽所察者近也。所治者大，則所守者小。○王念孫云：「少」當爲「小」，字之誤也。羣書治要引此正作「小」。○寧案：道藏本、景宋本作「所守者少」，故王校云然，莊本不誤。夫目妄視則淫，耳妄聽則惑，○劉文典云：治要引「聽」作「聞」。○寧案：羣書治要引作「聞」非是，上文云「耳能聽而執正進諫」，此云「耳妄聽則惑」，文正相應。又精神篇「靜耳而不以聽」，本經篇「耳聽而不以聽」，皆作「聽」不作「聞」，可爲旁證。口妄言則亂。夫三關者，不可不慎守也。若欲規之，乃是離之；言嗜欲有所規合，乃是離散也。○楊樹達云：「規」古韻在支部，「離」在歌部，支、歌二部合韻，猶詩小雅斯干以「裼」與「地」「瓦」「儀」「議」「罹」爲韻，（「裼」屬錫部，乃支部之入聲。）老子十章以「兒」「疵」「知」「雌」與「離」爲韻也。若欲飾之，乃是賊之。飾，好也。賊，敗也。天氣爲魂，地氣爲魄，反之玄房，各處其宅。守而勿失，上通太一，太一之精，通於天道。○王念孫云：「通於天道」本作「通合於天」。今本脫「合」字，衍「道」字。（「道」字涉下句「天道玄默」而衍。）文子自然篇正作「通合於天」，「天」與「精」爲韻。（「天」字合韻讀若「汀」。小雅節南山篇「不弔昊天」與定、生、寧、酲、成、政、姓爲韻，大雅雲漢篇「瞻卬昊天」與星、贏、成、正、寧爲韻，瞻卬篇「瞻卬昊天」與寧、定爲韻，乾彖傳「乃統天」、「時乘六龍以御天」與形、成、命、貞、寧爲韻，坤彖傳「乃順承天」與生爲韻，乾文言「時乘六龍以御天也」與精、情、平爲韻，楚辭九章「瞭杳杳而薄天」、九辯「瞭冥冥而薄天」，竝與名爲韻。凡周、秦用韻之文，「天」字多有入耕部者。詩、易、楚辭而外，不可枚舉。）若作通於天道，則失其韻矣。此文上下十八句皆用韻。天道玄默，無容無則，大不可極，深不可測，測，盡。尚與人化，知不能得。天道至大，非人智慮所能得也。○于省吾云：「尚」應讀作「常」。金文「常」字通作「尚」。

昔者，神農之治天下也，○向宗魯云：北史宇文貴傳附宇文愷傳引「治」作「御」，蓋唐人避高宗諱改。神不馳於胷中，言釋神安靜，不躁動也。智不出於四域，信身在中。懷其仁誠之心，懷，思。○馬宗霍云：說文心部云：「懷，念思也。」爾雅釋詁、詩毛傳鄭箋、周書諡法篇、方言卷一竝云：「懷，思也。」高訓「懷」爲「思」，與諸書合。但本文「懷其仁誠之心」，下屬「心」字，則訓「思」非其義。尋文選班彪北征賦：「心愴悢以傷懷。」李善注引蒼頡篇曰：「懷，抱也。」本文之「懷」亦當訓「抱」，言神農抱其仁誠之心以治天下也。甘雨時降，○向宗魯云：「時降」當作「以時」，此後人改之也。宇文愷傳、御覽七十八引皆作「以時」。○寧案：向說是也。文子精誠篇亦作「甘雨以時」。五穀蕃植，蕃，茂，植，長。春生夏長，秋收冬藏，月省時考，○呂傳元云：宋本、藏本注云：「茂，成。」當作「考，成」。涉上注「蕃茂」而譌也。爾雅釋詁：「考，成也。」淮南猶言月省督其事，時考成其事，故高注作「考，成也」。人間訓：「剡麻考縷。」高注：「考，成。」可互證。歲終獻功，以時嘗穀，穀，新穀也。薦之明堂嘗之也。○寧案：注，漢魏叢書本、茅本作如此，乃明人妄改。從道藏本、中立本、景宋本作「嘗之新穀，薦之明堂」。祀于明堂。明堂之制，有蓋而無四方，風雨不能襲，寒暑不能傷，○向宗魯云：「寒暑」當爲「燥濕」，此後人改之也。宇文愷傳、御覽七十八引皆作「燥濕」。○寧案：本經篇：「古者明堂之制，下之潤濕弗能及，上之霧露弗能入，四方之風弗能襲。」文雖小異，亦「寒暑」當爲「燥濕」之證。遷延而入之，養民以公。遷延猶倘佯也。已說在本經也。其民樸重端愨，端，直也。愨，誠也。○向宗魯云：「重」當爲「童」。大戴禮主言篇：「商愨女憧。」○寧案：「重」「童」古通。詩豳風「黍稷重穋」，注：「後熟曰重。」廣韻：「先種晚熟曰穜。」禮檀弓「與其鄰重汪踦往」，注：「重當爲童。」釋文：「重依注音童。」不忿爭而財足，不勞形而功成，因天地之資而與之和同。○楊樹達云：「功成」當作「成功」。此後人疑「成功」與「財足」不對，故妄乙之耳。「功」字與上文「公」字下句「同」字爲韻，作「功成」則失其韻矣。是故威厲而不殺，○王念孫云：「殺」本作「試」，此後人以意改之也。荀子議兵、宥坐二篇及史記禮書並云「威厲而不試，刑錯而不用」，不試猶不用也。若云「不殺」，則非其指矣。太平御覽皇王部三引此正作「不試」，文子精誠篇同。○寧案：纘義本文子作「誠」。錢熙祚云：「此誠字必試之誤。」道藏本、景宋本、鐵華館叢書本作「誠」，亦形近而譌。刑錯而不用，法省而不煩，省，約也。煩，多也。故其化如神。○寧案：「故」字無義，乃「教」字形近而譌。衍「其」字。因「教」誤作「故」，後人加「其」字耳。北堂書鈔十引作「教化若神」，太平御覽七十八引作「教化如神」，文子精誠篇同。其地南至交阯，北至幽都，幽冥之都。東至暘谷，暘谷，日所出也。○王念孫云：「暘谷」當作「湯谷」，此淺人以堯典改之也。西至三危，三危，西極之山。莫不聽從。當此之時，法寬刑緩，囹圄空虛，而天下一俗，一同其俗。莫懷姦心。末世之政則不然，上好取而無量，下貪很而無讓，○寧案：「很」當爲「狼」，形近而譌。要畧篇「秦國之俗貪狼」，注：「狼，荒也。」漢書翼奉傳「好行貪狼」，孟康曰：「多好則貪而無厭，故爲貪狼也。」道藏本、中立本、茅本、景宋本皆作「狼」。莊本作「很」，義雖可通，非其字也。民貧苦而忿爭，事力勞而無功，智詐萌興，盜賊滋彰，上下相怨，號令不行。執政有司，不務反道，矯拂其本，而事脩其末，事，治。削薄其德，曾累其刑，而欲以爲治，無以異於執彈而來鳥，捭棁而狎犬也，亂乃逾甚。逾，益。○莊逵吉云：棁，說文解字云：「木杖也。」攷禰衡執棁以罵曹操，亦是杖。此捭棁義當從之。○陳觀樓云：說山篇作「執彈而招鳥，揮棁而呼狗」，則「捭」字當爲「揮」字之譌。說文：「揮，奮也。」○陶方琦云：意林、御覽九百五、事類賦引許注：「揮，挾。棁，杖也。」案說文：「棁，木杖也。」說正同。說文：「挾，俾持也。」○吳承仕云：御覽九百五引文「捭棁」作「袖棁」。疑高本字作「捭」，許本字作「袖」。許注當云：「袖，挾也。棁，杖也。」挾棁於袖，故以「挾」訓「袖」。陶引作「揮，挾也」，揮挾義詁殊遠。蓋由後人以說山篇文改「袖」爲「揮」，故與注義不相應耳。急就章：「鐵錘檛杖棁柲杸。」顏師古注云：「棁，小棓也。今俗呼爲袖棁，言可藏於懷袖之中也。」可證袖棁之語，自漢迄唐，承用不廢也。○楊樹達云：陳校是也。意林引此文正作「揮」字。二「而」字下，意林並有「欲」字，與上文「欲以爲治」義相承，於義爲長。○寧案：吳說近之。漢書淮南厲王傳「卽自褎金椎椎之」，顏師古注：「謂以金椎藏置褎中，出而椎之。」與急就章注合。與許注以「挾」訓「褎」亦合。

夫水濁則魚噞，魚短氣出口於水，喘息之喻也。政苛則民亂。言無聊也。○莊逵吉云：說文解字：「喁，魚口上見。」論語素王受命讖曰：「莫不喁喁延頸歸德。」蓋亦衆口上向之義。「水濁則魚喁，政苛則民亂」，十字出韓詩外傳。淮南之文，博采通人，信而有證。此乃改「喁」爲「噞」，噞、喁古音相近。古字無，即異文與？○譚獻云：文選長笛賦注：「淮南子『水濁則魚噞喁』。注：『楚人噞喁魚出頭也。』」顧曰衍「噞」字。楚人下脱「謂」字。高注本作「噞」，文子同。許注本作「喁」，韓詩外傳同。○易順鼎云：大藏音義引許注「嗛，銜也，口有所銜食也」。據此則許本作「嗛」。說文無「噞」字。○鍾佛操云：元張伯顔本文選引許注云：「楚人謂喁爲噞。喁，魚口上見。」得此可補諸家之缺。廣雅：「噞，喁也。」○馬宗霍云：說文口部無「噞」字，大徐本新坿有之，訓曰：「噞喁，魚口上見也。」與「喁」連文同訓。其訓即說文「喁」下之義也。高注「出口於水」與「魚口上見」合，是「噞」猶「喁」也。莊逵吉謂「水濁則魚喁，政苛則民亂」十字出韓詩外傳云云。余案韓詩外傳爲韓嬰作，嬰與淮南王安同時，淮南本文未必卽出韓詩外傳。然淮南書亦賓客方術之士所爲，或古有是語而兩書同采之。然則據韓詩外傳以校本文「噞」字，似以作「喁」爲是。又案文選左思吴都賦「噞喁沉浮」，馬融長笛賦「鱏魚喁於水裔」，李善注並引淮南子曰「水濁則魚噞喁」。長笛賦注兼引下句「政苛則人亂」。唐諱「民」字，故易「民」爲「人」。又引注曰「楚人噞喁魚出頭也」。此注與高異，蓋許慎之注耳。李氏兩引本文，「噞」下皆有「喁」字，六字爲句，與下句五字不偶。余疑「噞喁」連文，蓋出楚人方言，許君取以入注。淮南正文原作「喁」，後傳寫作「噞」，校者以「噞」與「喁」同，沾「喁」字於其旁，久而竄入正文，李氏所見，遂有「噞喁」連文之本矣。○寧案：「噞」字不誤。韓詩外傳自作「喁」，與淮南無涉。顧氏以爲許高之異，非。繆稱篇：「水濁者魚噞，令苛者民亂。」繆稱乃許注，作「噞」不作「喁」也。文選兩引「噞」下衍「喁」字，長笛賦兼引下句「政苛者人亂」，則上句不得作六字句，馬氏論之矣。引注「楚人喻喁魚出頭也」，顧氏謂「衍喻字，楚人下脱謂字」亦非。謂喁爲魚出頭，非獨楚人釋義爲然也。當作「楚人謂『喁』爲『喻』，喁，魚出頭也」。鍾氏引元張伯顏本文選是其證。蓋今本文選「楚人」下脱「謂喁爲」三字，文當於「喻」字句絶，「喁」字下屬，非「喻喁」連文也。注謂楚人謂喁爲喻，釋喻非釋喁，尤爲許本作「喻」之證。蓋許注有奪誤，後人遂誤以「喻喁」連文，又於正文「喻」下加「喁」字以與注文相應，謬甚。文選兩引皆「喻喁」連文，則其誤久矣。

故夫養虎豹犀象者，爲之圈檻，○陶方琦云：大藏音義引許注曰：「圈，獸牢也。」説文：「圈，養畜之閑也。」「養畜」當作「養獸」。漢書張釋之傳「登虎圈」，注：「養獸之所。」與獸牢説合。

供其嗜欲，適其饑飽，違其怒恚。○向宗魯云：「違」當作「達」，字之誤也。「達」字與上文「供」字「適」字相類。列子黄帝篇：「夫養虎者，時其飢飽，達其怒心。」莊子人間世篇亦同。（郭云：知其所以怒而順之。）宜據以訂正。○吕傳元云：「吉先生城云：違，避也，謂避之而勿觸令怒恚也。」案「違」當作「達」。莊子人間世篇云：「夫養虎者，不敢以生物與之，謂其殺之之怒也；不敢以全物與之，爲其決之之怒也。時其飢飽，達其怒心。」可據彼證此。○楊樹達云：莊子人間世篇云：「汝不知夫養虎者乎？不敢以生物與之，爲其殺之之怒也；不敢以全物與之，爲其決之之怒也。時其飢飽，達其怒恚。」此淮南文所本。（今案莊子本作「達其怒心」，「達」字義不可通，「怒心」亦不辭，「心」爲「恚」之壞字。今竝依淮南校正。）○寧案：向、吕二氏所校甚确。「違」字乃「達」字形近而譌。楊氏欲以淮南改莊子，偵矣。列子注引向秀云：「達其心之所以怒而順之也。」何楊氏謂「怒心」之不辭也？又案「饑」道藏本、景宋本作「飢」，當據正。説文「穀不孰爲饑」，非其義。

然而不能終其天年者，形有所劫也。是以上多故則下多詐，故，詐。○洪頤煊云：

原道訓：「不設智故而方圓曲直弗能逃也。」高注：「智故，巧飾也。」俶真訓：「不以曲故是非相尤。」高注：「曲故，曲巧也。」本經訓：「懷機械巧故之心而性失矣。」俶真訓：「巧故萌生。」呂氏春秋下賢篇：「空空乎其不爲巧故也。」「故」當訓爲「巧」，不爲「詐」也。○寧案：洪説是也。道藏本、中立本、景宋本正作「巧」。上多事則下多態，○寧案：文選西京賦「盡變態乎其中」，注：「態，巧也。」又「態不可彌」，注：「言變巧之多不可極也。」即此「態」字之義。「態」或從人作「能」。景宋本誤作「能」。上煩擾則下不定，不定，不知所從也。上多求則下交爭；不直之於本而事之於末，譬猶揚堁而弭塵，抱薪以救火也。堁，塵塺也。楚人謂之堁，堁，動塵之貌。弭，止也。○陶方琦云：文選宋玉風賦注引許注：「堁，塵塺也。」案此許注羼入高注本者。説文：「塺，塵也。」廣雅釋詁「堁，塵也」。故聖人事省而易治，求寡而易澹，澹，給。不施而仁，不言而信，不求而得，不爲而成，塊然保真，抱德推誠，誠，實。天下從之，如響之應聲，景之像形，其所脩者本也。詹何曰：「未聞身治而國亂。」故曰：「其所脩者本也。」○寧案：詹何語詳道應篇。刑罰不足以移風，殺戮不足以禁姦，唯神化爲貴，至精爲神。夫疾呼不過聞百步，志之所在，踰于千里。踰猶過也。○向宗魯云：「踰」本當作「論」，故注訓爲通。（宋本、藏本皆作「通」。）後人因上言「不過」，因改作「踰」，以與之相麗。莊本又改注作「過」以就之，非也。此云「志之所在，論于千里」，猶下文「抱質效誠，神諭方外」耳。冬日之陽，夏日之陰，萬物歸之，而莫使之然。冬日仁，物歸陽；夏日猛，物歸陰：莫使之，自然如是也。○向宗魯云：治要引虎韜云：「夫民之所利，譬如冬日之陽，夏日之陰。冬日之從陽，夏日之從陰，不召自來。」又周書大聚篇：「譬之若冬日之陽，夏日之陰，不召而民自來。」故至精之像，弗招而自來，不麾而自往，窈窈冥冥，不知爲之者誰而功自成。智者弗能誦，辯者弗能形。○孫志祖云：「誦」與「訟」通。○陳季皐云：孫説未愜。「誦」乃「論」之誤。説山訓：「以近論遠。」注：「論，知也。」蓋耤爲「倫」。智弗能論，言智者弗能知也。覽冥訓「知不能論」，是其證。○向宗魯云：誦猶通也。○馬宗霍云：「誦」當通作「頌」。説文頁部云：「頌，皃也。」籒文作「額」，从容。此蓋謂像之至精者，智者不能皃之，辯者不能形之。皃猶形也。周禮春官大師教六詩「曰頌」，鄭玄注云：「頌之言誦也，容也。」素問陰陽類論「頌得從容之道」，王冰注云：「頌今爲誦也。」即「誦」與「頌」通之證。漢脩華嶽碑云「刊石作誦」，亦假「誦」爲「頌」也。

昔孫叔敖恬臥，而郢人無所害其鋒；郢，楚國都也。孫叔敖，楚大夫也。蓋乘馬三年不知其牝牡，言其賢也。但恬臥養德，折衝千里之外，敵國不敢犯害，故郢人不舉兵出伐，無所害其鋒於四方也。○王念孫云：「害其鋒」三字義不相屬。「害」當爲「用」，字之誤也。（隸書「害」字作「𡨥」，其上半與「用」相似。）高注亦當作「故郢人不舉兵出伐，無所用其鋒於四方也」。莊子徐無鬼篇作「孫叔敖甘寢秉羽而郢人投兵」。投兵亦謂無所用之也。又繆稱篇：「夜行瞑目而前其手，事有所至而明有不害。」案「不害」二字義不可通。「害」亦當爲「用」。夜行者瞑目而前其手，是不用目而用手，故曰「明有不用」也。説林篇曰：「夜行者，掩目而前其手，涉水者，解其馬載之舟：事有所宜而有所不施。」施亦用也。（見原道、脩務二篇注。）○俞樾云：「害」字無義。王氏念孫謂是「用」字之誤，然「用」與「害」字形不似，無緣致誤也。「害」蓋「容」字之誤，「容」亦「用」也。釋名釋姿容曰：「容，用也，合事宜之用也。」是其義也。無所容其鋒即無所用其鋒。老子曰：「兵無所容其刃。」此淮南所本也。○馬宗霍云：本文「害」字不誤，王、俞之説皆非也。説文宀部云：「害，傷也。」人部云：「傷，創也。」

引申之義則爲「損」。「郢人無所害其鋒」者，言孫叔敖秉楚國之政，德足服遠，雖恬臥無爲，而郢人之聲威固無所損也。又案古多假「害」爲「曷」，「曷」與「遏」通。遏者止絶之義。詩商頌長發篇「則莫我敢曷」，毛傳云：「曷，害也。」漢書刑法志引詩作「則莫我敢遏」，卽其證。然則，本文讀「害」爲「遏」亦通。言郢人之鋒，不因孫叔敖之臥治而有所遏止也。○寧案：馬氏前説是也。高注云：敵國不敢犯害，故郢人不舉兵出伐，無所害其鋒於四方也。」上「害」字卽下「害」字之義。説文：「害，傷也。」敵國不傷害於楚，郢人不舉兵出伐，亦不招致傷害於人，故無所害其鋒於四方也。市南宜遼弄丸，而兩家之難無所關其辭。宜遼，姓也，名熊，勇士，居楚市南。楚平王太子建爲費無忌所逐，奔鄭，鄭人殺之。其子勝在吳，令尹子西召之以爲白公。請伐鄭以報讎，子西許之，而未出師。晉人伐鄭，子西救之。勝怒曰：「鄭人在此，讎不遠矣。」欲殺子西。其臣石乞曰：「市南熊宜僚，得之可以當五百人。」乃往視之，告其故，不從。舉之以劍而不動而弄丸不輟，心志不懼，曰：「不能從子爲亂，亦不泄子之事。」白公遂殺子西。故兩家雖有難，不怨宜遼。故曰「無所關其辭」也。○莊逵吉云：應云「宜遼，名也，姓熊」。鞅鞈鐵鎧，○孫詒讓云：鞅爲馬頸軛，於甲義無取。此疑當爲「鞼」。草書央、貴二形近，因而致誤。國語齊語云：「輕罪贖以鞼盾一戟。」韋注云：「鞼盾，綴革有文如繢也。」説文革部云：「鞼，革繡也。」荀子議兵篇云：「楚人鮫革犀兕以爲甲，鞈如金石。」楊注云：「鞈，堅貌。」考工記有合甲。此鞼鞈亦言合綴革札爲甲也。瞋目扼掔，○莊逵吉云：「掔」卽「腕」字。本或作「掔」者非。其於以御兵刃縣矣！縣，遠也。比於德不及之遠。○王念孫云：今本「縣」當作「緜」，緜，薄也。此言緜，下言薄，其義一也。漢書嚴助傳：「越人緜力薄材。」孟康曰：「緜，薄也。」言德之所禦，折衝千里，若鞼鞈鐵鎧，瞋目扼掔，其於以禦兵刃則薄矣。高注殆失之迂。券契束帛，刑罰斧鉞，其於以解難薄矣！薄於德也。待目而照見，待言而使令，其於爲治難矣！蘧伯玉爲相，子貢往觀之，曰：「何以治國？」曰：「以弗治治之。」蘧伯玉，衛大夫蘧瑗也。子貢，衛人也，姓端木名賜，孔子弟子也。簡子欲伐衛，使史黯往覵焉。簡子，晉卿趙鞅也。史黯，史墨也。覵，觀之也。○王念孫云：覵訓爲見，不訓爲觀。「覵」皆當爲「覸」。廣雅曰：「觀、覸，視也。」玉篇：「覸，七亦切，觀也。」義皆本於高注。後人多見「覵」，少見「覸」，故「覸」誤爲「覵」矣。○寧案：簡子欲伐衛，事見呂氏春秋召類篇。說苑奉使篇畧同。唯呂氏春秋作史默。史默卽史墨，默、墨字通。韓詩外傳七「商紂默默而亡」，史記商君列傳作「殷紂墨墨以亡」，是其例。還報曰：「蘧伯玉爲相，未可以加兵。」以其賢也。○寧案：「還」下脫「反」字。道應篇「還反度江」，人間篇「孫叔敖使於齊，還反而不賀」，「荀息還反伐虞」，「盜還反顧之」，「還反殺之」，可以例此。景宋本正作「還反」。固塞險阻，何足以致之？致猶勝也。故皋陶瘖而爲大理，天下無虐刑，有貴于言者也；雖瘖，平獄理訟，能得人之情，故貴於多言者也。師曠瞽而爲太宰，晉無亂政，有貴于見者也；雖盲，而大治晉國，使無有亂政，故貴於有所見。故不言之令，不視之見，不言之令，皋陶瘖也。不視之見，師曠瞽也。此伏犧、神農之所以爲師也。○寧案：道藏本、中立本、景宋本有注云：「以，用。師，法。」莊本脫。故民之化也，○王念孫云：「民之化也」本作「民之化上也」。下句「其」字正指「上」而言，脫「上」字則義不相屬。文子精誠篇正作「民之化上」。不從其所言而從所行。○寧案：「所行」上據景宋本補「其」字。道藏本、景宋本有注云：「從其志意之所行。」莊本脫。故齊莊公好勇，不使鬬爭，而國家多難，其漸至于崔杼之亂；莊公，齊靈公之子光。崔杼，齊大夫也。亂，殺莊公也。○劉家立云：譚氏復堂曰：「鬪争應作閒争。」閒争，諫諍也，與下文風議同義。文子亦作「鬪」，蓋譌已久矣。○于省吾云：按「使」字不詞。「使」本應作「事」。金文使、事同字。不事鬪争，言不以鬪争爲事也。下文「不使風議」，亦應作「不事風議」。○寧案：于説是也。此謂有其内，不必形諸外，至精之所動而國家多難也，不應改字。頃襄好色，不使風議，而民多昏亂，其積至昭奇之難。楚頃襄王。昭奇，楚大夫也。○寧案：「頃」道藏本、景宋本皆作「傾」。注同。頃、傾古通。漢書地理志隴西郡臨洮：「禹貢西頃山在縣西。」師古曰：「頃讀曰傾。」今本禹貢作西傾山。此不得輒改爲「頃」。又案：「頃襄」下集證本沾「王」字是也，與齊莊公對文。故至精之所動，若春氣之生，秋氣之殺也，雖馳傳騖置，不若此其亟。亟，疾。故君人者，其猶射者乎！於此豪末，於彼尋常矣，故慎所以感之也。夫榮啓期一彈而孔子三日樂，感于和；鄒忌一徽而威王終夕悲，感于憂。徽，鶩彈也。威王，齊宣王之父也，在春秋後。徽讀紛麻縗車之「縗」也。○陶方琦云：文選陸機文賦注、劉孝標廣絶交論注、陸機弔魏武文注引許注：「鼓琴循絃謂之徽。悲雅俱有所以成樂，直雅而無悲則不成。」按二注文異。漢書揚雄傳「高張急徽」，注：「徽，琴徽也。」然循絃之説，義與「揮」同。琴賦云「伯牙揮手」是也。「悲雅」下當有誤文。疑是「悲絃俱有所以成樂，直絃而無悲則不成樂」。雍門周善彈琴，以哭見孟嘗君，即此意也。齊俗訓：「徒絃則不能悲，故絃悲之具也，而非所以爲悲。」許注即本此。○李哲明云：鶩彈者，急彈也。本篇「魚得水而鶩」，注：「鶩，疾也。」疾猶急也。文選羽獵賦「徽車輕武」，注：「徽，疾貌。」徽有疾義，故訓鶩彈，揚雄所謂「高張急徽」者也。「紛麻」不甚適，「紛」當作「績」。「縗車」當作「維車」。脩務篇「參絃復徽」，注：「徽讀維車之維」可證。○寧案：文選與滿公琰書、唐本玉篇糸部亦引許注「鼓琴循絃謂之徽」，文賦注引下有「悲雅俱有所以成樂，直雅而無悲則不成」十六字。陶氏謂當作「悲絃俱有所以成樂，直絃而無悲則不成」，卽齊俗篇「徒絃則不能悲」之意。陶說非也。文當讀作：「悲雅俱有，（讀）所以成樂。（句）直雅而無悲則不成。（句）」陶氏未得其句讀。文賦云：「猶絃幺而徽急，故雖和而不悲；寤防露與桑間，又雖悲而不雅。」注文悲雅對舉，適與正文相應。陶氏改「雅」爲「絃」，謬矣。且「悲絃」連文不詞。夫「絃，悲之具也，而非所以爲悲」，固不得曰「悲絃」也。案十六字袁本、茶陵本無，疑非淮南許注。又案方言「維車」，箋疏：「淮南說林訓云：『古之所爲不可更，則推車至今無蟬匷。』高誘注主術訓云：『徽讀紛麻纑車之纑。』維、推、纑並字異義同。」是纑車卽維車也。（「推車」乃「椎車」之誤。說在說林篇。）玉篇：「纑七回切。維先對切。」音亦相近。此無庸改字。**動諸琴瑟，形諸音聲，而能使人爲之哀樂。**哀，威王也。樂，孔子也。**縣法設賞，而不能移風易俗者，其誠心弗施也。甯戚商歌車下，桓公喟然而寤，**甯戚飯牛車下，叩角商歌，齊桓公悟之，用以爲相。○陶方琦云：王子淵四子講德論注、陶淵明夜行塗口詩注引許注：「甯越，衛人，聞齊桓公興霸，無因自達，將車自往。商，秋聲也。」按二注文異。許本作甯越，甯越乃周威王師，非是。「越」當是「戚」。說文：「戚，戉也。」當是古本或作「戉」，遂加「歪」爲「戱」也。今道應訓亦作甯越，均誤。道應訓：「甯越欲干齊桓公，困窮無以自達，於是爲商旅，將任車以商于齊。」許卽用此文。文選嘯賦注亦引淮南子注：「甯戚，衛人。商金聲清，故以爲曲。」當並是許注。○寧案：此注明漢魏叢書本始有，蓋出明人所補。嘯賦注引淮南子注：「甯戚衛人」云云，乃道應篇高注佚文，尚未引完。蓋高作「戚」而許作「越」。陶氏以爲許注，非是。又呂氏春秋勿躬篇作「置以爲大田」。本書氾論篇注同。文選江淹褉體詩注引「桓公舉以爲大田。高誘曰：大田，官也」。此注作「用以爲相」，顯係明人妄改。又文選四子講德論注、夜行塗口詩注引正文「寤」作「悟」，字通。至精入人深矣。故曰：樂，聽其音則知其俗，見其俗則知其化。○王念孫云：「樂」字與下文義不相屬，當有脫文。文子精誠篇作「聽其音則知其風，觀其樂卽知其俗，見其俗卽知其化」。○馬宗霍云：本文「樂」字自爲一句。聽其音卽聽樂之音也。移風易俗，莫善於樂。此「樂」字正承上文移風易俗來。「知其俗」，「知其化」，又承此「樂」字而申之。何得謂「樂」字與下文義不相屬乎？文子雖或本於淮南，而要有改竄。如此等處，殊不可從。劉家立淮南集證乃據王說逕易本文，過矣。○于省吾云：按王說非是。此應讀爲「故曰」句，「樂」句，本無脫文。孔子學鼓琴於師襄，師襄，魯樂太師也。而諭文王之志，見微以知明矣；諭，教，教之鼓文王操也。○向宗魯云：「諭」當訓「明」訓「通」，高注訓「教」，非也。韓詩外傳五：「孔子持文王之聲，知文王之爲人。」是其證。延陵季子聽魯樂而知殷、夏之風，論近以識遠也。○寧案：「也」字當作「矣」，與「見微以知明矣」同。作之上古，施及千歲而文不滅，況於竝世化民乎？湯之時，七年旱，○劉文典云：初學記天部下引「七年」作「九年」。○寧案：作「七年」是也。文選思玄賦注引呂氏春秋曰：「湯克夏，大旱七年。」（約引順民篇文。）又引淮南子曰：「湯時大旱七年，卜用人祀天。」（疑是此處注文。）文選辯命論注引同今本。藝文類聚十二引帝王世紀云：「湯自伐桀後，大旱七年。」太平御覽八十引同。又御覽十一引干寶搜神記亦云：「湯克夏，大旱七年。」以上引文雖畧異，而作七年同。「九」字當是誤字。以身禱於桑林之際，而四海之雲湊，千里之雨至。湊，會也。或作「蒸」。蒸，升也。抱質效誠，感動天地，神諭方外；令行禁止，豈足爲哉？

古聖王至精形於內，而好憎忘於外，形，見。好憎，情欲以充。○陳季皐云：「忘」字於義不貫。文子精誠篇作「明」較勝。上文湯禱桑林而雲湊雨至，抱質效誠，神諭方外，即其義。下文「喜怒形於心，嗜欲見於外」，覽冥訓「嗜欲形於胸中，而精神諭於六馬」，精神訓「精誠形於內，而外諭哀於人心」，文義與此同。出言以副情，發號以明旨，陳之以禮樂，風之以歌謠，業貫萬世而不壅，貫，通。壅，塞也。○王念孫云：「業」當爲「葉」，聲之誤也。葉，聚也，集也。貫，累也。言積累萬世而不壅塞也。方言曰：「葉，聚也。」（廣雅同。）楚通語也。楚辭離騷：「貫薜荔之落蕊。」王注曰：「貫，累也。」（廣雅同。）荀子王霸篇：「貫日而治詳。」楊倞曰：「貫日，積日也。」是葉、貫皆積累之意也。俶真篇曰：「枝解葉貫萬物百族。」義與此「葉貫」同。原道篇曰：「大混而爲一，葉累而無根。」「葉累」猶「葉貫」也。俶真篇曰：「横廓六合，揲貫萬物。」「揲貫」猶「葉貫」也。（彼言「横廓六合」，猶此言「横扃四方」。彼言「揲貫萬物」，猶此言「葉貫萬世」。故廣雅云：「揲，積也。」）高注訓貫爲通，失之矣。横扃四方而不窮，禽獸昆蟲，與之陶化，化，從。「昆蟲」或作「鬼神」。○寧案：文子精誠篇亦作「鬼神」。又況於執法施令乎！○寧案：此言化民爲上，法令爲下。故上文云：「抱質效誠，感動天地，神諭方外，令行禁止，豈足爲哉？」然此云「又況於執法施令乎」，文義適相反。疑是後人妄加。文子無此句。故太上神化，其次使不得爲非，其次賞賢而罰暴。暴，虐亂也。衡之於左右，無私輕重，故可以爲平；衡，銓衡也。繩之於內外，無私曲直，故可以爲正；人主之於用法，無私好憎，故可以爲命。夫權輕重，不差蟁首，蟁首，猶微細也。○于鬯云：疑正文注文兩「首」字並當作「盲」，形近而誤。蟁之言萌也。盲之言芒也。○寧案：「權」下疑脱「衡」字。以下九句皆四字句，不得此句獨三字，令句法參差也。扶撥枉橈，不失鍼鋒，○寧案：「鍼」，景宋本作「箴」，道藏本作「針」。箴或字，針俗字。直施矯邪，不私辟險，姦不能枉，讒不能亂，德無所立，立，見。怨無所藏，是任術而釋人心者也，故爲治者不與焉。治在道，不在智，故曰不與。〇王念孫云：「不與」上當有「智」字。老子曰：「以智治國國之賊，不以智治國國之福。」故曰：「爲治者智不與焉。」脱去「智」字，則文不成義。高注曰：「治在道，不在智，故曰不與焉。」（「不與」上亦當有「智」字）則有「智」字明矣。文子下德篇正作「知不與焉」。夫舟浮於水，車轉於陸，此勢之自然也。木擊折轊，〇寧案：説文：「轊，車軸耑也。」意林引作「軸」，於義爲長。繆稱篇「積羽沈舟，羣輕折軸」，是其比。水戾破舟，不怨木石而罪巧拙者，罪御者，刺舟者之巧拙也。〇俞樾云：「水戾破舟」當作「石戾破舟」，故云「不怨木石」。今作水戾，則下句「石」字無著矣。「巧」字疑「功」字之誤。「功」與「工」通。周官肆師職：「凡師不功。」故書「功」爲「工」是也。不罪木石而罪工拙，工卽工人之「工」，言不罪木石而罪作舟車者之拙也。高注曰：「罪御者、刺舟者之巧拙也。」是其所據本已誤。〇劉文典云：意林引「巧拙者」下有「何也」二字。〇寧案：俞説未安。説文：「戾，曲也。」廣韻：「乖也。」水流乖戾，必險惡之處，則石在其中矣。淮南文本鄧析子無厚篇，正作「水戾破舟」。俞氏又謂「巧」當作「工」。舟車之禍，不罪御者、刺舟者而罪工拙，情理寧如是邪？若然者，則巧工爲舟車必無禍，（下云「知故不載」，知「木擊折軸」，蓋謂軸與木觸，非謂人以木擊之也，猶虚船觸舟是也。）而王良、造父不稱矣。高説不誤。知故不載焉。言木石無巧詐，故不怨也。〇劉文典云：意林引作「智有不周」。是故道有智則惑，言道智則惑也。〇吳承仕云：朱本注文作「則營惑」。案：注以營訓惑，莊本誤奪「營」字。「言道智」三字無義，疑皆衍文。〇寧案：吳謂注奪「營」字是也。「言道智」三字非衍文，蓋「智」上當有「有」字而諸本並奪之矣。此重述正文而加一「營」字以釋「惑」，乃注家常例。德有心則險，心有目則眩。眩於物也。兵莫憯於志而莫邪爲下，○陶方琦云：史記集解引許注：「莫邪，大戟也。」按説文「鏌」字下云：「鏌鋣也。」集解引文當是許注淮南本，故作「莫邪」。漢書揚雄傳「杖鏌邪」，注亦云「鏌邪，大戟也」。脩務訓「而不期于墨陽莫邪」，高注：「美劍名。」正與許異。寇莫大於陰陽而枹鼓爲小。小，細。憯猶利也，以智意精誠伐人爲利。老子曰：「重積德則無不克。」故以莫邪爲下也。寇亦兵也。推陰陽虛實之道爲大，故以枹鼓爲小也。○于鬯云：注文「智」字當作「志」。正文「志」下當依注補「意」字。「兵莫憯於志意」，與下文「寇莫大於陰陽」爲偶文。高注「志意精誠」，猶其下文言「陰陽虛實」，以精誠足志意之義，以虛實足陰陽之義也。且繆稱訓云：「兵莫憯於意志。」彼云「意志」，此言「志意」，一矣。又案注云：「小，細。憯猶利也。」云云。「小」字尚在下文而先釋之，疑「小細」二字許注，非高注。○吳承仕云：「智意精誠」，景宋本、朱本「智」作「志」。案「志意」是也。説林篇注引此文而説之曰：「言匹夫志意出死必戰，雖大國不輕之也。」是其證。莊本聲近誤爲「智」，應據改。○寧案：于謂注文「智」當爲「志」是也，謂正文當依注補「意」字非也。注文以「意」字足句，非正文亦當有「意」字。莊子庚桑楚云：「兵莫憯於志，鏌鋣爲下；寇莫大於陰陽，無所逃於天地之間。」此淮南所本。莊子無「意」字。説林篇注引此文亦無「意」字。是其證。繆稱篇有，蓋後人臆加以對陰陽耳。今夫權衡規矩，一定而不易，不爲秦、楚變節，不爲胡、越改容，常一而不邪，方行而不流，○向宗魯云：「方」與「常」對文，方亦常也。一日刑之，萬世傳之，○馬宗霍云：説文刀部云：「刑，剄也。从刀，幵聲。」井部云：「㓝，罰辠也。从井，从刀。易曰：井，法也。」兩字義別。隸書多相亂，俗多以「刑」爲「㓝」，「㓝」之本義少用，而「㓝」之本形亦晦矣。本文之「刑」當作「㓝」，通作「型」。説文土部云：「型，鑄器之法也。从土刑聲。」引申爲典型、儀型。此承上文「權衡規矩，一定而不易」爲言，蓋謂權衡規矩一日定爲典㓝，傳之萬世而不可易也。「荆」通作「㓝」，經傳之例甚多，不煩舉證。凡訓荆爲法者，皆「㓝」之借。自「荆」亂作「刑」，於是从「荆」得聲之「㓝」，俗亦作「型」，不可不辨。而以無爲爲之。言無所爲爲之，爲自爲之。故國有亡主，而世無廢道；亡主，桀、紂是也。湯武以其民王，故曰「無廢道」也。人有困窮，而理無不通。理，道。由此觀之，無爲者，道之宗。宗，本。故得道之宗，應物無窮；任人之才，難以至治。才，智也。

湯、武聖主也，而不能與越人乘幹舟而浮於江湖；幹舟，小船也，危險，越人習水，自能乘之，故湯、武不能也。一曰，大舟也。○王念孫云：古無謂小船爲「幹」者。「幹」當爲「軨」，字之誤也。「軨」與「舲」同。字或作「艋」。廣雅曰：「艋，舟也。」玉篇：「舲與艋同，小船有屋也。」楚辭九章：「乘舲船余上沅兮。」王注曰：「舲船，船有牕牖者。」俶真篇：「越舲蜀艇，不能無水而浮。」高注曰：「舲，小船也，越人所便習。」正與此注相同。藝文類聚舟車部、太平御覽舟部引此，並作「舲舟」。御覽又引高注：「舲舟，小船也。」皆其證也。○劉文典云：王說是也。羣書治要引此文「幹」作「䑰」。文雖小異，然「幹」之爲誤字益明矣。○向宗魯云：治要作「䑰」是許本，類聚、御覽作「舲」是高本。俶真篇「越舲蜀艇」，許本「舲」作「䑰」。御覽三百四十八引許注：「䑰，小船。」正可互勘。○寧案：王說是也。唐本玉篇舟部舲下引此亦作「舲舟」。又引「許叔重曰：小舩也」。「許叔重蓋高誘之誤。

伊尹賢相也，而不能與胡人騎騵馬而服騊駼；黄馬白腹曰騵。詩云：「駟騵彭彭。」騊駼，野馬也，胡人所習。伊尹雖賢，不能與服也。○陶方琦云：羣書治要引正文作「原」。許注：原，國名，在益州西南，出千里馬。騊駼，北野馬。」按二注正異。許作國名，卽隱十一傳「温、原、絺、樊」之「原」，與高作騵解異也。說文亦無「騵」字。「騊」下云：「騊駼，北野之良馬。」與此作「北野馬」正同。○寧案：爾雅釋畜「駵馬白腹騵」，郭注：

「駵，赤色黑鬣。」高注畧異。孔、墨博通，而不能與山居者入榛薄險阻也。孔，孔子也。墨，墨翟也。聚木爲榛，深草爲薄，山居者所習，故孔、墨者不能也。「阻」或作「塗」。○王念孫云：「險阻」上脱「出」字。「入榛薄，出險阻」，與「騎騵馬，服駒駼」，相對爲文。羣書治要引此有「出」字。○寧案：王説是也。長短經通變篇引亦有出字。又案：注「孔、墨者」，衍「者」字。曰「孔，孔子也。墨，墨翟也」，不當又言「孔、墨者」。「湯、武」句注云「故湯、武不能也」，應同例。道藏本、中立本、茅本、景宋本無「者」字。又「阻或作塗」，顧廣圻云：「作塗是也。」由此觀之，則人知之於物也，淺矣。而欲以徧照海内，存萬方，○劉文典云：「照海内，存萬方」，相對爲文，加一「徧」字則句法參差不齊。「徧」字疑衍文也。羣書治要引此文無「徧」字。下文「如此而欲照海内，存萬方，是猶塞耳而聽清濁，掩目而視青黄也」。亦無「徧」字，皆其證也。不因道之數，而專己之能，則其窮不達矣。○王念孫云：「道之數」本作「道理之數」，此後人以意删之也。下文曰：「不循道理之數」，又曰：「拂道理之數，詭自然之性」，原道篇曰：「循道理之數，因天地之自然」，皆其證也。羣書治要引此正作「道理之數」。文子下德篇同。「則其窮不達矣」，「達」當爲「遠」，字之誤也。其窮不遠，謂其窮可立而待也。文子下德篇正作「遠」。氾論篇「人章道息，則危不遠矣」。語意畧與此同。故智不足以治天下也。桀之力，制觡伸鉤，索鐵歙金；○呂傳元云：「制」當讀若「折」，「制」與「折」古字通。論語「片言可以折獄者」，釋文云：「魯讀折爲制，今從古。」是其證。此猶言桀之力能折觡伸鉤也。宋本、藏本、茅本「制」作「剬」，御覽皇王部七引作「剬」，胥誤矣。○楊樹達云：「制觡」無義。「制」當讀爲「折」，謂角觡之堅，桀之力可折之使斷也。古制、折同音，故可通用。書呂刑云：「制以刑。」墨子尚同中篇引作「折則刑」。論語顔淵篇云：「片言可以折獄者，其由也與？」鄭注云：「魯讀折爲制。」文選羽獵賦「不折中以泉臺」，注引韋昭云：「制或爲折。」並二字古通之證。御覽引作「剔」，乃不得「制」字之讀而妄改耳。詩豳風七月云：「宵爾索綯。」此云「索金」，與詩「索」字用法同。歙金，謂桀之力可使金相歙合。御覽引作「揉金」「操金」，並非是。○寧案：「制」讀若「折」是也。太平御覽九百三十二引亦作「制」。諸本作「別」，疑是許、高之異。説文：「別，分解也。」玉篇：「離也。」墨子明鬼篇「主別兕虎」，晏子春秋内篇諫上作「手裂兕虎」。「主」卽「手」字之誤，別亦裂也。謂桀之力能令角觡離裂也。太平御覽八十二引作「剔」，卽「𠛱」之形誤。廣雅釋言王氏疏證引亦作「別觡」。**椎移、大犧，水殺黿鼉，陸捕熊羆**：觡，角也。索，絞也。「歙」讀「協」。○莊逵吉云：太平御覽引「觡」作「骼」，注云「舟骼」。「椎」作「推」。「犧」作「戲」。○陶方琦云：史記正義八、御覽八十二又九百三十二引許注：「戲，大旗也」。按高無注。今高本作「大犧」，亦小異。「戲」通「麾」，説文作「𪎮」，曰：「旌旗，所以指麾也。」周禮「建大麾」，鄭注：「大麾不在九旗中。」孫氏晏子音義以謂大戲當是人名，此古説之互異。然淮南本義不作人名解。○寧案：晏子音義孫説是也。墨子明鬼篇云：「禽推哆、大戲。」又曰：「有勇力之人推哆、大戲。」呂氏春秋簡選篇云：「以戊子戰於郕，遂禽推移、大犧。」據二書，椎移、大犧皆人名也。高注呂氏春秋曰：「桀之力能推大犧。」其説固謬。若許注以大戲爲軍之大旗，則本文「制觡伸鉤，索鐵歙金」，相對爲文，「水殺黿鼉，陸捕熊羆」，二句亦相對爲文，而於兩聯間插入「椎移大犧」一句，累矣。晏子春秋莊公問：「古者亦有徒以勇力立於世者乎？」晏子對曰：「昔夏之衰也，有推侈、大戲，殷之衰也，有費仲、惡來，崇尚勇力，是以桀、紂以滅，殷、夏以衰。」晏子舉四人明君臣尚勇力以衰滅。此文舉桀及椎移、大犧君臣，以明勇力不足以持天下，其例正同。「制觡伸鉤」二句謂桀，「水殺黿鼉」二句謂椎移、大犧。下文「困之鳴條」謂桀，「擒之焦門」謂椎移、大犧，與墨子、吕氏春秋合。不然，既困桀於鳴條矣，何曰擒之焦門乎？且古書不言擒桀也。陶氏謂淮南本義不作人名，蓋臆説之辭耳。

然湯革車三百乘，困之鳴條，擒之焦門。「焦」或作「巢」。○莊逵吉云：「焦」與「巢」古字通。○寧案：太平御覽八十二引注：「鳴條，今陳州平丘地。」

由此觀之，勇力不足以持天下矣。○王念孫云：「力」字因「勇」字而衍。「勇不足以持天下」與上文「智不足以治天下」相對爲文，不當有「力」字。羣書治要及太平御覽人事部七十六引此皆無「力」字，下文「勇不足以爲强」，亦無「力」字。○寧案：羣書治要未引此句。太平御覽人事部七十六當作七十八。王誤。

智不足以爲治，勇不足以爲强，則人材不足任明也。○寧案：羣書治要引作「則人材不足以任明矣」，「矣」字是，「以」字涉上而衍。

而君人者，不下廟堂之上而知四海之外者，因物以識物，因人以知人也。故積力之所舉則無不勝也，衆智之所爲則無不成也。埳井之無黿鼉，隘也；園中之無脩木，小也。夫舉重鼎者，力少而不能勝也，○吕傳元云：「力少」宋本作「少力」，是也。與下文「多力者」對言。當據改。

及至其移徙之，不待其多力者。故千人之羣無絶梁，萬人之聚無廢功。○向宗魯云：吕氏春秋用衆篇注引淮南記曰：「萬人之衆無廢功，千人之衆無絶良。」○蔣禮鴻云：「絶梁」無義，「梁」當作「業」，字之誤也。下文曰：「民知誅賞之來，皆在於身也，故務功修業，不受贛於君。」以功業相對爲文，可證。吕氏春秋用衆篇高注引淮南記曰：「萬人之衆無廢功，千人之衆無絶良。」其文又異。「良」字又因「梁」字音近而誤。○寧案：文子下德篇作「千人之衆無絶糧」，疑糧字是。孔子世家載孔子在陳絶糧，使子貢至楚，楚昭王興師迎孔子，因以得免。故曰「無絶糧」也。梁、良古通，皆聲近而誤。

夫華騮綠耳，一日而至千里，然其使之搏兔不如豺狼，伎能殊也。殊，異。○王引之云：太平御覽獸部八引此「豺狼」作「狼契」。按狼、契皆犬名也。廣雅曰：「狼狐狂獖，犬屬也。」玉篇：「猰，公八切，褉犬也。」（廣韻同。）「猰」與「契」通。犬能搏兔而馬不能，故曰搏兔不如狼契也。後人不知「狼契」爲犬名而改爲「豺狼」。豺狼可使搏兔，所未聞也。

鴟夜撮蚤蚊，察分秋毫，晝日顛越不能見邱山，形性詭也。鴟，鴟鵂也，謂之老菟，夜鳴人屋上也。夜則目明，合聚人爪以著其巢中，故曰察分秋豪；晝則無所見，故曰形性詭也。○梁玉繩云：秋水篇司馬本作「蚤」，崔本作「爪」。高本作「爪」，與崔本合。曰「聚人爪」，本作「聚」。許曰「聚食蚤蝨不失」，當爲「撮食」。互譌。○王引之云：莊子秋水篇：「鴟夜撮蚤，察豪末，晝出瞋目而不見邱山。」司馬本「蚤」作「蚉」，云：「鴟夜取蚉食。」崔本作「爪」，云：「鵂鶹夜聚人爪於巢中也。」爪、蚤通用，故崔本作「爪」。蚤、蚉字形相似，故司馬本作「蚉」。然則「蚤」、「蚉」二字，不得而並存矣。淮南作「蚤」，故高氏但言合聚人爪，而不言食蚉。後人乃取司馬本之「蚉」字增於此處「蚤」字之下，其失甚矣。秋水篇釋文曰：「淮南子『鴟夜聚蚤，察分豪末』，許慎云：『鴟夜聚食蚤蝨不失也。』」李善注文選演連珠曰：「淮南子曰：『鴟夜撮蚤，察分豪末，晝出瞋目而不見邱山。』高誘曰：『鴟鵂謂之老菟。』」據二書所引，則許、高本俱無「蚉」字，明矣。「顛越」二字與不見邱山意不相屬，且高注但言晝無所見，而不言顛越。文選注引此正作「瞋目而不見邱山」，與莊子同。疑「瞋目」二字譌作「顛目」，而後人遂改爲「顛越」也。撮蚤之說，許、高異義，揆之事理，則許注爲雅馴耳。○顧廣圻云：依注不當有「蚊」字。莊子釋文引「聚蚤」無「蚊」字。許注：「鴟夜聚食蚤蝨不失也。」○陶方琦云：莊子釋文引許注：「鴟夜聚食蚤蝨不失也。」按二注文義並異。許本訓爲蚤蝨之「蚤」，高本作指爪解，是顯異也。說文：「蚤，跳蟲，齧人也。」莊子司馬注曰：「鵋，鵂鶹，夜取蚤食。」崔譔本作「爪」。太平廣記四百八十二引感應經云：「鵂鶹食人遺爪。」非也。蓋鵂鶹夜能拾蚤蝨，「爪」、「蚤」音近，故誤云也。纂文云：「鵂鶹一名忌欺，白日不見人，夜能拾蚤蝨也。」蚤、爪音相近，俗人云鵂鶹食人棄爪，相其吉凶，妄說也。」據纂文所云，則許本作蚤蝨解爲長。**夫螣蛇游霧而動，應龍乘雲而舉，**○王念孫云：「上句本作『螣蛇游霧而騰』，後人以『騰』與『螣』同音，因妄改爲『動』耳。不知螣是蛇名，而騰爲升義，本不相複。騰與舉亦同義，故下句云：『應龍乘雲而舉。』改『騰』爲『動』，則文不成義矣。太平御覽鱗介部一引此正作『騰』。說苑說叢篇同。（說苑作『騰蛇游霧而騰，龍乘雲而舉』。今本『騰』上有『升』字，此後人誤以『騰』字屬下句讀，因妄加『升』字也。）大戴禮勸學篇亦云：『螣蛇無足而騰。』」○寧案：「應」字疑衍。易乾九五：「雲從龍。」廣雅釋魚：「有翼曰應龍。」然則，龍自乘雲而舉，何待有翼？韓非子難勢引慎子曰：「飛龍乘雲，騰蛇游霧。」此淮南所本，不曰應龍。說苑說叢篇亦無「應」字。今本蓋後人加字以足句耳。太平御覽九百二十九引無「應」字，是其證。**猨得木而捷，魚得水而騖。**騖，疾也。**故古之爲車也，漆者不畫，鑿者不斲，工無二伎，士不兼官，**○寧案：慎子內篇：「古者，工不兼事，士不兼官。工不兼事則事省，事省則易勝；士不兼官則職寡，職寡則易守。」韓非子難一篇：「明主之道，一人不兼官，一官不兼事。」此淮南所本。**各守其職，不得相姦，**姦，亂也。○楊樹達云：「姦」當讀爲「干」，犯也。**人得其宜，物得其安。是以器械不苦，而職事不嫚。**「苦」讀「盬」。嫚，捕器。「嫚」讀慢緩之「慢」。**夫責少者易償，職寡者易守，**寡，少也。**任輕者易權。**權，謀也。○俞樾云：文子下德篇作「任輕易勸也」，「勸」字之義，視「權」字爲長。言任輕則易舉，故人皆相勸而爲之也。高注曰：「權，謀也。」其所據本已誤。**上操約省之分，下效**

易爲之功，是以君臣彌久而不相猒。猒，欺也。

君人之道，其猶零星之尸也，尸，祭主也。尸食飽以知神之食亦飽。詩曰：「公尸燕飲，在宗在考。」○楊樹達云：詩周頌絲衣序云：「絲衣，繹賓尸也。高子曰：靈星之尸也。」疏云：「言祭靈星之時，以人爲祭尸。靈星者，不知何星。漢書郊祀志云：『高祖詔御史，其令天下立靈星祠。』張晏曰：『龍星左角曰天田，則農祥也，晨見而祭之。』史傳之說靈星，惟有此耳。」按靈星與零星同，詩疏失引淮南此文。○馬宗霍云：高注不解零星。古「零」與「靈」通，「零星」即「靈星」。北堂書鈔卷九十引此文「零」正作「靈」。詩鄭風「零露漙兮」，鄭箋云：「零，落也。」孔穎達疏云：「靈作零字，故爲落也。」據此，則經本作「靈落」，假「靈」爲「零」耳。吳仲山碑：「神零有知。」則又假「零」爲「靈」之證，詩周頌絲衣序：「絲衣，繹賓尸也。高子曰：靈星之尸也。」孔疏云：「靈星之尸，言祭靈星之時，以人爲尸。靈星者，不知何星。漢書郊祀志云：『高祖制詔御史，其令天下立靈星祠。』張晏曰：『龍星左角曰天田，則農祥也，晨見而祭之。』史傳之說靈星，唯有此耳。未知高子所言，是此以否？」又云：「高子者，不知何人。孟軻弟子有公孫丑者，稱高子之言以問孟子，則高子與孟子同時，趙岐以爲齊人。此言高子，蓋彼是也。」案：孔氏於靈星是何星雖未作定論，然由高子之言，則知祭靈星之時，以人爲尸，漢以前戰國之世卽已有之。疑淮南此文卽本之高子也。○于省吾云：按「零」「靈」古字通。論衡祭意：「靈星者，神也。」獨斷：「明星神一曰靈星。」風俗通祀典：「辰之神爲靈星。」○寧案：史記封禪書：「高祖制詔御史：其令郡國縣立靈星祠。」正義引漢舊儀云：「五年，脩復周家舊祠，祀后稷於東南，爲民祈農報厥功。夏則龍星見而始雩。龍星左角爲天田，右角爲天庭。天田爲司馬，教人種百穀爲稷。靈者神也。辰之神爲靈星，故以壬辰日祠靈星於東南，金勝爲土相也。」儼然玄默，而吉祥受福。尸不言語，故曰玄默。〇寧案：北堂書鈔九十引「而吉祥」作「⿰睪羽而」。作「⿰睪羽而」是也。左傳宣公八年：「壬午猶繹。」注：「繹，又祭，陳昨日之禮，所以賓尸。」公羊傳曰：「繹者何？祭之明日也。」「繹」與「⿰睪羽」通。蓋「⿰睪羽」以形近誤爲「翔」，又作「祥」。後人乙「祥而」爲「而祥」，又加「吉」字於「祥」上，非其義矣。太平御覽五百三十二引作「端而受福」，則又改「祥而」爲「端而」，尤爲字誤之證。是故得道者，不爲醜飾，不爲僞善，不飾爲美，亦不枉爲善也。〇王念孫云：此本作「不僞醜飾，不僞善極」。「僞」即「爲」字也。（古「爲」字多作「僞」，說見史記淮南衡山傳「爲僞」下。）「不僞醜飾，不僞善極」，相對爲文，故高注云：「不飾爲美，亦不極爲善也」；（道藏本、劉本、朱本、茅本皆如是。莊改「不極」爲「不枉」，謬甚。）後人誤讀「僞」爲詐僞之「僞」，而改上句「僞」字作「爲」，又改下句作「不爲僞善」，則既與上句不對，而又與高注不合矣。且「極」與「飾」爲韻，若作「不爲僞善」，則失其韻矣。〇寧案：注，景宋本「枉」字亦作「極」。一人被之而不褒，褒，大也。萬人蒙之而不褊。蒙，冒。褊，小也。是故重爲惠若重爲暴，則治道通矣。通猶順也。〇王念孫云：「重爲惠若重爲暴」，本無「若」字。後人以詮言篇云「重爲善若重爲非」，故加「若」字也。不知彼文是言「爲善者必生事」，故曰「重爲善若重爲非」；此言惠暴俱不可爲，則二者平列，不得云「重爲惠若重爲暴」也。下文「爲惠者生姦，爲暴者生亂」，即承此文言之，則惠暴平列明矣。文子自然篇作「是故重爲惠重爲暴，即道達矣」。無「若」字。〇楊樹達云：王說謬也。詮言篇云：「故重爲善若重爲非而幾於道矣。」與此語例正同。蓋暴與非之不可爲，人人所知也；若惠與善，則人以爲當爲者也，而亦不可爲。故詮言篇云「重爲善若重爲非而幾於道」，此篇云「重爲惠若重爲暴則治道通矣」。刪「若」字，則失其旨矣。此與詮言篇語意相同，安見有平列與否之分邪？劉家立集證不知王說之誤，刪「若」字以從之，斯爲謬矣。又案：重者，難也。難爲惠若難爲暴則治道通，即今言不肯爲惠同於不肯爲暴則治道通也。集證改「通」爲「迕」，改高注之「通猶順也」爲「迕不順也」，則二句文義不貫矣。集證本妄改之處，不可勝舉，讀者慎取之可矣。○馬宗霍云：王校未必是。本文「重」者，其難其慎之詞，轉以今語，猶言不輕易也。「若」者，猶「與」也，「及」也。此謂不輕易爲惠及不輕易爲暴，則通於治道也。質言之，即既不可爲惠，又不可爲暴之意。王氏蓋未得「若」字之解，又過信文子，故疑「若」字爲後人所加耳。○寧案：楊説是也。此言「不僞醜飾，不僞善極」，（從王校改。）詮言篇則云「不爲善，不避醜」。曰飾，曰避，是人知醜之不可爲也；曰極，曰爲，是人不知善之不可爲也。故此言重爲惠若重爲暴，猶彼言重爲善若重爲非，非有平列與不平列之分也。馬氏謂「若者猶與也，及也」，亦未解本文含世人知暴之不可爲而不知惠之不可爲之義。楊氏以「同於」釋「若」得之。

爲惠者，尚布施也。無功而厚賞，無勞而高爵，則守職者懈於官，而游居者亟於進矣。爲暴者，妄誅也，無罪者而死亡，○寧案：「無罪者」衍「者」字。「無罪而死亡，行直而被刑」，相對爲文。上文「無功而厚賞，無勞而高爵」，亦無「者」字，蓋涉上下文「者」字而誤衍。文子自然篇作「無罪而死亡」。行直而被刑，則脩身者不勸善，而爲邪者輕犯上矣。言不可不慎也。故爲惠者生姦，而爲暴者生亂，姦亂之俗，亡國之風。風，化。是故明主之治，國有誅者而主無怒焉，因法而行，故不怒也。朝有賞者而君無與焉。因功而行，故不與也。誅者不怨君，罪之所當也；賞者不德上，功之所致也。民知誅賞之來，皆在於身也，故務功脩業，不受贛於君。贛，物也。○吴承仕云：注「物」當爲「賜」，字之誤也。説文：「贛，賜也。」精神、要畧篇亦訓贛爲賜，是其證。○向宗魯云：注「物也」乃「賜也」之誤。（「賜」與「物」草書相似。）爾雅釋詁及説文：「贑，賜也。」本書要畧篇「一朝用三千鍾贑」，注：「贑，賜也。」皆其證。（文子自然篇「贑」作「賜」。）〇馬宗霍云：「贑」即「贛」之隸省。説文貝部、爾雅釋詁皆云：「贑，賜也。」本文「不受贑於君」，言不受君之賜也。本書精神篇「今贑人敖倉」，高氏彼注亦訓「贑」爲「賜」。此訓「贑」爲「物也」者，蓋謂賜必有物，非以物爲贑之本義也。校淮南者，或乃改此注之「物」爲「賜」，又失高氏之意。〇寧案：注「物」乃誤字，馬氏曲説不可從。**是故朝廷蕪而無迹，田野辟而無草，故太上下知有之。**言太上之世，下知之人，皆能有此術。〇寧案：老子第十七章：「太上下知有之，其次親之譽之，其次畏之，其次侮之，信不足焉。」此淮南所本。河上公注云：「太上謂太古無名之君也。下知有之者，下知上有君而不臣事，質朴也。」高注謂「下知之人，皆能有此術」，讀「知」爲「智」，失其義矣。

橋直植立而不動，俛仰取制焉；橋，桔皋上衡也。植，柱權衡者。行之俯仰，取制於柱也。以諭君也。〇于鬯云：姚廣文云：「『直』涉『植』字而衍。」高注以植爲柱，並無「直」字。〇向宗魯云：「直植」二字誤倒。注云：「植，柱衡者。（今本衍「權」字。柱與「拄」同。）行之俯仰取制於植也。」（今本「植」誤「柱」。）則橋植爲物名可知。（桔槔之衡爲橋，支拄此橋者爲橋植。）若如今本，與注文不相應也。〇楊樹達云：「直植」二字互倒。景宋本同。當作「橋植直立而不動」。覽冥篇言「井植」、「溝植」，「橋植」語例同。〇寧案：「直植」二字乙轉是也。「橋植直立而不動」與「人主靜漠而不躁」對文，如姚説衍「直」字則不偶矣。又道藏本、中立本、茅本、景宋本句首有「今夫」二字，據沾。**人主靜漠而不躁，**躁，動也。**百官得脩焉。譬如軍之持麾者，**〇陶方琦云：宋蘇頌淮南校題序：「許本『如』作『而』。」按蘇氏曰：許於卷內多用叚字，如以「而」爲「如」之類。此「譬如」作「譬而」，當是許本。高本當作「譬如」。太平御覽三百四十一引高本此注正作

「譬如」。古「而」「如」通也。○寧案：宋本、藏本作「譬而」。妄指則亂矣。慧不足以大寧，智不足以安危，與其譽堯而毁桀也，不如掩聰明而反脩其道也。不足以大寧者，小惠也。不足以安危者，小智也。如此人者，欲譽堯而毁桀，以成善善惡惡之名，人猶有强知之人爾，不知掩聰明而本脩大道成名之速也。人君之道，亦如此也。○寧案：莊子大宗師篇：「與其譽堯而非桀也，不如兩忘而化其道。」又外物篇：「與其譽堯而非桀，不如兩忘而閉其所譽。」此淮南所本。注「本」字當依正文作「反」。中立本正作「反」。清静無爲，則天與之時；廉儉守節，則地生之財。人君德行如此，故天與之時，地生之財。天與之時，湯、武是也；地生之財，神農、后稷也。○寧案：注「后稷」下當沾「是」字，與湯、武同例。下句注舉伊尹、傅説亦有「是」字。處愚稱德，則聖人爲之謀。若伊尹爲湯謀，傅説爲高宗謀是。孟子曰：「伊尹聖之任。」國語曰：「武丁以象旁求聖人，得傅説於傅巖也。」是故下者萬物歸之，虚者天下遺之。遺，與也。夫人主之聽治也，清明而不闇，虚心而弱志。是故羣臣輻湊竝進，無愚智賢不肖，莫不盡其能。於是乃始陳其禮，建以爲基。建，立也。基，業也。是乘衆勢以爲車，御衆智以爲馬，雖幽野險塗，則無由惑矣。幽，深。險猶遠也。人主深居隱處以避燥溼，閨門重襲以避姦賊。○王念孫云：下「避」字當作「備」。俗讀「備」「避」聲相亂，又涉上「避」字而誤也。（吕氏春秋節喪篇：「姦邪盗賊寇亂之患，慈親孝子備之者，得葬之情矣。」俗本「備」作「避」，亦因上文而誤。）重門所以防賊，故言備，作「避」則義不可通矣。文選西京賦注引此正作「備」。內不知閭里之情，外不知山澤之形，帷幕之外目不能見，十里之前耳不能聞，百步之外○向宗魯云：「百步之外」四字衍文。此以「帷幕之外目不能見（句），十里之前耳不能聞（句）」相對爲文。後人誤讀「目不能見十里之前」爲句，因於「耳不能聞」下加「百步之外」四字以與之相麗，則「帷幕之外」四字爲贅文矣。呂氏任數篇「十里之間而耳不能聞，帷牆之外而目不能見」，卽淮南所本，可爲明證。此文已衍四字，其誤久矣。○寧案：向說是也。荀子君道篇云：「牆之外目不見也；里之前耳不聞也。」此又呂氏春秋所本。天下之物，無不通者，通，知。○劉文典云：治要作「然天下之物，無所不通者」。其灌輸之者大，而斟酌之者衆也。是故不出户而知天下，不窺牖而知天道。乘衆人之智，則天下之不足有也，專用其心，則獨身不能保也。保猶守也。○馬宗霍云：「則天下之不足有也」，句中「之」字爲誤衍。羣書治要引此句亦無「之」字。下文「乘衆人之制者，則天下不足有也」，與此句例同，又其本證。是故人主覆之以德，不行其智，而因萬人之所利。夫舉踵天下而得所利，○楊樹達云：「而」字當在「天下」上。故百姓載之上弗重也，錯之前弗害也，舉之而弗高也，推之而弗猒。尊重舉之，不自覺高也。推，求也，奉也。○寧案：文本老子第六十六章。主道員者，運轉而無端，端，厓也。化育如神，虛無因循，常後而不先也。臣道員者運轉而無方，○王念孫云：「臣道員者運轉而無方者」，本作「臣道方者」。其「員者運轉而無」六字，則因上文而誤衍也。羣書治要引無此六字，文子上義篇亦無。主道員，臣道方，方員不同道。故下文云：「君臣異道則治，同道則亂」也。呂氏春秋圜道篇亦云：「主執圜，臣執方，方圜不易，其國乃昌。」○寧案：王說是也。宋本、藏本「方」下有「者」字。莊本刪。論是而處當，爲事先倡，守職分明，以立成功也。是故君臣異道則治，不易奪，言相和。同道則亂。君所謂可，臣亦曰可；君所謂否，臣亦曰否，是同也。莫相匡弼，故曰亂也。○楊樹達云：管子明法解云：「主行臣道則亂，臣行主道則危。故上下無分，君臣共道，亂之本也。故明法曰：君臣共道則亂。」莊子天道篇云：「上無爲也，下亦無爲也，是下與上同德，下與上同德則不臣；下有爲也，上亦有爲也，是上與下同道，上與下同道則不主。上必無爲而用天下，下必有爲爲天下用，此不易之道也。」此文意蓋本之。主道宜員，臣道宜方，故當異道。高注本左傳昭公二十年晏子語，非此文之義也。各得其宜，處其當，則上下有以相使也。君得君道，臣得臣道，故曰「得其宜」也。○寧案：此以四字爲句，作「處其當」則句法參差矣。文子上義篇作「處有其當」。羣書治要引作「處得其當」，兩得字複，從文子。夫人主之聽治也，虛心而弱志，清明而不闇。是故羣臣輻湊竝進，無愚智賢不肖，莫不盡其能者。則君得所以制臣，臣得所以事君，治國之道明矣。○劉家立云：「夫人主之聽治也」六句與上文相同，隔別十餘行，不應有此複文，蓋重出也。上文專言君道，故於此六句下云：「乃始陳其禮，建以爲基，言不如此不能建立基業也。此處言君臣道合，則上下有以相使，故君得所以制臣，臣得所以事君也。有此六句，與上下文義不相屬。此由寫者誤衍也。○寧案：劉說是也。文子自然篇云：「其聽治也，虛心弱志，清明不闇。是故羣臣輻湊竝進，莫不盡其能。君得所以制臣，臣得所以事君，卽治國之所以明矣。」疑六句乃後人據文子加入。文王智而好問，故聖；好問，欲與人同其功。武王勇而好問，故勝。勝殹也。夫乘衆人之智，則無不任也；用衆人之力，則無不勝也。○俞樾云：「無不任也」當作「無不聖也」。上文曰：「文王智而好問，故聖；武王勇而好問，故勝。」此卽承上文而言。說文耳部：「聖，通也。」無不聖卽無不通也。後人不達「聖」字之義，疑「無不聖也」於文難通，故臆改爲「任」字，不知任卽勝也。勇當言勝，智當言聖，若亦言任，則與勝義複，而無以爲智勇之別矣。○楊樹達云：俞說誤也。上文云「武王勇而好問故勝」，高注云：「勝殷也。」是「勝」爲勝敗之「勝」。（讀去聲。玉篇：舒證切。）此文「無不勝也」之「勝」，乃勝任之「勝」，字當讀平聲。説文力部云：「勝，任也。」（玉篇：「舒陵切。」廣韻：「識蒸切。」）是其義也。上下文兩「勝」字異義，不得混而一之。俞云「任卽勝也」，則亦明知「勝」爲勝任之「勝」，乃必與上文「勝」字牽合爲一，而欲臆改「任」字爲「聖」以與「勝」字相配，謬矣。且「任」屬事言，「勝」指舉重之物言，義各有屬。俞云作「任」與「勝」義複，非也。又文以「任」「勝」爲韻，如俞説改「任」爲「聖」，又失其韻矣。（本書多「侵」「蒸」二部爲韻，詳見本經篇「天下莫不從風」句集解。）劉家立集證不知俞説之謬，改「任」爲「聖」以從之，可謂傎矣。○寧案：俞説是也。而以「任卽勝也」爲説，則所以説之非也。楊謂「任屬事言，勝（平聲）指舉重之物言」，則又與上文「故聖」「故勝」相遠矣。竊謂「乘衆人之智則無不聖也」者，謂非獨文王一人然也。凡乘衆人之智者皆可以爲聖人。「用衆人之力則無不勝（去聲）也」者，謂非獨武王一人然也。凡能用衆人之力者皆可無敵於天下。鮑刻本太平御覽三百二十二引「聖」字「任」字皆作「勝」。（「聖」「勝」音相亂，又涉二「勝」字而誤。）字雖誤，適前後兩兩相同，足證「任」之當爲「聖」，而「無不勝」與「故勝」二「勝」字，亦非有平去之分也。千鈞之重，烏獲不能舉也；千鈞，三萬斤也。烏獲，秦武王之力士也。武王試其力，使舉大鼎，腕脱而不任，故曰不能舉也。衆人相一，則百人有餘力矣。是故任一人之力者，則烏獲不足恃，不能勝，故不足恃也。○寧案：注「故不足恃也」，道藏本、景宋本作「故不恃也」，是也。今本衍「足」字，蓋莊氏據下句注文「故曰不足有也」所臆加，不知高注「故曰」云者，乃複舉正文；此不言「故曰」，不得以下注爲例。乘衆人之制者，則天下不足有也。人衆力强，以天下爲小，故曰不足有也。○楊樹達云：「制」集證本作「智」是也。此文緊承上文而言。任一人之力，烏獲不足恃，卽上文用衆人之力無不勝之義也。乘衆人之智，則天下不足有，即上文乘衆人之智無不任之説也。上文云：「故積力之所舉，則無不勝也，衆智之所爲，則無不成也。」下文又云：「積力之所舉，無不勝也，而衆智之所爲，無不成也。」尤爲「制」當作「智」之證。制智音近，傳寫誤耳。王校作「刑」（説見本經篇），與上下文全不貫注矣。○蔣禮鴻云：王念孫謂此文「制」字當作「刑」，（本經篇「一人之制」條説。）今案此「制」字乃「智」字聲近之誤，與本經篇無涉。智、力對文，乃承上文「乘衆人之智則無不任也，用衆人之力則無不勝也」而言，文理極明。上文又曰：「乘衆人之智，則天下之不足有也。」陶鴻慶謂下一「之」字衍文，是也。其文正與此同，是其明證。○寧案：楊氏蔣氏皆謂「制」當爲「智」，以上文智、力對舉爲説，非也。「制」當爲「勢」，從劉績説。上文智、力對舉。然自「千鈞之重」以下，則獨承「力」字而正反以明之，曰「千鈞之重，烏獲不能舉也，衆人相一，則百人有餘力矣」。此云「故任一人之力者，則烏獲不足恃」，承「千鈞之重，烏獲不能舉」言之，「乘衆人之勢者則天下不足有也」，承「衆人相一，則百人有餘力」言之。若謂「制」當爲「智」則「百人有餘力」豈亦當作「百人有餘智」歟？且高注云：「人衆力强，以天下爲小，故曰不足有。」則「制」之非「智」甚明。中立本正作「乘衆人之勢」。文子自然篇同。上文云「乘衆人之智，則天下之不足有也」，與此無涉。王念孫謂「制」當爲「刑」，亦非。

禹決江疏河，以爲天下興利，而不能使水西流；稷辟土墾草，以爲百姓力農，然不能使禾冬生。豈其人事不至哉？其勢不可也。夫推而不可爲之勢，而不脩道理之數，推，行。○王念孫云：「推而不可爲之勢」，「而」字涉下文而衍。○寧案：王説是也。文子自然篇作「無權不可爲之勢」。「無」字即「夫」字之誤。文子景宋本「無」作「无」，與「夫」形近，「權」即「推」之誤，無「而」字，可爲王説之證。又「脩」當作「循」。下文云：「是故聖人之舉事也，豈能拂道理之數，詭自然之性，以曲爲直，以屈爲伸哉？未嘗不因其資而用之也。」高注：「拂，戾也。詭，違也。」與「循」義適相反，「因」與「循」義適相同，皆承「循」字而正反以明之。文子自然篇正作「循」。雖神聖人不能以成其功，而況當世之主乎？夫載重而馬羸，雖造父不能以致遠；造父，周穆王之善御臣也。○寧案：大藏音義十一、二十八、三十一、三十二、四十、四十七、五十一、六十二、六十三、六十四、六十七引許注：「羸，劣也。」車輕馬良，雖中工可使追速。○劉文典云：「車輕」下當有「而」字，始與上文「載重而馬羸」一律。羣書治要及御覽七百四十六引並作「車輕而馬良」。又案「致遠」御覽作「追急」，「追速」作「致遠」。是故聖人舉事也，豈能拂道理之數，詭自然之性，拂，戾也。詭，違也。以曲爲直，以屈爲伸哉？未嘗不因其資而用之也。○寧案：景宋本注云：「資，才。」道藏本脱「才」字，「資」字又誤入正文，後人删「資」字，故莊本無注。是以積力之所舉，無不勝也，而衆智之所爲，無不成也。聾者可令嗺筋，○王紹蘭云：考工記弓人曰：「筋欲敝之敝。」鄭司農云：「嚼之當孰。」是治筋有嚼之一法。説文：「噍，齧也。」重文作「嚼」云：「噍或从爵。」「爵」「雀」古通用。魏、晉以後，俗趨簡易，書「嚼」爲「嗺」。玉篇：「嚼，噬嚼也。嗺，同上。」是其證。當時淮南子蓋有作「嗺」者，傳寫之徒，不知「嗺」爲「嚼」之俗體，別作「嗺」字。玉篇：「嗺，撮口也。」淮南因作「嗺筋」。但撮筋於口，不得爲嚼。寫易林者，以「嗺」非正字，直改從手作「摧」，轉輾承譌，皆不足據也。由是覈之，「嗺」俗字。「嗺」因「嗺」而變，「摧」又因「嗺」而變。據先鄭注，漢時淮南、易林舊本當是「噍筋」。（此條不載讀書襍記，乃王紹蘭與王引之書中語也。）○孫詒讓云：玉篇口部云：「嗺，撮口也。」筋不可以言嗺，「嗺」當爲「嚼」之譌。考工記弓人云：「筋欲敝之敝。」注：鄭司農云：「嚼之當孰。」賈疏云：「筋之椎打嚼齧，欲得勞敝。」是「嚼筋」爲漢時常語，即謂椎打之使柔熟以纏弓弩也。「嚼」俗作「嗺」，與「嚾」形近，因而致誤。易林展轉傳寫，又誤作「摧」，益不可通矣。○寧案：今川南一帶猶稱言行乖戾爲「嚼筋」，有難於對付之意。大藏音義九十二引許注：「嚼，咀也。」而不可使有聞也；瘖者可使守圉，而不可使言也：○王念孫云：「不可使言」本作「不可使通語」。今本「語」誤作「言」，又脱「通」字。「筋」「聞」爲韻，「圉」「語」爲韻，如今本則失其韻矣。太平御覽疾病部三引此正作「不可使通語」。形有所不周而能有所不容也。是故有一形者處一位，有一能者服一事。力勝其任，則舉之者不重也；能稱其事，則爲之者不難也。○向宗魯云：意林引「能稱」作「智能」，當從之。「力勝其任」「智能其事」相對爲文。上文「積力之所舉，無不勝也，衆智之所爲，無不成也」，以力、智對舉，此即承之而言也。後人誤解能否之「能」爲才能之「能」，故改之耳。毋小大脩短，各得其宜，則天下一齊，無以相過也。聖人兼而用之，故無棄才。

人主貴正而尚忠，忠正在上位，執正營事，營，典。○王引之云：諸書無訓「營」爲「典」者。「營」當爲「管」，字之誤也。（隸書「管」字或作「菅」，俗書「營」字作「営」，二形相似而誤。）「管事」與「執政」義相近。史記李斯傳曰「管事二十餘年」是也。管、典皆主也，故訓「管」爲「典」。秦策：「淖齒管齊之權。」高彼注曰：「管，典也。」（見史記范雎傳索隱。）正與此注同。○陶鴻慶云：「忠正在上位」，「上」字不當有。此承上文「無小大脩短，各得其宜」而言，不專指上位言也，蓋涉下文「聖人得志而在上位」而衍「上」字。○蔣禮鴻云：「營」字當作「管」，王氏引之已校正矣。「上位」，上字非衍，惟其在上位，故得執政管事也。下文「聖人得志而在上位」云云，正承此文而申言之。彼之聖人，即此文之忠正，執詆自明，不得云涉彼文而衍也。又此文與上不相蒙。陶氏以爲承上文「毋小大脩短，各得其宜」而言，亦非。則讒佞姦邪無由進矣。譬猶方員之不相蓋，而曲直之不相入。入，中。夫鳥獸之不可同羣者，其類異也；○王念孫云：「不可同羣」，「可」字後人所加。鳥獸不同羣，虎鹿不同遊，相對爲文，則上句内不當有「可」字。後人熟於「鳥獸不可與同羣」之文，因加「可」字耳。虎鹿之不同遊者，力不敵也。是故聖人得志而在上位，讒佞姦邪而欲犯主者，○寧案：「犯主」當作「犯之」，涉上下文主字而誤也。此謂人主若舉得其人，使忠正在上位，執政管事，則讒佞姦邪無由進，蓋姦邪不敵忠正也。下文「譬猶雀之見鸇，鼠之遇狸」，正喻讒佞姦邪遇忠正，故曰「直士任事而姦人伏匿」，非謂君臣之際甚明，若作「犯主」，則非其指矣。集證本改「之」字是。譬猶雀之見鸇而鼠之遇狸也，亦必無餘命矣。是故人主之一舉也，○王念孫云：此謂舉賢不可不慎，「舉」上不當有「一」字，蓋因下文「一舉不當」而衍。不可不慎也。所任者得其人，則國家治，上下和，羣臣親，百姓附；附，從。所任非其人，則國家危，上下乖，羣臣怨，百姓亂。故一舉而不當，終身傷，傷，病也，亦敗也。得失之道，權要在主。是繩正於上，○寧案：道藏本、景宋本「是」下有「故」字，當據補。木直於下，非有事焉，事，治也，非治之使宜。○顧廣圻云：注「宜」當爲「直」。所緣以脩者然也。○向宗魯云：「脩」疑「循」。故人主誠正，則直士任事，而姦人伏匿矣。人主不正，則邪人得志，忠者隱蔽矣。夫人主之所以莫抓玉石而抓瓜瓠者，何也？玉石堅，抓不耐人，故不抓。○王念孫云：「抓」皆當爲「⿰扌𠂢」，字之誤也。廣雅：「⿰扌𠂢，裂也。」曹憲音必麥反。（字从手𠂢聲。𠂢，匹卦反。）⿰扌𠂢之言劈也。瓜瓠可劈而玉石不可劈，故曰「玉石堅，⿰扌𠂢不能入」

也。方言：「鋠、摫，裁也。梁、益之間裁木爲器曰鋠，裂帛爲衣曰摫。」郭璞音劈歷之「劈」，義亦與「㧓」同。若作抓則非其義矣。（玉篇：㧓，古華切，引也，擊也。字從瓜。）此字各本皆誤爲「抓」。茅一桂不得其解，乃讀爲抓痒之「抓」，其失甚矣。（玉篇：抓，側交切，抓痒也。字从爪。）○于鬯云：王褫志云：「抓皆當爲㧓。廣雅『㧓，裂也』。㧓之言劈也，瓜瓠可劈而玉石不可劈。茅一桂不得其解，乃謂讀爲抓痒之抓，其失甚矣。」鬯謂此同一改字，而茅義實較勝。蓋瓜瓠抓之可去其皮，玉石抓之則無可去，故人莫抓玉石而抓瓜瓠也。下文云：「無得於玉石弗犯也。」高注云：「玉石堅，抓不耐入，故不抓」也。今正文注文皆誤「抓」爲「抓」，無義，而改「抓」爲「㧓」，訓爲裂爲劈，玉石豈不可劈裂哉！何云不得於玉石弗犯也？王易茅說，殆真其失甚矣。○劉文典云：「夫人之所以莫抓玉石」，莊本作「夫人主之所以莫抓玉石」，「主」字涉上下文「人主」而衍，今據宋本删。○寧案：王校是也。劈瓜瓠，人所日爲之也，故以爲喻。不聞日劈玉石者。若謂玉石亦可劈，則天下豈有不可劈裂之物哉！漢書藝文志「鉤鋠析亂」，今本「鋠」亦誤「鈲」，是其比。無得於玉石弗犯也。使人主執正持平，如從繩準高下，○蔣禮鴻云：繩者所以別曲直，非所以定高下也。「繩準」當作「浣準」。齊俗篇：「視高下不差尺寸，明主弗任，而求之乎浣準。」泰族篇：「人欲知高下而不能，教之用管準則說。」「浣」「管」聲近字通，皆此文當作「浣準」之證也。○寧案：蔣說非也。此言「人主執正持平，如從繩準高下」，繩以執正，準以持平，若作浣準則於文不備。且上文言「繩正於上，木直於下」，此曰「執正持平」，曰「繩準」，正承上文而偶言之。若謂言高下而不言曲直者，偏詞複義也。繩字不可改。則羣臣以邪來者，猶以卵投石，以火投水。○寧案：景宋本「水」下有「也」字。故靈王好細要，而民有殺食自飢也；靈王，楚靈王。殺食，省食也。越王好勇，而民皆處危爭死。越王，勾踐。

○寧案：管子七臣七主篇：「楚王好小膂而美人省食，吳王好劍而國士輕死。」墨子兼愛中篇：「昔者楚靈王好士細腰，靈王之臣，皆以一飯爲節，脇息然後帶，扶牆然後起，比期年，朝有黧黑之色。」又曰：「昔越王勾踐好士之勇，教馴其臣和合之。焚舟失火，試其士曰，越國之寶盡在此，越王親自鼓其士而進之。士聞鼓音，破碎亂行，蹈火而死者，左右百人有餘。」（下篇略同）尸子處道篇：「勾踐好勇而民輕死，楚靈王好細腰而民多餓。」晏子春秋外篇：「越王好勇，其民輕死；楚靈王好細腰，其朝多餓死人。」韓非子二柄篇：「越王好勇而民多輕死；楚靈王好細腰而國中多餓人。」此淮南文所本。又荀子君道篇：「楚莊王好細腰，故朝有餓人。」尹文子大道上篇：「楚莊愛細腰，一國皆有飢色。」又以爲莊王，似誤。太平御覽三百八十九、四百九十六引風俗通：「趙王好大眉，人間半額；楚王好廣領，國人沒頸；齊王好細腰，國人有餓死者。」以爲齊王，又與諸書異。

由此觀之，權勢之柄，其以移風易俗矣。

○王念孫云：「其以移風易俗矣」，文義未足。下文曰：「攝權勢之柄，其於化民易矣。」則此亦當曰「權勢之柄，其以移風易俗易矣」。蓋上「易」爲變易之「易」，下「易」爲難易之「易」。漢書禮樂志：「其感人深，其移風易俗易。」（今樂記脫下「易」字。辯見經義述聞。）顏師古曰：「易音弋豉反。」是其證也。今本無下「易」字者，後人誤以爲複而刪之耳。○顧廣圻云：衍「俗」字，「易」去聲。○寧案：顧說是也。此上下兩「由此觀之」乃段與段相排比爲文，故「其以移風易矣」與「可以易俗明矣」乃自然相對。若此言「移風易俗」則與下「易俗」複矣。蓋後人習言「移風易俗」，故寫者誤入「俗」字。王氏念孫不刪「俗」字，又於「俗」下沾「易」字，失益甚矣。

堯爲匹夫，不能仁化一里；桀在上位，令行禁止。由此觀之，賢不足以爲治，而勢可以易俗明矣。

○向宗魯云：愼子內篇：「堯爲匹夫，不能使其隣家至，南面而王，則令行禁止。由此觀之，賢不足以服不肖，而勢位足以屈賢矣。」韓非子難勢篇引慎子曰：「堯爲匹夫，不能治三人，而桀爲天子，能亂天下。吾以此知勢位之足恃，而賢智之不足慕也。」又云：「堯教於隸屬而民不聽，至於南面而王天下，令則行，禁則止。由此觀之，賢智未足以服衆，而勢位足以缶賢者也。」此淮南文所本。書曰：「一人有慶，萬民賴之。」此之謂也。○陶方琦云：史記高祖本紀集解：晉灼曰：「許慎曰：賴，利也。」案：晉灼引許君說，多系淮南注，決非說文。說文：「賴，贏也。」○馬宗霍云：此所引書見呂刑篇。「萬民」今呂刑作「兆民」。惟大戴禮記保傅篇引亦作「萬民」，與此同。蓋古文異本也。春秋閔公元年左傳云：「天子曰兆民，諸侯曰萬民。」如作「兆民」，則上文「一人」當斥天子。如作「萬民」，則「一人」乃斥諸侯。呂刑此語爲王言，「一人」即王所自稱，故治尚書者皆從兆民爲說。淮南此文鮮用之者，或疑此爲今文尚書，亦無以定之。

天下多眩於名聲而寡察其實，寡，少也。察，明也。實，真僞之實。是故處人以譽尊，處人，隱居也，以名譽見尊也。而游者以辯顯。游行之人，以辯辭自顯達。察其所尊顯，無它故焉，人主不明分數利害之地，而賢衆口之辯也。治國則不然，然，如是也。言事者必究於法，而爲行者必治於官。上操其名，以責其實，臣守其業，業，事。以效其功，效，致。言不得過其實，行不得踰其法，羣臣輻湊，莫敢專君。專，制。事不在法律中而可以便國佐治，必參五行之陰考以觀其歸，○顧廣圻云：「行之」二字疑衍，「參五陰考」四字連讀，與下句「竝用周聽」四字對文也。要畧「主術者」云云，「考之參伍」即此。（五、伍同字。）是其明證。○寧案：顧說是也。泰族篇云：「昔者五帝三王之蒞政施教，必用參伍。何謂參伍？仰取象於天，俯取度於地，中取法於人。」蓋謂遵循自然法則以考察事物。易繫辭：「參伍以變，錯綜其數。」正義曰：「參伍以變者，參，三也，伍，五也，或三或五，以相參合，以相改變。」荀子成相篇：「參伍明謹施賞刑。」楊注：「參伍猶錯襍也，謂或往參之，或往伍之。」此參伍陰考，蓋謂以不同方式考察臣下也。後人不解「參五」二字，習於五行之説，遂於「五」下加「行之」二字，以「五行之陰考」絶句。集證本又改「考」爲「陽」，以「陰陽」就「五行」之誤，謬甚。並用周聽，以察其化，不偏一曲，不黨一事。是以中立而徧，運照海内，中，正。羣臣公正，莫敢爲邪，公，方。正，直。百官述職，務致其公迹也。○楊樹達云：「公迹」疑當作「功績」。「公」涉上文「公正」，「迹」涉下文「滅迹」而誤耳。○寧案：「公迹」不詞。楊謂「公」當作「功」是也，疑「迹」涉下文「滅迹」而衍。上文言「臣守其業，以效其功」，下文云「姦邪滅迹，庶功日進」，行文一脈相承。且以上十二句皆四字句。「羣臣公正，莫敢爲邪」，與「百官述職，務致其功」對文，衍「迹」字，則句法參差矣。主精明於上，官勸力於下，姦邪滅迹，庶功日進，庶，衆。是以勇者盡於軍。盡力於軍功也。○俞樾云：此下當有「智者」云云，而今闕之。下文云：「爲智者務於巧詐，爲勇者務於鬬爭」，亦以智、勇並舉，是其證也。○寧案：俞説是也。疑當作「智者盡於事」。上文云「無愚智賢不肖，莫不盡其能」，此曰「盡於軍」「盡於事」，卽承上「盡」字言之也。本篇文多言「事」：曰「能稱其事」，曰「執政管事」，（「管」字依王引之校。）曰「釋職事而聽非譽」，曰「釋所守而與臣爭事」，曰「反以事轉任其上」，曰「不伐之言，不奪之事」，曰「百官之事，各有所守也」，不可勝舉。此曰「智者盡於事」，謂智者盡力於職事也。下文「有衆咸譽者，無功而賞，守職者，無罪而誅」，「功」字卽切「軍」字，「職」字卽切「事」字。是其證。亂國則不然，有衆咸譽者無功而賞，守職者無罪而誅。主上闇而不明，羣臣黨而不忠，説談者游於辯，脩行者競於住，住，自益也。○孫詒讓云：（莊本作「住」，此從宋本。注同。）案「往」當爲「任」，形之誤也。後詮言訓云：「君好智則倍時而任己。」宋本「任」亦誤「住」，可與此互證。○李哲明云：「脩行者競於住」，「住」字難曉。「住」當作「位」。文子上仁篇「其計可用，不羞其位，其言可行，不責其辯」，亦「位」與「辯」對文可證。注「自益」，言貪權位以求自益也。○向宗魯云：「往」當從莊本作「住」，住猶處也。「脩行者競於住」，卽上所謂「處人以譽尊」也。注「自益也」，疑有誤，當是擬其音而非釋其義。○楊樹達云：孫說非也。韓詩外傳卷五云：「山林之士爲名，故往而不返。」卽此「往」字之義。集證改「往」作「位」，尤謬。○金其源云：按說文無「住」字。後漢書光武紀「不拘以逗留法」，章懷注：「逗古住字。」說文：「逗，止也。」孟子「可以止而止」，疏：「可以止而不仕，則止之而不仕。」是競於住者，謂爭相隱居而不仕，卽申說上文「處人以譽尊」也。○于省吾云：按競於任，不得云競於任己。句各有當，無以互證，孫說非也。論語述而「不保其往也」，集解引鄭注：「往猶去也。」管子權修「無以畜之，則往而不可止也」，注：「往謂亡去也。」上云「主上闇而不明，羣臣黨而不忠，說談者游於辯」，此言「脩行者競於往」，往謂去而不留也。肥遯自修，故注云「往，自益也」。○寧案：向從莊本作「住」，是也，（道藏本、中立本、茅本、景宋本作「往」。）其所以說之非也。上文高注：「鮭讀而買鮭益之鮭」，（今本「益」誤作「蓋」。）本經篇注：「惷讀近貯益之胵。」（「胵」當作「貯」。）吳承仕云：「貯」以聲近，「鮭」「住」皆從主聲，得相通。蓋漢人常語。吳說詳上文「鮭纊塞耳」條。主上出令則非之以與，法令所禁則犯之以邪，與，黨與也，以黨與非謗上令。邪，姦也。○寧案：注，道藏本、中立本、景宋本無「與黨與也」四字，當據刪。下句「黨」字卽釋「與」。爲智者務於巧詐，爲勇者務於鬬爭，○寧案：道藏本、景宋本上「於」字作「爲」。大臣專權，下吏持勢，朋黨周比，以弄其上，國雖若存，古之人曰亡矣。○于鬯云：「古」蓋「占」字形誤。

「占」當讀爲「覘」，覘之人者，覘國之人也。言國雖若存，覘國之人已早以其國爲亡矣。「占」誤爲「古」，義不可通。○寧案：文出荀子君道篇，亦作「古之人」，于説未必是。夫不治官職，而被甲兵，不隨南畝，○俞樾云：脩務篇：「隨山栞木。」注曰：「隨，循也。」不隨南畝者，不循南畝也。王氏念孫以「隨」爲「脩」字之誤，非。而有賢聖之聲者，非所以都於國也。騏驥騄駬，天下之疾馬也，驅之不前，引之不止，雖愚者不加體焉。加猶止也。○王念孫云：「而被甲兵」，「而」當爲「不」，與上下兩「不」字文同一例。作「而」者，字之誤耳。「不隨南畝」，「隨」當爲「脩」，謂不治南畝也。隸書「隨」字或作「隨」，（見漢司隸校尉楊渙石門頌。）其右畔與「脩」相似，故「脩」誤爲「隨」。（史記趙世家：「脩下而馮」，「脩」或作「隋」。李斯傳「隨俗雅化」，「隨俗」一作「脩使」，皆以右畔相似而誤。）「非所以都於國也」，「都」字義不可通，當是「教」字之誤。（「教」「都」草書相似。）韓子外儲説右篇曰：「不服兵革而顯，不親耕耨而名，非所以教於國也。今有馬於此，如驥之狀者，天下之至良也。然而，驅之不前，却之不止，則臧獲雖賤，不託其足。」即淮南所本也。○吴承仕云：「加」不得訓止，「止」當爲「上」，形近之誤也。加之言駕也，乘也，登也，並與上同義。呂氏春秋離俗、長利篇注並云：「加，上也。」是其證。今治亂之機，轍迹可見也，而世主莫之能察，此治道之所以塞。塞猶閉也。

權勢者，人主之車輿，爵禄者，人臣之轡銜也。是故人主處權勢之要，而持爵禄之柄，審緩急之度，而適取予之節，是以天下盡力而不倦。夫臣主之相與也，非有父子之厚，骨肉之親也，而竭力殊死不辭其軀者，何也？勢有使之然也。○寧案：韓非子難一篇：「君臣之際，非父子之親也，計數之所出也。」此淮南所本。昔者豫讓，中行文子之臣，文子，晉大夫中行穆子之子荀寅也。智伯伐中行氏，并吞其地，豫讓背其主而臣智伯。智伯與趙襄子戰于晉陽之下，身死爲戮，國分爲三。韓、魏、趙三分而有之。○寧案：注，道藏本、景宋本無「而」字，句下有「此之謂也」四字。豫讓欲報趙襄子，欲爲智伯報讎，殺趙襄子。漆身爲厲，吞炭變音，擿齒易貌。夫以一人之心而事兩主，或背而去，或欲身徇之，豈其趨舍厚薄之勢異哉？人之恩澤使之然也。○寧案：「人之恩澤」，「之」乃「主」字形譌。此論臣主之相與，非泛論人也。故曰「豫讓背其主而臣智伯」，又曰「以一人之心而事兩主」。若作「人之恩澤」，則不必其爲臣主矣。下文「其主之德義厚而號令行也」，是其比。紂兼天下，朝諸侯，人迹所及，舟檝所通，莫不賓服。然而武王甲卒三千人，禽之於牧野。豈周民死節而殷民背叛哉？其主之義德厚而號令行也。○寧案：「義德」當爲「德義」，據道藏本、景宋本乙。夫疾風而波興，木茂而鳥集，○王念孫云：「疾風」當爲「風疾」。風疾、木茂，相對爲文。意林引此正作「風疾」。相生之氣也。是故臣不得其所欲於君者，君亦不能得其所求於臣也。君臣之施者，相報之勢也。是故臣盡力死節以與君，君計功垂爵以與臣。是故君不能賞無功之臣，臣亦不能死無德之君。○向宗魯云：宋本作「臣盡力死節以與君計，君垂爵以與臣市」，於文爲長。韓子難一篇「臣盡死力以與君市，（二字舊脱，顧氏校補。然「市」當以此文作「計」。）君垂爵禄以與臣市」，即此文所本。藏本「市」誤爲「是」，莊氏因改上文以就之，大謬。○蔣禮鴻云：宋本上二句作「是故臣盡力死節以與君計，君垂爵禄以與臣市」。今案當作「是故臣盡力死節以與君市，君計功垂爵以與臣市」。今本上句脱

「市」字，下句「市」字誤作「是」，又誤屬下讀。宋本亦有脱誤，而下句市字未誤。韓非子難一篇作「臣盡死力以與君市，君垂爵禄以與臣市」，文義至明，當據以訂正。○寧案：宋本文義甚明，（蔣引宋本誤衍「禄」字。）不應據韓子改字。從向説。君德不下流於民而欲用之，如鞭蹏馬矣。是猶不待雨而求熟稼，必不可之數也。數，術也。

君人之道，處靜以脩身，儉約以率下。靜則下不擾矣，儉則民不怨矣；下擾則政亂，民怨則德薄；政亂則賢者不爲謀，德薄則勇者不爲死。是故人主好鷙鳥猛獸，珍怪奇物，金玉爲珍。詭異爲怪。非常爲奇。狡躁康荒，康，安。荒，亂也。○馬宗霍云：本文「狡躁康荒」四字平列，皆謂人君之失德。説文禾部云：「穅，穀皮也。」「康」爲「穅」之重文。穀皮者，空其中以含米，故引申之，康有空義。史記賈生傳「斡棄周鼎兮而寶康瓠」，裴駰集解云：「康，空也。」是其證。又説文水部云：「漮，水虚也。从水，康聲。」欠部云：「歀，飢虚也。从欠康聲。」聲中兼意，故康又有虚義。詩小雅賓之初筵篇「酌彼康爵」，鄭箋云：「康，虚也。」穀梁襄公二十四年傳：「四穀不升謂之康。」范寧注云：「康，虚。」皆其證也。荒者，説文艸部云：「荒，蕪也。」引申之義亦通於「康」。爾雅釋詁「漮，虚也」一條下，陸德明釋文云：「漮，字又作歀。方言作㝩，亦空也。郭璞云：『本或作荒。』荒亦丘墟之空無。」則「康」猶「荒」矣。周書謚法篇：「好樂怠政曰荒。」孔晁注云：「官不治，家不理，淫於聲色，怠於政事。」漢書諸侯王表有中山穅王昆侈，顔師古注云：「穅音與康同。穅，惡謚也。好樂怠政曰穅。」案小顔所稱「惡謚」，即本之周書謚法篇。是又荒、康相通之證。然則本文康、荒二字，正當以好樂怠政爲釋。高注訓「康」爲「安」，訓「荒」爲「亂」。「康，安」之訓，雖亦出爾雅，然「康荒」連文，若依高訓，似以爲安於亂矣。殆失之。不愛民力，馳騁田獵，出入不時。如此，則百官務亂，事勤財匱，勤，勞。匱，乏也。○楊樹達云：「務」假爲「鶩」。說文馬部云：「鶩，亂馳也。从馬敄聲。」「務」以聲類同通假耳。集證臆改作「瞀」，非是。萬民愁苦，生業不脩矣。人主好高臺深池，雕琢刻鏤，黼黻文章，絺綌綺繡，寶玩珠玉，白與黑爲黼，青與赤爲黻，絺綌，葛也。精曰絺，麤曰綌，五采具曰繡也。○寧案：注「青與赤」當作「青與黑」。考工記：「白與黑謂之黼，黑與青謂之黻，五采備謂之繡。」此高注所本。則賦斂無度，而萬民力竭矣。堯之有天下也，非貪萬民之富，而安人主之位也。以爲百姓力征，强凌弱，衆暴寡；○莊逵吉云：御覽引作「百姓力屈，强弱相乘，衆寡相暴」。於是堯乃身服節儉之行，而明相愛之仁，以和輯之。是故茅茨不翦，采椽不斲，大路不畫，大路，上路，四馬車也。天子駕六馬。不畫，不文飾也。○莊逵吉云：御覽引「翦」作「剗」，是古字。○王念孫云：「斷」當爲「斲」，字之誤也。精神篇作「樸桷不斲」。（高注：樸，采也。桷，椽也。）晉語曰：「天子之室，斲其椽而礱之，加密石焉。諸侯礱之，大夫斲之，士首之，以采爲椽而又不斲，儉之至也。」太平御覽皇王部引此正作「斲」。韓子五蠹篇、史記李斯傳並同。○寧案：王說是也。藏本作「斷」，形近而譌。景宋本、莊本不誤。又案：太平御覽八十引注作「大路，天子車也」，當是許本。越席不緣，越，結蒲爲席也。○寧案：注「越」下當有「席」字。太平御覽八十引作「越席，束蒲席也」，是許注。「蒲」下脫「爲」字。「越」下正有「席」字。大羹不和，不致五味。○俞樾云：高注曰「不致五味」，疑本作「太羹不致」，故高注云然。桓二年左傳曰「太羹不致」，杜注亦曰「不致五味」，卽本諸此。○馬宗霍云：俞說未諦。禮記郊特牲篇云：「大羹不和，貴其質也。」樂記篇云：「大羹不和，有遺味者矣。」此皆淮南本文所出。詩商頌烈祖篇：「亦有和羹」，左氏昭公二十年傳：「晏子曰，和如羹焉」，又「和羹」連文之證。鄭玄烈祖箋云：「和羹者，五味調，腥熟得節，食之於人性安和。」文本高注「不致五味」，亦以五味解和羹，正與鄭箋合。「不致」二字，蓋用左傳桓二年之文，卽所以申「不和」之義也。淮南正文未必作「不致」。○寧案：馬說是也。呂氏春秋適音篇亦云：「太羹不和，有進乎味者也。」高注：「太羹，肉湆而未之和，貴本古得禮也，故曰有進乎味。」（陳奇猷云：「進」當作「遺」，注同。注「貴本古得禮也」，當作「貴本德，古禮也」。）馬失引。又案：太平御覽八十引注作「無五味也」，蓋許注。

粢食不毇，毇，細也。○莊逵吉云：御覽引作「粢飯不鑿」。○劉家立云：集韻：「毇，虎委切。」音毀。與「鑿」通。左傳桓二年「粢食不鑿」，釋文：「鑿，精米也。」按此知「鑿」與「毇」義本同，但音別耳。說文分二字，謂毇一斛舂八斗，鑿一斛舂九斗。據此說，毇米較精。

巡狩行教，勤勞天下，周流五嶽。豈其奉養不足樂哉？舉天下而以爲社稷，非有利焉。○俞樾云：此本作「以爲社稷，非有利焉」，言皆以爲社稷，而非自以爲利也。涉下文「舉天下而傳之舜」句衍此四字，當删。○向宗魯云：俞未得「社稷」二字之義，故肊爲删定。此「社稷」二字乃尊禮之意，猶言舉天下而尊事之，堯不以爲利也。莊子庚桑楚篇：「子胡不相與尸而祝之，社而稷之乎？」卽此「社稷」二字之義。

年衰志憫，衰，老也。憫，憂也。○楊樹達云：高釋憫爲憂，「志憂」二字，義不相屬，其說非也。「憫」當讀爲「惛」。說文心部云：「惛，不憭也。」禮記曲禮上云：「八十、九十曰耄。」鄭注云：「耄，惛忘也。」文謂堯年衰老，神志惛忘，故舉天下傳之於舜耳。「憫」字從「閔」聲，閔聲昏聲古音同。說文車部「𨏥讀若閔」，其字從「𤔔」聲，「𤔔」卽古「婚」字也。脩務篇云：「鈍閔條達。」高注云：「鈍閔猶鈍惛也。」又「閔」字從「文」聲，文聲昏聲字亦通作。說文䖵部，「蟁」或从「昏」作「𧍷」，又或从「文」作「蚊」，此皆「憫」「惛」相通之證也。○寧案：楊說是也。太平御覽六百九十八引作「年衰志悶」。「悶」亦讀爲「惛」。集韻：「悶、惛，莫困切，或作惛，亦書作們。」憫、悶、惛古皆通用。舉天下而傳之舜，猶卻行而脱蹝也。言甚易也。○莊逵吉云：文選作許昚注，「甚」作「其」。○陶方琦云：文選孔稚圭北山移文注引許注：「言其易也。」按此許注羼入高注本者。「其」即「甚」字之譌。○劉文典云：北堂書鈔百三十六引作「堯舉天下而傳之舜，猶却行而釋屣，舜猶却之」。○寧案：太平御覽八十引作「舉天下之重而傳之舜也，猶却行而釋蹝也」。文亦小異。衰世則不然，一日而有天下之富，處人主之勢，則竭百姓之力，以奉耳目之欲。志專在於宮室臺榭，陂池苑囿，猛獸熊羆，玩好珍怪。○劉家立云：猛獸不只熊羆，下文「虎狼熊羆」乃指猛獸而言，則此處不應先出「熊羆」也。文子上仁篇作「猛獸珍怪」，於義爲長。是故貧民糟糠不接於口，而虎狼熊羆猒芻豢，百姓短褐不完，而宮室衣錦繡。人主急茲無用之功，百姓黎民黎，齊。顦顇於天下，是故使天下不安其性。不得安其正性，詐譌生也。○王念孫云：此注後人所改。性之言生也。（「性」與「生」義同而字亦相通。説見經義述聞周語。）「不安其生」即承上「黎民顦顇」言之。昭八年左傳曰：「今宮室崇侈，民力彫盡，怨讟並作，莫保其性。」義與此同。高注當云：「性，生也。」後人熟於性即理也之訓，故妄改高注耳。下文「近者安其性」，高注曰：「性，生也。」故知此注爲後人所改。○寧案：精神篇「天下之所養性也」，高注：「性，生也。」性生之訓，本書屢見。王説是也。

人主之居也，如日月之明也，天下之所同側目而視，側耳而聽，延頸舉踵而望也。是故非澹薄無以明德，○陶方琦云：大藏音義引許注曰：「憺，滿也。怕，靜也。」許本當是「憺怕」。諸葛武侯戒子書用此文作「澹泊」。説文：「憺，安也。怕，無爲也。」憺怕連篆即本此。衆經音義引許君説「憺，安樂也。怕，靜也」。亦即淮南注。○

劉文典云：御覽七十七引「側耳」作「傾耳」，「澹薄」作「淡漠」。○于省吾云：案賈山至言有「傾耳而聽」之語。上云「側目而視」，如作「側耳」，於文爲複。○寧案：中立本、茅本、景宋本「薄」亦作「漠」，文子上仁篇同。藏本作「泊」，廣雅釋言：「漠，怕也。」怕通泊，薄乃怕之借字。

非寧靜無以致遠，非寬大無以兼覆，非慈厚無以懷衆，非平正無以制斷。是故賢主之用人也，猶巧工之制木也：制，裁也。大者以爲舟航柱梁，舟，船也。方兩小船並與共濟爲航。○寧案：說文：「斻，方舟也。」段注：「斻亦作航。」方言：「舟或謂之航。」小者以爲楫楔，○王念孫云：「楫楔」本作「椄槢」，此後人以意改之也。「椄」、「楫」並在葉韻，「槢」在緝韻，「楔」在薛韻，「椄槢」疊韻字也，「楫楔」則非疊韻矣。椄槢謂梁之小者，對上文大者爲柱梁而言。莊子在宥篇：「吾未知聖智之不爲桁楊椄槢也。」釋文崔云：「椄槢，桎梏梁也。」淮南曰：大者爲柱梁，小者爲椄槢也。」案：小梁謂之椄槢，故桎梏之梁亦謂之椄槢。集韻：「椄槢，梁也。淮南子大者爲柱梁，小者爲椄槢。」蓋高注以椄槢爲梁而今本脱之也。據集韻引此作「椄槢」，則北宋本尚未誤。脩者以爲櫩榱，櫩，屋垂。榱，隱也。○劉家立云：釋名釋宮室：「桷或謂之榱，在檼旁下列衰衰然也。」廣韻：「檼，屋脊也。」此注文應作「檼」，今本作「隱」，字非。○吳承仕云：景宋本「隱」作「穩」。案字當作「檼」，本作「穩」作「隱」，並形近而誤。○楊樹達云：高訓櫩爲屋垂，蓋讀爲「檐」。說文木部云：「檐，梍也。」短者以爲朱儒枅櫨，朱儒，梁上戴蹲跪人也。「枅」讀曰「雞」也。

無小大脩短，各得其所宜，規矩方圓，各有所施。○王念孫云：羣書治要引此「各有所施」下有「殊形異材，莫不可得而用也」二句，今本脱去。下文「天下之物，莫凶於奚毒，然而良醫橐而藏之，有所用也」，即承「莫不可得而用」言之，則原有此二句明矣。凡治要所引之書，於原文皆無所增加，故知是今本遺脱也。○寧案：「無小大脩短」當作「無大小脩短」，涉上文「毋小大脩短」而誤。此乃總上文大者、小者、脩者、短者而言，作小大脩短則非上文順序。道藏本、中立本、茅本、景宋本皆作「無大小脩短」，是其證。又案：「各得其所宜」當作「皆得其宜」，與「各有所施」對文。景宋本作「皆得其所宜」，「皆」字不誤，「所」字涉下「所」字而衍。蜀藏本作「各得其宜宜」，無「所」字，「各」字涉下「各」字而誤，又誤重「宜」字。後人改上「宜」字爲「所」，故如今本耳。二本可互校。集證本删「其」字非。天下之物，莫凶於雞毒。雞毒，烏頭也。○王念孫云：「雞毒」當爲「奚毒」，（注同。）此涉上文注內「枅讀如雞」而誤也。廣雅、本草竝作「奚毒」。羣書治要、意林及太平御覽藥部七引淮南亦作「奚毒」，（急就篇補注引作「奚毒」，則南宋本尚不誤。）無作「雞毒」者。○陶方琦云：羣書治要、御覽九百九十、意林引許注：「奚毒，附子。」按御覽引許注作附子，與高注亦異。廣雅：「蘸奚，附子也。」（玉篇：「蒵毒，附子也。」）一歲爲萴子，二歲爲烏喙，三歲爲附子，四歲爲烏頭，五歲爲天雄。」説文：「萴，烏喙也。」○寧案：太平御覽九百九十引句首有「夫」字，疑與「天」字相亂，故爲後人所删。然而良醫橐而藏之，有所用也。是故林莽之材，猶無可棄者，而況人乎！今夫朝廷之所不舉，鄉曲之所不譽，非其人不肖也，其所以官之者非其職也。鹿之上山，獐不能跂也，及其下，牧豎能追之，才有所脩短也。是故有大畧者，不可責以捷巧；畧，行道也。有小智者，不可任以大功。人有其才，物有其形，有任一而太重，或任百而尚輕。是故審豪氂之計者，必遺天下之大數；遺，失。○劉文典云：「豪氂之計」「天下之數」相對爲文，加一「大」字則文不一律。「大」字疑涉下文「不失小物之選者，惑於大數之舉」而衍。羣書治要引作「必遺天地之數」。不失小物之選者，惑於大數之舉。○向宗魯云：「選猶算也。」○楊樹達云：「選」字義不可通，字假爲「算」。「小物之算」與上「豪氂之計」爲對文。算亦計也。（文選運命論注引蒼頡篇云：「算，計也。」）古選、算二字音同，故多通用。論語子路篇云「斗筲之人，何足算也」，鹽鐵論襃論篇及漢書公孫劉田王楊蔡陳鄭傳贊「算」並作「選」，是其證也。○蔣禮鴻云：陶鴻慶謂「不」字當在「惑」字上是矣。宋本作「或於大事之舉」，治要引作「惑於大事之舉」，當依宋本及治要作「大事」。篇首「謀無過事」，王念孫據治要及賈子保傳篇、文子自然篇作「舉無過事」，正與此「大事之舉」相應。○寧案：道藏本亦作「或於大事之舉」。中立本、茅本作「惑」。「或」即「惑」，古通。集證本改「於」爲「失」，蓋未達「或」字之義。譬猶狸之不可使搏牛，虎之不可使搏鼠也。○劉文典云：「搏牛」「搏鼠」，於辭爲複，治要引作「捕鼠」，當從之。今人之才，或欲平九州，并方外，存危國，繼絕世，○王引之云：「并」本作「從」，從猶服也。（襄十年左傳注：「從猶服也。」）言使方外之國服從也。原道篇曰：「從裸國，納肅慎。」人間篇曰：「王若欲從諸侯，不若大城城父，而令太子建守焉，以來北方。」司馬相如難蜀父老曰：「朝冉從駹，定筰存邛。」皆是也。後人不達「從」字之義，遂改「從」爲「并」，不知「平九州，從方外，存危國，繼絕世」，皆謂撫柔中外，非謂吞并之也。羣書治要引此正作「從方外」。志在直道正邪，○向宗魯云：「道」當作「迆」，迆、邪對文。說文：「迆，邪行也。」又通作「施」。上文「直施矯邪」，與此同意。要畧篇：「其數直施而正邪」，亦即此文之「直迆正邪」也。又云「接徑直施」，「直施」亦即此文之「直迆」也。（本經篇「接徑歷遠，直迆夷險」，文正與要畧同。今本「迆」亦誤作「道」。）齊俗篇「非批邪施也」，注：「施，微曲也。」「施」亦「迆」之借。鵩鳥賦：「庚子日斜。」史記「斜」作「施」，施亦迆也。○蔣禮鴻云：「直道」當作「直施」，施者，邪曲也。（齊俗篇：「夫去私者，非批邪施也。」許注：「施，微曲也。」要畧篇：「接徑直施。」許注：「施，衺。」）上文云「直施矯邪」，與此同義。施、邪爲類，煩、挐爲類，作「直道」則不相類矣。後人習見「直道」，輒妄改之耳。要略篇序此篇曰「其道直施而正邪」，與此全同，是其明證。**決煩理挐，而乃責之以閨閤之禮，奧窔之間。或佞巧小具，諂進愉説，隨鄉曲之俗卑下衆人之耳目，**〇于鬯云：舊讀「俗」字句，則「卑下」屬「衆人」讀，謂衆人中之尤卑下者耳。然語究支離。姚廣文云：「俗字衍。」則讀「隨鄉曲之卑下」爲句。〇馬宗霍云：疑「俗卑」二字誤倒，當作「卑俗」，耳目猶視聽。「下衆人之耳目」者，猶言使衆人之視聽爲之下也。即譁衆取悦之意。或讀「卑下」連文者誤。〇寧案：當於「俗卑」句絶，猶言庸俗卑下，與「耳目」相對，馬説亦通，謂「卑論儕俗」。（史記游俠傳。）**而乃任之以天下之權，治亂之機，**機，理。**是猶以斧劗毛，以刃抵木也，**劗，翦也。「劗」讀驚攢之「攢」。〇王念孫云：木當言伐，不當言抵，蓋「伐」誤爲「氐」，後人因加手旁耳。説山篇云：「刀便剃毛，至伐大木，非斧不剋。」是其證。羣書治要引此正作「以刀伐木」。（劉本刀作刃，道藏本、茅本並作刀，莊從劉本作刃，失之矣。）**皆失其宜矣。**宜，適。

人主者，以天下之目視，以天下之耳聽，以天下之智慮，以天下之力爭。〇王念孫云：「爭」本作「動」，動謂舉事也。慮則用羣策，動則用羣力，故曰「以天下之智慮，以天下之力動」。今本「動」作「爭」者，後人依文子上仁篇改之耳。藝文類聚帝王部一、太平御覽皇王部二引此並作「動」。〇楊樹達云：王校非是。此文以聽、爭爲韻，作動則失其韻矣。文子上仁篇作「爭」，正淮南文本作「爭」之證，而王氏乃謂後人依文子改，斯曲説也。唐、宋類書作「動」者，乃集類書者意謂人主不宜有爭，故改之耳。此乃後世迂儒之見。不思敵國外患至，人主不當以天下之力爭乎？王氏深通古韻，乃以過信類書，不復顧及文韻，又不審類書所以改字之故，遽欲改本文以從類書，可謂不能心知其意者矣。劉家立集證不知王氏之誤校，改「爭」爲「動」以從之，可謂謬矣。是故號令能下究，而臣情得上聞，聞猶達也。百官脩同，羣臣輻湊，羣臣歸君，若輻之湊轂，故曰「輻湊」。○王念孫云：劉本作「脩同」，云「同」一作「通」。莊本從劉本作「同」。案作「通」者是也。藝文類聚引此作「脩道」，「道」即「通」之誤。太平御覽引此正作「脩通」。文子上仁篇同。韓子難篇「百官脩通，羣臣輻湊」，即淮南所本。管子任法篇亦云：「羣臣脩通輻湊以事其主。」○蔣禮鴻云：王氏訂「同」作「通」是也。「脩」當作「條」，字之誤也。「條通」與「輻湊」相對，「脩通」則不對矣。要略篇序此篇云：「使羣臣條通而輻湊。」是其證。莊子至樂篇曰：「故先聖不一其名，不同其事，名止於實，義設於適，是之謂條達而福持。」「福」當作「輻」，「條達」即「條通」，「輻持」即「輻湊」也。成玄英解莊子謂「福德扶持」，非也。管子、韓非子「脩通」並當作「條通」。○寧案：蔣氏以「脩」爲「條」之誤字，謂管子、韓非子竝當爲條，非也。此脩假爲條，漢書高惠高后文功臣表修侯周亞夫，師古曰：「脩讀曰條。」詮言篇「木之大者害其條」，則條又讀爲修。是其證。此作「脩」，與管子、韓非子同。要略作「條通」，疑許本之異也。莊子又作「條達」，戰國策魏策同。「通」亦「達」也。文子上仁篇道藏本、纘義本、明本又作「脩達」，景宋本則作「脩通」，其義一也。喜不以賞賜，怒不以罪誅。懼失當也。是故威立而不廢，○莊逵吉云：本皆作「威厲立而不廢」。○呂傳元云：汪本、茅本皆作「威厲立而不廢」。「威厲」連文，與下「聰明」「法令」「耳目」相對也。○馬宗霍云：有「厲」字者是也。「威厲」與「聰明」相對爲文。厲猶猛也，嚴也。左氏定公十二年傳「與其素厲」，杜預注云：「厲，猛也。」論語述而篇「子溫而厲」，皇侃疏云：「厲，嚴也。」皆其證。荀子宥坐篇云「是以威厲而不試」，又「威厲」連文之證。太平御覽七十七引此文無「厲」字，疑傳寫脱之。聰明先而不蔽，蔽，闇。○王念孫云「先」與「不弊」義不相屬。「先」

當爲「光」，字之誤也。光，明也。太平御覽皇王部二引此正作「光」。（「弊」與「蔽」同。高注曰：「弊，闇。」秦策「南陽之弊幽」，高彼注曰：「弊，隱也。」是「蔽」「弊」古字通。齊語「使海於有蔽」，管子小匡篇作「弊」，是其證。道藏本、朱本、茅本並作「弊」。劉本改「弊」爲「蔽」而莊本從之，皆未達假借之義。）○楊樹達云：王氏正「先」作「光」，讀「弊」爲「蔽」，皆是也，惟釋光爲明則非是。愚謂「光」當讀爲「廣」。聰明廣而不蔽，謂聰明廣遠而不爲人所蔽也。光、廣音同，故二字可通作。國語周語云：「熙，廣也。」韋昭注云：「廣當爲光。」是其證也。法令察而不苛，察，明也。苛，煩也。耳目達而不闇，善否之情，日陳於前而無所逆。是故賢者盡其智，而不肖者竭其力，○寧案：景宋本「不肖」上無「而」字是也，蓋涉上下句「而」字而衍。此當與「近者安其性，遠者懷其德」二句同例，句間無「而」字。德澤兼覆而不偏，羣臣勸務而不怠，怠，解也。近者安其性，遠者懷其德。性，生也。懷，歸也。所以然者何也？得用人之道，而不任己之才者也。故假輿馬者，足不勞而致千里；「假」或作「駕」。乘舟楫者，不能游而絶江海。絶猶過也。○呂傳元云：「足不勞」，當作「不勞足」。不勞足與不能游對言。荀子勸學篇云：「假輿馬者，非利足也，而致千里；假舟楫者，非能水也，而絶江河。」荀子「利足」「能水」對言，可爲旁證。夫人主之情，莫不欲總海内之智，盡衆人之力。然而羣臣志達效忠者，希不困其身。困猶危也。○王念孫云：「志達」當爲「達志」，寫者誤倒耳。「達志」「效忠」相對爲文。氾論篇「不能達善效忠」，即其證。使言之而是，雖在褐夫芻蕘，猶不可棄也。言雖賤，當也。故曰不可棄也。○寧案：「言之而是」下應有「也」字，與「言之而非也」一律。景宋本有「也」字。使言之而非也，雖在卿相人君，揄策于廟堂之上，未必可用。人君謂國君也。揄，出。策，謀也。言之而非，雖貴罰也。是非之所在，不可以貴賤尊卑論也。是明主之聽於羣臣，其計乃可用，不羞其位；不羞其位卑而不用。其言可行而不責其辯。不責其辯口美辭也。○王念孫云：劉本作「其言可行而不責其辯」。案此當作「其言而可行，不責其辯」。其計乃可用，其言而可行，相對爲文。「乃」「而」皆如也。道藏本作「其主言可行」，「主」字因上下文而衍，又脱「而」字，劉本「而」字在「可行」下，皆非也。文子上仁篇作「其言可行，不責其辯」。闇主則不然，所愛習親近者，雖邪枉不正，不能見也；疏遠卑賤者，竭力盡忠，不能知也。○劉文典云：「竭力盡忠」上當有「雖」字，乃與上文「雖邪枉不正一律。治要引正作「雖竭力盡忠，不能知也」。○寧案：「竭力盡忠」上疑當有「則」字，羣書治要引作「雖竭力盡忠」，中立本同，蓋涉上「雖」字而誤。道藏本、景宋本作「疏遠則卑賤者竭力盡忠不能知也」，此當有「則」字之證，惟誤在「卑賤」上耳。作「則」於義爲長。有言者窮之以辭，有諫者誅之以罪，如此而欲照海内，存萬方，是猶塞耳而聽清濁，商音清，宮音濁。掩目而視青黄也，其離聰明，則亦遠矣。○寧案：吕氏春秋貴直篇注引作「塞其耳而欲聞五音，掩其目而欲督青黄，不可得也」。吕氏春秋乃高注，所引不應有異，今本疑後人以許本混入也。又案：道藏本、景宋本有注云：「離，去。」莊本脱，當亦許注。

法者，天下之度量而人主之準繩也。縣法者，法不法也；○王念孫云：「縣法者，法不法也」，上二「法」字皆當爲「罰」，與「設賞者賞當賞也」相對爲文。下文「中程者賞」，謂賞當賞也，「缺繩者誅」，謂罰不法也。今本二「罰」字作「法」，後人依文子上義篇改之耳。設賞者，賞當賞也。○俞樾云：「設賞者賞當賞也」七字疑衍文。下文「法定之後，中程者賞，缺繩者誅」即承「縣法者，法不法也」而言。文子上義篇正作「縣法者法不法也。法定之後，中繩者賞，缺繩者誅」。可據以訂正。王氏念孫謂上句當作「縣罰者，罰不法也」，與下句對若然，何不竟改爲「罰當罰」，與下句不尤對乎？○楊樹達云：王說非，俞說是也。王氏欲改上句以配下句，而不知下句出於後人妄增，本非原文所有也。「法」字古人多作動字用。說文力部云：「劾，法有罪也。」漢書百官公卿表云：「諸吏得舉法。」王嘉傳云：「非愛死而不自法。」王溫舒傳云：「雖有百罪弗法。」皆其證也。此文「法不法」，上「法」字亦作動字用。王氏不知此義，欲改爲「罰」字，非也。劉家立集證依俞氏之說，删去「設賞者賞當賞也」七字是矣。而「法不法」之上一「法」字從王氏之說改爲「罰」，謬矣。○寧案：王說是也。賞罰皆在法之中。如俞說，則縣法衹以法不法，於文不備；下言中程者賞，則文不相屬。楊從俞說，似慮不及此。韓非子難一篇云：「賞罰使天下必行之，令曰：中程者賞，弗中程者誅。」此淮南所本。韓子「賞罰使天下必行之」，淮南申言之曰：「縣罰者罰不法也，設賞者賞當賞也。」楊謂王氏不知「法」字作動字用，誣矣。下文「中程者賞，缺繩者誅」，承上賞罰言，亦猶韓子承賞罰言之。文子不足據也。

法定之後，中程者賞，缺繩者誅，尊貴者不輕其罰，而卑賤者不重其刑，言平也。犯法者雖賢必誅，中度者雖不肖必無罪，是故公道通而私道塞矣。公，正也。私，邪也。塞，閉也。○向宗魯云「私道」當作「私門」。氾論篇：「私門成黨而公道不行。」說苑君道篇：「私門盛而公道毀。」○寧案：向說是也。荀子君道篇云：「則公道達而私門塞矣。」達亦通也。句正同。

古之置有司也，有司，蓋有理官，士也。○吳承仕云：注，文當作「有司，蓋理官，士也」。呂氏春秋仲春紀注云：「有司，理官，主獄者也。」義與此同。文云：「古之置有司也，所以禁民，使不得自恣。」有司不必專屬理官，故注云「蓋理官」，不質言之。注中「有」字，涉「有司」字而誤衍。所以禁民，使不得自恣也；恣，放恣也。其立君也，所以剬有司，使無專行也；專，擅。○于省吾云：按「剬」疑「制」之形譌。張守節史記論字例：「制」字作「剬」。法言淵騫「魯仲連傷而不制」，司馬光云：宋吴本「制」作「剬」。是其證也。下文云「是故有術則制人，無術則制於人」，與此「制」字用法同。法籍禮義者，所以禁君，使無擅斷也。人莫得自恣則道勝，道勝而理達矣，故反於無爲。無爲者，非謂其凝滯而不動也，以其言莫從己出也。○王念孫云：「以其言」當作「以言其」，與「非謂其」相對爲文。今本「言其」二字誤倒，則文不成義。文子上義篇正作「言其」。夫寸生於⿰禾栗，⿰禾栗生於日，日生於形，形生於景，此度之本也。⿰禾栗，禾穗⿰禾栗孚榆頭芒也。十⿰禾栗爲一分，十分爲一寸，十寸爲一尺，十尺爲一丈，政謂之本也。○莊逵吉云：⿰禾栗，古累黍字。○王引之云：説文、玉篇、廣韻、集韻皆無「⿰禾栗」字「⿰禾栗」當爲「⿰禾票」，字之誤也。「⿰禾票」與「秒」同。説文：「秒，禾芒也。」字或作「蔈」，通作「漂」，又通作「翲」。天文篇曰：「秋分而禾蔈定，蔈定而禾孰。律之數十二，故十二蔈而當一分。（今本誤作「十二蔈而當一粟，十二粟而當一寸」。辯見天文。）律以當辰，音以當日，日之數十，故十分而爲寸，十寸而爲尺，十尺而爲丈。」彼注云：「蔈，禾穗蔈孚榆之芒也。」古文作「秒」。宋書律志曰：「秋分而禾⿰禾票定，⿰禾票定而禾孰。」注云：「⿰禾票，禾穗芒也。」（玉篇：「⿰禾票，亡紹切。」集韻：「秒，禾芒也，或作⿰禾票。」）皆其明證矣。又齊策曰：「象牀之直千金，傷此若髮漂，賣妻子不足償之。」史記太史公自序「間不容翲忽」，正義曰：「翲字當作秒，秒，禾芒表也。」然則，「⿰禾票」「蔈」「漂」「翲」四字，並與「秒」同，而「⿰禾栗」爲「⿰禾票」之誤明矣。字彙補乃於禾部增入「⿰禾栗」字，音粟，引淮南子「寸生於⿰禾栗，⿰禾栗生於日」，甚矣其謬也。莊以「⿰禾栗」爲古累黍字，尤不可解。○俞樾云：王氏引之以「⿰禾栗」爲「⿰禾票」字之誤，「⿰禾票」與「秒」同，其説是也。惟「⿰禾票生於日」，義不可通。疑本作「寸生於𥝲，𥝲生於形，形生於景，景生於日」，與下文「樂生於音，音生於律，律生於風」，文義一律。言度之本生於日，聲之宗生於風也，傳寫錯亂其文耳。○吴承仕云：注「政謂之本」，「政」當作「故」，形近之誤也。朱本注文正作「故」。○寧案：「十𥝲爲一分」，據天文篇「十」下沾「二」字。又吴校「政」當爲「故」，是也。疑「謂」下奪「度」字。樂生於音，音生於律，律生於風，此聲之宗也。宗亦本也。法生於義，義生於衆適，衆適合於人心，此治之要也。要，約也。故通於本者，不亂於末，覩於要者，不惑於詳。惑，眩。法者，非天墮，非地生，發於人間，而反以自正。反，還。是故有諸己不非諸人，有諸己，己有聰明也。不非諸人，恕人行也。無諸己不求諸人；言己雖無獨見之明，不求加罪于人也。○楊樹達云：文謂己有其失，則不求人之無，己無其善，則不責人之有，所謂恕以待人也。高注失其義。○馬宗霍云：禮記大學篇云：「是故君子有諸己而後求諸人，無諸己而後非諸人。」本文句法蓋從彼出，而詞意與彼異。「有諸己不非諸人」者，言己所有者，不以人之所無爲非也。「無諸己不求諸人」者，言己所無者，亦不求人之有也。推本文之意，或當如是。高注似皆未達。其解下句謂「不求加罪於人」，尤失之。○寧案：注「雖」，中立本作「既」。所立於下者，不廢於上，人主所立法，禁于民，亦自脩之。不廢于上，言以法也。○寧案：注「脩」疑當爲「循」。所禁於民者，不行於身。不正之事，不獨行之于身，言其正己以正人也。○吴承仕云：注言「不正之事，不獨行之于身」，説義違反。疑「獨」當作「敢」。下文「禁勝於身，則令行於民矣」，高注：「禁勝於身，不敢自犯禁也。」文義正與此同。○馬宗霍云：本文之意，蓋謂所禁於民之事，己身亦不得行之。高注「不獨行之于身」，「獨」字疑當作「得」。隸書「得」或作「㝵」，與「獨」形近易掍，故傳寫致誤。獨者，詩毛傳訓單，劉熙釋名釋親屬訓隻，方言十二云：「一，獨也。南楚謂之獨。」曰一，曰隻，義與單同。若作「不獨」，是謂不單獨行之于身也。意反晦矣。○吴承仕云：「疑獨當作敢。」愚謂「敢」與「獨」形遠，未必是。○寧案：吴謂「獨」當作「敢」，馬謂「獨」當作「得」，皆非也。「獨」字不誤。此文當以「獨行」連文，謂不正之事，不得禁於民而獨行於身也。此言「獨行」，猶下言「自犯禁」，義無違反。二氏以「不獨」連文，故不可解耳。所謂亡國，非無君也，無法也。變法者，非無法也，有法者而不用，與無法等。等，同。○王念孫云：「有法者而不用」，「者」字當在上文「所謂亡國」下，與「變法者」相對爲文。今誤入此句内則文不成義。是故人主之立法，先自爲檢式儀表，表，正。○王念孫云：「先自爲檢式儀表」，當作「先以身爲檢式儀表」，言以身爲度，則令無不行也。下文引孔子曰：「其身正，不令而行。」是其明證矣。（上下文「身」字凡四見。）今本「身」誤爲「自」，「自」上又脱「以」字。文子上義篇作「先以自爲檢式」，「自」亦「身」之誤，唯「以」字未脱。故令行於天下。○寧案：原文自通。上下文「身」字雖四見，不得據彼改此。上文云：「法者，非天墮，非地生，發於人間，而反以自正。」「自正」即自爲檢式儀表之意。孔子曰：「其身正，不令而行。其身不正，雖令不從。」故禁勝於身，則令行於民矣。禁勝於身，不敢自犯禁也，故耐令行于民也。○寧案：文本管子法法篇。注，景宋本重「身」字是也。蓋「身」字「禁」字，皆重正文以爲釋，當據補。「耐」古「能」字。道藏本、中立本、景宋本皆作「能」。

聖主之治也，其猶造父之御，齊輯之于轡銜之際，而急緩之于脣吻之和，正度于胷臆之中，而執節于掌握之間，節，策也。内得於心中，外合於馬志，○王念孫云：「心中」當作「中心」，「中心」與「馬志」相對爲文。太平御覽治道部五、獸部八引此並作「中心」。列子湯問篇、文子上義篇皆同。○寧案：太平御覽六百

二十四、八百九十六引「猶」上無「其」字，「御」下有「也」字，於義爲長。又「齊輯」作「和輯」，「急緩」作「緩急」，「外合」上有「而」字。是故能進退履繩，繩，直正也。而旋曲中規，曲，屈。規，圓。取道致遠，而氣力有餘，誠得其術也。是故權勢者，人主之車輿也；大臣者，人主之駟馬也。體離車輿之安，而手失駟馬之心，而能不危者，古今未有也。○寧案：太平御覽六百二十四引作「能無危者，古今未之聞也」。八百九十六引作「而能無危者，古今未之見也」。是故輿馬不調，王良不足以取道；○寧案：「足」當作「能」。此以造父、王良之御喻聖主之治，就能與不能以反覆申言之。「王良不能以取道」承上文「能進退履繩」，「唐虞不能以爲治」承上文「而能不危者未之有也」。景宋本正作「能」。文子上義篇同。君臣不和，唐、虞不能以爲治。執術而御之，則管、晏之智盡也；明分以示之，則蹠、蹻之姦止矣。盜蹠，孔子時人。蹻，莊蹻，楚威王之將軍，能大爲盜也。○馬宗霍云：注文「盜蹠」上當有「蹠」字，蓋以「盜蹠」釋正文之「蹠」，猶其以「莊蹻」釋正文之「蹻」，亦先出「蹻」字也。傳寫者奪之。○寧案：「蹻」，道藏本、中立本、景宋本作「蕎」，當是後人以許本改之也。呂氏春秋介立篇同今本。夫據榦而窺井底，○王引之云：階除不得有井，「除」當爲「榦」，字之誤也。莊子秋水篇「吾跳梁乎井榦之上」，司馬彪曰：「井榦，井欄也。」漢書枚乘傳：「單極之絖斷榦。」晉灼曰：「榦，井上四交之榦。」說文作「韓」，云「井垣也」。此言據井之欄以窺井底耳。○寧案：藏本作「除」，景宋本、莊本不誤。雖達視，猶不能見其睛；睛，目瞳子也。○馬宗霍云：達猶決也，謂據井欄而窺井底，雖決眥視之，猶不能見其瞳子也。即竭目力而視之意。周禮天官小宰「小事則專達」，陸德明釋文引干寶注云：「達，決也。」是其證。借明於鑑以照之，則寸分可得而察也。鑑，鏡也。分，毛也。一曰疵。○向宗魯云：宋本、藏本皆作「寸之分」。注云：「分，毛也，一曰疵。」考「分」字無毛訓，亦無疵訓，疑正文本作「寸之介」。注訓爲毛者，讀爲「芥」字，芥，草也，（廣雅釋詁。）毛亦草也。（古讀「草」爲「毛」。左傳「澗溪沼沚之毛」，公羊傳「錫之不毛之地」皆是。）一曰疵者，讀爲「疥」字，疥謂疥癬，（疥癬見吴語。）疥疵皆病也。（廣雅釋詁：「疥，病也。」說文：「疵，病也。」）俗本「介」誤作「分」，因妄删「之」字而去其注，莊本存其注而正文改從俗本，不悟其抵牾，何也。○寧案：向說未安。疑「毛」當爲「毫」，缺上而誤。上言借井水以自照，此謂借明於鏡，亦言自照，而云見草芥，不亦異乎？中立本無「之」字，訓分爲毫，謂小數也。一曰疵者，易繫辭：「悔吝者，言乎其小疵也。」漢書中山靖王傳：「有司吹毛求疵。」故疵亦有小義。疵瑕多連文。說文：「瑕，玉小赤也。」故訓分爲疵，取小義耳。是故明主之耳目不勞，精神不竭，物至而觀其象，事來而應其化，近者不亂，遠者治也。○王念孫云：「物至而觀其象」，「象」當爲「變」，草書之誤也。「變」與「化」同義。觀其變，亦謂觀其變而應之也，作象則非其指矣。文子上義篇正作「物至而觀其變」。氾論篇亦曰：「物動而知其反，事萌而察其變，近者不亂，遠者治也。」文子作「近者不亂卽遠者治矣」，亦於義爲長。是故不用適然之數，而行必然之道，故萬舉而無遺策矣。今夫御者，馬體調于車，御心和于馬，則歷險致遠，進退周游，莫不如志。○劉文典云：御覽七百四十六引作「進退周旋，無不如意」。雖有騏驥騄駬之良，臧獲御之，則馬反自恣，而人弗能制矣。臧獲，古之不能御者，魯人也。○向宗魯云：顧廣圻曰：「方言：『臧甬侮獲，奴婢賤稱也。』高注非。」許宗彦曰：「御爲六藝之一，臧獲豈能御？高以爲人名，頗鑿。其曰魯人，不過以臧氏故耳，非有他據。」承周案：「魯人」非謂魯國之人。檀弓下云：「容居，魯人也。」注云：「魯，魯鈍也。」又「仲叔皮死，其妻魯人也」。注亦以魯鈍釋之。高意正謂奴僕之魯鈍者耳。顧、許皆未得其解而妄議其失，豈二字童子皆知而高氏反不知邪？○寧案：「臧獲」太平御覽七百四十六引作「烏獲」，是也。上文高注：「烏獲，秦武王之力士也。」故此曰「古之不能御者，魯人也」。「魯」與「鹵」通，謂鹵莽之人。若作臧獲，魯人，謂奴婢之魯鈍者，則臧獲之魯鈍，高氏何分於古今？蓋御馬以術不以力，烏獲雖勇，乃鹵莽之夫，不得其道而欲以力御，故曰「則馬反自恣」也。顧、許固未得其解，而向説亦未安。又景宋本「臧獲」上有「而」字。御覽引「而」下又有「使」字。**故治者，不貴其自是，而貴其不得爲非也。故曰：「勿使可欲，毋曰弗求。勿使可奪，毋曰不爭。」如此，則人材釋而公道行矣。**

○馬宗霍云：説文采部云：「釋，解也。从采。采取其分別物也。从睪聲。」引申之則「釋」有辨別之義。人材釋者，謂人材能辨別也。○寧案：馬説非也。「人材」當作「人欲」，此後人肊改。上文云「勿使可欲」「勿使可奪」，無可欲、不可奪，則欲奪之心不生，欲奪之心不生則不得爲非，此道之所貴也。反之，若使可欲、使可奪，則生欲奪之心，欲奪之心生而後禁之曰弗求不爭，則是不貴其不得爲非而貴其自是，此道之所不取也。下文云「羨者止於度，而不足者逮於用，故四海可一也」，蓋人欲釋也。故曰「人欲釋而公道行矣」。精神篇曰：「故儒者非能使人弗欲也，欲而能止之；非能使人弗樂也，樂而能禁之。」（今本上句奪「欲也」二字，下句奪「樂也」二字。）與此義適相反。道者釋人欲，儒者禁人欲，此儒道所以異。釋謂消也。墬形篇云：「北方有不釋之冰。」老子第十五章「渙兮若冰之將釋」，河上公注云：「釋者消也。」是其義。文子上義篇正作「人欲釋」。馬氏據誤文以爲曲説曰「謂人材能辨別」，而不知其與上文義不相屬也。**美者正於度，而不足者建於用，故海內可一也。**○王念孫云：「美」當爲「羨」，「正」當爲「止」，「建」當爲「逮」，皆字之誤也。

（文選陸雲爲顧彥先贈婦詩「佳麗良可羨」，今本「羨」誤作「美」。玉臺新詠載此詩正作「羨」。）羨謂才有餘也。「羨者止於度，而不足者逮於用」，謂人主有一定之法，則才之有餘者，止於法度之中而不得過，其不足者，亦可逮於用而不患其不及也。羨與不足正相反。文子上義篇作「有餘者止於度，不足者逮於用」，是其明證矣。○寧案：王說是也。原本玉篇次部引作「夫羨者小於度」。引許注：「羨，過也。」「止」字缺筆誤作「小」而「羨」字不誤。又景宋本「建」字正作「逮」，尤爲王說之證。**夫釋職事而聽非譽，棄公勞而用朋黨，**公，正。**則奇材佻長而干次，**奇材，非常之材。佻長，卒非純賢也。故曰「干次」也。○吳承仕云：此注疑有許、高二說，今本錯襍不分，故難理也。高誘以「奇材」與「佻長」對文，故曰「奇材，非常之材。佻長，非純賢」。蓋訓佻爲偷，讀與「佻佻公子」同。下文注云：「奇材，佻長之人，干超其次。」此高讀以奇材與佻長對文之明證也。許慎義與高異，蓋訓「佻」爲「卒」，讀「長」如令長之「長」。兵略篇：「雖誂合刃於天下，誰敢在於上者。」注云：「誂，卒也。」方言：「佻，疾也。」郭注：「謂輕疾也。」誂、佻聲義並同。佻長干次，謂輕疾速進，超越功勞之次也。兵略爲許注本，彼訓誂爲卒，此亦訓佻爲卒，則此中佻卒之義爲許慎注，事證甚明。今本注中「卒」字前後文氣不次者，乃許注佚文誤羼入高注者也。覈實言之，許說爲優。○向宗魯云：「佻長」與「雍遏」對文。佻長蓋躁進之意，注非。○于省吾云：按「佻長」與「干次」對文。玄應一切經音義五引字書：「佻，輕也。」輕其正長而干其次位也，猶今俗言不守分也。○寧案：佻長，長疑良字形譌。佻通跳，良通梁，（山海經大荒北經「彊良」，後漢書禮儀中作「強梁」。）佻良即跳梁，與雍遏對文。**守官者雍遏而不進。如此則民俗亂於國，而功臣爭於朝。**奇材佻長之人干超其次，功勞之臣反不顯列，故爭於朝。**故法律度量者，人主之所以執下，**執，制。**釋之而不用，**不用法律度量也。是猶無轡銜而馳也，羣臣百姓，反弄其上。是故有術則制人，無術則制於人。爲人所禽制也。吞舟之魚，蕩而失水，則制於螻蟻，離其居也；魚能吞舟，言其大也。○寧案：道藏本、景宋本注末有「其居，水也」四字，今本脱。下句釋「處」字，此亦當釋「居」字。猨狖失木而禽於狐狸，非其處也。其處，茂木。○寧案：莊子庚桑楚篇：「吞舟之魚，碭而失水，則蟻能苦之。」吕氏春秋慎勢篇：「吞舟之魚，陸處則不勝螻蟻。」此皆淮南所本。說苑說叢篇「吞舟之魚，蕩而失水，制於螻蟻者，離其居也；猿猴失木，禽於狐貉者，非其處也」。則又本淮南。君人者，釋所守而與臣下爭，則有司以無爲持位，無所爲以持其位也。守職者以從君取容，隨君之欲以取容媚。是以人臣藏智而弗用，不用智謀贊佐其上也。反以事轉任其上矣。賢臣見其不肯爲謀，故轉任其上，令自制之。詩云：「仲山甫既明且哲，以保其身。」○王念孫云：「與臣下爭」，當作「與臣下爭事」。唯君與臣爭事，是以臣藏智弗用，而以事轉任其上也。脱去「事」字，則文義不明。文子上仁篇正作「與臣爭事」。

夫富貴者之於勞也，達事者之於察也，驕恣者之於恭也，勢不及君。君人者，不任能而好自爲之，不任用臣智能也。則智日困而自負其責也。數窮於下，則不能伸理，行墮於國，則不能專制，智不足以爲治，威不足以行誅，則無以與天下交也。○王念孫云：「與天下交」當作「與下交」，下謂羣臣也。（「下」字上下文凡四見。）上文曰：「法律度量者，人主之所以執下。」舍是則智不足以爲治，威不足以行誅矣。故曰「無以與下交」。（大學曰：「與國人交。」）「下」上不當有「天」字。文子上仁篇有「天」字，亦後人依誤本淮南加之。羣書治要引文子無「天」字。○寧案：王説是也。景宋本文子無「天」字。「君人者」以下，見鄧析子轉辭篇，「下」上亦無「天」字。又案句末「也」字當作「矣」。文子、鄧析子皆作「矣」。喜怒形於心，者欲見於外，○王念孫云：「者」當爲「耆」，字之誤也。「耆欲」與「喜怒」相對爲文。文子上仁篇作「嗜欲」，是其證。則守職者離正而阿上，○寧案：道藏本、景宋本、蜀藏本注云：「阿，曲從也。」莊本誤在下文「阿主」下，當移正。有司枉法而從風，○寧案：道藏本、茅本、景宋本注云：「風，令。」當據補。賞不當功，誅不應罪，上下離心而君臣相怨也。是以執政阿主，阿，曲從也。而有過則無以責之。有罪而不誅，則百官煩亂，智弗能解也，毁譽萌生，而明不能照也。不正本而反自然，○寧案：「自然」道藏本、景宋本皆作「自脩」，「脩」字是也。脩，飭也。法律度量者，人主之所以執下，今釋所守而與臣下爭事，故曰「不正本而反自脩」也。作「自然」則義不可通。則人主逾勞，人臣逾逸，是猶代庖宰剥牲而爲大匠斵也。與馬競走，筋絶而弗能及，上車執轡，則馬死于衡下。○陳觀樓云：「死」字義不可通。文子上仁篇作「馬服於衡下」，是也。「死」本作「𣦸」，「服」或作「服」，下半相似而誤。故伯樂相之，王良御之，明主乘之，無御相之勞而致千里者，乘於人資以爲羽翼也。資，才也。是故君人者，無爲而有守也，有爲而無好也。無所私好。○王念孫云：「有爲」與「無爲」正相反。且下二句云「有爲則讒生，有好則諛起」，則不當言「有爲」明矣。「有爲」本作「有立」，「有立而無好」，謂有所建立而無私好也。（高注：無所私好。）今本作「有爲」者，涉下句「有爲」而誤。文子上仁篇正作「有立而無好」。○馬宗霍云：王氏謂「有爲」涉下句而誤，是也。謂「有爲」本作「有立」，未必是也。余疑「有爲」當作「有守」，卽承上句「無爲而有守也」來，兩句一氣遞貫。守猶執也。所守者何？即上文所謂術也。「有守而無好也」者，言所執有術，無所私好也。文子上句作「無爲而有就也」，亦與淮南本文不同，則下句似亦未可據彼改此。有爲則讒生，有好則諛起。讒諛之人，乘志而起。○劉家立云：陳碩甫校宋本「讒生」作「諂生」。觀下文易牙等句，應作「諂」字爲是。○寧案：陳校非也。宋本注「讒」字作「諂」，（道藏本同。）當是陳校所據。不知高注乃釋「諛起」。説文：「諛，諂也。」故曰「諂諛之人，乘志而起」。「諂」字正釋「諛」字。今本作「讒諛」，蓋後人涉正文「讒」字所改。陳氏未達高注之義，改正文「讒」字爲「諂」，妄矣。文子上仁篇作「有爲卽議，有好卽諛」。議猶譏也，與讒義近，故文子改「讒」爲「議」。説林篇云：「有爲則議，多事固苛。」當是文子改「議」所本。皆言有爲也，而議與諂義相反，不得説林篇作「議」而此作「諂」也。詮言篇亦云：「動有章則訶，（今本「訶」誤「詞」，依王引之校改。）行有迹則議。」動有章，行有迹，言有爲也，亦曰議。皆正文「讒」字不誤之證。劉家立謂「觀下文易牙等句，應作諂字爲是」，不知下文桓公好味，虞君好寶，胡王好音，皆承「有好則諛起」言之，與上句無涉。劉氏不察，集證本改「讒」爲「諂」以從陳説，謬矣。

昔者，齊桓公好味，而易牙蒸其首子而餌之；桓公，襄公諸兒之子小白。○向宗魯云：管子大匡篇、史記太公世家皆以桓公爲僖公子，他書無異説。此注以爲襄公子，似非。或「子」乃「弟」之誤。虞君好寶，而晉獻以璧馬釣之；釣，取。胡王好音，而秦穆公以女樂誘之：誘，惑。○楊樹達云：桓公事見管子小稱篇，韓非子二柄、十過、難一諸篇。虞公事見三傳僖公二年。胡王事見韓非子十過篇。是皆以利見制於人也。制猶禽也。故善建者不拔。言建之無形也。○王念孫云：此六字乃正文，非注文也。「故善建者不拔」者，引老子語也。「言建之無形也」者，釋其義也。精神篇曰：「故曰『其出彌遠者其知彌少』，以言夫精神之不可使外淫也。」亦是引老子而釋之。

後人誤以此六字爲注文，故改入注耳。文子正作「故善建者不拔，言建之無形也」。

夫火熱而水滅之，金剛而火銷之，木强而斧伐之，水流而土遏之，唯造化者，物莫能勝也。故中欲不出謂之扃，外邪不入謂之塞。○莊逵吉云：呂覽作「外欲不入謂之閉」。據下「中扃外閉」云云，則此句疑當如呂覽。○王念孫云：扃與閉皆以門爲喻，「閉」字是也。文子上仁篇亦作「閉」。中扃外閉，何事之不節！外閉中扃，何事之不成！弗用而後能用之，弗爲而後能爲之。精神勞則越，越，散。耳目淫則竭，竭，滅。故有道之主，滅想去意，清虛以待，不伐之言，不奪之事，循名責實，使有司，○王念孫云：「不伐之言」，「伐」當爲「代」。「不代之言，不奪之事」，謂臣所當言者，君不代之言，臣所當行者，君不奪之事也。呂氏春秋知度篇「代」字亦誤作「伐」。案：上文云「是猶代庖宰剥牲，而爲大匠斲也」，呂氏春秋云「是君代有司爲有司也」，則皆當作「代」明矣。「使有司」，（道藏本如是。）當從呂氏春秋作「官使自司」，爲使百官自司其事而君不與也。故下文云：「如此則百官之事各有所守。」此文上下皆以四字爲句，脱去「官」字則不成句矣。劉本作「使有司」，文子上仁篇作「使自有司」，皆於義未安。莊從劉本作「使有司」，非也。○楊樹達云：王説非也。「不伐之言」二句承上二句「滅想去意，清虛以待」言之，謂不以言自矜伐也。「奪」當作「奮」，形近誤耳。不奮之事，謂不以事自矜奮也。此四句皆專就人主言之，與臣不相涉。劉家立集證不知王説之誤，改「伐」爲「代」以從之，謬矣。○寧案：呂氏春秋知度篇、文子上仁篇皆作「不伐之言，不奪之事」，語自可通，未可擅改。任而弗詔，責而弗教，以不知爲道，道常未知。○吴承仕云：「道常未知」，語不可通。當作「道尚无知」。各本「尚」作「常」，「无」作「未」，皆形近而譌。「道尚無知」與下注「道貴無形」對文成義。上文云「有道之士，滅想去意」，即道尚無知之說也。（此書「尚」譌爲「常」，不止一事。）○向宗魯云：注文「道常未知」當作「道尚不知」，與下文注「道貴無形」一例。尚亦貴也。呂氏知度篇注云：「道尚不知，不知乃知也，以不知爲貴。」○于省吾云：吴承仕云：「道常未知，語不可通，當作道尚无知。」按「常」字不必改，「常」「尚」古通，金文「常」字通作「尚」。注「未」字正釋「不」字，不應改「无」。○寧案：「不」字無庸再釋。且釋不知爲未知，義反不明。當從向說。以柰何爲寶，道貴無形，無形不可柰何，道之所以爲貴也。○楊樹達云：柰何者，己無所主而叩人之辭。「以不知爲道，以柰何爲寶」，二句相承，謂人主當託於不知而以叩人也。高注似失其義。○寧案：高注固非，楊説蓋亦強辭。「柰何」當爲「禁苛」，形近而譌。劉績已校。文子上仁篇作「以禁苛爲主」，是其證。高所見本已作「柰何」，其誤久矣。如此則百官之事各有所守矣。有所守，言不離扃也。○吴承仕云：「不離扃」，「扃」當爲「局」，形近之譌也。曲禮「左右有局」，鄭注：「局，部分也。」官失其守，謂之「離局」，乃漢人常語。攝權勢之柄，其於化民易矣。衛君役子路，權重也；衛君，出公輒也。景、桓公臣管、晏，位尊也。管仲輔相桓公，晏嬰相景公，二君位尊故也。○王念孫云：「公」字後人所加。衛君役子路，景、桓臣管、晏，相對爲文。「景、桓」下加「公」字，則文不成義矣。又人閒篇：「故蔡女蕩舟，齊師侵楚。（今本「侵楚」上衍「大」字，辯見人閒。）兩人搆怨，廷殺宰予。簡公遇殺，身死無後。陳氏代之，齊乃無呂。兩家鬭鷄，季氏金距。郈公作難，魯昭公出走。」案魯昭公之「公」亦後人所加。自蔡女蕩舟以下，皆四字爲句，魯昭下加「公」字，則累於詞矣。又泰族篇：「闔閭伐楚，五戰入郢，燒高府之粟，破九龍之鐘，鞭荆平王之墓，舍昭王之宮。」案荆平王之「王」亦後人所加。「燒高府之粟」以下皆五字爲句，「荆平」下加「王」字則累於詞矣。（呂氏春秋胥時篇「鞭荆平之墳」亦無

「王」字。)○俞樾云：此本作「桓、景臣管、晏」，言桓臣管，景臣晏也。因傳寫誤作桓公，後人遂加「景」字於「桓」字之上。先景後桓，與管、晏不相當，而「景、桓公臣管、晏」與上文「衛君役子路」，句法又參差不一律，足知其非矣。怯服勇而愚制智，其所託勢者勝也。故枝不得大於榦，末不得强於本，則輕重大小有以相制也，○王念孫云：「則輕重小大有以相制也」本作「言輕重小大有以相制也」。此釋上之詞，與下「言以小屬於大也」文同一例。後人不達，而改「言」爲「則」，上言「不得」，下言「則」，則文義不相承接矣。文子上義篇正作「言輕重大小有以相制也」。○寧案：王謂「則」當作「言」，非是。此文上言「枝不得大於榦，末不得强於本，則輕重大小有以相制也」，下言「五指之屬於臂，搏援攫捷，莫不如志」，而以「若」字相連接，乃比擬之詞，是前後文義相一也。故並前後文以釋之曰：「言以小屬於大也。」若改「則」爲「言」，以「言輕重大小有以相制也」爲釋上之詞，而下文「言以小屬於大也」亦釋上之詞：前後文文義既相一也，而兩釋之，文則累矣。王以上言「不得」下言「則」，則文義不相承接。考上文云：「人莫得自恣則道勝。」「莫得」猶「不得」也，句式與此正同，何謂不相承接也？文子上義篇「則」字作「言」，以「言輕重大小有以相制也」爲釋上，然文子無「若五指之屬於臂」一段比擬之文，則無複累之病，不得以彼例此。又案：道藏本、中立本、茅本、景宋本「大小」皆作「小大」，與上文怯勇、愚智、枝榦、末本、輕重相當，莊本作「大小」誤倒。若五指之屬於臂，○寧案：景宋本句末有「也」字。搏援攫捷，莫不如志，言以小屬於大也。是故得勢之利者，所持甚小，其存甚大；○王念孫云：「其存甚大」本作「所任甚大」。「所持甚小，所任甚大」，即下文所謂「十圍之木，持千鈞之屋」也。今本「所任」作「其存」者，「其」字因與上下三「甚」字相似而誤，「任」誤爲「在」，後人因改爲「存」耳。文子作「所在甚大」，「在」亦「任」之誤。羣書治要引文子正作「所任甚大」。所守甚約，約，要也，少也。所制甚廣。是故十圍之木，持千鈞之屋；五寸之鍵，制開闔之門，○王念孫云：「制開闔」三字文義未足。說苑說叢篇作「而制開闔」，文子作「能制開闔」，「能」亦「而」也。（「而」字古通作「能」，說見經義述聞「能不我知」下。）二書皆本於淮南，則淮南原文本作「五寸之鍵而制開闔」明矣。道藏本脫「而」字，劉績不能考證，乃於「制開闔」下加「之門」二字，而諸本及莊本皆從之，謬矣。（上言「持千鈞之屋」，若無「之屋」二字，則文不成義。此言「制開闔」則文義已明，無庸加「之門」二字。）○寧案：王說是也。意林引作「十圍之木，能持千鈞之屋，五寸之楗，能制開闔之門」，則馬氏所見本已有「之門」二字，其誤久矣。據意林則「持」上亦當有「而」字。景宋本誤同藏本。豈其材之巨小足哉？所居要也。○劉文典云：「足」字無義，疑衍文也。意林引作「非材有巨細，所居要耳」，「小」雖作「細」，下無「足」字。○寧案：劉說非也。足猶成也，謂非才之大小所以成其用也。論語公治長「巧言令色足恭」，邢疏：「足，成也。」是其義。此乃反詰語，意林改爲陳述句，不可爲據。孔丘、墨翟，脩先聖之術，通六藝之論，口道其言，身行其志，慕義從風，風，化。而爲之服役者，不過數十人。役，事。使居天子之位，則天下偏爲儒、墨矣。偏猶盡也。楚莊王傷文無畏之死於宋也，奮袂而起，衣冠相連於道，遂成軍宋城之下，權柄重也。莊王，楚穆王商臣之子旅也。使申舟聘于齊，不假道於宋。無畏曰：「宋必襲殺我。」王曰：「殺汝伐宋。」見犀而行，不假道於宋。華元曰：「過我而不假道，鄙我也，鄙我，亡也；以兵殺其使者，亦亡也。」遂殺之。莊王聞之怒，故投袂而起，成軍亡宋城。故曰：「權柄重也。」○楊樹達云：事見左傳宣公十四年，呂氏春秋行論篇。○寧案：注，道藏本、景宋本「聘」上有「問」字。儀禮聘禮：「小聘曰問。」周禮春官大宗伯：「時聘曰問。」當據沾。又「成軍亡宋城」，「亡」字當作「于」。可曰「亡宋」，不得曰「亡宋城」也。且正文曰「成軍宋城之下」，不曰亡也。景宋本正作「于」。事見左傳宣公十四年，而吕氏春秋注「圍宋在魯宣公十五年」，蓋十四年九月，楚子圍宋，十五年夏五月，宋人及楚人平也。**楚文王好服獬冠，楚國效之；**文王，楚武王熊達之子熊庇也。獬廌之冠，如今御史冠。○陶方琦云：御覽六百八十四引作「楚莊王好觟冠，楚國效之也」。御覽、藝文類聚服飾部一、事類賦冠部並引許注：「觟冠，今力士冠。」案説文角部：「觟，牝牂羊生角者也。」玉篇：「觟，角皃。」（廣韻三十五馬觟下云：「楚冠名。」韻會引淮南觟冠。）或云「觟」即「解」字。王充論衡：「觟䚦者，一角之羊也。」觟䚦即解廌，觸邪神羊也。後漢輿服志：「獬廌，神羊，能别曲直，楚王嘗獲之，故以爲冠。」注引異物志云：「東北荒中有獸名獬廌，一角，性忠，見人鬬，則觸不直者，聞人論，則咋不正者，楚執法者所服也。今冠兩角，非象也。」許云力士冠，疑即武弁大冠。○吴承仕云：梁玉繩曰：「左傳疏、釋文、地理志、淮南主術並作熊達，今史記作熊通，誤。」承仕案：梁説是也。熊庇當作熊疵。楚世家作「貲」，同聲通借。又類聚、御覽、事類賦引許注並云：「觟冠，今力士冠。」陶方琦曰：「觟即獬字。論衡：『觟䚦者，一角之羊也。』觟䚦即獬廌，觸邪神羊也。許云力士冠，疑即武弁大冠。」承仕案：獨斷曰：「法冠，楚冠也。秦執法服之，今御史廷尉監平服之，謂之獬豸冠。」續漢輿服志説同。觟、獬既爲同物，許、高相去不遠，並以漢制説古事，不應少有異同。疑許注當云「士冠」，「力」爲衍字。士主聽察治獄，士冠猶法冠矣。高云御史冠者，隨舉其一隅。許云士冠者，籠括其大體。○向宗魯云：初學記、御覽引文王作莊王是也。此蓋高本作「文」，許本作「莊」耳。墨子公孟篇云：「楚莊王鮮冠。」「鮮」即「解」之形誤。解冠亦謂解豸冠也。（閒詁失校。）彼文作莊王，正與淮南許本合，足證高本之誤。後漢書輿服志下：「法冠，或謂之獬豸冠。獬豸神羊，能别曲直，楚王嘗獲之，故以爲冠。」即本淮南。又術氏冠，劉注引淮南子曰：「楚莊王所服䲴冠者是。」「䲴」乃「觟」之誤。司馬彪以法冠爲獬豸冠，是用高本。劉以術氏冠爲觟冠，是用許本。（許無術氏冠之説，術氏冠即鷸冠，劉誤引淮南耳。）文王正作莊王。高本所以致誤者，因上已言莊王而改之耳。○寧案：熊庛當作熊疵，吴説是也。景宋本正作「疵」。史記十二諸侯年表作「貲」，與楚世家同。

趙武靈王貝帶鵕䴊而朝，趙國化之。趙武靈王出春秋後，以大貝飾帶，胡服。「鵕䴊」讀曰「私鈚頭」，二字三音也。曰郭洛帶，位銚鏑也。○莊逵吉云：藏本如是。本或作「曰郭洛帶，係銚鏑也」。文義皆難通，疑有誤字。○孫詒讓云：此注文難通。戰國趙策「武靈王賜周紹胡服衣冠，具帶黄金師比」，史記匈奴傳作「黄金胥紕」，索隱：「張晏云：『鮮卑郭落帶，瑞獸名也，東胡好服之。』延篤云：『胡革帶鉤也。』班固與竇憲牋云：『賜犀比黄金頭帶也。』」漢書匈奴傳作「犀毗」。師古云：「犀毗，胡帶之鉤也。亦曰鮮卑，亦謂師比，總一物也，語有輕重耳。」此注「私鈚頭」，即史記之「師比」，漢書之「胥紕」「犀毗」。「郭洛帶」即張晏所謂「郭落帶」也。「郭洛帶，粒銚鏑也」，義未詳，疑當作「郭洛帶，私鈚鉤也」。○陶方琦云：文選吴都賦注引許注：「鵕䴊，鷩雉也。」史記索隱二十六、二十七引許注作「鷩鳥」，「鳥」乃「雉」字之誤。爾雅鷩雉注：「似山雞而小，冠背毛黄，腹下赤，項緑色鮮明。」説文鳥部鵕字下：「鵕䴊，鷩也。」䴊下：「鵕䴊也。秦、漢之初，侍中冠鵕䴊冠。」玉篇：「鵕䴊，鷩雉也。」即用許注淮南説。○向宗魯云：注當作「係銚鏑者」。「珧」之借字。爾雅釋器：「弓以蜃者謂之珧。」楚辭天問「馮珧利決」，注：「珧，弓名也。」係銚鏑謂係弓矢也。趙王胡服以便騎射，故爲此帶以繫弓矢。○陳壬秋云：按鵕，廣韻私閏切，心紐，與「私」聲紐相同，䴊，廣韻直由切，澄紐，上古音屬定紐，與「頭」聲紐相同。高注謂二字三音，其中一字必注兩音，當爲「鵕」讀「私鈚」。

「鵕」之上古音，聲母疑應爲複輔音。○寧案：三國志吴志諸葛恪傳：「童謡曰：『諸葛恪，蘆葦單衣篾鉤落，於何相求成子閤。』鉤落者，校飾革帶，世謂之鉤絡帶。恪果以葦席裹其身而篾束其腰，投之於此岡。」此爲鉤絡帶確解。「鉤」「郭」音近，「落」「絡」通，（莊子秋水篇「落馬首」，「落」卽「絡」。）誤作「洛」。張晏説甚謬。又案楚辭招魂「晉制犀比」，王注：「言晉國工作簙棊箸，比集犀角以爲雕飾。」蓋此以犀比名帶，猶彼以犀比名簙棊箸耳。作胥紕、鮮卑、私鈚、師比、犀毗，皆一音之轉，而義益不可知矣。班固與竇憲牋云：「賜犀比金頭帶。」是此言「私鈚頭」，猶彼言「犀比金頭」，惟飾無黄金耳。其合音爲鵕鸃，實非二字三音也。又高注「位」乃「粒」之譌，景宋本作「粒」，故與「私」形近。孫説似是。使在匹夫布衣，雖冠獬冠，帶貝帶鵕鸃而朝，則不免爲人笑也。

夫民之好善樂正，不待禁誅而自中法度者，萬無一也；下必行之令，從之者利，逆之者凶，日陰未移，而海内莫不被繩矣。繩，正也。故握劍鋒以離北宫子司馬蒯蕢，不使應敵；北宫子，齊人，孟子所謂北宫黝也。司馬蒯蕢，其先程伯休父，宣王命以爲司馬，因爲司馬氏，蒯蕢其後也。周衰適他國。蒯蕢在趙，以善擊劍聞。應猶擊也。○向宗魯云：史記自叙與此注節次不合。史文云：「在趙者以傳劍論顯，（索隱正義引何法盛晉書及司馬氏系本，皆以在趙者爲名凱。）蒯聵其後也。」則聵蕢乃在趙以劍論顯者之後，非卽蒯聵在趙以劍論顯也。如淳以蒯聵爲卽刺客傳之蒯聵，今刺客傳無蒯聵。或曰卽蓋聶。操其觚，招其末，則庸人能以制勝。觚，劍拊。招，舉也。○王念孫云：「握劍鋒以」之下，脱去一字。「離」字與上下文皆不相屬，當是「雖」字之誤。隸書「離」字或作「離」，（説見天文篇「禹以爲朝晝昏夜」下。）形與「雖」相近，故「雖」誤爲「離」。「不使應敵」，「使」上當有「可」字。

言手握劍鋒，則雖北宮黝、司馬蒯蕢，亦不可使應敵；若操其本而舉其末，則庸人亦能以制勝也。「可使」與「能以」文正相對。○王紹蘭云：「離」爲「雖」誤，「使」上有「可」字是也。「以」字當在「雖」字下。謂握劍鋒，雖以北宮子、司馬蒯蕢亦不可使應敵，此文「以雖」誤倒耳。「故握劍鋒」爲句，「雖以」二字下屬，文義自明，則「劍鋒」下無脱字 ○俞樾云：王氏念孫謂「離」是「雖」字之誤，「使」上應有「可」字，皆是也。疑「握劍鋒以」之下有脱文，則尚未盡得。此當於「鋒」字絶句。「操其觚，招其末」之下更無他文，則「握劍鋒」下亦不必更有何字矣。「以」字本在「雖」字之下，其文曰：「故握劍鋒，雖以北宮子、司馬蒯蕢，不可使應敵。」因「雖」字誤作「離」，遂移「以」字於上，使成句耳。今使烏獲藉蕃從後牽牛尾，尾絶而不從者，逆也；烏獲、藉蕃，皆多力人。○梁履繩云：藉蕃恐非人名。抱朴子云：「怯懦者，效慶忌之蕃捷。」疑即「藉蕃」，蓋勇健之義。○寧案：「烏獲、藉蕃，皆多力人」八字，疑非高注原文。呂氏春秋重己篇：「使烏獲疾引牛尾，尾絶力勯而牛不可行，逆也。」此淮南所本。彼注云：「烏獲，秦武王力士也。」上文「千鈞之重，烏獲不能舉也」，高注亦云：「烏獲，秦武王之力士也。」則此不得注曰「皆多力人」。抱朴子外篇酒誡「效慶忌之蕃捷」，「蕃捷」連文，是蕃亦捷也。下文以「捷疾」連用，王念孫云：「兩字同義」，是捷亦疾也。又「疾」「藉」通借，故「蕃捷」「蕃疾」「蕃藉」「藉蕃」，文異義同。此作「藉蕃」，呂氏春秋作「疾」，是其比也。讀者不解其義，以爲烏獲人名，「藉蕃」亦當人名，批此八字於句側，寫者不知，故誤入注文耳。梁氏疑「蕃捷」即「藉蕃」是也，謂爲勇健之義亦非。若指之桑條以貫其鼻，○楊樹達云：「若指之桑條」，謂桑條大如指者。○馬宗霍云：「之」字爲語助，在句中不爲義。指者，説文訓「手指也」，引申之，則以手指執物，亦謂之指。此蓋謂若執桑條以貫牛鼻也。易説卦：「艮爲指。」孔穎達疏云：「爲指，取其執止物也。」是指有執義之證。亦猶説文訓手爲拳，因之以手握持物亦曰手。如公羊莊公十二年傳「手劍而叱之」，何休注云：「手劍，持拔劍。」即其例。禮記檀弓篇「子手弓而可」，義亦同。本文指桑條，正如檀弓之「手弓」，公羊之「手劍」矣，一説若猶如也，謂桑條大如指者。猶下文「七尺之橈而制船之左右」，謂橈之長七尺也。亦通。墨子褋守篇云：「各爲二類，一鑿而屬繩，繩長四尺，大如指。」淮南以「若指」比桑條，猶墨子以「如指」比繩也。○寧案：指猶示也。論語八佾：「其如示諸斯乎？指其掌。」注：「如指示掌中之物。」以指釋示，故指有示義。又玉篇：「示者，語也，以事告人曰示。」此蓋謂語人以桑條貫牛鼻也。則五尺童子牽而周四海者，順也。夫七尺之橈而制船之左右者，以水爲資。橈，刺船棹也。資，用也。橈讀煩嬈之「嬈」也。天子發號，令行禁止，以衆爲勢也。○劉文典云：北堂書鈔一百三十八引作「七尺之檝而制大舟者，因水爲資也；君發一言之號，而令行於民者，因衆爲勢也」。又御覽七百七十一引「制」作「動」，「勢」作「資」。夫防民之所害，開民之所利，威行也若發堿決唐。堿，水堿也。唐，隄也。皆所以畜水。○莊逵吉云：「唐」古「塘」字。○向宗魯云：「堿」當作「槭」。注當作「槭，決塘木也」。玉篇土部：「堿，決塘木。」即本此注。今注「水」字即「木」之誤。又因正文有「決塘」二字，而下文始釋「塘」字，遂以注中「決塘」二字爲衍，删之而綴「堿」字，非也。「堿」一本作「槭」。和名類聚一引淮南「發槭決塘」，是其所見本作「槭」也。玉篇木部：「槭，決塘木。」廣韻八微同。皆其明證。蓋古無「堿」字，假「槭窬」字爲之，後人因其爲陂塘之事而改作「堿」，不知何時始誤作「堿」。（玉篇廣韻集韻類篇皆無「堿」字，今傳寫宋本已作「堿」，是至南宋始誤。）又集韻八微云：「槭，通陂竇。」與此文義亦合，亦用淮南注義。蓋爲陂塘者，以木爲閘，欲決之，則發之，故訓爲決塘木，又訓爲通陂竇也。和名類聚鈔引許慎此注曰：「槭，所以通陂竇也。」集韻所用爲許注，則玉篇廣韻所用爲高注，可知今本「水埴」乃「決塘木」之譌也。○于省吾云：按「埴」乃「坎」之借字。玉篇土部「壏，口感切，壏坷」。漢孔耽神祠碑：「遭元二轗軻。」「轗軻」卽「轗軻」，从咸从感古字通。易咸釋文：「咸，感也。」左昭二十一年傳「窕則不咸」，釋文「咸本或作感」。轗軻亦卽坎軻。太玄經止次六「坎軻其輿」，易説卦傳：「坎，陷也。」玄應一切經音義三引埤蒼：「埳亦坑也。」「埳」同「坎」。注云：「埴，水埴也。」卽「坎，水坎也」。○寧案：于説近之。玉篇土部「埴，決塘也」，不作「決塘木」。且械不得言「皆所以畜水」。原本玉篇阜部引作「蔋㦿敡隓」。許叔重曰：「隓，隄也。」「㦿」乃「埴」之壞字。「敡」乃「毁」字俗書，是知非南宋以後始作埴也。且發械與決唐義相因，而原本玉篇「決」字作「毁」，則與「發械」文不相應，知原文固不作械也。兵畧篇「若崩山決塘」，二語平列，作「發坎」，其比同。故循流而下易以至，背風而馳易以遠。因其勢也。桓公立政，去食肉之獸，食粟之鳥，係罝之網，三舉而百姓説；桓，齊桓公。○寧案：「立」字古與「涖」通。「涖」或作「莅」，臨也。周禮鄉師云：「執斧以涖匠師。」鄭注：「故書涖作立。」鄭司農云：「立讀爲涖，謂臨視也。」易明夷「君子以莅衆」，正義曰：「君子能用此明夷之道以臨於衆。」是其證。氾論篇「立政者不能廢法而治民」，太平御覽二百七十一引「立」作「莅」。又案：吕氏春秋慎小篇「齊桓公卽位三年，三言而天下稱賢，羣臣皆悦。去食肉之獸，去食粟之鳥，去絲罝之網」。此淮南所本。絲罝之網，謂以絲織成之兔網也。此作「係罝」不詞。「係」當爲「絲」，形近而譌。紂殺王子比干而骨肉怨，斮朝涉者之脛而萬民叛，再舉而天下失矣。故義者，非能徧利天下之民也，利一人而天下從風；暴者，非盡害海内之衆也，害一人而天下離叛。○寧案：「非盡害海内之衆也」，「非」下有「能」字，與上句「非能徧利天下之民也」一律。文子上義篇有「能」字。故桓公三舉而九合諸侯，紂再舉而不得爲匹夫，故舉錯不可不審。三舉：去食肉之獸，食粟之鳥，係罝之網。再舉：殺比干，斮朝涉之脛也。

人主租斂於民也，必先計歲收，量民積聚，○劉家立云：「人主租斂於民也。」羣書治要引作「人主之賦斂於民也」，則「租」乃「賦」字之譌。計歲收，量積聚，本三字爲句，不當有「民」字。且上句已言「賦斂於民」，此處「民」字卽涉上句而衍也。知饑饉有餘不足之數，然後取車輿衣食供養其欲。○王念孫云：羣書治要引此「饑饉」作「饒饉」，案作「饒饉」者，原文；作「饑饉」者，後人所改也。「饒」與「饉」，「有餘」與「不足」，皆相對爲文，若作「饑饉」，則與「有餘」「不足」之文不類矣。此言人主必知民積聚之多寡，然後可以取於民，若上言「饑饉」，則下不得言「取車輿衣食供養其欲」矣。後人熟於「饑饉」之文，遂以意改之，而不知其與下文相抵牾也。○寧案：王説是。景宋本正作「饒饉」。高臺層榭，接屋連閣，非不麗也，○寧案：羣書治要引無「接屋連閣」四字，是也。下文云「肥醲甘脆，非不美也」，「匡牀蒻席，非不寧也」，而此作「高臺層榭，接屋連閣，非不麗也」，與下文不一律，當是後人臆增。精神篇云：「今高臺層榭，人之所麗也。」是其比。然民有掘穴狹廬所以託身者，明主弗樂也。不樂其大麗也。○王念孫云：「掘穴」本作「堀室」，「堀」古「窟」字。昭二十七年左傳「吴公子光伏甲於堀室而享王」，史記吴世家作「窟室」是也。因「堀」誤爲「掘」，後人遂妄改爲「掘穴」耳。「窟室」與「狹廬」事相類，若云「掘穴狹廬」則文不成義矣。羣書治要引此正作「窟室」，又引注云：「窟室，土室。」太平御覽木部七引此亦作「窟室」。又案：「民無掘穴狹廬所以託身者」，（道藏本如是。）劉本作「民有掘穴狹廬無所託身者」，此依下文改也。案下文云「民有糟糠菽粟不接於口者」，又云「民有處邊城，犯危難，澤死暴骸者」。此云「民無堀室狹廬所以託身者」，文與下二條異，不當據彼以改此。且既有狹廬，則不得言無所託身。羣書治要、太平御覽引此並作「民無窟室狹廬」，則劉改非也。莊依劉本作「民有掘穴狹廬」，又依道藏本作「所以託身者」，兩無所據矣。○陶方琦云：羣書治要引許注：「窟穴，土室。」案說文「穴，土室也」。與此注正同。○楊樹達云：景宋本亦作「民無」，與道藏本同。然文義不完，殊不可通。余謂文當作「民有無堀室狹廬所以託身者」，與下二句「民有」云云文句一律。此文及下文三言「民有」，皆謂民之中有此等之人，此三事所同，本文不能獨異也。「民有無堀室狹廬所以託身者」，謂民之中竟有雖堀室狹廬亦無有，無處可以託身之人，與下文言「糟糠菽粟不接於口」正同。景宋本、道藏本脫去「有」字，劉績不知，改「無」字爲「有」字，而文不可通，乃改「所以託身」爲「無所託身」，王氏知「無」字之當有，而不知「無」上當補「有」字，皆非也。○向宗魯云：「所」猶「可」也，詳王氏釋詞卷九。（失舉此條。）○于省吾云：按王以「掘」爲「堀」，謂「堀」古「窟」字，是也。改「穴」爲「室」，非也。陶方琦引治要許注「窟穴，土室」，又引說文「穴，土室也」爲證。按陶說是也。詩綿「陶復陶穴」，卽此所謂窟穴也。○寧案：「明主弗樂也」及下文「明主弗安也」，句首皆當有「則」字，與「則明主弗甘也」一律。「然」與「則」文相呼應。太平御覽九百五十八引「明主弗樂也」上有「則」字，知下句同例。又注「不樂其大麗也」，「大」當爲「美」。精神篇高注：「麗，美也。」故「美麗連文」。蓋「美」字缺其上半，因誤爲「大」耳。蜀藏本正作「美麗」。

肥醲甘脆，非不美也，○劉文典云：治要引「美」作「香」。○寧案：作「香」非。香可接於鼻，不可接於口。故呂氏春秋貴生篇曰「鼻雖欲芳香」，文子符言篇曰「鼻好香」。禮月令「其臭羶」，「其臭香」，疏：「通於鼻者謂之臭。」若作「香」，則與下文口不相應也。太平御覽九百五十八引作「非不香美也」，蓋寫者誤入「香」字，後人以上文已言「麗」，故删「美」字耳。又案大藏音義七十七引許注：「醲，肥甘也。」然民有糟糠菽粟不接於口者，則明主弗甘也。不甘其肥醲也。○寧案：「菽粟」當作「橡栗」，字之誤也。儀禮注：「王公煞豆而食曰啜菽。」說文：「粟，嘉穀實。」是菽粟皆食之精者，與糟糠不類。蓋「栗」誤作「粟」，後人遂改「橡」爲「菽」，以就「粟」字之誤耳。太平御覽九百五十八木部橡目引此正作「橡栗」，是其明證。匡牀蒻席，非不寧也，匡，安也。蒻，細也。○顧廣圻云：蒻疑當作弱，故注如此也。注蒻疑亦弱之誤。詮言篇云：「筐牀衽席。」注云：「衽，柔弱也。」可證此弱字之不從艸，葢後人因他書多言蒻席而改之。（彼匡作筐，高不更解，疑當同此作匡。又衽字高解爲柔弱，疑當作荏，亦後人他書多言衽席而改之。）○于省吾云：按莊子齊物論「與王同筐牀」，釋文：「筐，本亦作匡。司馬云：『筐牀，安牀也。』崔云：『筐，方也。一云正牀也。』」然民有處邊城，犯危難，澤死暴骸者，明主弗安也。不安其匡牀蒻席也。○于省吾云：按「澤死」不詞，應讀作「釋尸」。「澤」「釋」、「死」「尸」字通，古籍習見。「釋尸」與「暴骸」相對爲文。○寧案：于說未必是也。尸子曰：「禹之治水，爲喪法曰：死於陵者葬於陵，死於澤者葬於澤。」要畧篇亦云：「死陵者葬陵，死澤者葬澤。」何謂「澤死」不詞也？此言處邊城，犯危難，故暴骸於山澤。言澤不言山者，偏詞複義也。若讀作「釋尸」，則與「暴骸」義複。故古之君人者，其慘怛於民也，國有飢者，食不重味；民有寒者，而冬不被裘。與同飢寒。○寧案：「飢」莊本誤作「饑」，注不誤。飢、寒對文。據宋本、藏本及注文改正。歲登民豐，乃始縣鐘鼓，陳干戚，登，成也，年穀豐熟也。君臣上下同心而樂之，國無哀人。言皆樂也。故古之爲金石管絃者，所以宣樂也；金，鐘。石，磬。管，簫也。絃，琴瑟也。兵革斧鉞者，所以飾怒也；觴酌俎豆酬酢之禮，所以效善也；效，致。○王念孫云：「效善」當爲

「效喜」，字之誤也。此以喜怒哀樂相對，作「善」則義不可通。羣書治要引此正作「喜」。衰絰菅屨，辟踊哭泣，所以諭哀也。諭，明。此皆有充於內而成像於外。充，實。○劉文典云：治要「外」下有「者也」二字。及至亂主，取民則不裁其力，裁，度。○寧案：「取」下疑脱「於」字。「取於民」與「求於下」相對爲文，猶上句「有充於內」「成像於外」以兩「於」字相對爲文也。集證本沾「諸」字非。求於下則不量其積，男女不得事耕織之業以供上之求，事，治。業，事。力勤財匱，君臣相疾也。故民至於焦脣沸肝，有今無儲，有今日之食，而無明日之儲也。而乃始撞大鐘，擊鳴鼓，吹竽笙，彈琴瑟，是猶貫甲冑而入宗廟，被羅紈而從軍旅，失樂之所由生矣。夫民之爲生也，一人蹠耒而耕，不過十畝，蹠，蹈。中田之獲，卒歲之收，○俞樾云：既言「之獲」，又言「之收」，重複無謂。疑本作「中田卒歲之收」，無「之獲」二字。故文子上仁篇作「中田之收」，蓋省「卒歲」二字耳。若使本作「中田之獲，卒歲之收」，而文子省其一句，則何不曰「中田之獲」，而必變「獲」爲「收」乎？不過畝四石，妻子老弱仰而食之。時有涔旱災害之患，涔，久而水潦也。○寧案：注「久而水潦」，義不可通。集證本改「而」爲「雨」，似是也。「潦」通「澇」。此以涔旱對舉，故曰久雨水澇也。無以給上之徵賦車馬兵革之費。○王念孫云：「有以」之「有」，各本多作「無」，惟道藏本及茅本作「有」，「有」字是也。「有」讀爲「又」，言終歲之收，僅足供一家之食，既時有水旱之災，而又以此給上之徵賦也。後人不知「有」爲又之借字，而改「有」爲「無」，斯爲謬矣。莊刻仍從諸本作「無」，故特辯之。○寧案：景宋本「無」字亦作「有」，王説是。由此觀之，則人之生憫矣！憫，憂，無樂。夫天地之大計，三年耕而餘一年之食，率九年而有三年之畜，十八年而有六年之積，積，委也。二十七年而有九年之儲，雖涔旱災害之殃，民莫困窮流亡也。故國無九年之畜，謂之不足；○寧案：「無九年之畜」，「畜」字疑當作「儲」，承上「九年之儲」言之也。猶下文「無六年之積」承上「六年之積」，「無三年之畜」承上「三年之畜」言之。此若作「畜」則與「無三年之畜」複矣。無六年之積，謂之憫急；憫，憂。急，病也。無三年之畜，謂之窮乏。故有仁君明王，○寧案：「王」當爲「主」，字之誤也。「仁君明主」與下文「貪主暴君」相對而言。本文稱「明主」者七，無稱「明王」者。道藏本、中立本、景宋本「王」字正作「主」。其取下有節，自養有度，則得承受於天地，而不離饑寒之患矣。○寧案：「饑」當作「飢」，與「寒」對舉。道藏本、中立本、景宋本皆作「飢」。若貪主暴君，○寧案：「若」下沾「得」字。「若得貪主暴君」與上文「故有仁君明主」，文正相對。道藏本、景宋本皆有「得」字。撓於其下，侵漁其民，以適無窮之欲，則百姓無以被天和而履地德矣。天和，氣也。地德，所生植也。○寧案：注當重「和」字。此以「和氣」釋和。吳承仕有說，詳俶真篇「被德含和」下。出「天和」二字而但云「和氣」，省文也。與下句出「地德」而云「所生植也」同例。

食者民之本也，民者國之本也，國者君之本也。是故人君者，○王念孫云：「君」字當在「人」字上。羣書治要引此正作「君人者」。○寧案：王說是也。上文「君人者」凡六見，「君人」凡兩見，無作「人君」者。上因天時，下盡地財，○寧案：齊民要術一、羣書治要引「地財」皆作「地利」。中用人力。是以羣生遂長，五穀蕃殖。教民養育六畜，○陶方琦云：說文畜字下引許注曰：「玄田爲畜。」按說文引淮南子曰「玄田爲畜」，即引其注文，與「芸」字「蜩」字下同例。說文「畜，田畜也」，即周官牧人「掌牧六牲而阜蕃其物」之義。王氏筠曰：「玄田當作玄田，从叀之古文

[illegible]。」叀部疐下云：「从叀，引而止之也。」漢書景帝詔「農桑毄畜」，注：「毄謂食養之，畜謂牧放也。毄，古繫字。」繫之者，恐其逸也。是其證。以時種樹，務脩田疇，滋植桑麻，肥墝高下，各因其宜，邱陵阪險不生五穀者，以樹竹木。○寧案：齊民要術一引「以樹」作「樹以」。春伐枯槁，夏取果蓏，有核曰果，無核曰蓏。○寧案：墬形篇「百果所生」下注云：「在木曰果，在地曰蓏。」八字許注羼入當删，蓋此處許注佚文。秋畜疏食，菜蔬曰疏，穀食曰食。○寧案：注「蔬」當作「食」。習言菜蔬，因以致誤。爾雅釋天「蔬不熟爲饉」，郭注：「凡草菜可食者通名爲蔬。」「蔬」通「疏」。故曰「菜食曰疏」也。景宋本正作「菜食曰疏」。齊民要術作「菜食曰蔬」。冬伐薪蒸，大者曰薪，小者曰蒸。○寧案：周禮天官甸師注，「木大曰薪，小曰蒸」，即高注所本。齊民要術一引作「火曰薪，水曰蒸」，「火」「水」乃「大」「小」形近之譌。以爲民資。資，用。是故生無乏用，死無轉尸。轉，棄也。故先王之法，畋不掩羣，掩猶盡也。不取麛夭，鹿子曰麛，麋子曰夭。○寧案：魯語「獸長麑麇」，韋注：「鹿子曰麑，麋子曰麇」。「夭」「麇」、「麛」「麑」，字並兩通。不涸澤而漁，涸澤，漉池也。不焚林而獵。爲盡物也。豺未祭獸，罝罦不得布於野；十月之時，豺殺獸四面陳之，世謂之祭獸也。未祭獸，罝罦不得施也。獺未祭魚，網罟不得入於水；獺，獱也。明堂月令：「孟春之月，獺祭魚。」取鯉四面陳之水邊也，世謂之祭魚。未祭不得捕也。鷹隼未摯，羅網不得張於谿谷；立秋鷹摯矣。未立秋，不得施也。「鷹」或作「雁」。○寧案：「摯」讀曰「擊」。夏小正：「鷹始摯。始摯而言之何也？諱殺之辭也，故曰摯云。」注「不得施也」，「也」字道藏本、景宋本作「下」，中立本作「網」，疑網字是。不得施網，猶上文注云「罝罦不得施也」。又案：「鷹」或作「雁」，非，道藏本作「雋」，景宋本作「隽」，亦非。當是「雁」字之譌。説文作「䧹」，籀文作「鷹」。

「雁」「雁」形近，因以致誤。雁不得言摯也。草木未落，斤斧不得入山林；九月草木節解，未解，不得伐山林也。昆蟲未蟄，不得以火燒田。十月蟄蟲備藏，未蟄，不得用燒田也。○王念孫云：正文「燒」字，因注內「燒田」而衍。「不得以火田」，謂田獵不得用火。爾雅曰「火田爲狩」是也。高注「不得用燒田」，「燒」讀去聲。管子輕重甲篇：「齊之北澤燒。」尹知章注曰：「獵而行火曰燒。式照反。」是也。「燒」字正釋「火」字。若云「以火燒田」，則不詞矣。王制及賈子容經篇並云：「昆蟲未蟄，不以火田。」（說苑脩文篇同。）此卽淮南所本。文子上仁篇亦作「不得以火田」。孕育不得殺，鷇卵不得探，魚不長尺不得取，○梁玉繩云：淮南諱長，「長尺」疑是「及尺」。彘不期年不得食。皆爲盡物。是故草木之發若蒸氣，發，生。禽獸之歸若流泉，飛鳥之歸若煙雲，○寧案：兩「之歸」當作「歸之」，涉上句「草木之發」而誤倒也。「禽獸」二句承「草木之發若蒸氣」而言，草木發，故鳥獸歸之也，非三句並列爲文。呂氏春秋功名篇：「樹木盛則飛鳥歸之，庶草茂則禽獸歸之。」此淮南所本。道藏本、中立本、茅本、景宋本正作「歸之」。有所以致之也。故先王之政，○寧案：齊民要術一、玉燭寶典二引「政」作「制」。四海之雲至而脩封疆，立春之後，四海出雲。○寧案：齊民要術一、玉燭寶典二引許注：「四海雲至，二月也。」寶典引高注「立春」作「春分」，太平御覽九百二十二引同，與許注合。疑作立春乃後人據月令、呂覽改。蝦蟇鳴、燕降而達路除道，三月之時。○劉文典云：御覽九百二十二引注作「春分之後」。○寧案：齊民要術一、玉燭寶典二引「達」作「通」，引許注：「鷰降，二月也。」陰降百泉則脩橋梁，十月之時。○寧案：齊民要術一、玉燭寶典十引許注：「陰降百泉，十月也。」昏張中則務種穀，三月昏，張星中于南方。張，南方朱鳥之宿也。○劉文典云：御覽八百二十三引「張」作「弧」，又引注作「二月昏時，弧星中於南方，朱雀之宿也」。○寧案：疑許作「張」而高作「弧」也。時則篇「仲春之月，昏弧中」，高注：「是月昏時中於南方。」呂氏春秋仲春紀同。太平御覽八百二十三引本文及注與時則篇、呂氏仲春紀合。玉燭寶典三月引「昏張中卽務樹穀」，又引許慎曰：「大火昏中，三月也。」（「大火昏中」與正文不相應，當是「昏張中」之誤。四月引「大火中則種黍菽」，又引許慎曰：「大火昏中，四月也。」注三月與四月複，其誤甚明。）故知許本作「張」也。本篇乃高注，正文作「張」，注云「三月」，皆後人據許本改。大火中則種黍菽，大火，東方蒼龍之宿，在四月建巳中南方。菽，豆也。○寧案：注，道藏本、景宋本「在」字在「中」字下。依上下注例，「在」當作「於」。或書「在」作「扗」，「於」作「扵」，二形相似，故誤耳。又玉燭寶典四引許注：「大火昏中，四月也。」（齊民要術一引作「六月」。）虛中則種宿麥，虛，北方玄武之宿，八月建酉中於南方也。昴中則收斂畜積，伐薪木。昴星，西方白虎宿也。季秋之月，收斂畜積也。上告于天，下布之民，先王之所以應時脩備，富國利民，實曠來遠者，其道備矣。實，滿也。曠，空也。非能目見而足行之也，欲利之也。欲利之也不忘於心，○顧廣圻云：「欲利之也」句疑不當重，治要引亦重。○向宗魯云：下句當無「也」字，涉上句而衍。則官自備矣。心之於九竅四支也，不能一事焉，然而動靜聽視皆以爲主者，不忘於欲利之也。故堯爲善而衆善至矣，桀爲非而衆非來矣。善積則功成，非積則禍極。極，至。○寧案：道藏本、景宋本作「善積卽功成」。「卽」「則」通。

凡人之論，心欲小而志欲大，智欲員而行欲方，能欲多而事欲鮮。所以心欲小者，○寧案：「所以」當作「所謂」。下文「心欲小者」「志欲大者」「智欲員者」「行欲方者」「能欲多者」「事欲鮮者」六論，皆釋所謂而非釋所以也。景宋本正作「所謂」，文子微明篇同。慮患未生，備禍未發，戒過慎微，不敢縱其欲也。詩云：「惟此文王，小心翼翼，昭事上帝，聿懷多福。」此之謂也。○劉家立云：注二十二字，下文「聖人之心小矣」句下正文已引此詩，高氏不應又引以作注。此寫者之誤衍也。道藏本無此注。今據刪。○寧案：道藏本有此注，中立本、景宋本亦有此注，劉失檢。劉以爲此注乃寫者誤衍，恐未必然。下文「聖人之志大矣」「聖人之智圓矣」「聖人之行方矣」「能亦多矣」「事亦鮮矣」，皆冠「由此觀之」，即一句爲結語，總束上文，何獨於「由此觀之，聖人之心小矣」下更引「詩云」？與上五者文不一例。且「戰戰慄慄，日慎一日」二句，即已用堯戒語，不必引證重出。文子微明篇於二句下即無此詩。疑正文自「詩云」以下二十三字乃讀者批語，寫者誤入。此注不應刪。志欲大者，兼包萬國，一齊殊俗，并覆百姓，若合一族，是非輻湊，而爲之轂。轂以喻王。○莊逵吉云：「不穀」之訓，古皆云「穀，善」。錢別駕云：「道德經『侯王自稱孤寡不穀』，河上本作『轂』。注云：『不轂，不爲輻所湊也。』又別一解，與此『轂以喻王』之注正同。」知古兩義並有。後人但識「穀善」，而不知有輻轂之訓矣。智欲員者，環復轉運，終始無端，若順連環，故曰無端。○楊樹達云：「轉運」疑當作「運轉」，與「端」爲韻。上文俗、族、轂爲韻，下文達、竭爲韻，興、應爲韻，知此二句當有韻也。旁流四達，淵泉而不竭，萬物竝興，莫不嚮應也。應，和。行欲方者，直立而不撓，撓，弱曲也。素白而不污，窮不易操，通不肆志。肆，放。能欲多者，文武備具，動靜中儀，舉動廢置，○寧案：兩「動」字複，當依文子微明篇作「舉措」，蓋寫者習於「舉動」又涉上「動」字而誤也。廣韻：「措，舉也。」上句動靜正反相對，此「舉措」與「廢置」亦正反相對，作「動」則非其義矣。曲得其宜，無所擊戾，擊，掌也。戾，破也。○洪頤煊云：荀子脩身篇「行而俯項，非擊戾也」。尚書益稷「戛擊鳴球」，文選長楊賦作「拮隔」。韋昭云：「古文隔爲擊。」「擊戾」即「隔背」，高注非。○吴承仕云：泰族篇：「天地之間，無所繫戾。」俞樾云：「繫當作擊。主術作『無所擊戾』，是也。擊戾猶拂戾，擊者毄之假字。」荀子脩身篇：「行而俯項，非擊戾也。」王念孫曰：「擊戾謂有所抵觸，行而俯項。非擊戾也，謂非懼其有所抵觸而俯項以避之也。」承仕案：王俞説並非也。荀子淮南擊戾字，並當依泰族篇作繫戾。此注云「擊，掌也」，當作「繫，攣也」。俱因形近致譌。漢書敍傳：「既繫攣於世教矣。」繫攣義同，故此注以攣釋繫。吕氏春秋本生篇：「能養天下之所生而勿攖之。」注云：「攖，戾也。」莊子大宗師：「其名爲攖寧。」釋文引崔譔云：「攖，有所繫著也。」攖訓戾，亦訓繫著，可知繫、戾義同。得爲連語。蓋繫戾云者，拘牽乖剌之稱。故荀子言：「行而俯項，非繫戾也。視而先俯，非恐懼也。」意謂恭敬謙下，發乎自然。行而俯項，非因脊吕有拘攣之疾；視而先俯，非因中心有恐懼之事。楊倞釋繫戾爲項曲戾不能仰，説義甚精。然則楊倞所見荀子，自作「繫」不作「擊」矣。淮南兩言「繫戾」，義與荀子無異。王、俞改「繫」爲「擊」，轉近迂濶。又案：注「戾，破也」，亦不應雅詁，疑當作「戾，反也」。覽冥篇「舉事戾蒼天」，注云：「戾，反也。」是其證。「反」譌作「皮」，（「皮」「反」互錯之例，見經籍舊音辯證。）校者以「皮」字不可通，遂臆改爲「破」。○馬宗霍云：説文手部云：「擊，攴也。从手毄聲。」犬部云：「戾，曲也。从犬出户下。戾者，身曲戾也。」「擊戾」連文，不可訓以本義。荀子脩身篇：「行而俯項，非擊戾也。」楊倞注云：「擊戾猶言了戾也。」淮南本文之「擊戾」，雖與荀子同字，然楊以「了戾」釋之。案説文：「了，尥也。」「尥，行脛相交也。」引申之，蓋有糾轉曲折之意。楚辭劉向九歎逢紛篇：「繚戾宛轉，阻相薄兮。」則「了戾」猶「繚戾」矣。然則以「了戾」釋本文，與上句「曲得其宜」似亦不貫。尋書皋陶謨「戛擊鳴球」，漢書揚雄傳作「拮隔鳴球」。文選長楊賦同。李善注引韋昭曰：「古文隔爲擊。」是「擊」可通「隔」。「戾」者，玄應一切經音義二大般涅槃經第十五卷性戾條引字林云：「戾，乖戾也。」詩小雅節南山篇「降此大戾」，鄭箋云：「戾，乖也。」本文之「擊戾」，蓋當取義於乖隔。「無所擊戾」者，猶言無所乖隔也。乖隔則不相入。無所乖隔，亦即無所不合也。高訓「擊」爲「掌」，似從擊之本義，訓「戾」爲「破」，古無此義。○寧案：吴説是也。説文：「攣，係也。」易中孚九五：「有孚攣如。」疏：「相牽繫不絶之名也。」「係」「繫」古通，故高注曰：「繫，攣也。」又易小畜九五：「有孚攣如。」虞曰：「引也。」原道篇「抮抱」，高注：「引戾也。」故「繫戾」猶「引戾」。道藏本、景宋本作「了戾也」。荀子脩身篇楊注正云：「繫戾猶了戾也。」此擊讀爲繫，聲類同，可通假，説詳人閒篇「北擊于遼水」下。要畧篇「擊危」，危乃戾字之譌。無不畢宜也。○寧案：「無」字與上句複，景宋本「無」作「莫」。事欲鮮者，執柄持術，得要以應衆，執約以治廣，處靜持中，○俞樾云：文子微明篇作「處靜以持躁」，當從之。靜躁對文，與上文「得要以應衆，執約以治廣」，文義一律。運於璇樞，以一合萬，若合符者也。符，約也。故心小者，禁於微也；志大者，無不懷也；多所容也。智員者，無不知也；行方者，有不爲也；非正道不爲也。能多者，無不治也；治猶作也。事鮮者，約所持也。約，要也。

古者天子聽朝，公卿正諫，博士誦詩，瞽箴師誦，庶人傳語，史書其過，宰徹其膳，猶以爲未足也。故堯置敢諫之鼓，欲諫者擊其鼓。○劉文典云：治要「敢」作「欲」。○寧案：作「欲」是也。注云「欲諫者」，是其證。吕氏春秋自知篇、文選任彦昇策秀才文注引鄧析子皆作「欲」。舜立誹謗之木，書其善否於表木也。湯有司直之人，司直，官名，不曲也。○于鬯云：吕氏春秋自知論作「湯有司過之士」。「直」作「過」，似勝。○寧案：高承事物紀原五引此文許注「司直，官名」。下當有也字，今本「不曲」二字疑衍。高氏蓋誤高爲許。**武王立戒慎之鞀，**欲戒君令慎疑者摇鞀鼓。○寧案：鞀不可以言立，吕氏春秋自知篇、鄧析子轉辭篇皆作「有」。羣書治要引同。**過若豪氂而既已備之也。**備，具也。**夫聖人之於善也，無小而不舉；**舉，用。**其於過也，無微而不改。**改，更。**堯、舜、禹、湯、文、武，皆坦然天下而南面焉。**背屏而朝諸侯。○王念孫云：次句當作「皆坦然南面而王天下焉」。今本顛倒不成文理。劉本删去「王」字尤非。○顧廣圻云：上文無禹，疑當作「與」。○王引之云：「禹」衍字，後人習聞堯舜禹湯而誤增之也。吕氏春秋自知篇作「堯舜湯武」，是其證。○寧案：二王説是也。「禹」「文」二字皆衍文。景宋本作「堯、舜、禹、湯、武王」，道藏本作「堯、舜、禹、湯、文、武王」，皆有「王」字。蓋讀者以「王」字屬「堯、舜、湯、武」絶句，故加「禹」字以足句，如宋本。後人習言堯、舜、禹、湯、文、武，又於「武」上加「文」字，如藏本。不知上文不言禹、文也。鄧析子轉辭篇云：「此四君子者，聖人也。」王啟湘云：「子字當衍。四君卽指堯、舜、湯、武而言。」據此則「禹」「文」二字乃後人所加明矣。顧氏以爲「禹」當作「與」，亦非。**當此之時，鼙鼓而食，**鼙鼓，王者之食樂也。詩云：「鼓鐘伐鼙。」○王念孫云：「鼙鼓而食」當作「伐鼙而食」。今作「鼙鼓」者，涉注文而誤也。周官大司樂曰：「王大食三侑，皆令奏鐘鼓。」奏鐘鼓而食，故曰「伐鼙而食」。高注引詩「鼓鐘伐鼙」，正釋「伐鼙」二字之義。若云「鼙鼓而食」則文不成義矣。且「伐鼙而食，奏雍而徹」相對爲文。荀子正論篇曰：「曼而饋，伐皋而食，（今本「伐」誤作「代」，辯見荀子。「皋」與「鼙」同。考工記「韗人爲皋鼓」是也。）雍而徹乎五祀。」卽淮南所本也。玉海音樂部樂器類引此正作「伐鼙而食」。**奏雍而徹，**雍，已食之樂也。**已飯而祭竈，**○劉台拱云：（荀子補注正論篇「雍而徹乎五祀」句。）「徹乎五祀」，謂徹於竈也。周禮膳夫職云：「王卒食以樂徹於造。」淮南主術訓云：「奏雍而徹，已飯而祭竈。」蓋徹饌而設之於竈若祭然，天子之禮也。造、竈古字通用。行不用巫祝，言其率德蹈政，無求於神。○于鬯云：王襍志標此文「已飯而祭竈」句絕，則「行」字屬「不用巫祝」讀。然「行不用巫祝」義不明，似不若「竈行」連讀。時則訓「其祀井」，高注云：「井或爲行。」案作「行」與小戴月令記、吕氏春秋孟冬紀合，此「行」字卽彼「行」字也。荀子正論篇云：「代睪而食，雍而徹乎五祀」，卽此上文「鼙鼓而食，奏雍而徹」，而彼接言「五祀」，明此不得專言祭竈矣。竈也，行也，並五祀之一，云祭竈、行，舉二以該三也。○寧案：于於「行」字絕句，非也。荀子正論篇云：「出户而巫覡有事，出門而宗祝有事」，卽「行不用巫祝」所本。楊注：「出户，謂出內門也。出門，謂車駕出國門。有事，謂祭行神也。」此「行」字謂出户、出門，卽言出行不用巫祝以祭行神，何于氏謂義不明也？又周禮膳夫職云：「王卒食以樂徹於造。」「造」通「竈」，何于氏謂不得專言祭竈也？且「已飯而祭竈」以下四句皆五字句，安得「行」字上屬，令句法參差矣。文子微明篇襲此文云：「故聖人之於善也，無小而不行，其於過也，無微而不改，行不用巫覡而鬼神不敢先。」可證。王氏句讀不誤。又案：注「蹈政」，道藏本、中立本、茅本、景宋本作「蹈正」。當據改。鬼神弗敢祟，山川弗敢禍，可謂至貴矣。至德之可貴也。然而戰戰慄慄，日慎一日。由此觀之，則聖人之心小矣。詩云：「惟此文王，小心翼翼，昭事上帝，聿懷多福」，其斯之謂歟？

武王伐紂，○王念孫云：「伐紂」本作「克殷」，此後人妄改之也。（下文「解箕子之囚」，高注：「武王伐紂，赦其囚執。」「伐紂」二字，亦後人所加。）下文所述六事，皆在克殷以後，若改「克殷」爲「伐紂」，則自孟津觀兵以後，皆是伐紂之事，與下文不合矣。羣書治要引此正作「武王克殷」。又齊俗篇「昔武王執戈秉鉞以伐紂勝殷，搢笏杖殳以臨朝」，「伐紂」二字亦後人所加。「執戈秉鉞以勝殷，搢笏杖殳以臨朝」，相對爲文，加入「伐紂」二字，則文不成義，且與下句不對矣。太平御覽兵部八十四引此無「伐紂」二字，蓋後人熟於武王伐紂之語，遂任意增改而不顧文義，甚矣其妄也。**發鉅橋之粟，散鹿臺之錢，**鉅橋，紂倉名也。一說：鉅鹿漕運之橋。鹿臺，紂錢藏府所積也。武王發散以振疲民。○陶方琦云：史記集解三、漢書張良傳注、後漢地理志引許注：「鉅鹿之大橋，有漕粟也。」案二注文義異。所云一說，即是許義，與集解、漢書注引合，水經注十引許慎曰：「鉅鹿水之大橋也。」亦卽此注。呂氏春秋愼大高注：「巨橋，紂倉名。」與此注前一說正同。○吴承仕云：注云：「鹿臺，紂錢藏府所積也。」文不成義。呂氏春秋愼大覽注云：「鹿臺，紂錢府。」是也。疑此文當作「鹿臺，紂錢府。藏府所積，武王發散以振疲民」。注先釋鉅橋鹿臺之名，次總說發散錢粟之事。**封比干之墓，**比干，紂諸父也。諫紂之非，紂殺之，故武王封崇其墓，以旌仁也。**表商容之閭，**商容，殷之賢人，老子師，故表顯其里。穆稱篇又云「老子業於商容，見舌而知守柔矣」是也。○陶方琦云：世說新語一引許注：「商容，殷之賢人，老子師。」案此許注羼入高注中，故同。蘇氏淮南子叙云：「高氏注每篇下皆曰訓。」今本皆用高氏，故皆稱「訓」。玆所曰穆稱篇，「穆」「繆」古通，稱「篇」乃許氏之本也。繆稱篇許注亦云：「商容，賢人也。」○寧案：注「里」上當有「閭」字。以「里」釋「閭」，故曰閭里也。呂氏春秋愼大覽注正作「故表異其閭里」。餘同。**朝成湯之廟，**成湯，殷受命之王。言聖人以類相宗。**解箕子之囚，**箕子，紂之庶兄。論語云：「箕子爲之奴。」武王伐紂，赦其囚執，問以洪範，封之於朝鮮也。**使各處其宅，田其田，無故無新，惟賢是親，用非其有，使非其人，晏然若故有之。由此觀之，則聖人之志大也。**○劉文典云：「則聖人之志大也」，與上文「則聖人之心小矣」，下文「則聖人之智員矣」「則聖人之行方矣」不一律，「也」當作

「矣」。治要引正作「卽聖人之志大矣」。文王周公觀得失，○寧案：「公」字衍文。説文：「周，密也。」廣韻：「偏也。」「周觀得失，偏覽是非」，相對爲文。淺人不解「周」字之義，習言文王周公，故於「周」下加「公」字，謬矣。宋本、藏本皆無「公」字。徧覽是非，堯、舜所以昌，桀、紂所以亡者，皆著於明堂，著猶圖也。於是略智博問，○寧案：「問」當爲「聞」，形近而誤。荀子脩身篇「多聞曰博」，故曰博聞。道藏本、景宋本正作「聞」。以應無方。由此觀之，則聖人之智員矣。成、康繼文、武之業，守明堂之制，觀存亡之迹，見成敗之變，非道不言，非聖人之意不敢言。非義不行，非仁義不敢履行也。言不苟出，行不苟爲，擇善而後從事焉。由此觀之，則聖人之行方矣。孔子之通，智過於萇宏，勇服於孟賁，足躡郊菟，力招城關，能亦多矣。萇宏，周大夫，敬王臣也，號知大道。孟賁，勇士也。孔子皆能。招，舉也。以一手招城門關端，能舉之，故曰亦能多也。○陶方琦云：羣書治要引許注：「萇弘，周景王之史，行通天下鬼方之術也。」按春秋文曜鉤云：「高辛受命，重黎説天，成周改號，萇弘分官。」又羣書治要、後漢書鄭太傳注引許注：「孟賁，衛人。」按漢書淮南王傳「奮諸、賁之勇」，應劭曰：「吳專諸，衛孟賁也。」與許説同。○吳承仕云：朱本注云：「萇弘，周大夫，敬王臣也，號知大道。孟賁，勇士也。菟，新生草。招，舉也，以一手招城門關，端能舉之，孔子皆能之也。」承仕案：朱本近之，莊本尤非也。「號知大道」，「大」當作「天」。萇弘多言天道，事見左氏內、外傳。呂氏春秋必己篇注云：「萇弘，周大夫，號知天道。」是也。景宋本注正作「天道」，不誤。此一事也，足躡郊菟者，蓋言孔子善走，奔及良馬也。古多稱良馬爲菟。廣韻注：「騗菟，馬而菟走也。」飛菟、白菟、郊菟，同爲良馬之名。（郊菟，御覽三百八十六引作狡菟，郊、狡聲近通借。）注當云：「郊菟，新生草駒。」朱本誤奪「駒」字，其義難憭。修務篇：「夫馬之爲草駒之時，跳躍揚蹄，翹尾而走，人不能制。」注：「馬五尺以下爲駒，放在草中，故曰草駒。」齊俗篇注云：「騕褭，良馬，其子飛菟，皆一日萬里。」飛菟爲良馬之子，故此注以新生草駒釋郊菟，正與齊俗、脩務說應。本或誤奪「駒」字，淺人遂併「菟新生草」四字而妄删之，不有朱本殘缺之文，則郊菟之說，終莫能明也。（記內則：「堇荁枌榆免薨滫瀡以滑之。」鄭注云：「免，新生者。薨，乾也。」釋文云：「免音問，新生曰免。」「菟」亦作「脕」。詩采薇：「薇亦柔止。」傳云：「柔，始生也。」鄭箋云：「柔，謂脃脕之時。」今按婦容曰娩，生子齊均曰嬔。字從免聲者，自有始生柔脃之義，不必專指菜言。疑內則舊本，「免」字或作艸形，以與薨字相配，故廣韻云：「菟，亡運切，新生草也。」今朱本作新生草，似亦讀從免聲，說義與廣韻注同。然以是相證，則足蹋郊菟，竟是何意，更不可說。或謂舊本淮南，元無此注，後人取廣韻注補之，故不相應。此說亦非。明人所刊淮南，於舊有注文，妄有删削，至於增補異義，則絕無其事，以廣韻校書，更非明人所能爲也。愚意淮南此注，當是說馬，不關內則「枌榆免薨」之義。）此二事也。呂氏春秋慎大覽注云：「孔子以一手捉城關，顯而舉之。」畢沅云：「顯疑作翹。」然顯、翹形聲俱不相近，無緣致誤。此注既以「舉」訓「招」，下文復云「以一手招城門關，端而舉之」。招、舉並稱，於義爲複。疑此注當云：「以一手捉城門關，揣而舉之。」與呂氏注（立）文正同。漢書賈誼傳：「何足控揣。」孟康曰：「揣，持也。」是其義。此三事也。總上三事，略正注文於下，曰：「萇弘，周大夫，敬王臣，號知天道。孟賁，勇士也。郊菟，新生草駒。招，舉也，以一手捉城門關，端（讀爲揣）而舉之。孔子皆能之，故曰能亦多矣。」○楊樹達云：道應篇云：「孔子勁杓國門之關。」許注云：「杓，引也。古者縣門下，從上杓引之者難也。」二篇事同字異，當緣許、高二本之殊。然招從召聲，杓從勺聲，召聲勺聲之字，古可通作。詩大雅大明箋云：「徵應照晳見於天。」釋文云：「照本作灼。」又古射的謂之的。詩云：「發彼有的。」是也。又謂之招。呂氏春秋别類篇云：「射招者，欲其中小也。」高注云：「招，埻藝也。」又本生篇云：「共射其一招。」高注云：「招，埻的也。」此皆召聲勺聲字通作之證。然則字雖異而義實同也。至高訓「招」爲「舉」，許訓「杓」爲「引」，各依文爲釋，其解城門之闕亦互殊。高注「城門闕端」，似以闕爲扃門横木。許則釋之與襄公十年左傳「縣門發，鄹人紇抉之以出門者」相同。然叔梁紇爲孔子之父，孔子多力招闕事，疑以父事而誤傳也。○寧案：俶真篇：「狡，少也。」有新生義，故訓郊菟爲新生草駒也。又案：注「亦能」二字誤倒。然而勇力不聞，人不聞其爲勇力也。伎巧不知，人不知其有伎巧也。專行教道，○寧案：道藏本、茅本、景宋本「教」作「孝」，羣書治要引同，疑非。中立本同今本。以成素王，事亦鮮矣。春秋二百四十二年，亡國五十二，弒君三十六，采善鉏醜，以成王道，論亦博矣。然而圍於匡，顏色不變，絃歌不輟，匡，宋邑也，今陳留襄邑西匡亭是也。孔子曰：「天生德于予，匡人其如予何？」故顏色不變，絃歌不止也。臨死亡之地，犯患難之危，據義行理，而志不懾，分亦明矣。犯猶遭也。懾猶懼也。然爲魯司寇，聽獄必爲斷，爲魯定公司寇。○劉台拱云：「爲斷」當作「師斷」。説苑至公篇：「孔子爲魯司寇，聽獄必師斷。」師，衆也，與衆共之，不獨斷也。作爲春秋，不道鬼神，不敢專己，夫聖人之智固已多矣，其所守者約，故舉而必榮；愚人之智固已少矣，其所事者多，○王念孫云：「其所事者多」，「多」上亦當有「有」字。「其所守者有約」，「其所事者有多」，兩「有」字皆讀爲「又」，「又」與「固已」文義相承。羣書治要引此正作「其所事者又多」。（荀子王霸篇引孔子曰：「知者之知固已多矣，有以守少，能無察乎？愚者之知固已少矣，有以守多，能無狂乎？」此即淮南所本。○寧案：王説是也。道藏本、景宋本上句皆作「其所守者有約」，莊本删「有」字，謬矣。文子微明篇襲此文，下句作「愚人之智固已少矣，而所爲之事又多」，改「有」爲「又」。故動而必窮矣。吴起、張儀，智不若孔、墨，而爭萬乘之君，此其所以車裂支解也。○孫志祖云：日知録：「張儀未嘗車裂，必蘇秦之誤。」志祖案：或商鞅之誤。○于鬯云：張儀不聞車裂支解，若改作蘇秦則合矣。又案繆稱訓云：「商鞅立法而支解，吴起刻削而車裂。」此張儀恐本作商鞅。○寧案：繆稱以商鞅、吴起並舉。泰族篇云：「商鞅爲秦立相坐之法而百姓怨矣。吴起爲楚減爵禄之令而功臣畔矣。」亦以商鞅、吴起並舉。疑孫、于後説是。夫以正教化者，易而必成；以邪巧世者，難而必敗。凡將設行立趣於天下，舍其易成者，○王念孫云：「捨其易成者」，當作「捨其易而必成者」，今本脱「而必」二字，則與上文不合。文子微明篇正作「捨其易而必成」。而從事難而必敗者，愚惑之所致也。凡此六反者，不可不察也。六反，謂孔、墨、萇宏、孟賁、吴起、張儀也。其行相反，故曰六反。○俞樾云：此注大謬。上文雖有此六人，然非舉以相較。萇宏、孟賁，不過謂孔子之智勇過此二人耳，初非言其相反也。六反者，即上文所謂「心欲小而志欲大，智欲員而行欲方，能欲多而事欲鮮」也。小與大反，員與方反，多與鮮反，是謂六反。○寧案：俞説是也。此云「凡此六反者不可不察也」。文子微明篇杜氏纘義云：「志欲大而心欲小，智欲員而行欲方，能欲多而事欲少，斯六者，凡人之不可不勉也。」杜言「斯六者凡人之不可不勉」，即此「凡此六反者不可不察」。

偏知萬物而不知人道，不可謂智；偏愛羣生而不愛人類，不可謂仁。仁者，愛其類也；智者，不可惑也。仁者，雖在斷割之中，其所不忍之色可見也；不忍于斷割之色，見于顔色也。○寧案：

「所」字衍。「仁者雖在斷割之中，其不忍之色可見」，與「智者雖遇（脫「遇」字。）煩難之事，其不闇之效可見」對文。智者，雖煩難之事，其不闇之效可見也。〇寧案：「煩難」上脫一字，應與「雖在斷割之中」對文。集證本補「遇」字，是也。中立本正作「遇」。內恕反情心之所欲，其不加諸人，〇顧廣圻云：「欲」上疑脫「不」字。由近知遠，由己知人，此仁智之所合而行也。小有教而大有存也，〇于鬯云：上文「所持甚小，其存甚大」，王襍志謂「其存甚大」本作「所任甚大」，「任」誤爲「在」，後人因改爲「存」。然以此文例彼，則彼「存」字亦不定是誤。儻以王彼校例此，則此「存」字亦當作「任」矣。小有誅而大有寧也，小教之以正，故大有存也；小責之以義，故大有寧也。非正則不存，非義則不寧。唯惻隱推而行之，此智者之所獨斷也。故仁智錯有時合，〇王念孫云：「故仁智錯有時合」，當作「故仁智有時錯，有時合」。〇呂傳元云：此當作「故仁智有時錯合」，不煩增「有時」二字。〇寧案：此段行文以排比爲特色，王說似勝。合者爲正，錯者爲權，其義一也。府吏守法，君子制義，法而無義，亦府吏也，不足以爲政。〇孫詒讓云：「吏」並當爲「史」，形之誤也。周禮諸官皆有府、史、胥、徒。鄭注云：「府治藏史掌書者。凡府史，皆其官長所自辟除。」耕之爲事也勞，織之爲事也擾，擾勞之事而民不舍者，知其可以衣食也。人之情不能無衣食，衣食之道，必始於耕織，萬民之所公見也。〇寧案：道藏本、景宋本「公」字皆作「容」。王念孫云：「容」與「公」古字通，劉本改作「公」字非是。物之若耕織者，始初甚勞，終必利也。衆愚人之所見者寡，事可權者多，愚之所權者少，此愚者之所多患也。〇王念孫云：「事可權者多」二句，當作「事之可權者多，（對上文「物之若耕織者，始初甚勞，終必利也衆」。）愚人之所權者少」。（對上文「愚人之所見者寡」。）

各本脫「之」字「人」字，則文義不明。此愚者之所多患，劉本作「此愚者之以多患也」。案當作「此愚者之所以多患也」。（對下文「此智者所以寡患也」。）道藏本脫「以」字「也」字，劉本脫「所」字。○俞樾云：此有脫誤。當云：「物之可備者衆，愚人之所備者寡；事之可權者多，愚人之所權者少：此愚者之所以多患也。」下文曰：「物之可備者，智者盡備之；可權者，盡權之：此智者所以寡患也。」與此文反覆相明，是其證也。「衆」上脫「物之可備者」五字，王氏念孫遂欲以「衆」字屬上句讀。然上文云「物之若耕織者，始初甚勞，終必利也」，其文義已足，必綴「衆」字於句末，轉爲不詞矣。物之可備者，智者盡備之；可權者，盡權之：此智者所以寡患也。故智者先忤而後合，忤，逆。愚者始於樂而終於哀。今日何爲而榮乎，且日何爲而義乎，此易言也；今日何爲而義，且日何爲而榮，此難知也。問瞽師曰：「白素何如？」○寧案：「素」字疑衍。此以白黑對舉，且素即謂「絹之精白者」，（急就篇顏注。）則不得曰白素也。蓋後人以下文曰「縞然」，故臆增「素」字，以與之相類耳。曰：「縞然。」曰：「黑何若？」曰：「黮然。」援白黑而示之，則不處焉。○楊樹達云：漢書谷永傳：「臣愚不能處也。」顏注云：「處謂斷決也。」人之視白黑以目，言白黑以口。瞽師有以言白黑，無以知白黑。故言白黑與人同，其別白黑與人異。○寧案：墨子貴義篇：「今瞽曰鉅者白也，黔者墨也，雖明目者無以易之；兼白黑使瞽取焉，不能知也。故我曰瞽不知白墨者，非以其名也，以其取也。」此淮南文所本。入孝於親，出忠於君，無愚智賢不肖，皆知其爲義也，使陳忠孝行而知所出者，鮮矣。凡人思慮，莫不先以爲可而後行之，其是或非，此愚智之所以異。

凡人之性，莫貴於仁，莫急於智，仁以爲質，智以行之，兩者爲本，而加之以勇力、辯慧，捷疾、劬録，巧敏、遲利，○王念孫云：「遲利」二字，義不相屬，「遲」當爲「犀」，字之誤也。犀亦利也。漢書馮奉世傳：「器不犀利。」如淳曰：「今俗刀兵利爲犀。」自「勇力」以下皆兩字同義。○馬宗霍云：説文力部無「劬」字。邶風凱風篇「母氏劬勞」，小雅鴻雁篇「劬勞于野」，蓼莪篇「生我劬勞」，皆「劬勞」連文，則劬亦勞也。禮記内則篇「見於公宫則劬」，鄭注正訓「劬」爲「勞」。説文金部云：「録，金色也。」淮南本文「劬」與「録」連，王念孫謂兩字同義，則「録」亦「勞」也。唐韻「録，力玉切。」「勞，魯刀切。」同屬舌音來母。以「録」爲「勞」，蓋雙聲假借字，與本義無涉。○寧案：「劬録」謂勤勞也。「劬」亦作「軥」、「拘」，「録」亦作「禄」。泰族篇云：「雖崇慧、捷巧、劬禄、疾力，不免於亂也。」盧文弨云：「禄當爲録，或古人以同音得借用也。」又荀子榮辱篇：「孝弟原愨，軥録疾力，以敦比其事業。」楊注：「軥與拘同，拘録謂自檢束也。」按「軥録、疾力」即淮南「劬禄、疾力」，謂勞身苦體之義，楊注非也。又君道篇云：「材人愿愨拘録，計數纖嗇，而無敢遺喪，是官人使吏之材也。」盧文弨云：「榮辱篇作軥録。注謂軥與拘同，蓋據此文。然吏材非僅取愿愨檢束而已，必將取其勤勞趨事者，則作劬録義長。」盧氏於注義不取也。蓋劬録、劬禄、軥録、拘録，字異義同。今俗謂勞苦曰勞碌，即劬録，「碌」與「録」同音通借。聰明審察，盡衆益也。身材未脩，伎藝曲備，而無仁智以爲表幹，而加之以衆美，則益其損。故不仁而有勇力果敢，則狂而操利劍；狂猶亂也。不智而辯慧懷給，則棄驥而不式。不智之人，辯慧懷給，不知所裁之，猶棄驥而惑，不知所詣也。懷，佞也。○王念孫云：「懷」與「佞」義不相近，「懷」皆當爲「儇」，字之誤也。「儇」與「儇」同，字或作「譞」。方言曰：「儇，慧也。」説文同。又曰：「譞，譞慧也。」廣雅曰：

「辯、儇，慧也。」卽此所云「辯慧儇給」也。楚辭九章：「忘儇媚以背衆兮。」王注曰：「儇，佞也。」正與高注同。「棄驥而不式」，本作「乘驥而或」，因「乘」誤爲「棄」（隸書「乘」或作「乗」，「棄」或作「弃」，二形相似。）「或」誤爲「式」，（草書或、式相似。）後人遂於「式」上加「不」字耳。「或」與「惑」同。故高注云：「不智之人，辯慧儇給，不知所裁之，猶乘驥而或，不知所詣也。」呂氏春秋當務篇曰：「辯而不當論，信而不當理，勇而不當義，法而不當務，或而乘驥也，狂而操吴干將也。」春秋繁露必仁且智篇曰：「不仁而有勇力材能，則狂而操利兵也；不知而辯慧獧給，則迷而乘良馬也。」是皆其明證矣。「獧」亦與「儇」同。○寧案：注宋本、藏本皆作「棄驥而或」，莊本改「惑」。雖有材能，其施之不當，其處之不宜，適足以輔僞飾非，伎藝之衆，不如其寡也。故有野心者，不可借便勢；野，外。有愚質者，不可與利器。老子曰：「國之利器，不可以假人。」魚得水而游焉則樂，唐決水涸，則爲螻蟻所食。有掌脩其隄防，補其缺漏，則魚得而利之。掌，主。國有以存，人有以生。國有人存，若魚得水也。國厚故人道生也。○吴承仕云：「國厚故人道生」，景宋本作「國存，故人遂生」。案文當作「國存人生，若魚得水也。國存，故人遂生也」。注意以水諭國，以魚諭人，國人相依，猶魚水相得也。卽實言之，則國存人生二語，乃發端起下之詞，注承上文而申釋之，疑其未諦。○寧案：吴謂「國有以存」二語乃發端起下之詞是也，謂高注「國有人存」當作「國存人生」，疑未必然也。景宋本作「國有以存」，今本「以」字缺其左半。蓋各本下脱「人有以生」四字。此乃重述正文，寫者失其下句。若作「國存人生」，似無由誤如今本。國之所以存者，仁義是也；人之所以生者，行善是也。國無義，雖大必亡；桀、紂是也。○寧案：「國無義」，「義」上當有「仁」字。此承上句「國之所以存者仁義是也」言之，不得去仁而獨言義也。且「國無仁義，雖大必亡，人無善志，雖勇必傷」，以四字句相對爲文，無由去「仁」字令句法參差也。**人無善志，雖勇必傷。**論語曰：「勇而無禮則亂。」亂則傷也。**治國上使不得與焉，**使不得與亡傷之危，是上術也。○俞樾云：高注曰：「使不得與亡傷之危，是上術也。」此蓋屬上文讀之。然文義迂迴，不可從也。此當屬下文讀之。下文曰：「孝於父母，弟於兄嫂，信於朋友，不得上令而可得爲也。釋己之所得爲，而責於其所不得制，悖矣。」是「不得」「可得」，兩文反覆相明。疑「治國」下脱「非」字，本云「治國非上使不得與焉」。蓋上文言「國無義，雖大必亡；人無善志，雖勇必傷」。此言國之有義無義，乃治國之事。治國之事，非上使我爲之，我不得與焉。若人之有善無善，則在我而已，故曰：「不得上令而可得爲也。」「上令」即「上使」也，「不得上令而可得爲」，正與「非上使不得與」相對。高所據本已脱「非」字，故失其解矣。○吕傳元云：俞説非也。高注不誤。注云「使不得與亡傷之危，是上術也」，知今本「上」字下脱「術」字。「治國上術，使不得與」，即論語「民可使由之，不可使知之」之義，亦即上文「有愚質者，不得與利器」之意也。○于省吾云：按注説非是。「使」「事」金文同字。治國上事，言治國乃主上之事，故曰不得與焉。俞樾疑「治國」下脱「非」字，是讀「使」如字，故意增「非」字也。○寧案：于謂「使」「事」同字，「上使」即「上事」，似是也。然高注云云，上言「使」，下言「術」，則吕云「上」下當有「術」字，未爲無據，唯未盡耳。愚謂文當作「治國上術，非使不得與焉」。今本「上」下脱「術非」二字。高所據本有「術」字，脱「非」字。如吕説，則「使不得與焉」，文義不足。云即論語「民可使由之，不可使知之」之義，則自主上言之也；下文「不得上令而可得爲也」，又自我言之：何前後稱謂之不相一矣？俞氏謂「不得」「可得」，兩文反覆相明，補「非」字，是也。唯不知「上」下奪「術」字，補非其處耳。**孝於父母，弟於兄嫂，信於朋友，不得上令而可得爲**

也。顧廣圻云：「不得上令」，「得」當作「待」。釋己之所得爲，而責於其所不得制，悖矣。

士處卑隱欲上達，必先反諸己。上達有道，名譽不起，而不能上達矣。取譽有道，不信於友，不能得譽。信於友有道，事親不說，不信於友。不能說親，朋友不信之也。說親有道，脩身不誠，不能事親矣。誠身有道，心不專一，不能專誠。○王念孫云：以上文例之，則「不能專誠」當作「不能誠身」。據高注云「不脩其本，而欲得說親誠身之名，皆難也」，則正文本作「不能誠身」明矣。今作「不能專誠」者，涉上文「心不專一」而誤。中庸作「誠身有道，不明乎善，不誠乎身矣」。次句雖異義而首句三句則同。道在易而求之難，易，謂反己先脩其本也。不脩其本，而欲得說親誠身之名，皆難也。故曰「道在易而求之難」。驗在近而求之遠，故弗得也。驗，效也。近謂本，遠謂末也，故不能得之也。○顧廣圻云：篇末似非主術文，恐有錯簡。

淮南子集釋卷十

漢涿郡高誘注

繆稱訓

繆異之論，稱物假類，同之神明，以知所貴，故曰繆稱。○陶方琦云：此篇許注。○劉文典云：此篇序目無「因以題篇」字，又宋本此篇與要畧竝題作淮南鴻烈閒詁，其爲許昚注本無疑。

道至高無上，至深無下，平乎準，直乎繩，圓乎規，方乎矩，包裹宇宙而無表裏，洞同覆載而無所礙。礙，挂也。○陶方琦云：唐本玉篇糸部引「礙」作「絯」，與廣韻所引正合，知今本爲後人竄改多矣。文子符言作「無所硋」。「硋」即「絯」字。○寧案：說文、玉篇、廣韻、集韻：「礙，止也。」無挂訓。廣韻、集韻硋即礙。玉篇：「絯，公才切，挂也。」今本疑後人依文子意改，書作礙耳。是故體道者，不哀不樂，不喜不怒，其坐無慮，其寢無㝱，物來而名，事來而應。主者國之心，心治則百節皆安，○陶方琦云：羣書治要引許注：「治猶理也，節猶事也，以體喻也。」按今注無，當補。說文：「理，治玉也。」解亦同。心擾則百節皆亂。故其心治者，支體相遺也，○陶方琦云：羣書治要引許注：「遺，忘。」按今注無，當補。說文：「遺，忘也。」與注淮南同。其國治者，君臣相忘也。○陶方琦云：羣書治要引許注：「各得其所，無所思念。」按今注無，當補。說文：「忘，不識也。」即無思念。黄帝曰：「芒芒昧昧，從天之道，與玄同氣。」○王念孫云：「道」本作「威」。今作「道」者，後人不解

「威」字之義而妄改之也。案威者德也，言從天之德也。廣雅曰：「威，德也。」周頌有客篇：「既有淫威，降福孔夷。」正義曰：「言有德，故易福。」風俗通義十反篇曰：「書曰：『天威棐諶。』言天德輔誠也。」是古謂德爲威也。後泰族篇及吕氏春秋應同篇竝云：「黄帝曰：芒芒昧昧，因天之威，與元同氣。」文子上仁篇「因天之威，與元同氣」，用泰族篇文也。（上下文皆出泰族篇。）符言篇「從天之威，與元同氣」，用此篇文也。（下文「故至德言同畧事同指」云云，皆出此篇。）然則泰族作「因天之威」，此作「從天之威」，雖「因」與「從」不同，而「威」字則同矣。

故至德者，言同略，事同指，上下一心，無岐道旁見者遏障之於邪，開道之於善而民鄉方矣。故易曰：「同人于野，利涉大川。」

言能同人道至于野，則可以濟大川。大川，大難也。○吴承仕云：注文「同人道至于野」，「道」當作「遠」，形近之譌也。易正義曰：「野是廣遠之處，言和同於人，必須寬廣，無所不同，用心無私，處非近狹，遠至于野，乃得亨進，故云同人于野，亨。與人同心，足以涉難，故曰利涉大川也。」説義正同。

道者物之所導也，德者性之所扶也，仁者積恩之見證也，義者比於人心而合於衆適者也。故道滅而德用，德衰而仁義生。故上世體道而不德，中世守德而弗壞也，末世繩繩乎唯恐失仁義。

○俞樾云：文子微明篇作「中世守德而不懷」，此文「壞」字亦「懷」字之誤。懷卽懷來之「懷」，言中世守德，未知仁義之爲美，猶無意乎懷來之也。字誤作「壞」，失其旨矣。○陳季皐云：王校下文云，二「仁」字依此誤增。余謂此文二「義」字亦後人依誤增也。本段文誼以道德仁義竝叙，此言道德仁三事，下言義一事，文義甚明。德衰而仁生，卽本經篇之德衰然後仁生也。末世繩繩惟恐失仁，繩仁爲韻，（繩在蒸登韻，仁在真韻。論語「仍舊貫」之「仍」，鄭注作「仁」，又潧水之「潧」，鄭風作「溱」，即其例也。）若增「義」字則失其韻矣。文子微明篇無二「義」字可證。○寧案：陳氏李皋謂此文二「義」字亦後人依誤增，非也。此言德衰而仁義生，即本經篇之「德衰然後仁生，行沮然後義立」。本經乃分言之，此乃合言之。陳氏去「義」字，謂此德衰而仁生，即本經之德衰然後仁生，蓋斷章取義。若此無「義」字，則不知下「義」字之所以生，於文不備。此其一。本經篇云：「逮至衰世，人衆財寡，事力勞而養不足，於是忿爭生，是以貴仁；仁鄙不齊，比周朋黨，設詐諝懷機械巧故之心而性失矣，是以貴義。」是仁義皆衰世之造也。故此云「末世繩繩乎唯恐失仁義」。若無「義」字，則上世體道，中世守德，末世唯恐失仁，而義於三世外自爲一事，文理不當如是也。此其二。陳謂繩、仁爲韻。竊謂此文本不用韻，句中繩、仁同韻偶然耳。且上文「德衰而仁義生」，彼「義」字將安所與於韻而去之？此其三。查文子道藏本（景宋本文有奪誤。）明本、文子纘義皆有兩「義」字，陳失檢。 君子非仁義無以生，失仁義則失其所以生；小人非嗜欲無以活，失嗜欲則失其所以活。故君子懼失仁義，小人懼失利，○王念孫云：三「仁」字皆原文所無，此後人依上文加之也，不知此八句與上異義。上文是言仁義不如道德，此文是言君子重義，小人重利，故以義與利欲對言而仁不與焉。太平御覽人事部六十二義下引此無三「仁」字。文子微明篇同。○劉文典云：王說是也。羣書治要引此文亦無三「仁」字。○寧案：景宋本作「君子懼失義」，無「仁」字。觀其所懼，知各殊矣。易曰：「卽鹿無虞，惟入於林中，君子幾，不如舍，往吝。」卽，就也。鹿以喻民。虞，欺也。幾，終也。就民欺之，卽入林中，幾終不如舍之，使之不終如其吝也。○寧案：屯六三釋文：「鹿，王肅作麓。」疏：「虞謂虞官。」此言「道者物之所導也」，不體道而言仁義，猶田獵者，卽麓無虞官以爲導，唯入於林中，則君子小人皆懼所失。何如舍仁義而體道，故曰「不如舍往吝」也。許說迂晦。

其施厚者其報美，其怨大者其禍深。薄施而厚望，畜怨而無患者，古今未之有也。是故聖人察其所以往，則知其所以來者。聖人之道，猶中衢而致尊邪，道六通謂之衢。尊，酒器也。○莊逵吉云：「六通」應作「四通」，字之誤也。○王念孫云：「致尊」當作「設尊」，字之誤也。藝文類聚禨器物部、太平御覽居處部二十三、器物部六引此並作「設尊」。○陶方琦云：意林引許注：「衢，六通。尊，酒器。」按意林所引，同文少約耳。益知八篇皆許注本，故引亦同。「六通」當作「四達」。說文：「四達謂之衢。」又尊字下云：「尊，酒器也。」與淮南注並同。○楊樹達云：精神篇云：「散六衢」，故許本之爲說耳。意林引同，知非誤字也。莊、陶說並非。「致」與「置」同，二字古通用。類書引作「設」者，疑誤改。○馬宗霍云：廣雅釋詁四：「罬，置也。」曹憲注云：「罬即古文置也。」疑淮南本文原作「罬尊」，「罬尊」猶「置尊」也。「罬」與「設」形近，傳寫者不識「罬」字，遂改作「設」，義雖可通，非其本矣。今作「致尊」者，「致」蓋「置」之聲近義通字。○寧案：荀子勸學篇注：「衢道，兩道也。」中山經「其枝五衢」，郭注：「言樹枝交錯相重五出，有象衢路也。」俶真篇云：「散六衢。」（楊誤作精神篇）楚辭天問注：「九交道曰衢。」是衢無定說也。然齊俗篇曰：「婦人不辟男子於路者，祓之於四達之衢。」說文：「四達曰衢。」與爾雅合。此注不本齊俗而本俶真，與說文自異，何許君亦無定說也？莊、陶謂「六」乃「四」之誤，其說是也。過者斟酌多少不同，各得其所宜。是故得一人所以得百人也。一人來得其心，百人來亦得其心。人以其所願於上以交其下，誰弗戴；以其所欲於下以事其上，誰弗喜？○寧案：大學：「所惡於上，毋以使下；所惡於下，毋以事上。」此淮南所本。詩云：「媚茲一人，應矦慎德。」慎德大矣，一人小矣，能善小斯能善大矣。

君子見過忘罰，故能諫；見賢忘賤，故能讓；見不足忘貧，故能施。情繫於中，行形於外。凡行戴情，雖過無怨；不戴其情，雖忠來惡。戴，心所感也。情，誠也。○洪頤煊云：下文「上意而民載，誠中者也」，高注：「上有意而未言，則民皆載而行之。」古字「載」「戴」通用。凡行戴情，謂行載其情。高注非。○俞樾云：高注曰「戴，心所感也」，此未得「戴」字之義。「戴」當讀爲「載」。釋名釋姿容曰：「戴，載也。」載之於頭也。是戴、載聲近義通。下文曰：「其載情一也，施人則異矣。」可證此文「戴」之當爲「載」矣。下文又曰：「義載乎宜之謂君子。」亦與此「載」字同。后稷廣利天下，猶不自矜；禹無廢功，無廢財，自視猶觖如也。觖，不滿也。○陶方琦云：唐本玉篇欠部引許注「觖」作「歁」。說文：「歁，食不滿也。」訓正合。「觖」字乃誤文。○寧案：「觖」當作「欿」，形近而誤也。孟子盡心篇：「如其自視欿然。」趙注：「而其人欿然不足。」「欿」即「歁」之或體。不足猶不滿也。滿如陷，陷，少也。○寧案：唐本玉篇欠部引「陷」作「歁」，當亦「欿」字形近而誤。實如虛，盡之者也。

凡人各賢其所說而說其所快，○陶方琦云：羣書治要引許注：「賢其所悅者，更悅其所行之快性也。」按今注無，當補。說文有「說」字，無「悅」字。世莫不舉賢，○陶方琦云：羣書治要引許注：「人無不舉與己同者以爲賢也。」按今注無，當補。或以治，或以亂，非自遁，遁，欺。○寧案：羣書治要引遁下有也字。引許注云「遁，失」，與呂氏春秋報更篇注合，知治要所引非盡許注也。求同乎己者也。己未必得賢，而求與己同者而欲得賢，亦不幾矣。○王念孫云：「己未必得賢」，「得」字因下文「得賢」而衍。羣書治要引此無「得」字。○陶方琦云：羣書治要引許注：

「幾，近也。」按今注無，當補。爾雅釋詁：「幾，近也。」使堯度舜則可。使桀度堯，是猶以升量石也。今謂狐狸，〇于鬯云：「謂狐狸」者，謂狐爲狸，謂狸爲狐也。下文「而謂狐狸」同此。措辭渾簡。以有下文承之云「是故謂不肖者賢，謂賢者不肖」，則其義可明也。則必不知狐，又不知狸。俱不知此二獸。非未嘗見狐者，必未嘗見狸也。狐、狸非異，同類也，而謂狐狸，則不知狐、狸。〇黄以周云：狐與狸本二物，今謂之狐狸者，非特不知狸，并不知狐者也。忽見狐，又謂之狐狸，是有得於狐，而復失諸狸矣。此見名實之宜辨也。〇向宗魯云：「同」字衍。此謂狐、狸雖同類而有別。謂狐爲狸，則不知狐、狸，猶賢不肖皆人而有別也。御覽九百十二引子思子曰：「謂狐爲狸者，非直不知狸也，忽得狐，復失狸者也。」即淮南所本。劉子審名篇「狐狸二獸，因其名，便合而爲一」，又本淮南也。是故謂不肖者賢，則必不知賢，謂賢者不肖，則必不知不肖者矣。聖人在上，則民樂其治；在下，則民慕其意。小人在上位，如寢關曝纊，寢謂卧關上之不安。纊，繭也。曝繭蛹動摇不休，死乃止也。〇吴承仕云：注文當作「寢關，謂卧關上不安。」今本譌亂不可讀。〇馬宗霍云：注文意殊不審諦。説文門部云：「關，以木横持門户也。」引申之，則門亦曰關。本文「關」字疑當讀如周禮春官巾車「及墓嘑啓關」之「關」。鄭玄彼注云：「關，墓門也。」説文糸部云：「纊，絮也。」本文「纊」字疑當讀如禮記喪大記「屬纊」之「纊」。鄭玄彼注云：「纊，今之新緜，易動摇，置口鼻之上以爲候。」「曝」者「暴」之俗。説文作「㬥」，訓曰「晞也」。引申之，則㬥之言布。漢書中山靖王勝傳「數奏暴其過惡」，顔師古注云：「暴謂披布之。」是其證。鄭君釋「屬纊」之「屬」爲「置」。「㬥」通作「布」。「置」與「布」義畧同。是「㬥纊」猶「屬纊」矣。墓門非可寢之地，寢於墓門，則近死之身也。纊乃輕浮之物，屬纊以候口鼻之息，則將絶之氣也。淮南本文本爲比方之詞，言小人而在上位，譬如寢於墓門之上而屬纊，所謂屍居餘氣，勢不得久，故下文引易「泣血漣如」而云不可長也。○寧案：馬説義轉迂，且屍居餘氣與不得須臾寧亦義不相屬。從高注。不得須臾寧。故易曰：「乘馬班如，泣血漣如。」諭乘馬班如，難也，故有泣血之憂。○吳承仕云：王弼注曰：「處險難之極，下無應援，居不獲安，行無所適，故泣血漣如。」此注義與彼同，亦以乘馬班如諭險難，則注文當作：「乘馬班如，諭難也。」今注「諭」字誤移在上，義不可通。言小人處非其位，不可長也。物莫無所不用。○王念孫云：此當作「物莫所不用」。莫即無也。「無」字蓋涉下文「無所不用」而衍。天雄烏喙，藥之凶毒也，良醫以活人；○向宗魯云：依文例「毒」下當有「者」字。侏儒瞽師，人之困慰者也，慰，可蹶也。一曰：慰，極。○莊逵吉云：「困慰」本或作「困懟」，注並同。疑作「懟」者是。○吳承仕云：朱本作「懟」，「懟」即「慰」之譌也。懟訓怨怒，音義與困稍遠。困慰者，假「慰」爲「瘃」。詩綿「維其喙矣」，毛傳云：「困也。」方言：「喙，極也。」此注「一曰：慰，極」，正與方言相應。「慰」一作「蔚」。俶真篇「五藏無蔚氣」，注云：「蔚，病也。」音義正同。此字當爲「蔚」之明證。可蹶之訓，未聞其審，疑有譌文。○馬宗霍云：説文心部云：「慰，安也。一曰恚怒也。」是慰有兩義。困慰連文，蓋用慰之弟二義。説文又云：「恚，恨也。」「怒，恚也。」「怨，恚也。」「愠，怒也。」「恨，怨也。」竝字異而義互相受。詩小雅車舝篇「以慰我心」，陸德明釋文云：「韓詩作以愠我心。愠，恚也。」孔穎達疏云：「孫毓載毛傳云，慰，怨也。」案韓詩以「慰」作「愠」，毛傳釋「慰」爲「怨」，皆與説文慰之弟二義合。然則淮南本文之「困慰」猶「困怨」也。許注「一曰：慰，極」者，「極」亦有困義，又有病義。呂氏春秋適音篇「以危聽清，則耳谿極」，高誘注曰：「極，病也。」漢書匈奴傳上「罷極苦之」，顔師古注曰：「極，困也。」即其證。是以極釋慰，亦慰弟二義之引申也。莊氏所偁或本作「困懟」者，説文懟亦訓怨。此由後人祇知慰有安義，不知慰有怨義，故改「慰」爲「尉」耳。莊氏疑作尉者是，蓋於說文慰字之義亦未之備檢也。許君「可蹶之訓」，則未聞其審。○寧案：注「可蹶」疑當作「句蹶」。句、可形近而譌。「句蹶」即「拘蹶」。集韻「句」「拘」通。人主以備樂。是故聖人制其剟材，無所不用矣。剟，疏殺也。○李哲明云：此言聖人於人無棄材，雖有所短，亦使之盡其用也。緊承上文天雄烏喙侏儒瞽師言。注訓疏殺者，說文：「剟，刊也。」廣雅：「剟，削也。」刊削有疏落減殺之意。制其剟材，即制其短材，所謂疏殺之耳。○楊樹達云：李云制其剟材即制其短材，是也。方言卷十三云：「黜，短也。」說文女部云：「娺，短面也。」一切經音義四引聲類云：「惙，短氣也。」廣韻云：「顡，短頸也。」莊子秋水篇云「掇而不跂」，郭注云：「掇猶短也。」本書人閒篇云：「聖人之思修，愚人之思叕。」許注云：「叕，短也。」剟、黜、娺、惙、顡、掇、叕，音義並相近。注云疏殺，其說未審。李氏以說文、廣韻之說傅合之，斯曲說矣。

勇士一呼，三軍皆辟，○寧案：淮南「勇士」皆作「勇武」。齊俗篇「爲天下顯武」，許注：「楚人謂士爲武。」脩務篇「勇武攘捲」注同。此當作「勇武一呼」。其出之也誠。故倡而不和，意而不戴，意，恚聲。戴，嗟也。○王念孫云：高說非也。「戴」讀爲「載」。鄭注堯典曰：「載，行也。」言上有其意而不行於下者，誠不足以動之也。下文云「上意而民載，誠中者也」，高注曰：「上有意而未言，則民皆載而行之。」是其證矣。文子精誠篇正作意而不載。○洪頤煊云：意而不戴，謂上有意民不載而行之，是必中心之不合也。高注非。中心必有不合者也。故舜不降席而王天下者，求諸己也。○王念孫云：「王」當爲「匡」，字之誤也。匡，正也，正己而天下自正，故曰：「舜不降席而匡天下者，求諸己也。」己不正則不能正人，故下文曰：「身曲而景直者，未之聞也。」下文又曰：「故舜不降席而天下治。」彼言天下治，此言匡天下，其義一也。今本作「王天下」，則非其指矣。文子精誠篇作「不下席而匡天下」。韓詩外傳及新序褋事篇並作「不降席而匡天下」。○寧案：「中心必有不合者也」，「合」當作「全」。原道篇：「故機械之心藏於胷中，則純白不粹，神德不全。」高注：「機械，巧詐也。藏之於胷臆之内，故純白之道不粹，精神專一之德不全也。」即此「全」字之義。韓詩外傳六、新序褋事四、搜神記十一皆作「全」。又搜神記「王」亦作「匡」。故上多故則民多詐矣。身曲而景直者，未之聞也。説之所不至者，容貌至焉；説之粗，不如容貌精微入人深也。容貌之所不至者，感或至焉。○王念孫云：感忽者，精誠之動人者也。故下文曰：「感乎心，明乎智，發而成形，精之至也，可以形勢接而不可以昭誋。」（廣雅：誋，告也。）荀子議兵篇曰：「善用兵者，感忽悠闇，莫知其所從出。」義與此相近。道藏本、茅本並作「感忽」，文子精誠篇同。劉本誤爲「感或」，而莊本從之，謬矣。○寧案：荀子解蔽篇楊注：「感，驚動也。感忽，猶慌惚也。」感乎心，明乎智，發而成形，精之至也，○寧案：「也」當作「者」，乃起下之辭。下文「心之精者，可以神化而不可以導人，目之精者，可以消澤而不可以昭誋」，其比同。景宋本正作精之至者，文子精誠篇同。可以形勢接而不可以昭誋。○于鬯云：下文「可以消澤而不可以昭誋」，高注云：「昭，道。誋，誡也。不可以教導戒人。」此注乃不著在此而著在下，疑此文本不作「昭誋」。文子精誠篇作「可以形接，不可以照期」，此或本同文子亦作「照期」也。又案：「照期」當是正字，「昭誋」蓋是借字，「昭誋」即當讀爲「照期」。「照」即諧「昭」聲，照、昭義亦相通。期、誋古音亦同部可通。説文月部云：「期，會也。」照期者，猶照會也。齊俗訓云：「日月之所照誋。」明「誋」字不當訓「誡」矣。鹽鐵相刺論云：「天設三光以照記。」「記」亦借字也。○楊樹達云：「照」當讀爲「詔」。説文言部云：「詔，告也。」又云：「誋，誡也。」照誋猶告誡也。戎、翟之馬，皆可以馳驅，或近或遠，唯造父能盡其力；三苗之民，皆可使忠信，或賢或不肖，唯唐、虞能齊其美：必有不傳者。心教之微，眇不可傳也。中行繆伯手搏虎，中行繆伯，晉臣也，力能搏生虎。而不能生也，力能殺虎，而德不能服之。蓋力優而克不能及也。克猶能也。○王念孫云：「克不能及」當爲「克不及」。克，能也，言搏虎之力雖優，而服虎之能則不及也。優與不及義正相對，則「及」上不當有「能」字。高注「克猶能也」，是指上句「能」字而言。正文「能」字卽因上句「能」字而衍。○汪繼培云：尸子：「中黄伯曰：余左執太行之獶而右搏雕虎，唯象之未與，吾心試焉。有力者則又願爲牛，欲與象鬬以自試。今二三子以爲義矣，將惡乎試之？夫貧窮太行之獶也，疏賤者義之雕虎也，而吾日遇之，亦足以試矣。」此中行繆伯疑卽中黄伯。○俞樾云：「高注曰『克猶能也』，則是克不能及爲能不能及矣，於義難通。王氏念孫以「能」爲衍字。然力優而克不及，義亦未安。今按此文蓋有錯誤。此注亦後人竄入，非高氏原文也。「克」當作「悳」，「及」當作「𠬝」，皆以形似而誤。「悳」者，「惪」之古文，與「德」字通。「𠬝」者，「服」之本字也。古書「服」字每作「𠬝」，而傳寫多誤爲「及」。尚書呂刑篇「何度非及」，大戴記王言篇「及其明德也」，「及」並「𠬝」字之誤。說詳羣經評議。此文本云「蓋力優而德不能服也」。高注於上文注曰「力能殺虎而德不能服之」，本當注於此句之下。「德不能服」四字卽本正文，因「德」誤作「克」，「𠬝」誤作「及」，遂移注於上文，又竄入「克猶能也」四字，爲此句之注，而文義俱晦矣。○黄以周云：詩雲漢「后稷不克」，箋云：「克，識也。」克不能及，謂其識有所不足也。擒虎亦有術，穆伯未得其術，雖其力足以殺虎而不能生獲。（詳子思子六。）用百人之所能，則得百人之力；舉千人之所愛，則得千人之心。辟若伐樹而引其本，千枝萬葉則莫得弗從也。慈父之愛子，非爲報也，不可内解於心；聖人之養民，非求用也，性不能已。○寧案：道藏本、中立本、茅本、景宋本「聖人」作「聖王」，太平御覽八百六十九引同。當據正。若火之自熱，冰之自寒，夫有何脩焉？及恃其力賴其功者，若失火舟中。言舟中之人同心救火，不相爲賜也。○劉文典云：御覽八百六十九引注「不相爲賜也」作「其用爲易」。○楊樹達云：今本文是也。僖公二年公羊傳云：「虞、郭之相救，非相爲賜。」何注云：「賜猶惠也。」僖公五年穀梁傳云：「虞、虢之相救，非相爲賜也。」此許注文所本。類書不得其義而妄改之，不足據也。○吴承仕云：楊說是也。朱本作「不約而同」，亦後人所輒改，尤爲失之。○寧案：太平御覽引注文不成義，葢形近而譌，非妄改也。朱本真妄改耳。「不」誤爲「亓」，寫作「其」，「相」誤爲「用」，「賜」字缺左半誤作「易」。茅本作「不相爲易也」，「易」字誤，餘文不誤。故君子見始斯知終矣。媒妁譽人而莫之德也，取庸而强飯之，莫之愛也。○于鬯云：「庸」當訓「償」。小爾雅廣言云：「庸，償也。」取庸而强飯之者，謂雖飯之而欲取償其飯值也。庸之言傭。說文人部云：「傭，均值也。」即償義。○陳直云：史記絳侯世家：「取庸苦之，不與錢。」取庸二字爲漢人之習俗語。雖親父慈母，不加於此，有以爲，則恩不接矣。故送往者，非所以迎來也，施死者，非專爲生也。誠出於己，則所動者遠矣。錦繡登廟，貴文也；登，猶入也。圭璋在前，尚質也。以玉祭之者，質也。文不勝質之謂君子。故終年爲車，無三寸之鎋，不可以驅馳；匠人斲户，無一尺之楗，不可以閉藏。○黄以周云：意林及御覽七百七十三引子思子：「終年爲車，無一尺之軫，則不可以馳。」淮南子繆稱訓「終年爲車，無三寸之鎋」云云，即取子思子之文而稍變之。「三寸」當作「一寸」。文心雕龍事類篇「寸轄制輪，尺樞運關」，即其義也。轄，軸耑之鍵。軸耑徑不及三寸，何以施三寸之轄乎？如謂軫與輈相連之處有孔亦施轄，軫之廣亦祇有四寸一分，亦似無以用此三寸之鍵也。○劉文典云：「一尺」，意林引作「五寸」，當以意林爲是。本書主術訓「五寸之鍵制開闔之門」，「楗」即「鍵」也。○楊樹達云：説文舛部云：「舝，車軸耑鍵也。」又車部云：「轄，鍵也。」「轄」乃「舝」之或字。「鎋」與「轄」同。藝文類聚七十一、太平御覽七百七十三引尸子云：「文軒六駃題，無四寸之鍵則車不行，小亡則大者不成也。」意林一、太平御覽七百七十三引子思子云：「終年爲車，無一尺之輪，（黄以周云：原本「軫」誤「輪」。）則不可以馳。」此皆淮南語意所本，本書人閒篇云：「車之所以能轉千里者，以其要在三寸之轄。」文義正同。○寧案：正文「三寸」不誤也。釋名疏證畢沅云：「轄，貫軸頭之鐵也。」蓋轄必貫軸而後可以制輪。黄云「軸耑徑不及三寸，何以施三寸之轄乎？」曰：唯軸耑徑不及三寸，故施三寸之轄也。文心雕龍云：「寸轄制輪」蓋極言其短，且泥於與「尺樞」爲對，不得據以改此。人閒篇云「三寸之轄」，是其證。尸子云「四寸之轄」，蓋約言之。黄説不可從。故君子行思乎其所結。結，要終也。○王念孫云：「斯」當爲「期」，字之誤也。言君子行事，必期其所終也。（高注：「結，要終也。」）又下文「釋近斯遠塞矣」，「斯」亦當爲「期」。釋近期遠，塞矣，謂道在邇而求諸遠，則必塞也。文子精誠篇作「舍近期遠」，是其證。○陶方琦云：唐本玉篇糸部引許注「結，要也」，今注正同。「終」字衍文。意林引「故君子所須要也」，「要也」二字乃許注文。○寧案：王説是也。道藏本、景宋本作「斯」，蜀藏本正作「行期乎其所結。」中立本作「思」，則又「斯」之聲誤，而莊本從之，謬矣。

心之精者，可以神化而不可以導人；導，教也。目之精者，可以消澤而不可以昭誋。昭，道。誋，誡也。不可以教導戒人。○洪頤煊云：上文「可以形勢接而不可以照誋」，齊俗訓「日月之所照誋」，鹽鐵論相刺篇「天設三光以照記」，昭、照古字通用，「誋」即「記」字。高注失之。○吴承仕云：洪說非也。作「昭」作「照」者，皆當爲「詔」。爾雅釋詁：「詔，道也。」此注正合雅訓，可證本自作「詔」，詔誋即教戒也。要畧篇「發號施令，以時教期」，俞樾曰：「『期』當讀爲『惎』。杜注左傳、薛綜注兩京賦並云：『惎，教也。』是惎、教同義。」（俞說止此。）教期亦作詔期。管子立政篇「明詔期」是也。教、詔聲近，期、誋、記聲同通假，可證詔誋爲古人常語矣。彼言三光照記者，猶言天垂象，見吉凶，以譴告人君也。如訓昭爲明，則不成連語，與消澤亦不爲對文矣。洪氏以「詔」爲「昭」，以「誋」爲「記」，改正是以就誤文，義更難了。○金其源云：按史記孝武本紀：「古者先振兵澤旅。」集解徐廣曰：「古釋字作澤。」則消澤即消釋也。○馬宗霍云：今按澤之爲言釋也。古「澤」與「釋」通。詩周頌載芟篇「其耕澤澤」，鄭箋云：「耕之則澤澤然解散。」陸德明釋文云：「澤澤音釋釋。注同。」孔穎達疏云：「其耕則釋釋然土皆解散。」又云：「釋訓云，釋釋然耕也。舍人云，釋釋猶藿藿，解散之意。」案陸音「澤澤」爲「釋釋」，孔以「釋釋」申「澤澤」，且引爾雅作「釋釋」。（今本爾雅作郝郝。）即「澤」通作「釋」之證。又案夏小正云：「農及雪澤」，管子乘馬篇作「農耕及雪釋」。史記孝武紀「古者先振兵澤旅」，裴駰集解引徐廣曰：「古釋字作澤。」亦其例也。是知淮南本文之「消澤」即「消釋」。老子第十五章「涣兮若冰之將釋」，河上公注云：「釋者消亡。」則消釋猶消亡也。消亡者無形之意，蓋言目之精者可以視于無形，故云可以消澤也。

在混冥之中，不可諭於人。混冥，人心中也。

故舜不降席而天下治，桀不下陛而天下亂，蓋情甚乎叫呼也。言雖叫呼大語，不如心行真直也。○黄以周云：北堂書鈔十五又一百三十三、藝文類聚六十九、御覽七百九引子思子：「舜不降席而天下治，桀、紂不降席而天下亂。」繆稱訓下句作「桀不下陛」，意在求文之工而改之。

無諸己，求諸人，古今未之聞

也。同言而民信，信在言前也；同令而民化，誠在令外也。聖人在上，民遷而化，○黄以周云：「同言而信，則信在言前，同令而行，則誠在令外。」徐幹中論單稱子思。後漢王良傳引語曰，注以爲子思子絫德之言。意林載子思子下有「聖人在上，而遷其化」二句。情以先之也；動於上，不應於下者，情與令殊也。故易曰：「亢龍有悔。」仁君動極在上，故有悔也。○吳承仕云：「仁君」，朱本作「人君」。案「人君」是也。作仁者，聲近而誤。三月嬰兒未知利害也，而慈母之愛諭焉者，情也。○馬宗霍云：此言三月嬰兒雖不知利害，而能領諭慈母之愛者，因慈母以情先之也。意林引作「三月嬰兒未知利害，而慈母愛焉，情也。」刪去「諭」字，全失原文之意。以此知凡校古籍，專恃彙書子鈔，實不可盡據，此亦其一也。劉家立淮南集證改作「而慈母愛之愈篤者情也」，不言所據，尤爲大妄。○寧案：馬説是也。吕氏春秋具備篇：「三月嬰兒，軒冕在前，弗知欲也，斧鉞在後，弗知惡也，慈母之愛諭焉，誠也。」此淮南文所本。文子精誠篇襲此文作「而慈母愛之愈篤者，情也，」已未達此文之義。中立本作「而慈母之愛愈篤者，情也」，當是據文子所妄改。劉家立不據吕氏春秋，而依文子以改原文，殊謬。故言之用者，昭昭乎小哉！不言之用者，曠曠乎大哉！○楊樹達云：禮記中庸篇云：「今夫天斯昭昭之多。」鄭注云：「昭昭猶耿耿，小明也。」疏云：「昭昭，狹小之貌。」○寧案：楊説非。「昭昭」當作「緜緜」，字之誤也。許多借字，蓋「睧」借爲「緜」。後人不識，睧、昭形似，因以致誤。廣雅釋詁：「緜，小也。」原道篇「旋緜而不可究」，（今本「緜」誤作「縣」，依王念孫校改。）高注：「緜，小也。」下文「福之萌也緜緜」。緜小曠大，相比爲文。唐本玉篇糸部引正作「緜乎小哉，曠乎大哉」。顧野王云：「緜，微末之言也。大戴禮『無緜緜之事者，無赫赫之功』。」是其塙證。身君子之言，信也；身君子之言，體行君子之言也。中君子之意，忠也：○梁玉繩云：此卽人言爲信，中心爲忠之義。忠信形於內，感動應於外，故禹執干戚舞於兩階之閒而三苗服。三苗畔禹，禹風以禮樂而服之。鷹翔川，魚鼈沈，禹以德服三苗，猶鷹翔川上，魚鼈恐，皆潛。○于鬯云：注云：「禹以德服三苗，猶鷹翔川上，魚鼈恐，皆潛。」此注謬甚。且上文既言三苗畔禹，禹風以禮樂而服之，則何必復言禹以德服三苗？下文注云「鷹懷欲害之心」，與禹正相反，何得言禹以德服三苗猶鷹翔川上乎？疑「禹以德服三苗猶」七字，後人妄加。否則此注及下「飛鳥揚」注云「鳥見鷹而揚去」并二十二字，與上下文注當爲兩家之說。蓋下注既總言「鳥魚知其情實必遠之」，亦不煩析言「魚鼈恐皆潛」「鳥見鷹而揚去」矣。特執高執許，無以別之。論義則上下文注是而此非也。陸心源淮南子高許二注攷以此篇皆爲許注，則仍不可通。（陸以繆稱、齊俗、道應、詮言、兵畧、人閒、泰族、要畧八篇爲許注。）○寧案：于氏謂「禹以德服三苗猶」七字爲後人妄加。竊謂「猶」乃「而」字之誤。曰「禹以德服三苗而鷹翔川上魚鼈恐皆潛」者，蓋注家恐讀者不知禹舞干戚與鷹翔川上乃忠信之實與欲害之心之非類也，故以轉折連詞「而」字出之，以示其正反相對比。「而」寫作「如」，後人不知「而」「如」古通，又改「如」爲「猶」，故致文義相抵牾矣。若謂爲兩家之說，蓋許、高之異，乃許、高不知禹舞干戚與鷹翔川上之非類，誣矣。又案：鮑本太平御覽九百三十二引「潛」作「沈」，宋本御覽作「深」。疑今本「潛」上有「深」字。「皆深」不可通，故或依正文改「深」爲沈，如鮑本耳。飛鳥揚，鳥見鷹而揚去。必遠害也。鷹懷欲害之心，故鳥魚知其情實，必遠之。○王念孫云：「遠害」本作「遠實」，此後人以意改之也。據高注云：「鷹懷欲宍（「宍」與「肉」同。欲肉者，欲食肉也。各本「宍」字皆誤作「害」。辯見原道篇「欲寅之心」下。）之心，鳥魚知其情實，故遠之」，則本作「遠實」明矣。太平御覽鱗介部四引此正作「遠實」。此承上文忠信行於內，感動應於外而言。言禹有忠信之實，故舞干戚而三苗服，鷹有欲肉之實，故魚鳥皆遠之。若無其實而能動物者，則未之有也。後人改「遠實」爲「遠害」，失其指矣。○楊樹達云：「害」字文義甚明。注云「鷹懷欲害之心」，卽本文作「害」之證。王氏云正文當作「遠實」，果如其說，文止云遠實，何以知其爲欲肉之實邪？凡人有所蔽，則目不見丘山，王氏校他「害」字作「宊」及此「害」字作「實」，皆蔽之尤甚者也。○馬宗霍云：此處正文及注皆不誤。注以「欲害之心」申正文「害」字，又以「情實」二字自申注之「心」字。蓋鷹之迴翔川上，其意將伺魚鼈與飛鳥之閒而攫取之以爲食也。魚鳥知其有害己之心，因而沈伏揚去，故曰必遠害也。王念孫據太平御覽鱗介部四引「遠害」作「遠實」，乃謂正文「遠害本作遠實」。因此又謂注文「欲害本作欲宊，宊與肉同。」其說雖辯，然「遠實」意晦。「宊」則廣韻一屋以爲「肉」之俗字。且御覽引注亦作「欲害之心」，不作「欲宊」。余疑御覽引正文作「遠實」者，卽緣兼引注文情實之句，涉彼「實」字而誤「害」爲「實」耳。此當以淮南訂御覽，不當援御覽改淮南。王氏校淮南往往精絶，若此等處，則偏信彙書之過，不可從也。子之死父也，臣之死君也，世有行之者矣。非出死以要名也，恩心之藏於中而不能違其難也。故人之甘，甘非正爲蹠也，人之甘，甘猶樂，樂而爲之。臣之死君，子之死父，非以求蹠蹠也。○吳承仕云：下文云：「故人之憂喜，非爲蹠蹠焉往生也。」注云：「言非爲冀幸往生利意也。」下文又云：「各從其蹠而亂生焉。」注云：「蹠，願也。」人之憂喜，非爲蹠蹠，卽「蹠」字之譌。注以冀幸釋蹠，冀幸，亦願也。本篇「蹠」字數見，義皆爲願。高注以冀願釋蹠，蓋讀「蹠」爲庶幾之「庶」。此處「蹠」字先見，宜有訓釋之詞。故此注當作「非以求蹠。（句）蹠，（讀）願也。」（句）今本誤奪「願」字，似以「蹠蹠」爲疊字連語，與上下文義，並不合矣。（本文當云：「人之甘，非以求蹠也。」下一「甘」字誤衍，應删。注云：「人之甘。(句)甘猶樂。(句)樂而爲之。」可證本文不當重「甘」字。吕覽高注引淮南記曰：「人甘非正爲蹠也。」尤其明驗矣。)○向宗魯云：「甘」字涉注文而誤重。注文「人之甘，(複舉正文。)甘猶樂，(以樂釋甘。後文云「甘樂之者也」。)樂而爲之。(句)臣之死君，子之死父，非以求蹠。(句)蹠，願也。」(今本脱「願」字。下文注：「蹠，願也。」當據補。)後人誤以注文「甘甘」連讀，遂肊加「甘」字耳。吕覽功名篇注引此文不疊「甘」字，可證今本之譌。

而蹠焉往，言蹠乃往至也。

君子之慘怛，非正爲僞形也，○吕傳元云：此與上文「非正爲蹠也」對言，「爲」下不當有「僞」字。「僞」蓋因「爲」而誤入也。疑衍。○寧案：吕疑衍「僞」字。然非正爲形，文義甚明，「僞」字無由誤入。疑衍「爲」字。「僞」即「爲」也。後人不解其義，故於「僞」上加「爲」字耳。上文「非正爲蹠」，亦當是「僞」字爲後人所改。不作「非正爲僞蹠者」，以其義不可通耳。主術篇「不僞醜飾，不僞善極」，(依王念孫校。)今本作「不爲醜飾，不爲僞善」。此文誤與彼同。

諭乎人心：非從外入，自中出者也。

義正乎君，仁親乎父。○寧案：「義正乎君」，「正」當爲「尊」。下文云：「君以義尊」，是其義。道藏本、中立本、茅本、景宋本正作「尊」。

故君之於臣也，能死生之，不能使爲苟簡易；君不能使臣爲苟合易行之義。○王念孫云：「簡」字後人所加。高注云：「君不能使臣爲苟合易行之義。」則無「簡」字明矣。下文曰：「父之於子也，能發起之，不能使無憂尋。」與此相對爲文，加一「簡」字則文不成義，且與下文不對矣。○吕傳元云：「簡」字不當衍，「易」字衍文也。高注「易行之事」，正解「簡」字之意。今本作苟簡易者，後人注「易」字於「簡」旁，因誤入也。「苟簡」連文。莊子外篇天運云：「食於苟簡之田。」是其證。

父之於子也，能發起之，不能使無憂尋。憂尋，憂長也。仁念也。仁念，父母不樂子之如此，然不能止。

○向宗魯云：「發」讀爲「廢」。廢起猶廢立，與死生對文。○于省吾云：「憂尋」與上文「苟易」對文，訓憂長則非對文矣。下文「其憂尋推之也。」注：「憂尋，憂深也。」憂深於義亦未符。「尋」應讀作「憛」。古从尋从覃字通，詳本經篇「呼吸浸潭」條。廣雅釋詁：「憛，思也。」釋訓：「悇憛，懷憂也。」王氏疏證謂憂與思同義。然則此文憂憛即憂思，思與憂義相因，猶上文之苟與易也。故義勝君，仁勝父，則君尊而臣忠，父慈而子孝。聖人在上，化育如神，太上曰：「我其性與？」太上，皇德之君也。我性自然也。其次曰：「微彼其如此乎？」其次，五帝時也。其民如此，故我治之如彼。○向宗魯云：鄭君注曲禮以太上爲帝皇之世，其次爲三王之世。實則太上猶言最高，以道之高下言，非以時之先後言。左氏稱太上有立德，其次有立功，其次有立言，意亦如此。故詩曰：「執轡如組。」易曰：「含章可貞。」

動於近，成文於遠。夫察所夜行，周公慙乎景，故君子慎其獨也。○王念孫云：「慙」上當有「不」字，方與下意相屬。文子精誠篇作「聖人不慙於景」。○寧案：王說是也。晏子春秋外篇：「君子獨立不慙於景，獨寢不慙於魂。」釋近斯遠，塞矣。聞善易，以正身難。夫子見禾之三變也，夫子，孔子也。三變，始於粟，粟生於苗，苗成於穗也。○梁玉繩云：後漢張衡傳注：淮南子曰：「孔子見禾三變始於粟，生於苗，成於穟，乃歎曰：『我其首禾乎？』」高誘曰：「禾穟向根，君子不忘本也。」文選思玄賦注「穟」作「穗」，所引亦同。疑正文竄入注中。滔滔然曰：「狐鄉邱而死，我其首禾乎？」禾穗垂而向根，君子不忘本也。故君子見善則痛其身焉。痛己身善惡自在也。身苟正，懷遠易矣。懷，來。故詩曰：「弗躬弗親，庶民弗信。」小人之從事也曰苟得，君子曰苟義，○向宗魯云：「苟」當爲自急敕之「苟」，與燕禮記之「賓爲苟敬」、墨子非儒篇之「苟生」「苟義」同誤，得與生可曰苟，而義與敬則正與苟相反，不得言苟敬、苟義也。○蔣禮鴻云：苟得苟義之「苟」，乃説文「苟，自急敕也」之「苟」，義與墨子非儒篇「曩與女爲苟生，今與女爲苟義」同。王念孫墨子雜志曰：「苟讀爲『亟其乘屋』之『亟』。亟，急也。説文：『苟，自急勑也，从芊省，从勹口。勹口猶慎言也。』（舊本作「从包省，从口，口猶慎言也。」今依段氏改。）『曩與女爲苟生，今與女爲苟義』者，曩謂在陳、蔡時也，今謂哀公賜食時也。（具見上文。）言曩時則以生爲急，今時則以義爲急也。案『苟』字不見經典，唯爾雅『亟，速也』，釋文曰：『亟字又作苟同，居力反。』此釋文中僅見之字，而通志堂本乃改『苟』爲『急』，謬矣。釋文之外，唯墨子書有之，亦古文之僅存者，良可貴也。」王氏釋墨義甚明确，而不引淮南，則偶疏也。所求者同，所期者異乎？○寧案：此不當表疑問。疑於「異」字絶句，「乎」字本作「夫」，下屬，寫者誤屬上句，故改作「乎」耳。下文「夫織者日以進，耕者日以却，事相反，成功一也」，句法與此正同。擊舟水中，魚沈而鳥揚，同聞而殊事，其情一也。僖負羈以壺餐表其閭，釐負羈，曹臣。晉重耳出過曹，負羈遺以壺餐。重耳反晉伐曹，令兵不入其閭。○寧案：道應篇作釐負羈，與此注同。「僖」「釐」古通。趙宣孟以束脯免其軀，趙宣孟，晉卿，以束脯活靈輒，後免其難也。○楊樹達云：「餐」字誤，當作「飧」。僖負羈事見左傳僖公二十三年。趙宣孟事見宣公二年。淮南書在漢初，已屢稱引左氏所記事，知劉歆僞撰之説爲誣辭矣。禮不隆，隆，多也。而德有餘。仁心之感，恩接而憯怛生，故其入人深。俱之叫呼也，在家老則爲恩厚，其在責人則生爭鬭。故曰：兵莫憯於意志，莫邪爲下，寇莫大於陰陽，枹鼓爲小。○向宗魯云：莊子庚桑楚篇、本書主術篇皆無「意」字，此後人肊加。以與陰陽爲對耳。○寧案：向説是也。説林篇高注引亦無「意」字。聖人爲善，非以求名而名從之，名不與利期而利歸之。故人之憂喜，非爲蹗蹗焉往生也。言非爲冀幸往生利意也。○于鬯云：此當讀「故人之憂喜非爲蹗」句，「蹗焉往生也」爲句，與上文言「故人之甘甘非正爲蹠也，而蹠焉往」句法同。此言蹗猶彼言蹠，（或謂「蹠」「蹗」二字形頗相似，當有一誤。）明蹗蹗不連讀。（又案：彼高注卻出蹠蹠字，可疑。）○向宗魯云：憂喜當爲憂尋，（本篇屢見。）而「蹗」字乃「蹠」字之誤，「生」字涉注文而衍，注文「生」字又「至」字之誤。此本作「故人之憂尋非爲蹠，（句絶。下文「蹠，願也」，此注云「冀幸」亦同意。）蹠焉往也。」言非爲自求其所願而所願乃往至也。上文「人之甘，非正爲蹠也，而蹗焉往」，注云：「言蹠乃往至也。」正與此文一例。今注文「至」誤爲「生」，正文又因注文加「生」字，遂與上文乖剌矣。○馬宗霍云：説文無「蹗」字。玉篇有之，訓「行貌」。此注以冀幸釋蹗蹗，亦非其義。尋本篇上文「非正爲蹠也」，注云：「非以求蹠蹠也。」下文「各從其蹠而亂生焉」，注云：「蹠，願也。」願與冀幸之義正合。是則本文「蹗蹗」疑當作「蹠蹠」，方與注相應。蹠、蹗形似，蓋傳寫之誤。蹠蹠得訓冀幸，説詳前條。○寧案：向説是也。參閲前條吳、向説。故至人不容。至道之人，不飾容也。○王念孫云：劉本改「至至」爲「至人」。又下文「故至至之人，不可遏奪也」，高注曰：「言至道之人，其心先定，不可臨以利，奪其志也。」劉本又改「至至」爲「至道」。案劉不解「至至」二字之意，又見高注兩言「至道之人」，故或改爲「至人」，或改爲「至道」，不知至至卽至道也，至至之人卽至道之人也。下文云：「故聖人栗栗乎其内而至乎至極矣。」至乎至極，卽所謂至至也。本經篇「未可與言至也」，高注亦曰：「至，至德之道也。」是道之至極，卽謂之至，至乎道之至極，卽謂之至至。故此兩注皆以至至爲至道也。劉不曉注意，而以注文改正文，謬矣。下文又云：「至至之人，

（唯此「至至」二字劉本未改。）不慕乎行，不慙乎善。」「至至」二字前後三見，何不察之甚也。○顧廣圻云：「至至」見列子楊朱篇。本篇三見。故若眯而撫，眯，芥入目也。撫，捫之，從中發，非爲覲容也。若跌而據。跌，仆也。

聖人之爲治，漠然不見賢焉，終而後知其可大也。若日之行，○寧案：道藏本、中立本、茅本、景宋本有注云：「日行人不見也。」今本脱。騏驥不能與之爭遠。今夫夜有求，與瞽師併，東方開，斯照矣。言人見照用瞽者猶闇而無爲，人而以治事用思也。○馬宗霍云：説文人部云：「併，竝也。从人，并聲。」引申之義則爲等，爲同。淮南本文蓋言人夜而有求，與瞽師相同，所謂闇中摸索也。東方開則天明，明則萬物皆見矣。此承上文「聖人之爲治」來，而以譬喻之辭申之。「夜有求與瞽師併」，即上文「漠然不見賢焉」之謂也。「東方開，斯照矣」，即上文「終而後知其可大」之謂也。注文晦曲，意不甚了。動而有益，則損隨之。益所以爲損也。故易曰：「剥之不可遂盡也。故受之以復。言物剥落而復生也。○寧案：易序卦曰：「物不可以終盡。剥窮上反下，故受之以復。」積薄爲厚，積卑爲高。故君子日孳孳以成煇，小人日快快以至辱，○向宗魯云：本篇「快快」連文，俗本竝改作「快快」，非也。快快與孳孳對文。孳孳者，敬慎不懈，快快則恣肆之意。荀子大畧篇：「賤師而輕傅則人有快，人有快則法度壞。」注云：「人有肆意」是也。下文「桀、紂日快快以致於死」，桀、紂之放恣，可言快快，又何快快之有？○寧案：向説是也。道藏本、中立本、茅本、景宋本皆作快快。文子上德篇同。舊注云：「小人乘閒以快意，終至困辱。」快意猶肆意也。其消息也，離朱弗能見也。○顧廣圻云：愼子曰：「爲離珠履。」「珠」與「朱」同，不必依原道改作「朱」。○寧案：宋本、藏本作「離珠」。文王聞善如不及，宿不善如不祥，○向宗魯云：「宿不善」當作「宿善」。

宿，留也，謂知其善留而不行也。墨子公孟篇曰：「吾聞之曰，宿善者不祥。」説苑政理篇曰：「太公曰：宿善不祥。」皆其明證。（文子上德篇襲此文亦誤衍「不」字。）○馬宗霍云：説文宀部云：「宿，止也。从宀，佰聲。佰，古文夙。」詩周頌有客篇「有客宿宿」，毛傳云：「一宿曰宿」。淮南本文「宿」字，當兼毛、許兩義。宿不善如不祥者，即不欲使不善之事，一宿止於其身也，亦即論語「見不善如探湯」之意。○寧案：向説是也。荀子大畧篇云：「無留善，無宿問。」馬氏望文生義。非謂日不足也，其憂尋推之也。憂尋，憂深也。故詩曰：「周雖舊邦，其命維新。」新國者也。○吴承仕云：朱本作「新國命也。」案朱本是也。作「者」無義。懷情抱質，天弗能殺，地弗能薶也。聲揚天地之閒，配日月之光，○寧案：下文云：「聲自召也，名自命也。」「配」上疑當據補「名」字。「聲揚天地之間，名配日月之光」對文。甘樂之者也。苟鄉善，雖過無怨；苟不鄉善，雖忠來患。○寧案：「患」字疑當爲「惡」，形近而譌。上文云：「凡行戴情，雖過無怨；不戴其情，雖忠來惡。」文子上德篇作「苟不鄉善，雖忠來惡」，是其證。故怨人不如自怨，求諸人不如求諸己得也。○楊樹達云：「得」字衍文，集證删之是也。○馬宗霍云：本文「得也」二字，雙承上兩句，言怨人不如自怨之爲得，求諸人不如求諸己之爲得也。古人行文多此例。劉家立淮南集證删去「得」字非是。楊樹達淮南子證聞乃從劉删，以「得」字爲衍文，疏矣。聲自召也，貌自示也，名自命也，文自官也，無非己者。○黄以周云：徐幹中論貴驗篇云：「事自名也，聲自呼也，貌自眩也，物自處也，人自官也，無非己者。」兩文各有字誤。「貌自眩」，「眩」當作「眎」；繆稱訓作「自示」，「示」古「眎」字。「文自官」當依中論作「人自官」爲是。○寧案：黄説是也。文子上德篇亦作「人自官」。操鋭以刺，操刃以擊，何怨乎人？故筦子文錦也，雖醜登廟；筦仲相齊，明法度，審國刑，猶文錦雖惡，宜以升廟也。○劉文典云：御覽四百四十七引注：「相桓公，以霸功成事，衣文錦之服，大書在明堂，故曰雖醜登廟也。」○寧案：注，道藏本、景宋本「審國刑」下有「不能及聖」四字。莊本脱。「不能及聖」，故曰「雖惡」。

子産練染也，美而不尊。子産相鄭，先恩而後法，猶練染爲衣，温厚而非宗廟服也。○黄以周云：御覽八百十五引子思子曰：「管仲纘錦也，雖惡而登朝；子産練絲也，雖美而不尊。」御覽原注云：「見家語。」今家語不見，注誤也。明陳耀文天中記四十九引子思子「纘」作「繪」，「朝」作「廟」，「絲」作「紫」。繆稱訓取斯文作「莞仲文錦也，雖醜登廟；子産練染也，美而不尊」。「纘」當以「繪」爲正。纘，織餘。繪，會五采繡也。錦，織文也。「朝」「廟」義通。凡絲必先練而後染，練染既成，乃可用以織繡。子産如絲，得練染法，故曰美；而未有成功，人遂卑視之，故曰不尊。管仲如絲，於練染先不良，即成繪錦亦醜，故曰惡；然其功已成，器雖小，而人樂用之，故曰登朝。子思斯論最允。○劉文典云：御覽引「練」作「絹」。又引注云：「子産相鄭，以乘車濟朝涉者。孟子曰：『惠而不知爲政。』絹染者，以子産喻母人。月令曰『命婦官染絹』，温暖其民，如人之母也。」二注與今注迥異。繆稱訓乃許注本，則御覽所引，殆高注也。又八百十五引「練染」作「練帛」。注云：「雖不及聖，猶文錦也。子産先思後去，如綵帛雖温，不堪爲宗廟服。」與今注畧同。知御覽前後兩引爲許、高二本矣。家語：「子思子曰：管仲纘錦也，雖惡而登廟；子産練絲也，雖美而不尊。」即本此文也。○楊樹達云：太平御覽八百十五引子思子文畧同，惟「文錦」作「纘錦」，「登廟」作「登朝」，「練染」作「練絲」爲異。此淮南及僞撰家語者同用子思子文耳。今云家語本淮南非其實也。淮南未明記何人之語，撰家語者，何由知其爲子思子之言乎？○寧案：「染」當作「帛」，從太平御覽八百十五引訂正。蓋高作「絹染」，（太平御覽四百四十七引。）許作「練帛」，（八百十五引。）二家混亂，因高作「染」而改許之「帛」爲「染」也。劉據鮑本御覽八百十五引注「雖不及聖」上脫「管」字。宋本御覽有「管」字。「先思後去」當爲「先恩後法」，形近而譌，據今本訂正。虛而能滿，淡而有味，被褐懷玉者。故兩心不可以得一人，一心可以得百人。男子樹蘭，美而不芳，蘭，芳草，艾之美芳也。男子樹之蓋不芳。○吳承仕云：「宋本作『藝之美芳也』。疑注文當作：『蘭，芳草，女藝之，美芳也。』」莊本作「艾」者，卽「女」字之譌，「女」下脫一「藝」字。朱本則「藝」上脫一「女」字。注言女子藝蘭，美而且芳，男子樹之，則美而不芳。又案埤雅曰：「淮南子云：『男子樹蘭，美而不芳。』說者以爲蘭，女類，故男子樹之不芳。」（毛晉毛詩陸疏廣要說同，蓋轉引埤雅說耳。）疑陸佃所據，蓋淮南注文。然則此文尚有脫字，不能輒定。○寧案：吳說是也。景宋本「艾」字正作「女」，脫「藝」字。太平御覽九百八十三引注同。繼子得食，肥而不澤，繼子有假母也。情不相與往來也。

生所假也，死所歸也。故宏演直仁而立死，宏演，衞懿公臣。狄人攻衞，食懿公，其肝在，宏演剖腹以盛之。○寧案：狄人攻衞在魯閔公二年。事具呂氏春秋忠廉篇。王子閭張掖而受刃，楚白公欲立王子閭爲王，不可，刺之以兵，子閭不受。○顧廣圻云：注「刺」疑當作「刧」。○寧案：顧說是也。事見哀公十六年左傳，正作「刧以兵」。精神篇云：「晏子可迫以仁而不可刧以兵」，其比同。不以所託害所歸也。故世治則以義衞身，世亂則以身衞義。○陳季皋云：「衞」本竝作「𧗿」，字形相涉致誤。經傳多以「率」爲之。率猶順也。上文「弘演直仁而立死，王子閭張掖而受刃」，卽以身順義者也。意林引子思子「國有道，以義率身，無道，以身率義」，卽淮南所本。死之日，行之終也，故君子慎一用之。無勇者，非先懾也，難至而失其守也；貪婪者，非先欲也，見利而忘其害也。虞公見垂棘之璧，而不知虢禍之及己也。故至道之人，不可遏奪也。言至道之人，其心先定，不可臨以利奪其志也。

人之欲榮也，以爲己也，於彼何益！聖人之行義也，其憂尋出乎中也，於己何以利！○寧案：集證本「利」上删「以」字是也。故帝王者多矣，而三王獨稱；貧賤者多矣，而伯夷獨舉。以貴爲聖乎，則聖者衆矣；以賤爲仁乎，則賤者多矣：何聖仁之寡也！○向宗魯云：「則聖者衆矣」，「聖」當作「貴」，與下「則賤者多矣」對文。蓋謂貴者多而不必聖，賤者多而不必仁。故下文云：「何聖仁之寡也。」○楊樹達云：「聖者衆」當作「貴者衆」，此涉上「聖」字而誤也。下句云「以賤爲仁乎，則賤者多矣」，今誤作「聖者衆」，與下句文例不一矣。下文又云「何聖仁之寡也」，若作「聖者衆」，又與下文相反矣。以是知之。獨專之意，樂哉！忽乎日滔滔以自新，忘老之及己也。始乎叔季，歸乎伯孟，必此積也。言自少而至長。不身遁，斯亦不遁人，遁，隱也。己不自隱身之行，亦不隱之於人故也。○王念孫云：「不身遁」，「身」當爲「自」，字之誤也。上文「非自遁也」，高注云：「遁，欺也。」（廣雅同。「遁」字亦作「遯」。修務篇「審於形者，不可遯以狀」，高注曰：「遯，欺也。」）此言自遁，亦謂自欺也。不自欺，斯不欺人，故下二句云：「若行獨梁，不爲無人不兢其容。」謂不自欺也。古者謂欺爲遁。管子法禁篇曰：「遁上而遁民者，聖王之禁也。」謂上欺君而下欺民也。賈子過秦篇曰：「姦僞並起而上下相遁。」史記酷吏傳序曰：「姦僞萌起，其極也，上下相遁。」皆謂上下相欺也。○于鬯云：王襍志云：「身當爲自，字之誤。」鬯謂身義即是自義，不必改字，特不當如高注於身外增自義耳。故若行獨梁，不爲無人不兢其容。獨梁，一木之水橋也。行其上，常兢兢恐陷也。○吴承仕云：朱本作「一木横水上也」。景宋本作「一木之水權也」。案：文當作「一木之水榷也」。廣雅釋宫：「榷，獨梁也。」是其證。莊、朱本雖可通，疑是後人所改。○寧案：吴説是也。説文：「榷，水上横木所以渡者也。」顧廣圻校「水橋」作「小橋」，亦非。故使人信己者易，而蒙衣自信者難。及身不信，故難。○向宗魯云：衣謂衾也，卽論語必有寢衣之衣。（衣之本義爲被，俞氏兒笘録説。）劉子慎獨篇「寢不愧衾」，卽此意。○楊樹達云：注「及身」當作「反身」，以形近誤耳。情先動，動無不得，無不得則無莙，發莙而後快。言人君以情動導民也。動盡得人心也。無莙結。發，動也。雖莙結快民心。○莊逵吉云：「莙」本或作「窘」。○吴承仕云：朱本作「情先動，（注：言人君以情動導民也。）動無不得，（注：動盡得人心也。）無不得則無莙發，（注：無莙結發動也。）莙而後快，（注：雖莙結快民心。）」景宋本與朱本同。承仕案：此文大旨，謂上下相諭，無滯著不達之情，則民心快矣。疑本文當以「無不得則無莙」爲句。注當云：「莙，結也。」尋顔氏家訓云：「莙，蘊藻之類也。」云蘊藻者，以蘊釋莙，莙蘊聲近義通，亦古人聲訓之常例。故此注訓莙爲結。要畧篇：「莙凝天地。」莙凝與莙結同意。注文誤衍「無」字，則義不可通矣。「發莙而後快」爲句。注當云：「發，動也。□莙結快民心。」謂莙結發越，無所壅閼，則民心快也。各本斷句既誤，注又有譌，故文義難憭。又案：朱本注文，多分列於當句之下，而莊本每連數句之注，總録於後，以致文注不應，語不比順，此其一例耳。○向宗魯云：以「莙發」連讀非是。此當以「發莙而後快」爲句。○馬宗霍云：此注下兩句疑有譌亂。尋繹其義，「人君以情動導民也」，釋正文「情先動」句。情以先之，是導民也。「動盡得人心也」，釋正文「動無不得」句，無不得故曰盡得也。「無莙結發動也」，「無」字蓋涉正文「無莙」之「無」而誤衍。此蓋以「結」字釋正文之「莙」，以「動」字釋正文之「發」，故曰「莙，結。發，動也」。衍一「無」字，則義不可通。而「動」字卽承用正文，明正文上兩「動」字與下「發」字互相關也。「雖若結快民心」，「雖」字疑爲「發」字之誤。此卽承上句若結發動之解而申之，以釋正文「發若而後快」句。民之不快，由於中心有結，發而通之，則自快矣。又案：「若」字，爾雅、說文皆訓「牛藻」。此訓爲「結」者，尋顏氏家訓書證篇云：「若卽陸機所謂聚藻葉如蓬者也。又郭璞注三蒼亦云蘊藻之類也。細葉蓬茸生。」據此，是若之爲物，葉好聚生，取其形似，故有「聚藻」「蘊藻」之名。蘊猶聚也。聚結義近，若蘊聲近，故若得訓結也。莊逵吉云：「若，本或作窘。」此或校者不得若結之解，以意改之，未足據。○寧案：注文「雖」字，吳氏闕疑，馬以爲「發」字之誤。然「發」字無由誤作「雖」也。疑當是「離」字。玉篇：「離，去也，散也。」謂發散若結，則民心快也。主術篇「雖以北宮子司馬蒯蕢，不使應敵」，今本「雖以」誤作「以離」。此「離」「雖」相誤之證。

故唐、虞之舉錯也，非以偕情也，○顧廣圻云：「偕」當作「借」。○呂傳元云：顧說非也。此言堯、舜之舉錯，非偕合民情，快於己而天下治也。作「借」便文不成義矣。快己而天下治；桀、紂非正賊之也，快己而百事廢；喜憎議而治亂分矣。下有喜議而國治，有憎議而國亂也。○俞樾云：高注曰：「下有喜議而國治，有憎議而國亂也。」此未得「議」字之旨。「議」當讀爲「儀」。周易繫辭傳「議之而後言」，釋文曰：「議，陸、姚、桓元、荀柔之本作儀」。國語鄭語「伯翳能議百物」，漢書地理志「議」作儀，是議、儀古通用。廣雅釋詁：「儀，見也。」喜憎儀謂喜憎見也。俶真篇「是非無所形」，高注曰：「形，見也。」「儀」與「形」同，故廣雅「形」與「儀」並訓「見」。齊俗篇曰「是非形則百姓眩矣」，此云「喜憎儀而治亂分矣」，句法一律。乃諸書多以形爲見，少以儀爲見，而此又假「議」爲之，其義益晦，宜表出之以存古訓也。○寧案：俞引周易，「言」當爲「動」。

聖人之行，無所合，無所離。譬若鼓，無所與調，無所不比。絲筦金石，小大脩短有叙，異聲而和；君臣上下，官職有差，殊事而調。夫織者日以進，織帛者進。耕者日以却，却謂耕者却行。事相反，成功一也。申喜聞乞人之歌而悲，出而視之，其母也；申喜亡其母，母乞食於道。艾陵之戰也，夫差曰：「夷聲陽，句吴其庶乎」。艾陵之戰，吴王夫差與齊戰於艾陵也。夷謂吴。陽，吉也。句吴，夷語，不正言吴，加以「句」也。庶，幾也。○莊逵吉云：陽，吉也。本或誤作「告」也。攷易陽爲吉，陰爲凶，故訓陽爲吉。作「告」非是。○于省吾云：注：「句吴，夷語，不正言吴，加以句也。」按者瀘鐘作「工獻」。金文「吾」字亦假「獻」爲之。大差監作「攻吴」。余所藏公子光戈夫差劍作「攻敔」。句、工、攻與吴、獻、敔均一音之轉。○寧案：艾陵之戰見哀公十一年左傳。同是聲而取信焉異，有諸情也。○寧案：焉猶乃。上文「而蹠焉往」，注「言蹠乃往至也」。劉家立集證倒作「異焉」，大妄。故心哀而歌不樂，心樂而哭不哀。夫子曰：「絃則是也，其聲非也。」閔子騫三年之喪畢，援琴而彈，其絃是也，其聲切切而哀。○王引之云：上文申喜遇母及艾陵之戰，皆直叙其事。此未叙其事，而忽云「夫子曰：『絃則是也，其聲非也』」，則不知所指爲何事矣。疑閔子騫三年之喪畢援琴而彈」十二字，本是正文，在「夫子曰」上，而寫者誤入注也。○黄以周云：北堂書鈔一百六引子思子：「情哀而歌，歌弗信矣。其絃則是，其聲則非也。」繆稱訓作「夫子曰」，蓋子思子述夫子之言也。○向宗魯云：王説是也。疑注「其絃是也」四字衍，「其聲切切而哀」亦是正文。不然則夫子語亦突兀。（毛傳可證。）○寧案：王、向説未安。王以爲「閔子騫」以下十二字本是正文，則「其絃是也，其聲切切而哀」十字無著。故向氏以爲「其絃是也」四字衍，「其聲切切而哀」亦是正文。然何由衍此四字？竊謂正文及注不誤。蓋淮南引子思子之文，乃子思子述夫子之言，（如黄説。）非淮南語也，故但稱「夫子曰」云云，不及本事。而許注出之也。下文「子曰：鈞之哭也」，亦猶是也。此與上文申喜、夫差事不並列，故文不一例。禮記檀弓以爲子夏事。許注本詩檜風素冠傳。檀弓疏云：「子夏喪親無異聞，焉能彈琴而不成聲？而閔子騫至孝之人，故孔子善之，云『孝哉閔子騫』。」則許本毛傳是矣。**文者，所以接物也，情，繫於中而欲發外者也。以文滅情則失情，以情滅文則失文，文情理通，則鳳麟極矣，言至德之懷遠也。**

輸子陽謂其子曰：「良工漸乎矩鑿之中，漸，習也。**矩鑿之中，固無物而不周。**○蔣超伯云：今本「矩鑿之中」，古書罕「矩鑿」連言者，第云矩矱。離騷經云：「求矩矱之所同。」矱鑿音相近，疑當作「矩矱」也。○寧案：蔣説是也。氾論篇：「言（今本誤作「音」。）有本主於中，而以知榘彠之所周者也。」注：「榘，方也。彠，度法也。」今此下句注文云：「矩彠之中，各取法度。」（「彠」亦誤作「鑿」。）鑿則不能言取法度。説文：「蒦，度也。蒦或从尋，尋亦度也。」注與説文亦合。是其證。**聖王以治民，造父以治馬，醫駱以治病，**醫駱，越醫。○向宗魯云：注以爲「越醫」，疑即越人。**同材而各自取焉。**自，從也。矩鑿之中，各取法度，或以治民，或以治馬，或以治病，同材而各往從取治法之也。○寧案：注，中立本作「同材而各自取法以治之也」。疑今本「往」字即「從」字之誤而衍，「治法」二字誤倒，「法」下當有「以」字。**上意而民載，誠中者也。**上有意而未言，則民皆載而行之，志或發中之於大。○吴承仕云：「志或發中之於大」，朱本作「志誠發之於中也」。案朱本近之。莊本「誠」譌爲「或」，文又到亂，故不可通。**未言而信，弗召而至，或先之也。忣於不己知者，不自知也。**忣，急也。○莊逵吉云：「急」字從「及」下「心」，此作「心」旁

「及」，字本同耳。矜怚生於不足，怚，驕也。不足，知不足也。○王念孫云：慘怛之「怛」，無訓爲驕者。「怛」皆當爲「怚」，字之誤也。說文：「怚，驕也。」字從「且」，不從「旦」。玉篇秦呂、子御二切。廣雅曰：「憍、（通作「驕」。）怚，傲、侮、慢，傷（通作「易」。）也。」高注氾論篇曰：「駔，驕怚也。」並與此注同義。「怚」訓爲驕，故言矜怚也。又呂氏春秋審應篇：「使人戰者嚴駔也。」高注曰：「嚴，尊也。駔，驕也。」說文又云：「嫭，驕也。」文選嵇康幽憤詩：「恃愛肆姐，不訓不師。」怚、嫭、姐、駔，並字異而義同。華誣生於矜。○楊樹達云：「華」當讀爲「誇」。說文言部云：「誇，譀也。譀，誕也。」蓋「華」從「𠌶」聲，「𠌶」或从「夸」作「荂」，又皆「亏」聲之孳乳字，故華、誇可通作也。○寧案：楊說是也。方言：「華、荂，晠也。齊、楚之間或謂之華，或謂之荂。」郭注：「荂亦華別名。」又案：道藏本、景宋本有注云：「矜，貪功也。」譚獻曰：「正文當作『矜怚』。注當作『矜怚，貪功也』。」誠中之人，樂而不伋，如鴞好聲，忠信之人，自樂爲之，非伋伋也，如鴞自好爲聲耳。○寧案：「鴞」下當沾「之」字，與「熊之好經」對文。太平御覽九百八引「鴞」下有「之」字。熊之好經，經，動，導引。夫有誰爲矜！各任自性，非徒矜也。春女思，秋士悲，春女感陽則思，秋士見陰而悲。○劉文典云：北堂書鈔百五十四引作「春女悲」。又引注云：「周禮：仲春之月，令媒氏會男女，一升成於夫家，骨肉相離，故悲之也。」繆稱篇乃許注本，書鈔所引，殆高注也。又藝文類聚三引亦作「春女悲，秋士哀」。○吴承仕云：御覽十九引文，與類聚同。又引注云：「周禮：仲春之月，令媒氏會男女，女當外成於夫家，骨肉相離，故女悲；秋，金氣用事，戰士執兵，勝敗若化，故士哀也。」（引注止此。）白虎通曰：「嫁者，家也。婦人外成，以出適人爲家。」注言女當外成於夫家，與彼同義。書鈔引作一升成於夫家者，「一」即「當」字之譌。（「當」誤爲「壹」，轉寫又作「一」，此例甚多。）「升」即「外」字之譌，句首又奪一「女」字，故文不可解耳。御覽引注，既無譌字，又兼釋秋士之義，劉氏棄而不用，乃獨據書鈔譌奪之文，復無校正，致爲疏舛。而知物化矣。號而哭，嘰而哀，而知聲動矣。○于省吾云：按下文「紂爲象箸而箕子嘰」，注：「嘰，唏也。」史記十二諸侯年表序作「紂爲象箸而箕子唏」，「唏」與「嘰」音近字通。○寧案：「而知物化矣」，「而知聲動矣」，兩「而」字涉上下「而」字而衍。下句「知情僞矣」上無「而」字。道藏本、中立本、景宋本「知聲動矣」上亦無「而」字。容貌顏色，理詘㑅倨侚，○劉績云：後有「倨句詘伸。」（見兵畧篇。）疑此作「詘伸倨句」，衍「理」字。○王念孫云：劉說是也。倨句猶曲直也。樂記曰：「倨中矩，句中鉤。」「伸」誤爲「㑅」，「句」誤爲「佝」，（因「倨」字而誤加人旁。）「理」字因下文「循理」而衍。各本「佝」字又誤爲「侚」，而莊本從之，謬矣。知情僞矣。故聖人栗栗乎其內而至乎至極矣。功名遂成，天也；循理受順，人也。太公望、周公旦，天非爲武王造之也；崇侯、惡來，天非爲紂生之也；崇侯，紂時諸侯也。惡來，紂之臣，秦之先也。有其世有其人也。教本乎君子，小人被其澤；利本乎小人，君子享其功。昔東户季子之世，東户季子，古之人君。○寧案：呂氏春秋有度篇高注：「户季子，堯時諸侯。」漢書古今人表宓羲時有東扈氏。道路不拾遺，耒耜餘糧宿諸晦首，使君子小人各得其宜也。○寧案：天中紀一引子思子：「東户氏之熙載也，紹荒屯，遺美好，垂精拱默而九寰以承流。當是之時，禽獸成羣，竹木遂長，道上雁行而不拾遺，耕者餘飡宿之畝首。其歌樂而無淫，其哭哀而不聲者，皆至德之世也。」此淮南所本。故一人有慶，兆民賴之。

凡高者貴其左，天道左旋。故下之於上曰左之，臣辭也。臣道左君。○寧案：注「左」當作「佐」，蓋以「佐」釋「左」也。下句注云「佑助臣」，以「佑」釋「右」，是其比。下者貴其右，故上之於下曰右之，君讓也。君謙讓，佑助臣。○楊樹達云：今左右字，古文作ナ又，佐佑字作左右。説文：「左，ナ手相左也。右，助也。」此文「左之」「右之」，皆用本字本義。故上左遷則失其所尊也，左，臣詞也。君以再還，故失其尊也。○譚獻云：依注「遷」當作「還」。○楊樹達云：「遷」，景宋本同，集證本作「還」，是也。注云「君以再還」，（下文云「臣右還」，注亦云「臣以再還」。）則文本作「還」明矣。○寧案：「也」當作「矣」，與下句「失其所貴矣」同。臣右還則失其所貴矣。右，君詞也，而臣以再還，故失其貴也。小快害道，斯須害儀。斯須，近也。○寧案：「須」，道藏本、中立本作「頿」，同「須」。景宋本誤作「顏」。又「儀」讀爲「義」。子產騰辭，騰，傳也。子產作刑書，有人傳詞詰之。○陶方琦云：唐本玉篇言部引「騰」作「謄」，許注：「謄，傳也。」案繆稱乃許注。玉篇引作「謄」乃正字。「騰」乃同聲通借字。説文亦曰：「謄，傳也。」○寧案：説文：「騰，傳也。謄，迻書也。」唐本玉篇引淮南作「謄辭」，引許叔重曰：「謄，傳也。」野王案：「謂傳道言之也。説文：迻書也。」是唐本玉篇引「謄」乃借字，「騰」正字。又案：注「有人」當作「人有」，據道藏本、中立本、景宋本正。獄繁而無邪。繁，多也。獄雖益多而下無邪也。失諸情者，則塞於辭矣。失事之情，則爲世人辭所窮塞也。成國之道，工無僞事，農無遺力，士無隱行，官無失法。譬若設網者，引其綱而萬目開矣。○劉文典云：藝文類聚五十二引「成」作「盛」，「隱」作「諂」，「萬目開矣」作「萬目張」。意林引作「治國者，若設網，引其綱，萬目張」。○呂傳元云：「萬目開」當作「萬目張」，綱，張韻也。○寧案：成、盛字通。左傳宣二年「宣子盛服將朝」，注：「盛，本或作成。」人間篇「有隱行者，必有昭名」，（今本「隱」誤「陰」，依王念孫校改。）又云「其後繼嗣至今不絕者，有隱行也。」隱行謂陰德，與此義不相合。宋本藝文類聚引此作「諂行」，疑諂字是。説文：「諂，諛也。」諂行謂諂諛之行也。韓愈與邢君牙書：「布衣之士，雖甚賤而不諂。」諂、隱左半草書形似。「隱」俗書作「隐」，右半急、刍形亦似，因以致誤。爾雅釋詁「諂，疑也。」作諂義亦不明。又案：吕氏春秋用民篇云：「壹引其綱，萬目皆張。」詩譜序云：「舉其綱而萬目張。」又開當爲張之證。**舜、禹不再受命，**受命于人，不受于天。**堯、舜傳大焉，先形乎小也。**形，見也。先見微小以知大。**刑於寡妻，至于兄弟，禪於家國，而天下從風。**禪，傳也。言堯、舜、禹相傳，天下服之也。○王念孫云：「刑於寡妻」本作「施於寡妻」，此後人依大雅改之也。不知施於寡妻，禪於家國，皆用詩意而小變其文，與直引詩詞者不同，無煩據彼以改此也。文選漢高祖功臣頌注引此正作「施於寡妻」。「施」讀若「施於孫子」之「施」。**故戎兵以大知小，**若湯、武以義伐不義，從大伐小。**人以小知大。**人謂天下從風者也。堯、舜之民，以小知堯大也。○俞樾云：「戎兵」以器言，猶曰器以大知小，人以小知大耳。兵器有大小，如考工記所載，弓與劍皆有上制、中制、下制是也。知上制如干，則等而下之皆可知矣。故曰「戎兵以大知小」。高氏以湯、武説上句，堯、舜説下句，殊非其旨。**君子之道，近而不可以至，卑而不可以登，無載焉而不勝，萬物載之，皆勝其任。大而章，遠而隆。**○王念孫云：「大而章」，「大」當爲「久」，字之誤也。此言君子之道，始於卑近，而終於高遠，是以久而彌章，遠而彌隆。上文云：「聖人之爲治，漠然不見賢焉，終而後知其可大也。」意正與此同。若云大而章，則義與下句不類矣。文選答賓戲：「時暗而久章者，君子之真也。」李善注引此文云：「君子之道，久而章，遠而隆。」是其明證矣。**知此之道，不可求於人，斯得諸己也。**○向宗魯云：「斯」字無義，乃「期」字之誤。**釋己而求諸人，去之遠矣。君子者，樂有餘而名不足，小人樂不足而名有餘，觀於有餘不足**

之相去，昭然遠矣。含而弗吐，在情而不萌者，未之聞也。言懷其情而必萌見也。○蔣禮鴻云：此文「在」字卽「吐」字形近誤衍，「情」字當作「憒」。含而不吐與憒而不萌句法一律。俶真篇曰：「繁憒，未發萌兆牙蘖，未有形埒垠堮，無無蝡蝡，將欲生興而未成物類。」高注曰：「繁憒，衆積之貌。」俶真言積而將萌，此言積則未有不萌，其義一貫。齊俗篇曰：「哭之發於口，涕之出於目，此皆憤於中而形於外者也。」義亦相同，是其證矣。正文「情」字蓋涉許注而誤。

君子思義而不慮利，小人貪利而不顧義。子曰：「鈞之哭也，子，孔子。鈞，等也。○楊樹達云：淮南書稱「子曰」者，他篇絶未見。蓋此篇多本自子思子，詳具上下文。子思子書多稱「子曰」，此節蓋亦本之，而仍其稱耳。曰『子予奈何兮乘我何！』○于鬯云：子者，歎辭也。詩綢繆篇「子兮子兮」，毛傳云：「子兮者，嗟兹也。」是也。故如戰國楚策云「嗟乎子乎」，尚書洛誥大傳云「嗟子乎」，累言曰嗟子，單言但曰子，一也。「予」亦「子」字之誤。以子子二字連讀，卽如詩「子兮子兮」，義亦甚愿。但以上「子」字斷作一句爲歎辭，下「子」字指其所哭之人，亦無不可。後人不得其解，因改「子」爲「予」，轉不通矣。「乘」蓋「棄」字之誤。其哀則同，其所以哀則異。」故哀樂之襲人情也深矣。鑿地漂池，人或有鑿穿，或有填池，言用心異也。非止以勞苦民也，各從其蹠而亂生焉。蹠，願也。○王念孫云：如高注，則「漂池」當作「湮池」。湮訓爲塞，故注言填池也。「非止以勞苦民也」，「止」疑當作「正」。上文曰：「故人之甘甘，非正僞蹠也，（「僞」與「爲」同。）而蹠焉往。君子之慘怛，非正僞形也，而諭乎人心。」語意與此相似。其載情一也，施人則異矣，施于人有善惡。故唐、虞日孳孳以致於王，桀、紂日怏怏以致於死，不知後世之譏己也。凡人情說其所苦卽樂，○向宗魯云：「說」讀爲「脫」，（卽「稅駕」之「稅」。）與

「失」字對文。○馬宗霍云：説文言部云：「説，説釋也。」采部云：「釋，解也。」故「説」引申之義則爲解脱，古卽通作「脱」。易大畜九二爻辭「輿説輹」，陸德明釋文引馬融注云：「説，解也。」禮記檀弓下「天下其孰能説之」，鄭玄注云：「説猶解也。」國語魯語「求説其侮」，韋昭注云：「説，古脱字。」詩召南甘棠篇「召伯所説」，陸德明釋文云：「説，本又作脱。」皆其證。脱从肉，本訓「消肉臞也」。正字又當作「捝」。説文手部云：「捝，解捝也。」是也。淮南此文「説其所苦卽樂」，言捝其所苦卽樂也。與下句「失其所樂則哀」相對。捝、失義同。失其所樂則哀。故知生之樂，必知死之哀。有義者不可欺以利，有勇者不可劫以懼，如飢渴者不可欺以虚器也。人多欲虧義，欲則貪，貪損義。多憂害智，貪憂閉塞，故害智也。○吴承仕云：上文「多欲虧義」，注云：「欲則貪，貪損義。」此云「多憂害智」，自與上文貪義無涉。注作「貪憂閉塞」，語不可通，定有譌文，無可據校。○寧案：「貪憂閉塞」，疑當作「憂則閉塞」，與「欲則貪」同例。多懼害勇。○寧案：兩「害」字複，意林引作「多懼妨勇」。嫚生乎小人，嫚，倨也。○寧案：注「倨」下脱「小人行」三字。道藏本、中立本、景宋本作「嫚，倨，小人行也。」蠻夷皆能之；嫚，蠻夷之行也。善生乎君子，誘然與日月爭光，誘，美稱也。○馬宗霍云：「誘」爲「𦍩」之或體。説文厶部云：「𦍩，相訹呼也。从厶，从羑。」又云：「羑，古文𦍩。」案羊部有「羑」，訓「進善也」。𦍩从羑，卽以羑爲古文。然則進善亦卽𦍩之古義也。由進善之義引申之，故羑亦得爲美稱。美、善、羑三篆皆从羊，故義互相受。本文「誘然」之「誘」，正承「善生乎君子」之「善」而言。二義相關，得許君「美稱」之訓而益見。今則誘行𦍩廢，誘有美義，人鮮知其自𦍩來矣。天下弗能遏奪。故治國樂其所以存，亡國亦樂其所以亡也。金錫不消釋，則不流刑；刑，法。○譚獻云：「刑」與「形」同。注非。○李哲明云：漢魏叢書「流刑」注云：「流入型範。」似較此注爲明晰。○楊樹達云：「消」與「銷」通。説文金部云：「銷，鑠金也。」説文土部云：「型，鑄器之法也。从土刑聲。」注訓刑爲法，讀「刑」爲「型」也。○金其源云：高注：「刑，法。」荀子富國「刑範正」，注：「刑與形同。」禮禮運「范金合土」，注：「范金爲形，范以鑄金器也。」汲冢周書文傳解「四方流之」，注：「流，歸也。」廣雅釋詁：「歸，就也。」言金錫不消釋，則不能就范也。○于省吾云：注：「刑，法。」按刑謂范也。言金錫不消釋，則不能流之於刑范，所謂陶鑄也。上憂尋不誠，則不法民。憂尋不在民，則是絶民之繫也，繫，所以拘維民。君反本而民繫固也。至德小節備，大節舉。齊桓舉而不密，齊桓有大節，小節疏也。晉文密而不舉。晉文有小節，大節廢也。晉文得之乎閨内，失之乎境外；閨内修而境外亂也。○于鬯云：戰國魏策云：「晉文公得南之威，三日不聽朝，遂推南之威而遠之。」所謂得之乎閨内也。齊桓失之乎閨内，而得之本朝。閨内亂而朝廷治也。○寧案：管子霸形篇：「姑姊有不嫁者。」所謂失之乎閨内也。據上句，「得之」下當沾「乎」字。水下流而廣大，君下臣而聰明，君不與臣爭功而治道通矣。管夷吾、百里奚經而成之，百里奚，虞人，秦相也。齊桓、秦穆受而聽之。聽用二臣之謀。照惑者以東爲西，惑也，照，曉。○寧案：上文「可以形勢接而不可以昭誋」，（齊俗篇作照，古通。）楊樹達云：照當讀詔，説文：「詔，告也。」此照與彼同。注訓曉，曉亦告也。見日而寤矣。衛武侯謂其臣曰：「小子無謂我老武侯蓋年九十五矣。而羸我，羸，劣也。有過必謁之。」是武侯如弗羸之必得羸，故老而弗舍，○向宗魯云：國語楚語「昔衛武公年數九十有五矣，猶箴儆於國曰：自卿以下至於師長士，苟在朝者，無謂我老耄而舍我，必恭恪於朝，朝夕以交戒我，聞一二之言，必誦志而納之，以訓導我。」案本書與國語文異。「而羸我」當作「不羸我」，謂不以我爲劣，不敢戒我也，「是武侯如弗羸之必得羸」，「如」當作「知」，謂武侯知不自以爲劣，則人不告之以其過，必且終成其爲劣。其自以爲劣以求箴規，乃所以免於劣也。通乎存亡之論者也。

人無能作也，有能爲也；有能爲也，而無能成也。人之爲，天成之。○楊樹達云：作謂創造，故與爲異。「人之爲」疑當作「人爲之」。終身爲善，非天不行；終身爲不善，非天不亡。故善否我也，禍福非我也。非我也，天所爲也。故君子順其在己者而已矣。○楊樹達云：「順」當讀爲「慎」。性者，所受於天也；命者，所遭於時也。有其材，不遇其世，天也。太公何力？比干何罪？循性而行止，或害或利。○王念孫云：「循性而行指」，謂率其性而行其志也。呂氏春秋行論篇「布衣行此指於國」，高注曰：「指猶志也。」劉本改「指」爲「止」而諸本從之，謬矣。求之有道，得之在命。故君子能爲善，而不能必其得福；不忍爲非，而未能必免其禍。○王念孫云：「必其得福」當依文子符言篇作「必得其福」，與「必免其禍」相對爲文。君根本也，臣枝葉也，根本不美，枝葉茂者，未之聞也。○劉文典云：御覽六百二十引「美」作「善」，「未之聞也」作「不聞也」。○寧案：太平御覽引非。意林引子思子：「君本也，臣枝葉也，本美而葉茂，本枯則葉彫。」此淮南所本。「美」字是。「未之聞也」，本篇屢見。有道之世，以人與國；若堯以天下與舜也。無道之世，以國與人。○莊逵吉云：御覽此下有注云：「以賢人而與之國，堯、舜是也。以國與人，桀、紂與湯、武是也。」○寧案：太平御覽引當是高注佚文。堯王天下而憂不解，授舜而憂釋，○劉文典云：御覽八十引「釋」上有「乃」字。憂而守之，而樂與賢終，不私其利矣。凡萬物有所施之，無小不可爲；無所用之，不知其所用也。碧瑜糞土也。瑜，玉也。不知用之，則爲糞土也。○劉文典云：文選子虛賦注引高誘淮南子注曰：「碧，青石也。」疑即此處注也。○寧案：墬形篇「碧樹瑶樹在其北」，注：「碧，青玉也。」「玉」乃「石」之誤。文選西都賦、子虛賦、上林賦注引高注：「碧，青石也。」即彼注也。西都賦、上林賦注並引正文「崑崙有碧樹在其北」，劉以爲即此處注，誤也。人之情，於害之中爭取小焉，於利之中爭取大焉。故同味而嗜厚膊者，厚膊，厚切肉也。○王念孫云：說文：「膊，薄脯，膊之屋上」也，非切肉之義。「膊」皆當爲「膞」，字之誤也。說文：「膞，切肉也。」玉篇：「旨兗切。」廣雅：「膞，臠也。」（說文：「臠切肉臠也。」）字從專，不從尃。膞之言剸也。鄭注文王世子曰：「剸，割也。」故高注以「膞」爲「切肉」。鍾山札記以「膊」爲「脟」字之誤，非也。必其甘之者也；同師而超羣者，必其樂之者也。弗甘弗樂，而能爲表者，未之聞也。表，立見也。君子時則進，得之以義，何幸之有！不時則退，讓之以義，何不幸之有！故伯夷餓死首陽之下，伯夷，孤竹君之子，讓國與弟，不食周粟，故餓也。○寧案：道藏本、中立本、茅本、景宋本「首陽」作「首山」，當據正。左傳：「宣子田於首山。」墬形篇亦曰首山。首山即首陽山也。猶不自悔，棄其所賤，得其所貴也。求仁而得仁也。○寧案：注，道藏本、中立本、景宋本句首有「善」字，奪下「仁」字。集證本改「善」爲「蓋」，似是也。福之萌也緜緜，禍之生也分分，禍福之始萌微，故民嫚之。○王念孫云：「分分」當爲「介介」，字之誤也。介介，微也。豫六二「介於石」，繫辭傳「憂悔吝者存乎介」，虞注並云：「介，纖也」。齊策曰：「無纖介之禍。」是介爲微小之稱。「禍之生也介介」，與「憂悔吝者存乎介」，意正相近。緜緜，介介皆微也，故曰「禍福之始萌微」。文子微明篇作「禍之生也紛紛」，則後人妄改之耳。○寧案：「禍福」當作「福禍」，始與上文順序一律。莊本誤倒。道藏本、中立本、茅本、景宋本皆作「福禍」。**唯聖人見其始而知其終。故傳曰：魯酒薄而邯鄲圍，**魯與趙俱朝楚，獻酒於楚，魯酒薄而趙酒厚。楚之主酒吏求酒於趙，不與，楚吏怒，以趙所獻酒獻於楚王，易魯薄酒，楚王以爲趙酒薄而圍邯鄲。一曰：趙、魯獻之于周也。事見莊子。○陶方琦云：莊子釋文、御覽八百四十五引許注：「楚會諸侯，魯、趙俱獻酒于楚王，魯酒薄而趙酒厚。楚之主酒吏求酒於趙，趙不與，吏怒，乃以趙厚酒易魯薄酒奏之，楚王以趙酒薄，故圍邯鄲也。」按今注較莊子釋文、御覽引微詳，引書家多約文也。○寧案：注「獻於楚王，易魯薄酒」二句疑當乙轉。又「獻之於周」，道藏本、中立本、景宋本「之」作「酒」，當據正，蓋「一曰」以下自爲句也。又莊子胠篋篇釋文又云「楚宣王朝諸侯，魯恭公後至而酒薄。宣王怒，欲辱之。恭公不受命，乃曰：『我周公之胤，長於諸侯，行天子禮樂，勳在周室。我送酒已失禮，方責其薄，無乃太甚。』遂不辭而還。宣王怒，乃發兵與齊攻魯。梁惠王常欲擊趙而畏楚救，楚以魯爲事，故梁得圍邯鄲。言事相由也，亦是感應。」**羊羹不斟而宋國危。**宋將華元與鄭戰，殺羊食士，不及其御。及戰，御馳馬入鄭軍，華元以獲也。○錢大昕云：宣二年，「宋華元殺羊食士，其御羊斟不與。」據後文羊斟兩見，是羊斟爲人姓名。案淮南繆稱訓云：「魯酒薄而邯鄲圍，羊羹不斟而宋國危。」則斟爲斟酌之義。當以羊爲其御之名，「斟不與」三字爲句。細玩下文，其御字叔牂，正與羊名相應，則淮南說亦可通。傳文後兩「斟」字，或後人所加。○梁玉繩云：左傳羊斟，姓羊名斟字叔牂，故潛夫論衰制稱羊叔牂。此述其事作羊羹不斟，史記索隱張儀傳引之。此漢人解經之別。竹汀詹事云：依淮南說，則左傳當以「其御羊」斷句，「斟不與」爲一句。羊蓋其御之名而字叔牂也。亦似可通。然與左傳下文「羊斟非人」、「羊斟之謂」二語相礙。且子史中述此事，如呂覽先識、說苑貴德、漢書人表皆作羊斟也。○俞樾云：方言曰：「斟，益也。凡相益而又少謂之不斟。」然則，羊羹不斟，謂羹少也。上句魯酒薄而邯鄲圍，酒薄羹少，其事正相類。宣二年左傳：「其御羊斟不與」，羊斟自是人名，此云「羊羹不斟」，自謂羹少，必并爲一談，則皆失之矣。

明主之賞罰，非以爲己也，以爲國也。適於己而無功於國者，不施賞焉，逆於己便於國者，不加罰焉。○寧案：「逆於己」下當有「而」字，與上句同例。中立本有「而」字。文子符言篇同。故楚莊謂共雍曰：共雍，楚臣。「有德者受吾爵禄，有功者受吾田宅，是二者女無一焉，吾無以與女。」可謂不踰於理乎？踰，越。其謝之也，猶未之莫與。謝，謂遣共雍也。莫，勉之也。○陶鴻慶云：「踰」當爲「論」，字之誤也。言楚莊謂共雍之言能知道理也。上文論衛武矦云：「通於存亡之論者也。」意與此同。○馬宗霍云：説文茻部云：「莫，日且冥也。从日在茻中。」心部云：「慔，勉也。从心。莫聲。」注訓「莫」爲「勉之」，則本文之「莫」，「慔」之借字也。爾雅釋訓「慔慔，勉也」，是其證。又案廣雅釋訓「莫莫，茂也」，爾雅釋詁「茂」亦訓「勉」。方言卷七云：「侔，莫，强也。北燕之外郊，凡勞而相勉，若言努力者，謂之侔莫。」亦「莫」通作「慔」之例也。莫、勉、茂、侔皆雙聲字。○蔣禮鴻云：陶氏改「踰」作「論」是也，而所以説之則非。此句當作「可不謂論於理乎」，謂楚莊教論共雍於道理也。泰族篇：「可不謂有術乎？」句法正同。以理諭人，其惠大於爵禄田宅，故曰：「其謝之也，猶未之莫與。」言其遣之未嘗非與之也。「莫與」即承上「無以與女」而言。莫乃否詞，許氏訓爲勉，亦非。○寧案：許注是也。「與」字語辭。周政至。至于道也。殷政善。善施教，未至于道也。夏政行。行，尚麤也。○馬宗霍云：説文行部云：「行，人之步趨也。」無「麤」義。注釋「行」爲「尚麤也」者，案周禮地官司市「凡治市之貨賄六畜珍異，害者使亡」，鄭玄注云：「害，害於民。謂物行苦者。」

陸德明釋文云：「行，遐孟反。又如字。聶：胡剛反。」段玉裁周禮漢讀考曰：「行，今俗所謂行貨不精者也。音遐孟反者非。如字及胡剛反是也。」案如段說，則鄭君所謂物之行苦者，卽不精之物也。不精則麤。與淮南本注釋行爲尚麤可以互證。又案：王符潛夫論浮侈篇曰：「以完爲破，以牢爲行。」行與牢相對，則行卽不牢之物。不牢猶不精也。是知以行爲麤，讀胡剛反，蓋漢時方俗通行有是語耳。○寧案：謂物不牢爲行，今川、黔猶有此語。行讀如字。行政善，善未必至也。至至之人，不慕乎行，不慙乎善，○王念孫云：「行政善，善未必至也」，當作「行政未必善，善政未必至也。」今本上句脱「未必」二字，下句脱「政」字，則文義不明。高注「夏政行」曰「行，尚麤也」，是行政未必善也。又注「殷政善」曰「善施教，未至于道也」，是善政未必至也。又注「周政至」曰「至于道也」，故曰「至至之人，不慕乎行，不慙乎善。」（「至至」卽「至道」，說見上文「至至」下。）含德履道而上下相樂也，不知其所由然。有國者多矣，而齊桓、晉文獨名；泰山之上有七十壇焉，封乎泰山，蓋七十二君也。而三王獨道。君不求諸臣，臣不假之君，脩近彌遠，而後世稱其大。不越鄰而成章，而莫能至焉。故孝己之禮可爲也，而莫能奪之名也，必不得其所懷也。孝己，殷高宗之子也，蓋放逐而不失禮。人不能與孝己争名者，不得孝己之所懷也。○寧案：尸子云：「孝己事親一夜而五起，視衣厚薄，枕之高下也。」莊子外物篇：「孝己憂而曾參悲。」釋文引李云：「孝己，殷高宗之太子。」秦策一：「孝己愛其親，天下欲以爲子。」高注：「孝己，殷王高宗戊丁之子也。」義載乎宜之謂君子，宜遺乎義之謂小人。○馬宗霍云：「爾雅釋詁云：『宜，事也。』本文兩『宜』字竝與事同。通智得而不勞，通智，達道之人。其次勞而不病，其下病而不勞，○寧案：「其下病而不勞」，「不」當作「益」，字之誤也。

上句云「其次勞而不病」，等而下之，既已病矣，何反曰不勞乎？文子微明篇作「其下病而益勞」。紀昀案：「益，一本譌作亦。」蓋「益」以聲近譌作「亦」，「亦」以形近又譌作「不」耳。古人味而弗貪也，古人知其味而不貪其食。今人貪而弗味。孔子魯人之學也，飲之而已，莫之能味也。○寧案：注有奪誤，當作「孔子曰：人之學也，飲食而已，莫能知味者」。禮記中庸云：「人莫不飲食也，鮮能知味也。」此許注所本，故稱孔子曰。今本「曰」誤作「魯」。據上句注文，知「食」誤作「之」。「能知」誤作「之能」，「者」誤作「也」。景宋本「者」字不誤。歌之脩其音也，此言樂所以移風易俗，歌長其音。音之不足於其美者也。此音不足以致美化也。○寧案：注，「此」下當有「言」字，與上句注文同例。金石絲竹助而奏之，猶未足以至於極也。極，治化之至也。人能尊道行義，喜怒取予，如此，即其化民逾于樂也。欲如草之從風。草上之風必偃。召公以桑蠶耕種之時，弛獄出拘，召公，周太保也。○蔣超伯云：「爾雅「囚，拘也。」管子禁藏篇：「赦薄罪，出拘民。」樂記「釋箕子之囚」，史記留侯世家作「釋箕子之拘。」古讀「拘」爲「鉤」，「鉤」「囚」音亦相近。使百姓皆得反業脩職；文王辭千里之地，而請去炮烙之刑。紂拘文王，文王獻寶於紂，紂賞以千里之地。文王不受，願去炮烙之刑。故聖人之舉事也，進退不失時，若夏就絺綌，上車授綏之謂也。老子學商容，見舌而知守柔矣。商容，神人也。商容吐舌示老子，老子知舌柔齒剛。○劉文典云：「學」下當有「於」字。文子上德篇「學」下有「於」字是其證。又案：商容，文子上德篇作「常樅」，說苑敬慎篇作「常摐」，漢書藝文志有常從日月星氣二十一卷，師古注：「常從，人姓名，老子師之。」王應麟困學紀聞以爲淮南子誤，當依文子、說苑作「常樅」。案：此當各依本書，商、常，容、樅、從，並聲近通用字。呂氏春秋離謂篇「箕子、商容以此窮」、高注：「商容，紂時賢人，老子所從學者。」慎大覽注：「商容，殷之賢人，老子師也。」並與此文注「神人」之説異，繆稱篇爲許注本，故與呂氏春秋注不合耳。○吴承仕云：朱本「舌柔齒剛」下有「而齒先亡也」五字。案莊本語意未足，朱本是也。文子曰：「老子學於常樅，見舌而知柔。」又云：「齒堅於舌而先斃。」是其事。説苑述之，亦作常樅。常樅、商容，聲近通借。○寧案：主術篇注作「商容殷之賢人」，又引此文作「老子業於商容」，正見許、高本之異。列子學壺子，觀景柱而知持後矣。先有形而後有影，形可亡而景不可傷。○寧案：「柱」字疑衍。見舌而知守柔，觀景而知持後，相對爲文。文子上德篇襲此文無「柱」字。依列子説符篇文亦不當有「柱」字。故聖人不爲物先，而常制之其類，若積薪樵，後者在上。

人以義愛，以黨羣，以羣强。○寧案：「人以義愛，以黨羣，以羣強」，前後文義抵牾。「黨」上衍「以」字，下衍「羣」字。人以義愛，黨以羣強，正反相對爲文。文子微明篇正作「人以義愛，黨以羣强」。杜道堅纘義云：「黨以羣强，則奸雄遂起，安危所繫，可不察而辨之。」是其明證。是故德之所施者博，則威之所行者遠；義之所加者淺，則武之制者小。矣鐸以聲自毁，鐸，大鈴，出於吴。○梁履繩云：「矣」當爲「吴」，字之誤也。「吴鐸」二字連讀。故高注云：「鐸，大鈴，出於吴。」鹽鐵論利議篇：「吴鐸以其舌自破。」是其證。太平御覽人事部一百引此正作「吴鐸以聲自毁。」○寧案：「武之制者小」，藏本同。「制」上奪「所」字。威之所行者遠，武之所制者小，對文。景宋本有「所」字。當據沾。膏燭以明自鑠，虎豹之文來射，猨狖之捷來措。措，刺也。○劉文典云：意林引「之」並作「以」，「措」作「刺」。○楊樹達云：二語又見詮言篇，字亦作「措」。按「措」皆假爲「簎」。説文手部云：「簎，刺也。从手，籍省聲。」引春秋傳曰：「簎魚鼈。」許訓措爲刺，正讀「措」爲「簎」也。又按此文以射、措爲韻。説林篇有此文，字又作「乍」。「乍」「措」古聲同。（詳彼條下。）意林作「刺」，則失其韻矣。類書不通古韻而妄改，豈可據也。○蔣禮鴻云：周禮天官鼈人：「以時簎魚鼈龜蜃。」注：「簎謂以扠刺泥中，搏取之」，阮氏校刊記曰：「説文手部：『簎，刺也。从手，籍省聲。周禮曰：簎魚鼈。』禮説云：『魯語：猎魚鱉以爲夏槁，作猎。莊子：冬則擉鱉於江，作擉。列子：牢籍庖厨之物，作籍，殷敬順釋文謂籍本作簎。案作簎爲正字，作籍爲聲借字，説文謂簎从手籍省聲，故列子竟省手作籍也。』」此注「措，刺也」，即讀措爲簎。又案埤雅釋獸：「淮南子曰：『虎豹之文來射，猨狖之捷來措。置之於檻曰措。』」「置之」句或是高誘注，存參。

故子路以勇死，衛侯輒之難。○寧案：事見哀公十五年左傳。

萇宏以智困，欲以術輔周，周人殺之。○寧案：汜論篇「萇宏，周室之執數者也，天地之氣，日月之行，風雨之變，律曆之數，無所不通」，故注云以術輔周。萇弘見殺，見哀公三年左傳。又周語：「敬王二十八年殺萇宏。」

能以智知，而未能以智不知也。故行險者不得履繩，出林者不得直道，夜行瞑目而前其手，事有所至而明有所害。○俞樾云：「至」當作「宜」，「害」當作「容」，皆字之誤也。容，用也。説見主術篇。「容」與「庸」通。莊子胠篋篇容成氏，六韜大明篇作庸成氏。庸爲用，故容亦爲用也。夜行者不用目而用手，是事之宜也。故曰事有所宜而明有不容也。説林篇曰：「夜行者掩目而前其手，涉水者解其馬載之舟，事有所宜而有所不施。」可證此文「至」字之誤。不施亦即不用也。○寧案：俞説是也。道藏本、中立本、茅本、景宋本作「明有不害」，故俞説如是。莊本作「明有所害」，又「所」字涉上而誤。夜行瞑目而前其手，是明有不容，作「明有所容」則義不可通矣。事有所宜，明有不容，對文，作「明有所不容」亦非。

人能貫冥冥入於昭昭，可與言至矣。鵲巢知風之所起，歲多風則鵲作巢卑。○寧案：太平御覽九百二十一引注：「言鵲作巢向風之所起爲户。一説：云背風所起也。」當是高注。其一説與此異，是知高注之一説，非必許注也。獺穴知水之高下，水之所及，則獺避而爲穴。○寧案：玉燭寶典正月引高注：「高下猶深淺。」暉目知晏，暉目，鴆鳥也。晏，無雲也。天將晏靜，暉目先鳴。○莊逵吉云：「暉目」疑當作「暉日」。説文解字：「鴆，暉日也。」廣雅：「雄曰暉日，雌曰陰諧。」「晏，無雲也」，當是「暜」字。封禪書作「曣」，並同。○陶方琦云：史記索隱四引許注：「晏，無雲也。」文選羽獵賦注引許注：「晏，無雲之處也。」按説文：「晏，天清也。」又日部暜下曰：「星無雲也」，知晏、暜義並通。漢書天文志：「日晡時天星晏。」（「星」即「晴」字。）又郊祀志作「曣」。如淳曰：「三輔俗謂日出清濟爲晏。」○寧案：莊説是也。道藏本、中立本、景宋本皆作「暉日」。注同。太平御覽九百二十七引同。陰諧知雨，陰諧，暉目雌也，天將陰雨則鳴。○朱芹云：羅願爾雅翼：「鴆，毒鳥也，雄名運日，雌名陰諧。天晏靜無雲則運日先鳴，天將陰雨則陰諧鳴之。故淮南子云：『運日知晏，陰諧知雨』也。或曰，取蛇虺時，呼『同力』數十聲，石起蛇出，故江東人呼爲同力鳥。」又廣南異物志曰：「檀雞，鴆鳥之别名。」案暈日二字合音爲鴆，諧陰二字合音亦爲鴆，則運日、陰諧皆「鴆」字之切音也。故以名之。○寧案：廣韻蛣字注引淮南子曰：「蛣知雨至。蛣蟲大如筆管，長三寸，代謂之猥狗，知天雨則於草木下藏其身。」太平御覽九百四十八引淮南子曰：「蛣知將雨。」高誘曰：「蛣，蟲也，大如筆管，長三寸餘。」是高本「諧」作「蛣」也。案下文「人智不如鳥獸」，鳥謂鵲與暉日，獸謂獺與陰蛣，考工記梓人云：「天下之大獸五：脂者，膏者，臝者，羽者，鱗者。」則獸爲鳥獸昆蟲之通稱。揆之文義，高注實優。爲是謂人智不如鳥獸則不然。故通於一伎，察於一辭，可與曲說，未可爲廣應也。○寧案：「爲」字道藏本、景宋本作「與」，當據改。甯戚

擊牛角而歌，桓公舉以大政；○王念孫云：「舉以大政」，本作「舉以爲大田」，此後人以意改之也。文選江淹雜體詩注引此作「舉以爲大田」。又引高注曰：「大田，官也。」（當作「大田，田官也。」）今則既改正文，又删去高注矣。高注詮言篇曰：「甯戚疾商歌以干桓公，桓公舉以爲大田。」晏子春秋問篇曰：「桓公聞甯戚歌，舉以爲大田。」此皆其明證也。又齊俗篇「后稷爲大田師，奚仲爲工」，「師」字當在「工」字下。（後人不知大田爲官名，故又移「師」字於「大田」之下。太平御覽皇王部五引此已誤。）大田，田官之長也。工師，工官之長也。文子自然篇作「后稷爲田疇，奚仲爲工師。」是其證。

雍門子以哭見孟嘗君，涕流沾纓：○俞樾云：「孟嘗君」下當更有「孟嘗君」三字，而今脱之。覽冥篇曰：「昔雍門子以哭見於孟嘗君，已而陳辭通意，撫心發聲，孟嘗君爲之增欷歍唈，流涕狼戾不可止。」彼文再言孟嘗君，故知此亦當同。不然則涕流沾纓仍屬雍門子，而不屬孟嘗君，不見其感人之至矣。○劉文典云：俞説是也。論衡感虚篇「雍門子哭對孟嘗君，孟嘗君爲之於邑」，亦重「孟嘗君」三字。列子湯問篇「故雍門之人至今善歌哭，放娥之遺聲」，張注：「六國時有雍門子，名周，善琴，又善哭，以哭干孟嘗君。」文選陸士衡於承明作與士龍詩注引此文，「哭」作「琴」。説苑善説篇：「雍門子周以琴見乎孟嘗君。雍門子周引琴而鼓之，徐動宫徵，微揮羽角，切終而成曲。孟嘗君涕浪汗增，欷而就之曰：『先生之鼓琴，令文若破國亡邑之人也。』」三國志郤正傳「雍門援琴而挾説」，注引桓譚新論文畧同。漢書景十三王傳：「雍門子壹微吟，孟嘗君爲之於邑。」蘇林曰：「六國時人，名周，善鼓琴。」如淳曰：「雍門子以善鼓琴見孟嘗君，先説『萬歲之後，高臺既已顛，曲池又已平，墳墓生荆棘，牧豎游其上，孟嘗君亦如是乎？』孟嘗君喟然歎息也。」是文選注引文作「琴」，非誤字也。此疑一本作「哭」，一本作「琴」。○鍾佛操云：文選辭隋王牋注引「雍門周見於孟嘗君，孟嘗君爲之嗚唈流涕。」俞説是也。郭璞遊仙詩注引作「雍門子以琴見孟嘗君，流涕沾纓。」○寧案：俞説非也。此當以「雍門子以哭見」絶句，賓語涉後而省。「甯戚擊牛角而歌」「雍門子以哭見」同一句式，相對爲文。覽冥篇自作「雍門子以哭見於孟嘗君」，不當據彼以沾此也。劉文典以論衡感虚篇爲證，不知論衡所引乃覽冥篇文，故云「於邑」，文選辭隋王牋注引亦覽冥篇文，故云「嗚唈」，不足以證此。又案：劉文典據文選陸士衡於承明作與士龍詩注引此以爲「哭」字一本作「琴」，非是。查文選陸士衡詩，李善注引作「琴」，六臣注引作「哭」。郭璞游仙詩六臣注引作「琴」，李善注引作「哭」。石季倫王明君辭六臣注引作「哭」，李善注引云：「已見郭璞遊仙詩」，亦是「哭」字。蓋諸書記此事多有作「琴」者，故「哭」字或誤爲「琴」，非一本作「琴」也。下文云：「歌哭，衆人之所能爲也」，正承甯戚歌與雍門子哭言之，若作「琴」則下文「哭」字無著矣。歌哭，衆人之所能爲也，一發聲，入人耳，感人心，情之至者也。○楊樹達云：「情」，景宋本作「精」，是也。説山篇云：「老母行歌而動申喜，精之至也。」泰族篇云：「螣蛇雄鳴於上風，雌鳴於下風而化成形，精之至也。」句例並同，是其證也。故唐、虞之法可效也，其諭人心不可及也。簡公以懦殺，簡公，齊君也，以柔懦，田成子殺之。子陽以猛劫，子陽，鄭相也，尚刑而劫死。皆不得其道者也。故歌而不比於律者，其清濁一也。雖清濁失和，故不中律全。○吴承仕云：朱本「雖」作「唯」是也。注當作「唯清濁失和，故不中律同。」周禮春官：「大司樂，稱六律六同。」鄭注云：「六律，合陽聲者也。六同，合陰聲者也。」廣韻云：「仝，古同字，出道書。」後來俗字，亦多以仝爲同。此注本作律仝，（即俗「同」字。）言不與六律六同相應也。傳寫又譌「仝」爲「全」，遂不可通。繩之外與繩之內，皆失直者也。紂爲象箸而箕子嘰，嘰，唬也。知象箸必有玉杯，爲杯必極滋味。○吴承仕云：「唬」不成字，蓋「嗁」之形謁，與說山篇注義同。**魯以偶人葬而孔子歎，**偶人，桐人也，嘆其象人而用之也。○劉文典云：「桐人」，一本作「相人」，當以「相人」爲是。周禮冢人鄭司農注：「象人，謂以芻爲人。」列子黄帝篇釋文：「木偶人形曰象人。」是其證。○寧案：孟子梁惠王上篇：「仲尼曰：『始作俑者，其無後乎！』爲其象人而用之也。」此淮南及注所本。**見所始則知所終。故水出於山，入於海；稼生乎野，而藏乎倉；聖人見其所生，則知其所歸矣。**

水濁者魚噞，令苛者民亂，城峭者必崩，岸崝者必陀。崝，峭也。陀，落也。○陶方琦云：文選長笛賦注，謝靈運七里瀨詩注引許注「陗，峻也。阤，落也。」案今注「峭」應作「陗」。說文𨸏部「陗，陵也。从𨸏肖聲。」「陵」下亦云「陗高也」。「崝」因「峭」字而謁，當是「峻」字。太玄陵「峥岸陗阤」，注：「陗，峻也。」「陀」即「阤」字。說文作「陊，落也。」又「阤」下云「小崩也」。小崩亦落義。○于省吾云：按陶說非是。「崝」字義本可通。方言六：「崝，高也。」然則岸崝即岸高矣。○寧案：陶方琦據文選注引以爲「崝因峭字而謁，當是峻字」。陶氏之意，似謂正文當作「城陗者必崩，岸陵者必阤」，注：「崝，峭也」當作「陵，陗也」。然文選明引正文「岸陗者必阤」，不作「陵」，如陶校則與所引證不合。于謂今本不誤是也。原本玉篇山部「崝」字注引淮南「城陗者必崩，崒（「崒」乃「岸」字之誤。「阤」字注引正作「岸」。）崝者必阤」，許叔重曰：「崝，陗也。」又自部「阤」字注引淮南「岸崝者必阤」，許叔重曰：「阤，落也。」玉篇兩引正文，知此「崝」非誤字。又自部「陗」字注引淮南「陗法刻刑」，許叔重曰：「陗，陵也。」文選兩引此文「岸崝者」皆作「岸陗者」，上二句「濁」與「苛」不複，此不得兩「陗」字複，誤在文選引也。七里瀨詩注不引許注「陗陵也」，長笛賦注引有，（大藏音義七十七、九十三、九十六引同。）蓋「陗法刻刑」（原道篇「刑」作「誅」。原道乃高本。）句注文，非此處注文也。**故商鞅立法而支解，**商鞅爲秦孝公立治法，百姓怨之，以罪支解。○劉文典云：「立」疑當爲「峻」之壞字。此承上文「城峭岸崝」而言，又與下文「吴起刻削而車裂」相對爲文，若作立法，則與上下文皆不相應矣。韓詩外傳正作「商鞅峻法而支解」，是其證。高注：「商鞅爲秦孝公立治法」，是所見本已作「立」，故增「治」字解之耳。吴起刻削而車裂。吴起相楚，設貴臣相坐之法，卒車裂也。治國譬若張瑟，大絃緪，緪，急也。○王念孫云：「組」皆當爲「緪」。字之誤也。「緪」讀若「亙」，字本作「揯」，又作「絙」。説文：「揯，引急也。」又曰：「絙，急也。」楚辭九歌「絙瑟兮交鼓」，王注曰：「絙，急張絃也。」「緪」即「絙」之省文。馬融長笛賦云「緪瑟促柱」是也。意林及太平御覽治道部五引此並作「大絃緪」，是其證。泰族篇云：「故張瑟者，小弦緪而大絃緩。」義與此同也。（高注亦云「緪，急也。」今本則依文子改爲「小絃急」，並刪去高注矣。藝文類聚治政部上、文選長笛賦注引此竝作「小絃組」，又引高注「組，急也」，足證今本之謬。）○寧案：道藏本作「大絃組」，故王校云然。景宋本誤作「組」。莊本不誤。原本玉篇糸部絙字引作「大絃絙」，與王説合。則小絃絶矣。故急轡數策者，非千里之御也。○寧案：吕氏春秋功名篇高注引淮南記曰：「急轡利錣，非千里之御也；嚴刑峻法，非百王之治也。」此篇乃許注本，脱後二句，文義不明，當據補。（韓詩外傳一第二十三章文與此同，亦脱。）原道篇云：「夫峭法刻誅者，非霸王之業也；箠策繁用者，非致遠之術也。」文雖小異，而以治御對舉，與吕氏春秋注引同，足爲旁證。此「數策」彼作「利錣」，亦許、高本之異也。彼「百王」則「伯王」之誤，可據原道校。有聲之聲，不過百里；無聲之聲，施於四海。○寧案：大雅皇矣「施于孫子」，箋：「施猶易也，延也。」韓詩外傳一第二十三章作「延及四海。」是故祿過其功者損，名過其實者蔽，情行合而名副之，禍福不虛至矣。身有醜夢，不勝正行；國有妖祥，不勝善政。是故前有軒冕之賞，不可以無功取也；後有斧鉞之禁，不可以無罪衆也。素脩正者，弗離道也。君子不謂小善不足爲也而舍之，小善積而爲大善；不謂小不善爲無傷也而爲之，小不善積而爲大不善。是故積羽沈舟，羣輕折軸。○寧案：語出戰國策魏策一張儀説魏王。故君子禁於微。壹快不足以成善，積快而爲德；壹恨不足以成非，積恨而成怨。故三代之稱，千歲之積譽也；桀、紂之謗，千歲之積毁也。○王念孫云：「積恨而成怨」，「怨」本作「惡」，「桀、紂之謗」，「謗」亦本作「惡」，皆後人妄改之也。「壹快不足以成善，積快而爲德」者，德亦善也。言一爲善而快於心，不足以成善，多爲善則積快而爲德矣。「壹恨不足以成非，積恨而成惡」者，恨，悔也，非亦惡也，言一爲不善而悔於心，不足以成非，多爲不善，則積悔而成惡矣。快與恨對，善與非對，德與惡對，皆謂己之善惡，非謂人之恩怨也。後人誤以德爲恩德，恨爲怨恨，故改「惡」爲「怨」耳。「三代之善，千歲之積譽也；桀、紂之惡，千歲之積毁也」，善與惡對，譽與毁對。改「惡」爲「謗」，則既與「善」字不對，又與「毁」字相複矣。文選運命論注引此正作「桀、紂之惡」。○寧案：「三代之稱」，道藏本、中立本、茅本、景宋本「稱」作「善」。文選運命論注引同。後人既改「惡」爲「謗」，莊本又改「善」爲「稱」以與之相對，妄矣。

天有四時，人有四用。何謂四用？視而形之，莫明於目；聽而精之，莫聰於耳；重而閉之，莫固於口；含而藏之，莫深於心。目見其形，耳聽其聲，口言其誠，而心致之精，則萬物之化，咸有極矣。地以德廣，人君以德廣益其土地也。君以德尊，上也；地以義廣，君以義尊，次也；地以强廣，君以强尊，下也。故粹者王，駮者霸，無一焉者亡。○寧案：荀子賦篇「粹而王，駁而伯，無一焉而亡」，此淮南所本。又見王霸篇。昔二皇鳳皇至於庭，○王念孫云：此本作「昔二皇鳳至於庭」。道藏本「皇」字倒在「鳳」字下，因誤而爲「凰」，劉本補「皇」字而未删「凰」字，皆非也。文選長笛賦注、藝文類聚祥瑞部下、太平御覽羽族部二及爾雅翼、玉海祥瑞部引此竝作「二皇鳳至於庭」，無「凰」字。○寧案：王説是也。景宋本作「二鳳皇至於庭」，「皇」字倒在「鳳」字下而字猶不誤。三代至乎門，○寧案：文選長笛賦注引「二皇鳳至於庭」，又引高誘曰：「二皇：伏羲、神農也。」太平御覽九百一十五引注：「二皇：宓羲、神農。三代：堯、舜、禹。」乃此處高注佚文。周室至乎澤。德彌麤，所至彌遠；德彌精，所至彌近。君子誠仁，施亦仁，不施亦仁；道無爲而民蒙純，此所謂不施而仁。小人誠不仁，施亦不仁，不施亦不仁。善之由我，與其由人若，仁德之盛者也。故情勝欲者昌，欲勝情者亡。欲知天道察其數，謂律曆之數也。欲知地道物其樹，五土之宜，各有所種生之木。○楊樹達云：儀禮既夕記云「家人物土」，昭公三十二年左傳云「物土方」，鄭、杜注竝云：「物，相也。」欲知人道從其欲。君子欲于道，小人欲于利。勿驚勿駭，萬物將自理；勿撓勿攖，攖，纓。○吴承仕云：攖纓之訓，於古無徵。疑「纓」當爲「繞」，或當爲「結」，蓋傳寫失之。○馬宗霍云：説文手部無「攖」字。許君此注以「纓」釋「攖」。説文糸部云「纓，冠系也。」冠系所以系冠者，引申爲凡系箸之稱，故馬鞅亦曰纓。周禮春官巾車「樊纓十有再就」，鄭玄注云：「纓，今馬鞅。」是其證。馬鞅所以絡馬頸。然則本文「勿攖」猶言勿相羈絡耳。莊子在宥篇「女慎無攖人心」，陸德明釋文引崔譔注云：「攖，羈落也。」落、絡古今字，崔蓋亦以「攖」爲「纓」也。○寧案：馬説是也。俶真篇「夫憂患之來攖人心也」，高注：「攖，迫也。」羈絡與迫義相近。萬物將自清。言治天下各順其情。察一曲者，不可與言化；一曲，一事也。審一時者，不可與言大。猶蟬不知寒也。日不知夜，月不知晝，日月爲明而弗能兼也，唯天地能函之。能包天地，曰唯無形者也。

驕溢之君無忠臣，口慧之人無必信，○寧案：韓詩外傳五：「驕溢之君寡忠，口惠之人鮮信。」「慧」與「惠」同。交拱之木無把之枝，拱，抱也。把，握也。○寧案：「把」上當沾「盈」字。交拱之木無盈把之枝，尋常之溝無吞舟之魚，相對爲文。韓詩外傳五作「故盈把之木無合拱之枝，榮澤之水無吞舟之魚」。是其證。尋常之溝無吞舟之魚。根淺則末短，本傷則枝枯。福生於無爲，患生於多欲，害生於弗備，穢生於弗耨。聖人爲善若恐不及，備禍若恐不免。蒙塵而欲毋眯，涉水而欲無濡，不可得也。是故知己者不怨人，知命者不怨天，福由己發，禍由己生。

聖人不求譽，不辟誹，正身直行，衆邪自息。今釋正而追曲，倍是而從衆，是與俗儷走而內行無繩，繩所以彈曲者也。故聖人反己而弗由也。道之有篇章形埒者，形埒，兆朕也。非至者也。○寧案：兵畧篇「夫有形埒者，天下訟見之，有篇籍者，世人傳學之，此皆以形相勝者也。善形者弗法也。」即此文之義。嘗之而無味，視之而無形，不可傳於人。大戟去水，亭歷愈張，○馬宗霍云：大戟、亭歷皆藥名。爾雅釋草云：「蕎，邛鉅。」郭璞注：「今藥草大戟也，本草云。」釋草又云：「蕇，亭歷。」郭注：「實葉皆似芥，一名狗薺，廣雅云。」大戟可以去水，亭歷可以愈張。水與張皆病也。「張」通作「脹」。「張」、「脹」古今字。左傳成公十年「將食，張，如廁」，杜預注云：「張，腹滿也。」陸德明釋文云：「張，中亮反。注同。」葢讀「張」如「脹」。玉篇肉部脹字下引左傳作「脹如厠」，云「脤，痛也。字書亦作痮。」即張、脤相通之證。然「脤」字不見説文，當爲後起俗字。玉篇引左傳，蓋亦就俗改經，非左傳有作「脤」之本。史游急就章第二十二「寒氣泄注腹臚張」，顔師古本「張」亦作「脤」，疑亦以通行之字易之也。

用之不節，乃反爲病。物多類之而非，唯聖人知其微。善御者不忘其馬，善射者不忘其弩，善爲人上者不忘其下。誠能愛而利之，天下可從也。弗愛弗利，親子叛父。天下有至貴而非勢位也，有至富而非金玉也，有至壽而非千歲也。原心反性則貴矣，適情知足則富矣，明死生之分則壽矣。言無常是，行無常宜者，小人也。察於一事，通於一伎者，中人也。兼覆蓋而并有之，度伎能而裁使之者，聖人也。裁，制也。度其伎能而裁制使之。○王念孫云：正文本作「兼覆而并有之，伎能而裁使之」。注本作「度其能而裁制使之」。伎之言支也。支，度也。注言度其能而裁制使之，「度」字正釋「伎」字。今本注文作「度其伎能」者，涉正文而衍「伎」字也。正文作「度伎能」者，又涉注文而衍「度」字也。因正文衍「度」字，後人又於上句加「蓋」字以對下句，「兼覆蓋而并有之」，斯爲不詞矣。太平御覽人事部一引此正作「兼覆而并有之，技能而裁使之」。（「技」與「伎」同。）文子符言篇同。又齊俗篇「若以聖人爲之中，則兼覆而并之」，案彼文「并」下當有「有」字。兼覆而并有之，文與此同也。又兵略篇「必擇其人，技能其才，使官勝其任，人能其事」，案「技能其才」「能」字涉下文「能其事」而衍。技其才亦謂度其才也。擇其人，技其才，官勝其任，人能其事，皆相對爲文，則「技」下不當有「能」字。且能卽是才，若云技能其才，則是技能其能矣。

淮南子集釋卷十一

漢涿郡高誘注○陶方琦云：此篇許注。

齊俗訓

齊，一也。四宇之風，世之衆理，皆混其俗，令爲一道也，故曰「齊俗」。○楊樹達云：本篇云：「行齊於俗，可隨也。矜僞以惑世，伉行以違衆，聖人不以爲民俗。」然則，齊謂齊同。注云混一風俗，似非其義。史記游俠傳云：「今拘學或抱咫尺之義，久孤於世，豈若卑論儕俗，與世浮沉而取榮名哉！」「儕俗」與「齊俗」同。

率性而行謂之道，得其天性謂之德。性失然後貴仁，道失然後貴義。○馬宗霍云：「性失然後貴仁」疑當作「德失然後貴仁」。「德失」「道失」緊承上文「謂之道」「謂之德」來，與下文「是故仁義立而道德遷矣」相應。爾雅釋詁云：「遷，徙也。」詩小雅巷伯篇「既其女遷」，毛傳云：「遷，去也。」國語晉語「成而不遷」，韋昭注云：「遷，離散也。」曰「徙」，曰「去」，曰「離散」，皆與「失」義近，則「遷」猶「失」也。若作「性失」，則上下文不相貫矣。老子第三十八章云：「失德而後仁。」亦本文之旁證。「德」之草書作「[illegible]」。「性」之草書作「性」，二形相近，故傳寫致掍耳。○寧案：原文不誤。得其天性謂之德，則失其天性謂之失德，是性失即德失矣。中庸「率性之謂道」，鄭注：「率，循也。循性行之是謂道。」「道謂道路也。」孟子曰：「義，人路也。」故下言「道失然後貴義」。德即天性，孟子曰：「仁，人心也。」故下言「性失然後貴仁」。馬謂若作「性失」則上下文不相貫，議改「德失」，似未達。是故仁義立而道德遷矣，禮樂飾則純樸散矣，是非形則百姓眩矣，珠玉尊則天下爭矣：凡此四者，衰世之造也，末世之用也。夫禮者所以別尊卑，異貴賤；義者所以合君臣父子兄弟夫妻朋友之際也。今世之爲禮者，恭敬而忮，忮，害也。爲義者，布施而德，君臣以相非，骨肉以生怨，則失禮義之本也，故搆而多責。謂以權相交，權盡而交疏，搆搆然也。○吴承仕云：朱本作「搆，搆怨也」是也。注以搆爲搆怨，與骨肉生怨文意相承。「怨」字形近誤作「然」，似以搆搆爲形頌之詞，於義無取。莊子天運篇「覯而多責」，釋文云：「見也，遇也。」説義雖異，不以「搆搆」連文則同。○寧案：説文無「搆」字。景宋本作「構」。孟子梁惠王上「以搆怨於諸侯」，從手，荀子勸學篇「邪穢在身，怨之所構」，從木，「搆」乃「構」之後起字。夫水積則生相食之魚，土積則生自穴之獸，○莊逵吉云：太平御覽「自穴」作「食肉」，疑非。禮義飾則生僞匿之本。○王念孫云：御覽禮儀部二引此「僞匿之本」作「僞慝之儒」，又引注曰「僞，詐。慝，姦」。案慝、匿古字通，「本」當爲「士」，「僞慝之士」與「相食之魚」「自肉之獸」相對爲文，若云「僞匿之本」，則與上文不類矣。御覽作「僞慝之儒」，儒亦士也。隸書「士」字或作「圡」，與「本」相似，又涉上文「禮義之本」而誤。○劉文典云：御覽五百二十三引作「夫水積則生相食之蟲，（注云：言大魚食小魚。）土積則生食肉之獸，禮飾則生僞慝之儒」，三句皆以八字爲句，句法一律。今本多一「義」字，句法遂參差不齊，「義」字疑衍文也。又按説文：「魚，水蟲也。」是相食之蟲，義亦可通。○寧案：太平御覽引當是高本，「匿」作「慝」，「士」作「儒」。蟲下注云「大魚食小魚」，「僞慝」下注云「僞，詐；慝，姦」，乃高注佚文。「蟲」字疑當作「魚」，故注曰「大魚食小魚也」。古蟲、虫不分，「魚」字草書作「鱼」，與「虫」形似，因誤爲「蟲」耳。「食肉之獸」與上句「食」字複，亦於義無取，當是「自」字之誤。「食」字隸書作「飠」，下部與「自」形亦似。夫吹灰而欲無眯，涉水而欲無濡，不可得也。古者，民童蒙不知東西，貌不羨乎

情，而言不溢乎行。其衣致煖而無文，其兵戈銖而無刃，楚人謂刃頓爲銖。○莊逵吉云：「頓」即「鈍」字，故「頑頓」即「頑鈍」是。○洪頤煊云：說文：「殊，死也，从歺朱聲。漢令：蠻夷長有罪當殊之。」漢書高帝紀：「其赦天下殊死以下。」「銖」即「殊」叚借字。○王念孫云：此本作「其衣煖而無文，其兵銖而無刃」。後人於「煖」上加「致」字，於義無取。戈爲五兵之一，言兵而戈在其中，不當更加「戈」字。且「其衣致煖」與「其兵戈銖」不對，明是後人所改。文子道原篇正作「其衣煖而無采，其兵鈍而無刃」。○俞樾云：王氏念孫謂「致」與「戈」皆衍文，其說是也。高解「銖」字曰：「楚人謂刃頓爲銖。」是銖與無刃一意也，煖與無文則非一意矣。疑「煖」當爲「緩」，「緩」者，「縵」之叚字也。說文糸部：「縵，繒無文。」國語晉語曰：「乘縵不舉。」韋注曰：「縵，車無文也。」是凡無文者皆謂之縵，故曰「其衣縵而無文」，正與「其兵銖而無刃」同義。「縵」與「緩」古音相同，得以通用。廣雅釋詁「慢」、「謾」並訓「緩」，故「緩」亦通作「縵」也。後人不知「緩」爲「縵」之叚字，因其言衣，輒改作「煖」，似是而實非矣。○劉文典云：洪云「銖」即「殊」叚借字，殊，死也。如洪說，則是其兵戈死而無刃，此說豈復可通邪？高注明言「楚人謂刃頓爲銖」，廣雅「銖，鈍也」，即本此注。○楊樹達云：此篇乃許注，非高注，劉說誤。說文金部云：「錭，鈍也」。淮南假「銖」爲「錭」耳。古侯、幽二部音近，故多通作，如莊子庚桑楚篇之「南榮趎」或作「南榮疇」，是其比也。**其歌樂而無轉，其哭哀而無聲。鑿井而飲，耕田而食。無所施其美，亦不求得。**○蔣禮鴻云：「美」字疑當作「羨」，謂雖有羨餘，不以施人市恩也。下句云「亦不求得」，謂自足而止，不貪多餘也。兩意正相對。詮言篇曰：「功蓋天下，不施其美」，與此義別。彼爲伐善施勞之施，此爲施予之施也。○寧案：蔣說是也。主術篇云：「羨者止於度，不足者逮於用。」此言「無所施其羨」，是「羨者止於度」也，「亦不求得」是「不足者逮於用」也，皆就有餘與不足言之。彼文「羨」字亦誤作「美」。（依王念孫校。）其比同。親戚不相毁譽，朋友不相怨德。及至禮義之生，貨財之貴，而詐僞萌興，非譽相紛，怨德竝行，於是乃有曾參、孝己之美，而生盜跖、莊蹻之邪。故有大路龍旂，羽蓋垂緌，大路，天子車也。交龍爲旂。結駟連騎，則必有穿窬拊楗抽箕踰備之姦；抽，握也。備，後垣也。○王引之云：「抽箕」當爲「拍墓」。高注「抽，握也」，當作「拍，掘也」。「拍」字本作「搰」。説文曰：「搰，掘也。」或作「拍」。廣雅曰：「拍，掘也。」荀子正論篇曰「拍人之墓」是也。呂氏春秋節喪篇：「葬淺則狐狸拍之。」高注曰：「拍讀曰掘」。是「拍」與「掘」聲相近，字亦相通也。今本「拍墓」作「抽箕」者，「抽」與「拍」字相似，故「拍」誤作「抽」，「墓」與「基」字亦相似，「墓」以形誤爲「基」，「基」又以聲誤爲「箕」耳。穿窬拊楗拍墓踰備之姦，皆謂盜賊也。楗，謂户牡也，拊楗謂搏取户楗也。呂氏春秋異用篇云「跖與企足得飴以開閉取楗」是也。「備」與「培」同。下文「鑿培而遁之」，高注曰：「培，屋後牆也。」故此注云：「備，後垣也。」又兵畧篇「毋扣墳墓」，「扣」亦「拍」字之誤。本或作「抉」者，後人以意改之耳。○吳承仕云：王説是也，景宋本「握」正作「掘」，唯此字不誤。○楊樹達云：「拊」疑當讀爲「剖」，謂剖開其楗也。襄公二十四年左傳云：「培塿無松柏」，培，説文自部作「附」，是「付」聲「咅」聲字相通之證。莊子庚桑楚云：「正晝爲盜，日中穴阫。」向秀云：「阫，牆也。」備、培、阫古音竝同。○寧案：王校「抽箕」爲「拍墓」是也。穿窬、拊楗、拍墓、踰備，皆竊盜之行，故天下縣官法曰：「發墓者誅，竊盜者刑。」（見氾論篇）泛言竊盜而獨誅發墓。此舉拍墓者，蓋官法所獨誅也。有詭文繁繡，弱緆羅紈，弱緆，細布也。羅，縠。紈，素也。○劉文典云：藝文類聚八十五引「緆」作「錫」。儀禮大射儀「冪用錫若絺」，鄭注：「錫，細布也。」説文：「緆，細布也。」錫、緆通用。○寧案：唐本玉篇糸部引許注，「紈，素也」，與此合。**必有菅屩跐踦，短褐不完者。**菅，茅也。跐，偶也。踦，適也。楚人謂袍爲短。褐，大布。○陶方琦云：後漢書王望傳注引許注「楚人謂袍曰裋」，此條已見上覽冥訓，重列之者，見許注今注之同。又大藏音義九十七引許注曰：「屩，履也。」今本脱去，當補。其卷九十一引作「草履也」，此以「草」釋「菅」字。說文：「屩，履也。」訓正同。○李哲明云：注文不可通曉。「跐踦」有不齊之義。魯語「踦跂畢行」，注：「踦跂，跰蹇也。」「跐踦」當與「踦跂」同，倒言之則曰「踦跂」也。「跐」、「跂」同音通用，注文而强求其合，應作「跐，適也，踦，不偶也」。○吴承仕云：「大布」當作「毛布」，經傳常詁。覽冥篇注云：「褐，毛布，如今之馬衣也。」此見於本書者。○楊樹達云：「菅屩跐踦」與「短褐不完」爲對文，李云「跐踦有不齊之義」，是也。惟云「跐踦」與「踦跂」同，「跐」、「跂」同音通用則未是。今案「跐」當讀爲「縒」。說文糸部云：「縒，參縒也。」古「此」聲與「差」聲字通。詩鄘風君子偕老云：「玼兮玼兮」，周禮内司服注引「玼」作「瑳」，下文云「隅眥之削」，「眥」本經篇作「差」，皆其證也。踦當讀爲奇。說文可部云：「奇，不耦也。」「菅屩跐踦」，謂草履參差不耦，與「短褐不完」文正相對。○寧案：大藏音義九十一、九十九兩引許注云「楚人謂袍爲短褐」，後漢書王望傳注引同，則此注當重「褐」字。說文「褐，一曰粗衣」，下文「晉文公大布之衣」，注「大布，粗布」，是許注固以褐爲大布也，無煩改作毛布。**故高下之相傾也，短脩之相形也，亦明矣。**○寧案：河上本老子「長短相形，高下相傾」，此淮南所本。王弼本「形」作「較」，非是。

夫蝦蟇爲鶉，鶉，鶬也。○吴承仕云：注「鶬」當爲「鵪」。說文「鶉，鵪屬」。朱本字作「鵪」，應據正。○寧案：吴說是也。「鵪」字又作「鶕」，景宋本作「鶬」，即「鶕」字形近而誤。**水蠆爲蟌莣，**蜻蛉也。○王念孫云：「水蠆爲蟌莣」，本作「水蠆爲蟌」。玉篇：「蟌，千公切，蜻蛉也。」廣韻引淮南子：「蝦蟇爲鶉，水蠆爲蟌。」太平御覽蟲豸部六所引與廣韻同，又引注云：「老蝦蟇化爲鶉，水中蠆蟲化爲蟌，蟌者蜻蜓也。」（此蓋許注。）説林篇「水蠆爲蟌」，高注曰：「水蠆化爲蟌，蟌，青蜓也。」皆其明證矣。今本作「水蠆爲蟔莣者」，「蟔」爲「蟌」之誤，（「蟌」字從虫悤聲。隸書「悤」或作「思」，又作「𢗅」，其上半與「每」相近，「蟌」或作「蟌」，因誤爲「蟔」耳。廣雅釋草：「蔦藸，蔥也」，今本「蔥」作「蒽」。又「藜蘆，蔥苒也」，今本「蔥」作「蒽」。皆其證也。）「莣」爲「葱」之誤。「葱」俗書「蔥」字也，與「蟌」同音，校書者記「葱」字於「蟔」字之旁，而寫者因誤合之耳。又案高注「青蛉也」下，各本皆有「音矛音務」四字，蓋「蟌」、「葱」二字既誤爲「蟔」、「莣」，後人遂妄加音釋耳。字彙補乃於虫部收入「蟔」字，音矛，又於艸部「莣」字下注云音務，引淮南子「水蠆爲蟔莣」，甚矣！其惑也。○寧案：太平御覽九百四十九（蟲豸部六）引注乃高注佚文，非許注也。説林篇「水蠆爲蟌」，（上奪「蝦蟇爲鶉」句。）注云：「水蠆化爲蟌，蟌，青蜓也。」（上奪「老蝦蟇化爲鶉」，又「水」下奪「中」字，「蠆」下奪「蟲」字，當據太平御覽引補。）雖文有奪誤，猶可見御覽引與彼注合。皆生非其類，唯聖人知其化。其化，視陰入陽，從陽入陰。○吴承仕云：朱本注「從陽入陰」下有「惟聖人知之」五字。承仕案：朱本是也。又案「視陰入陽」，「視」亦當作「從」。本篇注文「從車百乘」，景宋本「從」譌作「視」，與此同比。○寧案：蜀藏本「視」作「從」，正吴説之證。夫胡人見黂，黂，麻子也。不知其可以爲布也。○寧案：北堂書鈔一百三十四引「黂」作「蕡」同。爾雅釋文「黂」本或作「蕡」是也。呂氏春秋知接篇：「戎人見暴布者而問之曰：『何以爲之莽莽也？』指麻而示之。怒曰：『孰之壤壤也，可以爲之莽莽也？』」即此文所本。越人見毳，不知其可以爲旃也。○寧案：旃假爲氈。北堂書鈔一百三十四、太平御覽七百八引「旃」作「氈」，當是高本。故不通於物者，難與言化。○寧案：北堂書鈔百三十四、太平御覽七百八引「難與言化」皆作「不可與言俗」，謂行齊於俗也。當亦許、高之異。昔太公望、周公旦受封而相見。太公問周公曰：「何以治魯」？周公曰：「尊尊親親。」太公曰：「魯從此弱矣！」尊尊親親，仁者弱也。周公問太公曰：「何以治齊？」太公曰：「舉賢而上功。」周公曰：「後世必有劫殺之君！」舉賢上功則民競，故劫殺。其後齊日以大至於霸，二十四世而田氏代之；齊臣田氏奪其君位代之。○寧案：注，道藏本、中立本、景宋本「君位」下有「而」字。魯日以削，至三十二世而亡。魯禄去公室，至楚考烈王滅之。○劉文典云：「魯日以削至」下當有「於觀存」三字。此以「齊日以大至於霸」，「魯日以削至於觀存」相對爲文，今敓此三字，以「至」字屬下「三十二世而亡」爲句，句法遂不一律矣。呂氏春秋長見篇正作「至於觀存」。（高注：「觀，裁也。」）又案：「三十二世而亡」，「二」當爲「四」。呂氏春秋正作「三十四世而亡」，高注：「自魯公伯禽至頃公讎爲楚考烈王所滅，適三十四世也。」韓詩外傳同。○寧案：史記魯世家曰：「魯起周公至頃公，凡三十四世。」又案：考烈王，莊本「考」誤「孝」，今改正。故易曰「履霜，堅冰至」，○寧案：見易坤初六。聖人之見終始微言。○孫詒讓云：「言」當作「矣」。○劉文典云：孫説是也。韓詩外傳十作「聖人能知微矣」，本書人閒篇「夫仕者先避之，見終始微矣」，皆其證也。故糟邱生乎象櫡，紂爲長夜之飲，積糟成邱者，起于象櫡。○寧案：韓非子説林上「紂爲長夜之飲」，即許注所本。炮烙生乎熱斗。庖人進羹于紂，熱，以爲惡，以熱斗殺之。趙國斗可以殺人，故起炮烙。○陶方琦云：北堂書鈔引作「炮烙始于熱斗」，注云：「熱斗，熨斗也。紂見熨斗爛人手，遂作炮格之刑矣。」御覽七百十二引許注：「熱斗，熨斗也，熱人手，遂作炮烙之形也。」案今注無此條，敓文也，應補在

「庖人進羹」上。呂氏春秋順民篇高注：「紂常熨爛人手，因作銅烙，布火其下，令人走其上，以爲娛樂。」與此注文亦異。帝王世紀曰：（御覽八十三引。）「紂欲重刑，乃先爲大熨斗，以火爇之，使人舉，輒爛手不能勝。紂怒，乃更爲銅柱，以膏涂之，加于爇炭之上，使有罪者緣焉，足滑跌墮火中，紂與妲己笑爲樂，名曰炮格之刑。」與許注義相同。說文「尉」下：「所以尉申繒也。」卽熨斗之說。○劉文典云：「生乎象櫡」，「生乎熱斗」，兩「生」字於辭爲複。北堂書鈔四十一、一百三十五兩引此文下「生」字並作「始」。又案御覽服用部十四、事物紀原卷八引帝王世紀與許注義亦正同，足證陶說。○向宗魯云：纏子云：「紂王天下，熊蹯不熟而殺廚人」，（御覽九百八引。）卽此注所本。此注「熱以爲惡」，「熱」乃「熟」之訛，涉上下文而誤，上脱「不」字。又案：「故起炮烙」四字，當在「以熱斗殺之」下，言以熱斗殺人，故起炮烙也。「趙國斗可以殺人」，乃引以證熱斗殺人事，特連類而及之耳。趙襄子以銅斗殺代君，事見呂氏。○寧案：下「生」字當爲「始」，劉說是。太平御覽七百十二引亦作「始」。又案：向謂「熱」當爲「熟」，上敚「不」字，引纏子爲證，得之也。左傳宣公二年，亦載晉靈公不君，「宰夫胹熊蹯不熟殺之」，事相類。

子路撜溺而受牛謝，撜，舉也。抍出溺人，主謝以牛也。○陶方琦云：羣書治要引許注：「拯，舉也。」二注正同，益知八篇真許注也。說文：「抍，上舉也。」說與注淮南正合。氾論訓「捽其髮而拯」，高注：「拯，升也。」注亦異。○馬宗霍云：說文手部「撜」爲「抍」之或體。或體多古文。淮南本文用之。許君此注訓撜爲舉，而又以「抍出」申之者，蓋卽用正篆申或體，以明「撜」、「抍」之爲同文同義也。

孔子曰：「魯國必好救人於患。」○劉文典云：「救人於患」下當有「矣」字，與下文「孔子曰，魯國不復贖人矣」一律。羣書治要引此文「患」下有「矣」字。

子贛贖人而不受金於府，魯國之法，贖人於他國者，受金於府。○陶方琦云：羣書治要引許注與今注正同。

孔子曰：

「魯國不復贖人矣。」子路受而勸德，子贛讓而止善。孔子之明，以小知大，以近知遠，通於論者也。○寧案：二事本呂氏春秋察微篇，又見本書道應篇。呂氏春秋引淮南記曰：「子贛讓而亡義。」「亡義」乃「止善」形近之譌。由此觀之，廉有所在而不可公行也。○劉文典云：羣書治要引「在」上有「不」字，於義爲長。○寧案：「在」上無「不」字是也。「廉有所在」，謂當廉而廉也，「不可公行」，謂不當廉而不廉也，正反相對爲文；若作「廉有所不在」則與「不可公行」皆言不當廉，義複。劉氏何云於義爲長也？繆稱篇曰：「夜行瞑目而前其手，事有所宜，而明有不容。」（從俞校。）説林篇曰：「夜行者，掩目而前其手，涉水者，解其馬載之舟，事有所宜而有所不施。」句法與此同，是其比也。故行齊於俗，可隨也；事周於能，易爲也。矜僞以惑世，伉行以違衆，聖人不以爲民俗。

廣廈闊屋，連闥通房，人之所安也，鳥入之而憂；高山險阻，深林叢薄，虎豹之所樂也，人入之而畏；川谷通原，積水重泉，黿鼉之所便也，人入之而死；咸池、承雲，皆黄帝樂。○鍾佛操云：蔡邕獨斷云：「樂，黄帝曰雲門。」帝王世紀亦云：「黄帝作雲門、咸池之樂。」楚辭遠游王注以「承雲卽雲門，黄帝樂也」。此卽許注所本。而呂氏春秋則以承雲爲帝顓頊作，未詳孰是。九韶、舜樂。○寧案：九韶，呂氏春秋古樂篇作九招，「韶」乃「招」之假字。六英，帝顓頊樂。人之所樂也，鳥獸聞之而驚；深谿峭岸，峻木尋枝，○楊樹達云：方言卷一云：「尋，長也。海、岱、大野之間曰尋，自關而西，秦、晉、梁、益之間，凡物長謂之尋。」猨狖之所樂也，人上之而慄；形殊性詭，所以爲樂者乃所以爲哀，所以爲安者乃所以爲危也。乃至天地之所覆載，日月之所照誋，○寧案：「照誋」，繆稱篇凡兩見。吴承仕、楊樹達皆以爲「照」當爲「詔」，詔誋猶告誡也。此

「照誥」下道藏本、景宋本皆有注云「音告」。淮南注凡言音某，皆非原有，乃後人所加。然以是知此照誥與繆稱篇同。集證本乃改「誥」爲「臨」，不言所據，妄甚。使各便其性，安其居，處其宜，爲其能。故愚者有所修，智者有所不足。柱不可以摘齒，○莊逵吉云：太平御覽引「摘」作「刺」。筐不可以持屋；筐，小簪也。○王念孫云：太平御覽居處部十五引作「蓬不可以持屋」。案「筐」與「篷」皆「筳」字之誤也。筳讀若庭，又讀若挺，庭、挺皆直也。（爾雅「庭，直也」。考工記弓人注曰：「挺，直也」。）小簪形直，故謂之筳。柱與筳大小不同，而其形皆直，故類舉之。若筐與篷，則非其類矣。玉篇：「筳，徒丁切，小簪也。」義卽本於高注。此言大材不可小用，小材不可大用，故柱可以持屋而不可以摘齒，小簪可以摘齒而不可以持屋也。「筳」字隸書或作「莛」，形與「蓬」相似，「筐」與「筳」草書亦相似，故「筳」誤爲「筐」，又誤爲「蓬」矣。○寧案：王說是也。莊子齊物論：「故爲是舉莛與楹。」「莛」與「筳」通。說文「莛，莖也」。「楹，柱也」。莖小而柱大，古人往往以莛柱比小大。漢書東方朔傳「以莛撞鐘」，文選答客難「莛」作「筳」，李善引說苑曰：「建天下之鳴鐘，撞之以筳，豈能發其音聲哉？」此皆以筳喻小也。抱朴子外篇備闕十七：「擿齒則松櫝不及一寸之筳。」語正本於淮南，可爲王說之切證。馬不可以服重，牛不可以追速；鉛不可以爲刀，銅不可以爲弩；鐵不可以爲舟，木不可以爲釜：各用之於其所適，施之於其所宜，卽萬物一齊而無由相過。夫明鏡便於照形，其於以函食不如簞；○王念孫云：「函食不如簞」，本作「承食不如竹箅」。（箅，博計反。）今本「承」誤爲「函」，「箅」誤爲「簞」，（「箅」誤爲「箄」，又誤而爲「簞」。）又脫去「竹」字耳。說文：「箅，蔽也，所以蔽甑底。」「承」讀爲「烝之浮浮」之「烝」，謂用以烝食也。（漢書地理志長沙國承陽，師古曰：「承音烝。」續漢書郡國志作烝陽，是「烝」與「承」通。）

太平御覽器物部引此作「蒸食。」）今人猶謂甑中蔽爲箅子。世説云「客詣陳太邱宿，大邱使元方、季方炊，二人委而竊聽，炊忘箸箅，飯落釜中」是也。説山篇云：「弊箅甑瓾，在旃茵之上，雖貪者不搏。」是箅爲物之賤者。然明鏡雖貴，若用以蔽甑底，則氣不上升而食不熟，竹箅雖賤而可以烝食。故下文云：「物無貴賤，因其所貴而貴之，物無不貴；因其所賤而賤之，物無不賤也。」鏡形圓，箅形亦圓，故連類而及之。若簞笥之屬，則儗之不於其倫矣。且「箅」與「蜧」爲韻，（蜧音戾。）若作「簞」則失其韻矣。太平御覽服用部鏡下引淮南子「明鏡便於照形，承食不如竹簞」，雖「承」字不誤，而「簞」字已與今本同。然器物部箅下又引淮南子「明鏡可鑑形，蒸食不如竹箅」，是則服用部作「簞」者，後人據誤本淮南改之耳。北堂書鈔服飾部鏡下引作「承食不如竹簞」，「簞」亦「箅」之誤。又案説山篇「弊箅甑瓾」，今本「箅」作「箄」，非也。説文：「箅，蔽也，所以蔽甑底。從竹畀聲。」玉篇「博計切」，急就篇云「笆篅箯筥籅箅篝」是也。説文又云：「箄，箯箄也。從竹卑聲。」玉篇「必匙，必是二切」，急就篇云「箯箄箕帚筐篋簍」是也。此言「弊箅甑瓾」，則是「甑箅」之「箅」，非「箯箄」之「箄」，字不當從「卑」。

犧牛粹毛，宜於廟牲，其於以致雨不若黑蜧。黑蜧，神蛇也。潛於神淵，能興雲雨。○陶方琦云：文選江賦注引許注：「黑蜧，神蛇也。潛於神泉，能致雲雨。」張景陽襍詩注引作高誘，誤也。其「能致雲雨」四字，據以補入。説文虫部：「蜦，蛇屬也。潛於神淵之中，能興致雲雨。蜦或从戾作蜧。」許氏説文卽采用淮南注。初學記引淮南注：「黑蜧，神蛇。潛淵而居，將雨則躍。」（御覽十引亦同。）此卽許説而引文稍異。御覽九百三十三引此注「黑蜧，黑色，蛇屬也。蜧潛於水，神象能致雨也」。文又小異，或卽許、高之別。然江賦注引許注，文正同今注，與説文符合，確爲許説無疑。「神淵」作「神泉」，乃唐人避諱而改。（歲華記麗亦引爲許注。）○劉文典云：「粹毛」，文選張景陽襍詩注、御覽九百三十三引並作「騂毛」，知今本作「粹」者，誤字也。又按白帖二引淮南子曰：「黑蛈，神蛇。潛泉中而居，天將雨則躍。」亦注文也。〇寧案：「粹」當爲「騂」，劉說是也。「騂」作「粹」，形似而誤。又案太平御覽九百三十三引「其於以致雨」，作「其象以致雨」。引注：「神象能致雨也。」文正相應。由此觀之，物無貴賤。因其所貴而貴之，物無不貴也；因其所賤而賤之，物無不賤也。夫玉璞不厭厚，角䚫不厭薄，角䚫，刀劍羽間之覆角也。〇孫詒讓云：刀劍無羽飾，此「羽」疑當爲「削」之譌。釋名釋兵云：「刀，其室曰削。」〇楊樹達云：廣韻上聲三十小「䚫」字訓角長，與本文義不合，疑「䚫」當讀爲「觷」。說文角部云：「觷，杖耑角也。从角敫聲。」玉篇下角部云：「觷，以角飾策本末也。」喬聲敫聲同在豪部，故得通用。漆不厭黑，粉不厭白，此四者相反也，所急則均，其用一也。今之裘與蓑孰急？見雨則裘不用，升堂則蓑不御，此代爲常者也。〇陳觀樓云：「常」當爲「帝」，字之誤也。代爲帝，謂裘與蓑迭爲主也。說林篇曰：「旱歲之土龍，疾疫之芻靈，是時爲帝者也。」莊子徐無鬼篇曰：「堇也，桔梗也，雞廱也，豕靈也，是時爲帝者也。」義並與此同。〇向宗魯云：御覽六百九十四引「常」正作「帝」，又有注云：「代，更也。帝，王者。」今本敓。（「王」當作「主」。）譬若舟車楯肆窮廬，故有所宜也。水宜舟，陸地宜車，沙地宜肆，泥地宜楯，草野宜窮廬。〇莊逵吉云：錢別駕云：「大禹四載，本皆異。說文解字『水行乘舟，陸行乘車，山行乘欙，澤行乘𨊠』；史記『山行乘檋，水行乘船，陸行乘車，澤行乘橇』；漢書溝洫志『山行乘梮，水行乘舟，陸行乘車，澤行乘毳』；徐廣史記注又作『山行乘橋，水行乘船，陸行乘車，澤行乘蕝』；呂不韋書『山用樏，水用舟，陸用車，塗用楯』，又有『沙用鳩』；本書脩務訓又云『山行乘蔂，水行乘舟，沙行乘鳩，澤行乘楯』，與此而七，其字各殊。攷之『欙』爲正字，『蔂』、『樏』皆『欙』字之別也。『肆』

字音與『欂』相近，通用。『樺』、『榻』亦同聲。『橋』又『樺』字之轉聲，『撵』乃駕馬大車，『橋』卽俗『轎』字也。『鳩』、『車』聲相轉，然古別有一種車名鳩，葢小車。『輀』、『輴』、『楯』三字同類。『橇』、『毳』、『蕝』三字同類。周禮曰『孤乘夏輀』，又下棺車亦曰輀。古字無『輴』，『楯』乃以闌楯借用耳。」僞孔傳尚書本不足據，其見于諸書者，因以别駕所肆攷而附詳之如是。○盧文弨云：今本淮南「肆」譌作「肆」，唯葉林宗本作「肆」，从镸从朿。案文子自然篇「水用舟，沙用肆，泥用楯，山用欙」，釋音云：「肆，乃鳥切，推版具。」今檢玉篇無「肆」字，有「肆」字，从镸从土从小，音正同。云「㔾肆，長不勁」，葢與「嫋嫋」同義。廣韻則从镸从赤，三字不同。案：「朿」字亦有「茦」音，當以從「朿」爲正。又脩務訓「沙之用肆」，葉本亦譌作「肆」，而别本有作「鳩」者。案吕氏春秋慎勢篇作「沙用鳩」，字書「九」與「糾」通，則音亦可通轉，卽以「鳩」從文子、淮南讀，其亦可也。○王念孫云：「肆」當作「肆」，（玉篇：乃鳥切。）字相似而誤。文子自然篇正作「沙用肆」。朱本、茅本、莊本依吕氏春秋（慎勢篇）改作「沙之用鳩」，非也。「鳩」與「肆」形聲皆不相近，若是「鳩」字，不得誤爲「肆」矣。或又因説文無「肆」字，而以「肆」爲「欙」，「欙」與「肆」形聲亦不相近。且脩務篇明言「沙用肆，山用蔂」，（與「欙」同。）「肆」、「欙」不同物，何得以「肆」爲「欙」乎？○吴承仕云：朱本作「水國宜舟」。承仕案：文例合有「國」字。景宋本誤作「固」，校者以「固」字無義，而妄删之。○寧案：吴説是也。道藏本亦誤作「固」。故老子曰「不上賢」者，○寧案：見老子第三章。言不致魚於水，沉鳥於淵。物各因其宜，故不須用賢。○寧案：「水」當爲「木」，字之誤也。注云「物各因其宜」，魚不宜木，鳥不宜淵，故曰「不」也。

故堯之治天下也，舜爲司徒，契爲司馬，禹爲司空，后稷爲大田，師奚仲爲工。○寧案：

王念孫云：文當作「奚仲爲工師」，今本「師」字誤在「大田」下。説在繆稱篇「桓公舉以大政」句下。其導萬民也，水處者漁，山處者木，○俞樾云：「木」乃「采」之壞字，謂采樵也。「山處者采」，與上句「水處者漁」，下句「谷處者牧，陸處者農」一律，漁也，采也，牧也，農也，皆言其事也。若作「山處者木」，則上句當云「水處者魚」矣。文子自然篇作「林處者採」，可據以訂正。説林篇「漁者走淵，木者走山」，「木」亦當爲「采」。○馬宗霍云：俞説未允，木字不誤，此以名詞爲動詞。采木曰木，猶析薪謂之薪也。説林篇「木者走山」，正可與此文互照。俞氏乃謂彼「木」亦當爲「采」，更貤謬矣。且文子下文作「陸處者田」，又可據彼以改此文之「農」爲「田」乎？○寧案：馬説是也。曰「山處者木」，木字義廣，説林篇「木者走山」同。俞改木爲采，云「謂采樵也」，非其義也。谷處者牧，陸處者農，地宜其事，事宜其械，械宜其用，用宜其人，澤皐織網，陵阪耕田，得以所有易所無，以所工易所拙，○寧案：「得以所有易所無」二句，文義不備。上文「其導萬民也」云云，此二句乃總上之辭，承「其導萬民」言之。得以所有易所無，以所工易所拙者，民也，句前不得無主語。文子自然篇「得以所有」上有「如是則民」四字，此亦當有。是故離叛者寡，而聽從者衆。譬若播棊丸於地，員者走澤，方者處高，各從其所安，夫有何上下焉？若風之遇簫，簫，籟也。○陳觀樓云：各本「過」字皆誤作「遇」，唯道藏本不誤。文子自然篇正作「若風之過簫」。○寧案：景宋本「遇」亦作「過」。忽然感之，各以清濁應矣。夫猨狖得茂木，不舍而穴，狟狢得埵防，弗去而緣，狟，狟豚也。埵，水埒也。防，隄也。○陳季皐云：説文「埵，堅土也」，與此義異。如許注水埒之訓，則字當作「塖」，卽「塍」字。玉篇「塍」下有「塖」字，訓水埒，卽用此注。今本作「埵」者，形近而誤也。説林「窟穴者，託埵防」，亦當作「塖」。物莫避其所利而就其所害。是故，鄰國相望，雞狗之音相聞，而足迹不接諸侯之境，車軌不結千里之外者，皆各得其所安。故亂國若盛，治國若虛，亡國若不足，存國若有餘。虛者非無人也，皆守其職也；盛者非多人也，皆徼於末也；○馬宗霍云：「徼」通作「要」，經傳「徼」、「要」多互訓。文選張衡西京賦「徼行要屈」，薛綜注云：「要或作徼。」漢書嚴安傳「民離本而徼末矣」，顏師古注云：「徼，要求也。」皆其證。荀子富國篇「僡然要時務民」，楊倞注云：「要時，趣時也。」故徼亦有趣義。然則「皆徼於末」，猶言皆趣於末也。有餘者非多財也，欲節事寡也；不足者非無貨也，民躁而費多也。○陶鴻慶云：「存」「亡」二字當互易，「有餘者非多財也」與「不足者非無貨也」二句亦當互易。原文本云：「存國若不足，亡國若有餘。」「不足者非無貨也，欲節事寡也；有餘者非多財也，民躁而費多也。」上文云「亂國若盛，治國若虛」，又云「虛者非無人也，皆守其職也；盛者非多人也，皆徼於末也」，與此文語意正同，特彼以人言，此以財言耳。今本傳寫錯亂，則文義俱不可通矣。文子自然篇誤與此同。○楊樹達云：陶說是也。鹽鐵論本議篇云：「老子曰：貧國若有餘，非多財也，嗜欲衆而民躁也。」正本此文，可以爲證。故先王之法籍，非所作也，其所因也；其禁誅，非所爲也，其所守也。凡以物治物者，不以物以睦；治睦者不以睦，以人；○王念孫云：「凡以物治物者」，「以物」二字因下文而衍。呂氏春秋貴當篇文子下德篇皆無此二字。○馬宗霍云：「睦」當通作「陸」。廣雅釋詁三云：「陸，厚也。」書堯典「九族既睦」，禮記禮運篇云「講信修睦」，鄭玄並注云：「睦，親也。」親與厚義近。易夬卦九五爻辭「莧陸夬夬」，李鼎祚集解引虞翻注云：「陸，和睦也。」陸德明釋文引蜀才本「陸」作「睦」。漢唐扶頌「內和陸兮外奔赴」，嚴舉碑「九族和陸」，郭仲奇碑「崇和陸」，則皆「睦」作「陸」。即古睦、陸相通之證。陸者，說文訓「高平地」，地者，說文訓「萬物所陳列也」。地从土。土者，説文訓「地之吐生物者也」。易説卦：「坤爲地。」坤彖辭曰：「至哉坤元，萬物資生。」又曰：「坤厚載物，德合無疆。」淮南本文「治物者不以物以睦」者，治之爲言統也。睦既通作陸，陸又訓地，然則以睦治物，猶言物統於地也。以人治睦，猶言地統於人也。下文治人以君，治君以欲，治欲以性，治性以德，云云。猶言人統於君，君統於欲，欲統於性，性統於德也。蓋人之生也，食毛踐土，故以人統地。天生民而立之君，使司牧之，故以君統人。人生而有欲，故以欲統君。欲者性之動，故以性統欲。得其本性謂之德，故以德統性。而終之曰「治德者不以德以道」，次第相治，猶言道無所不統。亦即無不統於道也。吕氏春秋貴當篇云：「治物者不於物，於人；治人者不於事，於君；治君者不於君，於天子；治天子者不於天子，於欲；治欲者不於欲，於性。」似即淮南所本，而畧易其詞。文子下德篇全與淮南同，惟易「睦」字爲「和」字，蓋又本於淮南。然以「和」代「睦」，雖從睦之本義，但云治物以和，治和以人，意殊牽強。和而曰治，語亦未安。

治人者不以人，以君；治君者不以君，以欲；治欲者不以欲，以性；治性者不於性，以德；治德者不以德，以道。原人之性，蕪濊而不得清明者，物或堁之也。堁，坋塵也。

羌氐僰翟，嬰兒生皆同聲，羌，東戎。氐，南夷。僰，西夷。翟，北胡也。○楊樹達云：「翟」假爲「狄」。説文犬部云：「狄，北狄也」。説文羌下云：「西戎，牧羊人也。」又云「西南僰」。此注乃云羌東戎，僰西夷，疑文有脱誤。○寧案：尚書牧誓僞孔傳：「羌在蜀。」正義曰：「九州之外，四夷大名則東夷、西戎、南蠻、北狄。其在當方，或南有戎而西有夷。」此注本作「羌，西戎」，蓋後人以下文已言西有僰，且有西南北而無東，故妄改「西」字作「東」耳。吕氏春秋恃君篇言四方無君之國，其西方云：「氐、羌、呼唐、離水之西，僰人、野人、篇筰之川，舟人、送龍、突人之鄉，多無君。」高注：「西方之戎無君者，先言氐、羌，後言突人，自近及遠也。」亦以羌爲西戎。（此氐在南而僰稱夷者，蓋南有戎而西有夷也。）景宋本正作「羌，西戎」，與説文合。及其長也，雖重象、狄鞮，象，狄鞮，譯也，象傳狄鞮之語也。○寧案：呂氏春秋慎勢篇亦云：「不用象譯狄鞮」。禮記王制：「五方之民，言語不通，嗜欲不同。達其志，通其欲，東方曰寄，南方曰象，西方曰狄鞮，北方曰譯。」孔疏云：「其通傳東方之語官，謂之曰寄，言傳寄外內言語。通傳南方語官，謂之曰象者，言放象外內之言。其通傳西方語官，謂之狄鞮者，鞮，知也，謂通傳夷、狄之語，與中國相知。其通傳北方語官，謂之曰譯者，譯，陳也，謂陳説外內之言。」故許注云：「象、狄鞮，譯也。」而下言「象，傳狄鞮之語」，與上句文義不貫，疑有誤字。不能通其言，教俗殊也。今三月嬰兒，生而徙國，則不能知其故俗。○寧案：景宋本、蜀藏本「今」下皆有「令」字，今本敚。正統道藏本作「今令」。蓋「令」誤爲「今」，爲後人所妄删。由此觀之，衣服禮俗者，非人之性也，所受於外也。夫竹之性浮，殘以爲牒，束而投之水則沉，失其體也；金之性沈，託之於舟上則浮，勢有所支也。○寧案：韓非子功名篇：「千鈞得船則浮，錙銖失船則沈，非千鈞輕錙銖重也，有勢之與無勢也。」此淮南所本。夫素之質白，染之以淄則黑；縑之性黄，染之以丹則赤；人之性無邪，久湛於俗則易。易而忘本，合於若性。若性，合於它性，自若本性也。○陳季皋曰：合於若性，辭誼犯複，本作「則若性」。今本「則」字誤挩，「合於」二字涉注文而衍。呂覽爲欲篇「湛於俗也，久湛而不去，則若性」，即此文所本。文子道原篇「久湛於俗即易，易而忘其本，即合於若性」，下德篇「久湛於物，即忘其本，即合於若性」，辭雖兩「合於」，字亦誤衍，而兩「即」字足以證此文本有「則」字也。故日月欲明，浮雲蓋之；河水欲清，沙石濊之；○莊逵吉云：太平御覽作「沙壤穢之」。

〇寧案：說文：「濊，水多皃」。此假爲「穢」。玉篇：「穢，不淨也，通薉。」石無害於水清，「沙壤」於義爲長。人性欲平，嗜欲害之。惟聖人能遺物而反己。夫乘舟而惑者，不知東西，見斗極則寤矣；〇劉文典云：文選應休璉與從弟君苗君胄書注引作「見斗極則曉然而寤矣」。〇寧案：文選注引「曉然而」三字疑非本文。精神篇云：「得茠越下，則脫然而喜矣。」泰族篇云：「見零雨則快然而笑」，「從冥冥見昭昭猶尚肆然而喜」，「見日月光曠然而樂」。文選注蓋與彼文相亂而衍。繆稱篇云：「照惑者以東爲西，惑也，見日而寤矣。」文與此同，可證。夫性，亦人之斗極也。有以自見也，則不失物之情；無以自見，則動而惑營。譬若隴西之游，愈躁愈沉。孔子謂顏回曰：「吾服汝也忘，孔子謙，自謂無知，而服回，此忘行也。〇梁玉繩云：即回忘禮樂事。詳道應篇。〇于鬯云：「忘」，承上文「忘本」之「忘」而言，故下文云：「孔子知其本也。」下三「忘」字同。或欲讀此「忘」爲「妄」，疑未然。而汝服於我也亦忘。雖然，汝雖忘乎，吾猶有不忘者存。」孔子知其本也。〇寧案：文本莊子田子方篇。「乎」下疑脫「吾」字。

夫縱欲而失性，動未嘗正也，〇寧案：「動未嘗正也」，「也」字當爲「物」。上文云：「有以自見也，則不失物之情，無以自見，則動而惑營。」此「動未嘗正物」，即失物之情也。下文云「神清意平，物乃可正」，即不失物之情也，與此反覆相明遺物反己之意。下文又云：「聽失於誹譽，而目淫於采色，而欲得事正則難矣。」曰事曰物，字異而義同。今本「也」字當是後人臆改。景宋本正作「動未嘗正物」。以治身則危，以治國則亂，以入軍則破。是故不聞道者，無以反性。故古之聖王，能得諸己，故令行禁止，名傳後世，德施四海。是故凡將舉事，必先平意清神。神清意平，物乃可正。若璽之抑埴，璽，印也。埴，泥也。正與之正，印正而封亦正。傾與之傾。○寧案：呂氏春秋適威篇：「若璽之於塗也，抑之以方則方，抑之以圜則圜。」此淮南文所本。故堯之舉舜也，決之於目；○寧案：戰國策趙策四：「昔者，堯見舜於草茅之中，席隴畝而廕庇，桑陰移而授天下。」故曰「決之於目」。桓公之取甯戚也，斷之於耳而已矣。○寧案：桓公取甯戚事見呂氏春秋舉難篇，又見本書道應篇。爲是釋術數而任耳目，其亂必甚矣。夫耳目之可以斷也，反情性也；聽失於誹譽，而目淫於采色，而欲得事正則難矣。夫載哀者聞歌聲而泣，○梁玉繩云：曲禮上釋文：「載音戴，本亦作戴。」此「載」當作「戴」。淮南書「載」、「戴」多通用。載樂者見哭者而笑。○劉文典云：羣書治要引「見」作「聞」。○寧案：歌聲哭聲，可聞而不可見，歌者哭者，可見而不可聞，且聞與見對文。羣書治要引「見」作「聞」，涉上而誤。哀可樂者，笑可哀者，○王念孫云：「哀可樂者」，「者」字因下句而衍。○劉文典云：羣書治要引此下有「何者」二字。○馬宗霍云：羣書治要引無此二句，而有「何者」二字，直承「聞哭者而笑」之下。劉文典乃謂治要所引二字在此二句下，疏也。此蓋治要以意删改，不足據。載使然也，是故貴虛。虛者，心無所載於哀樂也。○陶方琦云：羣書治要引許注：「虛者無所載於哀樂。」故水激則波興，氣亂則智昏。智昏不可以爲政，波水不可以爲平。○王念孫云：「水擊」當爲「水激」，聲之誤也。羣書治要引此正作「激」。氾論篇亦云「水激興波」。「智昏不可以爲政」，「智昏」當爲「昏智」。「昏智」與「波水」相對，謂既昏之智，不可以爲正，已波之水，不可以爲平也。今本作「智昏」者，蒙上句而誤。文子下德篇正作「昏智不可以爲正」。○寧案：道藏本、景宋本作「水擊」，故王校云然。今本不誤。文子下德篇襲此文亦作「激」。故聖王執一而勿失，萬物之情既矣，○王念孫云：「既」本作「測」，高注本作「測，盡也」。（各本脱此注，劉本有。）今本正文注文皆作「既」，後人以意改耳。羣書治要引此正作「測」。原道篇「水大不可極，深不可測」，主術篇「天道大不可極，深不可測」，吕氏春秋下賢篇「昏乎其深而不測也」，高注並云：「測，盡也。」（測與盡同義，詳見經義述聞禮記「測深厚」下。）後人但知「既」之訓爲「盡」，而不知「測」之訓爲「盡」，遂以其所知，改其所不知，謬矣。且「測」與「服」爲韻，（「服」字古讀蒲北反，説見唐韻正。）若作「既」則失其韻矣。四夷九州服矣。夫一者至貴，無適於天下。聖人託於無適，故民命繫矣。○寧案：吕氏春秋爲欲篇：「執一者至貴也，至貴者無敵；聖王託於無敵，故民命敵焉。」此淮南文所本。適通敵。

爲仁者，必以哀樂論之，爲義者，必以取予明之。目所見不過十里，而欲偏照海内之民，哀樂弗能給也。○寧案：「之民」二字，疑涉下「萬民」而衍。「目所見不過十里，而欲偏照海内」，以視域之廣狹言；「無天下之委財，而欲偏贍萬民」，以利民之多寡言。「偏照海内」，「偏贍萬民」，相對爲文，若作「海内之民」，則於義複矣。文子上仁篇作「四海之内，哀樂不能遍；竭府庫之財貨，不足以贍萬民」，亦不作「四海之民」。是其證。無天下之委財，而欲偏贍萬民，利不能足也。且喜怒哀樂，有感而自然者也。故哭之發於口，涕之出於目，○莊逵吉云：太平御覽引「目」作「鼻」，疑是。○王紹蘭云：陳風澤陂篇「涕泗滂沱」，毛傳：「自目曰涕，自鼻曰泗。」「泗」卽「洟」之借字。説文：「洟，鼻液也。」易萃上六「齎咨涕洟」，釋文引鄭「自目曰涕，自鼻曰洟」，（虞翻同。）然則目涕之義古矣。王褒僮約云「目淚下落，鼻涕長一尺」，非經訓也。莊氏疑御覽引「目」作「鼻」爲是，失之。○俞樾云：莊説非也。周易萃上六「齎咨涕洟」，釋文引鄭注曰：「自目曰涕，自鼻曰洟。」然則涕出乎目，非出乎鼻，不得據御覽之誤字，以改淮南之不誤者也。○寧案：太平御覽引「鼻」蓋誤字也。說文「涕，泣也」。「洟，鼻液也」。太平御覽四百八十八引說文：「涕，鼻液也。」誤「洟」爲「涕」，此所以引此文之誤「目」爲「鼻」也。藝文類聚八十引作目不作鼻。此皆憤於中而形於外者也。譬若水之下流，煙之上尋也，○劉文典云：「尋」讀爲「覃」，（古侵、覃通爲一韻。）即古「燂」字。說文火部：「燂，火熱也。」字亦作「燖」。又與「燅」通。儀禮有司徹「乃燅尸俎」，鄭注：「燅，温也。」古文「燅」皆作「燖」，記或作「燖」。（左哀十二年傳「若可尋也」，此注引作「燖」。）天文篇「火上蕁」，高注：「蕁讀葛覃之覃。」亦叚爲「燂」。○寧案：王引之云：「煙」當爲「熛」字之誤。說在覽冥篇「旱雲煙火」句下，劉文典、楊樹達已駁之矣。藝文類聚火部引此作「煙之上尋」，王不以證此文之不誤，反以爲蓋此字之誤已久，亦千慮之一失矣。夫有孰推之者？故強哭者雖病不哀，強親者雖笑不和，○寧案：莊子漁父篇「故強哭者，雖悲不哀，強怒者，雖嚴不威，強親者，雖笑不和；真悲無聲而哀，真怒未發而威，真親未笑而和；真在內者，神動於外」。此淮南文所本。情發於中而聲應於外。故釐負羈之壺餐，愈於晉獻公之垂棘；獻公以垂棘滅虞、虢。○楊樹達云：「餐」當爲「飧」，字之誤也。○寧案：壺飧事見左傳僖公二十三年。垂棘事見左傳僖公二年。趙宣孟之束脯，賢於智伯之大鐘。智伯以大鐘滅仇由。○寧案：束脯事見呂氏春秋報更篇。大鐘事見戰國策西周策、韓非子說林篇、呂氏春秋權勳篇。故禮豐不足以效愛，而誠心可以懷遠。故公西華之養親也，若與朋友處；曾參之養親也，若事嚴主烈君，其於養，一也。公西華，孔子弟子也。與朋友處，睦而少敬。烈，酷也。曾參事親其敬多。故胡人彈骨，越人契臂，中國歃血也，所由各異，其於信，一也。胡人之盟約，置酒人頭骨中，飲以相詛。刻臂出血，殺牲歃血，相與爲信。○莊逵吉云：太平御覽引「契」作「齧」，列子釋文仍作「契」，引許注云：「契，刻臂出血也。」「歃」，御覽引作「唼」，唼，歃之別字也。○陶方琦云：今注文畧媎節，「刻臂」上應有「契」字。釋名釋書契：「契，刻也。」爾雅：「契，絶也。」郭注：「今江東以刻斷物爲契斷。」○楊樹達云：許注云：「胡人之盟約，置酒人頭骨中，飲以相詛。」樹達案：漢書匈奴傳記呼韓邪單于以老上單于所破月氏王頭爲飲器，與漢使韓昌、張猛共飲血盟，是其事也。○寧案：注，陶謂「刻臂」上應有「契」字，非是。道藏本、中立本、景宋本注文皆分置於三句之下，「刻臂出血」在「越人契臂」下，文義自明。今本列子湯問篇引許注云：「剋臂出血也。」無「契」字。三苗髽首，羌人括領，中國冠笄，越人劗鬋，其於服，一也。三苗之國，在彭蠡洞庭之野。髽，以枲束髮也。括，結。笄，簪。鬋，斷也。○寧案：「越人劗鬋」，義不可通。道藏本、中立本、茅本、景宋本作「越人劗髮」，注亦云「鬋，斷也」。漢書嚴助傳：「越方外之地，劗髮文身之民也。」注晉灼曰：「淮南子云：越人劗髮。」引文與四本同。「劗」，張揖以爲古「翦」字，又作「鬋」。逸周書王會篇「越漚鬋髮文身」，史記趙世家曰：「夫翦髮文身，甌越之民也。」即「劗」、「鬋」、「翦」相同之證。疑正文原作「鬋髮」，故注曰：「鬋，斷也。」或書「鬋」爲「劗」，（下文「越王勾踐劗髮文身」，正作「劗髮」。）而注仍之，如四本。後人以正文無「鬋」字，與注不相應，不知「劗」即「鬋」也。誤以「髮」字乃「鬋」字形訛，遂改「髮」爲「鬋」，以就注文之異，如今本，而不知其義不可通矣。帝顓頊之法，婦人不辟男子於路者，拂於四達之衢；拂，放也。○莊逵吉云：太平御覽引「拂」作「祓」，有注云：「除其不祥。」○向宗魯云：注「扐也」當作「祓也」，「祓」誤爲「拔」，又誤爲「扐」耳。俗本改作「放也」，義不可通。御覽引正文「拂」作「祓」，或用高本所引，注亦高本也。「拂」、「祓」聲同通用。○寧案：道藏本、中立本、景宋本「拂」下有「之」字，據沾。注「放」作「扐」，「扐」同「搒」、「榜」。集韻十二庚：「搒，或作扐」，四十二宕「榜，或从手」。漢書張耳傳「吏榜笞數千」，師古曰：「榜，謂捶擊之也。」説文：「拂，過擊也。从手弗聲。」故此訓「扐」。蓋高本作「祓」，注云「除其不祥」。許本作「拂」，注云：「扐也。」今本作「放」，形近而誤。向謂「扐」爲誤字，非也。然高本於義爲長。

今之國都，男女切踦，踦，足也。○楊樹達云：管子侈靡篇云：「堯之時，一踦剕一踦屨而當死。」以踦爲足，與淮南同。「切踦」猶云「摩肩」。○寧案：吕氏春秋先識篇「男女切倚」，高注：「倚，近也。」疑此高本作倚。**肩摩於道，其於俗，一也。故四夷之禮不同，皆尊其主而愛其親，敬其兄；獫狁之俗相反，**獫狁，北胡也，其俗物與中國相反也。**皆慈其子而嚴其上。夫鳥飛成行，獸處成羣，有孰教之！故魯國服儒者之禮，行孔子之術，地削名卑，不能親近來遠。**○寧案：孟子告子下：「魯繆公之時，公儀子爲政，子柳子思爲臣，魯之削也滋甚。」即此文所本。**越王句踐劗髮文身，無皮弁搢笏之服，**皮弁，以爲爵冠也。搢，佩紟。笏，佩玉也，長三尺，抒上終葵首。**拘罷拒折之容，**拘罷，圜也。拒折，方也。○李哲明云：「拘」借爲「鉤」。漢書楊雄傳「帶鉤矩而佩衡兮」，應劭曰：「鉤，規也。矩，方也。」鉤、矩對文，與此拘、拒同例。樂記「倨中矩，句中鉤」，亦矩與鉤對文。「拘罷」之「罷」，是「環」字挩爛而誤，「環」即「旋」字。莊子達生篇「旋而蓋矩」，釋文「旋，圓也」，「拒」者，「矩」之假借。大學「絜矩之道」，古本矩作「拒」。「拘環拒折」云者，即所謂周旋中規，折旋中矩耳。○于省吾云：注「拘罷，圜也。拒折，方也」。按：「罷」無「圜」意，「罷」應讀作「盤」。古音讀「罷」如「婆」，隸歌部，盤元部，歌、元對轉。周禮典同「陂聲散」，注：「陂讀爲人短罷之罷。」按古籍罷、疲字通，不煩舉證。詩東門之枌

「市也婆娑」，說文作「市也媻娑」。文選神女賦「又婆娑乎人間」，李注：「婆娑猶盤姍也。」錢大昕論古無輕唇音，謂古讀「繁」如「鞶」，又轉「婆」音。易賁六四「賁如皤如」，釋文：「皤，董音槃，荀作波。」是均從皮從般聲通之證。「盤」，古文作「般」，「拘罷」本卽「鉤盤」。金文「鉤」作「句」，内公鐘句，内公作鑑從鐘之句，是其證也。（禮記曾子問注，「又以繩從兩旁鉤之」，釋文：「鉤本又作拘。」莊子徐無鬼「上且鉤乎君」，釋文：「鉤一作拘。」）「拒」、「矩」古字通。然則「拘罷拒折之容」，卽「鉤盤矩折之容」也。周髀算經上：「故折矩，以爲勾廣三，股修四，徑隅五，既方之外，半其一矩，環而共盤，得成三四五。」按「勾」俗「句」字。詩六月傳「夏后氏曰鉤車」，箋：「鉤，鉤般。」爾雅釋水鉤盤，郭注：「水曲如鉤流盤桓也。」是「鉤盤」乃古人成語。言其容如鉤之盤，如矩之折，「鉤盤」與「矩折」對文。鉤盤，圜也。矩折，方也。與注義正符。○楊樹達云：李讀「拘」爲「鉤」，讀「拒」爲「矩」，是也。改「罷」爲「環」，則非是。「罷」與「環」形音並遠，「環」字無緣誤作「罷」。愚謂「罷」當讀爲「椑」。考工記廬人云：「勾兵椑，刺兵摶。」段氏玉裁謂椑爲隋圜，摶爲正圜。說文木部云：「椑，圜榼也。」此皆椑訓圜之證。卑聲罷聲音近多通。說文冎部云：「⿰冎卑，别也。从冎卑聲。」讀若「罷」。淮南之以「罷」爲「椑」，猶說文之讀「⿰冎卑」爲「罷」矣。○馬宗霍云：說文句部云：「拘，止也。」手部無「拒」字。本注釋拘罷爲圜，釋拒折爲方，則「拘」蓋「鉤」之借字，「拒」蓋「矩」之借字。周禮春官巾車「金路鉤」，鄭玄注云：「故書鉤爲拘。杜子春讀爲鉤。」禮記曾子問篇「從兩旁鉤之」，陸德明釋文云：「鉤本又作拘。」左氏哀公二十五年傳「以鉤越」，釋文云：「鉤，本或作拘。」莊子徐無鬼篇「上且鉤乎」，釋文云：「鉤，亦作拘。」此「拘」通作「鉤」之證也。禮記大學篇「有絜矩之道也」，釋文云：「拒之，音矩。本亦作矩。」則陸氏所據本原作「拒」。左氏宣公十二年傳「將右拒卒」，釋文云：「拒音矩。本亦作矩。」此「拒」通作「矩」之證也。鉤者，說文訓

「曲也」引申之，則曲之使圜亦謂之鉤。儀禮鄉射禮篇「豫則鉤楹內」，鄭注云：「鉤楹，繞楹而東也。」鄭君以繞釋鉤，亦取環繞之意。矩者，榘之隸省。説文「榘」爲「巨」之或體。巨訓「規巨也，從工，象手持之」。孟子離婁篇「不以規矩不能成方員」，員卽圓之省。是規矩爲正方圓之器。圓出於規，方出於矩。「拒」既通作「矩」，故拒折連文爲方矣。漢書揚雄傳上反離騷「帶鉤矩而佩衡兮」，顏師古注引應劭曰：「鉤，規也。矩，方也。」案應以規釋鉤，是又鉤有圓義之證。罷者，説文訓「遣有辠也」。國語吴語「遠者罷而未至」，韋昭注云：「罷，歸也。」由遣歸之義引申之，則罷有還義。左氏襄公十年傳「還鄭而南」，杜預注云：「還，繞也。」漢書司馬相如傳上游獵賦「旋還乎後宮」，顏師古注引郭璞曰：「還，還繞。」杜、郭訓還爲繞，與鄭君訓鉤爲繞可以相參。「拘」既通作「鉤」，「罷」義又爲「還」，故拘罷連文爲圜矣。禮記玉藻篇：「周還中規，折還中矩。」鄭注上句云：「反行也，宜圜。」注下句云：「曲行也，宜方。」淮南本文正以拘罷拒折狀禮容，蓋卽本於玉藻耳。○寧案：李以「罷」爲「環」之誤字，楊氏已駁之矣。馬説亦迂。于讀「罷」爲「盤」，楊讀「罷」爲「椑」，皆可通。

然而勝夫差於五湖，南面而霸天下，泗上十二諸侯，皆率九夷以朝。○胡鳴玉云：史天官書，太微宮垣有「匡衛十二星」，註正義云：「十二諸侯之府也。」乃知天有十二次，日月之所躔也；地有十二州，王侯之所國也。舉十二州以該天下之諸侯，非謂十二國也。胡、貉、匈奴之國，縱體拖髮，拖，縱也。箕倨反言，而國不亡者，未必無禮也。楚莊王裾衣博袍，裾，裒也。衣，裾也。○吴承仕云：裾不得訓裒，衣是大名，不得訓裾，亦不煩釋之也。疑當作「裾衣，褒衣也」。釋名：「裾，倨也。」居聲之字，亦有大義，故釋裾爲褒。晏子春秋有「執一浩裾，浩裾自順」之語，並假「裾」爲「倨」，是其證。「裾衣」與「博袍」，對文同義。古書「裒」「褒」多互錯，故致譌。文又倒亂，遂不可通。○寧案：上舉越王勾踐與胡、貉、匈奴，下舉晉文公，皆非以孤句概其禮俗；此「裾衣博袍」上疑脱「通梁組纓」四字。太平御覽六百八十五引「楚莊王通梁組纓」，即此文也。又引高誘曰：「通梁，遠遊冠。」乃高注佚文。墨子公孟篇：「昔者楚莊王鮮冠組纓，絳衣博袍，以治其國，其國治。」即此文所本。文雖畧異，可爲敓誤之證。令行乎天下，遂霸諸侯。晉文君大布之衣，大布，粗布也。牂羊之裘，韋以帶劍，威立於海内。○寧案：「君」字當作「公」，字之誤也。墨子公孟篇：「昔者，晉文公大布之衣，牂羊之裘，韋以帶劍，以治其國，其國治。」又兼愛中篇：「昔者，晉文公好士之惡衣，故文公之臣，皆牂羊之裘，韋以帶劍，練帛之冠，入以見於君，出以踐朝。」又兼愛下篇：「昔者，晉文公好苴服，當文公之時，晉國之士，大布之衣，牂羊之裘，練帛之冠，且苴之屨，入見文公，出以踐之朝。」即此文所本，皆作晉文公。豈必鄒、魯之禮之謂禮乎！鄒，孟軻邑。魯，孔子邑。是故入其國者從其俗，入其家者避其諱，不犯禁而入，不忤逆而進，雖之夷狄徒倮之國，徒倮，不衣也。○俞樾云：廣雅釋詁：「徒，袒也。」徒倮猶袒倮，徒與袒一聲之轉。吕氏春秋異用篇「非徒網鳥也」，高注曰：「徒猶但也。」「袒」與「但」同。結軌乎遠方之外，而無所困矣。

禮者，實之文也。仁者，恩之效也。故禮因人情而爲之節文，而仁發恲以見容。恲，色也。○于省吾云：「恲」與「迸」通。文選海賦「海水迸集」注，字書曰：「迸，散也。」「發恲」乃謰語，散與發義相因。此言而仁發散以見容也。○楊樹達云：説文云：「艵，縹色也，从色并聲。」楚辭遠遊云「玉色頩以脕顔兮」，王注謂光澤鮮好。文選宋玉神女賦云「頩薄怒以自持兮」，善注引方言云：「頩，怒色青貌。」今方言無此文。「恲」「頩」皆與「艵」同。仁發恲見容，謂仁心見乎容色。○馬宗霍云：說文無「㤨」字。玉篇心部、廣韻十二庚有之，皆訓「滿也」。集韻十二庚云：「㤨，忼慨也。一曰：志懣。」案說文心部：「忼慨，壯士不得志也。」「懣，煩也。」「悶，懣也。」煩悶與不得志之意相近。則玉篇、廣韻訓「㤨」爲「滿」，卽「懣」之假借字。本文注以「色」釋「㤨」，當亦爲忼慨之色。仁者必有勇，故忼慨之色見於面矣。楚辭東方朔七諫怨世篇「思比干之㤨㤨兮」，王逸注云：「㤨㤨，忠直之貌。」亦仁容之一端也。洪興祖楚辭補注亦訓㤨爲忼慨以申叔師之注。○寧案：從楊、馬說。禮不過實，仁不溢恩也，治世之道也。夫三年之喪，是强人所不及也，而以僞輔情也；三月之服，是絶哀而迫切之性也。三月之服，夏后氏之禮。○楊樹達云：宋書禮志引尸子云：「禹治水，爲喪法曰：使死於陵者葬於陵，死於澤者葬於澤，桐棺三寸，制喪三月。」與注云「夏后氏之禮」說合。○寧案：宋書樂志引尸子作「制喪三日」，後漢書王符傳注引同。楊失檢。韓非子顯學篇云：「墨者之葬也，冬日冬服，夏日夏服，桐棺三寸，服喪三月。」墨子公孟篇亦作「三日之喪」。夫儒墨不原人情之終始，而務以行相反之制，五縗之服。五縗，謂三年、朞年，九月、五月、三月服也。○寧案：注，道藏本、中立本、茅本、景宋本「朞」下無「年」字，事物紀原九引同，當據刪。儀禮喪服：「同居則服齊衰期。」期卽齊衰期年之服之簡稱。悲哀抱於情，葬薶稱於養，不强人之所不能爲，不絶人之所能已，○陳觀樓云：「能已」上亦當有「不」字。文子上仁篇正作「不絶人所不能已」。度量不失於適，誹譽無所由生。古者，非不知繁升降槃還之禮也，蹀采齊、肆夏之容也，采齊、肆夏，皆樂名也。以爲曠日煩民而無所用，故制禮足以佐實喻意而已矣。古者，○寧案「矣古者」三字疑衍，下文「制樂足以合歡宣意而已」，「葬薶足以收斂蓋藏而已」，均無「矣」字。且語氣已足。此應與一律。上文「古者非不知繁升降槃還之禮也」，「古者」二字實統下三事，若每事皆言「古者」，文則累矣。下文「非不能竭國麋民」上無二字。是其證。非不能陳鐘鼓、盛筦簫、揚干戚、奮羽旄，以爲費財亂政，制樂足以合歡宣意而已，喜不羨於音。〇向宗魯云：「喜不羨於音」五字與上下文例不合，似他處文錯入。顧廣圻云：「疑注誤入正文。」〇寧案：「制樂」上依上下文例有「故」字。文子上仁篇有「故」字。「喜不羨於音」五字，雖與上下文例不合，而文義一貫。顧疑注文誤入，然上文「制禮足以佐實喻意」，下文「葬埋足以收斂蓋藏」均不設注，何獨注此文？若謂文例不合，則下文於葬薶獨舉舜葬蒼梧、禹葬會稽二事而結之曰「明乎死生之分，通乎侈儉之適者也」，文例亦不合，而「喜不羨於音」與「通乎儉侈之適」文正相應，則五字似不可謂文例不合而以錯入目之也。宋本文子上仁篇襲此文作「故制樂足以合歡，喜不出於和」，（纘義本無「喜」字。）亦其證。非不能竭國靡民，虛府殫財，含珠鱗施，綸組節束，鱗施，玉紐也。綸，絮也。束，縛也。〇劉台拱云：續漢禮儀志「金縷玉柙」，注引漢舊儀曰：「腰以下以玉爲札，長一尺，廣二寸半，爲柙，下至足，亦縫以黃金縷。」紐，當是「柙」誤。〇向宗魯云：注，玉紐，宋本、藏本「紐」作「田」，乃「匣」之誤。「匣」與「柙」同。互詳道應篇。〇楊樹達云：呂氏春秋節喪篇云：「含珠鱗施。」高彼注云：「含珠，口實也。鱗施，施玉於死者之體如魚鱗也。」漢書霍光傳云：「光薨，賜璧珠璣玉衣。」顏注云：「漢儀注以玉爲襦，如鎧狀，連綴之，以黃金爲縷。要以下玉爲札，長尺，廣二寸半，爲甲，下至足，亦綴以黃金縷。」如高說，鱗施蓋卽漢之玉衣矣。〇于省吾云：呂氏春秋節喪「含珠鱗施」注：「鱗施，施玉於死者之體如魚鱗也。」亦足以與劉說相發。〇陳直云：禮記檀弓云：「制絞衾。」士喪禮云：「絞橫三縮一。」鄭注：「所以收束衣服爲堅急者也，以布爲之。」長沙所出軑侯妻墓，尸身用九道絲帶札束，卽本文所云「綸組節束」。追送死也，以爲窮民絕業而無益於槁骨腐肉也，故葬薶足以收斂蓋藏而已。昔舜葬蒼梧，市不變其肆；舜南巡狩，死蒼梧，葬泠道九疑山，不煩市井之所廢。○寧案：注「不煩市井之所廢」，道藏本、中立本、景宋本作「不煩於市有所廢」，皆義不可通。「於」字疑當爲「紀」。墨子節葬篇云：「舜葬南己。」呂氏春秋安死篇：「舜葬於紀市。」高注：「傳曰：『舜葬蒼梧九疑之山。』此云於紀市。九疑山下亦有紀邑。」故高注此文云：「不煩紀市有所廢」也。後人不解「紀市」，故改「紀」爲「於」，今本又改「於市」爲「市井」，改「有」爲「之」耳。禹葬會稽之山，農不易其畝；禹會羣臣于會稽，葬山陰之陽，不煩農人之田畝。○吳承仕云：注文「葬」上合有「死」字。上文注云：「舜南巡狩，死蒼梧，葬泠道九疑山。」此注奪「死」字，文義不具。明乎生死之分，通乎儉侈之適者也。亂國則不然，言與行相悖，情與貌相反，禮飾以煩，樂優以淫，○王念孫云：文子上仁篇「優」作「擾」。於義爲長。擾亦煩也。俗書「擾」字作「擾」，與「優」相似而誤。崇死以害生，久喪以招行，○楊樹達云：「招」當讀爲「翹」，舉也。招行，謂以孝行譁世。○馬宗霍云：孟子盡心篇下「又從而招之」，趙岐注云：「招，罥也。」孫奭孟子音義云：「罥音涓究切，謂羂其足也。」如趙、孫之訓，則本文招行猶罥行，罥行猶羂行也。行謂行事，久喪則廢事。羂行正墨子節葬篇所謂「計久喪爲久禁從事者也」，故曰「久喪以招行」矣。焦循孟子正義謂「趙氏以罥釋招，未詳所本。」余按說文糸部云：「紹，繼也。一曰紹，緊糾也。」緊相糾纏，與羂禁意同。然則「招」之訓「罥」，蓋讀「招」爲「紹」，招、紹同從召聲，故得通假。劉家立淮南集證「招行」作「損行」，未言所據，蓋不得「招」字之解而擅易之，非也。○寧案：「招」當讀爲「昭」。張衡東京賦「招有道於仄陋」，薛綜曰：「招，明也。」李善引尚書曰：「明明揚側陋。」又莊子駢拇篇「有虞氏招仁義以撓天下」，亦明著之義。是「招」字古通作「昭」。楚辭大招

「昭質既設」，王引之曰：「昭讀爲招，招質謂射埻的也。」左傳楚康王昭，史記楚世家作「招」，史記建元以來王子侯者表劇魁侯昭，漢表作「招」，是其證。久喪以招行，謂以久喪顯示其孝行也。楊說亦可通。主術篇高注：「招，舉也。」馬氏曲説不可從，集證無據改字，尤謬。是以風俗濁於世，而誹譽萌於朝，○于鬯云：「萌」字似非義，疑「朋」字之誤。誹譽朋於朝者，言誹者譽者黨聚於朝也。文子上仁篇作「非譽萃於朝。」○寧案：于説非是。上文云：「及至禮義之生，貨財之貴，而詐僞萌興，非譽相紛。」「萌興」與「相紛」，其義一也。此言誹譽萌於朝，即誹譽萌興於朝，文正相應。又上文云：「度量不失於適，誹譽無所由生」，此則謂「禮飾以煩，樂優以淫」，度量失於適，則誹譽萌於朝。萌亦生也，其義不誤。是故聖人廢而不用也。

義者，循理而行宜也；禮者，體情制文者也。義者宜也，禮者體也。○王引之云：上二句即是訓「義」爲「宜」，訓「禮」爲「體」，不須更云「義者宜也，禮者體也」矣。疑後人取中庸、禮器之文記於旁，而寫者因誤入正文也。○于鬯云：此更明其聲訓以起下文也。上文云「義者循理而行宜也，禮者體情制文者也」，義訓中兼備聲訓，而聲訓猶不明，故復伸之云：「義者宜也，禮者體也。」下文因有知義不知宜，知禮不知體之説，此二句實不可少。王襍志謂「上二句即是訓義爲宜，訓禮爲體，不須更云，疑後人取中庸禮器之文記於旁而寫者誤入正文」，其説非也。○劉文典云：御覽五百二十三引「體情」下有「而」字。昔有扈氏爲義而亡，有扈，夏啟之庶兄也。以堯、舜舉賢，啟獨與子，故伐啟。啟亡之。知義而不知宜也。魯治禮而削，知禮而不知體也。有虞氏之祀，○王念孫云：「有虞氏之祀」，「祀」當爲「禮」，此涉下文「祀中霤」而誤也。有虞氏之禮，總下三事而言，不專指祭祀。下文「夏后氏之禮」（今本脱「之禮」二字，據下文補。）「殷人之禮」「周人之禮」，皆其證。○于鬯云：「祀」蓋「礼」字形近而誤。「礼」即「禮」字古文。因是知上下文諸「禮」字，淮南原本當皆作「礼」。此字若不誤爲「祀」，後人亦必改從「禮」矣。其社用土，封土爲社。祀中霤，○向宗魯云：「祀中霤」，依下，注亦當有「仲夏祭先中霤，有虞土德也」十一字。葬成畝，田畝而葬。○向宗魯云：葬成畝，疑即墨子所謂「壟若參耕之畝」。（節葬下兩見。）又荀子正論篇：「葬田不妨田。」其樂咸池、承雲、九韶，舜兼用黄帝樂。九韶，舜所作也。其服尚黄。舜土德也。○寧案：依上下文注例，「舜土德也」四字當在「祀中霤」下，文作「季夏祭先中霤，舜土德也」。此注當云「土德故尚黄」，而今本敓之也。道藏本、中立本、茅本、景宋本作「舜土德也，故尚黄」。「舜土德也」四字誤入，敓「土德」二字，蓋兩「土德」相亂而誤。向宗魯誤「季夏」爲「仲夏」，「舜」字又誤作「有虞」，時則篇云「季夏之月，其祀中霤」是也。夏后氏其社用松，所樹之木，皆所生地之所宜也。祀户，春祭先户，夏木德也。葬牆置翣，翣，棺衣飾也。○向宗魯云：檀弓：「有虞氏瓦棺，夏后氏堲周，殷人棺槨，周人牆置翣」，此以牆置翣爲夏，訓似誤。○楊樹達云：禮記檀弓上篇云：「周人牆置翣。」此云夏禮，與彼違異。然氾論篇又云「周人牆置翣」，知淮南左右采獲，故不免自相剌謬也。其樂夏籥九成、六佾、六列、六英，九成，變也。六列，六六爲行列也。六英，禹兼用顓頊之樂也。○吴承仕云：文當作「九成，九變也」。吕氏春秋古樂篇「命皋陶作爲夏籥九成」，注云：「九成，九變。」是其比。其服尚青。木德，故尚青也。殷人之禮，其社用石，以石爲社主也。祀門，秋祭先門，殷金德也。葬樹松，其樂大濩、晨露，大濩、晨露，湯所作樂。其服尚白，金德，故尚白也。周人之禮，其社用栗，祀竈，夏祭先竈，周火德也。鄒子曰：「五德之次，從所不勝。」故虞土，夏木。○向宗魯云：案此篇所言五德之次，皆用鄒子從所不勝之説。吕氏應同篇亦然。○寧案：文選沈休文安陸昭王碑文注引鄒子曰：「五德從所不勝，虞土、夏木、殷金、周火。」今本脱「殷金、周火」四字。道藏本、中立本、景宋本皆不脱。葬樹柏，其樂大武、三象、棘下，三象，棘下，武象樂也。○寧案：正文言大武，而注不及大武，正文無武象，而注言武象，（原道篇高注：「武象，周武王樂。」）無以據正。新編諸子集成本劉文典集解點校者以爲「武象」當作「武王」，然吕氏春秋古樂篇高注以爲三象乃武王時周公所作，非武王樂也。存疑以待。其服尚赤。火德，故尚赤也。禮樂相詭，服制相反，○寧案：後漢書班固傳「殊形詭制」，李注：「詭，異也。」然而皆不失親疎之恩，上下之倫，今握一君之法籍，以非傳代之俗，譬由膠柱而調瑟也。故明王制禮義而爲衣，分節行而爲帶，衣足以覆形，從典、墳，虚循撓，便身體，適行步，○馬宗霍云：本文惟「便身體，適行步」二句與衣有關。上文云：「故明主制禮義而爲衣，分節行而爲帶。」疑「從典、墳，虚循撓」二句當在彼下。「典、墳」即謂三墳、五典，禮義節行，皆典、墳之所載也。「循撓」者，遵而行之之意。「虚」之爲言「閒」也。蓋典、墳爲先王之法籍，但可閒取，不可盡從，故又曰虚循撓耳。若盡從之，又上文所謂膠柱而調瑟矣。訓虚爲閒，見爾雅釋詁。○蔣禮鴻云：「虚循撓」乃「處煩撓」之誤。下文曰：「詆文者，處煩撓以爲慧」，是其證。「從典、墳，處煩撓」六字，乃非毁儒者之詞，與上下文義不屬，明爲錯簡，特不知其原處耳。○寧案：蔣謂「典、墳」二句爲錯簡，似是也。疑在「今握一君之法籍」句下，謂握一君之法籍，上託典、墳以自重，爲虚言以非傳代之俗，故曰虚循撓耳。又案：「明王」當爲「明主」，字之誤也。下文「明主不以求於下」、「明主弗任而求之乎浣準」，皆其證。道藏本、中立本、景宋本正作「明主」。不務於奇麗之容，隅眥之削；○洪頤煊云：「眥」當爲「呰」。本經訓「衣無隅差之削」，高注：「隅，角也。差，邪也。」「呰」、「差」聲相近。晏子春秋諫下篇「衣不務於隅肶之削」，「肶」即「眥」之譌字。〇寧案：「眥」疑「呰」字之譌。漢書地理志「呰窳偷生」，師古曰：「呰，短也。」史記貨殖傳作「呰窳」。方言「呰，矲短也，江、湘之會謂之呰。凡物生而不長大亦謂之呰。」與本經訓「差，邪」之訓義同。王念孫云：「隅眥」即「隅差」，即「偶䁖」，説在原道。

帶足以結紐收衽，束牢連固，不亟於爲文句疏短之鞵。〇孫詒讓云：「短」疑當爲「矩」。文句者，圜文也。（説文句部云：「勾，曲也。」）疏矩者，方文也。「鞵」字疑誤。説文革部云：「鞵，革生鞮也。」此上文並説帶，不宜忽及鞮屨，此必有譌捝也。〇寧案：孫説似是也。此與上文「拘罷矩折之容」相應。「鞵」字疑「韇」字形誤。説文：「韇，韋繡也。」故制禮義，行至德，而不拘於儒、墨。

所謂明者，非謂其見彼也，自見而已；所謂聰者，非謂聞彼也，自聞而已；〇楊樹達云：莊子駢拇篇云：「吾所謂聰者，非謂其聞彼也，自聞而已矣；吾所謂明者，非謂其見彼也，自見而已矣。」此淮南文所本。所謂達者，非謂知彼也，自知而已。是故身者，道之所託，身得則道得矣。道之得也，以視則明，以聽則聰，以言則公，以行則從。故聖人財制物也，〇寧案：財通裁。繆稱篇「度技能而裁使之」，許注：「裁，制也，度其伎能而裁制使之。」財制即裁制。要畧篇「財制禮義之宜」同。易泰象「后以財成天地之道」，釋文：「荀作裁。」猶工匠之斲削鑿枘也，〇寧案：道藏本、景宋本「枘」作「芮」，假字也。宰庖之切割分別也，曲得其宜而不折傷。拙工則不然，大則塞而不入，小則窕而不周，動於心，枝於手，而愈醜。夫聖人之斲削物也，剖之判之，離之散之；已淫已失，復揆以一；既出其根，復歸其門；已雕已琢，還反於樸。〇寧案：道藏本、景宋本「還」作「遂」。王念孫校作「還」。莊子山木篇「既彫既琢，復歸於樸」，韓非子外儲説左「既彫既琢，還歸其樸」，皆淮南所本。合而爲道德，離而爲儀表，其轉入玄冥，其散應無形，禮義節行，又何以窮至治之本哉！世之明事者，多離道德之本，曰「禮義足以治天下」，此未可與言術也。所謂禮義者，五帝三王之法籍、風俗，一世之迹也。譬若芻狗土龍之始成，芻狗，束芻爲狗以謝過求福。土龍，以請雨。○陶方琦云：意林引許注：「芻狗事以謝過，土龍事以請雨。」○寧案：意林引正文作「芻狗土龍始成，則衣以綺繡，及其用畢，則棄之土壤。」當是約引。文以青黄，絹以綺繡，○俞樾云：「絹」當爲「羂」。漢書司馬相如傳「羂要褭」，師古注曰：「羂，謂羅繫之也。」文選上林賦李善注引聲類曰：「羂，係取也。」羂以綺繡，謂以綺繡繫之。作絹者，省不從网耳。太平御覽皇王部引作「飾以綺繡」，殆由不得其義而臆改也。○楊樹達云：俞氏臆説，絶無理致，非也。愚謂「絹」當讀爲「緣」，絹以綺繡，謂以綺繡緣之也。絹、緣音近，故通用耳。劉家立集證不知俞説之謬，改「絹」爲「羂」以從之，謬矣。○馬宗霍云：俞説云云。余案説文网部無「羂」有「羉」。玄應一切經音義卷十大莊嚴經論第二卷羂弶條引三蒼「羂作羉」，與説文合。則當以「羉」爲正體。説文羉有兩義：「网也。一曰綰也。」糸部云：「綰一曰絹也。」故「絹」與「羉」可相通借。玉篇糸部云：「綰，貫也。」廣韻二十五潸云：「綰，繫也。」聲類與小顔羂下之訓，葢用羉之第二義。然淮南本文承上文芻狗土龍來，則綺繡不可以言繫，疑當用羉之第一義，謂以綺繡网之也。网者蒙於其上，猶言被以綺繡也。意林引作「衣以綺繡」，衣與被義同。是則本文「絹」爲「羉」之借字，唐人已知之，故從「羉」義而以「衣」字易之也。劉文典淮南集解以意林所引爲上句「文以青黄」之異文，而又改意林「綺繡」爲「文繡」，殊失檢。○寧案：楊説是也。大藏音義五十二：「蜎，一全反。或作蠉。」六十五同。又五十七：「蝝，悦全反。公羊傳：蝝卽蠉也。」絹、蜎皆從肙聲，緣、蝝皆從彖聲，是「絹」「緣」之可相通，猶「蜎」「蝝」之可相通也。唐本玉篇糸部引作「絹」，乃「絹」之誤字。馬宗霍不知俞説之非，辭費矣。**纏以朱絲，尸祝袀袨，**袀，純服。袨，墨齋衣也。○陶方琦云：今注「袨，墨齋衣也」，大藏音義引作「黑衣也」，當從之。「袀袨」，儀禮皆作「袀玄」。蔡邕獨斷：「祠宗廟則長冠袀玄。」説文：「黑而有赤色者爲玄。」又「袗」字下云：「玄服也。」「袗」即「袀」字。「袨」本作「玄」。**大夫端冕，**端冕，冠也。**以送迎之。及其已用之後，則壤土草剿而已，**○莊逵吉云：太平御覽「剿」作「芥」，「芥」正字，「剿」奇字。○王念孫云：各本「剿」下有「音出」二字，後人所加。高注皆言讀某字，無言音某者。考説文、玉篇、廣韻、集韻皆無「剿」字，或音出，或以爲「芥」之奇字，皆不知何據。余謂剿者，「薊」之壞字也。草薊即草芥。史記賈生傳「細故慸薊兮」，索隱曰：「薊音介。」漢書作「慸芥」。是「芥」、「薊」古字通，故此作「薊」，御覽作「草芥」也。○寧案：疑「剿」乃「蒯」字形誤。剿蒯形近。「蒯」，説文作「𦸗」，「艸也」。左傳成公九年：「雖有絲麻，無棄菅蒯。」孔疏引毛詩疏曰：「蒯與菅連，亦菅之類。」鶡冠子世兵篇「細故袃蒯」，陸注：「一本蒯作薊。蒯猶芥也。」王以爲「薊」之壞字，而蒯、剿形尤相似。**夫有孰貴之？**言棄之不貴也。○莊逵吉云：太平御覽作「誰貴之哉」。

故當舜之時，有苗不服，於是舜脩政偃兵，執干戚而舞之。禹之時天下大雨，禹令民聚土積薪，擇邱陵而處之。○王念孫云：「天下大雨」，「雨」本作「水」，此後人妄改之也。唯天下大水，是以令民聚土積薪而處邱陵，若作大雨則非其指矣。後人改「水」爲「雨」者，以與「舞」、「處」二字爲韻耳。不知此文但以舞、處爲韻，餘皆不入韻也。要略正作「禹之時天下大水。」**武王伐紂，載尸而行，**武王伐紂，伯夷曰：「父死未葬，爰及干戈，可謂孝乎？」**海内未定，故不爲三年之喪始。**言始廢于武王也。**禹遭洪水之患，陂塘之事，故朝死而**

暮葬。〇王念孫云：（各本「有」作「遺」，乃後人以意改之。文選海賦注、應休璉與從弟君苗君胄書注、太平御覽禮儀部三十四引並作「有」。）道藏本「不爲三年之喪始」下注云：「三年之喪於武王。」案「故不爲三年之喪始」，當作「故爲三年之喪」。高注當作「三年之喪始於武王」。藏本「始」字誤入正文，正文「爲三年之喪」上又衍「不」字，則正文、注文皆不可讀矣。且上文以舞、處爲韻，此以行、喪、葬爲韻，若喪下有「始」字則失其韻矣。此言武王爲三年之喪，而禹則朝死暮葬，與武王不同，非謂武王不爲三年之喪也。下文云：「脩干戚而笑钁插，知三年而非一日。」（今本「非」上脱「而」字，據上句補。）「干戚」二字，承上文舜舞干戚而言，「钁插」二字，承禹令民聚土而言，「一日」二字，承禹朝死暮葬而言，「三年」二字，則承武王爲三年之喪而言，若云不爲三年之喪，則與下文相反矣。要畧云：「武王誓師牧野，以踐天子之位。天下未定，海内未輯，武王欲昭文王之令德，使夷狄各以其賄來貢，遼遠未能至，故治三年之喪，殯文王於兩楹之間，以俟遠方。」彼言武王治三年之喪，正與此同。若云不爲三年之喪，則又與要畧相反矣。道應篇述武王之事亦云「爲三年之喪，令類不蕃」。以上三篇，皆謂武王始爲三年之喪，故高注云「三年之喪，始於武王也。」藏本作「三年之喪於武王」者，「始」字誤入正文耳。劉續不知是正，又改注文爲「三年之喪於武王廢」，朱本又改爲「言始廢於武王也」，皆由正文誤作「不爲三年之喪」，故又改注文以從之耳。〇寧案：王説是也。景宋本正文作「故不爲三年之喪」，衍「不」字，而句末無「始」字。注正作「三年之喪始於武王」。又案：太平御覽五百五十五引「陂塘之事」下有注云：「陂，蓄水塘池也。」蓋高注佚文。文選海賦注引「禹有洪水之患，陂塘之事。高誘曰：陂，畜也。塘，堤也。」是其證。（兩引皆文有敚誤。太平御覽引「蓄水」下奪「也」字，「池」當爲「堤」。文選引「畜」下敚「水」字。可互校。禮月令「毋漉陂池」，注：「蓄水曰陂。」）此皆聖人之所以應時耦變，見形而施宜者也。○劉文典云：御覽五百五十五引作「此皆聖人之所以應時設教，見而施宜者也。」○寧案：御覽引當是許、高之異，以引高注知之。「見」下敚「形」字。今之脩干戚而笑钁插，钁，斫屬。○陶方琦云：今注「钁，斫屬也」，當依大藏音義作「斵也」。精神篇「揭钁臿」，高注：「钁，斫也。」今注「斫屬」即「斵」字之壞文，或後人見精神篇高注而順改之。知三年非一日，○寧案：王念孫「非」上補「而」字，是也。景宋本有「而」字。是從牛非馬，以徵笑羽也。以此應化，無以異於彈一絃而會棘下。棘下，樂名。一絃會之，不可成也。夫以一世之變，欲以耦化應時，譬猶冬被葛而夏被裘。夫一儀不可以百發，儀，弩招頗也。射百發，遠近不可皆以一儀也。○蔣禮鴻云：注「招頗」當作「招質」。宋本「頗」作「頭」，亦非。楚辭大招「昭質既設，大侯張只」，王引之曰：「昭讀爲招，招質謂射埻的也。（「埻」通作「準」。）呂氏春秋本生篇曰：『萬人操弓，共射一招。』高注曰：『招，埻的也。』小雅賓之初筵篇『發彼有的』，毛傳曰：『的，質也。』荀子勸學篇曰：『質的張而弓矢至焉。』是埻的謂之質，又謂之招，合言之則曰招質。魏策曰：『今我講難於秦，兵爲招質。』（謂以趙兵爲秦之招質也。）是其明證也。」射埻的謂之招質，亦謂之儀，亦謂之儀的。韓非子外儲説左上篇曰：「新砥礪殺矢，彀弩而射，雖冥而妄發，其端未嘗不中秋毫也。然而莫能復其處，不可謂善射，無常儀的也。設五寸之的，引十步之遠，非羿、逢蒙不能必全者，有常儀的也。」是也。故許以招質訓儀。○陳直云：招頗蓋即弩機上裝之標尺，亦名望山。○寧案：蔣謂「招頗」當作「招質」，釋儀爲射埻的，非是。説山篇注：「儀，射法。」故兵畧篇曰：「儀度不得，則格的不中。」泰族篇曰：「射者數發不中，教之以儀則喜矣。」故儀乃所以中的而非的，故曰「儀必應乎高下」也。陳説是也。顏字不當臆改。一衣不可以出歲。○楊樹達云：「出」字無義，疑「市」字之誤。儀必應乎高下，衣必適乎寒暑。是故世異則事變，時移則俗易。故聖人論世而立法，隨時而舉事。尚古之王，封於泰山，禪於梁父，七十餘聖，法度不同，非務相反也，時世異也。是故不法其已成之法，而法其所以爲法；所以爲法者，與化推移者也。夫能與化推移爲人者，至貴在焉耳。○王念孫云：「夫能與化推移者」，乃復舉上文之詞，「推移」下不當有「爲人」二字，蓋涉下文「與造化爲人」而衍。故狐梁之歌可隨也，其所以歌者不可爲也；○孫志祖云：「狐梁」無注，或疑卽「有狐綏綏，在彼淇梁」之詩。案蜀志郤正傳「瓠梁託絃以流聲」，注引淮南子「瓠巴鼓瑟而鱏魚聽之」，（今本説山訓作「淫魚出聽」。）又引此文作「瓠梁之歌」，蓋「瓠」與「狐」通也，與衛詩無涉。梁曜北云：「梁字何解？豈巴又名梁耶？」○劉文典云：孫説是也。北堂書鈔一百六歌篇二引「狐」正作「瓠」，又引注云：「瓠梁，善歌之人也。」藝文類聚四十三引注「善歌」上多一「古」字，餘同。皆足證孫説。○向宗魯云：據蜀志則瓠梁自是人名。書鈔、類聚所引注，今本無之，乃高注也。御覽五百七十三引古樂志載古之善歌者有瓠梁，注云見淮南子。聖人之法可觀也，其所以作法不可原也；○于省吾云：「原」古「諒」字。廣雅釋詁：「諒，度也。」辯士言可聽也，其所以言不可形也；湻均之劍不可愛也，而歐冶之巧可貴也。○楊樹達云：「辯士言」，集證本「言」上有「之」字，是也。「湻均之劍」二句與上文四句不類，疑「不可愛」之「不」字，當在下句「巧」字下，而「貴」字爲誤文。○蔣禮鴻云：「辯士」下脱「之」字。又湻均之劍，不得云不可愛。此當云：「湻均之劍可貴也，而歐冶之巧不可受也。」「不可受」與「可貴」互錯，「受」又誤作「愛」，則句法與上相左，而義亦不可通矣。○寧案：「湻均」二句，楊説蔣説非也，二句乃總上之詞，蓋謂「可隨」「可觀」「可聽」者，雖出自狐梁、聖人、辯士，美若湻均之劍而不可愛也，其「所以歌」「所以作法」「所以言」，乃歐冶之巧，真可貴者也。上文曰「不法其已成之法，而法其所以爲法；所以爲法者，與化推移者也。夫能與化推移者，至貴在焉耳。」其「可隨」「可觀」「可聽」者，乃已成之法，其「不可爲」「不可原」「不可形」者，乃所以爲法。貴不在已成之法，而在所以爲法，故不愛湻均而貴歐冶之巧。此「貴」字正承上「至貴在焉耳」言之，非誤字也。道應篇輪扁曰：「不甘不苦，應於手，厭於心，而可以至妙者，臣不能以教臣之子，而臣之子亦不能得之於臣。」故輪扁以聖人之書爲聖人之糟粕，亦即此所謂湻均之劍不可愛。故下文云：「得十利劍，不若得歐冶之巧，得百走馬，不若得伯樂之數。」正與此文相應。楊、蔣皆誤以爲二句與上三事竝列，似於義未達。

今夫王喬、赤誦子，吹嘔呼吸，○寧案集韻：「嘔同呴。」老子第二十九章「或呴或吹」，河上公注：「呴，温也。吹，寒也。」漢書王褒傳「呴嘘呼吸如僑、松」，師古曰：「呴，開口出氣也。音許于反。」文本莊子刻意篇。吐故內新，遺形去智，抱素反真，以游玄眇，上通雲天。今欲學其道，不得其養氣處神，而放其一吐一吸，時詘時伸，其不能乘雲升假亦明矣。王喬，蜀武陽人也，爲柏人令，得道而仙。赤誦子，上谷人也，病癘入山，導引輕舉。假，上也。○莊逵吉云：俗本「赤誦」作「赤松」，葢誤改之。古字「誦」與「松」同聲通用。五帝三王，輕天下，細萬物，齊死生，同變化，抱大聖之心，以鏡萬物之情，上與神明爲友，下與造化爲人。今欲學其道，不得其清明玄聖，而守其法籍憲令，不能爲治亦明矣。故曰：「得十利劍，不若得歐冶之巧，得百走馬，不若得伯樂之數。」○寧案：呂氏春秋贊能篇：「得十良馬，不若得一伯樂，得十良劍，不若得一歐冶。」此淮南所本。

樸至大者無形狀，道至眇者無度量，故天之圓也不得規，地之方也不得矩。○俞樾云：兩

「得」字皆當爲「中」。周官師氏「掌國中失之事」，故書「中」爲「得」，是其例也。文子自然篇正作「天圓不中規，地方不中矩。」○寧案：俞說是也。景宋本兩「得」字正作「中」。往古來今謂之宙，四方上下謂之宇，○寧案：莊子齊物論釋文引尸子：「天地四方曰宇，往古來今曰宙。」道在其閒，而莫知其所。故其見不遠者，不可與語大；其智不閎者，不可與論至。昔者，馮夷得道以潛大川，馮夷，河伯也，華陰潼鄉隄首里人。服八石得水仙。○寧案：「夷」當作「遲」，蓋高本作「夷」，許本作「遲」也。原道篇高注：「夷一作遲。」文選七發注引許注：「馮遲太白，河伯也。」與此注合。鉗且得道以處昆侖，鉗且得仙道，升居崑崙山。○莊逵吉云：莊子大宗師篇「堪坏襲昆侖」，陸德明釋文云：「堪坏神人，人面獸形，淮南作欽負。」是唐本鉗且作欽負也，字形近，故誤耳。程文學據山海經云：『是與欽鴀殺祖江于昆侖之陽』，後漢書注引作『欽駓』，古駓鴀本一字。」錢別駕云：「古丕與負通，故尚書『丕子之責』，史記作『負』。」子「丕」與「負」通，因之從「丕」之字，亦與「負」通也。「堪」、「欽」亦同聲。○王念孫云：程、錢、莊說皆是。扁鵲以治病，扁鵲，盧人，姓秦名越人，趙簡子時人。○寧案：史記扁鵲傳「扁鵲者，勃海郡鄭人也。」集解引徐廣曰：「鄭當爲鄚。鄚，縣名，今屬河閒。」正義引黄帝八十一難序云：「又家於盧國，因命之曰盧醫也。」又曰：「號盧醫，今濟州盧縣。」造父以御馬，羿以之射，倕以之斲，倕，堯時巧工也。所爲者各異，而所道者一也。夫稟道以通物者，無以相非也。○寧案：意林引作「稟道通物，所爲各異，得道一也。」此「所道」疑當爲「得道」，涉上「所」字而誤。譬若同陂而溉田，其受水均也。○寧案：「均」，道藏本、中立本、茅本、景宋本作「鈞」，同。下文「其得民心均也」同。今屠牛而烹其肉，或以爲酸，或以爲甘，煎熬燎炙，齊味萬方，○王念孫云：兩「爲」

字皆後人所加。北堂書鈔酒食部四、太平御覽資産部八、飲食部二十一引此皆無兩「爲」字。「齊味」當爲「齊咊」，字之誤也。「齊」讀若「劑」。「咊」即今「和」字也，讀若甘受和之「和」。舊本北堂書鈔及太平御覽引此並作「齊和萬方」。「和」與「齊」義相近。鄭注周官鹽人云：「齊事，和五味之事。」又注少儀云：「齊謂食羹醬飲有齊和者也。」高注呂氏春秋本味篇云：「齊，和分也。」本經篇云：「煎熬焚炙，調齊和之適。」鹽鐵論通有篇云：「庖宰烹殺胎卵，煎炙齊和，窮極五味。」新序雜事篇云：「管仲善斷割之，隰朋善煎熬之，賓胥無善齊和之。」漢書藝文志云：「調百藥齊和之所宜。」皆其證也。又案「和」字説文本作「咊」，今經傳皆作「和」，從隸變也。此「咊」字若不誤爲「味」，則後人亦必改爲「和」矣。○寧案：「味」當爲「和」，王校是也。然今本北堂書鈔一百四十五引作「和齊萬方」，與王所見本異。宋本太平御覽八百六十三引作「和有萬方」，（鮑本敚「和」字。）「和有」即「和齊」之誤。（「有」字行書作「亣」，「齊」字草書作「齐」，二形相似。）豈「齊和」之誤倒歟？又王讀「齊」爲「劑」意林引正作「劑」。其本一牛之體。伐梗柟豫樟而剖梨之，剖，判。梨，分也。○馬宗霍云：説文木部云：「梨，果名。」注釋梨爲分，蓋「剺」之借字。説文刀部云：「剺，剥也，劃也。」引申之有分解之義。後漢書耿秉傳李賢注云：「梨即剺字，古通用。」是其證。或爲棺槨，或爲柱梁，披斷撥檖，披，解也。撥，析理也。檖，順也。○王念孫云：如高注，則「檖」字本作「遂」，故訓爲「順」也。今作「檖」者，因上文棺槨、柱梁等字而誤耳。茅本並注文亦改爲「檖」，而莊本從之，謬矣。○寧案：道藏本、中立本、景宋本注文作「遂」，故王校云然。所用萬方，然一木之樸也。故百家之言，指奏相反，○于省吾云：「奏」應讀作「趣」。詩綿「予曰有奔奏」，釋文：「奏，本亦作走。」書君奭傳「爲胥附奔走」，釋文：「走又作奏。」説林篇「木者走山」，注：「走讀奏記之奏。」釋名釋姿容：「走，奏也。」

「走」古亦作「趣」。詩綿「來朝走馬」，玉篇走部作「來朝趣馬」。書立政「趣馬，小尹」，金文通作「赱馬」，是其例證。然則指奏卽指趣。○寧案：指奏卽指湊，字通。原道篇「趨舍指湊」，注：「指所之也，湊所合也，指湊猶言行止也。」其合道一體也。譬若絲竹金石之會樂同也，○王念孫云：「體」字因下文「不失於體」而衍，「合道一」與「會樂同」文正相對，則「一」下不當有「體」字。下文又云「其知馬一也」，「其得民心鈞也」，皆與此文同一例。其曲家異而不失於體。伯樂、韓風、秦牙、管青，四子皆古善相馬者。○寧案：韓風、秦牙、管青見吕氏春秋觀表篇。所相各異，其知馬一也。故三皇五帝，法籍殊方，其得民心均也。故湯入夏而用其法，武王入殷而行其禮，桀、紂之所以亡，而湯、武之所以爲治。故剞劂銷鋸陳，非良工不能以制木；○寧案：本經篇「劂」作「剭」，「銷」作「削」，許、高之異也。説詳彼文「公輸王爾無所錯其剞剭削鋸」下。又案：「工」當爲「匠」，蓋「匠」字缺「斤」而誤。大藏音義二十四、六十二、六十六，太平御覽九百五十二引皆作「匠」。本經篇高注：「王爾，古之巧匠也。」是其證。鑪橐埵坊設，鑪、橐、埵，皆治具。坊，土刑也。○寧案：注「刑」當作「荆」，通「型」。説文：「型，鑄器之法也。从土荆聲。」二字多相亂。非巧治不能以治金。屠牛吐一朝解九牛，而刀可以剃毛；屠牛吐，齊之大屠。剃，截髮也。○莊逵吉云：太平御覽「吐」作「坦」，疑「垣」字之譌。○王念孫云：「刀」下當有「可」字。刀可以剃毛，賈子所謂「芒刃不頓」也。脱去「可」字則文義不明。白帖十三、太平御覽兵部七十七、資産部八引此皆有「可」字。○寧案：管子制分篇作「屠牛坦」，賈誼陳政事疏同。初學記二十二刀第三引淮南亦作「坦」，太平御覽三百四十六、八百二十八兩引同。惟韓詩外傳九第二十八章作「屠牛吐」，初學記十九引韓詩外傳作「屠門肚」，云「一作吐」，疑作「坦」是也。蜀藏本正作「坦」。莊伯鴻疑「垣」字之譌，無説。又案：道藏本、中立本、景宋本無「可」字，故王校云然。莊本有。又注「屠牛吐」三字乃明人所加。道藏本、中立本、景宋本「齊之大屠」四字在正文「屠牛吐」下，不重述三字。又大藏音義三十四引許注「鬀，截髮也」，與此合。「鬀」正字，「剃」俗字。

庖丁用刀十九年，而刀如新剖硎：

庖丁，齊屠伯也。新剖，始製也。硎，磨刀石。〇王念孫云：劉本於「剖」下增「硎」字。案：劉增是也。據高注云「硎，磨刀石」，則有「硎」字明矣。下「刀」字當作「刃」，刃、刀字相似，又涉上「刀」字而誤也。刃如新剖硎，言刀刃不頓也。莊子養生主篇「今臣之刀十九年矣，而刀刃若新發於硎」，呂氏春秋精通篇「宋之庖丁好解牛，用刀十九年而刃若新磨研」，皆其證也。太平御覽資産部八引此作「刃如新砥硎」，雖「砥」與「剖」不同，而字亦作「刃」。〇劉文典云：御覽八百二十八引注作：「庖丁，宋人。砥，磨也。」齊俗訓乃許注本，御覽所引，疑是高注。〇向宗魯云：注「齊屠伯也」，「齊」當從御覽引作「宋」，此涉上條屠牛吐而誤。許君非不讀莊子、呂覽者，劉以爲異説，非也。又莊子釋文：「硎音刑，磨石也。」崔本作形，云新所受形也。」荀子彊國篇：「剖刑而莫邪已。」楊注：「刑與形同。刑范，鑄劍規模之器。剖，開也。」案：「剖」字莊子作「發」，楊倞訓「開」，是也。「刑」卽「型」字，莊子崔本作「形」亦通。荀子「剖刑」連文，與淮南同，自當同義；而荀子下文始言砥礪，則剖刑非砥礪也。此注以硎爲磨刀石，誤。〇楊樹達云：如許注，「新剖硎」爲始製磨刀石，殊爲不辭。愚謂「硎」當讀爲「型」。説文土部云：「型，鑄器之法也。从土荆聲。」「硎」又疑是「型」之或字。刃如新剖硎，謂刃之鋒利如新自模型中剖出也。〇寧案：景宋本作「而刀如新剖硎」，注：「剖，始也。硎，磨刀也。」中立本正文同，注：「剖，始也。硎，磨刀石。」道藏本作「而刀如新剖」，注：「刑剖始石也。硎，磨刀石。」正文「刀」當作「刃」，王校是也。道藏本作「而刀如新剖」，則又「硎」誤爲「刑」，亂入注文。注當作「新，始也。硎，磨刀石。」宋本、藏本、中立本注「新」字皆以形近誤作「剖」。（「剖」無「始」義。上文「剖棃」訓「剖」爲「判」，故此不釋「剖」字。）宋本「石」字誤作「也」。藏本「始」下衍「石」字。莊本不知「剖」乃「新」字之誤，又於「剖」上加「新」字，「始」下加「製」字，（「剖」無「製」義。）妄矣。莊子郭注：「硎，砥石也。」釋文：「磨石也。」向氏謂此注「以硎爲磨刀石，誤」，其説非是。竊謂淮南文本莊子、吕氏春秋，不本荀子。荀子自作「剖刑」，「刑」與「型」同。淮南自作「剖硎」，新剖硎謂新剖於硎，即吕氏所謂「磨研」也。（吕氏春秋精通篇云：「刃若新鄜研。」陳奇猷云：「鄜研即礳研，即今字磨研。」）硎訓磨刀石不誤也。楊樹達氏亦據今本誤文爲説。**何則？游乎衆虚之閒。**衆虚之間，剖中理也。〇劉文典云：御覽八百二十八引「閒」作「門」。〇寧案：疑門字是。説文：「閒，隙也。」虚卽是隙，安得復有隙乎？若謂虚與虚間，則實也，安得而游焉？蓋涉莊子「彼節者有閒」而誤。（下文「心手衆虚之閒」，「衆虚」二字衍。）**若夫規矩鉤繩者，此巧之具也，而非所以巧也。**〇王念孫云：「巧也」上當有「爲」字。下文云：「故弦，悲之具也，而非所以爲悲也」，與此相對爲文。太平御覽工藝部九引此正作「非所以爲巧」。文子自然篇同。〇寧案：太平御覽七百五十二引此下有注云：「巧存於心也。」當是高注佚文。説林篇「夫至巧不用劍」，高注「巧在心手」，與此合。**故瑟無弦，雖師文不能以成曲；**師文，樂師。**徒弦則不能悲。故弦，悲之具也，而非所以爲悲也。若夫工匠之爲連鐖運開、陰閉、眩錯，**連鐖，鐖發也。運開，相通也。陰閉，獨閉也。眩，因而相錯也。〇吴承仕云：注，朱本作：「眩錯，困而相錯也。」承仕案：朱本近之。連鐖、運開、陰閉三事，皆連舉二字而釋之，不應於眩錯一名，獨違斯例，則莊本「眩」下奪「錯」字，從可知也。莊本「因」字卽「困」字之譌。逸書説命：「若藥不瞑眩。」釋文：「瞑眩，困極也。」故注云：「眩錯，困而相錯。」蓋言巧匠所作，足以眩燿耳目、惑亂心志也。莊本奪誤，文不成義。○陳直云：世傳弩機上所刻之「機」字，無不作「鐖」者，與本文正同。入於冥冥之眇，神調之極，游乎心手衆虚之間，○王念孫云：「衆虚」二字，因上文「游乎衆虚之閒」而誤衍也。上文説庖丁解牛，批郤導窾，游刃有餘，故曰「游乎衆虚之閒」，此是説工匠爲連鐖之事，不當言衆虚也。且心手之閒，謂心與手之閒也，則不當有「衆虚」二字明矣。文子作「游於心手之閒」，無「衆虚」二字。而莫與物爲際者，父不能以教子。瞽師之放意相物，寫神愈舞，而形乎弦者，兄不能以喻弟。○于省吾云：「愈」應讀作「喻」，謂比喻舞蹈之意而形乎弦也。○馬宗霍云：「愈舞」之「愈」，當通作「諭」。漢書翼奉傳「何聞而不諭」，顔師古注云：「諭謂曉解之。」文選馬融長笛賦「寫神喻意」，李善注云：「喻，曉也。」喻與諭同。瞽師目不能見，而形乎弦者，其聲樂能赴舞者之節。正由聽聽知微，心通其意，解諭於無形耳。今夫爲平者準也，爲直者繩也。若夫不在於繩準之中，可以平直者，此不共之術也。故叩宮而宮應，彈角而角動，此同音之相應也。○寧案：「相應」下當有「者」字。覽冥篇：「叩宮宮應，彈角角動，此同聲相和者也。」是其比。景宋本正有「者」字。其於五音無所比，而二十五弦皆應，此不傳之道也。故蕭條者形之君，蕭條，深靜也。而寂寞者音之主也。微音生於寂寞。

天下是非無所定，世各是其所是而非其所非，所謂是與非各異，皆自是而非人。由此觀之，事有合於己者，而未始有是也；有忤於心者，而未始有非也。故求是者，非求道理也，求合於己者也；去非者，非批邪施也，施，微曲也。○馬宗霍云：「批」爲「捭」之俗。説文手部云：「捭，反手擊也。」引申之，擊之使去亦謂之批，批猶排也。去忤於心者也。忤於我，未必不合於人也；合於我，未必不非於俗也。至是之是無非，至非之非無是，此真是非也。若夫是於此而非於彼，非於此而是於彼者，此之謂一是一非也。此一是非，隅曲也；夫一是非，宇宙也。○馬宗霍云：「上文「是於此而非於彼，非於此而是於彼」，彼與此對言。本文承上文而衍之，「此」字與「夫」字相對，則夫猶彼也。荀子解蔽篇「不以夫一害此一」，夫一卽彼一，與本文可互參。漢書賈誼傳曰：「彼且爲我死，故吾得與之俱生；彼且爲我亡，故吾得與之俱存；夫將爲我危，故吾得與之皆安。」顏師古注云：「夫，夫人也，亦猶彼人耳。」小顏釋夫爲彼，又其證也。今吾欲擇是而居之，擇非而去之，不知世之所謂是非者，不知孰是孰非？○陳觀樓云：「不知孰是孰非」，「不知」二字，因上句而衍。○王念孫云：羣書治要引此無「不知」二字。老子曰：「治大國若烹小鮮。」○寧案：見老子第六十章。爲寬裕者曰勿數撓，裕，饒也。爲刻削者曰致其鹹酸而已矣。晉平公出言而不當，○于鬯云：韓非子難一篇云：「晉平公與羣臣飲，飲酣，乃喟然歎曰：『莫樂爲人君，惟其言而莫之違。』」所謂出言不當也。師曠舉琴而撞之，跌衽宮壁。跌衽，至平公衣衽，中宮壁。○俞樾云：「跌衽宮壁」，於文未明。高注曰：「跌衽至平公衣衽，中宮壁。」疑本作「跌衽中壁」。跌猶越也，言越過平公之衽而中於壁也。今作「宮壁」，卽涉注而誤。左右欲塗之，欲塗師曠所敗壁也。平公曰：「舍之，以此爲寡人失。」孔子聞之曰：「平公非不痛其體也，欲來諫者也。」韓子聞之曰：韓子，韓公子非。「羣臣失禮而弗誅，是縱過也。有以也夫，平公之不霸也！」○向宗魯云：「晉平公」云云，本韓子難一篇。說苑君道篇作魏文侯、師經事，御覽五百七十四引史記、五百七十九及事類賦注十一引十二國史同。故賓有見人於宓子者，宓子，子賤也。○于鬯云：戰國趙策作「客有見人於服子者」，然疑彼文「客」、「人」二字，此文「賓」、「人」二字，皆宜互易，此文即襲彼文也。○劉文典云：羣書治要作「客有見人於季子者」。注與今注正同。意林引作「客有見子賤」，注：「宓子」。御覽四百五引「賓」亦作「客」，「宓」作「孚」。○劉家立云：今本「賓有見人於宓子者」，羣書治要引此「賓」字作「客」，是也。人即賓也，故賓去，宓子乃有此問難之詞。否則，賓已出，宓子又何從再與言乎？下文「賓曰」亦當作「客曰」，方與上下文相合。兩「賓」字皆由寫者之誤。又下文「賓之容一體也」，當作「賓之容體一也」，亦寫者誤倒。○寧案：「賓有見人於宓子者」，劉家立謂「賓」字當爲「客」，下文「賓曰」亦當作「客曰」，劉説是也。此文太平御覽兩引：四百五引皆作「客」，四百九十八引皆作「賓」，（惟「容」字作「客」。）説文「客，寄也。」「賓，所敬也。」二字異義。後人多相混，故致此文或誤客爲賓，或誤賓爲客。考之寄、敬之義，則宓子所與言者客也，曰人者賓也。又案：下文「故賓之容一體也」，當作「故客之賓體一也」。劉謂「一體」二字誤倒，是也。未盡善也。蓋「容」字乃「客」字形近而譌，（太平御覽兩引皆作「客」不作「容」。）與「賓」字當互易。（「客」誤爲「容」，爲後人所臆倒。）自宓子稱之曰「子之賓」，自作者言之，故曰「客之賓」也。此言「體一也」，下言「情一也」，其比同，故「體」上不得更著「容」字矣。羣書治要引「宓子」作「季子」，「季」字乃「孚」字之誤。宓、孚字通。王念孫説詳道應訓。賓出，宓子曰：「子之賓獨有三過：望我而笑，是攓也；攓，慢也。○劉台拱云：「攓」讀驕蹇之「蹇」。字亦作「僊」。○陶方琦云：説文無「攓」字。「攓」非此義。漢書淮南厲王傳：「數驕蹇。」是「攓」義同「蹇」。○劉文典云：羣書治要引「子之賓」作「子之所見客」，「攓」作「僊」，注同。意林及御覽四百五引「攓」竝作「慢」，蓋許、高本之異也。○寧案：玉篇：「偃僊，不伏也。」廣韻：「傲也。」集韻：「傲慢也。」不伏亦傲慢之意。玉篇：「攓，縮也。」無慢義，集韻以爲「搴」之或體。此當從羣書治要引作「僈」，太平御覽四百九十八引亦作「慢」。**談語而不稱師，是返也；**○莊逵吉云：太平御覽引「語」作「論」，「返」作「叛」。○劉文典云：羣書治要引「返」作「反」。意林引此句在「交淺而言深」句下，「師」作「名」，「返」亦作「反」。御覽四百五引「語」作「論」，「返」作「叛」。○向宗魯云：此當從御覽引作「叛」爲長。荀子大畧篇：「言而不稱師謂之叛，教而不稱師謂之倍。」（檀弓曾子曰：「使西河之人疑汝於夫子。」鄭注：「言其不稱師也。」）吕氏尊師篇：「説義必稱師以論道。説義不稱師，命之曰叛。」**交淺而言深，是亂也。」賓曰：「望君而笑，是公也；**○楊樹達云：望君而笑與公義不相會，「公」蓋假爲「頌」。説文頁部云：「頌，皃也。从頁公聲。」或作「額」。頌猶今言有禮貌。頌从公聲，故假公爲頌耳。**談語而不稱師，是通也；交淺而言深，是忠也。」故賓之容一體也，或以爲君子，或以爲小人，所自視之異也。故趣舍合即言忠而益親，身疏即謀當而見疑。**○王念孫云：趣，謂志趣也。（七句反。）趣合與身疏相對爲文，則「趣」下不當有「舍」字，蓋即「合」字之誤而衍者也。文子道德篇正作「趣合」。○劉文典云：「趣」、「取」通用，趣舍即取舍也。韓非子姦刼弑臣篇：「今人臣之所譽者，人主之所是也，此之謂同取。人臣之所毀者，人主之所非也，此之謂同舍。夫取舍合而相與逆者，未嘗聞也。」即此文所本。五蠹篇：「故法之所非，君之所取；吏之所誅，上之所養也。法趣上下四相反也。」可證趣者取也。王氏誤以「志趣」釋之，遂以「舍」爲衍文，其失也迂矣。文子敚「舍」字，當依此文及韓非子增，未可據彼刪此。**親母爲其子治扢禿而血流至耳，見者以爲其愛之至也；**○楊樹達云：劉台拱云：「扢，古代反，磨也。要畧云：『濡不給扢。』注：『扢，拭也。』拭與磨義同。」樹達案：劉釋扢爲磨，「治磨禿」三字義不相承，其説非也。今謂「扢」讀爲「䫂」。説文頁部云：「䫂，秃也。」三倉云：「䫂，頭秃無毛也。」通俗文云：「白秃曰䫂。」䫂、秃同義，故淮南連言之，「扢」以聲同通借耳。○寧案：釋名釋疾病：「秃，無髮沐秃也。𩬊，頭生創也。頭有創曰瘍，𩬊亦然也。」畢沅以「𩬊」爲「鬝」之俗字。昌黎南山詩「或赤若秃鬝」，用此。又鄭注明堂位云：「齊人謂無髮爲秃楬。」集韻「楬」或作「𩬊」。是又假「楬」爲「鬝」。此「扢」當亦「鬝」之假字也。「秃鬝」倒言之曰「扢秃」耳。治頭創故血流至耳。使在於繼母，則過者以爲嫉也。事之情一也，所從觀者異也。從城上視牛如羊，視羊如豕，所居高也。○劉文典云：吕氏春秋壅塞篇夫登山而視牛若羊，視羊若豚，牛之性不若羊，羊之性不若豚，所自視之勢過也。」即淮南此文所本。余前據御覽八百九十九引文無「視羊」二字，謂此文當作「從城上視牛，如羊如豕」，實爲大誤。○向宗魯云：吕氏壅塞篇「夫登山而視牛若羊，視羊若豚，牛之性不若羊，羊之性不若豚，所自視之勢過也，而因怒於牛羊之小也，此狂夫之大者。」即此文所本。「豕」當作「豚」。豚，説文作「𧰼」，云「小豕也。」羊小於牛，豚小於羊，文理甚明。劉不以吕覽爲證，而取決於類書之譌文，何也？（荀子解蔽篇「從山上望牛者若羊，而求羊者不下牽也」，又吕氏所本。）○寧案：長短經忠疑篇引亦作「視羊如豚」。劉氏集解校此文作「如羊如豕」，故向氏非之。（楊樹達、馬宗霍説與向同。）今據劉氏校補。窺面於盤水則員，於杯則隋，○劉文典云：羣書治要引作「於杯水即橢」。御覽七百五十八引作「於杯水則修」。○寧案：作「修」非，隋誤爲脩，書作修耳。面形不變其故，有所員有所隋者，所自窺之異也。今吾雖欲正身而待物，庸遽知世之所自窺我者乎？○寧案：「遽」當爲「詎」，聲近而誤。莊子齊物論篇：「庸詎知吾所謂知之非不知歟？」（本書俶真篇同）大宗師篇：「庸詎知吾所謂天之非人乎？」釋文李云：「庸，用也。詎，何也。」是其證。

若轉化而與世競走，譬猶逃雨也，無之而不濡。常欲在於虛，則有不能爲虛矣。爲者失之，執者敗之。○寧案：老子第二十九章云：「天下神器，不可爲也，不可執也。（今本脱「不可執也」四字。）爲者敗之，執者失之。」許君引老子語爲説，疑「失」、「敗」二字當互易。原道篇亦云：「爲者敗之，執者失之。」若夫不爲虛而自虛者，性自然也。此所慕而不能致也。○王念孫云：「此所慕而不能致也」，義不可通。「不能致」當作「無不致」。上文「欲在於虛則不能爲虛」，高注以爲「爲者敗之，執者失之」是也。聖人無爲故無敗，無執故無失，故曰：「若夫不爲虛而自虛者，此所慕而無不致也。」所慕無不致，猶言所欲無不得。精神篇曰：「達至道者，性有不欲，無欲而不得。」義與此同也。今本作「不能致者」，涉上文「不能爲虛」而誤。文子道德篇正作「此所欲而無不致也」。○俞樾云：此言欲爲虛則不能爲虛，若夫不爲虛而自虛，則又慕之而不能致也：蓋性之自然，非可勉强，故慕之而不能致。文子道德篇作「此所欲而無不致也」，於義不可通。王氏念孫反據以訂正淮南，殊爲失之。○劉文典云：韓非子解老篇：「夫故以無爲無思爲虛者，其意常不忘虛，是制於爲虛也。虛者，謂其意所無制也，今制於爲虛，是不虛也。虛者之無爲也，不以無爲爲有常。不以無爲爲有常則虛。」即淮南此文「不爲虛而自虛」之誼。此道家至高至深之境，出於性之自然，非有爲者所可企及，故雖心焉慕之而實不能致也。文子道德篇作「此所欲而無不致也」，義既不可通，又與上文「常欲在於虛，則有不能爲虛矣」之誼不叶。王氏顧欲據以改淮南，斯爲謬矣。俞氏糾其失，是也。○寧案：俞、劉説是也。莊子知北游篇：「予能有無矣，而未能無無也。及爲無，有矣，何從至此哉！」此云「常欲在於虛」，是有無也；「不爲虛而自虛」，是無無也；及其爲無，有矣，是常欲在於虛，是不虛也。彼曰「何從至此哉」，此云「此所慕而不能致也」，其義一也。故通於道者，如車軸，不運於己，而與轂致千里，轉無窮之原也。不通於道者，若迷惑，告以東西南北，所居聆聆，聆聆，意曉解也。一曲而辟，辟，小邪僻也。然忽不得，復迷惑也。○王念孫云：「然忽不得」，當作「忽然不得」。○寧案：後漢書竇融傳注引作「通於道者如車軸，不運於己，而與轂致數千里。不通於道者若迷惑，告以東西南北，然猶復迷惑矣。」當是約引。說山篇謂「通於學者」，文與此畧同。故終身隸於人辟，若俔之見風也，俔，候風者也，世所謂五兩。○莊逵吉云：文選注引「俔」作「綄」，「見」作「候」。許眘注云：「綄，候風也，楚人謂之五兩。」攷古「完」與「見」因字形相近，本多譌別，故論語「莞爾」之「莞」，陸德明又作「莧爾」。此字義當作「綄」爲是。○王念孫云：莊以「俔」爲「綄」之譌，是也。道藏本、朱本注竝作「俔，候風雨也」，「雨」乃「羽」字之譌。劉本改爲「候風雨者」，茅本又改爲「候風者也」，而莊本從之，誤矣。廣韻：「綄，船上候風羽。」北堂書鈔舟部二十引注云：「綄者，候風之羽也。」太平御覽舟部四引許注云：「綄，候風羽也。」（今本「羽」譌作「扇」。）則高注「雨」字明是「羽」字之譌。文選江賦注引許注作「候風也」者，傳寫脱「羽」字耳。○陶方琦云：「俔」乃「綄」字之譌。「雨」乃「羽」字之譌。玉篇：「綄，候風五兩也。」廣韻二十六桓：「綄，船上候風羽，楚人謂之五兩。」又二十四緩綄下云：「候風羽。出淮南子。」是許注舊本作「綄」明矣。御覽引作「候風扇也」「扇」乃「之羽」二字壞文。○寧案：「辟」即「僻」字，非「譬」之省也，當上屬爲句，上文云：「一曲而辟，忽然不得，復迷惑也。」故曰「終身隸於人辟」也。唐本玉篇糸部阜部及太平御覽七百七十一引皆從「若」起，無「辟」字，是其證。新編諸子集成本淮南鴻烈集解、萬有文庫選註本淮南子及淮南子譯注皆於「人」字絶句，非是。又案：唐本玉篇兩引此文。一在糸部綄字。一在阜部院字。說文無綄字。玉篇：「綄，候風五兩也。」說文「院，堅也。」非此文之義，蓋許作「院」而高作「綄」，許多借字，以是知之 此篇乃許注本，則「俔」字當是「院」字形似而譌，莊、王、陶皆謂當作「綄」，非也。又文選江賦注、唐本玉篇糸部、阜部及太平御覽七百七十一引許注，皆作「楚人謂之五兩」。許注多稱楚人。此作「世所謂五兩」，疑是高注羼入。又太平御覽七百七十一引兵書曰：「凡候風法，以雞羽重八兩，建五重旗，取羽繫其巔，立軍營中。」（「八兩」乃「五兩」之誤。茅本注文多「候風以雞羽重五兩繫五丈旗」十二字，乃明人據以妄加。）此所以謂之「五兩」也。無須臾之間定矣。故聖人體道反性，不化以待化，則幾於免矣。無爲以待有爲，近於免世難也。

治世之體易守也，其事易爲也，其禮易行也，其責易償也，○王念孫云：「治世之體」，羣書治要引此「體」作「職」，是也。俗書「職」字作「軄」，「體」字作「軆」，「軄」誤爲「軆」，又改爲「體」耳。職易守，事易爲，禮易行，責易償，四者義並相近，若作「體」，則與「守」字義不相屬，且與下三句不類矣。文子下德篇亦作「職易守」。下文云：「萇弘、師曠，不可與衆同職」，又其一證也。○寧案：王說是也。主術篇「夫責少者易償，職寡者易守」，意林引同，又其證。是以人不兼官，官不兼事，士農工商，鄉別州異。是故農與農言力，士與士言行，工與工言巧，商與商言數。是以士無遺行，農無廢功，工無苦事，商無折貨，○寧案：荀子修身篇云：「良賈不爲折閱不市。」各安其性，不得相干。故伊尹之興土功也，脩脛者使之跖钁，長脛以蹋插者，使入深。○王念孫云：太平御覽地部二、器物部九引此「钁」並作「鏵」。案：「鏵」字是也。鏵卽臿也。跖，蹋也。（文選舞賦注引淮南許注如此。）故高注言蹋插。說文：「苿，（玉篇：胡瓜切。）兩刃臿也。宋、魏曰苿。或作釫。」玉篇云：「今爲鏵。」方言云：「臿，宋、魏之間謂之鏵。」高注精神篇云：「臿，鏵也。青州謂之鏵。」釋名云：「鍤，或曰鏵。鏵，刳也，刳地爲坎也。」苿、釫、鏵字異而義同。（臿、鍤、插亦同。）今人謂臿爲鏵鍬是也。使長脛者蹋臿，則入地深而得土多，故高注曰：「長脛以蹋插者，使入深也。」後人不識「鏵」字，故妄改爲「钁」。（埤雅引此作「钁」，則所見本已然。）案：說文：「钁，大鉏也。」鉏以手揮，非以足蹋，不得言跖钁。且高注明言蹋插，不言蹋钁。○寧案：太平御覽三十七、七百六十四引「脩脛」作「脩腳」。七百六十四引注云：「長腳者蹠得土多，鍤入土深也。」說文：「腳，脛也。」疑許本作「脛」，高本作「腳」。注乃高注佚文。又今本注「使入深」，蜀藏本作「使之入深」，當據沾「之」字。中立本、景宋本作「使而入深」，「而」卽「之」字之誤。强脊者使之負土，脊强者任負重。眇者使之準，目不正，因令睎。傴者使之塗，傴人塗地，因其俛也。各有所宜，而人性齊矣。胡人便於馬，越人便於舟，異形殊類，易事而悖，○寧案：「悖」上奪「不」字。「易事而不悖」，卽上文「各有所宜而人性齊」之意也。蓋後人誤解「易」爲更易字，以爲使胡人乘舟，越人乘馬，故刪去「不」字。不知此「易」字當作容易解，與上文「治世之職易守也，其事易爲也，其禮易行也，其責易償也」諸「易」字同義，謂胡人便於馬，越人便於舟，雖異形殊類，而各易其事，不相悖亂也。下文云：「失處而賤，得勢而貴」，二句正反相對爲文。此若作更易字，則與下句「失處而賤」義複，且與下文不偶矣。文子下德篇正作「易事而不悖」。是其證。長短經任長篇引作「異形殊類，易事則悖矣」，於文畧有改異，則唐人所見本已誤。失處而賤，得勢而貴。聖人總而用之，其數一也。夫先知遠見，達視千里，人才之隆也，而治世不以責於民；言民不以己求備于下也。○向宗魯云：注文「民」當作「君」。博聞强志，口辯辭給，人智之美也，而明主不以求於下；敖世輕物，不汙於俗，士之伉行也，○馬宗霍云：伉从亢聲。說文亢部云：「亢，人頸也。」人頸在上，故亢可訓高，引申之，伉亦有高義。詩大雅緜篇「臯門有伉」，毛傳云：「伉，高貌。」是其證。然則，本文士之伉行，猶言士之高行也。○寧案：說文：「敖，出遊也。」假爲傲。而治世不以爲民化；神機陰閉，剞劂無迹，人巧之妙也，而治世不以爲民業。故萇弘、師曠，先知禍福，言無遺策，○寧案：左傳襄公十八年，「晉人聞有楚師。師曠曰：『不害。吾驟歌北風，又歌南風，南風不競，多死聲，楚必無功』。」而不可與衆同職也；公孫龍折辯抗辭，別同異，離堅白，公孫龍趙人，好分析詭異之言，以白馬不得合爲一物，離而爲二也。顧廣圻云：折當作析。不可與衆同道也；北人無擇非舜，而自投清冷之淵，北人無擇，古隱士也。非舜，非其德之衰也。○寧案：事見莊子讓王篇、呂氏春秋離俗篇。不可以爲世儀；魯般、墨子以木爲鳶，而飛之三日不集，而不可使爲工也。○劉文典云：御覽羽族部鵝條下引「鳶」作「鵝」，必本亦如此也。○向宗魯云：墨子爲木鳶，事見韓子外儲說左上、列子湯問篇，魯般未聞作木鳶也，因墨子連及之耳。論衡儒增篇云：「儒書稱魯般墨子之巧，刻木爲鳶，飛之三日而不集」，卽襲此文。又墨子魯問篇：「公輸子削竹木以爲鵲」，或因之遂以爲作木鳶與？故高不可及者，不可以爲人量；行不可逮者，不可以爲國俗。夫挈輕重不失銖兩，聖人弗用，而縣之乎銓衡；視高下不差尺寸，明主弗任，而求之乎浣準。浣準，水望之平。○孫詒讓云：泰族訓云：「人欲知高下而不能，教之用管準則說。」管、浣音近叚借字。（凡从官聲完聲字，古多通用，「管」或作「筦」，是其比例。）管所以視遠，準卽水平，非一物也。李筌太白陰經水攻具篇載「爲水平槽，鑿三池，浮木立齒，注水，眇目視之，三齒齊平以爲準」，是其遺法。但彼不用管，與古異耳。○陶方琦云：羣書治要引許注與今注正同。案說文：「水，準也。」「準，平也。」說正同。○章太炎云：案浣當爲櫽栝之栝。檀弓「華而晥」注：「說者以晥爲刮節目。字或爲刮。」是浣聲與栝通也。水望得稱栝者，荀子以渠匽隱栝並言，渠匽以水言，隱栝以木言，皆取平直爲誼，故引申得通也。何則？人才不可專用，而度量可世傳也。故國治可與愚守也，而軍制可與權用也。○向宗魯云：治猶政也。或曰當爲「法」。夫待騕褭、飛兔而駕之，則世莫乘車；騕褭，良馬。飛兔，其子。褭兔走，蓋皆一日萬里也。○陶方琦云：羣書治要引許注：「要褭、飛兔，皆一日千里者也。」按治要所引乃約文。呂覽高注：「要褭、飛兔皆馬名。馳若兔之飛，因以爲名。」與許君説亦有異。原道訓「駟要褭」注，亦當是許注羼入高注者。○劉文典云：御覽八百九十六引「兔」作「菟」，「車」下有「矣」字，與下文「終身不家矣」一律。又引注云：「腰褭、飛兔，皆行萬里。其行若飛，因曰飛菟也。」○寧案：注「褭兔走」，義不可通，有譌誤。廣韻：「騛兔，馬而兔走。」「而」、「如」通。疑此亦當作「馬而兔走」也。又案：太平御覽八百九十六引注云：「腰褭、飛兔，皆行萬里，其行若飛，因曰飛兔也。」當是高注佚文，與呂氏春秋離俗篇「飛兔要褭」注及本書原道篇「駟要褭」注，皆作「萬里」，羣書治要引許注作「千里」，蓋高作「萬」而許作「千」也。此當從治要。陶氏以原道篇「要褭」注乃許注羼入，疑非。待西施、毛嬙而爲配，則終身不家矣。西施、毛嬙，古好女也。○王念孫云：羣書治要引此作「西施，絡慕」，又引注作「西施、絡慕，古好女也」。太平御覽獸部八引作「落慕」。案：廣韻及元和姓纂「絡」、「落」皆姓也，「慕」蓋其名。治要、御覽所引者，原文也。今本作毛嬙者，後人不知絡慕所出，又見古書多言毛嬙、西施，故改之耳。不知他書自作毛嬙，此自作絡慕，不必同也。○陶方琦云：御覽八百九十六引作「西施、落纂」，「落纂」卽「絡慕」。元和姓譜「絡」、「落」皆姓也。今本乃後人習于西施、毛嬙之説而改之。○寧案：太平御覽引「配」作「妃」，蓋高本。許本假「配」爲之。然非待古之英俊而人自足者，因所有而竝用之。○王念孫云：羣書治要引此「竝」作「遂」，於義爲長。遂，即也，言因所有而即用之，故不待古之英俊而人自足也。今本作「竝」者，後人因文子下德篇改之耳。○于鬯云：「竝」字之義自勝。王襍志據羣書治要引「竝」字作「遂」，云「遂，即也，言因所有而即用之」，則義轉不逮。王顧謂作「遂」於義爲長，竊恐不然。況文子下德篇亦是「竝」字乎？夫騏驥千里，一日而通，駑馬十舍，旬亦至之。旬，十日也。○寧案：荀子修身篇：「夫驥一日而千里，駑馬十駕，則亦及之矣」，此淮南所本。十舍猶十駕也。駕以行言，舍以止言。左傳莊公三年：「凡師一宿爲舍。」十舍猶言十日也。由是觀之，人材不足專恃，而道術可公行也。亂世之法，高爲量而罪不及，重爲任而罰不勝，危爲禁而誅不敢。○王念孫云：「危爲禁」本作「危爲難」。危爲難而誅不敢者，危猶高也，（見緇衣鄭注）高爲艱難之事，而責之以必能，及畏難而不敢爲，則從而誅之，正與上二句同意。後人不察而改難爲禁，禁之正欲其不敢，何反誅之乎？文子下德篇正作「危爲難而誅不敢」。莊子則陽篇「匿爲物而愚不識，大爲難而罪不敢，重爲任而罰不勝，遠其塗而誅不至」，呂氏春秋適威篇「煩爲教而過不識，數爲令而非不從，巨爲危而罪不敢，重爲任而罰不勝」，文義並與此同。民困於三責，則飾智而詐上，犯邪而干免，干，求也。故雖峭法嚴刑，不能禁其姦。○寧案：文選西征賦注引作「陗法刻刑」，唐本玉篇自部引同，又引許注云：「陗，陵也。」原道篇云「峭法刻誅」，此云「峭法嚴刑」，文皆小異。此無注。文選及玉篇引疑是原道許本。何者？力不足也。故諺曰：「鳥窮則噣，獸窮則阜，人窮則詐」，此之謂也。○寧案：荀子哀公篇：「鳥窮則啄，獸窮則攫，人窮則詐」，又韓詩外傳二：「獸窮則齧，鳥窮則啄，人窮則詐」，此淮南所本。又大藏音義二、又九引作「鳥窮則搏，獸窮則攫」；二十引作「獸窮則攫」；四十三引作「獸窮則攫，鳥窮則啄」；六十二引作「鳥窮則啄」。案說文：「噣，喙也。」「啄，鳥食也。」是「噣」乃「啄」之借字。玉篇：「犨，古觸字。」蓋後人不識「噣」、「犨」二字，故依荀子改之也。又禮記儒行篇云：「鷙蟲攫搏。」正義曰：「以腳取之謂之攫，以翼擊之謂之搏。」既改「犨」爲「攫」，故又或改「噣」爲「搏」耳。意林引作「鳥窮則啄，獸窮則觸，人窮則詐。峻刑嚴法，不可以禁姦」。或高本如是也。而字不作「攫」、「搏」，亦二字出後人臆改之證。

道德之論，譬猶日月也，江南、河北不能易其指，馳騖千里不能易其處；〇王念孫云：下「易」字本作「改」，此因上「易」字而誤也。意林及文選月賦注，鮑照翫月城西門解中詩注引此，下「易」字並作「改」。趨舍禮俗，猶室宅之居也，東家謂之西家，西家謂之東家，〇寧案：意林引作「趣舍禮俗，猶宅之居也，東家謂之西，西家謂之東」。雖皋陶爲之理，不能定其處。故趨舍同，誹譽在俗，意行鈞，窮達在時。湯、武之累行積善，可及也，其遭桀、紂之世，天授也。今有湯、武之意，而無桀、紂之時，而欲成霸王之業，亦不幾矣。〇向宗魯云：呂氏春秋首時篇：「有湯、武之賢，而無桀、紂之時，不成；有桀、紂之時，而無湯、武之賢，亦不成。」又長攻篇：「桀、紂雖不肖，其亡，遇湯、武也，遇湯、武，天也，非桀、紂之不肖也；湯、武雖賢，其王，遇桀、紂也，遇桀、紂，天也，非湯、武之賢也。」此淮南文所本。昔武王執戈秉鉞以伐紂勝殷，〇王念孫云：「伐紂」二字，乃後人所加。此二句相對爲文，加入「伐紂」二字，則文不成義。御覽兵部引此無「伐紂」二字。搢笏杖殳殳，木杖也。以臨朝。〇寧案：注文「殳，木杖也」四字，據道藏本、中立本、茅本、景宋本當移於句末。武王既沒，殷民叛之，周公踐東宮，〇寧案：道藏本、中立本、茅本、景宋本皆有注云：「東宮，太子宮也。」孫志祖曰：「尸子

『明堂在左，故謂東宮。』注非。」孫謂東宮非太子宮是也。考大雅靈臺正義引袁準正論「明堂在左，故謂東宮」，乃袁準申釋尸子之語，非尸子語也。孫失檢。履乘石，人君升車有乘石也。攝天子之位，負扆而朝諸侯，户牖之間謂之扆。放蔡叔，誅管叔，周公兄也。○向宗魯云：據下文「放兄誅弟」，則此注當云「周公弟也」。（說詳孟子。）氾論篇「誅管、蔡之罪」，注云：「蔡叔，周公兄也。管叔，周公弟也。」乃高注。此篇許注，亦與高注同。互詳氾論篇。○寧案：正文言「放蔡叔，誅管叔」，注不得釋管叔而不釋蔡叔也。疑注首敚「蔡叔周公弟也管叔」八字。泰族篇云「周公殺兄」，是淮南亦以管叔爲兄也。孟子公孫丑下「周公弟也，管叔兄也」，莊子盜跖篇「周公殺兄」，荀子儒效篇「周公以弟誅兄」，韓詩外傳「弟賢不過周公而管叔誅」，皆淮南及許注所本。下文云「周公放兄誅弟」，于鬯以爲當作「放弟誅兄」是也。又氾論篇「周公誅管、蔡之罪」，道藏本、中立本、景宋本注皆作「蔡叔，周公兄也。管叔，周公弟也」，氾論篇乃高注，與呂氏春秋察微篇高注合，正見高、許之異。莊本氾論注「兄」「弟」互易，乃莊氏臆改。管、蔡之爲周公兄或弟，當時固有二說，（向宗魯云：以管叔爲周公弟，乃魯詩說，陶方琦漢孳室文鈔有說。）此許、高之所以異也。淮南本不自異，蓋後人不知許、高之異，各以己說改之，致正文文出兩歧。克殷殘商，殘商，誅紂子禄父。○于省吾云：「殘商」卽詩閟宮「實始翦商」之「翦商」，从「戔」之字，與「翦」音近相借。儀禮既夕禮「緇翦」注：「今文翦作淺。」詩甘棠「勿翦勿伐」，釋文引韓詩「翦」作「剗」。禮記文王世子「不翦其類也」，周禮甸師鄭司農注作「不踐其類也」。說文引詩作「實始戩商」，「翦」、「戩」一聲之轉。祀文王于明堂，七年而致政成王。夫武王先武而後文，非意變也，以應時也；周公放兄誅弟，○于鬯云：上文云「放蔡叔，誅管叔」，高注以管叔爲周公兄，又氾論訓注云：「管叔，周公兄也。蔡叔，周公弟也。」與孟子合。則此應言周公放弟誅兄。○寧案：于校雖是，以莊氏所改氾論注爲證則非。非不仁也，以匡亂也。故事周於世則功成，務合於時則名立。昔齊桓公合諸矦以乘車，退誅於國以斧鉞；晉文公合諸矦以革車，退行於國以禮義。桓公前柔而後剛，文公前剛而後柔，然而令行乎天下，權制諸侯鈞者，審於勢之變也。顏闔、魯君欲相之，顏闔，魯隱士。而不肯，使人以幣先焉，鑿培而遁之，培，屋後牆也。○寧案：事見莊子讓王篇，吕氏貴生篇同。爲天下顯武。楚人謂士爲武。使遇商鞅申不害，刑及三族，又況身乎？世多稱古之人而高其行，竝世有與同者而弗知貴也，非才下也，時弗宜也。故六騏驥，四駃騠，駃騠，北翟之良馬也。○寧案：道藏本、中立本、茅本、景宋本「四」字皆作「駟」，駟駃騠，以駃騠爲駟馬也。莊本改「駟」爲「四」，非是。以濟江河，不若窾木便者，窾，空也。處世然也。○王念孫云：「處世」本作「處勢」。古者謂所居之地曰處勢。窾木，謂舟也。言乘良馬濟江河，不若乘舟之便者，處勢使然也。莊子山木篇曰：「王獨不見夫騰猿乎？得柘棘枳枸之間，危行側視，振動悼慄，處勢不便，未足以逞其能也。」新序褋事篇曰：「玄蝯在枳棘之中，恐懼而悼慄，危視而蹟行，處勢不便故也。」史記蔡澤傳曰：「翠鵠犀象，其處勢非不遠死也。」漢書陳湯傳曰：「故陵因天性，據真土，處埶高敞。」又史記楚世家曰：「處既形便，勢有地利。」（「有」與「又」同。）淮南俶真篇曰：「處便而勢利。」處勢或曰勢居。逸周書周祝篇曰：「勢居小者不能爲大。」賈子過秦篇曰：「秦地被山帶河以爲固，自繆公以來，至於秦王，二十餘君，常爲諸矦雄，其勢居然也。」淮南原道篇曰：「故橘樹之江北，則化而爲橙，鴝鵒不過濟，貈渡汶而死，形性不可易，勢居不可移也。」或言處，或言勢，或言處勢，或言勢居，其義一也。後人不識古義，而改「處勢」爲「處世」其失甚矣。○劉文典云：王說是也。宋本「處世」正作「處勢」。是故立功之人，簡於行而謹於時。今世俗之人，以功成爲賢，以勝患爲智，以遭難爲愚，以死節爲戇，吾以爲各致其所極而已。王子比干，非不知箕子被髮佯狂以免其身也，然而樂直行盡忠以死節，故不爲也；○王念孫云：「箕子」二字，因下文「從箕子視比干」而衍。下文曰：「伯夷、叔齊，非不能受祿任官以致其功也」，「許由、善卷，非不能撫天下，寧海内，以德民也」，「豫讓、要離，非不知樂家室，安妻子，以偷生也」，皆與此文同一例。若有「箕子」二字，則文不成義，且與下文不對矣。○寧案：論語微子：「微子去之，箕子爲之奴，比干諫而死。」韓詩外傳六：「比干諫而死，箕子遂被髮佯狂而去。」伯夷、叔齊，非不能受祿任官以致其功也，然而樂離世伉行以絕衆，故不務也；許由、善卷，非不能撫天下，寧海内，以德民也，然而羞以物滑和，故弗受也；豫讓、要離，豫讓，智伯臣。要離，吴王闔閭臣。非不知樂家室，安妻子，以偷生也，然而樂推誠行必以死主，故不留也。今從箕子視比干則愚矣，從比干視箕子則卑矣；從管、晏視伯夷則戇矣，從伯夷視管、晏則貪矣；趨舍相非，嗜欲相反，而各樂其務，將誰使正之？曾子曰：「擊舟水中，鳥聞之而高翔，魚聞之而淵藏。」○寧案：詩邶風燕燕「其心塞淵」，鄘風定之方中「秉心塞淵」，注皆云：「淵，深也。」此高翔、淵藏對文，「淵」字亦當訓「深」。故所趨各異，而皆得所便。故惠子從車百乘以過孟諸，惠子名施，仕爲梁相，從車百乘，志尚未足。孟諸，宋澤。莊子見之，弃其餘魚。莊子名周，蒙人，隱而不仕，見惠施之不足，故弃餘魚。○寧案：太平御覽九百三十五引作「而棄餘魚」。引注云：「疾惠子故也。」當是高注佚文。鵜胡飲水數斗而不足，騠胡，汙澤鳥。鱓鮪入口若露而死；鱓鮪，魚名。○孫詒讓云：鱓鮪生於水，無入口若露而死之理。竊疑此「鱓鮪」當作「蟬蛃」。「蟬」、「鱓」古字通用。周書王會篇「歐人蟬蛇」，彼以「蟬」爲「鱓」，與此以「鱓」爲「蟬」，可互證。說文虫部云：「蛃，蟬也。」或从舟作「蚒」，與「鮪」形近，因而致誤。「死」當爲「飽」，亦形之誤。（艸書二字相似。）墬形訓云：「蟬飲而不食。」荀子大略篇亦云：「飲而不食者，蟬也。」是蟬蛃雖飲而不多，故云入口若露而飽也。然許注已以魚名爲釋，或後人所增竄與？○寧案：孫說似是。疑許注「魚」當爲「蟲」，「鱼」、「虫」易混，因以致誤。智伯有三晉而欲不澹，三晉，智伯兼范、中行地。澹，足也。○寧案：大藏音義七十六引許注：「憺，足也。」「憺」、「澹」皆「贍」之假字。道藏本、景宋本作「贍」。林類、榮啟期衣若縣衰而意不慊。林類、榮啟期皆隱士。慊，恨也。○寧案：衰，簑本字。說文云：「艸雨衣。」太平御覽六百八十九引作簑。又唐本玉篇欠部引榮啟期作榮益期。由此觀之，則趣行各異，何以相非也。夫重生者不以利害己，立節者見難不苟免，貪禄者見利不顧身，而好名者非義不苟得。此相爲論，譬猶冰炭鉤繩也，何時而合！○寧案：太平御覽八百七十一引作「何時而可合」。引注云：「冰寒炭熱，鉤繩曲直，無時得合。」當是高注佚文。若以聖人爲之中，則兼覆而并之，未有可是非者也。○寧案：王念孫謂「并」下當沾「有」字，（說在繆稱訓。）是也。竊疑下句「未有可是非者也」，上「有」字誤入於此。夫飛鳥主巢，狐狸主穴，巢者巢成而得棲焉，穴者穴成而得宿焉。趨舍行義，亦人之所棲宿也，各樂其所安，致其所蹠，謂之成人。蹠，至也。○馬宗霍云：本書繆稱篇「各從其蹠而亂生焉」，彼注云：「蹠，願也。」蹠從庶得聲，蹠有願義，蓋從庶來。本文「蹠」字疑亦當訓「願」。「致」者，說文夊部云：「致，送詣也。」引申之，則致猶達也。左氏宣公二年傳「致果爲毅」，孔穎達疏云：「致謂達之于敵。」是其證。本文「致其所蹠」，猶言達其所願。與「樂其所安」義正相對。若如本注釋「蹠」爲「至」，則致其所至，二字意複矣。故以道論者，總而齊之。

治國之道，上無苛令，官無煩治，士無僞行，工無淫巧，其事經而不擾，其器完而不飾。亂世則不然，爲行者相揭以高，揭，舉。○劉文典云：羣書治要引「揭」作「揚」，注同。○寧案：羣書治要引「揭」作「揚」，形近而誤。說文「揭，高舉」，「揚，飛舉也」。此言「相揭以高」，作「揚」則與高不相應也。文子上義篇亦作「相揭以高」。爲禮者相矜以僞，車輿極於雕琢，器用逐於刻鏤，○劉文典云：羣書治要引「逐」作「遽」。○向宗魯云：「遽」與「劇」同。劇亦極也，作「逐」非。○呂傳元云：「逐」當爲「邃」。邃於刻鏤，猶言精於刻鏤也。「邃」字脱其上，傳寫更譌爲「逐」矣。宋本、藏本皆作「遽」，羣書治要引亦作「遽」，胥形近之誤。文子上義篇正作「邃於刻鏤」，當據改。○寧案：逐字自可通。玉篇：「逐，競也。」管子立政篇「工事競於刻鏤」，即逐於刻鏤也。宋本文子作「遂」，不作「邃」，呂說尤非。求貨者争難得以爲寶，詆文者處煩撓以爲慧。○呂傳元云：「詆文」當作「調文」，調文猶文調也。鹽鐵論鹽鐵取下篇云：「東嚮伏几，振筆如文調者，不知求索之急，箠楚之痛者也。」是其證。此猶言調文之人，以能治煩撓爲慧耳。羣書治要引正作「調」，當據改。争爲佹辯，久稽而不訣，○呂傳元云：「争」當爲「士」，士，事也。古本蓋作「事」，傳寫誤作「争」耳。「士爲佹辯」與下文「工爲奇器」對言。文子上義篇正作「士爲僞辯」，當據改。「久稽而不訣」，「訣」當作「決」，「訣」與「決」形聲近而譌。此猶言其稽遲而不決斷也，若作「訣」則非其指矣。宋本正作「決」。羣書治要引亦作

「泆」。文子上義篇同。○寧案：佹，羣書治要引作詭，文子上義篇同。荀子賦篇「請陳佹詩」，楊倞注：「佹異激切之詩。」後漢書班固傳「殊形詭制」，李注：「詭，異也。」佹蓋詭之或字。無益于治，工爲奇器，歷歲而後成，不周於用。故神農之法曰：「丈夫丁壯而不耕，天下有受其飢者。婦人當年而不織，天下有受其寒者。」故身自耕，妻親織，以爲天下先。○向宗魯云：吕氏春秋愛類篇：「神農之教曰：『士有當年而不耕者，則天下或受其饑矣。女有當年而不績者，則天下或受其寒矣。』故身親耕，妻親織，所以見致民利也。」即此所本。又管子揆度篇：「一農不耕，民有爲之飢者。一女不織，民有受其寒者」。賈子無蓄篇：「古人曰：一夫不耕，或爲之饑。一婦不織，或爲之寒。」潛夫論浮侈篇：「一夫不耕，天下必受其饑者。一婦不織，天下必受其寒者。」其導民也，不貴難得之貨，不器無用之物。是故其耕不強者，無以養生；其織不強者，無以揜形。○劉文典云：「其耕不強」，「其織不強」，兩「強」字於辭爲複。羣書治要引作「其織不力」，宋本同。有餘不足，各歸其身。衣食饒溢，○劉文典云：羣書治要引「溢」作「裕」。○寧案：文子上義篇亦作「衣食饒裕」。疑高本作裕。姦邪不生，安樂無事，而天下均平，故孔丘、曾參無所施其善，孟賁、成荆無所行其威。成荆，古勇士也。○陶方琦云：史記集解七十九及羣書治要引許注：「成荆，古勇士。」按史記范雎蔡澤列傳：「成荆、孟賁、王慶忌、夏育之勇焉而死。」吕覽論威：「成荆致死于韓王。」古荆、慶字通，成荆或作成慶。漢書景十三王傳「其殿門有成慶畫」，師古注：「成慶古勇士，見淮南子。」是淮南舊本或作成慶。○陳直云：漢書景十三王廣川王傳云：「其殿門有成慶畫，短衣大絝長劍。」蓋即本文之成荆。○寧案：荆卿又稱慶卿，爲荆、慶古通之證。史記范雎列傳集解引許慎曰：「成荆，古勇士。」與此合。是許本作「荆」而高本作「慶」也。集解引許注又云：「孟賁，衞人。」後漢書鄭太傳注引同。蓋亦此處注文而今本脱之也。衰世之俗，以其知巧詐僞，飾衆無用，貴遠方之貨，珍難得之財，不積於養生之具。澆天下之淳，澆，薄也。淳，厚也。○陶方琦云：文選陸機招隱詩注、王元長永明策秀才文注、劉孝標廣絶交論注引許注：「澆，薄也。」按文選注引「澆」與「㵆」同，非許原注。莊子繕性「㵆淳散樸」，釋文：「本作澆。」「澆」同「磽」。孟子「則地有肥磽」，趙注：「磽，薄也。」析天下之樸，牿服馬牛以爲牢。滑亂萬民，以清爲濁，性命飛揚，皆亂以營，貞信漫瀾，人失其情性。於是乃有翡翠犀象、黼黻文章以亂其目，芻豢黍粱、荆吴芬馨以嚂其口，荆、吴，國也。芬，珍味也。嚂，貪求也。○楊樹達云：「嚂」假爲「㜮」。説文女部云：「㜮，過差也。」鐘鼓管簫、絲竹金石以淫其耳，趨舍行義、禮節謗議以營其心。於是百姓糜沸豪亂，○向宗魯云：「豪」當爲「耄」，同「眊」。○于省吾云：「豪」應讀作「秏」。「秏亂」謰語，秏亦亂也。漢書酷吏傳贊：「寖以秏廢。」注：「秏，亂也。」「秏」同「眊」。精神篇：「弗疾去則志氣日秏。」注：「秏猶亂也。」暮行逐利，煩挐澆淺。淺，薄也，既薄尚澆也。法與義相非，行與利相反，雖十管仲弗能治也。且富人則車輿衣纂錦，纂，繪也。馬飾傅旄象，帷幕茵席，綺繡絛組，青黄相錯，不可爲象。貧人則夏被褐帶索，○劉文典云：「則夏」與下文「冬則羊裘解札」不一律。初學記人部中、御覽四百八十五引並作「夏則」。二十三引作「則夏」，疑後人據已誤之本改之也。含菽飲水，以充腸，以支暑熱，○莊逵吉云：太平御覽兩引，一引「支」作「止」，一引仍作「支」。○寧案：太平御覽二十三、四百八十五兩引，宋本、鮑本皆作「支」。冬則羊裘解札，解札，裘敗解也。○莊逵吉云：太平御覽兩引，一引「解札」作「蔽體」，一引仍作「解札」。有注云：「解札，爲裘如鎧甲之札，言其破壞也。」當是異本，故兩引兩異耳。○寧案：太平御覽凡三引。宋本太平御覽二十三、二十七兩引「解札」作「蔽體」，疑是後人不解「解札」之意所妄改。（原書蓋脱許注，今注乃以後高注羼入。）不知下言「短褐不掩形」，安得此言「羊裘蔽體」乎？故鮑本此兩引「蔽體」上皆有「不」字，正以上下句義相抵牾，故後人又加「不」字耳。然不蔽體與不掩形義複。四百八十五引，二本皆作「解札」，是也。引注云：「爲裘如鎧甲之札，言其破壞也。」乃許注佚文，由續引下句注文知之，（見下句莊伯鴻引。太平御覽二注同條，說詳下。）故今注乃高注羼入也。**短褐不掩形而煬竈口；**煬，炙也。○莊逵吉云：太平御覽引注作「煬，炙也，向竈口自温煬，讀高尚之尚也」。解讀甚精，當是今本脱之。○寧案：莊說是也。精神篇「抱德煬和」，高注：「煬，炙也，煬讀供養之養。」以「炙」訓「煬」，乃高承許說，而音讀殊異，故知太平御覽引乃許注佚文也。又御覽四百八十五引，正文「口」下有「焉」字。**故其爲編户齊民無以異，然貧富之相去也，猶人君與僕虜，不足以論之。**○王念孫云：「論」當爲「諭」，字之誤也。「諭」或作「喻」。太平御覽人事部一百二十六引此作「不足以喻之」，又引注云：「喻猶方也。」是其證。○劉文典云：羣書治要引「論」作「倫」。○馬宗霍云：「論」字不誤，論之言倫也，古與「倫」通。羣書治要引「論」正作「倫」。說文人部云：「倫，輩也。」引申之義則爲比。此謂貧富相去懸絶，譬之人君與僕虜，尚不足以比之也。莊子齊物論「有倫有義」，陸德明釋文云：「倫，崔本作論。」是論、倫相通之證。禮記中庸篇「毛猶有倫」，鄭玄注云：「倫猶比也。」是倫得訓比之證。御覽引作「喻」，又有注文，疑彼所據爲高本。○寧案：馬說未安。上句太平御覽引許注，不得此句引高注，蓋「諭」誤爲「論」，而羣書治要引作「倫」，不得據彼證此。御覽引注曰「喻猶方也」，乃許注而今本脱之也。又案：太平御覽四百八十五引「人君」下有「之」字。

夫乘奇技，僞邪施者，○于省吾云：「僞」應讀作「爲」，二字古通，治要逕改作「爲」，非是。上文「非批邪施也」，是「邪施」乃古人成語，施亦邪也。字又作「迆」。說文：「迆，衺行也。」是其證。自足乎一世之間；守正脩理不苟得者，不免乎飢寒之患；○寧案「脩」當爲「循」，王念孫有說，在原道訓。而欲民之去末反本，是由發其原而壅其流也。○王念孫云：「由是」當爲「是由」，「由」與「猶」同。羣書治要引此正作「是猶」。○劉文典云：王說是也。文選東都賦注東京賦注引亦竝作「是猶」。○寧案：道藏本作「由是」，故王校云然。景宋本作「是由」，莊本同。夫雕琢刻鏤，傷農事者也；○劉文典云：羣書治要引「琢」作「文」。○向宗魯云：「琢」當從治要引作「文」。說苑反質篇正作「文」。錦繡纂組，害女工者也；農事廢，女工傷，則飢之本而寒之原也。○劉文典云：羣書治要引作「農事廢業，饑之本也。女工不繼，寒之原也」。夫飢寒竝至，能不犯法干誅者，古今之未聞也。○劉文典云：「古今之未聞也」不詞，羣書治要引及宋本竝作「古今未之聞也」。○寧案：劉說是也。蜀藏本與宋本同。故仕鄙在時不在行，利害在命不在智。○陳觀樓云：「仕鄙」當爲「仁鄙」，字之誤也。仁與鄙相反，利與害相反。論衡命祿篇引此正作「仁鄙」。本經篇曰：「毀譽仁鄙不立。」漢書董仲舒傳曰：「性命之情，或夭或壽，或仁或鄙。」○寧案：陳說是也。本經篇又云：「仁鄙不齊，比周朋黨。」又人間篇「善鄙不同，誹譽在俗；趨舍不同，順逆在君」。（王念孫刪兩「不」字）句法同。此上下句皆各正反二義對舉。夫敗軍之卒，勇武遁逃，將不能止也；○馬宗霍云：爾雅釋訓、廣雅釋詁竝云：「武，迹也。」迹猶步也。本文勇武遁逃，蓋言敗軍之卒，其心已怯，故健步疾奔，惟恐逃之不速也。○寧案：馬說非是。

上文云：「爲天下顯武。」注：「楚人謂士爲武。」修務篇：「勇武攘捲一擣。」注：「武，士也，楚人謂士爲武。」「士」字作「武」，本書習見。此「勇武」與下句「怯者」對文，謂敗軍則勇士遁逃而將不能止也。訓武爲迹，非其指矣。勝軍之陳，怯者𣦸行，懼不能走也。○寧案：「死行」，蜀藏本作「先行」，疑「先」字是。故江河決沉一鄉，父子兄弟相遺而走，争升陵阪，上高邱，輕足先升，不能相顧也；○王念孫云：「沉」當爲「流」，字之誤也。（荀子勸學篇「瓠巴鼓瑟而流魚出聽」。大戴禮作「沉魚」。）「江河決流」爲句，「一鄉」二字下屬爲句，非以「沉一鄉」爲句。江河之決，所沉非止一鄉也。羣書治要引此正作「江河決流」。又「輕足先升」，「升」字與上文相複。羣書治要引作「輕足者先」，無「升」字，於義爲長。世樂志平，見鄰國之人溺，尚猶哀之，又況親戚乎？○楊樹達云：説文水部云：「休，没也，从水人。」讀與「溺」同，經傳通假溺字爲之。故身安則恩及鄰國，志爲之滅；○馬宗霍云：説文水部云：「滅，盡也。」志爲之滅，猶言志爲之盡。此謂鄰國有事，盡心力以赴之也。身危則忘其親戚，而人不能解也。○寧案：「人」字景宋本作「仁」。禮中庸：「仁者，人也。」釋名釋形體：「人，仁也。」孟子告子下篇：「親親，仁也。」身危則忘其親戚，故曰「仁不能解也」。游者不能拯溺，手足有所急也；灼者不能救火，身體有所痛也。夫民有餘即讓，不足則争，讓則禮義生，争則暴亂起。扣門求水，莫弗與者，所饒足也；○王念孫云：此用孟子語，則「水」下當有「火」字。羣書治要、意林引此皆作求水火。○楊樹達云：鹽鐵論授時篇云：「昏莫扣人門户求水火，貪夫不恡。何則？所饒也。」桓語用此文，亦有「火」字。林中不賣薪，湖上不鬻魚，所有餘也。○劉文典云：意林引「賣」作「貨」。御覽九百三十五引「所有餘也」，作「有所餘也」。○楊樹達云：鬻訓鍵，非此文義。此「鬻」假爲

「賣」。說文貝部云：「賣，衙也，从貝𡖍聲。讀若育。」「鬻」、「賣」音同，故通假耳。○馬宗霍云：本文兩「所」字皆指事之詞。「所饒足也」，據人而言，猶言彼饒足也。「所有餘也」，據地而言，猶言彼有餘也。「所」爲詞之「彼」，王氏經傳釋詞、劉氏助字辨畧皆無其例，此可補之。太平御覽九百三十五引「所有餘也」作「有所餘也」，蓋校者不達詞例，以意乙轉。不足據。○寧案：馬謂兩「所」字皆指事之詞，是也，所以說之非也。若謂「所饒足也」猶「彼饒足也」，「所有餘也」猶「彼有餘也」，則此文若作「彼所饒足也」，「彼所有餘也」，於「所」字將何以釋之？孟子子路篇：「舉爾所知，爾所不知，人其舍諸。」「所知」「所不知」與此「所饒足」「所有餘」同一句式，則「舉爾彼知，爾彼不知，人其舍諸」，成何文句也？又孟子公孫丑下篇「以其所有，易其所無者」，「所有」「所無」與此「所饒足」「所有餘」句式同，文義亦正反相同。如馬說，則「以其彼有，易其彼無者」，其與彼相複矣。竊謂此兩「所」字，前者指代饒足之物，卽水火，猶言饒足於水火也。後者指代有餘之物，卽薪、魚，猶言有餘於薪與魚也。孟子「舉爾所知」云云，亦猶言舉爾知之人，爾不知之人，其舍諸。餘例此。**故物豐則欲省，求澹則爭止。秦王之時，或人菹子，利不足也；**生子殺菹之。○俞樾云：「或人」卽國人也。說文戈部：「或，邦也。」口部：「國，邦也。」或、國古通用。○劉文典云：「或人菹子」，言人或有殺菹其子者耳。若作「國人」，則是舉國之人皆菹其子矣。事固不爾，文亦失經，俞說未安，不可從也。○寧案：俞說實勝。國人菹子，謂國人有菹子者，非必舉國之人皆菹子也。亦猶獨夫收孤，謂獨夫有收孤者，非必獨夫皆收孤也。左襄十七年傳：「國人逐瘈狗」，卽此「國人」之義。**劉氏持政，獨夫收孤，財有餘也。**劉氏謂漢也。**故世治則小人守政而利不能誘也，**○寧案：景宋本「政」作「正」，羣書治要引同，古通用。**世亂則君子爲姦而法弗能禁也。**

淮南子集釋卷十二

漢涿郡高誘注○陶方琦云：此篇許注。

道應訓

道應訓道之所行，物動而應，考之禍福，以知驗符也，故曰「道應」。○曾國藩云：此篇雜徵事實，而證之以老子道德之言，意以已驗之事，皆與昔之言道者相應也，故題曰「道應」。每節之末，皆引老子語證之，凡引五十二處。○劉文典云：莊子知北遊篇無始曰「有問道而應之者，不知道也。雖問道者，亦未聞道。道無問，問無應。無問問之是問窮也，無應應之，是無内也」，即「道應」二字之誼。此篇以太清問道於無窮爲始，故以「道應」題篇，叙目望文生義，以「道之所行，物動而應」釋之，非是。

太清問於無窮曰：「子知道乎？」無窮曰：「吾弗知也。」太清，元氣之清者也。無窮，無形也。又問於無爲無爲，有形而不爲也。曰：「子知道乎？」無爲曰：「吾知道。」無爲有形，故知道也。「子之知道亦有數乎？」○寧案：此用莊子知北遊文。莊子句首有「曰」字，以上下文例之，此亦當有。無爲曰：「吾知道有數。」曰：「其數奈何？」無爲曰：「吾知道之可以弱，可以强；可以柔，可以剛；可以陰，可以陽；可以窈，可以明；○俞樾云：「窈」讀爲「幽」，故與「明」相對。禮記玉藻篇「再命赤韍幽衡」，鄭注曰：「幽讀爲黝。」「窈」之通作「幽」，猶「幽」之通作「黝」也。○寧案：俞説是也。文子微明篇正作「可以幽，可以明」。可以包裹天地，可以應待無方：此吾所以知道之數也。」太清又問於無始無始，未始有之氣也。曰：「鄉者，吾問道於無窮，無窮曰：『吾弗知之。』又問於無爲，無爲曰：『吾知道。』曰：『子之知道亦有數乎？』無爲曰：『吾知道有數。』曰：『其數奈何？』無爲曰：『吾知道之可以弱，可以强；可以柔，可以剛；可以陰，可以陽；可以窈，可以明；可以包裹天地，可以應待無方：吾所以知道之數也。』若是，則無爲知與無窮之弗知，孰是孰非？」無始曰：「弗知之深而知之淺，弗知内而知之外，弗知精而知之粗。」○王念孫云：「弗知之深」，「之」字當在上文「無爲」下，「無爲之知」與「無窮之弗知」相對爲文。今本「無爲」下，脱「之」字則文不成義，「弗知」下衍「之」字則與下二句不對。莊子知北遊篇作「若是則無窮之弗知與無爲之知，孰是而孰非乎？無始曰：『弗知深矣，知之淺矣，弗知内矣，知之外矣。』」是其證。○劉文典云：王謂上文「無爲」下脱「之」字，是也。唯文子微明篇襲用淮南此文，作「知之淺不知之深，知之外不知之内，知之粗不知之精」，文雖倒，「不知」下固自有「之」字，且三句一律。文子襲用淮南子文，大抵删削多而增益少，或此文本作「弗知之深而知之淺，弗知之内而知之外，弗知之精而知之粗」，今本下二句敚兩「之」字耳。莊子文句與淮南相遠，文子則直襲用淮南，故以莊子校，不若以文子校之近確也。太清仰而歎曰：「然則不知乃知邪？知乃不知邪？孰知知之爲弗知，弗知之爲知邪？」無始曰：「道不可聞，聞而非也。道不可見，見而非也。道不可言，言而非也。孰知形之不形者乎？」○王念孫云：「形之不形」，當依莊子作「形形之不形」。郭象曰：「形自形耳，形形者，竟無物也」。少一「形」字，則義不可通。列子天瑞篇亦云：「形之所形者實矣，而形形者未嘗有。」故老子曰：「天下皆知善之爲善，斯不善也。」○寧案：見老子第二章。故「知者不言，言者不知」也。○寧案：語出老子第五十六章。

白公問於孔子曰：「人可以微言？」白公，楚平王之孫，太子建之子勝也。建見殺，白公怨而欲復讎，故問微言也。○向宗魯云：「言」下當有「乎」字，列子、文子、呂氏春秋皆有。○寧案：列子説符篇、呂氏春秋精諭篇「可以」作「可與」。儀禮鄉射禮「主人以賓揖」，鄭注：「以猶與也。」孔子不應。知白公有陰謀，故不應也。白公曰：「若以石投水中，何如？」○俞樾云：「中」字衍文。列子説符篇、呂氏春秋精諭篇竝作「若以石投水」。曰：「吳、越之善没者能取之矣」。曰：「若以水投水，何如？」孔子曰：「菑澠之水合，易牙嘗而知之」。菑、澠，齊二水名。○寧案：陶方琦據文選琴賦注引謂易牙當作狄牙，蓋許作狄而高作易，説在氾論篇「臾兒易牙」句下。白公曰：「然則人固不可與微言乎？」孔子曰：「何謂不可？誰知言之謂者乎？○王念孫云：「誰」當爲「唯」，字之誤也。言唯知言之謂者，乃可與微言也。呂氏春秋精諭篇作「唯知言之謂者爲可耳」，列子説符篇作「唯知言之謂者乎」，（文子微明篇同。）是其證。○寧案：「何謂不可」，謂讀爲「爲」，古通用。呂氏春秋作「何爲不可」。夫知言之謂者，不以言言也。」不以言，心知之。爭魚者濡，逐獸者趨，非樂之也。故至言去言，至爲無爲。夫淺知之所爭者，末矣。○寧案：莊子知北遊篇：「至爲無爲」作「至爲去爲」。文子微明篇同。白公不得也，故死於浴室。楚殺白公於浴室之地也。○寧案：浴室，景宋本作「洛室」，字之誤也。呂氏春秋精諭篇作「法室」，高注：「法室，司寇也。一曰浴室，澡浴之室也」。蓋高作「法」而許作「浴」。故老子曰：「言有宗，事有君，夫唯無知，是以不吾知也。」○寧案：見老子第七十章。白公之謂也。

惠子爲惠王爲國法，惠王，梁惠王。惠子，惠施也。○陶方琦云：羣書治要引許注：「惠王，魏惠王也。惠子，惠施也。」○寧案：太平御覽六百二十四引注：「惠王，梁惠王。惠子，惠王師也。」與今本異，蓋高注。已成而示諸先生，○劉文典云：御覽六百二十四引「示」下有「之」字。又有注云：「示爲國法。」先生皆善之。○王念孫云：「先生」二字，於義無取。呂氏春秋淫辭篇「先生」皆作「民人」。集韻、類篇「民」字古作「光」，「人」字唐武后作「𤯔」，疑「光」誤爲「先」，「𤯔」誤爲「生」也。○俞樾云：先生乃長老有德者之稱，惠子爲國法而示諸先生，乃就正有道之意。呂氏春秋淫辭篇「先生」皆作「民人」，舊校云「一作良人」，此當以「良人」爲是。序意篇「良人請問十二紀」，高注曰：「良人，君子也。」然則，諸良人卽諸先生也。若是民人，則惠子豈能一一示之？且使民人皆以爲善，則其可行也必矣，下文翟煎何以云善而不可行乎？王氏念孫反以「民人」爲是，而欲改淮南以從之，誤矣。○劉文典云：俞說是也，「先生」乃周季恆言。莊子天下篇：「其在於詩、書、禮、樂者，鄒、魯之士，搢紳先生，多能明之。」韓非子五蠹篇：「夫離法者罪，而諸先生以文學取。」所謂先生者，皆指長老有德者而言，辭本明顯，無可致疑。王氏乃欲改之，其失也鑿矣。○寧案：俞、劉說是也。孟子告子下云：「先生將何之？」趙注：「學士年長者，故謂之先生。」又本書人閒篇：「無故而黑牛生白犢，以問先生。」許注：「先生，先人生者也。」先人生卽年長者。趙、許釋先生之義甚明，王氏何言於義無取也？奏之惠王，惠王甚說之，以示翟煎，曰：「善。」○王念孫云：「曰善」上當更有「翟煎」二字，「以示翟煎，翟煎曰善」，與上文「示諸先生，先生皆善之。奏之惠王，惠王甚說之」，文同一例。今本「翟煎」二字不重，寫者脱之也。太平御覽引此已誤。羣書治要引此作「以示翟煎，翟煎曰善」，呂氏春秋作「以示翟翦，翟翦曰善也」，皆其證。○寧案呂氏春秋淫辭篇高注：「翟翦，翟黄之後也。」太平御覽六百二十四引此作翟璜，蓋高本作翟璜也。翟璜，文侯時人。見人閒篇。惠王曰：「善，可行乎？」翟煎曰：「不可。」惠王曰：「善而不可行，何也？」翟煎對曰：「今夫舉大木者，前呼邪許，後亦應之，○桂馥云：魏子才曰：「關西方言，致力於一事爲所。」李獻吉曰：「西土人謂著力幹此事則呼爲所。」馥謂「所」、「許」聲相近，詩「伐木許許」，說文引作「所所」，云「伐木聲也」。○向宗魯云：「邪許」，呂氏淫辭篇作「輿謣」。高注：「輿謣或作邪謣。前人唱，後人和，舉重勸力之歌聲也。」文子微明篇「邪許」一本作「邪軤」。此舉重勸力之歌也。豈無鄭、衞激楚之音哉？然而不用者，不若此其宜也。治國有禮，不在文辯。」○王念孫云：「有禮」當爲「在禮」，字之誤也。在與不在，相對爲文。羣書治要引此正作「在禮」。○向宗魯云：王說非是，治要亦後人妄改。禮與體同，猶云治國有體。文子微明篇亦作「有禮」。御覽六百二十四作「者禮」，「者」亦「有」之形譌。○寧案：向說是也。齊俗篇：「禮者，體也。」文子杜道堅纘義云：「治國有禮，初不在于文華之辯。不知治體而滋彰其法令者，適以爲盜法賊民之資。」正訓「禮」爲「體」。故老子曰：「法令滋彰，盜賊多有。」此之謂也。○寧案：見老子第五十七章。河上本「法令」作「法物」。

田駢以道術說齊王。田駢，齊臣。○寧案：注，景宋本作「田駢，齊人，諸臣」，道藏本、中立本作「田駢，齊人，齊臣」，治要引同。顧廣圻校「諸臣」作「諸田」。茅本同今本，乃明人所改。王應之曰：「寡人所有，齊國也。○劉文典云：御覽六百二十四引作「寡人之治齊國也」。○寧案：呂氏春秋執一篇「所有」下有「者」字，與「也」相應，於義爲長。道術難以除患，願聞國之政。」○寧案：「國之政」文義不明。下文兩言「齊國之政」，知此「國」上當有「齊」字。

呂氏春秋正作「願聞齊國之政」。田駢對曰：「臣之言，無政而可以爲政，譬之若林木，無材而可以爲材。願王察其所謂而自取齊國之政焉。己雖無除其患害，○向宗魯云：宋本、藏本無「害」字，是也。上云「道術難以除患」，與此相應，不當有「害」字。御覽六百二十四引無「害」字。○寧案：中立本亦無「害」字。茅本有，蓋明人誤入。天地之間，六合之內，可陶冶而變化也。齊國之政，何足問哉！此老聃之所謂『無狀之狀，無物之象』者也。○寧案：見老子第十四章。若王之所問者，齊也；田駢所稱者，材也。材不及林，林不及雨，雨然後材乃得生也。雨不及陰陽，陰陽不及和，和不及道。」○向宗魯云：宋本有注云：「道者求之由生之本也。」藏本「求」作「末」。注本作「木」。案：當作「道者，木所由生之本也」。

白公勝得荊國，不能以府庫分人。七日，白公篡得楚國，貪其財而不分人也，得積七日也。石乙入曰：石乙，白公之黨。○王念孫云：「石乙」當爲「石乞」，字之誤也。（「乞」即「气」之省文，非從「乙」聲，不得通作「乙」。）人閒篇及哀十六年左傳、史記楚世家、伍子胥傳、墨子非儒篇、呂氏春秋分職篇皆作石乞。○梁玉繩云：左氏哀十六年傳作「石乞」，「乞」、「乙」形聲相近通用，故左僖三十二年傳西乞，人間訓注作西乙，戰國楚策江乙，韓子內儲說上作江乞。○向宗魯云：王說爲長。宋本正作「乞」，明是俗本寫誤。梁所舉者，適足爲形似易誤之證，不得以爲通用也。○寧案：向說是也。梁謂「左傳西乞，人間訓注作西乙」，乃宋本如是。藏本、中立本仍作西乞，爲「乙」乃誤文之證。「不義得之，又不能布施，患必至矣。不能予人，不若焚之，毋令人害我」。○寧案：「毋令人害我」，文義不明，「人」下當有「以」字，謂毋令人以府庫之財害我也。呂氏分職篇正作「毋令人以害我」。白公弗聽也。九日，葉公入，葉公，楚大夫子高，自方城之外入殺白公。乃發大府之貨以予衆，出高庫之兵以賦民，因而攻之，十有九日而禽白公。葉公殺白公也。○寧案：「十有九日而禽白公」，當作「十有九日而白公死」。注「葉公殺白公也」，正所以釋「死」字，若作「禽」，則注不得言殺也。呂氏春秋分職篇正作「十有九日而白公死」。又精諭篇「此白公之所以死於法室」，高注：「九日而殺之。」本篇上文「白公不得也。故死於浴室」，注：「楚殺白公於浴室之地也。」皆以「殺」釋「死」。今本「禽白公」疑後人妄改。夫國非其有也，而欲有之，可謂至貪也；○寧案：「可謂至貪也」，「也」當爲「矣」。下文「可謂至愚矣」，是其證。呂氏分職篇正作「矣」。不能爲人，又無以自爲，可謂至愚矣。譬白公之嗇也，何以異於梟之愛其子也。梟子長，食其母。○陶方琦云：御覽九百二十七引許注：「梟子大，食其母。」按「大」應作「長」。詩「流離之子」，陸璣疏曰：「自關以西謂梟爲流離，其子適長大，還食其母。」呂氏春秋分職篇高注亦云：「梟愛養其子，長而食其母也。」意林引桓子新論：「梟生子，長食其母，乃能飛。」竝作「長」字。故老子曰「持而盈之，不如其已。揣而鋭之，不可長保」也。○寧案：見老子第九章。

趙簡子以襄子爲後，董閼于曰：「無卹賤，今以爲後，何也？」董閼于，趙氏臣。無卹，襄子之名，簡子之庶子也。簡子曰：「是爲人也，能爲社稷忍羞。」襄子能柔，能忍恥也。異日，知伯與襄子飲而批襄子之首。○楊樹達云：説文手部云：「𢱧，反手擊也，从手，毘聲。」「批」當爲「𢱧」之或作，此猶肉部「膍」或作「肶」，蟲部「蠶」或作「蚍」之比。○寧案：説苑建本篇作「灌襄子之首」，與此異。大夫請殺之。襄子曰：「先君之立我也，曰能爲社稷忍羞，豈曰能刺人哉。」○向宗魯云：左傳哀二十七年：「知伯曰：『惡而無勇，何以爲子？」對曰：「以能忍恥，庶無害趙宗乎？」」處十月，知伯圍襄子於晉陽，襄子疏隊而擊之，疏，分也。隊，軍二百人爲一隊。分斯隊卒擊之。○于省吾云：分隊卒而曰「疏隊」，甚爲不詞。「隊」古「隧」字，謂潛道也。疏謂疏通，言通其隧道而擊之也。大敗知伯，破其首以爲飲器。飲溺器，椑榼也。○莊逵吉云：左傳：「行人執榼承飲，造于子重。」褚少孫補大宛傳曰「飲器」，韋昭說：「飲器，椑榼也。」皆爲酒器，非溺器也，疑此「酒」字譌「溺」。○劉台拱云：齊俗訓「胡人彈骨」，注云：「胡人之盟約，置酒人頭骨中，飲以相詛。」漢書匈奴傳云：「元帝遣車騎都尉韓昌、光祿都尉張猛」與匈奴盟，「以老上單于所破月氏王頭爲飲器者共飲立盟」。按此則襄子破知伯首爲飲器者，蓋與韓、魏盟也。今注「溺」字當衍。○寧案：齊俗篇云：「胡人彈骨，中國歃血，所由各異。」漢書匈奴傳載「以老上單于所破月氏王頭爲飲器者共飲立盟」，正所謂「胡人彈骨」也。若謂襄子破知伯首爲飲器者，蓋與韓、魏盟，則是中國與胡人同俗，非「所由各異」也。劉說與韓、魏盟非。又案：道藏本、中立本、景宋本無注文六字，茅本有，蓋明人所加。呂氏春秋義賞篇載此事作「斷其頭以爲觴」，高注：「觴，酒器也。」說苑建本篇作「漆其首以爲酒器」。史記大宛傳集解引晉灼曰：「飲器，虎子之屬。」明人據以爲說，非是。

故老子曰：「知其雄，守其雌，其爲天下谿。」○寧案：見老子第二十八章，作「爲天下谿」，無「其」字。

齧缺問道於被衣，齧缺、被衣，皆堯時老人也。被衣曰：「正女形，壹女視，天和將至。攝女知，正女度，神將來舍。德將來附若美，而道將爲女居。惷乎若新生之犢，而無求其故。」○王念孫云：「德將來附若美」，本作「德將爲若美」，此後人因上句「神將來舍」而妄改之也。若亦女也。「德將爲若美，道將爲女居」，相對爲文，若改爲「德將來附」，則「若美」二字文不成義矣。此文以度、舍、居、故爲韻。後人不知「舍」字之入韻，（舍，古讀若庶，故與度、居，故爲韻。後人讀「舍」爲始夜反，故不入韻。）故改此句爲「德將來附」，以與「度」爲韻，不知古音「度」在御部，「附」在候部，（説見六書音均表）「附」與「度」非韻也。莊子知北遊篇作「德將爲女美而道將爲女居」，文子道原篇作「德將爲女容，道將爲女居」，皆其證。○向宗魯云：「惷」，莊子作「瞳」。釋文引李云：「未有知貌。」蓋借爲僮蒙之「僮」。大戴主言篇「商愨女僮」，亦「僮」之借。廣雅釋詁：「僮，癡也。」晉語「僮昏不可使謀」，注：「僮，無知也。」此作「惷」，正同意。○寧案：向説是也。説文：「惷，愚也。」揚子太玄經「僮然未有知」，與「惷」同義。言未卒，齧缺繼以讎夷。讎夷，熟視不言貌。○于省吾云：按讎夷卽讎眱。廣雅釋訓：「讎眱，直視也。」與注義符。被衣行歌而去曰：「形若槁骸，心如死灰，直實不知，以故自持，○王念孫云：「直實知」三字，文不成義，當從莊子文子作「真其實知」。今本「真」誤爲「直」，又脱「其」字。主術篇注曰：「故，巧也。」「真其實知，不以故自持」，莊子所謂「去智與故，循天之理」也。漢魏叢書本改爲「直實不知，以故自持」，而莊本從之，斯爲謬矣。墨墨恢恢，無心可與謀。○寧案：「墨墨恢恢」，莊子作「媒媒晦晦」。釋文引李云：「媒媒，晦貌。」彼何人哉！」故老子曰：「明白四達，能無以知乎？」○寧案：老子第十章作「明白四達，能無知。」

趙襄子攻翟而勝之，取尤人、終人。尤人、終人，翟之二邑。○王念孫云：左人，道藏本、劉本、朱本「左」字並作「龙」，俗書「左」字作「龙」，因誤而爲「龙」，茅本改「龙」爲「尤」，而莊本從之，斯爲謬矣。吕氏春秋慎大篇作「老人」，亦「左人」之誤，晉語、列子並作「左人」。水經滱水注「滱水東逕左人城南。應劭曰：『左人城在唐縣西北四十里』」是也。今改正。「攻翟」上當有「使」字。襄子使新稚狗攻翟而未親往，故下文言使者來謁也，羣書治要引此有「使」字。晉語曰：

「趙襄子使新稚穆子伐狄。」列子説符篇同。是其證。「左人終人」句與上句義不相屬，莊據列子於句首加「取」字，理或然也。○顧廣圻云：「尤」當作「左」，「終」當作「中」。呂覽「左」誤「老」。○寧案：後漢郡國志中山國：「唐有中人亭，有左人鄉。」注引博物記曰：「中人在縣西四十里。」「左人，唐西北四十里。」唐，今河北唐縣。此中人作終人，古通用。

使者來謁之，襄子方將食而有憂色。左右曰：「一朝而兩城下，此人之所喜也，今君有憂色，何也？」襄子曰：「江、河之大也，不過三日；三日而減也。○陶方琦云：羣書治要引許注：「三日而減也。」○寧案：「江、河之大也，不過三日」，文義不明。疑「也」上當奪「溢」字。許注「三日而減」，正就「溢」字言之也。江、河之大小，豈可以三日增減乎？文子微明篇作「江河之大溢」，是其證。説苑説叢篇作「江、河之溢」，無「大」字，亦有「溢」字。呂氏春秋慎大覽誤與淮南同。

飄風暴雨，日中不須臾。言其不終日也。○俞樾云：「飄風暴雨」下脱「不終朝」三字。老子曰：「飄風不終朝，驟雨不終日。」是其義也。「日中不須臾」乃日中則仄之義。今脱「不終朝」三字，則若飄風暴雨亦不須臾者，失其義矣。列子説符篇正作「飄風暴雨不終朝，日中不須臾」，可據以訂正。呂氏春秋慎大篇亦脱「不終朝」三字。○陶方琦云：羣書治要引許注：「言其不能終日。」按：呂覽慎大「日中不須臾」，高注：「易曰：『日中則仄』，故曰不須臾。」其説與許亦異。○楊樹達云：淮南此篇文多本呂氏春秋。此條出呂氏慎大覽，彼文無「不終朝」三字，知淮南亦本無之。説苑説叢篇云「江、河之溢，不過三日；飄風暴雨，須臾而畢」，乃用呂覽及此文。彼文云「須臾而畢」，不云終朝而畢，知彼所據呂覽及淮南亦無「不終朝」三字也。俞氏謂呂氏亦脱三字，説並非是。○寧案：楊説是也。此文以江河與風雨對舉，老子以飄風、驟雨對舉，列子以風雨與日中對舉，行文各異。此云「飄風暴雨，日中不須臾」者，謂飄風暴雨如日中之不須臾也。若作飄風暴雨不終朝，則是以江河、風雨、日中三者並列，則説苑用此文，何獨畧去日中之喻？且注云「言其不終日也」，若作飄風暴雨不終朝，則許君無庸以「不終日」釋「不終朝」；若謂釋「不須臾」，則日中不終日，是何語也？故老子、列子自作「不終朝」，淮南自作「不須臾」，不得據彼改此也。今趙氏之德行無所積，今一朝兩城下，亡其及我乎！」○王念孫云：「今一朝兩城下」，本作「一朝而兩城下」，此後人嫌其與上文相複而改之也。不知此是復舉上文之詞，當與前同，不當與前異。若云「今一朝兩城下」，則與上句「今」字相複矣。羣書治要引此正作「一朝而兩城下」。列子、呂氏春秋並同。○于鬯云：王襍志云云。鬯謂此復舉上文之辭，固無嫌於語同，亦何嫌於文變？必謂當同不當異，何其拘泥？且此文法顯然，何以必欲改與上文不同，而轉與上句「今」字犯複？後人之不通不至此也。蓋此本淮南原文。古人行文，固多疊用「今」字而不嫌其複者：戰國齊策「今秦之伐天下」以下複四「今」字，趙策「今事有可急者」以下亦複四「今」字，魏策「今臣直欲棄臣前之所得矣」以下複三「今」字，皆可案也。又如史記高祖紀云「今父老雖爲沛令守，諸侯並起，今屠沛，沛今共誅」，亦複三「今」字。又云「今誠得長者往，毋侵暴，宜可下；今項羽慓悍，今不可遣」，亦複三「今」字。是則漢人喜效戰國文法，複「今」字不爲厭。此止複兩「今」字，尤不當怪。治要所節淮南子，本不盡可訂今本。至列子天瑞篇、呂氏慎大覽與淮南，固宜各存本文可也。孔子聞之曰：「趙氏其昌乎！」夫憂所以爲昌也，而喜所以爲亡也。勝非其難也，○王念孫云：劉本於此下增入「持之其難者也」一句，云「舊本無此句，非」。案：列子、呂氏春秋皆有此句，羣書治要引淮南亦有此句，則劉增是也。莊本作「持之者其難也」，則與上句不對，非是。○寧案：王説是也。史記藺相如傳：「太史公曰：非死者難也，處死者難。」二句對文成義，是其比。又案：今本「難」下脱「者」字。道藏本、茅本、景宋本及列子說符篇、（于鬯誤作天瑞篇。）呂氏慎大覽皆作「勝非其難者也」，當據沾。持之者其難也。賢主以此持勝，故其福及後世。齊、楚、吳、越，皆嘗勝矣，然而卒取亡焉，不通乎持勝也。唯有道之主能持勝。孔子勁杓國門之關，杓，引也。古者縣門下，從上杓引之者難也。○王念孫云：列子釋文引此作許注，今高注有之者，蓋後人以許注竄入也。又案：「杓」當爲「扚」，字從手，不從木。玉篇：「杓，甫遙、都歷二切，斗柄也。又市若切。」「扚，丁激切，引也」。廣韻：「杓，甫遙切，北斗柄。」「扚，都歷切，引也。」許注訓「扚」爲「引」，則其字當從手。玉篇、廣韻訓「扚」爲「引」，卽本於許注。其證一也。史記天官書「用昏建者杓」索隱：「說文：『杓，斗柄。』音匹遙反。」又下文「扚雲如繩者」，索隱：「扚，說文音丁了反。許慎注淮南云：『扚，引也』。」是「扚」音丁了反而訓爲「引」，與「杓」字不同。其證二也。晉書天文志「扚雲如繩」，何超音義「扚音鳥」，鳥與丁了同音，其證三也。而今本淮南及列子釋文、史記、漢書「扚」字皆誤作「杓」，（晉書又誤作「⿰忄勺」。）與玉篇、廣韻不合。世人多見「杓」，少見「扚」，遂莫有能正其失者矣。○洪頤煊云：「杓」當作「扚」。說文：「扚，疾擊也，从手勺聲。」兵畧訓「爲人扚者死」，高注：「扚，所擊也。」史記天官書「扚雲如繩者，居前亘天」，索隱：「說文音丁了反。許慎注淮南云：『扚，引也』。」今諸本皆譌作「杓」。○陶方琦云：列子釋文引許注：「杓，引也。古者縣門下，从上杓引之者難也。」史記索隱但引「杓引也」三字。「杓」字从手不从木。說文：「扚，疾擊也。」「摽，擊也，一曰：挈闔牡也。」「扚」卽同「摽」。玉篇：「扚，丁激反，引也」。廣韻：「扚，都歷反，引也。」訓皆本淮南許注，故索隱引說文「扚音丁了反」，而卽引淮南注「扚，引」之訓，知此字定當從手。主術訓「孔子之通，力招城關」，高注：「以一手招城門關端能舉之。」呂氏春秋慎大覽「孔子之勁，舉國門之關，而不肯以力聞」，高注：

「勁，强也，以一手捉城門關顯而舉之，不肯以力聞也。」「捉」亦「招」字之誤。是高作「招」與許作「扚」正異。道應訓爲許注本，故作「扚」。列子説符「孔子之勁，能拓國門之關」，張注：「拓，舉也。」「拓」亦「招」字。文選吳都賦引列子正作「招」，云與「翹」同。顔氏家訓誡兵篇：「孔子力翹門關，不以力聞。」而不肯以力聞；墨子爲守攻公輸般服，而不肯以兵知。○寧案：「墨子爲守攻」，「攻」當爲「使」，字之誤也。「使」字草書作「攺」，與「攻」形近。墨子公輸篇：「公輸盤九設攻城之機變，子墨子九距之；公輸盤之攻械盡，子墨子之守圉有餘。」呂氏春秋愛類篇：「公輸般設攻宋之械，墨子設守宋之備，九攻之，墨子九却之。」是公輸設攻而墨子爲守也，不得曰「墨子爲守攻」也。太平御覽三百二十二引此文誤題墨子，正作「墨子爲守，使公輸盤服」，是其證。道藏本、中立本、茅本、景宋本此下有注云：「墨子雖善爲兵，而不肯以知兵聞也」。今本脱去。太平御覽引注正同，知題「墨子」乃「淮南」之誤也。善持勝者，以强爲弱，故老子曰：「道沖而用之，又弗盈也。」○寧案：太平御覽三百二十二引「又」作「有」。老子第四章作「道沖而用之，或不盈」。河上注：「或，常也。」

惠盂見宋康王，○楊樹達云：文本呂氏春秋順説篇，又見列子黄帝篇。「惠盂」彼二書皆作「惠盎」。蹀足謦欬疾言曰：○馬宗霍云：説文言部云：「謦，欬也。从言殸聲。殸，籀文磬字。」玄應一切經音義卷六引蒼頡篇：「謦，聲也。」然則謦與欬分言，謦亦爲欬。謦欬連文，蓋以「謦」字狀「欬」，猶言欬聲如磬耳。劉熙釋名釋樂器曰：「磬，罄也，其聲罄罄然堅緻也。」欬聲似之，故曰謦。「寡人所説者，勇有功也，不説爲仁義者也，○王念孫云：「蹀足」上當更有「康王」二字，今本脱去，則文義不明。列子黄帝篇作「惠盎見宋康王，康王蹀足謦欬疾言」，是其證。「有功」當爲

「有力」，字之誤也。「勇有力」對下句「仁義」而言，若作「有功」，則非其指矣。下文皆言有力，不言有功。列子及呂氏春秋順説篇並作「勇有力」，是其證。客將何以教寡人？」惠孟對曰：「臣有道於此，人雖勇，刺之不入；雖巧有力，擊之不中。〇王念孫云：「人雖勇」上當有「使」字。下文曰「臣有道於此，使人雖勇弗敢刺，雖有力不敢擊」，又曰「使人本無其意」，又曰「使天下丈夫女子，莫不歡然皆欲愛利之」，皆其證也。今本脱「使」字，則與上句義不相屬。列子、呂氏春秋皆有「使」字。又案「有力」上本無「巧」字，此後人以文子道德篇加之也。案文子云「雖巧擊之不中」，此云「雖有力擊之不中」，文各不同，加「巧」字於「有力」之上，則文不成義矣。下文云「雖有力不敢擊」，亦無「巧」字也。列子、呂氏春秋皆無「巧」字。大王獨無意邪？」宋王曰：「善！此寡人之所欲聞也。」惠孟云：「夫刺之而不入，擊之而不中，此猶辱也。臣有道於此，使人雖有勇弗敢刺，雖有力不敢擊。夫不敢刺，不敢擊，非無其意也。臣有道於此，使人本無其意也。夫無其意，未有愛利之心也。臣有道於此，使天下丈夫女子，莫不歡然皆欲愛利之心，〇王念孫云：「愛利」之下，不當有「心」字，此因上文「未有愛利之心」而誤衍也。文子、列子、呂氏春秋皆無「心」字。下文云「天下丈夫女子，莫不延頸舉踵而願安利之」，亦無「心」字。此其賢於勇有力也，四累之上也。大王獨無意邪？」此上凡四事，皆累於世，而男女莫不歡然爲上也。〇曾國藩云：累者，層累也。刺不入，擊不中，一層也；弗敢刺，弗敢擊，二層也；無其意，三層也；歡然愛利，四層也。故曰「四累之上」。高注失之。〇向宗魯云：呂氏春秋順説篇高注：「四累謂卿、大夫、士及民四等也。君處四分之上，故曰四累之上，喻尊高也。臨下以德，則下愛利之矣。大王意獨無欲之邪？」畢沅云：「四累卽指上所言層累而上凡四等，注非是，而張湛注列子亦與之同。」案此篇許注，故與高注呂覽異，而説皆誤。曾説即畢説。宋王曰：「此寡人所欲得也。」惠孟對曰：「孔、墨是已。孔丘、墨翟，無地而爲君，無官而爲長，無地爲君，以道富也。無官爲長，以德尊也。天下丈夫女子，莫不延頸舉踵而願安利之者。今大王，萬乘之主也。誠有其志，則四境之内，皆得其利矣。此賢於孔墨也遠矣！」宋王無以應。惠孟出，宋王謂左右曰：「辯矣，客之以説勝寡人也！」故老子曰：「勇於不敢則活。」○王念孫云：「老子曰」下脱「勇於敢則殺」一句，兩句相對爲文，單引一句則文不成義。文子道德篇亦有此句。○寧案：見老子第七十三章。由此觀之，大勇反爲不勇耳。

昔堯之佐九人，禹、皋陶、稷、契、伯夷、倕、益、夔、龍也。○寧案：説苑君道篇云：「當堯之時，舜爲司徒，契爲司馬，禹爲司空，后稷爲田疇，夔爲樂正，倕爲工師，伯夷爲秩宗，皋陶爲大理，益掌敺禽。」與此注九人畧異。舜之佐七人，皆與堯同臣其七人也。○顧廣圻云：七人即七友也。注謬。○向宗魯云：顧以七人爲七友，是也。齊策：「堯有九佐，舜有七友，禹有五臣，湯有三輔。」是其證。（七友人名見尸子及四八目。）武王之佐五人，謂周公、召公、太公、畢公、毛公也。○梁玉繩云：呂氏春秋分職云：「武王之佐五人。」注：「五人者，周公旦、召公奭、太公望、畢公高、蘇公忿生也。」與此注小異。案此亦高、許異説也。堯、舜、武王於九七五者，不能一事焉，然而垂拱受成功者，○寧案：諸本「者」作「焉」，非，蓋涉上而誤。善乘人之資也。故人與驥逐走，則不勝驥，託於車上，則驥不能勝人。○寧案：文本呂氏春秋審分覽。北方有獸，其名曰蹷，鼠前而兔後，鼠前足短，兔後足長，故謂之蹷。趨則頓，走則顛，常爲蛩蛩駏驉取甘草以與之。蛩蛩駏驉前足長，後足短，故能乘虛而走，不能上也。蹷有患害，蛩蛩駏驉必負而走。○莊逵吉云：爾雅曰：「西方有比肩獸焉，與邛邛岠虛比，爲邛邛岠虛齧甘草。即有難，邛邛岠虛負而走。其名謂之蹷。」攷此獸，唯爾雅作西方，呂不韋書及説苑皆云北方。説文解字與爾雅同。郭璞注之曰：「今雁門廣武縣夏屋山中有獸，形如兔而大，相負共行，土俗名之爲蹷鼠。」錢別駕云：「周書王會篇稱『獨鹿邛邛岠虛』，獨鹿卽涿鹿。史記五帝本紀注，徐廣曰『一作濁鹿』，古字獨、濁、涿相通，故借用之。」廣武、涿鹿，地居西北相近，故一稱北方，一稱西方也。解字「蹷」作「蟨」，從虫；「駏驉」作「巨虛」，「邛」作「蛩」，字爲正。然則，作「邛」者省，作「岠」者借，作「蹷」及「駏驉」者別也。此以其能託其所不能。故老子曰：「夫代大匠斲者，希不傷其手。」○寧案：見老子第七十四章。

薄疑説衞嗣君以王術。嗣君，衞國君也。嗣君應之曰：「予所有者千乘也，願以受教。」薄疑對曰：「烏獲舉千鈞，又況一斤乎？」杜赫以安天下説周昭文君。昭文君，周衰分爲西東，各自立其君也。文君謂杜赫曰：○王念孫云：「文君謂杜赫曰」上脱「昭」字，當依上句及呂氏春秋務大篇補。「願學所以安周。」赫對曰：「臣之所言不可，則不能安周；臣之所言可，則周自安矣。」此所謂弗安而安者也。故老子曰：「大制無割。」○寧案：見老子第二十八章。故「致數輿無輿」也。○寧案：見老子第三十九章。

魯國之法，魯人爲人妾於諸侯，○王念孫云：呂氏春秋察微篇、説苑政理篇、家語致思篇「妾」上俱有「臣」

字，於義爲長。有能贖之者，取金於府。子贛贖魯人於諸侯，來而辭不受金。孔子曰：「賜失之矣！夫聖人之舉事也，可以移風易俗，而受教順可施後世，○王念孫云：「教順」上本無「受」字，此因上文「不受金」而誤衍也。「教順」即「教訓」也。（訓、順古多通用，不煩引證。）「教訓」上有「受」字，則與下四字義不相屬矣。說苑、家語並作「教導可施於百姓」，是其證。非獨以適身之行也。今國之富者寡而貧者衆，贖而受金，則爲不廉，○寧案：呂氏春秋察微篇作「取其金則無損於行」。此文本呂氏春秋，「爲」上當有「不」字。不爲不廉，即謂無損於行也。且二句緊承上句「國之富者少而貧者衆」言之，若作「則爲不廉」，則文義不貫。孔子家語致思篇作「贖而受金則爲不廉，則何以相贖乎？」彼反詰語，亦謂受金不爲不廉也。說苑政理篇誤與淮南同。不受金則不復贖人。自今以來，魯人不復贖人於諸侯矣。」○寧案：謂「魯人不復贖人於諸侯矣」，蓋指今後而言，自今觀之，不當曰來而當曰往。呂氏春秋正作「自今以往」，應據正。孔子家語作「自今以後」，義同。孔子亦可謂知禮矣。故老子曰：「見小曰明。」○王念孫云：「知禮」本作「知化」，謂知事理之變化也。見子贛之不受金，而知魯人之不復贖人，達於事變，故曰知化，（齊俗篇曰：「唯聖人知其化。」呂氏春秋驕恣篇曰：「智短則不知化。」知化篇曰：「凡智之貴也，貴知化也。」）非謂其知禮也。俗書「禮」字或作「礼」，形與「化」相近，「化」誤爲「礼」，後人因改爲「禮」耳。齊俗篇述此事而論之曰：「孔子之明，以小知大，以近知遠」，即此所謂「知化」也，故下文引老子「見小曰明」之語。呂氏春秋論此事曰：「孔子見之以細，觀化遠也。」說苑曰：「孔子可謂通於化矣。」此皆其明證。○寧案：老子語見第五十二章。

魏武侯問於李克曰：李克，武侯之相。「吴之所以亡者何也？」○梁玉繩云：韓詩外傳十、新序襍事五俱作魏文侯。○寧案：貞觀政要辯興亡篇亦作魏文侯。呂氏春秋適威篇作「魏武侯之居中山也。」高注：「武侯，文侯之子也。樂羊伐中山，得中山，故武侯居之也。」李克對曰：「數戰而數勝。」武侯曰：「數戰數勝，國之福，○寧案：呂氏春秋作「國家之福」。淮南本呂氏春秋，「國」下當有「家」字。景宋本正作「國家之福」。其獨以亡，何故也？」對曰：「數戰則民罷，數勝則主憍，○寧案：管子幼官篇「數戰則士罷，數勝則君驕，驕君使罷民，則國危」，（兵法篇畧同。）卽此文所出。「憍」卽「驕」本字。以憍主使罷民，而國不亡者，天下鮮矣。憍則恣，恣則極物；罷則怨，怨則極慮。上下俱極，吴之亡猶晚矣！夫差之所以自刎於干遂也。」越伐吴，夫差所以自殺也。○寧案：道藏本、茅本、景宋本皆奪「物罷則怨怨則極」七字，韓詩外傳同。呂氏春秋適威篇有七字，中立本據補，今本從之，是也。又案：「夫差之所以自刎於干遂也」與上句文不相屬，景宋本上句「矣」作「此」，下屬，呂氏春秋同，當據改。又「自刎」，道藏本、景宋本作「自剄」。說文無「刎」字。故老子曰：「功成名遂，身退，天之道也。」○寧案：見河上本老子第九章。今本老子作「功遂身退」，無「成名」二字。

甯越欲干齊桓公，○盧文弨云：此書主術、齊俗、氾論前後皆作甯戚，此「越」字譌。○寧案：「越」乃「戚」字之譌，是也。太平御覽五百七十二、八百七十引此文皆作甯戚。文選嘯賦注同。葢高作「戚」而許本誤作「越」。陶方琦氏有說，見主術訓。困窮無以自達，於是爲商旅將任車，任，載也。詩曰：「我任我輦。」○馬宗霍云：注訓「任」爲「載」，是也。引詩「我任我輦」。案：詩之「任」，毛傳訓「任者」，鄭箋訓「負任者」，似非淮南本文之切證。本文合「任車」爲一名詞，任車猶言載物之車耳。注不解「將」字，案：「將」當讀如詩小雅谷風篇「無將大車」之「將」。鄭君彼箋云：「將猶扶進也。」「將任車」者，即扶此載物之車以進路也。**以商於齊，**○陳季皋云：「商」，疑涉上文而誤。新序雜事五作「以適齊」，原當相同。呂氏舉難篇作「以至齊」，其義不異也。**暮宿於郭門之外。桓公郊迎客，夜開門，辟任車，爝火甚盛，**爝，炬火也。○吳承仕云：御覽八百七十引注云：「爝火，炬火也。」是也。此脱一「火」字，應據補。**從者甚衆。甯越飯牛車下，望見桓公而悲，擊牛角而疾商歌。**○莊逵吉云：「疾」，太平御覽一引作「習」，一引作「疾」。○梁玉繩云：氾論訓注云，其歌曲在道應訓，今本無之。案文選嘯賦注引此文「商歌」下有「曲」字。又云：「甯戚，衞人。商，金聲，清，故以爲曲。歌曰：『出東門兮厲石班，上有松柏兮青且蘭，麤布衣兮縕縷，時不遇兮堯、舜。牛兮努力食細草，大臣在爾側，吾當與爾適楚國。』」此段與本文相連，疑即其注，後人佚寫耳。○向宗魯云：氾論篇乃高注本，今所存道應乃許注本，故不相應。但御覽五百七十二引「而疾商歌下」有云：「歌曰：南山粲，白石爛，短褐單衣長止骭，生不逢堯與舜禪，終日飼牛至夜半，長夜漫漫何時旦！」下接「桓公聞之」云云。是注文連引入正文。（御覽引注「任，載也。毛詩曰：我任我輦也」。與今注同，塙爲許注。是許注有歌也。）氾論篇注云：「歌曲在道應説也。」是高於道應注有歌曲，或歗賦所引即高本耳。（御覽所引歌知非正文者，以所歌與史記鄒陽傳集解應劭引「南山矸」云云畧同。彼謂出三齊記，不云出淮南。又此文本呂氏舉難篇，而新序雜事五又用本書正文，皆無歌曲耳。高本正文無歌，許本亦不應有也。文選嘯賦注引應劭説所載歌曲與集解微異，琴操所載又畧不同。○寧案：藝文類聚四十三引甯戚歌云：「滄浪之水白石粲，中有鯉魚長尺半，穀布單衣裁至骭，清朝飯牛至夜半，黄犢上坂且休息，吾將捨汝相齊國。」與史記集解及太平御覽引文雖畧異，其爲七言歌行則同。東漢末五言詩始臻成熟，如此成熟之七言，不得産生於許、高之前，許高更不得令春秋甯戚歌之。至嘯賦注所引，楚歌也，甯戚衛人歌於齊，許、高何言作楚聲？吕氏春秋舉難篇高注云：「歌碩鼠也。」並引詩「碩鼠碩鼠」云云。畢沅曰：孫云：「後漢書馬融傳注引説苑曰：『甯戚飯牛於康衢，擊車輻而歌碩鼠。』與此正合。」（今説苑善説篇云：「甯戚飯牛康衢，擊車輻而歌顧見。」梁仲子云：「以上下文義求之，『顧見』當是『碩鼠』之訛。」）氾論篇謂其歌在道應説也，氾論乃高注，則道應篇高注引當是碩鼠。應劭引謂出三齊記，藝文類聚不言所出，嘯賦及太平御覽引託爲許注，疑皆好事者爲之。桓公聞之，撫其僕之手曰：「異哉！歌者非常人也。」○俞樾云：吕氏春秋舉難篇「歌者」上有「之」字，當從之。「之」猶「是」也，之歌者即是歌者也，無「之」字則文不備。新序雜事篇作「此歌者」，「此」亦猶「是」也。命後車載之。桓公及至，○王念孫云：「及」當爲「反」，字之誤也，反至。謂桓公反而至於朝也。吕氏春秋舉難篇、新序雜事篇並作「反至」。從者以請，桓公贛之衣冠而見，説以爲天下。○楊樹達云：二句文義不完。「見」下當有「之甯越見」四字。「桓公贛之衣冠而見之」爲一句，「甯越見」爲一句，「説以爲天下」爲一句。此因二「見」字相混，故誤奪耳。吕氏春秋舉難篇、新序雜事篇五並有「之甯越見」四字，當據補。景宋本亦脱四字。桓公大説，將任之。羣臣爭之曰：「客，衛人也。衛之去齊不遠，君不若使人問之。問之而故賢者也，用之未晚。」桓公曰：「不然。問之，患其有小惡也。以人之小惡，而忘人之大美，此人主之所以失天下之士也。」

凡聽必有驗，一聽而弗復問，合其所以也。合己聽知之意，所以用之。○馬宗霍云：本文「驗」字與「合」字相應，「所以」二字，指意中所欲者言，「問」字承上文「不若使人問之」言。此蓋謂凡聽人之説，必先驗其説之是否有當，一聽而不復使人問之者，當初聽之時，已驗其說與己意中所欲者相合也。注文以「所以用之」釋「所以」，似未安。○寧案：馬氏說本文之義是也，謂許注以「所以用之」釋「所以」，非也。注文蓋以「合己聽知之意」釋「合其所以」，以「所以用之」足成句意，非以釋「所以」也。馬氏於注文似未了。且人固難合也，權而用其長者而已矣。○王念孫云：「合」當爲「全」，言用人不可求全也。「全」、「合」字相近，又因上文「合其所以」而誤。呂氏春秋、新序並作「全」。當是舉也，桓公得之矣。故老子曰：「天大，地大，道大，王亦大。域中有四大，而王處其一焉。」○寧案：今本老子第二十五章「道大」在「天大」上，「處」作「居」。先言道是也。以言其能包裹之也。

太王亶父居邠，翟人攻之，事之以皮帛珠玉而弗受。曰翟人之所求者地，無以財物爲也。大王亶父曰：○寧案：兩「曰」字複，衍上「曰」字。莊子讓王篇作「事之以皮幣而不受，事之以犬馬而不受，事之以珠玉而不受，狄人之所求者土地也。大王亶父曰」云云。無上「曰」字。彼以「狄人之所求者土地也」一句爲作者敘述之詞，非作大王語也。呂氏春秋審爲篇作「事以皮幣而不受，事以珠玉而不肯，狄人之所求者地也。大王亶父曰」云云。無上「曰」字與莊子同。孟子梁惠王章作「事之以皮幣，不得免焉；事之以犬馬，不得免焉；事之以珠玉，不得免焉。乃屬其耆老而告之曰：『狄人之所欲者吾土地也，吾聞之也，君子不以其所以養人者害人。』」孟子以「狄人之所欲者吾土地也」一句爲大王亶父之言，故句上有「曰」字，下文不再有「大王亶父曰」。淮南文本莊子、呂氏春秋，上「曰」字當據刪。「與人之兄居而殺其弟，與人之父處而殺其子，吾弗爲。皆勉處矣！爲吾臣與翟人奚以異？○劉文典云：「爲吾臣與翟人奚以異」，語意未晰。莊子讓王篇作「爲吾臣與爲狄人臣奚以異」，當從之。呂氏春秋審爲篇作「爲吾臣與狄人臣奚以異」。且吾聞之也，不以其所養害其養。」○楊樹達云：「不以其所養害其養」，文義不完，文當云「不以其所以養害其所養」。所以養謂土地，所養謂人民也。此文本莊子讓王篇、呂氏春秋審爲篇。審爲篇云：「不以所以養害所養」，讓王篇云：「不以所用養害所養」，皆其證矣。孟子梁惠王下篇云「君子不以其所以養人者害人」，文亦有「以」字。○寧案：楊説是也。説林篇云：「夫所以養而害所養」，又其證。人閒篇「秦牛缺曰：聖人不以所養害其養」，誤與此同。杖策而去，民相連而從之，遂成國於岐山之下。岐山，今之美陽北山也。其下有周地，因是以爲天下號也。大王亶父可謂能保生矣。○向宗魯云：「能保生矣」下當疊「能保生者」四字，莊子、呂氏春秋皆有。（二書「保」作「尊」。）○徐仁甫云：呂覽審爲篇：「大王亶父可謂能尊生矣。能尊生，雖貴富不以養傷生」，可證淮南本文「能保生矣」下脱「能保生」三字。此兩句相重而誤脱，古笈類然，宜據呂覽補之。○寧案：徐説是也。文子上仁篇與呂覽同，莊子多一「者」字，淮南文本呂覽。雖富貴，不以養傷身；雖貧賤，不以利累形。今受其先人之爵祿，則必重失之。所自來者久矣，而輕失之，豈不惑哉！○王念孫云：「所自來者」上當有「生之」二字。此承上文「保生」而言，言人皆重爵祿而輕其生也。脱去「生之」二字，則文不成義。莊子讓王篇、呂氏春秋審爲篇、文子上仁篇皆有「生之」二字。○寧案：王校是也。然莊子文無此句，王氏不應引證。故老子曰：「貴以身爲天下，焉可以託天下；愛以身爲天下，焉可以寄天下矣。」○劉文典云：「焉」當訓「乃」，猶言貴以身爲天下，乃可以託天下；愛以身爲天下，乃可以寄天下也。禮月令「天子焉始乘舟」，墨子親士篇「焉可以長生保國」，魯問篇「焉始爲舟戰之器」，國語晉語「焉始爲令」，皆其比也。今本老子作「故貴以身爲天下者，則可寄於天下；愛以身爲天下者，乃可以託於天下。」莊子在宥篇作「故貴以身於爲天下，則可以託天下；愛以身於爲天下，則可以寄天下。」則、乃詞亦相近。○馬宗霍云：本文見老子第十三章。開元本老子兩「焉」字皆作「若」。傅奕本老子兩「焉」字皆作「則」。王引之經傳釋詞謂「淮南道應篇引老子『則』作『焉』，是『焉』與『則』亦同義」，蓋據傅本言也。若依開元本，是「焉」又通作「若」。然淮南所引在前，要以作「焉」爲古本。王弼老子注云：「無以易其身，故曰貴也。如此乃可以託天下也。無物可以損其身，故曰愛也。如此乃可以寄天下也。」余疑輔嗣所據本與淮南同，故以「乃」字訓之。以「焉」爲「乃」，經傳諸子其例甚多。劉家立淮南集證讀兩「焉」字上屬，以爲句絶之詞，誤矣。又案本書詮言篇「能不以天下傷其國，而不以國害其身者，焉可以託天下也」。「焉」字之義與此同。茅一桂改「焉」作「爲」，而莊逵吉本從之，是亦不達古人詞例者也。宜爲王念孫所譏。

中山公子牟中山，鮮虞之國。○于省吾云：按杕氏壺「鮮虞」作「鮮于」。謂詹子曰：「身處江海之上，心在魏闕之下，爲之柰何？」江海之上，言志在于己身心之魏闕也。言內守。○吳承仕云：俶真篇述詹子語同。注云：「一曰：心下巨闕，神內守也。」又呂氏春秋審爲篇注云：「身在江海之上，言志放也。魏闕，心下巨闕也。心下巨闕，言神內守也。」二注義與此同。此注文有譌奪，應據彼文正。○楊樹達云：莊子釋文云：「魏，淮南作巍。」知今本與唐人所見本多異矣。詹子曰：「重生。重生則輕利。」重生，己之性也。○吳承仕云：生、性聲義相近，舊多互訓。此文應作「重生，重己之性也」。亦以「性」釋「生」，各本誤奪一「重」字。中山公子牟曰：「雖知之，猶不能自勝。」詹子曰：「不能自勝則從之。○寧案：道藏本、茅本、景宋本皆奪「詹子曰不能自勝」七字，兩「不能自勝」相混而誤。中立本不奪。從之神無怨乎！言不勝己之情欲則當縱心意，則己神無怨也。○向宗魯云：怨讀爲苑。

俶真篇「形苑而神壯」，注：「苑，枯病也。」莊子作「惡」。（吕氏春秋同。）釋文：「惡如字，又烏路反」。案：如字是也。惡亦病。○馬宗霍云：本文承上文「重生則輕利」而言。勝猶克也，從猶徇也。言好利之心不能自克，則勢必舍身以從之，賈子所謂「貪夫徇財」也。漢書賈誼傳顔師古注引臣瓚曰：「以身從物曰徇」。是「從」得訓「徇」之證。以身徇財，是爲重利而輕生，故曰「神無怨乎」？乎者疑詞，言神不能無怨也。許君釋從爲縱恣之「縱」，其義似短。○寧案：馬説非是。吕氏春秋三「從」字皆作「縱」也。「從之神無怨乎」許注：「從心意則己神無怨也。」吕氏春秋「怨」作「惡」，高注：「放之神無所憎惡。」觀二注，此文不當作疑問語。疑「乎」字當爲「夫」，下屬爲句，乃起下之詞。莊子讓王篇釋文云：「一讀連下不能自勝爲句」。蓋亦以句不當作疑問語也。又案：「無壽類矣」，吕氏春秋高注：「神傷則夭殞札瘥。」蓋謂重傷之人，非長壽之類，承上「重生」言之。楊謂壽當讀爲疇，於意轉晦。不能自勝而强弗從者，此之謂重傷；重傷之人，無壽類矣。」○楊樹達云：「壽類」二字文不相承，壽當讀爲「疇」。國策齊策云：「夫物各有疇。」高彼注云：「疇，類也。」疇、類同義，故連言也。故老子曰：「知和曰常，知常曰明，益生曰祥，心使氣曰强。是故用其光，復歸其明」也。○劉文典云：「益生曰祥，心使氣曰強」，「曰」皆當爲「日」，形近而誤也。今本老子玄符第五十五作「知和曰常，知常曰明，益生日祥，心使氣日強」，注：「人能知道之常行，則日以明達於玄妙也。」是所見本上二「曰」字亦作「日」。○寧案：「用其光」二句見今本老子第五十二章。俞樾以爲第五十五章原有，爲後人所删。

楚莊王問詹何曰：「治國柰何？」○寧案：見吕氏春秋執一篇、列子説符篇。對曰：「何明於治身，而不明於治國。」楚王曰：「寡人得立宗廟社稷，○俞樾云：「立」字無義，疑「主」字之誤。○劉文典云：「列子説符篇及藝文類聚五十二引本書並作「寡人得奉宗廟社稷」，可據以訂正。俞説非是。○楊樹達云：「立」當讀爲「涖」。詩采芑云：「方叔涖止。」毛傳：「涖，臨也」。「涖」字或作「莅」。禮記文王世子云：「成王幼、不能莅阼。」國策秦策云：「莅政有頃。」此云「涖宗廟社稷」，猶云「莅阼」「莅政」也。「立」字古與「涖」通。周禮鄉師云：「執斧以涖匠師。」鄭注云：「故書涖作立。鄭司農云：立讀爲涖。」是其證也。俞氏不求之於聲，而求之於形，集解欲據類書以改字，似皆不免無事自擾矣。○于省吾云：按「立」、「奉」無由致譌。「立」古「涖」字。國差𦉜、陳猷釜並有「立事」之語。立事即涖事，涖，臨也，此言寡人得臨宗廟社稷也。○寧案：楊、于説是也，本書涖字多作立。主術篇「桓公立政」，氾論篇「立政者不能廢法而治民」；「管仲免于累紲之中，立齊國之政」，皆其例。願學所以守之。」詹何對曰：「臣未嘗聞身治而國亂者也，未嘗聞身亂而國治者也，故本任於身，不敢對以末。」○王念孫云：「任」當爲「在」，字之誤也。呂氏春秋執一篇作「爲國之本在於爲身」，列子説符篇作「故本在身」，皆其證。楚王曰：「善。」故老子曰：「脩之身，其德乃真也。」○寧案：見老子第五十四章。今本作「脩之於身」。

桓公讀書於堂，桓公，齊君。輪扁斲輪於堂下，○王念孫云：「輪人」當依莊子天道篇作「輪扁」，輪扁之名，當見於前，不當見於後也。高注「輪扁人名」四字，本在此句之下，因「扁」誤爲「人」，後人遂移置於下文「輪扁曰」云云之下耳。○楊樹達云：文本莊子天道篇。「堂」下莊子有「上」字，與下文「堂下」相對，是也，當據補。韓詩外傳卷五作「楚成王讀書於殿上」，文雖不同，亦有「上」字。○寧案：道藏本、中立本、景宋本此「輪扁」皆作「輪人」，故王校云然。莊本不誤。釋其椎鑿而問桓公曰：「君之所讀者，何書也？」桓公曰：「聖人之書。」輪扁曰：「其人焉在？」輪扁，人名，問作書之人何在也。○陳觀樓云：「其人在焉」當作「其人焉在」，故高注云：「問作書之人何在。」○俞樾云：焉猶乎也。儀禮喪服傳曰：「野人曰：父母何算焉？」禮記檀弓篇曰：「子何觀焉？」論語子路篇曰：「又何加焉？」皆是也。其人在焉，猶曰其人在乎？故桓公告之曰：「已死矣。」莊子天道篇作「聖人在乎？」與此文異而義同。○寧案：景宋本、道藏本、中立本、景宋本作「其人在焉」，故陳校云然。陳校是也，俞氏強説不可從。蓋「焉」字在句末，若前有「何」字相呼應，則「焉」可視猶「乎」，俞氏所舉三例皆是也，不得與此同例。孟子公孫丑下「王無患焉」，「焉」字不得視猶「乎」也。若改「無」爲「何」，則「焉」與「乎」同。又列子湯問篇「有子存焉」，與「其人在焉」句甚相似，「焉」字安得視猶「乎」也？莊本乙正是也。桓公曰：「已死矣。」輪扁曰：「是直聖人之糟粕耳！」糟，酒滓也，粕，已漉之精也。○陶方琦云：莊子釋文引許注作：「粕，已漉粗糟也。」今注「之精」二字卽「粗糟」之譌。一切經音義引作「已𣾰糟曰粕也」，「𣾰」卽「漉」字，「糟」上脱一「粗」字，又倒易其文耳。説文：「糟，酒滓也。」釋名：「酒滓曰糟，浮米曰粕。」○于省吾云：按注「精」字乃「粗」字之譌，本應作「粕，已漉之粗也」。○寧案：大藏音義九引許注「糟，酒滓，𣾰糟曰粕也」。七十七、九十二引作「糟，酒滓也。粕，已𣾰糟也」。皆不作「粗糟」。疑莊子釋文引「粗」字乃「糟」字之誤而衍。此「糟」誤作「精」。「粗」、「之」形音皆遠，「之」字當是寫者臆增。桓公悖然作色而怒曰：○楊樹達云：説文色部云：「艴，怒色也。」大徐音蒲没切。「悖」乃同音假借字。下文云「佽非㪍然瞋目」，「㪍」亦「艴」之假字。○寧案：説文「艴」字注引論語「色艴如也」，今論語鄉黨作「勃」。又「孛」字注引論語，「色孛如也」，楚策「王佛然作色」，本篇「佽非㪍然瞋目」，是「艴」、「勃」、「孛」、「佛」、「㪍」、「悖」並字異而義同。「寡人讀書，工人焉得而譏之哉！有説則可，無説則死。」輪扁曰：「然，有說。臣試以臣之斲輪語之：大疾，則苦而不入；苦，急意也。大徐，則甘而不固。甘，緩意也。不甘不苦，應於手，厭於心，而可以至妙者，臣不能以教臣之子，而臣之子亦不能得之於臣。是以行年七十，老而爲輪。○寧案：道藏本、景宋本作六十，此從中立本、茅本作七十，蓋明人據莊子改。今聖人之所言者，亦以懷其實，窮而死，獨其糟粕在耳。」故老子曰：「道可道，非常道；名可名，非常名。」○寧案：見老子第一章。

昔者，司城子罕相宋，○楊樹達云：文本韓非子外儲說右下篇，又見韓詩外傳卷七及說苑君道篇。○寧案：又見韓非子二柄篇。謂宋君曰：「夫國家之安危，○向宗魯云：「安危」宋本藏本作「危安」，此依外傳乙轉，非也。說苑作「危定」，亦「危」字在上。○寧案：中立本亦作「危安」，茅本作「安危」，蓋明人所改而今本從之也。百姓之治亂，在君行賞罰。○俞樾云：「君」字衍文，涉下文「君自行之」而衍。此但言行賞罰，下乃分別言之，曰：「夫爵賞賜予，民之所好也，君自行之；殺戮刑罰，民之所怨也，臣請當之。」若此文有「君」字，則下文不可通矣。○寧案：有「君」字是也。賞罰之行固已在君，故曰「在君行賞罰」，下乃因民有好惡而請分其民怨者，非初論君臣賞罰分工也。文義不悖。韓詩外傳七、說苑君道篇竝有「君」字。夫爵賞賜予，民之所好也，君自行之；殺戮刑罰，民之所怨也，臣請當之。」宋君曰：「善。寡人當其美，子受其怨，寡人自知不爲諸侯笑矣。」國人皆知殺戮之專，制在子罕也，○呂傳元云：「專制」正當作「制專」，猶言殺戮之制，子罕專之也。宋本作「制專」。韓詩外傳七作「國人知殺戮之刑，專在子罕也」，說苑君道篇作「刑戮之威，專在子罕也」，外傳作「刑專」，說苑作「威專」，亦足證此當作

「制專」矣。○寧案：呂說是也。說文：「制，裁也。」氾論篇高注：「專，獨。制，斷也。」此言裁斷殺戮，由子罕獨行之也。若上句已言專，而下言制在子罕，則成何文義矣。管子明法解「夫生殺之柄，專在大臣」，亦其證。大臣親之，百姓畏之，居不至期年，子罕遂卻宋君而專其政。○王念孫云：「卻」當爲「刼」，字之誤也。韓詩外傳作「去」，「去」亦「刼」之誤。韓子外儲說右篇作「刼宋君而奪其政」，是其證。二柄篇又云：「宋君失刑而子罕用之，故宋君見刼。」史記李斯傳亦云：「司城子罕刼其君。」又說林篇「知己者不可誘以物，明於死生者不可却以危」，「却」亦當爲「刼」。繆稱篇曰：「有義者不可欺以利，有勇者不可刼以懼。」是其證。故老子曰：「魚不可脫於淵，國之利器，不可以示人。」○寧案：見老子第三十六章。

王壽負書而行，見徐馮於周。王壽，古好書之人。徐馮，周之隱者也。○俞樾云：韓非子喻老篇「周」下有「塗」字，是也。行而見之，則必在道塗之閒，故曰見徐馮於周塗，周塗猶周道也。○寧案：俞說未諦也。下句「徐馮曰」，「徐」字卽「塗」字之誤，又誤屬下句讀之耳。（涂通塗。周禮夏官司險「設國之五溝五涂」鄭注：「五涂：徑、畛、涂、道、路也。」「塗」書爲「涂」，與「徐」形近。）上文「昭文君謂杜赫曰，願學所以安周，赫對曰」云云，稱赫而不稱杜赫，此稱馮而不稱徐馮，其比同。淮南文本韓非子，韓子喻老篇正作「見徐馮於周塗，馮曰」，是其明證。徐馮曰：「事者應變而動，變生於時，故知時者無常行；書者言之所出也，言出於知者，知者藏書。」於是王壽乃焚書而舞之。自喜焚其書，故舞之也。○王念孫云：「知者藏書」本作「知者不藏書」，與「知時者無常行」相對爲文。今本脫「不」字，則與上下文不相屬矣。太平御覽學部十三引此有「不」字。韓子喻老篇同。「焚書而舞之」，御覽引「焚」下有「其」

字，韓子同。據高注云「自喜焚其書，故舞之也」，則正文本有「其」字。○寧案：王校未善也。「言出於知者，知者藏書」，當作「言出於知，知言者不藏書」。今本上句衍「者」字，下句敓「言」字、「不」字，蓋「言」誤爲「者」，又誤倒，故屬上讀之耳。「知時者無常行」承上「時」字，「知言者不藏書」承上「言」字，王校作「知者不藏書」，蓋讀「知」爲「智」，涉上而誤也。如王校，則上文「知時者」亦知者也，前舉小名，後舉大名，是爲不類，且不承且對矣。淮南文本韓非子，今本韓子作「知者無常事」，「知者不藏書」。上句「知」下敓「時」字，而淮南不敓，下句「知」下應有「言」字，二書皆敓。北堂書鈔一百一「王壽負書」條引韓非子正作「事者爲也，爲生於時，知時者無常事；書者言也，言生於知，知言者不藏書」。是其明證。故老子曰：「多言數窮，不如守中。」○寧案：見老子第五章。

令尹子佩請飲莊王，子佩，楚莊王之相。請飲，置酒也。莊王許諾。○莊逵吉云：太平御覽引下有「子佩期之于京臺，莊王不往，明日」共十三字，當是脱文。京臺即强臺，下並同。○王念孫云：太平御覽人事部一百九引「莊王許諾」下有「子佩具於京臺，莊王不往，明日」共十二字，今本脱去，當補入。文選應璩與滿寵書注引此「子佩」作「子瑕」，亦云「子瑕具於京臺，莊王不往」。「京」、「强」二字，古同聲而通用，故今本「京臺」作「强臺」。○寧案：文選與從弟君苗君胄書注引亦有「子瑕具於京臺，莊王不往」十字。又引高誘曰：「京臺，高臺也。」與滿寵書注引高誘曰：「京臺，高臺也。方皇，大澤也。」是高本作「子瑕」，作「京臺」，許本作「子佩」，作「强臺」也。子佩疏揖，北面立於殿下疏，徒跣也。揖，舉手也。○王念孫云：太平御覽人事部一百九引正文「疏」作「跣」，與高注「徒跣」合，今據改。○李哲明云：徒跣而揖，於禮不合。疏揖即長揖。氾論篇「體大者節疏」，注：「疏，長也。」是此「疏」字亦當訓「長」，於文爲適。○

馬宗霍云：說文云部云：「疏，通也，从㐬从疋，疋亦聲。」「㐬」即「云」之或體。云者，不順忽出也，故「疏」引申之義爲疏解。疋者，足也。故「疏」又兼有足義。此注以徒跣釋之者，說文足部云：「跣，足親地也。」徒跣者必解韈，正合「疏」之引申義。然則「疏」非誤字也。又案左氏哀公二十五年傳「褚師聲子韈而登席」，杜預注云：「古者見君解韈。」是徒跣爲古者人臣見君之禮，施之淮南本文，情事適符，故注釋疏爲徒跣矣。御覽引「疏」作「跣」，蓋傳寫者不得「疏」字之解，涉注文以改正文，未足據。○寧案：馮說近之。泰族篇「子婦跣而上堂」，亦可證古禮如是。北堂書鈔八十五引作「子佩既請而揖」，當是別本。

曰：「昔者，君王許之，今不果往，果，誠也。○陶方琦云：文選謝宣遠于安城答靈運詩注、繁欽與魏文帝牋注、魏文帝與鍾大理書注引許注：「果，誠也。」按：「誠」，一本作「成」。論語「行必果」，皇疏引繆協注：「果，成也。」○寧案：大藏音義五十四引許注云：「果猶成。」意者，臣有罪乎」？莊王曰：「吾聞子具於强臺。强臺者，南望料山，以臨方皇，料山，山名。方皇，水名，一曰山名。○莊逵吉云：料山，太平御覽引作獵山。○劉文典云：文選應休璉與滿公琰書注引作「吾聞京臺者，南望獵山，北臨方皇」，又引高注云：「京臺，高臺也。方皇，大澤也。」與此注不合。蓋許、高二家之異。「强臺」高本作「京臺」，京、强古音同字通。說苑正諫篇、家語辯政篇字又作「荆」，亦以同音通用。料山，高本及說苑作獵山。方皇，說苑作方淮。料、獵、皇、淮雙聲，古亦通用。○呂傳元云：「以臨方皇」當作「北臨方皇」，南與北對言也。文選應休璉與滿公琰書注引正作「北臨方皇」。左江而右淮，其樂忘死。○寧案：文選與滿寵書注，與從弟君苗君胄書注引作「其樂忘歸」。（御覽引同）二文引高注，知高本作「歸」也。若吾德薄之人，不可以當此樂也，恐留而不能反。」○向宗魯云：「留」當從選注、御覽作「流」。○寧案：向說是也。孟子梁惠王章「從流下而忘反，謂之流」，淮南正用其義。今本蓋後人臆改。故老子曰：「不見可欲，使心不亂。」○寧案：見老子第三章。

晉公子重耳出亡，過曹，無禮焉。曹共公聞重耳駢脅，使袒而捕魚，設薄以觀之。○馬宗霍云：事見左氏僖公二十三年傳。本文「曹」下當重「曹」字，作「曹無禮焉」，其義乃明。今本不重，寫者脱之也。注文與左傳異。傳云：「曹公聞其駢脅，欲觀其裸浴，薄而觀之。」不言「捕魚」，「薄」上無「設」字。孔穎達正義引晉語云：「曹共公聞其駢脅，欲觀其狀，止其舍，諜其將浴，設微薄而觀之。」此視內傳稍詳，且言「設薄」，然亦不言「捕魚」。惟呂氏春秋上德篇述此事作「曹共公視其駢脅，使袒而捕池魚」。本書人閒篇作「晉公子重耳過曹，曹君欲見其駢脅，使之袒而捕魚」，皆言「捕魚」。但又不言「設薄」。然則此注袒而捕魚，蓋本之呂覽，（人閒篇當亦出呂覽。）設薄以觀，又本之國語，不用左傳也。黄氏日抄謂捕魚之事，恐無此理，則亦祇可資異聞，未足據也。○寧案：左傳、國語、呂氏春秋及本書人閒篇皆重「曹」字，馬説是也。又案：欲見其駢脅，可設薄以觀裸浴，近也。可設薄以觀捕魚乎？注「設」字疑後人依晉語所加。釐負羈之妻謂釐負羈曰：○梁玉繩云：國語作僖負羇，宋庠補音云：「內傳作『羈』，古通。」案人閒、齊俗、繆稱並作「羈」。「君無禮於晉公子。吾觀其從者，皆賢人也，從者，狐偃、趙衰之屬也。若以相，夫子反晉國，必伐曹。子何不先加德焉！」釐負羈遺之壺餕，而加璧焉。重耳受其餕而反其璧。○楊樹達云：餕爲食之餘，禮記曲禮云「餕餘不祭」是也。此「餕」當讀爲「飧」，以音近假借耳。左傳僖公二十三年云：「乃饋盤飧，寘璧焉。公子受飧反璧。」字作「飧」。○向宗魯云：顧校謂「餕」當作「飧」，非是。「餕」與「饌」同。及其反國，起師伐曹，剋之，令三軍無入釐負羈之里。故老子曰：「曲則全，枉則正。」○王念孫云：道藏本「正」作「直」，此淺人以今本老子改之也。唐傅奕校定古本老子及邢州龍興觀碑並作「枉則正」，與「窪則盈，弊則新」爲韻。然則淮南所引作「正」，乃老子原文，未可以今本改之也。○寧案：見老子第二十二章。

越王勾踐與吴戰而不勝，國破身亡，困於會稽。忿心張膽，氣如涌泉，選練甲卒，赴火若滅，然而請身爲臣，妻爲妾，親執戈爲吴兵先馬走，果禽之於干遂。先馬走，先馬前而走也。○王念孫云：「爲吴兵先馬走」，當作「爲吴王先馬」。今本「吴王」作「吴兵」，涉下文「襄子起兵」而誤，其「走」字則涉注文而衍也。據注云「先馬，（句）走先馬前」，則正文無「走」字明矣。爲吴王先馬，即上文所謂「身爲臣」也，若作「吴兵」，則非其指矣。越語曰：「其身親爲夫差前馬。」韓子喻老篇曰：「身執戈爲吴王洗馬。」（「先」、「洗」古字通。）皆其證。（注文「先馬，走先馬前」，道藏本、劉本、朱本並同。茅本於「走先馬前」下加「而走也」三字，蓋誤以「先馬走」絶句故也。莊本同。）○梁玉繩云：吴仁傑兩漢刊誤補遺七引淮南書作「爲吴王先馬走」，此作「兵」字譌。越語曰「其身親爲夫差前馬」，漢書百官公卿表注引作「先馬」。韓子喻老篇云：「身執干戈爲吴王洗馬。」皆可證。故老子曰：「柔之勝剛也，弱之勝强也，天下莫不知，而莫之能行。」○寧案：見老子第七十八章。傅奕本無二「也」字。河上、王弼作「弱之勝強，柔之勝剛，天下莫不知，莫能行。」越王親之，故霸中國。

趙簡子死，未葬，中牟入齊。中牟自入臣於齊也。已葬五日，襄子起兵攻圍之，未合而城自壞者十丈。○王念孫云：此當作「襄子起兵攻之，（句）圍未合而城自壞者十丈」。今本「之圍」二字誤倒，則文不成義。太平御覽兵部四十九引此不誤。韓詩外傳作「襄子興師而攻之，圍未帀而城自壞者十丈」。新序雜事篇作「襄子率師伐之，圍未合而城自壞者十堵」。襄子擊金而退之。軍法鼓以進衆，鉦以退之。軍吏諫曰：「君誅中牟之罪而城自壞，是天助我，何故去之？」襄子曰：「吾聞之叔向曰：『君子不乘人於利，不迫人於險』。○寧案：太平御覽二百七十九引韓詩外傳作「承人於利」，「乘」、「承」古通。尚書君奭篇「乘兹大命」，「乘」猶「承」也。此言不承人之利也。（「之」、「於」義同，意林引「於」作「之」。）「利」字外傳本或作「危」，與下句意複，疑非。使之治城，城治而後攻之。」○向宗魯云：御覽三百十八引下「治」字作「成」，御覽百九十二引外傳亦作「成」。（今外傳脫。）中牟聞其義，乃請降。故老子曰：「夫唯不争，故天下莫能與之争。」○寧案：見老子第二十二章。

秦穆公謂伯樂曰：「子之年長矣，子姓有可使求馬者乎？」子姓，謂伯樂子。○寧案：左傳昭四年：「問其姓。」杜注：「問有子否？」與許説合。故此下文云：「臣之子皆下材也。」列子説符篇注云：「問伯樂之種姓。」非是。對曰：「良馬者，可以形容筋骨相也。相天下之馬者，若滅若失，若亡若滅，其相不可見也。若失，乍入乍出也。若亡，髣髴不及也。其一。○王引之云：此當以「若亡其一」爲句。莊子徐無鬼篇：「天下馬有成材，若卹若失，若喪其一。」陸德明曰：「言喪其耦也。」齊物論篇：「嗒焉似喪其耦。」司馬彪曰：「耦，身也，身與神爲耦。」此言若亡其一，亦謂精神不動，若亡其身也。高讀至「若亡」爲句，則「若一」二字，上下無所屬矣。且一與失、徹爲韻，如高讀則失其韻矣。○劉文典云：王説是也。列子説符篇作「若滅若没，若亡若失」，亦以没、失、轍三字爲韻，四字爲句，可爲王説之一證。又案：「天下之馬」與上句「良馬」相對爲文，所謂「若滅若失，若亡其一」，乃指馬言，非指相馬言也。「天下之馬」

上不當有「相」字。莊子徐無鬼篇、列子説符篇「天下馬」上並無「相」字，是其證矣。若此馬者，絶塵弭轍。絶塵，不及也。弭轍，引迹疾也。○寧案：道藏本、景宋本「轍」作「徹」。孫志祖云：「古車轍字作徹。」臣之子皆下材也，可告以良馬，而不可告以天下之馬。臣有所與供儋纏采薪者九方堙，纏，索也。九方堙，人姓名。○王念孫云：「供」當爲「共」，此因「儋」字而誤加人旁也。蜀志郤正傳注引此正作「共」。列子説符篇同。「纏」字之義，諸書或訓爲繞，（説文）或訓爲束，（廣雅）無訓爲索者，「纏」當爲「纆」，字之誤也。説文作纆，云：「索也。」字或作「纆」。坎上六「係用徽纆」，馬融曰：「徽纆，索也。」劉表曰：「三股曰徽，兩股曰纆。」故高注云：「纆，索也。」若作「儋纏」，則義不可通矣。列子及郤正傳注、白帖九十六「纆」字亦誤作「纏」，蓋世人多見「纏」，少見「纆」，故傳寫多誤耳。（管子乘馬篇「鎌纆得入焉」，今本「纆」字亦誤作「纏」，唯宋本不誤。韓子説疑篇「或在囹圄縲紲纆索之中」，今本亦誤作「纏」。）唯道藏本列子釋文作「纆」，音墨，足正今本之誤。又説林篇「龜紐之璽，賢者以爲佩；土壤布在田，能者以爲富；予溺者金玉，（今本「溺」上有「拯」字，乃涉注文而衍。此謂與溺者金玉，不如與之繩索，使得援之以出水，非謂與拯溺者也。高注自謂金玉非拯溺之具，亦非謂與拯溺者金玉也。太平御覽珍寶部九引此有「拯」字，亦後人依誤本加之。其人事部三十七引此無「拯」字，文子上德篇亦無。今據删。）不若尋常之纏索」。案「尋常之纏索」本作「尋常之纆」，其「索」字則後人所加也。（高注同。）此文以佩、富、纆爲韻，若作「纏索」，則失其韻矣。（文子作「不如與之尺索」，亦改淮南而失其韻。）太平御覽人事部三十七、珍寶部九引此並作「尋常之纏」，雖「纆」誤爲「纏」，而「纏」下俱無「索」字。此其於馬，非臣之下也。請見之。」穆公見之，使之求馬。三月而反報曰：「已得馬矣，在於沙丘。」穆公曰：「何馬也？」對曰：「牡而黄。」使人往取之，牝而驪。穆公不説，召伯樂而問之曰：「敗矣！子之所使求者，○王念孫曰：「求」下脱「馬」字，郤正傳注及白帖引此並有「馬」字。列子同。○呂傳元云：「牡而黄」「牝而驪」當作「牝而黄」，「牡而驪」，此寫者誤倒也。列子説符篇文及蜀志郤正傳注引皆作「牝而黄」「牡而驪」，當據改。毛物牝牡弗能知，○楊樹達云：毛謂純色，物謂褋色。文公十三年公羊傳云：「羣公不毛。」何注云：「不毛，不純色。」周禮地官牧人云：「凡陽祀，用騂牲，毛之；陰祀，用黝牲，毛之；望祀，各以其方之色牲，毛之。凡外祭毁事，用尨可也。」鄭注云：「毛之，取純色也。」尨謂褋色不純也。此毛爲純色也。詩小雅無羊云：「三十維物，爾牲則具。」毛傳云：「異毛色者三十也。」僚友王君靜安據詩及甲文之勿牛撰釋物篇，謂「物」之本訓當爲褋色牛，引申之，因謂褋帛爲物，其義甚碻。此物爲褋色也。淮南云「毛物牝牡弗能知」，牝牡對文，毛物亦對文也。淮南以毛、物爲對文，猶之周禮以毛、尨爲對文矣。又按甲文有「⿰幺勿」字，乃褋帛爲物物之本字。王氏云由褋色牛物字引申，仍誤。○寧案：楊謂此「毛物牝牡」，此毛爲純色，物爲褋色，似失之穿鑿。小雅六月「比物四驪」，毛傳：「物，毛物也。」周禮春官雞人「掌其雞牲辨其物」，鄭注：「物謂毛色也。辨之者，陽祀用騂，陰祀用黝。」疏云：「陽祀祭天於南郊及宗廟，陰祀祭地於北郊及社稷也。」鄭舉此二者，其望祀各以其方色牲。」是則經言辨其物，乃辨其方色，非謂辨其純褋也。夏官校人云：「凡軍事物馬而頒之。」疏云：「上朝會言毛馬，此軍事言物馬，物即是色。」小雅無羊「三十維物」，正義曰：「經言三十維物，則每色之物皆有三十，謂青、赤、黄、白、黑毛色别異者各三十也。」是則經言「三十維物」，亦辨其色，而非辨其褋色。此「毛物牝牡」乃承上文「牝而黄」「牡而驪」（依呂校改）言之，黄與驪皆純色也。謂使求馬者不辨驪黄，乃謂其不辨毛色，非不辨純褋也。楊謂牝牡對文，毛物亦對文，舉王靜安釋物篇爲説，即令其義甚碻，而必令此毛物亦如之，泥矣。又何馬之能知！」伯樂喟然大息曰：「一至此乎！是乃其所以千萬臣而無數者也！若堙之所觀者天機也，得其精而忘其粗，在內而忘其外，○王念孫云：「在」下本有「其」字，後人以意刪之也。爾雅曰：「在，察也。」察其內卽得其精也，忘其外卽忘其粗也。後人不知「在」之訓爲「察」，故刪去「其」字耳。郤正傳注引此正作「在其內而忘其外」。列子同。白帖引作「見其內而忘其外」，雖改「在」爲「見」，而「其」字尚存。○梁玉繩云：宋釋法雲翻譯名義集亦引作「見其內而忘其外」。（「見」字亦臆改。）○寧案：王說是也，景宋本正作「在其內而忘其外」。見其所見而不見其所不見，視其所視而遺其所不視。若彼之所相者，乃有貴乎馬者。」馬至而果千里之馬。故老子曰：「大直若屈，大巧若拙。」○寧案：見老子第四十五章。

吴起爲楚令尹，適魏，問屈宜若曰：屈宜若，楚大夫亡在魏者也。○王念孫云：此許注也。宜若當爲宜咎，字之誤也。史記六國表、韓世家並作宜臼。集解引淮南許注云：「屈宜臼，楚大夫亡在魏者也。」正與此注同。説苑指武篇亦作屈宜臼，權謀篇作屈宜咎，是「臼」「咎」古字通。屈宜臼之爲宜咎，亦猶平王宜臼之爲宜咎矣。○陶方琦云：史記集解四十五引許注：「屈宜臼，楚大夫，在魏者也。」案：宜若當是宜咎之譌。史記韓世家作宜臼，引許注亦正作宜臼，古本多作宜臼也。説苑指武篇亦作屈宜臼，權謀篇作屈宜咎，咎、臼音近古通。舅犯亦作咎犯。「若」乃「咎」之誤文。「王不知起之不肖，而以爲令尹，先生試觀起之爲人也。」○王念孫云：「爲人」本作「爲之」，此後人以意改之也。爲之，謂爲楚國之政也。下文「將衰楚國之爵而平其制禄」云云，正承此句言之，若作「爲人」，則與上下文全不相涉矣。説苑指武篇正作「爲之」。屈子曰：「將柰何？」吴起曰：「將衰楚國之爵而平其制禄，損其有餘而綏其不足，〇于省吾云：衰謂等衰。綏讀如字不詞，應讀作「委」。禮記明堂位「夏后氏之綏」，注：「綏當爲緌。」禮記襍記「以其綏復」，注：「綏當爲緌。」疏：「但經中綏字，絲旁者著妥，其音雖，訓爲委。」均其證也。齊策「願委之於子」，注：「委，付也。」此言損其有餘而付其不足也。砥礪甲兵，時争利於天下。〇王念孫云：「時」上當有「以」字，謂因時而動，與天下争利也。脱去「以」字，則文義不明，説苑有「以」字。〇馬宗霍云：説文衣部云：「衰，艸雨衣。」穌禾切。此衰之本義也。玉篇：「衰，又初危切。等衰也。」段玉裁謂「以艸爲雨衣，必層次編之，故引申爲等衰。」由等衰之義而廣之，則又爲小，爲微，爲減，爲殺。淮南本文「衰」字當取減殺之義。説文糸部云：「綏，車中靶也。」此綏之本義也。爾雅釋詁：「綏，安也。」論語鄉黨篇「升車必正立執綏」，何晏集解引周生烈曰：「必正立執綏，所以爲安。」則安者乃綏引申之義。説文手部「撫」亦訓「安」，故「綏」之義又通於「撫」。廣雅釋言：「綏，撫也。」淮南本文「綏」字當取安撫之義。説文日部云：「時，四時也。」此「時」之本義也。莊子齊物論「見卵而求時夜」，陸德明釋文引崔譔注云：「時夜，司夜。」則「時」古與「司」通。廣雅釋言：「時，伺也。」説文無「伺」字，古卽假「司」爲之。慧苑華嚴經音義卷三離世間品之六「伺其過失」條引「玉篇曰：『伺，候也。』方言曰：『伺，視也。自關而北，凡竊相視謂之伺也。』」候視有待時之意，亦卽「時」之引申義。淮南本文「時」字，蓋亦謂伺時而動以争利於天下也。王念孫據説苑謂「時上當有以字，脱去以字則文義不明。」余謂讀「時」爲「伺」，其義自見，不必加「以」字。屈子曰：「宜若聞之，昔善治國家者，不變其故，不易其常。今子將衰楚國之爵而平其制禄，損其有餘而綏其不足，是變其故，易其常也。行之者不利！宜若聞之曰：『怒者，逆德也；兵者，凶器也；争者，人之所本也。』〇俞樾云：「本」字無義，乃「去」字之誤。下文

「始人之所本，逆之至也」，説苑指武篇作「殆人所棄，逆之至也」，彼乃「棄」，此作「去」，文異而義同。惟「始」字亦不可通，説苑作「殆」，尤爲無義。「始」乃「治」字之誤。吴起欲砥礪甲兵，故屈子以爲治人所去，言取人之所去者而治之也。文子下德篇作「治人之亂，逆之至也」。「治」字不誤，可據以訂正。○于鬯云：「本」疑當作「否」，形近之誤。下文「始人之所本」，「始」讀爲「治」，言治人之所否也。○寧案：俞、于二説未安，疑「本」字乃「末」字之誤。國語越語下：「夫勇者逆德也，兵者凶器也，争者事之末也。陰謀逆德，好用凶器，始於人者，人之所卒也。」此淮南文所本。史記主父偃傳亦云：「且夫怒者逆德也，兵者凶器也，争者末節也。」是其明證。又吕氏春秋先己篇：「當今之世，巧謀並行，詐術遞用，攻戰不休，亡國辱主愈衆，所事者末也。」以攻戰爲末。尉繚子兵令上云：「兵者凶器也，争者逆德也。事必有本，故王者伐暴亂，本仁義焉。」仁義、兵争對舉，以仁義爲本，亦以兵争爲末。越語「人之所卒」，卒猶末也。下文「始人之所末」，故注云「末者，謂兵争也。」今本「末」亦誤爲「本」，義相反矣。説苑「殆人所棄」，「殆」字當是「始」字之誤。「棄」字下部與「末」形近，故「末」又誤爲「棄」。文子襲此文作「治人之所亂」，文有改易，不得據彼改此。今子陰謀逆德，好用凶器，始人之所本，逆之至也。本者，謂兵争也。且子用魯，兵不宜得志於齊，而得志焉；起爲魯將，伐齊敗之。○寧案：注，道藏本、中立本、茅本、景宋本「起」上有「吴」字，下句注「起爲魏西河守」同，當據沾。子用魏，兵不宜得志於秦，而得志焉。起爲魏西河守，秦兵不敢東下也。宜若聞之，非禍人不能成禍。吾固惑吾王之數逆天道，戾人理，至今無禍，差！須夫子也。」差須，猶意須也。○俞樾云：此本作「嗟！（句）須夫子也」。嗟乃嘆辭。説苑指武篇作「嘻！且待夫子也。」是其證也。「嗟」字闕壞，高注遂以「差須」連讀，而釋之曰「猶意須也」，失之甚矣。○呂傳元云：俞説是非互見。「差」、「嗟」古字通。詩陳風東門之枌「穀旦于差」，釋文云：「韓詩作嗟」，是差、嗟古通之證。高注兩「須」字涉正文而衍，當作「差猶意也」，「意」即「噫」字。禮檀弓下曰：「噫！毋。」釋文云：「噫，本又作意。」俞氏蓋未細審耳。吴起惕然曰：「尚可更乎？」屈子曰：「成形之徒，不可更也。成形之徒，形禍己成于衆。○寧案：蜀藏本、茅本、景宋本「形」皆作「刑」，注同。「形」、「刑」古通。下文「誠於此者刑於彼」，即此形字之義，彼作「刑」。子不若敦愛而篤行之。」○呂傳元云：「愛」當作「處」，與「行」對文也；作「愛」無義，蓋形近致譌。説苑指武篇正作「敦處而篤行之」。老子曰：「挫其鋭，解其紛，和其光，同其塵。」○寧案：見老子第四章。「老子曰」上例當有「故」字，宋本、藏本均敚。下段「老子曰」同。中立本不敚。

晉伐楚，三舍不止。大夫請擊之。莊王曰：「先君之時，晉不伐楚，及孤之身而晉伐楚，是孤之過也，若何其辱羣大夫？」曰「先臣之時，晉不伐楚，今臣之身而晉伐楚，此臣之罪也，○于鬯云：「羣大夫」下似當疊「羣大夫」三字，或下文「羣大夫」三字在此。○楊樹達云：「曰先臣之時」，「曰」上當有「大夫」二字。此文當以「若何其辱羣大夫」七字爲一句。新序雜事四篇云「如何其辱諸大夫也！大夫曰」云云，是其證也。集證以「若何其辱」爲句，「羣大夫曰」爲句。按「若何其辱」，語意不完，「羣大夫」之稱，與上文不類。上文云「大夫請擊之」，不云「羣大夫」也。請三擊之。」○莊逵吉云：太平御覽無「三」字。○劉文典云：傳寫宋本「三」作「王」。○楊樹達云：「三」字當衍。新序無「三」字。○寧案：無「三」字，是也，下文先軫言於襄公曰：「今吾君薨未葬，而不弔吾喪，而不假道，是死吾君而弱吾孤也，請擊之。」不曰請公擊之，是其比。王俛而泣涕沾襟，起而拜羣大夫。晉人聞之曰：

「君臣争以過爲在己，且輕下其臣，不可伐也。」夜還師而歸。老子曰：「能受國之垢，是謂社稷主。」○寧案：見老子第七十八章，無「能」字。

宋景公之時，熒惑在心。公懼，召子韋而問焉，子韋，司星者也。○寧案：文本呂氏春秋制樂篇。又見史記宋世家。呂氏春秋高注：「景公，元公佐之子欒。」史記作景公頭曼。曰：「熒惑在心，何也？」子韋曰：「熒惑，天罰也。心，宋分野。宋之分野，上屬房、心之星。禍且當君。雖然，可移於宰相。」公曰：「宰相，所使治國家也，而移死焉，不祥。」子韋曰：「可移於民。」公曰：「民死，寡人誰爲君乎？寧獨死耳。」子韋曰：「可移於歲。」公曰：「歲，民之命。歲饑，民必死矣。爲人君而欲殺其民以自活也，其誰以我爲君者乎？是寡人之命固已盡矣，子韋無復言矣！」○王念孫云：「韋」字因上下文而衍。呂氏春秋制樂篇、新序襍事篇、論衡變虚篇皆作「子無復言矣」，無「韋」字。子韋還走，北面再拜曰：「敢賀君！天之處高而聽卑。君有君人之言三，天必有三賞君。○王念孫云：次句「有」字因下文「故有三賞」而衍。呂氏春秋、新序、論衡皆作「天必三賞君」，無「有」字。今夕星必徙三舍，君延年二十一歲。」公曰：「子奚以知之？」對曰：「君有君人之言三，故有三賞。星必三徙舍，舍行七里，三七二十一，故君移年二十一歲。○王念孫云：「七里」當爲「七星」，字之誤也。古謂二十八宿爲二十八星，七星，七宿也。呂氏春秋、新序、論衡皆作「舍行七星」。又新序、論衡「舍行七星」下皆有「星當一年」四字，於義爲長。舍行七星，三舍則行二十一星，星當一年，故延年二十一歲也。呂氏春秋亦云「星一徙，當七年」。臣請伏於陛下以伺之。

○寧案：道藏本、景宋本「伺」作「司」，是也。説文無「伺」字，故許假「司」字爲之。星不徙，臣請死之。」公曰：「可。」是夕也，星果三徙舍。故老子曰：「能受國之不祥，是謂天下王。」○寧案：見老子第七十八章。今本無「能」字。

昔者，公孫龍在趙之時，謂弟子曰：「人而無能者，龍不能與游。」有客衣褐帶索而見曰：「臣能呼。」公孫龍顧謂弟子曰：「門下故有能呼者乎？」對曰：「無有。」公孫龍曰：「與之弟子之籍。」後數日，往説燕王，至於河上，而航在一汜，汜，水厓也○馬宗霍云：説文水部云：「汜，水別復入水也。一曰：汜，窮瀆也。」「涘，水厓也。」本注訓汜爲水厓，則正文之「汜」，蓋「涘」之借字。航在一汜，猶言航在彼一厓。詩秦風蒹葭篇「在水一方」，鄭箋云：「乃在大水之一邊。」一厓亦猶水之一邊也。凡據此方而指彼一方，古多以「一」言之，今語猶然。史記扁鵲傳「視見垣一方人」，司馬貞索隱曰：「方猶邊也。言能隔牆見彼邊之人。」即「一」得訓「彼」之證，蓋惟航在彼厓，故須善呼者呼之而後來耳。太平御覽七百七十舟部三引此文作「而航在北」，藝文類聚七十一引作「而航在水汜」。疑校者不知「一」有「彼」義而妄改之，不足據也。○寧案：馬説是也。唐本玉篇舟部引作「公孫龍將渡河而航在一汜」，蓋約引，而作「一汜」同今本。又案：「汜」，莊本誤作「氾」。説文：「氾，濫也。」呼梵切。非其義也。景宋本不誤，今據改。使善呼者呼之，一呼而航來。○寧案：道藏本、景宋本無「者呼」二字，蓋兩「呼」字相亂，誤奪。北堂書鈔、藝文類聚引無「一呼」二字，疑後人臆刪。太平御覽不奪，而「使善呼者呼之」作「使客呼之」，又稍異。故曰聖人之處世，不逆有伎能之士。○王念孫云：「故」下「曰」字因下文「故老子曰」而衍。此因述公孫龍納善呼者一事，而言聖人不棄伎能之士，非引古語爲證，不當有「曰」字。下文「故老子曰」云云，方引老子之言以證之耳。下文曰「故伎無細而能無薄，在人君用之耳」，（今本「故」下有「曰」字，誤與此同。）又曰「故人主之嗜欲見於外，則爲人臣之所制」，又曰「故周鼎著倕而使齕其指，先王以見大巧之不可爲也」，又曰「故大人之行不掩以繩，至所極而已矣」：其下皆引書爲證，與此文同一例，而「故」下皆無「曰」字。故老子曰：「人無棄人，物無棄物，是謂襲明。」○寧案：今本老子第二十七章云：「是以聖人常善救人，故無棄人，常善救物，故無棄物，是謂襲明。」

子發攻蔡，踰之。子發，楚宣王之將。踰，越，勝之也。○寧案：注，道藏本、中立本、茅本、景宋本「將」下有「軍」字，當據沾。下文云「此將軍之威也」是也。宣王郊迎，列田百頃而封之執圭。楚爵功臣，賜以圭，謂之執圭，比附庸之君。○楊樹達云：國策楚策四：「莊辛謂楚襄王曰：夫黄鵠其小者也，蔡聖侯之事因是以。南游乎高陂，北陵乎巫山，飲茹谿流，食湘波之魚。左抱幼妾，右擁嬖女，與之馳騁乎高蔡之中，而不以國家爲事。不知夫子發方受命乎宣王，繫己以朱絲而見之也。」荀子彊國篇云：「子發將，西伐蔡，克蔡，獲蔡侯。」樹達案：蔡侯見俘，當有面縛銜璧之事，故莊辛云繫蔡侯以朱絲而見宣王。淮南不云獲蔡侯，二書可以補明之。子發辭不受，曰：「治國立政，諸侯入賓，此君之德也；發號施令，師未合而敵遁，此將軍之威也；兵陳戰而勝敵者，此庶民之力也。夫乘民之功勞而取其爵祿者，非仁義之道也。」故辭而弗受。○寧案：文本荀子彊國篇。故老子曰：「功成而不居，夫惟不居，是以不去。」○寧案：見老子第二章。又案：「夫惟不居」，莊本「夫」字誤作「天」，宋本、藏本、中立本、茅本皆不誤，據改。

晉文公伐原，原周邑。襄王以原賜文公，原叛，伐之。○劉文典云：「呂氏春秋爲欲篇『晉文公伐原』，高注：『原，晉邑。文公復國，原不從，故伐之。今河内軹縣北原城是也。』」與淮南注不合。蓋亦許、高二家之異。○寧案：注，道藏本、中立本、茅本、景宋本「襄王」上有「周」字，當據沾。與大夫期三日。三日而原不降，○寧案：「三日」，韓非子作「十日」，呂氏春秋作「七日」，新序作「五日」，晉語同今本。文公令去之。軍吏曰：「原不過一二日將降矣。」○劉文典云：「一二」當爲「三」字。國語晉語作「諜出曰：『原不過三日矣。』」韓非子外儲說左上作「士有從原中出者，曰：『原三日卽下矣。』」新序襍事四篇作「吏曰：『原不過三日將降矣。』」字並作「三」，是其證矣。君曰：「吾不知原三日而不可得下也，○寧案：「君曰」當作「公曰」，涉下文「有君如此」而誤也。左傳、韓非子、國語、呂氏春秋皆作「公曰」。以與大夫期。盡而不罷，○向宗魯云：「期」字當重。失信得原，吾弗爲也。」原人聞之曰：「有君若此，可弗降也？」遂降。温人聞，亦請降。時周人亦以温予文公，温相連皆叛。故老子曰：「窈兮冥兮，其中有精。其精甚真，其中有信。」○寧案：見老子第二十一章。「故美言可以市尊，美行可以加人。」○寧案：今本老子第六十二章無下「美」字。

公儀休相魯，公儀休，故魯博士也。而嗜魚。一國獻魚，公儀子弗受。其弟子諫曰：○寧案：韓非子、韓詩外傳作「其弟諫曰」，無「子」字。今本疑後人所加。蓋後人多以夫子稱師長，而下文云「夫子嗜魚」，不知夫子亦一般敬稱。孟子梁惠王章齊宣王數稱孟子爲夫子，是其例。「夫子嗜魚，弗受何也？」答曰：「夫唯嗜魚，故弗受。夫受魚而免於相，雖嗜魚，不能自給魚。毋受魚而不免於相，則能長自給魚。」此明於爲人爲己者也。故老子曰：「後其身而身先，外其身而身存。非以其無私邪？故能成其私。」○寧案：見老子第七章。一曰：「知足不辱。」○寧案：見老子第四十四章。

狐丘丈人謂孫叔敖曰：丈人，老而杖于人者。「人有三怨，子知之乎？」孫叔敖曰：「何謂也？」對曰：「爵高者士妒之，官大者主惡之，祿厚者怨處之。」孫叔敖曰：「吾爵益高，吾志益下；吾官益大，吾心益小；吾祿益厚，吾施益博：是以免三怨可乎？」○王念孫云：「是以」當依列子說符篇作「以是」。○寧案：荀子堯問篇文畧同。故老子曰：「貴必以賤爲本，高必以下爲基。」○寧案：見老子第三十九章。王弼注本無二「必」字，河上注本無上「必」字，葢古本老子原有，而今本脱之也。原道篇「是故貴者必以賤爲號，而高者必以下爲基」，語本老子，有二「必」字。

大司馬捶鉤者，年八十矣，而不失鉤芒。捶，鍛銀擊也。鉤，釣鉤也。○陶方琦云：大藏音義十一引許注：「捶，鍛也。」案說文「捶，以杖擊也」。「擊」字當有。○寧案：注，「銀」字乃「鍛」字之誤而衍。中立本、景宋本無銀字。大司馬曰：「子巧邪？有道邪？」曰：「臣有守也。臣年二十，好捶鉤，於物無視也，非鉤無察也。是以用之者，必假於弗用也，而以長得其用，而況持無不用者乎？○寧案：「持無不用」，各本皆敓「無」字，莊本沾「無」字，是也。莊子知北游篇：「予能有無矣，而未能無無也。及其爲無有也，何從至此哉？」本書齊俗篇：「常欲在於虛，則又不能爲虛矣。若乎不爲虛而自虛者，此所慕而不能致也。」與此義同。若作「持不用」，則是「予能有無」，是「常欲在於虛」。惟待無不用，方是「無無」，是「不爲虛而自虛」。此乃道之最高境界。莊子知北游篇有「無」字。物孰不濟焉！」故老子曰：「從事於道者同於道。」○寧案：今本老子第二十三章「道者」下重「道者」二字。

文王砥德修政，三年而天下二垂歸之。砥，厲也。文王三分天下有其二。○于鬯云：姚廣文云：「『垂』乃『分』字之誤。『垂』，古文作『𠂹』，與草書『分』形相似。要畧云：『文王地不過百里，天下二垂歸之。』御覽『垂』作『分』足證」。案此「垂」字，別本固有作「分」者，然作「垂」似亦無害。○金其源云：太平御覽引此「垂」作「分」。大戴禮保傅「湯去張網者之三面而二垂至」，注：「二垂謂天地之際，言感通處遠。」淮南子曰：「文王砥德修政二垂至。」可見垂不當作分解。御覽亦誤引作分。然説文「垂，遠邊也」，故國策秦策「半天下而有二」，鮑注：「西北二邊。」後漢書杜詩傳「威侮二垂」，注：「二垂，西與北也。」是句之「二垂」，亦謂文王德及半天下，有西北二垂也。蓋周之德化，肇自岐周，故亦在西北，若孔子所謂三分天下有其二者，已在化行南國時矣。迨武王東伐紂而四塞告至。紂聞而患之曰：「余夙興夜寐，與之競行，則苦心勞形。縱而置之，恐伐余一人。」崇侯虎曰：「周伯昌行仁義而善謀，○俞樾云：「行」字衍文也。下云「太子發勇敢而不疑，中子旦恭儉而知時」，若此句有「行」字，則與下兩句不一律矣。蓋涉上文「與之競行」而衍。○向宗魯云：此衍「義」字。御覽六百九十七引六韜：「崇侯虎曰：今周伯昌懷仁而善謀。」即此文所本。太子發勇敢而不疑，中子旦恭儉而知時。若與之從，則不堪其殃。縱而赦之，身必危亡。冠雖弊，必加於頭。及未成，請圖之。」屈商乃拘文王於羑里。屈商，紂臣也。羑里，地名，在河內湯陰。於是散宜生乃以千金求天下之珍怪，得騶虞、雞斯之乘，騶虞，白虎黑文而仁，食自死之獸，日行千里。雞斯，神馬也。玄玉百工，三玉爲一工也。大貝百朋，五貝爲一朋也。○俞樾云：三玉爲一工，他無所見，疑本作「玄玉百珏」，注本作「二玉爲一玨也」。説文玨部「二玉相合爲一玨」是也。莊十八年左傳「賜玉五瑴」，僖三十年傳「納玉於王與晉侯皆十瑴」，襄十八年傳「獻子以朱絲係玉二瑴」，國語魯語「行玉二十瑴」，穆天子傳「於是載玉萬瑴」，杜預、韋昭、郭璞注並以雙玉説之。「瑴」卽「玨」之或體，是古人用玉，率以玨計，未聞其以工計也。蓋「玨」字闕壞而爲「玒」，後人因改爲「工」，又改高注「二玉」爲「三玉」，以別異於玨耳。至「朋」之訓「五貝」，本詩菁菁者莪篇鄭箋。然正義曰：「五貝者，漢書食貨志以爲大貝、壯貝、幺貝、小貝、不成貝爲五也。言爲朋者，爲小貝以上四種各二貝爲一朋，而不成者不成朋。鄭因經廣解之，言有五種之貝，貝中以相與爲朋，非總五貝爲一朋也。」然則高氏泥鄭箋五貝之説以注此文，殊非塙詁。古者實以二貝爲一朋。周易損六五「十朋之龜」，李鼎祚集解引崔憬曰「雙貝曰朋」，得之矣。詩七月篇「朋酒斯饗」，毛傳曰：「兩樽曰朋。」貝以兩爲朋，猶樽以兩爲朋也。此云玄玉百玨，大貝百朋，玨也朋也，皆以兩計。玄玉百玨者，玉二百也，大貝百朋者，貝二百也，其數正相當矣。○呂傳元云：俞謂「工」乃「玨」字之誤，非也。春秋昭十六年左氏傳：「宣子有環，其一在鄭商。」杜注：「玉環同工共朴，自共爲雙。」此「玄玉百工」之「工」，當如杜注「同工」之「工」，不得云他無所見也。高注「三玉」之「三」，宋本、藏本、汪本、茅本正作「二」，「二玉爲一工」，卽杜注「同工共朴，自共爲雙」之義也。○于省吾云：俞樾謂「高氏泥鄭箋五貝之説以注此文，殊非塙詁。古者實以二貝爲一朋」。案王國維説玨朋，謂五貝一系，二系一朋。俞説未允。○蔣禮鴻云：注「三」字當作「二」，宋本正作「二」，可據以訂正。原本玉篇工部云：「淮南『玄玉百工』，許叔重曰：『二玉爲工。』」卽引淮南子此文及許注也。段玉裁注説文玨部曰：「按淮南子書曰：『玄玉百工。』注：『二玉爲一工。』工與玨雙聲，百工卽百玨也。」雖引注與今本異，而與宋本、玉篇正合，其説確而可據。竊謂説文説玉字云「象三玉之連」，工字蓋象二玉之連，乃「玨」之初文，與工巧字各異也。俞氏非不讀段氏注者，而不用其説，亦偶疏耳。玄豹、黄羆、青豻、豻，胡地野犬。白虎文皮千合，以獻於紂，因費仲而通。費仲，紂佞臣也。紂見而説之，乃免其身，殺牛而賜之。文王歸，乃爲玉門，築靈臺，相女童，擊鐘鼓，玉門，以玉飾門爲柱樞也。相女童，相，視之。一曰：相，匠也。○向宗魯云：「相」無「匠」訓，「匠女童」亦不成義，當作「相，匹也」。○于省吾云：按視女童，匠女童，均失本義。周禮大僕「王燕飲則相其灋」，注：「相左右。」儀禮鄉飲酒禮「相者二人」，注：「相，扶工也，衆賓之少者爲之，每工一人。」禮記禮器「樂有相步」，注：「相步，扶工也」。然則，相女童，謂以女童爲扶持也。○寧案：周禮簭人「上春相簭」，注：「相謂更選擇其簭也。」故「相」有「選」義。又禮記坊記：「則不視其饋。」注：「不視，猶不内也。」是「視」有「内」義。高注訓「相」爲「視」，即訓「相」爲「内」。内女童亦即選女童也。注，「之」當爲「也」字之誤。以待紂之失也。紂聞之曰：「周伯昌改道易行，吾無憂矣。」乃爲炮烙，剖比干，剔孕婦，殺諫者。文王乃遂其謀。故老子曰：「知其榮，守其辱，爲天下谷。」○寧案：見老子第二十八章。

成王問政於尹佚曰：尹佚，史佚也。○寧案：太平御覽八十四引「佚」作「逸」同。「吾何德之行而民親其上？」對曰：「使之時而敬順之。」王曰：「其度安在？」曰：「如臨深淵，如履薄冰。」○王念孫云：「使之時而敬順之」（「順」與「慎」同。）「時」上當有「以」字。説苑政理篇、文子上仁篇並作「使之以時」，是其證。「其度安至」，劉本改「至」爲「在」，而莊本從之。按其度安至者，謂敬慎之度何所至，猶言當如何敬慎也。下文「如臨深淵，如履薄冰」，正言敬慎之度所至也。若云「其度安在」，則謬以千里矣。太平御覽皇王部九引此，正作「其度安至」，説苑同。

王曰：「懼哉，王人乎？」〇于鬯云：王人義與君人同。尹佚曰：「天地之間，四海之內，善之則吾畜也，〇于省吾云：按「畜」，應讀爲孟子「畜君何尤」之「畜」，畜，好也。下言「不善則吾雠也」，謂善之則吾之友好也，不善則吾之雠怨也。畜、雠相對爲文。不善則吾雠也。昔夏、商之臣，反雠桀、紂而臣湯、武，宿沙之民，皆自攻其君而歸神農，伏羲、神農之間，有共工、宿沙霸天下者也。〇梁玉繩云：呂氏春秋用民篇作「夙沙之民」，夙、宿古通用。此世之所明知也。如何其無懼也？」故老子曰：「人之所畏，不可不畏也。」〇寧案：見老子第二十章。

跖之徒問跖曰：「盜亦有道乎？」跖曰：「奚適其無道也！夫意而中藏者，聖也；入先者，勇也；出後者，義也；分均者，仁也；知可否者，智也；〇王念孫云：「奚適其無道也」，本作「奚適其有道也」，「適」與「啻」同。（孟子告子篇「則口腹豈適爲尺寸之膚哉」，秦策「疑臣者不適三人」，「適」並與「啻」同。史記甘茂傳作「疑臣者非特三人」。）言豈特有道而已哉，乃聖、勇、義、仁、智五者皆備也。後人不知「適」之讀爲「啻」，而誤以爲適齊適楚之「適」，故改「有」爲「無」耳。莊子胠篋篇本作「何適其有道邪」，「適」亦與「啻」同。今本作「何適而無有道邪」，「而無」二字亦後人所改，唯「有」字尚存。呂氏春秋當務篇正作「奚啻其有道也」。五者不備，而能成大盜者，天下無之。」由此觀之，盜賊之心，必託聖人之道而後可行。故老子曰：「絕聖棄智，民利百倍。」〇寧案：見老子第十九章。

楚將子發好求技道之士，〇莊逵吉云：太平御覽此下有注云：「士有術者無不養。」楚有善爲偷者往見曰：「聞君求技道之士，臣，偷也，○王念孫云：「臣，偷也」，本作「臣，楚市偷也」，下文「市偷進請曰」，即承此句言之。今本脱「楚市」二字。太平御覽人事部一百十六、一百四十引此並作「臣，楚市偷也」。○劉文典云：「三國志郤正傳裴松之注引，作「臣，偷也」，與今本合。御覽所引，當是别本。○寧案：三國志郤正傳裴注引作「臣，偷也」，下文作「卒偷進請曰」，文正相應。疑今本下文「市偷」乃「卒偷」形譌，太平御覽引「楚市」二字乃不知下文「市」字乃「卒」字之誤所臆增。

願以技齎一卒。」齎，備。卒，足也。○莊逵吉云：太平御覽作「技該一卒」。注：「該，備也。卒，一人。」○陶方琦云：大藏音義八十一引「技」下有「道」字，又引許注：「齎，備足也。」（七十八引注同。）案大藏音義引但證「齎」字，則「足」字上脱一「卒」字無疑。御覽四百七十五引此注，文作「該，備也。一卒，一人也」。又小異。然「齎」當讀如周禮典枲，「頒功授齎」之「齎」，作「齎」是也。○易順鼎云：注中「卒」字自是衍文。又今本無「道」字。然上文云，「聞君求技道之士」，則此亦當有「道」字。○向宗魯云：陶説非，易説是。「卒」若訓「足」，是以技備一足，則文不成義。蓋一卒易解，不煩訓釋，許以「備足」釋「齎」字，非以「足」釋「卒」也。齎一卒，猶言備一卒之數。（或足一卒之數。）許注本作「備也，足也」，慧琳引之，合作「備足也」，（此例甚繁。）今注乃後人妄改。又案：「齎」無「備」訓，據御覽引作「該」，（注與今注不同，是高本。）疑此「齎」字乃「賌」字之誤。説文：「賌，軍中約也。」兵畧訓有「奇賌」，莊逵吉以爲「賌」即説文之「該」，其説是也。「賌」既與「該」同，故一本作「該」，一本作「賌」，而同訓爲「備」。後人少見「賌」字，臆改爲「齎」，義遂乖。慧琳引此已作「齎」，其誤久矣。（梁説同。）○蔣禮鴻云：玉篇「齎，備也」，蓋即本許氏淮南義。（玉篇引淮南注皆用許氏。）御覽作「該」，非是。○寧案：廣韻：「該，備也」。齎、該一聲之轉，蓋高本作「該」，許本作「齎」，皆訓「備」，無庸改字。

子發聞之，衣不給帶，

冠不暇正，出見而禮之。左右諫曰：「偷者，天下之盜也，何爲之禮？」○王念孫云：「之禮」當爲「禮之」，上文「出見而禮之」，即其證。蜀志郤正傳注引此正作「何爲禮之」。君曰：「此非左右之所得與。」○寧案：「君曰」當作「子發曰」，涉上下文「君」字而誤。此子發答左右之辭，不得稱君。下文「子發曰」，蜀志郤正傳注引亦誤作「君曰」，此「子發」誤「君」之證。後無幾何，齊興兵伐楚，子發將師以當之，兵三卻。楚賢良大夫皆盡其計而悉其誠，齊師愈强。於是市偷進請曰：「臣有薄技，願爲君行之。」子發曰：「諾。」不問其辭而遣之。偷則夜解齊將軍之幬帳而獻之。○王念孫云：郤正傳注及北堂書鈔衣冠部一、太平御覽人事部一百十六、一百四十、服章部五、服用部九引此「夜」下俱有「出」字，於義爲長。○寧案：「幬帳」，北堂書鈔一百二十七引作「幘」，太平御覽六百八十八引同，六百九十九引作「幬」，四百七十五引作「帷」，四百九十九引作「綢帷」。今本作「幬帳」是也。爾雅釋器「帳謂之幬」，故幬帳連文。一以聲近，一以形近，又涉下文「帷」字，誤作「綢帷」。不知下文稱「帷」，蓋别言之也。又「幬帳」脱「幬」字，「悵」誤「帷」，如太平御覽四百七十五引；「幬」下脱「帳」字，則如太平御覽六百九十九引；又「幬」以形近誤作「幘」，如北堂書鈔引。此文先幬帳而後枕簪，乃由遠及近，若作「幘」，則非其序矣。子發因使人歸之曰：「卒有出薪者，○寧案：御正傳注引「薪」上有「採」字，太平御覽四百七十五引同。得將軍之帷，使歸之於執事。」○寧案：太平御覽四百七十五引「使」作「謹」。疑當作「謹使」，今本與御覽互敚一字。郤正傳注引作「使使」。此行人辭令，作「謹使」於義爲長。明又復往取其枕，子發又使人歸之。明日又復往取其簪，子發又使歸之。○王念孫云：「明又」「明日又」兩「又」字皆當爲「夕」，「夕」、「又」字相近，又因下句「又」字而誤。（若以

「又復」二字連讀，則「明」字文不成義。）後人不知「又」爲「夕」之誤，故又加「日」字耳。偷以夜往，故言夕，上文曰「偷則夜出」是也。舊本北堂書鈔衣冠部一引此作「明夕取枕、明夕取簪」，（陳禹謨依俗本於「取簪」上加「又」字，而「夕」字尚未改。）太平御覽四引皆作「明夕復往取其枕，明夕復往取其簪」。齊師聞之。〇莊逵吉云：太平御覽作「於是齊師聞之」。〇寧案：「於是」二字，疑後人所加。齊師聞之，蓋總三事言也。作「於是齊師聞之」，似取簪而齊師始聞，取帷取枕，初不聞也。北堂書鈔一百二十七、太平御覽六百八十八引但云「齊師大駭」，無「於是」二字。大駭。將軍與軍吏謀曰：「今日不去，楚君恐取吾頭。」乃還師而去。〇王念孫云：「楚君」當爲「楚軍」，聲之誤也。御正傳注、太平御覽引此並作「楚軍」。「則還師而去」，（道藏本如是。）「則」與「卽」同。御正傳注、太平御覽引此並作「卽還師」。（「卽」、「則」古多通用，不煩引證。）劉績不曉「則」字之義，改「則」爲「乃」，而諸本從之，（莊本同。）斯爲謬矣。〇寧案：景宋本正作「楚軍」，王說是。故曰：無細而能薄，〇莊逵吉云：太平御覽作「故技無細薄」。在人君用之耳。〇王念孫云：「故曰無細而能薄」，本作「故技無細而能無薄」，言人君能用人，則細技薄能皆得效其用也。今本衍「曰」字，（「曰」字因下文「故老子曰」而衍。說見前「故曰」下。）又脱「伎」字及下「無」字，遂致文不成義。太平御覽兩引此文，並作「故伎無細能無薄」。〇寧案：王說是也，而未善也。文當作「故伎無細而無薄」。「而」、「能」通用。太平御覽六百八十八引作「伎無細能無薄」是其證。蓋高作「能」而許作「而」。後人不知「而」卽「能」字，或刪「而無」二字，作「伎無細薄」，如太平御覽四百七十五引。（王誤謂御覽兩引同。）或於「而」下沾「能字」，傳寫脱「伎」字及下「無」字，如今本。（景宋本同。）道藏本作「無故而能薄」，則尤錯亂不堪矣。使文本作「伎無細而能無薄」，則不致竄亂如此。故老子曰：「不善人，善人之資也。」○寧案：見老子第二十七章。

顏回謂仲尼曰：「回益矣。」○寧案：文本莊子大宗師篇。仲尼曰：「何謂也？」曰：「回忘禮樂矣。」回忘禮樂，絶聖棄智，入于無爲也。仲尼曰：「可矣，猶未也。」異日復見，曰：「回益矣。」仲尼曰：「何謂也？」曰：「回忘仁義矣。」仲尼曰：「可矣，猶未也。」異日復見曰：「回坐忘矣。」言坐自忘其身，以至道也。仲尼遽然曰：○梁玉繩云：吳越春秋三：「越王憱然辟位。」此不加立心，省。○孫志祖云：莊子作「蹵然」。「造」與「蹵」同。○楊樹達云：「遽」，景宋本作「造」，是也。此由淺人不知「造」字之義妄改耳。此文出莊子大宗師篇，彼作「仲尼蹵然」。「造」、「蹵」古音同在覺部，一聲之轉。下文亦云「孔子造然改容」。○寧案：「造」字是也。道藏本、茅本皆作「造」。「何謂坐忘？」顏回曰：「隳支體，黜聰明，離形去知，洞於化通，是謂坐忘。」仲尼曰：「洞則無善也，化則無常矣。○寧案：「矣」當爲「也」，與上句同。莊子作「同則無好也，化則無常也」，是其證。而夫子薦賢，薦，先也，回入賢。○顧廣圻云：疑回先入賢，脱先字。○吳承仕云：景宋本「入」作「人」，朱本「入」作「先」。承仕案：「薦，先」者，以聲訓。夫子斥回，故言回先賢。作「入」作「人」並非。○寧案：莊子作「而果其賢乎！」乃仲尼之言斥顏回，此「夫子」二字不可解。疑「夫」字後人所加，「而子薦賢」，謂顏回先入賢者之域，顧疑「回先入賢」脱先字，似是也。吳説疑非。丘請從之後。」故老子曰：「載營魄抱一，能無離乎？專氣至柔，能如嬰兒乎？」○寧案：今本老子第十章作「載營魄抱一，能無離？專氣致柔，能嬰兒？」

秦穆公興師將以襲鄭，蹇叔曰：「不可。臣聞襲國者，以車不過百里，以人不過三十里，爲其謀未及發泄也，甲兵未及銳弊也，○于鬯云：「銳」當讀爲「捝」。説文手部云：「捝，解捝也。」後人通用「脱」字。「脱」、「捝」義本不遠，特「脱」主肉言，故説文肉部云：「脱，消肉臞也。」引伸亦即凡解捝之義。「捝弊」二字平列，與上文「發泄」，下文「乏絶」「罷病」一律；若「銳」則與「弊」適相反，且句亦不成義矣。○于省吾云：「銳」字不詞。「銳」應讀作「脱」。「銳」、「脱」古本並作「兑」，故相通也。「銳弊」即「脱弊」。糧食未及乏絶也，人民未及罷病也，皆以其氣之高與其力之盛至，是以犯敵能威。○俞樾云：「威」乃「烕」字之誤。「烕」讀爲「滅」，言能滅之也。吕氏春秋悔過篇正作「滅」。又案：吕氏春秋此句下有「去之能速」四字。高注曰：「故進能滅敵，去之能疾也。」此文無此四字，則於文爲不備，疑寫者脱去之。○楊樹達云：「威」字不誤。國語周語云：「動則威」，與此句義同。襄公三十一年左傳云：「有威而可畏謂之威，」是其義也。吕氏春秋悔過篇「滅」乃誤字，當據此文正作「威」。俞氏乃欲以彼誤字，改此文不誤之字，傎矣。○寧案：文當於「至」字絶句。孟子盡心章「苟以是心至」，與此同一句式。沈德鴻删「至」字，於「盛」字句絶，非是。今行數千里，又數絶諸侯之地，以襲國，臣不知其可也。君重圖之！」○劉家立云：秦建國在今鳳翔，鄭建國在今新鄭，相去一千一百餘里。僖三十二年左傳：「蹇叔云：且行千里，其誰不知？」淮南云師行千里，即本於左傳。今本作「師行數千里」，與地之遠近不相符矣。此即涉下句「數絶諸侯之地」而誤也。又人閒篇引此文，均同其誤。○寧案：劉説不可從。淮南文本吕氏春秋。吕氏悔過篇作「數千里」，文凡兩見。極言道里之遠，襲鄭之不利，雖其數與地之遠近不符，誇飾其辭，無害也。穆公不聽。蹇叔送師，衰絰而哭之。師遂行，過周而東。鄭賈人弦高矯鄭伯之命，以十二牛勞秦師而賓之。三帥乃懼而謀曰：「吾行數千里以襲人，未至而人已知之，其備必先成，不可襲也。」還師而去。當此之時，晉文公適薨，未葬。先軫言於襄公曰：先軫，晉大夫也。襄公，晉文公子。「昔吾先君與穆公交，天下莫不聞，諸侯莫不知，今吾君薨未葬，而不弔吾喪，而不假道，是死吾君而弱吾孤也。請擊之。」襄公許諾。先軫舉兵而與秦師遇於殽，大破之，禽其三帥以歸。○梁玉繩云：「明藏本作「擒其三軍」。（宋本同。）此改作「帥」，應改爲「率」，故訛爲「軍」。」穆公聞之，素服廟臨，以説於衆。説，解也。故老子曰：「知而不知，尚矣；不知而知，病也。」○寧案：今本老子第七十一章作「知不知上，不知知，病」。

齊王后死，王欲置后而未定，使羣臣議。薛公欲中王之意，薛公，田嬰也。○寧案：事見韓非子外儲説右上、戰國策齊策。因獻十珥而美其一。旦日，因問美珥之所在，○劉家立云：「「因問美珥之所在」，「因」字乃衍文。問美珥之所在，加一「因」字，則累於辭矣。此涉上下文而誤。」因勸立以爲王后。齊王大説，遂尊重薛公。○王念孫云：「「遂尊重薛公」，本作「遂重薛公」，重即尊也。（秦策「請重公於齊」，高注：「重，尊也。」又西周策齊策注，呂氏春秋勸學、節喪二篇注、禮記祭統注並同。）古書無以「尊重」二字連用者，（戰國策、史記、漢書及諸子書皆但言「重」，無言「尊重」者。）唯俗語有之。羣書治要引此無「尊」字，蓋後人所加也。」故人主之意欲見於外，則爲人臣之所制。○王念孫云：「古書無以「意欲」二字連用者，此涉上文「欲中王之意」而誤也。「意欲」本作「嗜欲」。主術篇曰：「君人者，喜怒形於心，耆欲見於外，（耆與嗜同。）則守職者離正而阿上。」是其證。羣書治要引此正作「嗜欲」。」○楊樹達云：「王校誤也。韓子主道篇云：「君無見其欲，君見其所欲，臣將自彫琢；君無見其意，君見其意，臣將自表異。」此淮南文所本。

羣書治要作「嗜欲」者，魏徵不知淮南「意欲」之所出，妄改之耳，豈足據乎？劉家立集證不知王校之謬，改「意」爲「嗜」以從之，可謂謬矣。**故老子曰：「塞其兑，閉其門，終身不勤。」**○寧案：見老子第五十二章。

盧敖游乎北海，盧敖，燕人，秦始皇召以爲博士，使求神仙，亡而不反也。○寧案：見論衡道虚篇稱「儒書言」。文選游仙詩注引作淮南，藝文類聚七十八、太平御覽三十七引同。太平御覽三百六十九引莊子：「盧敖見若士，深目鳶肩。」其下條引淮南，疑「莊子」當是「淮南」之誤。且許注云云，其非莊子明矣。淮南當別有所本。劉文典據此以爲文出莊子，誤矣。**經乎太陰，入乎玄闕，**太陰，北方也。玄闕，北方之山也。**至於蒙穀之上。**蒙穀，山名。**見一士焉，深目而玄鬢，淚注而鳶肩，**淚，水。○王念孫云：「淚注」當爲「渠頸」。高注「淚水」當爲「渠大」，皆字之誤也。（俗書「渠」字或作「淭」，「淚」字或作「淭」，二形相似，故「渠」誤爲「淚」。廣韻「淭，強魚切。」引方言云：「杷，宋、魏之間謂之淭挐。」「淭」即「渠」字。玉篇云：「淭，俗淚字。」皆其證也。「頸」誤爲「注」者，「注」字右邊「主」爲「頸」字左邊「巠」之殘文，又因「淚」字而誤加水旁耳。若高注内「大」字今作「水」，則後人以「淚」字從「水」而妄改之。）渠頸，大頸也。渠之言巨也。史記蔡澤傳：「先生曷鼻巨肩」，徐廣曰：「巨一作渠。」彼言渠肩，猶此言渠頸矣。杜子春注周官鐘師引呂叔玉云：「肆夏、繁遏、渠，皆周頌也。渠，大也，言以后稷配天，王道之大也。」荀子彊國篇：「是渠衝入穴而求利也。」楊倞曰：「渠，大也。渠衝，攻城之大車也。」漢書吴王濞傳：「膠西王、膠東王爲渠率。」顔師古亦云「渠，大也。」是「渠」與「大」同義，故高注訓「渠」爲「大」也。太平御覽地部二引作「淚注而鳶肩，」則所見本已誤。蜀志郤正傳注引作「戾頸而鳶肩，」「戾」亦傳寫之誤。論衡道虚篇作「鴈頸而鳶肩」，「鴈」字則後人以意改之。唯「頸」字皆不誤。藝文類聚靈異部上引作「渠頸而鳶肩」，又引注云「渠，大也」，斯爲確據矣。○譚獻云：「玄鬢」當作「玄準」，論衡及蜀志注皆作「準」。○劉文典云：御覽三百六十九引莊子「盧敖見若士，深目鳶肩」，是淮南此文本出莊子也。「淚注」，論衡道虚篇作「雁頸深目玄鬢」，雁頸、鳶肩誼正相類，文亦相對。王充東漢人，其書當較唐人所輯類書爲可信。此當依論衡，不當依藝文類聚引文。○于省吾云：王以「淚」爲「渠」，其説至當。惟「頸」誤爲「注」，失之牽強。「注」當讀爲「脰」，「脰」古讀爲「度」，故與「注」通。玄應一切經音義十七「駐」，古文「住」、「尌」、「侸」、「逗」四形同。方言七「傺，眙，逗也」。注：「逗，即今住字也。」漢書匈奴傳「逗遛不進」，注：「逗讀與住同」，是均從主從豆字通之證。蓋「注」與「脰」爲音假，非「注」與「頸」爲形譌也。爾雅釋獸「麐麚短脰」，注：「脰，項」，説文：「脰，項也。」莊子德充符「其脰肩肩」，釋文：「脰，頸也。」然則渠注而鳶肩，即渠脰而鳶肩矣。○寧案：于氏謂「注」當讀爲「脰」，其言有據。然，論衡、蜀志注、藝文類聚皆作「頸」，疑許作「注」而高作「頸」也。許注固多假字。豐上而殺下，軒軒然方迎風而舞。顧見盧敖，慢然下其臂，遯逃乎碑。慢然，止舞也。匿於碑陰。○王念孫云：「碑」下脱去「下」字。「碑」或作「崥」。太玄增上九：「崔嵬不崩，賴彼岟崥。」（玉篇：岟，於兩切。崥，方爾切。）范望曰：「岟崥，山足也。」下者後也，（見大雅下武箋、周語注。）謂遯逃乎山足之後，故高注曰：「匿於碑陰也。」太平御覽引此已脱「下」字。藝文類聚引作「崥下」。蜀志注引作「碑下」，論衡同。盧敖就而視之，方倦龜殼而食蛤梨。楚人謂「倨」爲「倦」。龜殼，龜甲也。蛤梨，海蚌也。○馬宗霍云：説文人部云：「倦，罷也。」「倨，不遜也。」注釋「倦」爲「倨」，其在本文，義皆不可通。今案正文「倦」蓋「卷」之借字，注文「倨」蓋「居」之借字。説文卩部云：「卷，厀曲也。」尸部云：「居，蹲也。」此蓋言蹲於龜甲之上而食海蚌。凡蹲者必曲其厀，故知正文當作「卷」，注文當作「居」也。論衡道虚篇述此事作「方卷然龜背而食合𥶡」，「倦」正作「卷」。裴松之三國志郤正傳注引此文，亦作「卷」。漢書酷吏郅都傳：「丞相條侯，至貴居也。」顏師古注云：「居，怠傲，讀與倨同。」又「居」、「倨」相通之證也。後人多用「卷」爲卷舒之義，又以「居」爲凥處字，於是兩字本義皆加足旁，卷曲字作「踡」，蹲居字作「踞」矣。○寧案：「蛤梨卽蛤蜊」，中立本作「蜊」。論衡道虛篇作「合蛩」。玉篇「蛤，古合切。蜊音梨。」盧敖與之語曰：「唯敖爲背羣離黨，窮觀於六合之外者。非敖而已乎？○徐仁甫云：此句上下不能有兩「敖」字，當是誤合兩種句法而爲一。一種句法是「唯敖爲背羣離黨，窮觀於六合之外者，非乎？」一種句法是「唯背羣離黨，窮觀於六合之外者，非敖也乎？」「已」爲「也」字之誤，又增「而」字於上。○寧案：「盧敖與之語曰」云云，郤正傳注引同今本。文選游仙詩注引及論衡道虛篇文小異，然皆上下兩「敖」字。竊謂此文當於「者」字句，「非敖而已乎」自爲句。徐仁甫先生以二「敖」字作一句讀，（今人標點三國志亦作如是斷句。）故謂合兩種句法而爲一，疑非是。敖幼而好游，至長不渝。○莊逵吉云：御覽此下有注云：「渝，解也。」○王念孫云：此本作「至長不渝解」。今本無「解」字者，後人不曉「渝解」二字之義而削之也。不知「渝」與「解」同義。太玄格次三：「裳格鞶鉤，渝。」范望曰：「渝，解也。」字亦作「愉」。呂氏春秋勿躬篇「百官愼職而莫敢愉綎」，高注曰：「愉，解也。綎，緩也。」又方言「揄、揟，脫也。解、輸，脫也。」郭璞曰：「挩猶脫耳。」文選七發「揄棄恬怠，輸寫淟濁」，李善注引方言：「揄，脫也。」脫亦解也。渝、愉、揄、輸並聲近而義同。太平御覽引作「至長不渝解」，蜀志注引作「長不喻解」，論衡作「至長不偷解」，字雖不同而皆有「解」字。周行四極，唯北陰之未闚。今卒睹夫子於是，子殆可與敖爲友乎？」若士者齤然而笑曰：○馬宗霍云：說文齒部云：「齤，缺齒也。一曰曲齒。从齒𢍏聲。讀若權。」段玉裁曰：「淮南道應訓『若士齤然而笑』，謂露其齒病而笑也。」余謂

「齤然」蓋狀笑而露齒之貌，露則齒不全見，未必齒病也。此用「齤」爲形容詞，不可泥於本義。論衡道虛篇「齤然」作「悖然」，字異義亦異。「嘻！子中州之民，寧肯而遠至此，○寧案：「而遠」，集證本作「遠而」，是也。人間篇「先生不遠道而至此」，孟子梁惠王上篇「不遠千里而來」，與此同一句式。此猶光乎日月而載列星，言太陰之地，尚見日月也。○寧案：「乎」字疑衍。「光日月，載列星」對文。論衡作「乎光」。太平御覽三十七引正作「光日月」，無「乎」字。陰陽之所行，四時之所生。其比乎不名之地，猶窔奧也。言我所游不可字名之地，以盧敖所行比之，則如窔奧中也。○寧案：釋名：「室中西南隅曰奧，東南隅曰窔。」道藏本「窔」作「突」，景宋本作「穾」。「突」或字，「穾」誤字。注，二本「奧」下有「奧室」二字，中立本同。正文既以「窔奧」並舉，注不得釋「奧」不釋「窔」，疑當作「窔奧，室中也」。今本「窔奧」下脱「窔奧室」三字。若我南游乎罔㝗之野，○于省吾云：莊子應帝王「以處壙埌之野」，釋文：「李云：壙埌，無滯爲名也。」「罔㝗」即「壙埌」，字異而義同。○蔣禮鴻云：王念孫引此作「罔㝗之野」。說曰：「舊本『罔』作『岡』。攷論衡、蜀志注、太平御覽及洪興祖楚辭補注，並作『罔㝗』，今據改。」今案王改非也。莊子應帝王篇曰：「游無何有之鄉，以處壙埌之野。」「罔㝗之野」即「壙埌之野」也。字又作「㝩」、作「漮」。說文：「㝩，屋㝩㝗也。」方言郭注：「漮㝗，空貌。」是也，不當作「罔」甚明。北息乎沉墨之鄉，西窮窅冥之黨，○莊逵吉云：黨，所也。方言云。○盧文弨云：黨當訓「所」。案釋名：「上黨，黨，所也。在山上，其所最高，故曰上黨。」又公羊文十三年傳云：「往黨，衛侯會公于沓，至得與晉侯盟。反黨，鄭伯會公于斐。」何休注：「黨，所也。所猶時，齊人語。」史記齊世家：「萊人歌曰：師乎！師乎！何黨之乎？」集解服虔曰：「黨，所也，言公子徒衆何所適也。」案：此亦齊人語。然上黨在晉，而亦以所爲黨，則不獨齊人爲然矣。東開鴻濛之光。此其下無地而上無天，聽焉無聞，視焉無矚。○王念孫云：「東開鴻濛之光」，「開」當爲「關」。「關」字俗書作「関」，（唐顔玄孫干禄字書：「関、關，上俗下正。」）「開」字俗書作「開」，二形相似，故「關」誤爲「開」。（莊子秋水篇「今吾無所開吾喙」，釋文：「開，本亦作關。」楚策「大關天下之匈」，今本「關」誤作「開」。漢書西南夷傳「皆棄此國而關蜀故徼」，史記「關」誤作「開」。説文「管，十二月之音，物關地而牙，故謂之管」，今本亦誤作「開」。）「關」與「貫」同。（襍記「輪人以其杖關轂而輠輪」，「關轂」即「貫轂」。漢書王嘉傳「大臣括髮關械」，「關械」即「貫械」。今人言關通即貫通。鄉射禮「不貫不釋」，古文「貫」作「關」。大戴禮子張問入官篇「察一而關於多」，家語入官篇「關」作「貫」。史記儒林傳「履雖新，必關於足」，漢書「關」作「貫」。）東貫鴻濛之光，謂東貫日光也。（見上注。）司馬相如大人賦「貫列缺之倒景」，義與此「貫」字同。太平御覽、楚辭補注引此作「東開鴻濛之光」，則所見本已誤。論衡作「東貫澒濛之光」，蜀志注引此作「東貫鴻濛之光」，「貫」、「關」古字通，則「開」爲「關」之誤明矣。「視焉無眴」本作「視焉則眴」，「眴」與「眩」同。司馬相如大人賦云，「視眩泯而亡見」，揚雄甘泉賦云，「目冥眴而亡見」，其義一也。楚辭遠遊云「下峥嵘而無地兮，上寥廓而無天，視儵忽而無見兮，聽惝怳而無聞」，此云「下無地而上無天，聽焉無聞，視焉則眴」，義本遠遊也。蜀志注引此正作「視焉則眴」，論衡作「視焉則營」，「營」與「眴」古字通也。（眴字從目旬聲。大雅江漢篇「來旬來宣」，鄭箋曰：「旬」當作「營」。史記天官書「旬始」，徐廣曰：「旬一作營。」「旬」之通作「營」，猶「眴」之通作「營」矣。）道藏本作「視焉無眴」者，涉上句「無」字而誤。太平御覽所引已與道藏同，後人不知「無眴」爲「則眴」之誤，遂改眴爲「矚」，而莊本從之。案廣韻「矚，視也」，是「矚」與「視」同義，視焉無視，斯爲不詞矣。且「眴」與「天」爲韻，若作「矚」則失其韻矣。○馬宗霍云：説文目部「眴」爲「旬」之或體。「旬」下云：「目搖也。」玄應一切經音義一大般涅槃經第十二卷「視瞋」條引服虔云：「目動曰旬也。」目有所接則動搖，無眴，猶言無足以動搖其目者，引申之亦即目無所見之意。此承上文「其下無地而上無天」言，故視聽皆絶也。王念孫據蜀志郤正傳注引謂「視焉無眴本作視焉則眴，眴與眩同」，不悟若作「則眴」，正老子所謂「五色令人目盲」，失淮南本文之恉矣。莊逵吉本改「眴」爲「矚」，尤失之。○寧案：「東開鴻濛之光」，中立本「光」誤作「先」，莊本從之。今正。**此其外猶有汰沃之汜，**汰沃，四海與天之際水流聲也。汜，涯也。○馬宗霍云：蜀志郤正傳注引此文「汰沃」二字作「沈沈」，蓋以意改。論衡道虚篇作「此其外猶有狀」，「狀」與「汰沃」二字，形皆相近，疑又傳寫之譌。皆不足據。○寧案：注當作「汰沃，四海與天際之水流聲也」。今本「際之」二字誤倒，遂不可讀。**其餘一舉而千萬里，**千萬里，汰汜之外也。○寧案：注「汰汜」，景宋本作「沃汜」，皆「汰沃」之誤也。太平御覽三十七引正文「汰沃」誤作「狀沐」，引注云「狀沐之外」，與正文「狀沐」同，知今注當與正文同。**吾猶未能之在。**吾尚未至此地。○劉家立云：「吾猶未能之在」，語不可曉。注曰：「言吾尚未至此地」，則應作「吾猶未之能至」，方與「一舉而千萬里」相應。今本「之能」二字誤倒，「至」字又誤爲「在」，遂至義不可通。○向宗魯云：「在」無「至」訓，當訓「往」。○馬宗霍云：注文蓋以「尚」字釋「猶」，以「至」字釋「之」，以「此地」釋「在」也。余謂「未能之在」，「之」字爲句中語助，不爲義。猶言「未能在」。説文土部云：「在，存也。」荀子議兵篇「所存者神」，楊倞注云：「存，至也。」是「在」引申之義亦得訓「至」。「未能在」猶言未能至也。劉家立乃謂「語不可曉」，斯則不徒未達正文詞例，亦未能體會注文，實爲妄改。○于省吾云：注讀「在」如字不詞。「在」、「哉」古字通。甲骨文「在」字通作「才」，金文「在」、「哉」亦十九假「才」爲之。書立政「是罔顯在厥世」，漢石經「在」作「哉」。康誥「今民將在」，召誥「智藏瘝在」，二「在」字均應讀作「哉」。詳尚書新證。此言「其餘一舉而千萬里，吾猶未能之哉」，本書多此等句法。詳要略篇。○寧案：馬謂「在」有「至」義，是也；以「之」爲句中語助，非也。未能之在，即未能之至，即未能至之。「之」猶「彼」也，孟子滕文公上：「北方之學者，未能或之先也。」句式與此同。劉説固非，于説亦不可從。今子游始於此，乃語窮觀，豈不亦遠哉！○楊樹達云：上文云「盧敖游乎北海，經乎太陰，入乎玄闕，至於蒙轂之上，見一士焉」，則盧敖之游，非始於蒙轂。文言「游始於此」，義不可通。文當云「今子游始至於此」，「始」下脱「至」字耳。論衡道虚篇正有「至」字，當據補。○馬宗霍云：蜀志郤正傳注引「始」字下有「至」字，論衡道虚篇亦作「始至於此」。上文云「子中州之民，寧肯而遠至此」，本文正與相應，則以有「至」字爲長，似可據補。○寧案：「今子游始於此」，義可通。自盧敖觀之，「遊乎北海，經乎太陰，入乎玄闕，至於蒙轂之上」，謂之窮觀。作爲中州之民，可謂遠而至此矣。然以若士觀之，則曰：「此猶光日月而載列星，陰陽之所行，四時之所生，其比乎不名之地猶窔奧也。」至若「南遊乎岡㝗之野，北息乎沉墨之鄉，西窮窅冥之黨，東開鴻濛之光，此其下無地而上無天，聽焉無聞，視焉無矚」，此若士之遊也。至若「此其外猶有汰沃之汜，其餘一舉而千萬里，吾猶未能之在」，此若士之所不至也。曰「今子遊始於此」，「此」字若指蒙轂，其於盧敖所遊窔奧之地，比於若士之所遊，若士之所不至，盧敖以蒙轂爲窮觀，若士但謂之遊始耳。言出若士之口，則當從若士觀，疑淮南未必有「至」字。然子處矣，○馬宗霍云：説文几部云：「処，止也，得几而止，從几從夂。」「處」爲「処」之或體。由止義引申之，則休亦謂之處。説文木部云：「休，息止也，从人依木。」依木與得几同意。「然子處矣」，猶言「且子休矣」，蓋訶而止之之詞，亦猶莊子逍遥遊篇所謂「歸休乎君」也。吾與汗漫期於九垓之外，汗漫，不可知之也。九垓，九天之外。吾不可以久駐。」○王念孫云：「九垓之外」，本作「九垓之上」。高注本作「九垓，九天也。」俶真篇「徙倚於汗漫之宇」，高注引此文云：「吾與汗漫期於九垓之上。」漢書禮樂志郊祀歌「專精厲意逝九閡」，如淳曰：「閡亦陔也。淮南子曰『吾與汗漫期乎九陔之上。』陔，重也。謂九天之上也。」司馬相如傳封禪文「上暢九垓」，如淳注所引亦與前同。又論衡及蜀志注、太平御覽、文選郭璞遊仙詩注、張協七命注並引作「九垓之上」。（李白廬山謡「先期汗漫九垓上，願接盧敖遊太清」，即用此篇之語，則李所見本亦作「九垓之上」。）御覽又引高注云：「九垓，九天也。」此皆其明證矣。後人既改「九垓之上」爲「九垓之外」，復於注内加「之外」二字以曲爲附會，甚矣！其妄也。又案：「吾不可以久駐」，「駐」字亦後人所加。論衡作「吾不可久」，蜀志注、文選注、太平御覽並引作「吾不可以久」，則「久」下原無「駐」字明矣。○寧案：大藏音義三十、又四十五、又八十八引許注云：「九垓，九天也。」無「之外」二字，王謂乃後人所加，是也。太平御覽引注同。王誤許爲高。又案：文選注引「久駐」作「久居」，下無「若」字。太平御覽同。「居」字蓋卽「若」字形近之誤。今本又加「若」字，「駐」字卽因「居」字而妄改者矣。

若士舉臂而竦身，遂入雲中。盧敖仰而視之，弗見，乃止駕。止其所駕之車。柸治，楚人謂恨不得爲柸治也。悖若有喪也。○王念孫云：「止柸治」之「止」當爲「心」。隸書「心」字作「㣺」，「止」字或作「𣥂」，二形相似，又涉上句「止」字而誤也。「乃止駕」爲句，「心柸治」爲句，「悖若有喪也」爲句。柸治疊韻字，言其心柸治然也。（高注：楚人謂恨不得爲柸治也。）論衡作「乃止喜，（「喜」當爲「嘉」，「嘉」、「駕」古字通。）心不怠，悵若有喪。」「不怠」卽「柸治」之借字，則「止」爲「心」字之誤明矣。莊本刪去「止」字，非是。○俞樾云：王氏念孫謂「止柸治」之「止」乃「心」字之誤，是也。「柸治」之義，高注曰：「楚人謂恨不得爲柸治也。」其實「柸治」卽「不怡」也。「不怡」二字，本於虞書，古人習用之。國語晉語曰：「主色不怡。」太史公報任少卿書曰：「聽朝不怡。」此言「心不怡」，非必楚語，因聲誤而爲柸治，其義始晦矣。論衡道虛篇作「乃止喜，（句）心不怠」，卽「乃止駕，心不怡」也。「喜」者，「嘉」字之誤，「駕」之叚字也。「怠」者，「怡」之叚字也。○于省吾云：俞以柸治爲不怡，其說未允。上言「若士舉臂而竦身，遂入雲中。盧敖仰而視之，弗見」，是當時之情形，「心不怡」三字，實不足以晐之。「柸治」二字乃疊韻謰語，亦卽「誒詒」之轉語。莊子達生「誒詒爲病」，釋文引李云：「誒詒，失魂魄也。」按失魂魄卽恐懼之意。「柸」與「誒」，「治」與「詒」，同屬疊韻。「柸治」又轉爲「謾台」。方言一：「謾台，懼也，燕、代之間曰謾台。」盧敖以若士入雲爲神異，故中心恐懼也。

曰：「吾比夫子，猶黃鵠與壤蟲也。壤蟲，蟲之幼也。○寧案：「壤」當爲「蠰」。注同。爾雅釋蟲「蠰、齧桑。」郝懿行義疏引淮南此文，是淮南固作「蠰」也。道藏本、中立本、茅本、景宋本正作「蠰」。終日行不離咫尺，八寸爲咫，十寸爲尺。而自以爲遠，豈不悲哉！」

故莊子曰：「小年不及大年，小知不及大知；朝菌不知晦朔，朝菌，朝生暮死之蟲也，生水上，狀似蠶蛾，一名孳母，海南謂之蟲邪。○王念孫云：「朝菌」本作「朝秀」，（高注同。）今作「朝菌」者，後人據莊子逍遥遊篇改之也。文選辨命論「朝秀晨終」，李善注引淮南子「朝秀不知晦朔」。太平御覽蟲豸部「茲母」下引淮南子「朝秀不知晦朔」，又引高注云：「朝秀，朝生暮死之蟲也，生水上，似蠶蛾，一名茲母。」廣雅釋蟲「朝蜏，（曹憲音秀。）孳母也」，義本淮南注。是淮南自作「朝秀」，與莊子異文，不得據彼以改此也。○陶方琦云：文選注、御覽引正文及許注均作「朝秀」，今本作「朝菌」，乃因莊子而改。莊子逍遥遊「朝菌不知晦朔」，釋文引司馬注：「菌，大芝也。」兩書古注互異，不必强同。今許注既解爲蟲，當作「朝秀」。「秀」卽「蜏」字。廣雅「朝秀，孳母也」，卽本許注。玉篇「蜏，思又、弋久二切，朝生莫死蟲也，生水上，狀如蠶蛾，一名孳母」，卽引淮南許氏注文。○于鬯云：此文及注文「菌」字本皆作「秀」，說已見王褉志。「秀」字亦作「蜏」。廣雅釋蟲云：「朝蜏，孳母也。」蓋孳母之名，謂其孳乳浸多，即今人謂水面上之蜏蛆是矣。然則，其狀不似蠶蛾，却似蠶子，疑注文「蛾」字當作「子」，而御覽茲母覽引此亦作「蛾」，蓋已據誤本也。（御覽引此注標許慎注。）至朝菌實糞上蟲，並非水上蟲，說見大戴夏小正記校。**蟪蛄不知春秋。**蟪蛄，貂蟟也。○劉家立云：注「貂」乃「蛁」字之誤。廣雅釋蟲：「蟪蛄，蛁蟟也。」家語「蟪蛄之聲，猶在於耳」，注與廣韻同，是其證。○寧案：爾雅釋蟲「蜓蚞螇螰」，郭注：「即蝭蟧也，一名蟪蛄，齊人呼螇螰。」說文：「螇，螇螰，蛁蟟也。」又云：「蚈蚗，蛁蟟也。」方言云：「蛥蚗，齊謂之螇螰，楚謂之蟪蛄，或謂之蛉蛄，秦謂之蛥蚗，自關而東謂之虭蟧，或謂之蝭蟧，或謂之蜓蚞，西楚與秦通名也。」郭注：「江東人呼嘄蟧。」郝懿行云：「方言作虭蟧，夏小正作蝭蠑，廣雅作鰤蟧，說文作蛁蟟，淮南道應篇注作貂蟟，今東齊人謂之德勞，或謂之都盧，揚州人謂之都蟟，皆蜓蚞、螇螰之語聲相轉，其不同者，方音有輕重耳。」案貂、蛁同音，都僚切。劉氏無庸改字。**此言明之有所不見也。**○寧案：此不稱「故老子曰」。

季子治亶父三年，季子，子賤也。○王念孫云：群書治要引此「季子」作「宓（音伏）子」，呂氏春秋具備篇同。案諸書無謂宓子賤爲季子者，「季」當爲「孚」，字之誤也。「孚」與「宓」聲相近。「宓子」之爲「孚子」，猶「宓犧」之爲「庖犧」也。齊俗篇「賓有見人於宓子者」，太平御覽人事部四十六引作「孚子」，群書治要作「季子」，故知「宓」通作「孚」，「孚」誤作「季」也。○陶方琦云：群書治要引許注：「宓子，子賤也。」與今注正同。**而巫馬期絻衣短褐，**巫馬期，孔子弟子也。○陶方琦云：群書治要引許注：「巫馬期，孔子弟子也。」與今注正同。史記、呂覽並作巫馬旗。○寧案：論語述而「揖巫馬期而進之」，注「孔曰：巫馬期，弟子，名施。」史記仲尼弟子傳：「巫馬施字子旗。」索隱：「鄭玄云魯人。家語云：陳人，字子期。」易容貌，往觀化焉。易服而往，微以視之。○陶方琦云：羣書治要引許注：「微視之。」是約文。見得魚釋之。○王念孫云：太平御覽鱗介部七引作「見夜魚者釋之」，羣書治要引作「見夜漁者得魚則釋之」。案：羣書治要所引，是也。呂氏春秋作「見夜漁者得則舍之」，家語屈節篇作「見夜魰者得魚輒舍之」，是其證。泰族篇亦云：「見夜魚者，得小即釋之。」巫馬期問焉，曰：「凡子所爲魚者，欲得也。○劉文典云：「魚」當爲「漁」，字之壞也。呂氏春秋具備篇作「漁爲得也」。家語屈節篇作「凡魰者爲得」，魰與漁同。今得而釋之，何也？」漁者對曰：「季子不欲人取小魚也。古者，魚不盈尺不上俎也。所得者小魚，是以釋之。」巫馬期歸以報孔子曰：「季子之德至矣！使人闇行，若有嚴刑在其側者。季子何以至於此？」孔子曰：「丘嘗問之以治，言曰：○于鬯云：呂氏春秋具備篇作「丘嘗與之言曰」，家語屈節篇亦作「吾嘗與之言曰」，疑此「言曰」上亦當有「與之」二字。『誠於此者刑於彼』，○王念孫云：各本及莊本「誠」字皆誤作「諴」，唯道藏本不誤。羣書治要引此正作「誠」。呂氏春秋、家語並同。○梁玉繩云：水經泗水注作「誠彼形此」。古「刑」、「形」通用。季子必行此術也。」故老子曰：「去彼取此。」○寧案：見老子第十二章。

罔兩問於景，罔兩，水之精物也。景，日月水光晷也。○寧案：莊子寓言篇有罔兩其名，而文絕異。他無所見。覽冥篇作「魍魎」，蓋許、高之異。曰：「昭昭者，神明也？」罔兩恍惚之物，見景光明，以爲神也。景曰：「非也。」罔兩曰：「子何以知之？」景曰：「扶桑受謝，日照宇宙，扶桑，日所出之木也。受謝，扶桑受日，且澤出之也。○吳承仕云：朱本作「旦則出之」。承仕案：朱本非也。「澤」當讀爲「繹」，猶尋繹也。扶桑受謝者，謂昏受日而旦出之，若代謝焉。俶真篇「代謝舛馳」，注云：「謝，叙也。」謝、叙、繹聲相近。朱本不得其解而改「澤」爲「則」，失之。○馬宗霍云：「旦澤」之「澤」，通作「繹」。繹者，尋繹之意。春秋宣公八年經：「壬午猶繹」，公羊傳云：「繹者何？祭之明日也。」穀梁傳云：「繹者，祭之旦日之享賓也。」是許注「旦澤出之」，猶言明旦出之也。史記孝武本紀「古者先振兵澤旅」，裴駰集解引徐廣曰：「古釋字作澤。」詩周頌絲衣序「繹賓屍也」，陸德明釋文云：「繹，字書作釋。」案「澤」、「繹」皆與「釋」通，卽「澤」可通「繹」之證。昭昭之光，輝燭四海，闔户塞牖，則無由入矣。若神明，四通竝流，無所不極，○王念孫云：道藏本「極」作「及」。爾雅「極，至也」。淺人不知而改爲「及」也。上際於天，下蟠於地，化育萬物，而不可爲象，俛仰之間而撫四海之外。昭昭何足以明之！」故老子曰：「天下之至柔，馳騁天下之至堅。」○寧案：淮南道藏本、景宋本「馳騁」下皆有「於」字，原道篇引亦有「於」字，與范應元本老子合。今本老子第四十三章無「於」字，疑後人所删。

光耀問於無有，光耀可見，而無有至虚者。曰：「子果有乎？其果無有乎？」有形生于無形，何以能生物？故問果有乎？其無有也？無有弗應也。光耀不得問而就視其狀貌，○王念孫云：「就視」當依莊子知北遊篇作「孰視」，字之誤也。「孰」與「熟」同。冥然忽然，視之不見其形，聽之不聞其聲，搏之不可得，望之不可極也。光耀曰：「貴矣哉！孰能至于此乎！予能有無矣，未能無無也。言我能使形不可得，未能殊無形也。及其爲無無，又何從至於此哉！○寧案：「及其爲無無，又何從至於此哉」，下「無」字涉上而衍，「又」當爲「有」，下脱「矣」字。莊子知北游「及其爲無，有矣，何從至此哉」，卽淮南所本。蓋寫者書「有」

爲「又」，讀者不解，故重「無」字絶句，删「矣」字，以「又」字下屬，而義遂不可通耳。俶真篇無「又」字，則又後人不知「又」乃「有」之誤字所妄删。說在俶真篇。故老子曰：「無有入于無閒，吾是以知無爲之有益也。」○寧案：見老子第四十三章。「無有」上當有「出於」二字。王弼本老子上文注云：「氣無所不入，水無所不出於經。」劉師培云：「注當作『無所不經』，與上『無所不入』對立，『出於』二字必『無有』上之正文。蓋王本亦作『出于無有，入于無閒』，而『出於』二字誤入注文也。」（老子斠補）又河上本注云：「無有謂道也，道無形質，故能出入無閒。」是河上本亦出入對文。原道篇引老子正作「出於無有，入於無閒」。

白公勝慮亂，白公將爲父復讎，起兵亂，因思慮之也。○劉文典云：爾雅釋詁、廣雅釋詁四：「慮，謀也。」呂氏春秋安死篇高注：「慮，謀也。」國策秦策注：「慮，計也。」白公勝慮亂，猶言白公勝謀亂也。「慮」當訓「謀」、訓「計」，不當訓「思」。○寧案：文本韓非子喻老篇，又見列子説符篇。說文「慮，謀思也」。玉篇：「深謀遠慮曰思。」許注訓「慮」爲「思」，何不當之有？罷朝而立，倒杖策，錣上貫頤，策，馬捶。端有針，以刺馬，謂之錣。倒杖策，故錣貫頤也。○寧案：列子説符篇張注引許慎注淮南子云：「錣，馬策端有利鋒，所以刺不前也。」文畧異。血流至地而弗知也。鄭人聞之曰：「頤之忘，將何不忘哉！」白公之父死，鄭人預之，故懼之。此言精神之越於外，智慮之蕩於内，則不能漏理其形也。漏，補空也。○于省吾云：案：注說未允。「漏」疑「滿」字之形譌。廣雅釋詁「滿，充也。充，滿也」。上云「此言精神之越於外，智慮之蕩於内」，故接以「則不能充理其形也」。是故神之所用者遠，則所遺者近也。近謂身也。故老子曰：「不出户以知天下，不窺牖以見天道，其出彌遠，其知彌少。」〇寧案：見老子第四十七章。此之謂也。

秦皇帝得天下，〇寧案：蜀藏本作秦始皇帝。恐不能守，發邊戍，築長城，〇梁玉繩云：「長城」當依人閒訓作「修城」，蓋後人因下「修關梁」而誤改耳。〇于鬯云：姚廣文云：高誘序，淮南「以父諱長，故其所著諸長字皆曰修」。人閒訓「將築修城」，又云「欲知築修城以備亡，不知築修城之所以亡也」。此「長」字蓋諱之未盡者。案説山訓「巨雖可而長不足」，據御覽引，彼「長」作「修」，是知今本淮南有經後人寫亂者。〇寧案：説文：「戍，守邊也。」『邊戍』義複，當作「適戍」。「邊」、「適」草書二形相似，又涉下「邊吏」而誤也。氾論篇「發適戍」，人閒篇「乃發適戍以備之」，又云「發適戍以備越」，史記陳涉世家亦云「發閭左適戍漁陽」，皆其證。又案：「長城」當作「修城」，是也。泰族篇亦作「修城」。修關梁，設障塞，具傳車，置邊吏。然劉氏奪之，若轉閉錘。閉錘，格也。上之錘，所以編薄席，反覆之易。昔武王伐紂，破之牧野，乃封比干之墓，表商容之閭，柴箕子之門，紂死，箕子亡之朝鮮，舊居空，故柴護之也。〇莊逵吉云：柴護之者，設軍士護之也。「柴」卽俗「寨」字。〇曾國藩云：後漢書楊震傳「柴門謝客」，三國志「以萬兵柴道」，與此「柴」字義同，卽塞也。朝成湯之廟，發鉅橋之粟，散鹿臺之錢，破鼓折枹，弛弓絶絃，去舍露宿以示平易，解劍帶笏以示無仇。於此天下歌謡而樂之，諸侯執幣相朝，三十四世不奪。〇寧案：三十四世當作三十七世，氾論篇作三十六，「六」亦「七」字之誤。文選西征賦李注引戰國策吕不韋曰：「周凡三十七王。」實數自武王至赧王凡三十七世，尚有東西周君不計，故曰「三十七世不奪」也。故老子曰：「善閉者，無關鍵而不可開也。善結者，無繩約而不可解也。」〇寧案：見老子第二十七章，無兩「者」字兩「也」字。

尹需學御，三年而無得焉，○寧案：呂氏春秋搏志篇尹需作尹儒，文選王元長曲水詩序注引莊子同。文選魏都賦注引莊子作尹需。私自苦痛，常寢想之。寢堅思之。○寧案：「堅」當爲「臥」，形近而譌。説文「寢，臥也」。注以「臥」訓「寢」，與説文合。鮑刻本太平御覽引正作「臥」。中夜，夢受秋駕於師。秋駕，善御之術。○寧案：漢書禮樂志「飛龍秋」，蘇林曰：「秋，飛貌也。」師古曰：「莊子有秋駕之法者，亦言駕馬騰驤，秋秋然也。」明日，往朝。師望之謂之曰：○王念孫云：「望之謂之」當作「望而謂之」，今本「而」作「之」，因下「謂之」而誤。太平御覽工藝部三引此正作「望而謂之」，呂氏春秋搏志篇同。（今本搏誤作博，辯見呂氏春秋。）○向宗魯云：王謂「望之」當作「望而」，是也，魏都賦注引莊子亦作「望而」。又魏都賦注引莊子作「明日往朝其師，其師望而謂之曰」，曲水詩序引莊子作「往朝師，師謂之曰」，則此師字亦當重。（御覽引已脱。畢校呂覽亦云當重。）○寧案「望之」作「望而」，從王説。呂氏春秋搏志篇作「明日往朝其師望而謂之曰」。陳昌齊云：「師字不必重，當以『明日往朝』爲句，『其師望而謂之曰』爲句。」陳説是也。淮南文本呂氏春秋，改一「之」字可也，不必增字。「吾非愛道於子也，恐子不可予也，今日教子以秋駕」。○向宗魯云：此當從宋本補「將」字。呂氏搏志篇、選注兩引莊子皆有「將」字。御覽七百四十六引此亦有「將」字。尹需反走，北面再拜曰：「臣有天幸，今夕固夢受之。」故老子曰：「致虛極，守靜篤，萬物竝作，吾以觀其復也。」○寧案：見老子第十六章。

昔孫叔敖三得令尹無喜志，三去令尹無憂色。○寧案：事見莊子田子方篇、荀子堯問篇。呂氏春秋知分篇。論語以爲令尹子文。延陵季子吴人願一以爲王而不肯。○楊樹達云：「一」字義不可通，緣與「以」字聲近而衍。呂氏春秋知分篇無「一」字，當據删。○寧案：事見左襄十四年傳。許由讓天下而弗受。○寧案：事見莊子逍遥遊篇，又讓王篇、吕氏春秋求人篇。晏子與崔杼盟，臨死地不變其儀。○寧案：事見左襄二十五年傳、吕氏春秋知分篇、晏子春秋内篇襍上第五。此皆有所遠通也。精神通於死生，則物孰能惑之！荆有佽非，得寶劍於干隊，干，國，在今臨淮，出寶劍，蓋爲莫邪、洞鄂之形也。○寧案：干隊，吕氏春秋知分篇作干遂。高注：「吴邑。」「干」即「邗」字。説文「邗，國也，今屬臨淮。一曰：邗本屬吴」。與今本及吕氏春秋注合。「遂」與「隊」同。上文「夫差之所以自刎於干遂也」，亦作「遂」。襄公二十三年左傳「夜入且于之隧」，精神篇高注作「隊」。（今本脱，景宋本不脱。）還反度江，至於中流，陽侯之波，○顧廣圻云：「波」下疑少一字。兩蛟俠繞其船。蛟，龍屬也。魚滿二千五百斤，蛟來爲之主也。○寧案：俠，道藏本同，景宋本作「挾」。漢書叔孫通傳「殿下郎中俠陛」，師古曰：「俠與挾同。」又案：注「二」當爲「三」，「五」當爲「六」，衍「斤」字。説山篇高注：「魚二千斤爲蛟。」吕氏春秋知分篇注同。此言「魚滿二千五百斤，蛟來爲之主」，有衆始有主，言魚重，不言魚數，則文理不通。説文「蛟，龍之屬也。池魚滿三千六百，蛟來爲之長」。此篇許注，應與説文同也。齊民要術養魚類引陶朱公養魚經云：「魚滿三千六百，則蛟龍爲之長。」（俗本作三百六十非。）又其證。大藏音義四十一引「一淵不兩蛟」，（見説山篇。）又引注云：「蛟，龍屬也。魚滿三千六百，則蛟來爲之主也。」當是此處注文，誤繫入説山篇。佽非謂枻船者曰：枻，櫂也。嘗有如此而得活者乎？」○俞樾云：「嘗」下脱「見」字。下文「對曰未嘗見也」，「嘗見」字與此相應。吕氏春秋知分篇作「子嘗見有兩蛟繞船能兩活者乎」，正有「見」字。「能兩活」當作「而能活」，説見吕氏春秋。○寧案：吕氏春秋作「子嘗見兩蛟繞船能兩活者乎」，俞引衍「有」字。疑此「有」即「見」之形譌。對曰：「未嘗見也。」於是佽非瞑目勃然攘臂拔劍，○王念孫云：「瞑目」二字與「攘臂拔劍」事不相類，「瞑目」當爲「瞋目」。隸書「真」或作「眞」，「冥」或作「寘」，二形相似而誤。又案「教然」二字，當在「瞋目」之上，而以「教然瞋目攘臂拔劍」作一句讀。○寧案：王校是也。景宋本正作「瞋目」。曰：「武士可以仁義之禮説也，○寧案：武卽士也。淮南書「士」多作「武」，此「士」字疑後人妄加。不可刼而奪也。此江中之腐肉朽骨棄劍而已，○俞樾云：「己」乃人己之「己」，「己」上當有「全」字。呂氏春秋正作「棄劍而全己」。○蔣禮鴻云：呂氏文回穴無義，「善哉」上著「夫」字，尤不成文法，豈足據乎？淮南子文實不誤。「已」乃已止之「已」，非人己之「己」，而已，謂如此而已也。其曰「此江中之腐肉朽骨棄劍而已」者，乃承上文與柂人問答而言。言揚侯之波，兩蛟挾船，必不得活，則佽非身且爲江中之腐肉朽骨，劍且爲棄劍；何惜此身此劍，不與蛟争頃刻之命，猶有可冀乎？「載」乃因利乘便之意，猶今言利用也。漢書董仲舒對策曰：「身寵而載高位，家温而食厚禄，因乘富貴之資力，以與民争利於下。」顔師古注：「載猶乘」也。漢書「載」字義與淮南子此文同。言善用之則爲生人而有其劍，不善用之則爲腐肉朽骨棄劍而已。文義本自曉暢。俞氏乃據呂書誤文以改之，甚未思也。○寧案：蔣説是也。太平御覽三百四十四引呂氏春秋文作「次非曰：若如是，吾固江中腐肉朽骨耳，棄劍而已，余何愛焉？遂攘臂袪衣，拔劍赴江」。先言己爲江中腐肉朽骨，次言劍爲棄劍，「己」上無「全」字。文雖小異，而意甚明，爲俞據乃呂書誤文之證。余有奚愛焉！」赴江刺蛟，遂斷其頭，船中人盡活，風波畢除，荆爵爲執圭。孔子聞之曰：「夫善載腐肉朽骨棄劍者，佽非之謂乎？」○俞樾云：「載」當作「哉」，聲之誤也。「哉」下脱「不以」二字。呂氏春秋正作「夫善哉！不以腐肉朽骨而棄劍者，其次非之謂乎？」○寧案：腐肉朽骨乃佽非謂己，非以指蛟。太平御覽三百四十四引呂氏春秋作「孔子曰：「腐肉朽骨猶能除害，見幾哉！」其爲佽非自謂甚明。「載」猶「乘」也。蔣説是也。俞氏據呂氏誤文不可從（陳昌齊謂呂書「不以」、「而」三字衍）。故老子曰「夫唯無以生爲者，是賢於貴生焉」。○寧案：見老子第七十五章。

齊人淳于髡以從説魏王，○楊樹達云文本呂氏春秋離謂篇魏王辯之。約車十乘，將使荆，辭而行。人以爲從未足也，復以衡説，其辭若然。從説，説諸侯之計當相從也。衡説，從之非是，當横，更計也。○孫詒讓云：此「人」當作「又」，「又以爲從未足也」句斷。呂氏春秋離謂篇作「有以横説魏王」，「有」與「又」同。魏王乃止其行而疏其身。失從心志，而又不能成衡之事，○王念孫云：「失從心志」當作「失從之志」。今本「之」作「心」者，因「志」字而誤。「有」與「又」同。此言魏王既不能合從，又不能連衡也。呂氏春秋離謂篇作「失從之意，又失横之事」，是其證。漢魏叢書本改「有」爲「又」，而莊本從之，則昧於假借之義矣。○寧案：道藏本、中立本、景宋本「又」皆作「有」，故王氏云然。是其所以固也。夫言有宗，事有本。○寧案：老子第七十章云：「言有宗，事有君。」失其宗本，技能雖多，不若其寡也。故周鼎著倕，而使齕其指，先王以見大巧之不可也。○王念孫云：「不可」下脱「爲」字。呂氏春秋作「先王有以見大巧之不可爲也」，是其證。本經篇亦云：「故周鼎著倕，使銜其指，以明大巧之不可爲也。」○寧案：王説是也。文子精誠篇亦云：「以明大巧之不可爲也。」故慎子曰：「匠人知爲門能以門，所以不知門也。」故必杜然後能門。慎子名到，齊人。不知門，不知門之要也，門之要在門外。○孫詒讓云：今本慎子殘闕，無此文，義亦難通。文子精誠篇襲此云：「故匠人智爲不以能以時閉不知閉也。故必杜而後開。」彼文亦有譌挩。參合校繹，此似當云：「不能以閉，所以不知門也。故必杜然後能開」。言門以開閉爲用，若匠人爲門，但能開而不能閉，則終未知爲門之要也。文子「開」、「閉」二字尚未譌，可據以校正。○馬宗霍云：「知爲門」之「門」爲名詞。「能以門」之「門」爲動詞，當讀如公羊宣公六年傳「無人門焉者」之「門」，義猶守也。此蓋言匠人爲門，但知門能以守，不知門之所以能守，別有司其啟閉者在，即𢾾門之具也。𢾾門之具如關闔等，皆別於門而爲物。故許注云：「門之要在門外。」下文「故必杜然後能門」，爲淮南引慎子後所加申繹之語，非慎子本文。杜者，「𢾾」之借字。「門」字義亦爲「守」，言必杜然後能守也。訓「門」爲「守」，見廣雅釋詁三。孫詒讓乃謂此文義難通，似失之矣。孫所校改，絕不可從。○陳直云：杜讀爲牡，門牡也。○寧案：馬説是也，其所以説之猶未善也。「能以門」之「門」，亦當爲名詞。門之要在𢾾門之具，故知爲門者，門成而𢾾門之具從之。使爲門而不知爲門牡，則是「知爲門能以門」，而不能復以牡。故曰「所以不知門也」。下文「故必杜然後能門」，「門」上省「爲」字，猶言必知有𢾾門之具以司啟閉，而後始能爲門也。文子不解其義，妄改「門」字爲「開」或「閉」，而孫據以爲説，誤矣。陳謂「杜」讀爲「牡」，亦非。又案：注文重「不知門」三字，乃後人所加。道藏本、中立本、景宋本注文分設，不知門之要也」句在「所以不知門也」下。又案：此引慎子，不稱「故老子曰」。

墨者有田鳩者，田鳩學墨子之術也。○劉文典云：呂氏春秋首時篇高注：「田鳩，齊人，學墨子術。」田鳩即田俅子，漢書藝文志墨家有田俅子三篇。鳩、俅音近字通。欲見秦惠王，約車申轅，申，束也。○陶方琦云：文選七發注、謝玄暉京路夜發注引許注：「裝，束也。」案：文選引許君淮南注作「裝，束也」，當即此處注。或舊本作「裝」。又文選謝惠連西陵遇風詩注引作「裝，飾也」。思玄賦「簡元辰而俶裝」注亦曰：「裝，束也。」詩出車箋「裝，載物而往」，義同。○寧案：大藏音義九十二亦引許注云：「裝猶束也。」陶方琦以爲「當即此處注，或舊本作裝」，非是。說文：「申，神也。（段注：神不可通，當是本作「申」。）七月陰氣成體，自申束。」段注：「从丨以象其申，从臼以象其束。」是申有束義。又說文：「約，纏束也。」故此以「約」、「申」並舉。諸書引許注「裝，束也」，當是許注佚文。**留於秦，周年不得見。**○劉文典云：意林引「周」作「三」，以下文「吾留秦三年」覈之，則作「三」是也。○楊樹達云：劉校是也。呂氏春秋首時篇云：「留秦三年而弗得見。」字正作「三」。**客有言之楚王者，往見楚王。楚王甚悅之，**○劉文典云：意林引作「一至楚，楚王悅之」。○寧案：呂氏春秋作「往見楚王」，此淮南文所本，意林引不可從。**予以節，使於秦。至，因見予之將軍之節，惠王見而說之；**○陳觀樓云：呂氏春秋首時篇云：「楚王說之，與將軍之節以如秦，至，因見惠王。」則此亦當云「至，因見惠王而說之」。其「與之將軍之節」六字，乃是上文「與以節」句注語，今誤入此句中，文義遂不可曉。○王念孫云：陳說是也。莊本又加「見」字於「而說之」之上，非是。○寧案：道藏本、中立本、景宋本「而說之」上無「見」字，故王說云然。**出舍，喟然而歎，告從者曰：「吾留秦三年不得見，不識道之可以從楚也。」**

物故有近之而遠，遠之而近者。故大人之行，不掩以繩，掩猶揮也。○俞樾云：「掩」字無義。高注曰「掩猶揮也」，義亦未詳。「掩」乃「扶」字之誤。管子宙合篇曰：「千里之路，不可扶以繩。」是其證也。下文「此所謂管子梟飛而維繩者」，王氏念孫引陳觀樓說，謂當作「此管子所謂鳥飛而準繩者」。按「鳥飛準繩」，本管子宙合篇。其曰「千里之路，不可扶以繩，萬家之都，不可平以準」，即說鳥飛準繩之義也。然則此云「大人之行，不扶以繩」，亦本管子，「掩」字之「誤」無疑矣。宙合篇又曰：「夫繩，扶撥以爲正。」即此「扶」字之義。因「扶」字闕壞，止存「扶」形，淺人遂以意補成

「掩」字耳。○吴承仕云：俞校爲「扶」，「扶」、「掩」形不近，亦不與注義相會，管子非其證也。尋朱本注作「掩猶撣也」。「撣」當爲「彈」。「彈」一誤爲「撣」，再誤爲「揮」，遂不可通矣。「掩」、「揜」古字通，本訓爲覆，故言行相掩，謂之可復。此言大人之行，不得以常律相格，故注訓「掩」爲「彈」，謂不當以繩墨抨彈之。説山篇注云：「撽，弓之掩牀。」撽弓曰掩，以繩彈曲，亦謂之掩。其義正同。「掩」字本無「彈」訓，故加「猶」言。下文注云：「爲士者，上下無常，進退無恒，不可繩也」，正與此注相應。○楊樹達云：吴説是也。孟子云：「大人者，言不必信，行不必果。」即此文之意。繆稱、説林二篇竝云：「行險者不得履繩。」語意亦畧同。劉家立集證不知俞説之誤，改「掩」爲「扶」以從之，斯爲謬矣。○于省吾云：「掩」、「扶」形殊，無緣致誤，「掩」應讀作「按」。此言大人之行，不能按之以繩也。荀子富國「掩地表畝」，即按地表畝。詳荀子新證。至管子言扶繩，義各有當，不應援彼以改此也。○蔣禮鴻云：孫詒讓説宙合篇，謂以聲類校之，疑「扶」當與「輔」通，舉大戴禮記四代篇「巧匠輔繩而斷」（當作「巧匠不輔繩而斲」。）爲證，（詳見札迻。）其説是也。然俞氏據管子以校此文，義雖甚允，而實未確。兵畧篇曰：「是故扶義而動，推理而行，掩節而斷割。」以扶、掩竝言，則掩與扶義近。説山篇：「撽不正而可以正弓。」高注曰：「撽，弓之掩牀。」楊倞注荀子性惡篇曰：「排撽，輔正弓弩之器。」輔正弓弩之器以掩爲名，則以繩直輔曲，亦可云掩矣。此「掩」字不當改。○寧案：「掩」字不誤，是也。兵畧篇「掩節而斷割」，許注：「掩，覆也。」繆稱篇「而内行無繩」，許注：「繩所以彈曲者也。」覆以繩墨，故此注云：「掩猶彈也。」意林引作「故大人之行，不可掩以繩」。此「掩」上當據沾「可」字。下句注云：「言爲士者，上下無常，進退無恒，不可繩也。」是其明證。管子宙合篇「千里之行，不可扶以繩，萬家之都，不可平以準」，此同一句式。至所極而已矣。此所謂筦子梟飛而維繩者。言爲士者，上下無常，進退無恒，不可繩也。以喻飛梟，從下繩維之，而欲翺翔，則不可也。○陳觀樓云：「此所謂筦子」當作「此筦子所謂」，「梟飛而維繩」當作「鳥飛而準繩」。管子宙合篇曰：「鳥飛準繩，此言大人之義也」云云，大意謂鳥飛雖不必如繩之直，然意南而南，意北而北，總期於還山集谷而後止，則亦與準於繩者無異，所謂「苟大意得，不以小缺爲傷也。」故此云：「大人之行，不掩以繩，至所極而已矣，」此筦子所謂鳥飛而準繩者。」今本「鳥」誤作「梟」，「準」誤作「維」，（「準」字俗書作「准」，又因下「繩」字而誤從「系」。）則義不可通。注內「梟」字亦「鳥」字之誤，而云「從下繩維之」，則高所見本已誤作「維」矣。○寧案：此引筦子，不稱「故老子曰」。

澧水之深千仞，而不受塵垢，○寧案：澧水之深千仞，誇飾過矣。「千仞」當作「十仞」。玉燭寶典七、貞觀政要五公平篇、太平御覽八百十三引皆作「十仞」，文子上德篇同。是其證。投金鐵鍼焉，則形見於外。○王念孫云：「金鐵」下不當有「鍼」字，「鍼」即「鐵」之誤也。（「鐵」或省作「鐡」，形與「鍼」相近。）今作「金鐵鍼」者，一本作「鐵」，一本作「鍼」，而後人誤合之耳。文選沈約貽京邑游好詩注、太平御覽珍寶部十二引此皆無「鍼」字。文子上禮篇作「金鐵在中，形見於外」。（羣書治要所引如是。今本文子「金鐵」作「金石」，乃後人所改。）○寧案：王説是也。貞觀政要五引作「金鐵在焉，則形見於外」，亦無「鍼」字。玉燭寶典七月引作「金針投之，即見其形」，「針」即「鍼」之俗書，爲一本作「鍼」之證。非不深且清也，魚鼈龍蛇莫之肯歸也。○顧廣圻云：宋本「之肯」作「肯之」，非。○譚獻云：之，此也。不誤。○向宗魯云：藏本亦作「肯之」。○寧案：中立本作「之肯」，茅本作「肯之」。顧説是也。詩魏風碩鼠「莫我肯顧」，孟子盡心章「虎負嵎，莫之敢攖」，皆與此同一句式。是故石上不生五穀，秃山不游麋鹿，無所陰蔽隱也。○王念孫云：「隱」字蓋「蔽」字之注而誤入正文者。（「廣雅：「蔽，隱也。」」）文子無「隱」字，是其證。○寧案：上文五十六字疑是錯簡，當在下文「大則大矣，裂之道也」下。文以水清無魚喻中行、知氏爲政以苛爲察之必敗。本篇每節皆先徵引事實，末引老子語以爲證，或於引老子語前畧爲論述。此節獨先設爲譬喻，然後引趙文子問晉六將軍於叔向，與前後文例不合。沈德鴻淮南子選註以此文上屬。按上節言大人之行不可掩以繩，與水清無魚文不相涉，謬甚。貞觀政要五引此文，正以闡明爲政不應苛察，此不應上屬甚明。景宋本此文自成一段，趙文子問叔向爲另一段。依文例此文不得自爲段，其爲錯簡之迹可尋矣。昔趙文子問於叔向曰：「晉六將軍六將軍，韓、趙、魏、范、中行、智伯也。○寧案：「趙魏」二字當乙。道藏本、中立本、茅本、景宋本皆作韓、魏、趙。其孰先亡乎？」對曰：「中行、知氏。」文子曰：「何乎？」對曰：「其爲政也，以苛爲察，以切爲明，以刻下爲忠，以計多爲功。○寧案：「計」當作「訐」，形近而誤也。論語陽貨「惡訐以爲直者」，集解引包曰：「訐謂攻發人之陰私。」苛、切、刻、訐，其義相近，以此爲政，故曰先亡。若作「計」，多計何以必其先亡也？貞觀政要公平篇正作「以訐多爲功」，是其證。譬之猶廓革者也，廓之，大則大矣，裂之道也。○劉家立云：今本作「廓之大則大矣裂之道也」，「大裂」二字之中，衍一「矣」字，隔絕上下文法，遂致義不可通。文子上禮篇「譬猶廣革者也，大敗大裂之道也」，則無「矣」字明矣。○寧案：劉家立據文子删「矣」字，蓋不得其句讀。按文子襲此文有改易，不可爲據。此文應讀「廓之，大則大矣，裂之道也」。文義甚明，何云義不可通也？貞觀政要五引此文作「譬猶廣革，大則大矣，裂之道也」。文雖小異，正以「大則大矣」爲句，足證此文不誤。故老子曰：「其政悶悶，其民純純，其政察察，其民缺缺」。○寧案：見老子第五十八章。

景公謂太卜曰：「子之道何能？」對曰：「能動地？」動，震也。○寧案：見晏子春秋內篇雜下，又見説苑辯理篇。晏子往見公，公曰：「寡人問太卜曰：『子之道何能？』對曰：『能動地。』地可動乎？」晏子默然不對。出見太卜曰：「昔吾見句星在房心之間，地其動乎？」句星，客星也。房，駟。句星守庚心，則地動也。○王念孫云：劉本注文「房星」作「駟房」。（朱本、漢魏叢書本並同。）案：正文本作「句星在駟心之間」，注本作「駟，房星。（句）句星守房、心，則地動也」。道藏本注文「房星」上脱「駟」字，劉本「房」下脱「星」字。若正文之「駟心」作「房心」，則涉注文「守房、心」而誤也。莊伯鴻不知正文「房」爲「駟」之誤，又改注文之「駟房」爲「房駟」以就之，斯爲謬矣。「駟」爲「房」之别名，故須訓釋，若房、心爲二十八宿之正名，則不須訓釋。（爾雅「天駟，房也」，以房釋天駟，不以天駟釋房。）高注釋「駟」而不釋「心」，即其證也。晏子春秋外篇作「昔吾見鉤星在四、心之間」，即淮南所本。（「鉤」與「句」同，「四」與「駟」同。）○寧案：注「房駟」，蜀藏本作「房星」，正統道藏本作「駟房」。景宋本同。又案：「庚心」乃「房心」之誤，「庚」、「房」形近。二十八宿無庚星，諸本皆作「房心」。太卜曰：「然。」晏子出，太卜走往見公曰：「臣非能動地，地固將動也。」田子陽聞之，田子陽，齊臣也。曰：「晏子默然不對者，不欲太卜之死。往見太卜者，恐公之欺也。晏子可謂忠於上而惠於下矣。」故老子曰：「方而不割，廉而不劌。」○寧案：見老子第五十八章。楊倞注荀子不苟篇「廉而不劌」曰：「廉，棱也。説文：『劌，利傷也』。但有廉隅，不至於刃傷也。」

魏文侯觴諸大夫於曲陽，飲酒酣，文侯喟然歎曰：「吾獨無豫讓以爲臣乎！」豫讓事知伯而死其難，故文侯思以爲臣。蹇重舉白而進之，蹇重，文侯臣。舉白，進酒也。○于鬯云：注云：「舉白，進酒也。」不云進爵而云進酒，是以「酒」訓「白」，當卽小戴內則記「酒清白」之「白」。鄭注云：「白，事酒、昔酒也。」賈釋云：「以二酒俱白，故以一白標之」。然則，舉白而進，亦謂舉事酒若昔酒而進，高義當然也。與通解白爲罰爵之名者不同。曰：「請浮君。」浮，罰也，以酒罰君。○寧案：注，道藏本、中立本、茅本、景宋本「浮」下有「猶」字。君曰：「何也？」○寧案：「君曰」當作「文侯曰」，涉上下「君」字而誤。此作者叙述君臣問答之辭，不當稱「君曰」。對曰：「臣聞之，有命之父母不知孝子，有道之君不知忠臣。夫豫讓之君亦何如哉？」豫讓相其君而君見殺，亦何如，不足貴也。文侯受觴而飲，釂不獻，釂，盡也。○寧案：景宋本「釂」下有「而」字，說苑尊賢篇亦有「而」字，當據沾。曰：「無管仲、鮑叔以爲臣，故有豫讓之功。」故老子曰：「國家昏亂有忠臣。」○寧案：見老子第十八章。

孔子觀桓公之廟，桓公，魯君。有器焉，謂之宥卮。宥，在坐右。○梁玉繩云：後漢書文苑杜篤傳注引作「謂之宥坐」，韓詩外傳三作「宥座」，據注宜作「坐」。○寧案：梁說非也。後漢書注引「坐」字當是「卮」字之誤。荀子宥坐篇曰：「孔子觀於魯桓公之廟，有欹器焉。孔子問於守廟者曰：『此爲何器？』守廟者曰：『此蓋爲宥坐之器』。」（韓詩外傳作「宥座」。說苑敬慎篇作「右坐」。）楊倞注：「宥與右同，言人君可置於坐右以爲戒也。」是「宥坐」所以釋器之用，非器名也，故曰「宥坐之器」也。文子十守篇曰：「三王五帝有勸戒之器，名侑卮。」（注云：欹器也。）與此「有器焉謂之宥卮」，皆不曰「宥卮之器」。使器名「宥坐」，則諸書曰「宥坐之器」，義不可通矣。梁氏謂「卮」宜作「坐」，失之矣。又案説文：「卮，圜器也。」與此別。此當是「攲」之借字。唐本玉篇「攲，丘支反。説文：『攲，傴也。』野王案：攲滿卽覆，中卽正是也。韓詩爲『攲』字，傾伍不正也。孫卿子『桓公之廣卽有攲器焉，虛卽攲，滿卽覆，中卽正』是也」。（案：「廣」乃「廟」之形譌，「廣」下衍「卽」字。）與此合。孔子曰：「善哉！予得見此器。」顧曰：○寧案：景宋本「顧」上有「頗」字。説文：「頗，頭偏也。」今本蓋後人妄刪，此宋本之可貴處。「弟子取水。」水至，灌之其中則正，中，水半卮也。○寧案：注，道藏本、中立本、茅本、景宋本「卮」下皆有「中」字。其盈則覆。孔子造然革容曰：「善哉！持盈者乎！」子貢在側曰：「請問持盈。」曰：「益而損之。」○王念孫云：「揖」與「挹」同。（集韻：「挹或作揖。」荀子議兵篇「拱挹指麾」，富國篇作「拱揖」。）文選爲幽州牧與彭寵書注引蒼頡篇云：「挹，損也。」「挹」與「損」義相近，故曰「挹而損之」，作「揖」者，借字耳。劉績不達而改「揖」爲「益」，莊本從之，斯爲謬矣。後漢書杜篤傳注引此正作「挹而損之」，荀子宥坐篇、説苑敬慎篇並同。韓詩外傳作「抑而損之」，「抑」與「挹」聲亦相近，故諸書或言抑損，或言挹損也。○寧案：荀子楊倞注：「挹亦退也，挹而損之，猶言損之又損。」曰：「何謂益而損之？」曰：「夫物盛而衰，○寧案集證本改「物盛而衰」作「物盛則衰」，無據。下句「則」字應作「而」。後漢書杜篤傳注引四句皆作「而」，是其證。樂極則悲，日中而移，月盈而虧。是故聰明睿智，守之以愚；多聞博辯，守之以陋；代力毅勇，守之以畏；富貴廣大，守之以儉；○王念孫云：劉本改「儉」爲「陋」，「陋」爲「儉」，而莊本從之。案説文：「儉，約也。」廣雅：「儉，少也。」正與「多聞博辯」相對，不當改爲「陋」。説文：「陋，陜也。」（俗作狹。）楚辭七諫注曰：「陋，小也」。亦與「富貴廣大」相對，不當改爲「儉」。杜篤傳注引此正作「多聞博辯，守之以儉，富貴廣大，守之以陋」，與道藏本同。文子九守篇作「多聞博辯，守以儉；富貴廣大，守以狹」，狹亦陋也。○寧案：「代力」不詞，「代」當爲「武」，形近而誤。道藏本、中立本、景宋本皆作「武」，文子九守篇、後漢書杜篤傳注引同，應據改。德施天下，守之以讓。此五者，先王所以守天下而弗失也。反此五者，未嘗不危也。」故老子曰：「服此道者，不欲盈。夫唯不盈，故能弊而不新成。」○寧案：見老子第十五章。淮南景宋本作「是以能弊而不新成」，文子九守篇亦作「是以」，當是漢人所見老子如是，不當以今本老子改之。

武王問太公曰：「寡人伐紂，天下是臣殺其主而下伐其上也，○馬宗霍云：本文「是」字，讀如是非之「是」。武王之意，謂天下之人見己伐紂，皆以臣殺其主，下伐其上爲是也。劉家立集證改「是」爲「謂」，不言所據，殊妄。吾恐後世之用兵不休，鬬争不已，爲之奈何？」○寧案：「不已」景宋本作「無已」。太公曰：「甚善，王之問也！夫未得獸者，唯恐其創之小也；獵禽恐不能殺，故恐其創小也。已得之，唯恐傷肉之多也。○劉文典云意林引作「未得獸者唯恐創少，已得獸者唯恐創多」。○寧案：廖刻本意林下句無「獸者」二字。王若欲久持之，則塞民於兑，兑，耳目鼻口也。老子曰「塞其兑」是也。道全爲無用之事，煩擾之教。○俞樾云：「全」乃「令」字之誤。令猶使也，「道」與「導」同，謂導使爲無用之事，煩擾之教也。彼皆樂其業，供其情，○王念孫云：「供」當爲「佚」，「佚」與「逸」同，安也。逸樂義相近，若云供其情，則與上句不類矣。隸書「佚」或作「供」，與「供」相似而誤。昭昭而道冥冥。○向宗魯云：顧廣圻云：「昭昭上疑脱一字。」案「昭昭」上脱「釋」字。「釋」與「舍」

同，道，由也。俶真訓「釋其昭昭而道其宋寞，」與此意異而語例同，當據補。於是乃去其瞀而載之木，瞀，被髮也。木，鶩鳥冠也，知天文者冠鶩。○王引之云：「載」與「戴」同，「木」當爲「术」，字之誤也。「术」即「鷸」字也。高注當作「术，鷸鳥冠也，知天文者冠鷸」。今本「鷸」作「鶩」者，「鷸」、「鶩」字相近，又涉上文「瞀」字而誤也。（爾雅翼引此已誤。）説文：「鷸，知天將雨鳥也」。禮記曰：「知天文者冠鷸。」莊子天地篇「皮弁鷸冠，搢笏紳脩」，釋文：「鷸，尹必反，徐音述。」玉篇及爾雅釋文、漢書五行志注「鷸」字並聿、述二音。匡謬正俗曰：「案：鷸，水鳥，天將雨即鳴，古人以其知天時，乃爲冠象此鳥之形，使掌天文者冠之。鷸字音聿，亦有術音，故禮之衣服圖及蔡邕獨斷謂爲術氏冠，亦因鷸音轉爲術耳。」（以上匡謬正俗）莊子釋文曰「鷸又作⿺辶鳥」，續漢書輿服志引記曰「知天者冠述」，説苑脩文篇作「冠鉥」，蓋「鷸」字本有述音，故其字或作「⿺辶鳥」，或作「述」，或作「鉥」，又通作「术」耳。术與笏爲韻，若作「木」則失其韻矣。鷸即翠鳥，故古人以其羽飾冠。冠鷸帶笏，皆所以爲飾，故莊子亦言「鷸冠搢笏」。若鶩無文采，則不可以爲飾矣。且鷸知天雨，故使知天文者冠之，若鶩則義無所取矣。諸書皆言知天文者冠鷸，無言冠鶩者。○王紹蘭云：王氏引之改「木」爲「术」，「鶩」爲「鷸」，是也。正文「瞀」亦譌字，古無訓瞀爲被髮者。若云借「瞀」爲「髳」，説文髟部：「髳，髮至眉也。」引詩曰「紞彼兩髳」，與淮南此文無涉。且去其被髮，亦文不成義。若云借「瞀」爲「旄」，既與被髮之解相違，又與載鷸之文不配，蓋「瞀」即「鍪」之譌借字。説文目部：「胄，兜鍪也。」謂「去其鍪而戴之鷸」，與下文解劍帶笏相對成文，示天下不復用兵也。氾論訓「古者，有鍪而綣領以王天下者矣」，高彼注云：「一説：鍪，放髮也。」「鍪」訓「放髮」與「瞀」訓「被髮」，未之前聞，於此文「去」字，尤不可通。高注非是。○俞樾云：高注曰：「瞀，被髮也。木，鶩鳥冠也。知天文者冠鶩。」王氏引之以「木」爲「术」字之誤，「术」

卽「鴟」字也，引匡謬正俗「鴟字音聿，亦有術音」，蔡氏獨斷「謂爲術氏冠」爲證，其說洵塙，不可易矣。惟未説「晵」字之義。「晵」當爲「鍪」，鍪者，兜鍪也。説文兜部：「兜，兜鍪，首鎧也。」從省言之，則止曰鍪。氾論篇「古者有鍪而綣領」，高注曰：「鍪，頭著兜鍪帽」是也。「去其鍪而載之术」，謂去其首鎧而戴之鴟鳥之冠，正與「解其劍而帶之笏」文義一律。作「晵」者，叚字耳。高注以「被髮」說之，夫被髮豈可言去，足知其非矣。○寧案：俞謂「晵」假爲「鍪」是也。氾論篇「鍪而綣領」，文選魏都賦注引「鍪」作「晵」，蓋許作「晵」而高作「鍪」也。**解其劍而帶之笏。爲三年之喪，令類不蕃。高辭卑讓，使民不争。酒肉以通之，竽瑟以娛之，鬼神以畏之。繁文滋禮以弇其質，厚葬久喪以亶其家，**○馬宗霍云：説文㐭部云：「亶，多穀也。」本文「亶」與「弇」、「貧」、「盡」諸字平列，不可訓以本義，當通作「單」。詩小雅天保篇「俾爾單厚」，鄭箋云：「單，盡也。」爾雅釋詁某氏注引此詩「單」作「亶」，則亶猶盡也。太玄玄瑩「君子所以亶表也」，范望注云：「亶，盡也。」亦其證。本文蓋謂厚葬傷財，久喪廢事，使家之物力人力皆爲之盡也。論其本字，又當作「殫」。説文歺部云：「殫，殛盡也。」「單」有「盡」義，卽「殫」之省借字。「亶」从旦聲，「殫」从單聲，古音同在寒部。又案漢書翼奉傳「臣奉誠難亶居而改作」，顔師古注引如淳曰：「亶居猶虚居也。」則「亶」又有「虚」義。以虚其家釋本文之「亶其家」，亦通。**含珠鱗施綸組以貧其財，**○向宗魯云：「含珠鱗施」爲句，「綸組」下脱二字。吕覽節喪篇「含珠鱗施」，高注：「鱗施，施玉匣於死者之體如魚鱗也。」（今本脱「匣」字，據初學記禮部下引補。）本書齊俗篇「含珠鱗施，綸組節束」，注云：「鱗施，玉匣也。」（玉匣之制，漢書霍光傳注、續漢禮儀志引漢舊儀甚詳。西京襍記謂之「蛟龍玉匣」，足證「鱗施」之誼。）此文「綸組」下奪「節束」二字，當依齊俗篇補。墨子節葬下篇「金玉珠璣比乎身，綸組節約車馬藏乎壙」，本書此篇及齊俗皆本墨子。此之「含珠鱗施」，即墨子之「金玉珠璣」也，此之「綸組節束」，即墨子之「綸組節約」也。本篇偶脱二字，今人（楊樹達）遂讀「含珠鱗」爲句，「施綸組」爲句，謬矣。深鑿高壟以盡其力。家貧族少，慮患者貧。○寧案：「慮患者貧」，義不可通，「貧」當爲「寡」，涉上「貧」字而誤。茅本、景宋本皆作「寡」。以此移風，可以持天下弗失。」故老子曰「化而欲作，吾將鎮之以無名之樸」也。○寧案：見老子第三十七章。

淮南子集釋卷十三

漢涿郡高誘注

氾論訓

博説世間古今得失，以道爲化，大歸於一，故曰氾論，因以題篇。

古者，有鍪而綣領以王天下者矣。古者，蓋三皇以前也。鍪，頭著兜鍪帽，言未知制冠也。綣領，皮衣屈而紩之，如今胡家韋襲反褶以爲領也。一説鍪，放髮也，綣，繞頸而已，皆無飾。○于鬯云：文子上禮篇作「古者，被髮而無卷領」，此「卷領」上蓋亦當有「無」字，而高注本已脱。○楊樹達云：荀子哀公篇云：「古之王者，有務而拘領者矣。」尚書大傳畧説云：「古之人有冒皮而句領者。」鄭注云：「古之人，三皇時也。冒，覆項也。句領，繞頸也，禮正服方領也。」尋「鍪」「務」「冒」古音並同。「句」「拘」字同，皆謂曲。然則，「綣」似當讀爲「卷」，訓爲曲。説文云：「卷，厀曲也。」高一説訓綣爲繞頸，與鄭説同。○寧案：文選魏都賦注引「鍪」作「瞀」，與道應篇合，當是許作「瞀」而高作「鍪」也。高注「鍪，頭著兜鍪帽。」兜鍪，古謂之冑。説文冃部：「冑，兜鍪。」又兆部「兜，兜鍪，首鎧也。」乃戰時禦兵刃之冠也，與下「王天下」義不相屬，且兜鍪即冠也，何言未知制冠也？一説「鍪，放髮也」，此乃許説。道應篇注：「瞀，被髮也。」許以瞀、鍪爲「鬏」之借字。説文：「鬏、髮至眉也。」文子上禮篇襲此文作「古者被髮而無卷領，以王天下」，正用許義，庶幾近之。此「鍪」字與道應篇「瞀」字當是二一義，彼自作兜鍪可也。説文：「冃，小兒及蠻夷頭衣也。」段注引此文云：「按高注兜鍪二字，蓋淺人所加。務與鍪皆讀爲月。月卽今之帽字也。」段説是也。又案：楊謂「綣」當讀爲「卷」，是也。文選魏都賦注及北堂書鈔一百二十九引正作「卷」，文子上禮篇亦作「卷」。其德生而不辱，刑措不用也。予而不奪，予，予民財也。不奪，無所徵求於民也。○王念孫云：「不辱」本作「不殺」，故高注云：「刑措不用。」今作辱者，後人妄改之也。殺與生相對，奪與予相對，若改「殺」爲「辱」，則非其指矣。且殺與奪爲韻，若作「辱」則失其韻矣。太平御覽皇王部二引此已誤作「辱」。張載魏都賦注及舊本北堂書鈔衣冠部三引此竝作「殺」。文子上禮篇同。晏子春秋諫篇「古者嘗有紩衣攣領而王天下者矣，其義好生而惡殺」，荀子哀公篇「古之王者，有務而拘領者矣，其政好生而惡殺」，此皆淮南所本。天下不非其服，同懷其德。非猶譏呵也。懷，歸也。當此之時，陰陽和平，風雨時節，○寧案：陰陽和平，自然風雨時節，無庸綴此四字。文子上禮篇無四字。且下句「萬物蕃息」有注，而二句無注，四字當是注文羼入正文。太平御覽七十七引「風雨時節」四字正作注文。萬物蕃息，政不虐生，無夭折也。烏鵲之巢可俯而探也，禽獸可羈而從也，從猶牽也。豈必褒衣博帶句襟委章甫哉！褒衣謂方與之衣，如今吏人之左衣也。博帶，大帶。詩云：「垂帶若厲。」句襟，今之曲領褒衣也。委，委貌冠。章甫，亦冠之名也。○劉文典云：御覽七十七引，「委」下有「貌」字。○寧案：太平御覽引正文「委」下有「貌」字，疑是也。上文褒衣、博帶、句襟，下文章甫，皆二字連文，不得「委」獨作一字。（荀子哀公篇「紳委章甫」，「委」但舉一字與「紳」並列，不當例此。）注「委，委貌冠」，衍一「委」字，當作「委貌，冠」。蓋後人不知正文敚「貌」字，故於注文又加一「委」字，讀作「委，委貌冠」耳。又案：注：「句襟，今之曲領褒衣也。」道藏本、中立本、景宋本重「曲領」二字，皆義不可通。釋名釋衣服：「襟，禁也，交於前。」「曲領，在内所以禁中衣，領上横壅頸，其狀曲也。」經傳襟、衿通用。顏氏家訓書證篇「詩言『青青子衿』，傳：『青衿，青領也，學子之服。』按古者斜領，下連於衿，故謂領爲衿。孫炎、郭璞注爾雅，曹大家注列女傳，竝云『衿，交領也』」，故此云「句襟，今之曲領也」，不得下更有「褒衣」二字，蓋涉正文而衍。古者民澤處復穴，處，居也。復穴，重窟也。一説：穴，毁隄防崖岸之中以爲窟室。○莊逵吉云：「復穴」之「復」應作「𥤮。」○寧案：詩大雅緜：「陶復陶穴。」鄭箋：「復者，復於土上。鑿地曰穴。」則復穴爲二義也。「一説」下脱「復」字。「毁」當爲「鑿」，顔氏家訓書證篇「鑿頭生毁」，因以致誤也。太平御覽百七十四引注作「鑿崖岸之腹以爲密室」，即此一説也。窟誤爲密，而鑿字不誤，當是許注。冬日則不勝霜雪霧露，○莊逵吉云：「太平御覽作『寒露』，」似非。○寧案：宋本太平御覽一百七十四引作「霧」不作「寒」。霧露霜雪皆名物之詞，不得著一形頌字。夏日則不勝暑蟄蚤䖟。䖟讀詩云「言采其莔」之「莔」也。○于省吾云：按今詩載馳作「言采其蝱」。高習魯詩，知魯詩作「莔」也。○寧案：「蟄」當爲「熱」，涉下「蚤䖟」而誤。道藏本、中立本、景宋本皆作「熱」，太平御覽引同。暑熱連文。聖人乃作爲之作，起也。○盧文弨云：「爲之」連下句，注當在上。○孫志祖云：下文亦有「作爲之」三字連文。○楊樹達云：詩駉毛傳云：「作，始也。」築土構木，以爲宫室，構，架也，謂材木相乘架也。○王念孫云：高説非也。「作爲之」三字連讀。下文曰「而作爲之揉輪建輿，駕馬服牛」，又曰「而作爲之鑄金鍛鐵，以爲兵刃」，皆其證也。又案：「以爲宫室」本作「以爲室屋」，淺學人多聞宫室，寡聞室屋，故以意改之也。案：月令曰「毋發室屋」，管子八觀篇曰「宫營大而室屋寡」，荀子禮論篇曰「壙壠，其須象室屋也」，吕氏春秋懷寵篇曰「不焚室屋」，史記周本紀曰「營築城郭室屋」，（俗本亦有改爲宫室者。）天官書曰「城郭室屋門户之潤澤」，則室屋固古人常語。且此二句以木、屋爲韻，下三句以宇、雨、暑爲韻，若作「宫室」則失其韻矣。太平御覽居處部二引此正作「室屋」。上棟下宇，棟，屋櫋也。宇，屋之垂。

以蔽風雨，以避寒暑，而百姓安之。安，樂也。伯余之初作衣也，伯余，黃帝臣。世本曰：「伯余制衣裳。」一曰：伯余，黃帝。緂麻索縷，手經指挂，其成猶網羅。緂，銳。索，功也。緂讀恬然不動之「恬」。」○王念孫云：高訓「緂」爲「銳」，則與「麻」字義不相屬。今案：緂者續也，緝而續之也。方言：「繝，續也。」（廣雅同。）秦、晉續折木謂之繝。」郭璞音剡。人閒篇曰：「婦人不得剡麻考縷。」「繝」、「剡」並與「緂」通。索，如「宵爾索綯」之「索」，謂切撚之也。高云「索，功也」，「功」卽「切」字之誤。顏師古注急就篇曰：「索，謂切撚之令緊者也。」廣雅曰：「紉，索也。」「紉」與「切」通。後世爲之機杼勝複，以便其用，而民得以揜形御寒。揜，蔽。御，止。○盧文弨云：「勝」與「升」同。○梁玉繩云：文選演連珠注：「勝或爲稱」云云。古通用，卽禮喪大記所謂「衣一稱」也。衣單複具曰稱也，而云「勝」與「升」同，未塙。○顧廣圻云：勝複皆指織具，「勝」疑「縢」。○向宗魯云：顧說是也。說文：「縢，機持經者，椱，機持會者。」（從段校。）「勝複」卽「縢椱」之借字。段氏說文注亦云。○于省吾云：「勝」應讀作「乘」，勝、乘古互爲音訓，故得相借。詩正月「靡人弗勝」，傳：「勝，乘也。」書西伯戡黎序「周人乘黎」，傳：「乘，勝也。」呂氏春秋權勳「天下兵乘之」，注：「乘猶勝也。」均其例證。下云「彊弱相乘」，注：「乘，加也。」漢書王莽傳「前後相乘」，注：「乘，積也。」算術乘法亦卽加積之義，加積與複義相因。上云「緂麻索縷，手經指挂，其成猶網羅」，言其疏也。此言「後世爲之機杼乘複，以便其用，而民得以揜形御寒」，言其麻縷用機杼織之，乘複密緻，故曰「揜形御寒」也。○寧案：顧說、向說是也。孟子滕文公上「捆屨」，趙注：「捆猶叩椓也。織屨欲使堅，故叩之也。」複，今俗亦謂之叩，因其用以爲名。于說非。古者剡耜而耕，摩蜃而耨，剡，利也。耜，臿屬。蜃，大蛤，摩，令利，用之耨。耨，除苗穢也。○劉台拱云：說文：「相，臿也。」或作「梩」。卽此「剡耜而耕」，高解爲臿屬者是也。又曰：「枱，耒耑也。」或作

「鉛」。鉛，籀文作「䤧」，即下文「爲之耒耜」是也。本是二字，後人竝轉寫爲「耜」，二物混同無別矣。「剡相」之「相」當從木，與「耒耜」字不同，今本作「剡耜」，誤也。此二字顧野王已不能分別，至徐鉉、丁度等，益淆亂，當以淮南正之。説文耒字解「垂作耒耜」，當是「枱」字之譌。木鉤而樵，抱甀而汲，鉤，鐮也。鉤讀濟陰句陽之「句」。樵，薪蒸。甀，武，今兗州曰小武爲甀，幽州曰瓦。○梁玉繩云：集韻「甒」亦作「瓵」，此「武」或省文。禮器曰：「君尊瓦甒」，故幽州曰瓦也。○李哲明云：説文：「𤭛，小口罌也。」與「甀」同字。廣雅釋器：「甀：甗，瓶也。」「武」即「甗」字。方言注：「今江東呼甖爲甗子。」字亦作「甒」。士喪禮「甒二」，鄭注：甒，瓦器，古文『甗』『甒』皆作『廡』。」然則「甗」、「甒」正字，「廡」省文，「武」聲假字也。○吕傳元云：「木鉤」當作「鉤木」。此與剡梠、摩蜃、抱甀對言，寫者誤倒，文不一例矣。○于省吾云：按「武」即「瓵」，亦作「甒」、作「甗」、作「廡」。集韻九噳：甒、甗、瓵同。廣雅釋器：「甗，瓶也。」儀禮既夕禮「甒二」，注：「甒亦瓦器也。」士冠禮「一甒醴」，注：「古文甒作廡。」均其證也。民勞而利薄，後世爲之耒耜耰鉏，斧柯而樵，桔皋而汲，耰讀曰優，椓塊椎也。三輔謂之儓，所以覆種也。○桂馥云：方言：「南楚凡罵庸賤謂之田儓。」集韻「儓」與「嬯」同。説文：「嬯，遲鈍也，闒嬯亦如之。」馥謂椓塊椎，鈍器也，故謂之田儓。民逸而利多焉。古者大川名谷，衝絶道路，不通往來也，○于省吾云：按「衝絶」不詞，「衝」乃「衡」字之誤。衡、横古字通，載籍習見。山海經大荒西經「横道而處」，注：「言斷道也。」按：「横道」，猶此言「横絶道路」也。史記留侯世家：「羽翮已就，横絶四海，横絶四海，當可奈何！」是「横絶」乃漢人成語。乃爲窬木方版以爲舟航，窬，空也。方，並也。舟活連爲航也。故地勢有無，得相委輸。運所有，輸所無。乃爲靻蹻而超千里，肩荷負儋之勤也，靻蹻，靻鞁也。勤，勞也。○王念孫云：「靻」皆當爲「靼」，字從旦不從且。説文：「靼，柔革也。」

（玉篇多達、之列二切。）「屩，履也。」「靸，小兒履也。」釋名云：「靸，韋履深頭者之名也。」今正文言靼蹻，（與屩同。）注文言靼靸，皆是韋履之名，則字當從旦。廣韻：「靻，則古切。靻，勒名。」字從且，兩字聲義判然。茅一桂不知「靻」爲「靼」之誤，輒加「音祖」二字，其失甚矣。下文「蘇秦靻蹻贏蓋」，「靻」亦「靼」字之誤。又案「爲靼蹻」之「爲」，音于僞反。「爲靼蹻而超千里，肩負儋之勤也」，乃起下之詞，非承上之詞，「爲」上不當有「乃」字。此因上文「乃爲窬木方版」而誤衍也。下文云：「爲鷙禽猛獸之害傷人而無以禁御也，而作爲之鑄金鍛鐵，以爲兵刃」，「爲」上無「乃」字，是其證。「肩負儋之勤」，道藏本、劉本及諸本並同，漢魏叢書本於「負儋」上加「荷」字而莊本從之，斯爲謬矣。○寧案：大藏音義九十一引許注：「屩，草履之名也。」又九十七引：「屩，履也。」許本作「屩」。說文：「蹻，舉足行高也。」是許用本字，高用借字。而作爲之楺輪建輿，○寧案：「楺」通「揉」。玉篇：「楺，屈木。」引易繫辭「楺木爲耒」。駕馬服牛，民以致遠而不勞。代負儋，故不勞也。爲鷙禽猛獸之害傷人而無以禁御也，而作爲之鑄金鍛鐵，以爲兵刃，猛獸不能爲害。以兵刃備之，故不得爲人害也。故民迫其難則求其便，困其患則造其備，人各以其所知，去其所害，就其所利。○王念孫云：「人各以其所知」當作「人各以其知」，「知」與「智」同，言各用其智，以去害而就利也。今本「知」上有「所」字者，涉下兩「所」字而衍。文子上禮篇正作「各以其智，去其所害，就其所利」。常故不可循，器械不可因也，循，隨也，當時之可改則改之，故曰「不可」也。○盧文弨云：注「不可」下當有「因」字。○向宗魯云：盧說誤。此「不可」二字總上兩「不可」而言，加一「因」字，則僅承下句矣。則先王之法度有移易者矣。

古之制，婚禮不稱主人，當婚者之身，不稱其名也，稱諸父兄師友。○楊樹達云：文本隱公二年及桓公八年公羊傳。高注云「稱諸父兄師友」，說亦本隱公二年傳。舜不告而娶，非禮也。堯知舜賢，以二女妻舜。不告父，父頑，常欲殺舜，舜知告則不得娶也。不孝莫大于無後，故孟子曰：「舜不告，猶告爾。」立子以長，文王舍伯邑考而用武王，非制也。伯邑考，武王之兄。廢長立聖，以庶代嫡，聖人之權耳。○向宗魯云：文王舍伯邑考而用武王，本禮記檀弓上。董子觀德篇云：「伯邑考知羣心貳，自引而激，順神明也。」則伯邑考蓋與太伯至德同科，文王特成其志耳。（史記殷本紀正義引帝王世紀載紂烹伯邑考事，又見金樓子興王篇，皆本太公金匱。見御覽六百四十二引。）禮三十而娶，文王十五而生武王，非法也。三十而娶者，陰陽未分時，俱生於子。男從子數，左行三十年立於巳，女從子數，右行二十年亦立於巳，合夫婦。故聖人因是制禮，使男三十而娶，女二十而嫁。其男子自巳數左行十得寅，故人十月而生於寅，故男子數從寅起；女自巳數右行得申，亦十月而生於申，故女子數從申起。歲星十二歲而周天，天道十二而備，故國君十二歲而冠，冠而娶。十五生子，重國嗣也，不從故制也。○莊逵吉云：甲寅、庚申也。甲者，陽正，寅亦陽正也。庚者陰正，申亦陰正也。義竝詳王逸楚詞注、說文解字中。又難經曰：「男立于寅，寅爲木陽；女立於申，申爲金陰。」亦是。○劉文典云：北堂書鈔八十四引注「周天」下有「爲一紀」三字，「冠而」下有「后」字。○鍾佛操云：書鈔八十四引「三十」作「二十」是也。家語本命解：「男子二十而冠，有爲人父之端；女十五而許嫁，有適人之道。」韓子外儲說右下篇：「齊桓公出宮中婦女嫁之，下令於民曰：『丈夫二十而室，婦人十五而嫁。』」是皆此文作二十之證。○寧案：鍾說非是。北堂書鈔引作「二十」乃「三十」之誤。作「二十」與五行起運之說不合，是其塙證。周禮地官媒氏：「令男三十而娶，女二十而嫁。」此淮南所本。又案：高注「女自巳數右行得申」，於文未備，「右行」下奪「十」字。蓋自巳數男子左行十得寅，女子右行十正得申也。說文包字段注引此文亦作「右行十」。五行起運之説，高與許同。又案：道藏本、中立本、景宋本高注，「三十而娶」至「數從申起」一百八字在正文「禮三十而娶」下，上句注文「伯邑考武王之兄」（「伯」上有「生」字，無「之」字。）二十字，在「數從申起」下，此「不從故制也」下有「上句言之，宜伯邑考娶也」十字。今本移亂譌脱，使文義不明。夏后氏殯於阼階之上，禮：飯于牖下，小斂于户内，大斂于阼階。在牀曰尸，在棺曰柩。殯于賓位，祖于庭，葬于墓也。于阼階，猶在主位，未忍以賓道遠之。殷人殯於兩楹之閒，楹，柱也。記曰：殷殯之于堂上兩柱之閒，賓主共。周人殯於西階之上，葢以賓道遠之。〇寧案：禮記檀弓：「夏后氏殯於東階之上，則猶在阼也。殷人殯於兩楹之閒，則與賓主夾之也。周人殯於西階之上，則猶賓之也。」此正文及注所本。注「遠」，道藏本、中立本、景宋本皆作「遣」。此禮之不同者也。有虞氏用瓦棺，有虞氏，舜世也。瓦棺，陶瓦。夏后氏塱周，夏后氏，禹世，無棺椁，以瓦廣二尺，長四尺，側身累之以蔽土，曰塱周。殷人用槨，用柏爲椁，厚之宜，以棺爲制也。周人牆置翣，此葬之不同者也。周人兼用棺椁，故牆設翣，狀如今要扇，畫文，插置棺車箱以爲飾，多少之差，各從其爵命之數也。〇向宗魯云：「槨」，當從檀弓作「椁」。此注文上下俱作「椁」，可證也。夏后氏祭於闇，於室中中夜祭之也。殷人祭於陽，於堂上日平旦祭也。周人祭於日出以朝，于日出時祭於庭中。朝者，庭也。〇俞樾云：高注首句曰「於室中中夜祭之也」，二句曰「於堂上日平旦祭也」，三句曰「於日出時祭於庭中。朝者，庭也」，所説皆未得其義。此文本禮記祭義篇，其文曰：「郊之祭，大報天而主日，配以月。夏后氏祭其闇，殷人祭其陽，周人祭日，以朝及闇。」鄭注曰：「闇，昏時也。陽讀爲曰雨曰暘之暘，謂日中時也。朝，日出時也。夏后氏大事以昏，殷人大事以日中，周人大事以日出，亦謂此郊祭也。以朝及闇，謂終日有事。」正義曰：「此郊之祭一經，止明郊祭之禮。郊之祭者，謂夏正郊天。」然則此文所説，本屬郊祭，郊祭必爲壇，初非廟祭，有何室中、堂上、庭中之分乎？祭於闇者，於中夜時祭也。祭於陽者，於日中時祭也。祭於日出，即是祭以朝，朝者，日出也。因周人尚文，郊祭終日有事，日出而祭，及闇而畢，故曰「以朝及闇」。淮南引此文，不連「及闇」二字者，意在明三代之祭不同，若言闇，則疑與夏同。且周人初非有取於闇，直以禮繁，不得不及闇耳。檀弓篇止言大事以日出，其無取於闇明矣，故淮南省此二字也。高氏誤以朝爲庭中，遂并上文亦以室中、堂上言之，與祭義不合，不可從也。○向宗魯云：俞説未是。古記佚脱，此未必用祭義也。祭義云：「周人祭日以朝及闇。」朝不言日出，故可以日出解朝字。此云「祭於日出以朝」，若仍用鄭注，是祭於日出以日出也，不亦複乎？且祭義此文承郊之祭言，此文謂凡祭，故曰「此祭之不同」也，不得以廟祭駁之。至檀弓所云「夏后氏大事以昏」云云，亦不必如鄭説專主郊祭。國之大事，在祀與戎，宗廟之祭，未嘗非大事也。高氏受經於盧，非不讀禮記者，故余又疑鄭、高之異，即盧、鄭之異也。（盧注禮記與鄭多異文，如「禽獸」作「走獸」之類，鄭氏不解「虞筐」而盧能解之。使其書未佚，必有可以證高説者。時則一篇，當以是觀之。）此祭之不同者也。堯大章，堯樂也。舜九韶，舜樂也。書曰「簫韶九成」是也。禹大夏，禹樂也。湯大濩，湯樂也。周武象，武王樂也。此樂之不同者也。故五帝異道而德覆天下，三王殊事而名施後世，此皆因時變而制禮樂者。譬猶師曠之施瑟柱也，所推移上下者無寸尺之度，而靡不中音。故通於禮樂之情者能作，音有本主於中，而以知榘矱之所周者也。榘，方也。矱，度法也。○王念孫云：「音」當爲「言」，此承上句而釋其義也。今作「音」者，涉上文「中音」而誤。魯昭公有慈母而愛之，死爲之練冠，故有慈母之服。慈母者，父所命養己者也。此大夫之妾，士之妻，爲之女母，禮爲緦麻三月。昭公獨練，言其記禮之所由興也。〇孫詒讓云：此本禮記曾子問。注，「女母」當作「如母」。儀禮喪服云「慈母如母」是也。但以禮經考之，注文必有舛譌。蓋注云：「慈母者，父所命養己者也。」此喪服之慈母也。其服，父卒則爲之齊衰三年。注又云：「此大夫之妾，士之妻。」此據內則云「國君世子生，卜士之妻，大夫之妾，使食子」，則喪服之乳母。（內則又云：「大夫之子有食母。」鄭注云：「喪服所謂乳母也。」案：諸侯所使食子者，亦卽食母也。）下又云「禮爲之緦麻三月」，卽據喪服乳母之服也。揆之禮，服慈母、乳母，輕重縣殊，不可并爲一談。高氏既根據經記，不宜踳駁至此。竊謂此注當云：「慈母者，父所命養己者也，爲之如母。（此先舉禮經慈母之正名正服也。）此大夫之妾，士之妻，禮爲之緦麻三月。（此明魯昭公之慈母，實卽禮經之乳母，非父命養己者，其服不得如母也。）今本傳寫錯互，移「爲之如母」四字著此「大夫之妾，士之妻」下，遂錯互不可通矣。但曾子問「孔子曰：古者男子，外有傅，內有慈母，君命所使教子也，何服之有？」則非乳母甚明。故鄭釋之云：「大夫士之子爲庶母慈己者，服小功。」蓋謂卽喪服小功章所云「君子子爲庶母慈己者」。高義與記文顯迕。又：喪服慈母及庶母、慈己三者之服，並據大夫以下言之，諸侯則咸不服，而高猶援乳母緦麻三月之服以爲釋，壹若昭公於乳母宜服緦者，亦與禮經不相應，皆不足據耳。〇寧案：曾子問鄭注云：「昭公年三十，乃喪齊歸，猶無戚容，是不少，又安能不忍於慈母？此非昭公明矣，未知何公也。」孔疏云：「按家語云：『孝公有慈母良。』鄭云未知何公者，鄭不見家語故也。或家語王肅所足，故鄭不見也。」據孔疏則此昭公當是孝公。又案高注「禮爲緦麻」，據景宋本「爲」下沾「之」字。

陽侯殺蓼侯而竊其夫人，故大饗廢夫人之禮。陽侯，陽陵國侯也。蓼侯，皐陶之後，偃姓之國侯也，今在廬江。古者，大饗飲酒，君執爵，夫人執豆。陽侯見蓼侯夫人美豔，因殺蓼侯而娶夫人，由是廢夫人之禮。記所由廢也。○梁玉繩云：路史國名紀六：「陽侯，伏羲臣。許愼云：陵陽國侯也，國近江。今宣之涇縣有陵陽山。」又國名紀四云：「陽，御姓侯爵。」據此則注「陽陵」當作「陵陽」，「御」字又疑「偃」字之譌。○向宗魯云：國名紀六所引，乃覽冥篇高注誤認爲許耳。王氏禮記述聞以爲即春秋閔二年「齊人遷陽」之陽。○吴承仕云：記坊記蓼字作繆。鄭注云：「同姓也，其國未聞。」正義曰：「鄭云其國未聞者，陽侯繆侯，是兩君之謚，未聞何國君，故云未聞。」（正義止此。）周書史記篇有「陽氏之君」。春秋閔二年「齊人遷陽」。杜注：「陽，國名。」正義曰：「世本無有陽國，不知何姓。」本書覽冥篇稱「陽侯之波，」皆爲古諸侯之稱。與此之陽侯，是一是二，既難質言，亦不審其封地所在，故鄭云未聞也。坊記字從繆，故孔疏以爲謚號。本文字從蓼，故高注以爲在今廬江。（續郡國志蓼縣屬揚州廬江郡。）要皆以意説之，不必別有文證也。以是相校，則注文「陽陵國侯」一語，當云陽國侯，「陵」字葢爲衍文。陽陵縣，前志屬左馮翊，續志屬京兆尹，不聞古有陽陵之國，一也。注謂蓼在今廬江，不言陽陵今地所在，二也。以「陽」爲地名者，多矣，此注獨以「陽」爲陽陵，別無事證可説，三也。以此證知注文誤衍「陵」字矣。覽冥篇「陽侯之波」，今本注云「陵陽國侯也」，亦誤衍「陵」字，其比正與此同。已説在覽冥篇。○寧案：注「由是廢夫人之禮」，「廢」下據道藏本、中立本、景宋本沾「致」字。又「記」下疑脱「禮」字。先王之制，不宜則廢之，末世之事，善則著之。是故禮樂未始有常也。○劉台拱云：「是故」二字衍。故聖人制禮樂，而不制於禮樂。聖人能作禮樂，不爲禮樂所制。治國有常，而利民爲本；本，要。政教有經，而令行爲上。經，常也。上，最也。苟利於民，不必法古；苟周於事，不必循舊。舊，常也。傳曰：「舊不必良。」「舊」或作「咎」也。夫夏、商之衰也，不變法而亡；亡謂桀、紂。三代之起也，不相襲而王。三代，禹、湯、武也。襲，因也。

故聖人法與時變，禮與俗化，化，易。衣服器械，各便其用，法度制令，各因其宜。故變古未可非，而循俗未足多也。循，隨也。俗，常也。○蔣禮鴻云：正文及注「俗」字皆當作「咎」，字之誤也。「咎」與「舅」通。咎犯即舅犯，道應篇屈宜若，「若」爲「咎」字之誤，屈宜咎即屈宜臼，「舅」、「舊」皆從臼聲，故「咎」與「舅」通，又與「舊」通矣。變古未可非，而循舊未足多，正承上文「苟利於民，不必法古；苟周於事，不必循舊」而言。彼文注曰：「舊，常也。傳曰：『舊不必良。』舊或作咎。」此注云「咎，常也」，亦正相應。百川異源而皆歸於海，以海爲宗。百家殊業而皆務於治。業，事也，以治爲要也。王道缺而詩作，詩所以刺王道。周室廢、禮義壞而春秋作，春秋所以絶不由禮義也。○馬宗霍云：説文广部云：「廢，屋頓也。」本文「周室廢」，正用廢之本義。室猶屋也。頓从屯聲。爾雅釋訓：「訰訰，亂也。」頓與訰聲同，故頓亦有亂義。廣雅釋詁三云：「頓，亂也。」是其證。然則「周室廢」猶言周室亂。禮記少儀篇「廢則埽而更之」，鄭玄注云：「廢政教壞亂，無可因也。」周室亂亦正謂其政教壞亂耳。劉家立淮南集證不知廢有亂義，乃改其句讀作「周室廢禮壞義而春秋作」，可謂大謬。○寧案：注「絶」字上據景宋本沾「貶」字。詩、春秋學之美者也，○蔣禮鴻云：「美」當作「缺」，字之誤也。下文曰「以詩、春秋爲古之道而貴之，又有未作詩、春秋之時，夫道其缺也，不若道其全也」，即承此而言。○寧案：蔣説非也。「美」字無由誤作「缺」。此謂詩、春秋乃學之美者，故儒者循之以教導於世。然上文云「王道缺而詩作，周室廢、禮義壞而春秋作」，則詩、春秋雖美，乃衰世之造，而非盛世之作，故乃道其缺而非道其全。缺謂王道缺也。承上王道缺、周室廢、禮義壞言之，非謂「詩、春秋學之缺者也」而承此言之也。皆衰世之造也。儒者循之以教導於世，豈若三代之盛哉！以詩、春秋爲古之道而貴之，又有未作詩、春秋之時。○

劉家立云：「以詩、春秋爲古之道而貴之，又有未作詩、春秋之時」，繹此二句詞意，與上下文語氣不接。此言王道缺而作詩作春秋，其學之美，儒者循之以教導於世，雖用以爲教，終不若三代之隆，故曰：「豈若三代之盛哉！道其缺也，不若道其全也。」則「三代之盛」句下，不應有此二句，疑卽此處之注而寫者誤入正文也。 葢此言詩、春秋雖可貴，而三代未有詩、春秋之時更可貴也。此二句正釋三代之盛之義，若入正文中則成贅詞。 此由後人未曾細心尋繹，使注文羼入正文而不知，亦讀書之過也。夫道其缺也，不若道其全也。誦先王之詩書，不若聞得其言，聞得其言，不若得其所以言。聞聖人之言，不如得其未言時之本意。○王念孫云：「誦先王之詩書」，「詩」字因上文「詩、春秋」而衍。先王之書，泛指六藝而言，非詩、書之書也。「不若聞得其言，聞得其言」，兩「得」字皆因下句「得」字而衍。 高注云：「聞聖人之言，不如得其未言時之本意」，則「聞」下無「得」字明矣。 文子上義篇正作「誦先王之書，不若聞其言；聞其言，不若得其所以言。」得其所以言者，言弗能言也。聖人所言微妙，凡人雖得之，口不耐以言。故道可道者，非常道也。 常道，言深隱幽冥，不可道也。 猶聖人之言，微妙不可言。○寧案：注「常道」下，依道藏本、中立本、茅本、景宋本刪「言」字，與下句「聖人之言，微妙不可言」同一句式。

周公事文王也，行無專制，專，獨。制，斷也。事無由己，請而後行。身若不勝衣，言若不出口，有奉持於文王，洞洞屬屬，而將不能恐失之，洞洞屬屬，婉順貌也。而將不能勝之恐失之，愼之至也。洞讀挺挏之「挏」。屬讀犁㩂之「㩂」也。○梁玉繩云：朱子小學明倫章引作「如將不勝，如將失之」，觀注作「勝」爲是。○俞樾云：「而將不能恐失之」，義不可通。高注曰：「而將不能勝之恐失之，愼之至也。」疑本文作「而將不能勝之」，「而」

與「如」古通用，謂如將不能勝之也。「恐失之」三字，高氏自解如不能勝之義。此三字誤入正文，而轉脱去「勝之」二字，於是文不成義矣。○劉文典云：御覽六百二十一引，作「有所奉持於前，洞洞屬屬，如不能，如將失之」，俞説近塙。○向宗魯云：「不能」當從汪本作「不勝」，故高以不能勝解之。若作「不能」，則注不緣沾「勝」字矣。（御覽作「不能」，疑後人以誤本改之。）「恐失之」，當從御覽六百二十一、朱子小學明倫章作「如將失之」。（注文「恐失之」，乃釋「如將失之」之意，後人據以改正文耳。）禮記祭義云：「洞洞屬屬然如弗勝，如將失之。」又祭義與此同「勝」字、「如將」字，並足證此文之誤。韓詩外傳七載此文作「若將失之」，亦可證此文「恐」字之誤。俞氏之義，則無一合矣。○馬宗霍云：上文云：「身若不勝衣，言若不出口」，本文「而將不能」而猶若也。能者，説文云：「能，熊屬，足似鹿。从肉，目聲。能獸堅中，故稱賢能，而強壯稱能傑也。」是「能」本獸名，以其堅中而強力，故人之賢傑者皆謂之能。引申之則能有勝義。史記田敬仲完世家「寡人弗能拔」，司馬貞索隱曰：「能猶勝也。」是其證。然則「而將不能」者，猶言若將不勝奉持也。注文「而將不能勝之」，蓋即以「勝之」二字足成「能」字之義。夫言若將不勝，已有戒慎之意，而又言「恐失之」，故注云「慎之至也」。正文注文皆甚明白，無可疑者。俞樾乃謂「義不可通」云云。今案俞説惟謂「而」與「如」通則是，如亦若也，餘説皆非。太平御覽六百二十一治道部二引本文作「有所奉持於前，洞洞屬屬如不能，如將失之」。此雖畧有竄易，而「不能」下無「勝之」二字，次句有「失之」二字，益足見俞説之不可信。劉文典乃引御覽以證俞説之近塙，殊未審。劉家立逕依俞説以改淮南正文，更謬矣。○寧案：「有奉持於文王」，太平御覽引作「有奉持於前」，疑「前」字是。此承上文「周公之事文王也」言之，不當又重「文王」二字。又案：「而將不能」，宋本太平御覽引，「而」、「不」之間空一字，蓋脱「將」字甚明。劉文典引鮑本作「如不能」，非。向宗魯謂「能」當作「勝」，馬宗霍謂「能」字不誤。從馬説。上文言身若不勝衣，此又言不勝。於詞爲複。汪本、中立本作「不勝」，疑明人所改。「恐失之」當作「如將失之」，從向説。又案：廣雅釋訓：「洞洞屬屬，敬也。」禮器云：「洞洞乎其敬也，屬屬乎其忠也。」祭義：「洞洞乎，屬屬乎，如弗勝，如將失之。」正義曰：「是嚴敬之貌。」此高注訓婉順貌，義亦近。又案：犁攌之「攌」，從木不從手。説文：「欘，斫也。齊謂之鎡錤。」孟子公孫丑上趙注：「鎡基，田器，耒耜之屬。」故此犁欘連文以作音釋。可謂能子矣。武王崩，成王幼少，周公繼文王之業，履天子之籍，聽天下之政，籍，圖籍也。政，治也。「籍」或作「阼」。○王念孫云：籍猶位也，言周公履天子之位也。若圖籍則不可以言履矣。下文云「成王既壯，周公屬籍致政」，亦謂屬位於成王也。荀子儒效篇曰：「周公履天子之籍，（今本「天子」誤作「天下」，據宋本改。楊倞注以籍爲圖籍，誤與高注同。）聽天下之斷。」又曰：「周公歸周，反籍於成王。」此皆淮南所本。彊國篇曰：「夫桀、紂，聖王之後子孫也，有天下者之世也，埶籍之所存，天下之宗室也。」埶籍即埶位，是籍與位同義也。韓詩外傳作「履天子之位，聽天下之政」，尤其明證矣。又下文「履天子之圖籍，造劉氏之貌冠」，本作「履天子之籍，造劉氏之冠」。史記高祖紀曰：「高祖爲亭長，以竹皮爲冠，及貴常冠，所謂劉氏冠乃是也。」故曰「造劉氏之冠」。（漢書高祖紀詔曰：「爵非公乘以上，毋得冠劉氏冠。」蔡邕獨斷：「高祖冠以竹皮爲之，謂之劉氏冠。」）今本作「履天子之圖籍，造劉氏之貌冠」者，「貌」字涉高注「委貌冠」而衍，後人又誤以籍爲圖籍，遂於「籍」上加「圖」字，以與貌冠相對，而不知「貌」爲衍文，且圖籍不可以言履也。平夷、狄之亂，夷、狄猾夏，平，除之也。誅管、蔡之罪，管叔，周公兄也。蔡叔，周公弟也。二叔監殷而導紂子祿父爲流言，欲以亂周。周公誅之，爲國故也。傳曰：「大義滅親」也。○向宗魯云：宋本、藏本皆作「蔡叔，周公兄也。管叔，周公弟也。」以管叔爲周公弟，乃魯詩說，（陶方琦漢孳室文鈔有說。）後人妄改，非是。且本書齊俗篇言「周公放蔡叔，誅管叔」，又云「周公放兄誅弟」，是以蔡叔爲兄，管叔爲弟，尤爲此注之切證。○寧案：注，中立本亦管、蔡互易。齊俗篇云「放蔡叔，誅管叔」，又云「周公放兄誅弟」，向氏據以證管叔爲弟。然泰族篇云「周公殺兄」，則泰族以管叔爲兄，許注持此說。齊俗篇「周公放兄誅弟」乃「放弟誅兄」之誤。齊俗乃許注。（說在齊俗篇。）此篇高注，以管叔爲周公弟，與許異。向謂今注乃後人妄改，是也。其在齊俗謂許、高注同，非也。負扆而朝諸侯，負，背也。扆，户牖之間，言南面也。誅賞制斷，無所顧問，決之于心。威動天地，聲懾四海，懾，服也，服四海之內。○向宗魯云：宋本、藏本「四海」作「海內」。（汪本同。）注云「服四海之內」，則正文有「內」字明矣。若作四海，則此注爲贅。今本作「四海」卽涉注文而誤。（御覽六百二十一引亦作「海內」。）○寧案：向說是也。中立本、茅本亦作「海內」，韓詩外傳七同。可謂能武矣。成王既壯，周公屬籍致政，北面委質而臣事之，以圖籍付屬成王，致猶歸也。北面委玉帛之質，執臣之禮也。請而後爲，復而後行，每事必請。復，白。無擅恣之志，無伐矜之色，不自伐其功勞也，不自矜大其善也。可謂能臣矣。故一人之身而三變者，所以應時矣。何況乎君數易世，國數易君，人以其位，達其好憎，人人以其寵位，行其所好，憎其所憎也。○楊樹達云：君數易世，「世」字無義，字當作「法」，字之誤也。詮言篇云：「又況君數易法，國數易君，人以其位，通其好憎」，與此三句文同，字正作「法」，是其證矣。○寧案：楊說非是。此承上文「法與時變，禮與俗化」言。「君數易世」二句蓋言時變，下文「而欲以一行之禮，一定之法，應時耦變，其不能中權亦明矣」，始言禮法當變。此「世」字不當依詮言改「法」。以其威勢，供嗜欲，○王念孫云：「供嗜欲」當作「供其嗜欲」，與「達其好憎」相對。而欲以一行之禮，一定之法，應時偶變，其不能中權亦明矣。一行之禮，非隨時禮也，一定之法，非隨時法也，故曰不能中權，權則因時制宜，不失中道也。故聖人所由曰道，所爲曰事。道猶金石，一調不更；事猶琴瑟，每絃改調。金石，鐘磬也，故曰調而不更；琴瑟，絃有數急，柱有前却，故調。事亦如之也。○顧廣圻云：注「故調」當作「故曰改調」。○寧案：每絃改調，義不可通，「絃」當爲「終」，形近而誤。終謂曲一終也。景宋本正作「終」。文子上義篇襲此文作「曲終改調」。故法制禮義者，治人之具也，而非所以爲治也。言法制禮義，可以爲治之基耳，非所以爲治，治在其人之德；猶弓矢射之具也，非耐必中也，中在其人之功。○王念孫云：「人」字後人所加。高注云「言法制禮義可以爲治之基耳，非所以爲治」，則無「人」字明矣。文子上義篇無「人」字。泰族篇曰：「故法者治之具也，而非所以爲治也。」亦無「人」字。○吳承仕云：朱本作「中在其人之巧」。承仕案：作「巧」是也。景宋本誤與莊本同。○寧案：王說是也。史記酷吏傳：「法令者，治之具，而非制治清濁之源也。」漢書酷吏傳同。「治」下亦無「人」字。又案：注「射」字當爲「中」。泰族篇「亦猶弓矢中之具，而非所以中也」。此高注所本。呂氏春秋具備篇亦云：「中非獨弦也，而弦爲弓中之具也。」皆其證。故仁以爲經，義以爲紀，此萬世不更者也。若乃人考其才，而時省其用，雖日變可也。言人能考度其才，時省其行，擇其善者而崇用之，不必循常，故曰「雖日變可也」，唯仁義不可改耳，故萬世不更。○寧案：據道藏本、中立本、景宋本注末沾「矣」字。天下豈有常法哉！隨其時，于其宜。○寧案注，道藏本、景宋本「于」皆作「於」，疑「施」字形誤。集證本改「求」，非是。當於世事，得於人理，順於天地，祥於鬼神，則可以正治矣。當，合也。祥，順也。○寧案：文子上義篇作「順於天道」。「道」字於義爲長。

古者人醇工龐，商樸女重，醇，厚，不虛華也。工龐，器堅緻也。商樸，不爲詐也。女重，貞正無邪也。○洪頤煊云：大戴禮王言篇：「民敦工璞，商愨女憧。」「重」即「童」字，童、憧古通用，謂憧愿無知之貌。○俞樾云：「重」本作「童」。大戴記王言篇「民敦工璞，商愨女憧」，即淮南所本也。童與憧通，今作「重」者，形聲相似而誤。○寧案：景宋本作「民醇」。今本「人」字避唐諱改。是以政教易化，風俗易移也。今世德益衰，民俗益薄，欲以樸重之法，治既弊之民，是猶無鏑銜橜策錣而御馯馬也。鏑銜，口中央鐵，大如雞子中黃，所制馬口也。錣，揣頭箴也。馯馬，突馬也。○莊逵吉云：殷敬順列子釋文引許慎注云：「錣，馬策端有利鋒，所以刺不前也。」與此義解同。○王念孫云：「銜」下本無「橜」字。高注曰「鏑銜口中央鐵」，言鏑銜而不言橜，則無「橜」字明矣。「鏑銜」下有「橜」字則文不成義，此後人熟於銜橜之語而妄加之耳。○寧案：注「所」下脫「以」字。「揣」當作「椯」。說文：「椯，箠也。」「策，馬箠也。」列子釋文引許注「錣，馬策端有利鋒」，即此椯頭箴也。昔者，神農無制令而民從，無制令，結繩以治也。○寧案：注，道藏本、中立本、景宋本「也」皆爲「之」，當據改。唐虞有制令而無刑罰，有制令，煥乎其有文章也。其政常仁義，民無犯法干誅，故曰「無刑」也。○吳承仕云：其政常仁義，「常」當作「尚」，形近而誤。此書常、尚多互錯。（說已見前。）又案：「故曰無刑也」，「刑」下誤奪「罰」字。夏后氏不負言，言而信也。殷人誓，以言語要誓，亦不違。周人盟。有事而會，不協而盟。盟者，殺牲歃血以爲信也。逮至當今之世，謂淮南王作此書時。忍詢而輕辱，貪得而寡羞，欲以神農之道治之，則其亂必矣。詢讀夏后之「后」也。○莊逵吉云：說文解字「詬」或作「詢」。此用或字，故讀如后。伯成子高辭爲諸侯而耕，天下高之。伯成子高，蓋堯時人也。○楊樹達云：事見莊子天地篇。今之時人，○寧案：「之時」二字誤倒。景宋本作「今時之人」。辭官而隱處，爲鄉邑之下，豈可同哉！古之兵，弓劍而已矣，槽矛無擊，脩戟無刺。槽柔，木矛也。無擊，無鐵刃也。刺，鋒也。槽讀「領如蠐螬」之「螬」也。○王念孫云：莊依漢魏叢書本改「柔」爲「矛」。案「矛」各本皆作「柔」。太平御覽兵部二引此亦作「柔」。說苑說叢篇「言人之惡，痛於柔戟」，字亦如此。蓋矛、柔聲相近，故古書有借「柔」爲「矛」者，不宜輒改也。○楊樹達云：王說是也，而於「槽」字無說。今案「槽」當讀爲「酋」。槽柔即酋矛也。考工記廬人云：「酋矛常有四尺。」說文云：「矛，酋矛也。」古音曹、酋同，故曹聲酋聲字多通作。詩衛風碩人云：「領如蝤蠐。」蔡邕青衣賦及高此注竝作「領如螬蠐」，是其證矣。○馬宗霍云：今莊本注文亦作「槽柔」，是正文改而注文未改也。然說文矛部矛之古文从戈作「𢦏」，疑「柔」即古文矛之傳寫誤移戈旁於下者，戈與木形相近，本作「𢦏」，遂又誤作「柔」，非必借柔爲矛也。又案：「槽矛」之名，不見於經傳。高云「槽讀領如蠐螬之螬」，蓋即詩衛風碩人篇「領如蝤蠐」之異文，是「螬」與「蝤」通也。方言十一云：「蟦螬，自關而東謂之蝤蟦。」亦其證。古音酋聲曹聲同在幽部。說文矛本訓「酋矛」，然則「槽矛」即「酋矛」矣。考工記廬人有酋矛、夷矛，「酋矛常有四尺。夷矛三尋。」鄭玄注云：「八尺曰尋，倍尋曰常。酋、夷，長短名。酋之言遒也。酋近，夷長矣。」據此，則酋矛爲矛中之較短者。下文云「脩戟無刺」，脩，長也。長戟短矛，義正相對。○寧案：馬說是也。莊子至樂篇：「烏足之根爲蠐螬。」（又見列子天瑞篇。）釋文云：「司馬本作螬蠐，云蝎也。」又詩碩人正義引孫炎曰：「蠐螬謂之蟦蠐，關東謂之蝤蠐。」是蠐螬即螬蠐，即蝤蠐，蝤、螬、蠐一聲之轉耳。晚世之兵，隆衝以攻，渠幨以守，隆，高也。衝所以臨敵城，衝突壞之。渠，壍也，一曰甲名，國語曰「奉文渠之甲」是也。幨，幰，所以禦矢也。○寧案：「隆

「衝」又作「臨衝」。大雅皇矣：「以爾鉤援，與爾臨衝。」毛傳：「臨，臨車也。衝，衝車也。」釋文：「臨，韓詩作隆。」是臨、隆古通。隆車所以臨敵城，衝車所以衝敵城，高訓隆爲高，謂衝所以臨敵城，失之矣。衝車可言大，不可言高，高則不可衝矣。覽冥篇「大衝車」，是其證。且隆衝、渠幨爲對文。渠幨二名，隆衝亦當爲二名，故兵畧篇又作「衝隆」。此訓隆爲高則不對，而兵畧篇作衝隆則義不可通矣。又案：「奉文渠之甲」，查國語吴語當作「奉文犀之渠」。韋昭注：「渠謂楯也。文犀，犀之有文理者。」於渠義雖畧異，若作「文渠之甲」則義不可通矣。　連弩以射，銷車以鬬。　連車弩通一絃，以牛挽之，以刃著左右爲機開發之曰銷車。銷讀組綃之綃也。○吴承仕云：「組應作紺，形近之譌也。原道訓「上游於霄雿之野」，高注云：「霄讀紺綃。」是其證。○寧案：高注「連車弩」，宋本太平御覽三百七十一引作「車弓弩」，鮑本作「連弓弩」。鮑本是也。連弓弩通一絃，卽以一絃連衆弓弩以收連發之效，安用連車？墨子備高臨篇云「連弩之車」，不得有連車之弩也。又案「機開」當作「機關」。御覽引亦誤。原道篇高注：「機，弩機關。」是其證。景宋本正作關。又案：俶真篇高注亦云：「霄讀紺綃之綃。」吴失引。　古之伐國，不殺黄口，不獲二毛，　黄口，幼也。二毛，有白髮者。○寧案：道藏本、中立本、景宋本注末無「者」字，太平御覽引同。　於古爲義，於今爲笑。　古之所以爲榮者，　伯成子高。○向宗魯云：伯成子高下當有「天下高之」四字，觀下注自明。　今之所以爲辱也。　爲鄉邑之下。　古之所以爲治者，今之所以爲亂也。　夫神農、伏羲，不施賞罰而民不爲非，然而立政者不能廢法而治民。　不能及神農、伏羲。○寧案：「立」讀爲「莅」，說詳主術篇「桓公立政」下。　舜執干戚而服有苗，　舜時有苗叛，舜執干戚而舞于兩階之間，有苗服從。○寧案：道藏本、中立本、景宋本「舜時」作「舜之初」，「服從」下有「之以德化懷來也」七字，前據正，後據沾。然而征伐者，不能釋甲兵而制彊暴。不耐及舜。由此觀之，法度者，所以論民俗而節緩急也；○楊樹達云：「論」當爲「諭」，形近之誤。下文云「象見其牙而大小可論也」，「論」亦當作「諭」。「諭」與「喻」同。○寧案：說山篇「以近論遠」，高注：「論，知也。」此論字不誤。器械者，因時變而制宜適也。夫聖人作法而萬物制焉，制，猶從也。○劉文典云：「物」當爲「民」，字之誤也。此以人民言，非以物言也。下文「制法之民不可與遠舉，拘禮之人不可使應變」，即承此而言。若作「萬物」，則與下文不合矣。羣書治要引此文正作「萬民制焉」。○楊樹達云：「物」字無義，劉校改作「民」是矣。「萬」當作「愚」。「愚」字上半與「萬」字下半同，故「愚」誤爲「萬」。下文云：「賢者立禮而不肖者拘焉」，以賢與不肖爲對文，此句則以聖與愚爲對文也。商君書更法篇云：「智者作法而愚者制焉，賢者更禮而不肖者拘焉。」此淮南文所本。史記商君傳文亦與商君書同。是其證也。○寧案：劉校是也。此以聖人、萬民對舉，不當以商君書改此。賢者立禮而不肖者拘焉。拘，猶檢也。制法之民，不可與遠舉；拘禮之人，不可使應變。耳不知清濁之分者，不可令調音；心不知治亂之源者，不可令制法。必有獨聞之耳，○王念孫云：劉本「耳」作「聽」，是也。文子上禮篇正作「獨聞之聽」。○劉文典云：劉本是也。「聽」與「明」相對爲文，作「耳」則非其指矣。羣書治要引作「獨聞之聽」，「聽」與「聰」形近而誤，若字本作「耳」，無緣誤爲「聽」也。韓非子外儲說右上篇「獨視者謂明，獨聽者謂聰」，與此文義畧同，亦以聰、明對文。獨見之明，然後能擅道而行矣。

夫殷變夏，周變殷，春秋變周，變，改也。三代之禮不同，何古之從！大人作而弟子循。循，遵也。○呂傳元云：注「遵」當作「隨」。上文「常故不可循」，注「循，隨也。」說山訓「循迹者，非能生迹者也」，注「循，隨也。」

是其證。藏本正作「隨」。○寧案：隨與遵形不相似，無由致誤。説文「遵，循也」，則循亦遵也，疑是許注羼入。景宋本作「道」，當是「遵」字草書之誤。上文循字已訓釋，此不當重出。藏本疑後人據高注所改。

知法治所由生，則應時而變；不知法治之源，雖循古終亂。今世之法籍與時變，禮義與俗易，爲學者循先襲業，據籍守舊，教

○梁玉繩云：此有脱誤。文子上義篇作「循先襲業，握篇籍，守文法，欲以爲治。」○于鬯云：文子上義篇作「握篇籍」，此「籍」上蓋亦當有「篇」字，與下文「守舊教」各三字句爲對。○楊樹達云：「義」古「儀」字。禮義即禮儀也。「據籍守舊教」，「教」字疑衍。○寧案：愚謂此文不誤，當於「舊」字絶句。循先襲業，據籍守舊，對文。「教」字下屬。「教以爲非此不治」者，以爲非此不治而教導於人也。楊氏與集證本删「教」字，非，于氏增字亦非。

以爲非此不治，是猶持方枘而周員鑿也，欲得宜適致固焉，則難矣。

○楊樹達云：周，合也。上文「苟周於世，不必循舊」，謂苟合於世也。集證改作「内」，未知所本。○馬宗霍云：説文口部云：「周，密也。」引申之義則爲合。楚辭離騷「雖不周於今之人兮」，又云「競周容以爲度」，嚴忌哀時命「衆比周以肩廹兮」，王逸注竝云：「周，合也。」「致」與「緻」通。禮記聘義篇鄭注：「縝，致也。」陸德明釋文：「致本亦作緻。」説文糸部新坿有「緻」字，注云「密也」，與「周」字同訓。本文言以方枘合員鑿，難得宜適密固也。離騷又云「何方員之能周兮」，王注云：「言何所有圜鑿受方枘而能合者」，以解本文尤切。○寧案：文子上義篇「周」作「内」。史記孟荀列傳亦云「持方枘欲内圜鑿」。索隱引楚詞云：「以方枘而内圜鑿，吾固知其齟齬而不入。」（見九辯，文畧異。）當是集證所本。然此「周」字固通，無庸改字。

今儒、墨者稱三代、文武而弗行，是言其所不行也；不耐行，但言之而已。

○陶方琦云：羣書治要引許注：「儒墨之所言，今皆不行也。」按二注正異。氾論訓乃高注本，故治要只引二則，便均

異。非今時之世而弗改，是行其所非也。稱其所是，行其所非，是以盡日極慮而無益於治，勞形竭智而無補於主也。○劉家立云：今本「無補於主」，文不成義。上句作「無益於治」，則此句應作「無補於時」，且治與時爲韻，若作「主」則失其韻矣。○寧案：劉說似是也。「時」古文作「旹」，與「主」形似，故誤。今夫圖工好畫鬼魅而憎圖狗馬者，何也？鬼魅不世出，而狗馬可日見也。○劉文典云：羣書治要引「不世出」作「無信驗」，「可日見」作「切於前」。疑別依一本。韓非子外儲說左上篇「客有爲齊王畫者，齊王問曰：『畫孰最難者？』曰：『犬馬最難。』『孰易者？』曰：『鬼魅最易。』夫犬馬，人所知也，旦暮罄於前，不可類之，故難。鬼魅，無形者，不罄於前，故易之也。」卽淮南此文所本。羣書治要引文之「切於前」卽韓非子「罄於前」也。今本淮南「不世出」、「可日見」相對爲文，則「可日見」亦非誤字。知羣書治要引文爲別據一本矣。○劉家立云：今本「圖工好畫鬼魅而憎圖狗馬者」，古無謂畫工爲圖工者。疑當作「畫工好圖鬼魅而憎圖狗馬」，蓋傳寫之誤倒也。按後漢書張衡傳諫習讖疏云：「譬猶畫工，惡圖犬馬而好作鬼魅，誠以實事難形而虛僞不窮也。」注引韓子曰：「客爲齊王畫者。問：『畫孰難？』對曰：『狗馬最難。』『孰易？』曰：『鬼魅最易。』狗馬人所知也，故難；鬼魅無形，故易也。」淮南所述，卽本於韓子，則應作畫工明矣。夫存危治亂，非智不能；道而先稱古，雖愚有餘。○王念孫云：「道」字當在「而」字下。「道先稱古」與「存危治亂」相對。羣書治要引此正作「道先稱古」。○寧案：王說是也。文子上義篇亦作「道先稱古」。故不用之法，聖王弗行；不驗之言，聖王弗聽。聽，受。○劉文典云：「聖王弗聽」與上「聖王弗行」相複，羣書治要引作「明主弗聽」，當從之。○寧案：「聖王弗行」疑當作「聖人弗行」。本篇「聖人」凡二十二見，唯「則天下無聖王賢相矣」以聖王賢相對舉爲句，此外無稱聖王者，則此亦當作「聖人」，與上下一律矣。蜀藏本正作「聖人」。下句「聖王弗聽」從劉說。文子上義篇作「不用之法，聖人弗行也；不驗之言，明主不聽也」。又其證。

天地之氣，莫大於和。和故能生萬物。和者，陰陽調，日夜分，而生物。春分而生，秋分而成，○俞樾云：下言「春分而生」，上言「日夜分而生物」，文義重複。且春分秋分皆日夜分也，日夜分而生物，於秋分而成，義亦不合。文子上仁篇作「和者，陰陽調，日夜分，故萬物春分而生，秋分而成」，然則此亦當同。上「而生」二字，乃「故萬」之誤。○寧案：俞說是也。上句高注云「和故能生萬物」，即用此文。生之與成，必得和之精。精，氣。故聖人之道，寬而栗，嚴而温，柔而直，猛而仁。言剛柔寬猛相濟也。太剛則折，太柔則卷，聖人正在剛柔之間，乃得道之本。本，原也。積陰則沈，積陽則飛，陰陽相接，乃能成和。夫繩之爲度也，可卷而伸也，引而伸之，可直而睎，睎，望也。○王念孫云：「可卷而伸」，劉本作「可卷而懷」，是也。此言繩之爲物，可曲可直，故先言卷而懷，後言引而伸。且懷與睎爲韻，若作「伸」則失其韻矣。文子上仁篇正作「可卷而懷」。故聖人以身體之。體，行。夫脩而不横，短而不窮，直而不剛，久而不忘者，其唯繩乎！故恩推則懦，懦則不威；推猶移也。嚴推則猛，猛則不和；愛推則縱，縱則不令；縱，放也。刑推則虐，虐則無親。虐，害也。喜害人，人無親之。昔者，齊簡公釋其國家之柄而專任其大臣，簡公，悼公陽生之子任也。一往不解曰簡。大臣，陳成子。○吴承仕云：朱本、景宋本「往」並作「德」，作德是也。周書謚法解：「壹德不解曰簡。」○寧案：吴説是也。「德」、「往」草書形似，故誤。道藏本、茅本亦作「德」。將相攝威擅勢，○王引之云：「大臣」

「將相」四字當連讀，將相卽大臣也。「釋其國家之柄，專任大臣將相」，皆以六字爲句，「攝威擅勢，私門成黨，公道不行」，皆以四字爲句，若以「將相」屬下讀，則句法參差不齊矣。且柄、相、黨、行四字爲韻，柄古讀若方，行古讀若杭，竝見唐韻正。）讀「大臣」絶句則失其韻矣。○楊樹達云：高讀是也。若如王讀，不惟大臣將相語病複累，而攝威擅勢者，果爲何人乎？強就韻文，而使文義不明，非善術也。

私門成黨而公道不行。黨，羣。**故使陳成田常、鴟夷子皮得成其難。**難，殺簡公之難。○錢大昕云：淮南以鴟夷子皮爲田常之黨，他書所未見。案：田常弒君之年，越未滅吴，范蠡何由入齊？此淮南之誤也。○王引之云：陳成田常本作陳成常，陳其氏也，成其謚也，常其字也，恆其名也。人間篇正作陳成常，呂氏春秋慎勢篇同，吴越春秋夫差内傳作陳成恆，韓子外儲説右篇作田成恆，田與陳古字通，言陳則不言田矣。後人又加田字，謬甚。又説山篇「陳成子恆之刼子淵捷也」，「子」字亦後人所加。○王紹蘭云：田衍文，常卽恆，是其名也。漢人諱恆，故經典或稱常，或稱恆耳。左氏作恆，公羊作常。哀六年傳：「諸大夫皆在朝，陳乞曰：常之母有魚菽之祭。」何休解詁曰：「常，陳乞子，重難言其妻，故云爾。」常之母猶曰恆之母，若常是字，陳乞與諸大夫言，不當字其子於朝。曲禮疏引五經異義：「公羊説，臣子先死，君父猶名之，孔子云『鯉也死』，是已死而稱名；左氏説，既没稱字而不名。穀梁同左氏説。」然則從公羊之説，父於子死猶名，則生名可知；從左氏、穀梁之説，没稱字，則生名亦可知也。成子生存而僖子呼之曰常，明常是名，非字矣。○向宗魯云：錢説誤。此子皮非范蠡也。鴟夷子皮黨陳常事，韓非説林、（載其從田常奔燕。）説苑臣術、（載其與田常論君亡不亡，君死不死事。）指武篇（載其與田常攻宰我事。）皆謂其爲田氏之黨。墨子非儒篇謂孔子樹鴟夷子皮於田氏之門，其言孔子樹之誣也，而田常之門有鴟夷子皮，則非誣也。范氏去越之年，在田常弒君之後，則史記謂蠡適齊爲鴟夷子皮者，傳聞之訛耳。說苑臣術篇云：「鴟夷子皮日侍於屈春。」其人在楚平王世，已有鴟夷子皮之稱，（說苑所述爲成公乾語，成公乾曾論太子建不得立，是平王時人也。）其非范蠡明矣。使呂氏絕祀而陳氏有國者，太公姓呂，簡公其後也。絕祀，陳氏代之也。此柔懦所生也。鄭子陽剛毅而好罰，子陽，鄭君也。一曰：鄭相。其於罰也，執而無赦。舍人有折弓者，畏罪而恐誅，則因猘狗之驚以殺子陽，舍人，家臣也。國人逐猘狗以亂擾，舍人因之以殺子陽，畏其嚴也。○寧案：猘，左傳作瘈，說文作狾，「狂犬也」。事見呂氏春秋適威篇。又見首時篇，高注：「子陽鄭相，或曰鄭君，好行嚴猛，家有猘狗者誅之。人畏誅，國人皆逐猘狗也。」與此互詳。此云「一曰鄭相」，呂氏適威篇注同，與繆稱篇許注合。然呂氏首時篇注又作「或曰鄭君」，是高注「一曰」之非必許注也。此剛猛之所致也。

今不知道者，見柔懦者侵，則矜爲剛毅；見剛毅者亡，則矜爲柔懦。○王念孫云：「矜」皆當爲「務」。（務、矜二字，隸書往往譌溷。管子小稱篇「務爲不久」，韓子難篇作「矜僞不長」。呂氏春秋勿躬篇「務服性命之情」，「務」誤作「矜」。）言不知道者，中無定見，故見柔懦者侵，則務爲剛毅，見剛毅者亡，則務爲柔懦也。主術篇曰：「爲智者務爲巧詐，（道藏本、劉本、茅本竝同，朱本改「爲」作「於」非。莊本同。）爲勇者務於鬭爭。」是其證也。又案：此文本作「見柔懦者侵，則務爲剛毅，見剛毅者亡，則務於柔懦」，「於」下本無「爲」字。於亦爲也，爲亦於也。務爲剛毅，務於剛毅也；務於柔懦，務爲柔懦也。僖二十年穀梁傳曰：「謂之新宮，則近爲禰宮。」言近於禰宮也。秦策曰：「魏爲逢澤之遇，朝爲天子。」言朝於天子也。是爲與於同義。郊特牲曰：「郊之祭也，掃地而祭，於其質也。」言爲其質，不爲其文也。又曰：「祭天，掃地而祭焉，於其質而已矣。」大戴禮曾子本孝篇曰：「故孝子之於親也，生則有義以輔之，死則哀以莅焉，祭祀則莅之以敬，如此而成於孝子也。」言如此而後成爲孝子也。晉語曰：「祁奚辭於軍尉。」言辭爲軍尉也。文六年穀梁傳曰：「閏月者，附月之餘日也，積分而成於月者也。」言積分而成爲月也。是於與爲亦同義。爲、於同義，故二字可以互用。晉語曰：「稱爲前世，（韋注曰：「言見稱譽於前世」。）義於諸矦。」韓詩外傳曰：「民不親不愛，而求於己用，爲己死，不可得也。」皆以爲、於互用。此云「見柔懦者侵，則務爲剛毅；見剛毅者亡，則務於柔懦」，亦以爲、於互用。主術篇曰：「爲智者務爲巧詐，爲勇者務於鬬爭。」即其明證也。又史記孟嘗君傳「君不如令弊邑深合於秦」，西周策於作爲。張儀傳「韓、梁稱爲東藩之臣」，趙策爲作於。蓋爲、於聲近而義同，故字亦相通也。然則務於柔懦，即務爲柔懦。道藏本「於」下復有「爲」字者，後人不知爲、於之同義，故又加「爲」字耳。（劉本、朱本同。）茅本不删「爲」字而删「於」字，斯爲謬矣。（莊本同。）此本無主於中，而見聞舛馳於外者也，○陳觀樓云：「本無主於中」當作「無本主於中」。上文云：「有本主於中，而以知榘矱之所周」，正與此「無本主於中」相對。下文亦云：「中有本主以定清濁。」○寧案：「見聞」景宋本作「聞見」。故終身而無所定趨。舛，乖也。定，安。趨，歸也。譬猶不知音者之歌也，濁之則鬱而無轉，鬱，湮也。轉讀傳譯之「傳」也。清之則燋而不謳。燋，悴也。謳，和也。○陳觀樓云：「謳」當作「調」，故注訓爲和。今作「謳」者，因下句「謳」字而誤。○寧案：「燋」假爲「顦」。説文：「顦，顇也。」又作「憔悴」，故高注云：「悴也。」與説文合。道藏本、茅本注正作「憔」。及至韓娥、秦青、薛談之謳，三人皆善謳者。○梁玉繩云：列子湯問篇作薛譚。矦同曼聲之歌，二人善歌。一曰曼，長。○陶方琦云：通典百四十五引許注：「曼聲，長歌聲也。」案：高注「一曰曼，長」，乃許義，與通典引許注正同。列子湯問「韓娥因曼聲哀哭」，許君本此。高作二人解，與許亦異。○向宗魯云：覽冥篇高注：「曼聲，善歌也」。憤於志，積於內，盈而發音，則莫不比於律而和於人心。何則？中有本主以定清濁，不受於外而自爲儀表也。

今夫盲者行於道，人謂之左則左，謂之右則右，遇君子則易道，遇小人則陷溝壑。○劉文典云：「易道」上當有「得」字。「得易道」與「陷溝壑」相對爲文，今敓「得」字，文既不相對，義亦不可通矣。意林引此文，作「遇君子則得其平易」，文雖小異，尚未敓「得」字。御覽七百四十引已敓。何則？目無以接物也。接，見也。

故魏兩用樓翟、吴起而亡西河，魏文侯任樓翟、吴起，不用他賢，秦伐，喪其西河之地。○顧廣圻云：「吴起」二字疑衍。韓非子難一云：「魏兩用樓、翟而亡西河，楚兩用昭、景而亡鄢郢。」淮南此文所本也。樓、翟二人與昭、景二人對文，所謂兩用也，不得更有吴起甚明。樓、翟二人者，以戰國策考之，樓爲樓廩，翟爲翟强。魏策云：「魏王之所用者，樓廩、翟強也。」又云：「翟强欲合齊、秦外楚以輕樓廩，樓廩欲合秦、楚外齊以輕翟強。」又云：「廩之與強，猶晉人之與楚人也。」故韓非子謂之「爭事而外市」，正兩用而亡西河之證矣。其事蓋在襄王時。注「魏文侯」云云，疑皆非高誘原文也。解魏爲魏文侯，其誤一，解樓、翟爲一人姓名，其誤二，解兩用爲不用他賢，其誤三，皆不可通。蓋後人妄改，而高注云何，已不可復知矣。○陶方琦云：史記集解八十七、文選七發注引許注：「樓季，魏文侯之弟也。」案：史記李斯列傳：「是故城高五丈而樓季不輕犯也。」（鹽鐵論「是猶跛夫之欲及樓季也」，舊注亦引許慎注。）高作樓翟。顧千里曰：樓、翟乃二人。（樓爲樓廩，翟爲翟強。）韓非難一云「魏兩用樓、翟而亡西河」，即此所本。「吴起」二字乃衍文。或許本作樓季、吴起，亦爲二人。○寧案：顧校是也。陶説未允。文侯用樓季爲相，在襄王亡西河前七十餘年，許注斷不致有此譌謬。且吴起治西河，不得云亡也。道應篇屈宜咎（依王念孫校。）謂吴起曰：「子用魏，兵不宜得志於秦而得志焉。」許注：「起爲魏西河守，秦兵不敢東下也。」則許本亦當作樓、翟，不得有「吴起」二字。無吴起而作樓季，則一人而非兩用矣。文選過秦論之翟景，李善注：「未詳。」疑「景」乃「京」字之誤，翟京即此翟強也。京、強古通。道應篇强臺，高本作京臺，是其證。説詳道應篇。湣王專用淖齒而死於東廟，湣讀汶水之「汶」。湣王，田常之後，代吕氏爲齊侯，春秋之後，僭號稱王。淖齒楚將，奔齊爲臣。湣王無道，淖齒殺之，擢其筋懸廟門之梁三日而死。見戰國策。無術以御之也。文王兩用吕望、召公奭而王，吕望，太公吕尚也，善用兵謀。奭，召康公，用理民物，有甘棠之歌也。○吴承仕云：朱本、景宋本並作「善理民物」，作「善」是也。上言太公善用兵謀，此言召公善理民物，文正相對。○寧案：吴説是也。道藏本亦作「善」。楚莊王專任孫叔敖而霸，孫叔敖，楚大夫蔿賈伯盈子。或曰：童子也。任其賢，故致于伯也。○吴承仕云：「或曰童子也」，「童」當作「章」。潛夫論志氏姓云：「令尹孫叔敖者，蔿章之子也。」與此注或説同。吕氏春秋情欲、異寶、知分篇注並云賈子。此又引或曰者，蓋古有是説，而注家采之以博異聞，非許、高别説也。○向宗魯云：注「童子」無義，當作「章子」。見潛夫論志氏姓。有術以御之也。夫弦歌鼓舞以爲樂，盤旋揖讓以修禮，厚葬久喪以送死，孔子之所立也，而墨子非之。非猶譏也。兼愛、尚賢，右鬼、非命，墨子之所立也，而楊子非之。兼三老五更，是以兼愛；選上大夫射，是以上賢；宗祀嚴父，是以右鬼，右猶尊也；順四時而行，是以非命：皆楊子所不貴，故非也。○吴承仕云：兼三老五更，「兼」當作「養」。藝文志曰：「養三老五更，是以兼愛。」注蓋用彼文。各本並涉「兼愛」字而誤。○寧案：注「選上大夫射」，「上」乃「士」字之誤，衍「夫」字。墨子尚賢篇：「凡我國能射御之士，我將賞貴之；不能射御之士，我將罪賤之。問于若國之士，孰喜孰懼？我以爲必能射御之士喜，不能射御之士懼，我賞因而誘之矣。」故高注曰「選士大射」。若作「上大夫」則非其指矣。集解本作「士大夫」亦非。道藏本、中立本、茅本、景宋本皆作「選士大射」。又「故非也」，據下句注文「非」下沾「之」字。**全性保真，不以物累形，楊子之所立也，而孟子非之。**全性保真，謂不拔骭毛以利天下弗爲，不以物累己身形也。孟子受業于子思之門，成唐、虞、三代之德，叙詩、書、孔子之意，塞楊、墨淫詞，故非之也。○吴承仕云：孟子盡心篇：「楊子取爲我，拔一毛而利天下，不爲也。」此注用孟子語，當云「拔骭毛以利天下弗爲」。今本「謂」下誤衍「不」字，應據删。又案：孟荀列傳云：「天下方務於合從連衡，而孟軻乃述唐、虞、三代之德，是以所如不合。退而序詩、書，述仲尼之意，作孟子七篇。」此注云「成唐、虞、三代之德」，「成」字無義，疑亦當爲「述」。然形體不近，莫能輒定。○馬宗霍云：注「成」字疑當作「述」，今本作「成」，傳寫之誤。述與叙對。史記孟荀列傳云：「天下方務於合從連衡，而孟軻乃述唐、虞、三代之德，序詩、書，述仲尼之意。」蓋即高注所本。趙岐孟子題辭言「孟子退自齊、梁，述堯、舜之道」，字亦作述，又其旁證。孟子七篇好稱道堯、舜、禹、湯、文、武，即所謂述也，不得謂之成。○寧案：吴、馬謂「成」當爲「述」是也。「述」壞爲「术」，與「成」字草書形近而誤。**趨捨人異，各有曉心。故是非有處，得其處則無非，失其處則無是。丹穴、太蒙、反踵、空同、大夏、北户、奇肱、脩股之民，是非各異，習俗相反，**丹穴，南方當日下之地。太蒙，西方日所入處也。反踵，國名，其人南行，武迹北向。空同，戴勝極下之地。大夏在西方。北户在南方。奇肱、脩股之民在西南方。凡此八者，皆九州之外，八寅之域者也。○寧案：注「其人南行，武迹北向」，文選王元長曲水詩序注引無「武」字。又案：北户，即墬形篇之反户，在八紘之域，不當曰八寅也。**君臣上下，夫婦父**

子，有以相使也。此之是，非彼之是也；此之非，非彼之非也；此，近論諸華也。彼，遠論八寅也。於諸夏之所是，八寅之所非而廢也；于諸華所非，八寅所是而行也。○寧案：注、「諸夏」當作「諸華」，蓋華、夏相混而誤也。上下皆作「華」，此不得獨作「夏」。道藏本、中立本、茅本、景宋本正作「華」。譬若斤斧椎鑿之各有所施也。施，宜也。

禹之時以五音聽治，禹，顓頊後五世鯀之子也，名文命。受禪成功曰「禹」。五音，宮、商、角、徵、羽也。○劉文典云：聽治，初學記樂部下，白帖六十二、御覽五百七十六引，竝作「聽政」。○寧案：疑作「聽政」是也。上文云「聽天下之政」，注：「政，治也。」政、治二字相亂，因以致誤。懸鐘、鼓、磬、鐸，置鞀，以待四方之士，爲號曰：○劉文典云：「爲號曰」，白帖作「爲銘於筍簴曰」，與鬻子合，疑是別本。「教寡人以道者擊鼓，道和陰陽，鼓一聲以調五音，故擊之。○寧案：景宋本「擊鐘」下注云「故擊鐘也」，「擊磬」下注云「故擊磬」，此外鼓、鐸、鞀三者注同今本。（藏本脱「擊鐘」句及注，餘與宋本同。）莊本於鐘、磬下皆改作「故擊之」，於鼓、鐸一律也，而於鞀不改，非其例也。愚謂當改「之」字各從其名物，如集證本。諭寡人以義者擊鐘，鐘，金也。義者斷割，故擊之。告寡人以事者振鐸，鐸，鈴。金口木舌，合爲音聲。事者非一品，故振之。語寡人以憂者擊磬，磬，石也，聲急。憂亦急務，故擊之。○劉文典云：語，初學記樂部下引作「告」。○寧案：本文道曰教，義曰諭，事曰告，憂曰語，獄訟曰有，詞義有別。初學記引於五者「告」字凡三見，字複，疑非。有獄訟者搖鞀。獄亦訟。訟一辯於事，故取小鞀搖也。當此之時，一饋而十起，一沐而三捉髮，饋者食也。○孫志祖云：呂氏謹聽篇：「昔者，禹一沐而三捉髮，一食而三起。」○寧案：鬻子禹政篇作「一饋而七起」。新論誡盈篇同。三、七、十皆數之衆，故諸書各異，不必相一也。以勞天下之民。勞猶憂也。勞讀「勞勑」之「勞」。○寧案：注勑，中立本、景宋本、蜀藏本皆作「來」。孟子滕文公上篇：「放勳曰：勞之來之」，故曰「勞來」也。說文：「勑，勞勑也。从力來聲。」然則本字當作「勑」。作「來」者，「勑」之省借字。經典多作「勞來」。此而不能達善效忠者，則才不足也。當此之時，不耐達其善，效致其忠，是爲無有其才也。秦之時，高爲臺榭，大爲苑囿，遠爲馳道，鑄金人，秦皇帝二十六年，初兼天下，有長人見於臨洮，其高五丈，足迹六尺。放寫其形，鑄金人以象之，翁仲、君何是也。○寧案：太平御覽八十六引作「造馳道數千里」，三百二十七引同今本，疑是許、高之異。發適戍，入芻稾，戍，守長城也。入芻稾之税以供國用也。頭會箕賦，輸於少府。頭會，隨民口數，人責其税。箕賦，似箕然斂民財多，取意也。少府，官名，如今司農。○向宗魯云：注「似箕然」，當作「以箕收」。○寧案：太平御覽八十六引「箕賦」作「箕斂」當是許本。注，向謂「似箕然」，當作「以箕收」，「以」誤爲「似」，是也。收、然形音不相近，無由致誤，「然」字蓋後人妄加。漢書陳餘傳：「頭會箕斂，以供軍費。」服虔曰：「吏到其家，以人頭數出穀，以箕斂之。」故高注亦云：「以箕斂民財多。」斂即釋賦，無庸更著「收」字。太平御覽三百二十七引無「然」字，是其證。丁壯丈夫，西至臨洮狄道，臨洮，隴西之縣，洮水出北。狄道、漢陽之縣。○吳承仕云：地理志狄道、臨洮二縣並屬隴西郡。漢陽屬犍爲郡。續郡國志同。地理志臨洮下自注云：「洮水出西羌中，北至枹罕，東入河。」據此，則注文當云「臨洮，隴西之縣，洮水出其北。狄道，隴西之縣」，乃與志合。今本譌亂不可讀，未聞其審。（文選江文通詣建平王上書注引高注曰：「臨洮，隴西之縣，洮水出北逖道漢陽之臨洮也。」語不可解，難以據校。）東至會稽浮石，會稽，山名。浮石，隨水高下，言不没。皆在遼西界。一說：會稽山在太山下，「封於泰山，禪於會稽」是也。「會稽」或作「滄海」。○孫詒讓云：高謂會稽、浮石在遼西界，今無攷。竊謂會稽卽揚州鎮山。周禮職方氏及吕氏春秋有始覽並云「東南曰揚州」，則會稽於方位自得爲東。莊子外物篇云「蹲乎會稽，投竿東海」，明今浙東之海，亦爲東海，不必別求之遼西及太山下也。楚辭九思傷時云：「超五嶺兮嵯峨，觀浮石兮崔嵬。」王注云：「東海有浮石之山。」然則浮石在五嶺之東，準之地望，其不在遼西明矣。南至豫章桂林，豫章，豫章郡。桂林，鬱林郡。○劉文典云：豫章，御覽八十六引作象郡，三百二十七引與今本同，或卽許、高之異也。北至飛狐陽原，飛狐蓋在代郡南飛狐山也。陽原蓋在太原，或曰：代郡廣昌東五阮關是也。道路死人以溝量。言滿溝也。當此之時，忠諫者謂之不祥，而道仁義者謂之狂。逮至高皇帝存亡繼絶，漢高祖劉季也。○劉文典云：高氏漢人，不當言劉季。「劉季」二字，後人所加也。御覽三百二十七引注無此二字。○吴承仕云：漢人諱「邦」之字曰「國」，不聞諱「季」也。御覽引注自有刪削耳。古人諱名不諱字，劉氏謂高誘不當言「季」，愚所不解。（如以晚世之例測之，高注合稱本朝，亦不得言漢也。）舉天下之大義，身自奮袂執鋭，以爲百姓請命於皇天。執利兵，伐無道，以捄百姓之命，祈之于皇天也。當此之時，天下雄儁豪英，暴露于野澤，才過千人爲儁，百人爲豪，萬人爲英。○易順鼎曰：「儁」爲「俊」之借字。説文人部：「俊，材千人也。」春秋繁露亦云：「千人者曰俊。」前蒙矢石而後墮谿壑，出百死而給一生，以爭天下之權，墮，入也。給，至也。給讀仍代之「代」也。○吴承仕云：讀給爲仍代之「代」者，卽訓給爲代，代，更也。出百死而給一生，猶言以百死易一生也。注訓給爲至，義無所施，疑傳寫失之。○向宗魯云：「給」與「佁」同。吕氏本生篇「佁靡之機」，注：「佁，至也。」○馬宗霍云：高讀「給」爲

「代」，疑即以聲借爲「代」字。紿從台聲，代從弋聲，古音同在之部。説文人部云：「代，更也。」引申之，凡以此易彼謂之代。漢書食貨志上「歲代處，故曰代田」，顔師古注曰：「代，易也。」本文「出百死而紿一生」，猶言出百死而易一生也。次弟相易亦謂之遞代，故「代」又通於「遞」。漢書地理志下「姜、嬴、荆、芈實與諸姬代相干也」，顔注曰：「代，遞也。」遞從辵，辵者，乍行乍止也，故高又訓代爲至矣。然就本文言，似以訓易爲長。奮武厲誠，○莊逵吉云：太平御覽引「誠」作「威」。○寧案：威、武義複，疑「威」乃「誠」字形譌。宋本太平御覽三百二十七引仍作「誠」。以決一旦之命。當此之時，豐衣博帶而道儒墨者，以爲不肖。言尚武也。逮至暴亂已勝，勝暴亂也。海内大定，繼文之業，立武之功，繼文王受命之業，武王誅無道之功。○寧案：二句借用咎犯語，見呂氏春秋不廣篇。履天子之圖籍，造劉氏之貌冠，高祖于新豐所作竹皮冠也。一曰委貌冠。○莊逵吉云：錢別駕云：「竹皮冠，應劭以爲即鵲尾冠，以始生竹皮爲之，即劉氏冠也。總鄒、魯之儒墨，通先聖之遺教，戴天子之旗，乘大路，建九斿，撞大鐘，擊鳴鼓，奏咸池，揚干戚。周禮天子五路。大路，上路也。王者功成作樂，故撞鐘擊鼓。咸池，黄帝樂。干，楯。戚，斧也。春夏舞者所執。當此之時，有立武者見疑。疑，怪也。一世之間而文武代爲雌雄，有時而用也。今世之爲武者則非文也，爲文者則非武也，文武更相非，而不知時世之用也。此見隅曲之一指，而不知八極之廣大也。隅曲，室中之區隅，言狹小。八極，八方之極，言廣大也。故東面而望，不見西牆，南面而視，不覩北方，唯無所鄉者，則無所不通。無所鄉，則可以見四方，故曰「無所不通」。○寧案：「南面」疑當作「南向」，東面而望，南向而視，對文。蓋面、向形似，又涉上「面」字而誤。呂氏春秋去尤篇「東面望者，不見西牆，南鄉視者，不覩北方」，此淮南所本。「鄉」與「向」通。意林引正作「南向」，是其證。又意林末二句作「唯無向者，無所不通也」。

國之所以存者，道德也。道德施行，民悦其化，故國存也。○俞樾云：「德」當爲「得」，字之誤也。文子上仁篇正作「得」。「國之所以存者道得也」，與下句「家之所以亡者理塞也」，正同一律。高注曰：「理，道也。」然則道、理一也，得則存，塞則亡矣。高注此句曰：「道德施行，民悦其化，故國存也。」蓋以道德本屬恆言，故加「德」字以足句，非正文本作「道德」也。下文曰：「存在得道而不在於大也，亡在失道而不在於小也。」正與此文相應。疑此「塞」字亦即「失」字之誤，故高氏無注矣。○于鬯云：俞平議謂「德」當爲「得」，是也。得、德古多通用，此當讀「德」爲「得」，與「理塞」字義方偶。俞又據下文「存在得道而不在於大也，亡在失道而不在於小也」，疑此「塞」字亦「失」字之誤則非也。德、塞韻叶也，若作「失」，戾其韻矣。又案此文二句，不過反覆言之，國與家，道與理，皆互文。○楊樹達云：俞云「德」爲「得」之誤字，非也。德、得二字古通用。論語「鳳兮鳳兮，何德之衰」，「德」漢石經作「得」。史記項羽紀「吾爲若德」，「德」漢書項籍傳作「得」。並其證也。高不知「德」爲「得」之假字，故注云云，乃是誤釋。俞氏强爲飾説，非其實也。俞氏又欲改「塞」爲「失」，説亦非是。此二句德、塞爲韻，改「塞」爲「失」則失其韻矣。劉家立集證不知俞校之誤，改「德」爲「得」，改「塞」爲「失」以從之，斯爲巨謬矣。家之所以亡者，理塞也。理，道也。堯無百户之郭，舜無置錐之地，○莊逵吉云：御覽引「置」作「植」，蓋古字通用。○寧案：景宋本「置」作「植」。以有天下；禹無十人之衆，湯無七里之分，以王諸侯。文王處岐周之間也，地方不過百里，而立爲天子者，有王道也；堯、舜、禹、湯、文王，皆王有天下。

孟子曰「以德行仁者王，王不待大」是也。夏桀、殷紂之盛也，人迹所至，舟車所通，莫不爲郡縣，然而身死人手，而爲天下笑者，有亡形也。孟子曰：「惡死亡，樂不仁。」不仁必死亡，故曰「有亡形也」。○寧案：下「而」字疑後人所加，以爲上文云「而立爲天子者有王道也」，此當與一律，不知此以「然而身死人手爲天下笑者有亡形也」作一句讀，上已有「然而」，此不當更有「而」字。景宋本「身死人手下」無「而」字。故聖人見化以觀其徵。徵，成也。德有盛衰，風先萌焉。風，氣也。萌，見也。有盛德者，謂文王也，伯夷、太公先見之。有衰德者，謂桀、紂也，太史令終古及向藝先去之也。故得王道者，雖小必大；湯、武是也。有亡形者，雖成必敗。桀、紂是也。夫夏之將亡，太史令終古先奔於商，三年而桀乃亡；湯滅之也。殷之將敗也，太史令向藝先歸文王，朞年而紂乃亡。武王滅之。終古、向藝，二賢人名。○寧案：向藝，吕氏春秋先識、處方二篇皆作向摯，漢書古今人表同，云「向摯，殷太史」。彼「摯」當爲「摯」，字之誤也。周禮冬官考工記輪人「大而短則摯」，音魚列、魚結二反。六書正譌：「从手埶聲。」「埶」，古「蓺」字，通「藝」，故淮南作向藝也。竹書紀年正作向摯。又案：高注「終古、向藝，二賢人名」，道藏本、景宋本皆無此八字，疑後人所加。前注已云太史令，不當更注。且處方篇高注亦云：「向摯，紂之太史令也。」足見此非原注。故聖人之見存亡之迹，成敗之際也，非待鳴條之野，甲子之日也。湯伐桀，禽於鳴條。武王誅紂，以甲子尅之。○楊樹達云：「待」景宋本作「乃」。王念孫云：「『乃』當爲『及』，言夏、殷之亡，聖人早已知之，非及鳴條之野，甲子之日，而後知之也。道藏本、劉本並作『乃』，朱本改『乃』爲『待』，而莊本從之，義則是而文則非矣。」（校見俶真篇。）樹達案：「乃」字不誤。乃者，始也。此言聖人見夏、殷之亡，不始於鳴條之野，甲子之日也。莊公十年穀梁傳云：「乃深其怨於齊，又退侵宋以衆其敵。」謂始深其怨於齊也。大戴禮記保傅篇云：「古之王者，太子乃生，固舉之禮。」謂太子始生也。「乃」賈子作「初」，是其證矣。漢書梅福傳云：「方今布衣迺窺國家之隙，見間而起者，蜀郡是也。」謂始窺國家之隙也。劉家立集證不知王校之誤，改「乃」爲「及」以從之，斯爲謬矣。○寧案：楊謂「乃」字不誤，是也。說文：「乃，曳詞之難也。」引申之，亦詞之緩也。猶言非鳴條之野，甲子之日，而後聖人見存亡之迹，存敗之際也。此不煩改字。

今謂彊者勝則度地計衆，富者利則量粟稱金，若此則千乘之君無不霸王者，而萬乘之國無不破亡者矣。○王念孫云：無不霸王，無不破亡，兩「不」字皆後人所加。此言千乘小而萬乘大，若彊者必勝，富者必利，則是千乘之君必無霸王者，萬乘之國必無破亡者矣。而不知國之興亡，在得道與失道，不在大與小也。故下文曰：「存在得道而不在於大，亡在失道而不在於小。」後人不曉文義而妄加兩「不」字，其失甚矣。○劉文典云：王謂無不破亡之「不」爲後人所加，是也。然上無不霸王之「不」則實非衍文。蓋上句言千乘之君之必興，下句則言萬乘之國之不敗，下「不」字乃涉上「不」字而衍耳。羣書治要引此文有上「不」字，無下「不」字，是其證。○寧案：王說是也。兵略篇曰：「故千乘之國，行文德者王，萬乘之國，好用兵者亡。」人間篇曰：「故千乘之國，行文德者王，湯、武是也；萬乘之國，好廣地者亡，智伯是也。」皆以千乘小而萬乘大相對爲文，義與此同。且此下列舉趙襄子、智伯、湣王、田單、桀、紂、湯、武以明「大不足恃，小不可輕」，皆承千乘、萬乘言之。曰「趙襄子以晉陽之城霸，智伯以三晉之地禽」，三晉、晉陽對比；「湣王以大齊亡，田單以卽墨有功」，大齊、卽墨對比；曰「且湯、武之所以處小弱而能以王者，以其有道也，桀、紂之所以處强大而見奪者，以其無道也」，强大小弱對比：是千乘、萬乘之爲小大對比，前後文義甚明。鶡冠子、武靈王篇：「今世之言兵也，皆强大者必勝，小弱者必滅。是則小國之君無霸王者，而萬乘之主無破亡也。」尤爲王説之證，則劉氏據羣書治要誤文審矣。存亡之迹，若此其易知也，愚夫惷婦，皆能論之。惷亦愚，無知之貌也。趙襄子以晉陽之城霸，智伯以三晉之地禽，襄子，無恤也。智伯，智瑶。三晉，智氏兼有范、中行氏。智伯帥韓、魏之君圍趙襄子于晉陽，趙襄子使張孟談與韓、魏通謀，韓、魏反而擊之，大破智伯之軍，獲其首以爲飲器。故曰「以三晉之地禽」也。○寧案：注「瑶」，道藏本、中立本、景宋本作「繇」，古字通用，不宜輒改。又「范、中行氏」作「韓、魏」，與西周策注合。（西周策注：「三晉，晉三卿韓氏、魏氏、趙氏分晉而君之，故曰三晉也。」）齊俗篇注：「三晉：智伯有范、中行之地。」然齊俗篇乃許注，二家各異，此不應改從許説。湣王以大齊亡，爲淖齒所殺也。田單以即墨有功。燕伐齊而滅之，得七十城，唯即墨未下。田單以市吏率即墨市民以擊燕師，破之。故曰「有功」也。故國之亡也，雖大不足恃，大猶亡，智伯是。道之行也，雖小不可輕。湯以七十里，文王以百里，皆有天下，故雖小不可輕。由此觀之，存在得道而不在於大也，得道之君雖小，爲善而耐王天下，故曰「不在于大」也。亡在失道而不在於小也。無道之君以爲惡無傷而弗革，積必亡，故曰「不在於小」也。○楊樹達云：大小以國言，高注以爲善之大小言，失其義矣。高注云「耐王天下」，「耐」與「能」同。○寧案：楊説誤也。高注非以善之大小言矣。上句注文當讀作「得道之君雖小，（讀）爲善而能王天下」。（句）楊氏讀於「得道之君」絶句，以「雖小爲善」連讀爲句，蓋失其句讀。下句注文「無道之君」下脱「雖大」二字。道藏本、景宋本作「無道之君雖小」，「小」字即「大」字之誤，是其明證。楊氏未能校補，而讀於「無道之君」絶句，反謂高注以爲善之大小言，誤矣。「耐」字道藏本、景宋本皆作「能」。詩云：「乃眷西顧，此惟與宅。」言去殷而遷于周也。紂治朝歌在東，文王國于岐周，在西，天乃眷然顧西土，此唯居周，言我宅也，故曰「去殷而遷于周」也。

故亂國之君，務廣其地而不務仁義，務高其位而不務道德，是釋其所以存而造其所以亡也。故桀囚於焦門，而不能自非其所行，不自非行之惡。○寧案：注「行」上據正文當沾「所」字。下文注云：「不能自知所行之非」，是其比。而悔不殺湯於夏臺，悔，恨也。「臺」或作「宮」。紂居於宣室，而不反其過，反，悔。○寧案：居當爲「拘」。「拘」與「囚」對文。景宋本、道藏本、中立本、茅本、景宋本正作「拘」。羣書治要引同。而悔不誅文王於羑里。羑里，今河内湯陰是也。「羑」古「牖」字。二君處彊大勢位，修仁義之道，湯、武救罪之不給，何謀之敢當？二君，桀、紂也。當其君也彊大之勢，不能自知所行之非也。假令能脩仁義之道，則湯、武不敢生誅之謀也。○王念孫云：「處彊大勢位」，本作「處彊大之勢」，與「脩仁義之道」相對爲文。今本脱「之」字，衍「位」字，（「位」字因上文「務高其位」而衍。）則與下句不對。高注云：「當其居彊大之勢，不能自知所行之非」，則「勢」下無「位」字明矣。羣書治要引此正作「處彊大之勢」。又案：「何謀之敢當」，「當」字義不可通。羣書治要引作「何謀之敢慮」是也。「慮」字隸書或作「慮」，因誤而爲「當」。○俞樾云：「當」字無義。羣書治要引作「慮」，然「謀」即「慮」也，「何謀之敢慮」，義亦難通。「當」疑「蓄」字之誤，言救罪且不給，不暇更蓄他謀也。○譚獻云：「當」疑「嘗」之誤，嘗之言試也。○劉家立云：王説是也。惟「二君」下疑脱「嘗試」二字。治要引此無「二君」兩字，有「嘗試」兩字。按高注云「假令能脩仁義之道」，假令即解嘗試而云，無此二字，則上下文語意亦不明也。今併據治要所引訂正。○向宗魯云：王據治要引爲説郅塙。俞以爲「何謀之敢慮」義亦難通。案史記弟子傳載子貢語，亦有「何謀之敢慮」。（越絶書陳成恒篇、吴越春秋夫差内傳並同。）鹽鐵論險固篇「使吴王用申胥修德，無恃極其衆，則勾踐不免爲藩臣海崖，何謀之敢慮也」，文尤與此相近。使氏偶一對照，決不以爲難通矣。○馬宗霍云：王念孫謂『當』字義不可通，羣書治要引作『何謀之敢慮』是也」。俞樾又謂「『何謀之敢慮』義亦難通，『當』疑『蓄』字之誤」。余案高氏解此句爲「不敢生誅之謀」，以「生」字釋之，則「當」與「畜」形最相近，傳寫亂之。詩小雅蓼莪篇「拊我畜我」，鄭箋云：「畜，起也。」莊子外物篇「跈則衆害生」，郭象注云：「生，起也。」「生」「畜」同訓，則畜猶生矣。是則由高注「生」字以證本文，「當」爲「畜」誤無疑。又案説文田部「畜」之重文「蓄」下云：「魯郊禮。畜从田从兹。兹，益也。」兹益本主艸木言。生象艸木生出土上。高以生訓畜，正是古義。王氏依羣書治要作「慮」，未必是。俞氏疑是「蓄」字，義取蓄積，亦未合於高注也。○于省吾云：王、俞二説並非。「當」應讀作「嘗」，二字並諧尚聲，故相通借。荀子性惡「今當試去君上之埶」，今當試即今嘗試。君子「先祖當賢」，注：「當或爲嘗也。」此例古籍習見。嘗謂嘗試。上言湯、武救罪之不給，此云何謀之敢嘗試，言湯、武之不敢以謀嘗試桀、紂也。○寧案：王校是也。史記蒙恬列傳亦云「何慮之敢謀」，俞氏何謂義亦難通也？譚、于謂字當爲「嘗」，王氏非不知「當」之可借爲「嘗」也，（見墨子襍志天志下「法美」條。）顧無取於「嘗」耳。馬議作畜無據。又注「當其君也」，王念孫云：「各本『居』誤作『君』，下又衍『也』字。」又「不敢生誅之謀」，集證本「誅」下沾「伐」字。

若上亂三光之明，下失萬民之心，三光，日月星辰也。失萬民心，施民所惡也。○莊逵吉云：文選注引作「三光，日月星也」。無「辰」字，以爲許慎注。○寧案：文選西征賦注、司馬紹統贈山濤詩注引許注曰：「三光，日月星也。」然原道篇乃高注，亦云「三光，日月星也」，當是高承許説。此多一「辰」

字，非與原道異也。**雖微湯、武，孰弗能奪也？**言遭人能奪之，不必湯、武也。**今不審其在己者，而反備之于人，**言不慎行己之德，而乃反備天下之人來誅也。**天下非一湯、武也，殺一人則必有繼之者也。**○劉文典云：羣書治要引作「殺一人即必或繼之者矣」。**且湯、武之所以處小弱而能以王者，以其有道也！桀、紂之所以處彊大而見奪者，以其無道也。今不行人之所以王者，而反益己之所以奪，是趨亡之道也。武王克殷，欲築宮於五行之山。**五行山，今太行山也，在河内野王縣北上黨關也。○向宗魯云：史記劉敬傳云：「成王即位，周公營成周，以爲此天下之中，有德則易以王，無德則易以亡。」呂氏長利篇「南宮括曰：君獨不聞成王之定成周之說乎？其辭曰：『惟余一人營居于成周，惟余一人有善易得而見也，有不善易得而誅也。』」說苑至公篇畧同。此以武王欲築宮，似誤。○寧案：水經沁水注引注作「野王縣西北上黨關」。**周公曰：「不可！夫五行之山，固塞險阻之地也，使我德能覆之，則天下納其貢職者迴也；**迴，迂難也。「迴」或作「固」，固，必也。○呂傳元云：後漢書杜篤傳引此文正作「固」，與高云或本合，知唐時尚有作「固」字之一本也。○楊樹達云：「迴」疑「迥」之誤。說文云：「迥，遠也。」○寧案：固塞險阻之地，作「迴」於義爲長。又「也」當作「矣」，與下文「伐我難矣」同。後漢書文苑傳、水經沁水注引皆作「矣」。**使我有暴亂之行，則天下之伐我難矣。」**周公言我有暴亂之行，則天下當來伐我，無爲于五行之山，使天下來伐我者難也。言其依德不恃險也。**此所以三十六世而不奪也。**○寧案：三十六世當作三十七世，說在道應篇。**周公可謂能持滿矣。**滿而不溢也。○吳承仕云：注朱本、景宋本並作「滿，滿而不溢也。故曰能持滿也」。案文當作「滿而不溢，故曰能持滿也」。莊本誤奪一句，朱本誤衍「滿」字，並非。

昔者，周書有言曰：周史之書。○寧案：注四字莊本脱，據宋本、藏本補。「上言者下用也，下言者上用也。可否相濟。○寧案：注首莊本衍「用」字，據宋本、藏本删。上言者常也，爲君常也。下言者權也」。此存亡之術也。權，謀也，謀度事宜，不失其道也。○孫仲容云：韓非子説林下引周書：「下言而上用者惑也。」兩文同出一原，而意恉皆不甚明晰。以高説推之，似謂上言而下用之者，爲事之常，下言而上用者，則爲權時暫用。權與常相對爲文。故文子道德篇亦云：「上言者常用也，下言者權用也。」即隱襲淮南書語，葢尚得其恉。唯聖人爲能知權。

言而必信，期而必當，天下之高行也。直躬其父攘羊，而子證之，直躬，楚葉縣人也。葉公子高謂孔子曰：「吾黨有直躬者，其父攘羊而子證之。」孔子曰：「吾黨之直者異于是，父爲子隱，子爲父隱，直在其中矣。」凡六畜自來而取之曰攘也。○寧案：事具論語子路篇。又見吕氏春秋當務篇。此高注以「直躬」爲人名。論語釋文云：「孔云：躬，身也。鄭本作弓，云直人名弓。」據孔子答葉公之言，則「直」字固非名也。吕氏春秋云：「直躬者請代之」，則亦訓躬爲身，與孔説合。尾生與婦人期而死之。尾生，魯人，與婦人期于梁下，水至溺死也。直而證父，信而溺死，雖有直信，孰能貴之！○王念孫云：「信而溺死」本作「信而死女」，言信而爲女死，則信不足貴也。今本「死女」作「溺死」者，涉上注「水至溺死」而誤。直而證父，信而死女，相對爲文，且女與父爲韻，若作「溺死」則文既不對，而韻又不諧矣。文子道德篇正作「信而死女」。○寧案：尾生事見莊子盜跖篇，曰：「直躬證父，尾生溺死，信之患也。」作「溺死」文本莊子。夫三軍矯命，過之大者也。秦穆公興兵襲鄭，過周而東。以兵伐國不擊鼓，密聲曰襲。周者，王城也。公羊傳曰：「王城者何？西周也。」○吴承仕云：朱本、景宋本「西周也」下並有「今河南縣也」五字。承仕案：有者是也。續郡國志：「河南，周公時所城雒邑也，春秋時謂之王城。」○寧案：藏本亦有「今河南縣也」五字。鄭賈人弦高將西販牛，道遇秦師於周、鄭之間，乃矯鄭伯之命，犒以十二牛，賓秦師而却之，以存鄭國。非君命也而稱君命曰矯，酒肉曰享，牛羊曰犒，共其枯槁也。秦師日行千里而襲之，遠主有備，而師無繼，不如還。遂還師而去也。故曰「却之」。○劉家立云：今本「賓秦師而卻之」，「師」應作「帥」。高注云「秦帥曰」，則本作秦帥明矣。作師者，涉上文「道遇秦師」而誤也。又注云「秦師日行千里而襲之」，應作「秦帥曰：行千里而襲人」，觀下云「遠主有備而師無繼，不如還」，乃述秦帥之言。今本傳寫錯誤，則不合語氣矣。○吳承仕云：「共其枯槁」「共」字義不可通。朱本、景宋本「共」作「芬」，亦非也，當作「勞其枯槁」。左氏僖二十六年傳「公使展禽犒師」。正義曰：「服虔云：以師枯槁，故饋之飲食勞苦之，謂之勞也。」唐卷子本玉篇引國語賈逵注云：「鎬，勞也。」「鎬」「犒」字同。（書序「稾飫」，孔傳云：「稾，勞也。」）據此則勞其枯槁謂之犒，乃漢人舊義，亦聲訓之例也。「勞」字俗書作「労」，故一誤爲「芬」，再誤爲「共」，而蹤跡幾不可尋矣。○向宗魯云：宋本、藏本注文「共」作「芬」，乃「勞」之誤。「勞」俗作「労」，故譌爲「芬」。莊改作「共」，大謬。○楊樹達云：事具僖公三十三年左氏傳、公羊傳。此云犒十二牛，則本之左氏也。○馬宗霍云：此處正文注文皆無誤。注以「共其枯槁」釋「犒」，「共」與「供」同。勞師遠涉，必有枯槁之容。以牛羊供之故曰犒。「犒」、「槁」同從高聲，卽以聲爲訓也。説文無「犒」字，張參五經文字謂「周禮借槁字爲之」，又古「槁」、「犒」通用之證。左氏僖公二十六年傳「公使展禽犒師」，孔穎達疏引服虔云：「以師枯槁，故饋之飲食勞苦之，謂之勞也。」公羊僖公三十三年傳何休注亦云：「犒，勞也。」「犒」、「勞」疊韻字。與高氏此注可以互參。高所謂「共」，又猶服氏所謂「饋」也。賓者，謂犒之猶以賓客之禮待之。劉家立淮南集證改正文之「秦師」爲

「秦帥」，改注文之「秦師日行千里而襲人」爲「秦帥曰行千里而襲人」，又改「枯槁」二字爲「指犒」，皆妄。吴承仕淮南舊注校理謂「共其枯槁，共字義不可通，當作勞其枯槁」，亦非也。○寧案：劉家立謂正文「秦師」當作「秦帥」，非也。上文既曰「遇秦師於周、鄭之間」，此云「賓秦師」，文正相承。道應篇云「弦高矯鄭伯之命，以十二牛勞秦師而賓之」，是其證。馬氏非之是也。劉謂「秦師日行千里而襲之」，當作「秦帥曰：行千里而襲人」，其校甚善。馬日行千里謂之千里馬，焉有秦師而日行千里者。道應篇云：「三帥乃懼而謀曰：『吾行數千里以襲人，未至而人已知之，其備必成，不可襲也。』還師而去。」卽此高注所本。馬氏畧一對照，卽知劉校之不誤，乃斥以爲妄，未審。又「共」字當爲「勞」，吴、向所校甚碻。馬氏必以爲「共」字不誤，亦强説不可從。故事有所至，信反爲過，誕反爲功。信爲過者，尾生是。誕爲功者，弦高是。○陶方琦云：大藏音義六十七引許注：「誕，慢也。」「慢」乃「謾」字。説文：「謾，欺也。」與「信反爲過」之「信」方鍼對。方言十：「讉謾，欺謾之語也。」何謂失禮而有大功？昔楚恭王戰於陰陵，恭王與晉厲戰於陰陵，吕錡射恭王中目，因而禽之。過而能改，故曰「恭」也。○莊逵吉云：古聲陰、鄢同，故以鄢陵爲陰陵，非九江之陰陵也。○吴承仕云：莊説非也。陰、鄢聲紐雖近，而韻部自殊，古無相假之例。「鄢」，字林亦作「⿰阝焉」，（見左傳釋文引。）故形譌爲「陰」。文注陰陵字並應改從「⿰阝焉」。○向宗魯云：吴説是也。事見春秋成十六年傳。三傳並作「鄢」，諸子亦無作「陰」者。（互詳人間訓。）潘尫、養由基、黄衰微、公孫丙相與簒之，四子楚大夫，簒晉取恭王。衰讀繩之維，微讀抆滅之抆也。○俞樾云：高解「相與簒之」句曰：「四子楚大夫，簒晉取恭王。」夫上文並無恭王見禽於晉之事，卽云相與簒之，於文不備。據「戰於陰陵」下有高注曰：「恭王與晉厲戰於陰陵，吕錡射恭王中目，因而禽之。」疑此二十字是正文，本在「昔楚」二字之下，因此二十字誤作注文，後人遂於「昔楚」下補「恭王戰於陰陵」六字耳。○寧案：俞謂二十字乃正文誤入注文，是也。二十字「晉厲」下當有「公」字。楚恭稱王，晉厲何獨不稱公？「公」字原有，因自「恭王」以下誤入注文，上言恭王，下言晉厲公，文不相稱。恭王可不稱楚而明，厲公則不能不稱晉，故去「公」字耳。又蜀藏本作「射於恭王，中厥目而禽之」，是也。（道藏本、中立本、景宋本「目」誤「因」。）今本「射」下脫「於」字，「目」誤爲「因」，後人將「因」字下屬爲句，故又改「厥」字爲「目」字耳。傳載晉厲公筮得復卦，其辭曰：「南國蹙，射其元王，中厥目。」卽淮南「厥」字所本。又案「繩之維」，劉台拱謂當作「維繩之維」。說在原道篇「雪霜滾灖」句下。恭王懼而失體。威儀不如常，坐不能起也。○于鬯云：失體，當謂踣地而不醒。黄衰微舉足蹵其體，恭王乃覺。怒其失禮，奮體而起，四大夫載而行。失禮，謂舉足蹵君也。○于鬯云：此下當有「此所謂失禮而有大功者也」十一字，與上文「何謂失禮而有大功」相應，與下文「此所謂忠愛而不可行者也」相比。失此十一字，則上言「何謂失禮而有大功」，下言「此所謂忠愛而不可行者也」，安有此文法？○寧案：注文八字莊本脫，據宋本、藏本補。昔蒼吾繞娶妻而美，以讓兄，此所謂忠愛而不可行者也。蒼吾繞，孔子時人，以妻美好，推與其兄。兄則愛矣，而違親迎曲顧之誼，故曰「不可行」也。○寧案：注，道藏本、中立本、景宋本皆作「於兄則愛矣」，今本當據沾「於」字。是故聖人論事之局曲直，與之屈伸偃仰，無常儀表。○王念孫云：此言屈伸偃仰，皆因乎事之曲直，「曲直」上不當有「局」字，蓋衍文也。文子道德篇無「局」字。○顧廣圻云：「局」疑「居句」二字誤合。時屈時伸，卑弱柔如蒲韋，非攝奪也；剛強猛毅，志厲青雲，非本矜也；○王念孫云：「本」當爲「夸」。夸矜與攝奪相對爲文。「夸」字，或書作「夲」，形與「本」相似，因誤爲「本」。文選甘泉賦注引此正作「夸」。又案：蒲、韋皆柔弱之物，故曰「時曲時伸，弱柔如蒲韋」，「弱柔」上不當有「卑」字，此涉下文「屈膝卑拜」而誤衍也。荀子不苟篇云：「言己之光美，擬於舜、禹，參於天地，非夸誕也；與時屈伸，柔從若蒲葦，非攝怯也；剛強猛毅，靡所不信，非驕暴也。」語意畧與此同。「柔從若蒲韋」之上，亦無「卑」字。○楊樹達云：「韋」字景宋本同。然蒲爲水草，韋爲柔革，爲文不類。集證本作「葦」，是也。荀子不苟篇云：「與時屈伸，柔從若蒲葦，非懾怯也。」字正作「葦」，其明證也。「攝」當讀爲「懾」。荀子作「懾」，用本字。以乘時應變也。夫君臣之接，屈膝卑拜，以相尊禮也；至其迫於患也，則舉足蹵其體，天下莫能非也。是故忠之所在，禮不足以難之也。孝子之事親，和顔卑體，奉帶運履，運，正迴也。至其溺也，則捽其髮而拯，拯，升也，出溺曰拯。○莊逵吉云：太平御覽引作「捽其髮而拯之」。○寧案：説文無「拯」字，蓋「抍」之俗書。説文：「抍，上舉也。或从登。」齊俗篇「子路撜溺而受牛謝」，許注：「撜，舉也。」與説文合，與高異。非敢驕侮，以救其死也。故溺則捽父，祝則名君，孟子曰：「嫂溺而不拯，是豺狼也」，而況父兄乎？故溺則拯之，祝則名君。周人以諱事神，敬之至也。○寧案：注「溺則拯之」，「拯」當作「捽」。正文「捽」與「名」皆承「驕侮」言，注文當重述二字。若作「拯」，則與「驕侮」不相應，與「名」亦不類矣。景宋本正作「捽」。勢不得不然也。此權之所設也。故孔子曰：「可以共學矣，而未可以適道也。適，之也。道，仁義之善道。可與適道，未可以立也；立德、立功、立言。可以立，未可與權。」權者，聖人之所獨見也。故忤而後合者，謂之知權。忤，逆不合也。權，因事制宜，權量輕重，無常形勢，能令醜反善，合于宜適，故聖人獨見之也。合而後舛者，謂之不知權。○寧案：「舛」疑「忤」之形譌，故高注釋忤不釋舛。人間篇「聖人先忤而後合、衆人先合而後忤」，忤、合對舉，文與此同。文子道德篇正作「合而後忤」。不知權者，善反醜矣。故禮者，實之華而僞之文也，方於卒迫窮遽之中也，則無所用矣。無所用于禮也。是故聖人以文交於世，而以實從事於宜，不結於一迹之塗，凝滯而不化，是故敗事少而成事多，號令行于天下而莫之能非矣。結猶衆也。○吳承仕云：結無衆義，「衆」疑當作「聚」，字之誤也。

猩猩知往而不知來，猩猩，北方獸名，人面獸身，黄色。禮記曰：「猩猩能言，不離走獸。」見人狂走，則知人姓字，此知往也。又嗜酒，人以酒搏之，飲而不耐息，不知當醉，以禽其身，故曰不知來也。○寧案：據山海經海内經，猩猩乃南方獸。今蘇門答臘、婆羅洲等處産之。此注「北」字當是「南」字之誤。乾鵠知來而不知往，乾鵠，鵲也，人將有來事憂喜之徵則鳴，此知來也。知歲多風，多巢于木枝，人皆探其卵，故曰不知往也。乾讀乾燥之「乾」，鵠讀告退之「告」。○吳承仕云：御覽九百二十一引注云：「見人有吉事之徵，則翛翛然，凶事之徵則鳴啼，是知來。歲多風，則巢於下枝，而童子乃探其卵。」今注作「巢於木枝」者，「木」即「下」字之譌。其餘異同，不關弘旨，説並詳繆稱篇。○楊樹達云：來謂將來，往謂已往，憂喜先鳴，固知來之事；畏風巢下，獨非知來乎？高以巢下枝人探其卵爲不知往，未知其審。○向宗魯云：禮記「不離禽獸」，釋文云：「盧本作走獸。」高氏受經子幹，此引「走獸」之文，高用盧本也。（凡本書用戴記文，高説義與鄭異者，疑皆用子幹説。）周禮司裘疏、儀禮大射注作鳱鵠。説文隹部：「雗，雗鷽也。」鳥部：「鷽，山鵲，知來事也。」爾雅亦云：「鷽，山鵲。」是乾鵠即雗鷽，即山鵲。廣雅：「鳱鵠，鵲也。」廣韻二十五寒：「鳱鵠，鳥名，知未來事，噪則行人至。鵲字或作鵠。」玉篇鳥部：「鳱，鳱鵠也，亦作雗。」案雗𨾴亦與鳱鵠同。論衡是應篇、抱朴子對俗篇、金樓子識怪篇皆作乾鵲知來，與高本同。西京襍記「陸賈曰：乾鵲噪而行人至」，即廣韻所本，即喜鵲也。人閒篇：「烏鵲先識歲之多風也，去高木而巢扶枝，大人過之則探鷇，嬰兒過之則挑其卵。」即高注所本。○寧案：高注「知歲多風，多巢于木枝，人皆探其卵，故曰不知往也」，太平御覽九百二十一引作「歲多風則巢于下枝，而童子乃探其卵而不知。各有所能，故曰長短之分也」。太平御覽引，是也。此注本釋「知來」，釋「脩短之分」，不釋「不知往」。後人見猩猩句注曰「此知往也」，「故曰不知來也」。故改此「而童子乃探其卵而不知」爲「人皆探其卵，故曰不知往也」，以與上句注文一律。太平御覽引此注本在正文「此脩短之分也」句下，今既竄改注文，故又移注於句上，而删去「各有所能，故曰長短之分也」十一字，以滅其跡，而不知「故曰不知往」與上文之不相應矣。兩相對照，竄易之迹甚明。然高注不釋不知往，亦於文不備。**此脩短之分也。昔者萇弘，周室之執數者也。**萇弘，周宣王之大夫，數，歷術也。○吴承仕云：朱本、景宋本宣王竝作景王。承仕案：萇弘始見於左傳昭十一年，死於哀三年，歷事景、敬二王。主術篇及吕氏春秋必己篇注竝云敬王臣是也。宣王下距景王且三百年，其繆甚明。尋御覽六百四十五引此文云：「昔者萇弘，周宣之執數者也。」本誤「周室」爲「周宣」，故注亦沿譌而爲「宣王」矣。○寧案：吴說是也。國語周語敬王二十八年殺萇弘。敬王二十八年即哀公三年，與左傳合。下文高注正作敬王二十八年殺萇弘，此宣王之爲誤字甚明。又莊子胠篋篇釋文：「司馬云：萇弘，周靈王賢臣也。」則萇弘歷事靈、景、敬三朝。假令弱冠出仕，死時年在七十以上。**天地之氣，日月之行，風雨之變，律曆之數，無所不通，然而不能自知，車裂而死。**晉范、中行氏之難，以叛其君也。周劉氏與晉范氏世爲婚姻，萇弘事劉文公，故周人助范氏。至敬王二十八年，晉人讓周，周爲殺萇弘以釋之，故曰「不能自知，車裂而死」也。○王念孫云：太平御覽刑法部十一引此同。案：

左傳國語皆言周殺萇弘，而不言車裂，他書亦無車裂之事。案莊子胠篋篇「萇弘胣」，釋文崔云：「胣，裂也。淮南子曰：『萇弘鈹裂而死。』」據此則古本本作「鈹裂」，今作「車裂」者，涉下文蘇秦車裂而誤也。注內「車裂」同。**蘇秦、匹夫徒步之人也，靻蹻嬴蓋，經營萬乘之主，服諾諸侯，然不自免於車裂之患。**蘇秦，洛陽人也。嬴，籯囊也。蓋，步蓋也。蘇秦相趙，趙封之爲武安君。初帶嬴囊，擔步蓋，歷説萬乘之君，合東山之從，利病之勢，無所不下，使諸侯服從，無有不服諾者，故曰服諾諸侯。不自免于車裂之患，説在詮言之篇。○寧案：「然」下當有「而」字，與上言萇弘，下言徐偃王、大夫種同例。又正文及注「不自免於車裂之患」，「不」下當有「能」字，與「不能自知鈹裂而死」一律。景宋本正文有「能」字。注「東山」，顧廣圻校乙，是也。戰國時稱六國曰山東諸侯，以六國均在崤山函谷關以東也。蜀藏本正作「山東」。又「服從」，顧校作「約從」。「服」字蓋涉下「服諾」而誤。過秦論上「約從離横」是也。又案：「詮言之篇」，全書例無「之」字，當删。詮言篇今存許注。**徐偃王被服慈惠，身行仁義，陸地之朝者三十二國，然而，身死國亡，子孫無類。**偃王于衰亂之世，脩行仁義，不設武備，楚王滅之，故身死國亡也。七諫篇曰：「荆文誤而徐亡。」是也。○吳承仕云：七諫沈江云：「荆文寤而徐亡。」王逸注云：「偃王脩行仁義，楚文王見諸侯朝徐者衆，心中覺悟，恐爲所併，因擊滅之。」此注莊本作「誤」，朱本作「悮」，并非也。字本爲「覺悟」之「悟」，初譌作悮，再譌作誤，遂不可通。○寧案：注，「楚王滅之」，「楚」下當有「文」字，故引七諫篇曰：「荆文寤而徐亡也。」景宋本正作楚文王。**大夫種輔翼越王句踐，而爲之報怨雪恥，禽夫差之身，開地數千里，然而身伏屬鏤而死。**種佐句踐，報怨于吳王夫差，獲千里之地，而越王終已疑之，賜屬鏤以死。屬鏤，利劍也。一曰：長劍擲施鹿盧，鋒曳地，屬録而行之也。

○梁玉繩云：注中鹿盧之説爲是。荀子成相篇「屬鏤」作「獨鹿」，吴越春秋作「屬鹿」。○蔣超伯云：韓非子云：「子胥忠直夫差而誅於屬鏤」，則賜屬鏤以死乃子胥，非大夫種也。○寧案：鹽鐵論非鞅篇云：「大夫種輔翼越王，終賜屬鏤而死。」與淮南同。又案：注，據道藏本、中立本、景宋本「勾踐」下沾「奮計」二字。蓋茅本删二字而莊本從之也。此皆達於治亂之機，機，要也。而未知全性之具者。故萇弘知天道而不知人事，蘇秦知權謀而不知禍福，徐偃王知仁義而不知時，大夫種知忠而不知謀。不知爲身謀也。○寧案：注，景宋本「知」下有「自」字，是也。道藏本、中立本「自」在「知」上，誤倒。聖人則不然，論世而爲之事，權事而爲之謀，是以舒之天下而不窕，內之尋常而不塞。不窕，在大能大也。八尺曰尋，倍尋曰常。在小能小，不塞急也。使天下荒亂，禮義絶，綱紀廢，彊弱相乘，○向宗魯云：宋本此及下「彊」字皆作「姜」，古通用。詩「鶉之彊彊」，表記引作「姜」。力征相攘，臣主無差，貴賤無序，甲冑生蟣蝨，乘，加也。攘，平除。生蟣蝨，不離體也。燕雀處帷幄，而兵不休息，幄，幕也。處，猶巢也。而乃始服屬臾之貌，謹也。恭儉之禮，則必滅抑而不能興矣。天下安寧，政教和平，百姓肅睦，上下相親，而乃始立氣矜，矜，自大也。○寧案：矜當訓勇，高注失之。「矜」又作「慬」，古同聲通用。列子説符篇「無以立慬於天下」，張湛注：「慬，勇也。」本書人閒篇「無以立務於天下」，高注：「務，勢也。」王引之云：「務當爲矜，勢與勇亦同義。」中立本有校語云：「務亦作慬。」皆此矜當訓勇之證。上段言天下荒亂則不尚禮，此段言天下安寧則不尚力，正反相對爲文。此「立氣矜，奮勇力」實二句同義。訓矜爲自大則非其指矣。奮勇力，則必不免於有司之法矣。是故聖人者，能陰能陽，能弱能彊，隨時而動靜，因資而立功，物動而知其反，事萌而察其變，化則爲之象，運則爲之應，是以終身行而無所困。故事有可行而不可言者，有可言而不可行者，有易爲而難成者，有難成而易敗者。所謂可行而不可言者，趨舍也；可言而不可行者，僞詐也；易爲而難成者，事也；難成而易敗者，名也。此四策者，聖人之所獨見而留意也。

詘寸而伸尺，聖人爲之；寸小，尺大。小枉而大直，君子行之。枉，曲也。直，直其道也。周公有殺弟之累，誅管、蔡也。○向宗魯云：「誅管、蔡也」當作「誅管叔也」，說見上。○寧案：「殺弟」當作「殺兄」，說在齊俗篇。注疑不誤。管、蔡並舉，蓋連類而及，上文亦云「誅管、蔡之罪」是也。齊桓有爭國之名，自莒先入，殺子糾也。然而周公以義補缺，謂翼成王以致太平，七年歸政，北面爲臣，故曰「以義補缺」也。桓公以功滅醜，立九合一匡之功，以滅爭國之惡也。而皆爲賢。今以人之小過，揜其大美，則天下無聖王賢相矣。故目中有疵，不害於視，不可灼也；疵，贅。灼，燃也。喉中有病，無害於息，不可鑿也。鑿，穿也。河上之邱冢，不可勝數，猶之爲易也；言河上本非邱壟之處，有易之地猶多，以大言之，以諭萬事多覆于少。○吳承仕云：朱本「有易之地」作「平易之地」。承仕案：「平易」是也。景宋本誤與莊本同。水激興波，高下相臨，差以尋常，猶之爲平。雖有激波，猶以爲平，平者多也。猶橘柚冬生，人曰冬死，死者衆也。薺麥夏死，人曰夏生，生者多也。○于鬯云：「河」當讀爲「阿」，同聲通借。草書字形，阿、河無別，誤「阿」爲「河」，亦未可知。穆天子傳郭注云：「阿，山坡也。」蓋山則累石嵯峨，故坡上邱冢雖多，猶以爲易；水波高下相臨，動至數仞，故尋常之差，猶以爲平。高注似多未愜。○寧案：「平」下當有「也」字，與「猶之爲易也」同例。中立本有「也」字。注「橘柚冬生」，王念孫云：「『橘柚』當作『亭歷』，說在脩務訓。」昔者，曹子爲魯將兵，三戰不勝，亡地千里。使曹子計不顧後，足不旋踵，刎頸於陳中，則終身爲破軍禽將矣。然而，曹子不羞其敗，恥死而無功。柯之盟，揄三尺之刃，造桓公之胷，三戰所亡，一朝而反之，勇聞于天下，功立於魯國。復汶陽之田也。○向宗魯云：此節用戰國齊策、史記魯仲連傳語。作曹子者，公羊莊十三年傳、史記魯仲連傳、自序、齊策、淮南氾論。作曹沫者，史記齊世家、魯世家、管子傳、刺客傳、燕策。作曹劌者，穀梁傳、呂氏春秋貴信篇、新序雜事篇。管仲輔公子糾而不能遂，遂，成也。不可謂智；遁逃奔走，不死其難，不死子糾之難也。不可謂勇；束縛桎梏，不諱其恥，不可謂貞。當此三行者，布衣弗友，人君弗臣。布衣之士不可以爲益友也，人君不可以爲義臣也。○寧案：注兩「可」字衍文。正文「布衣弗友，人君弗臣」，非謂不可也。道藏本、中立本、茅本、景宋本皆無兩「可」字。然而管仲免於累紲之中，立齊國之政，○寧案：「累紲」景宋本作「束縛」，是也。下文云「解于累紲之中」，高注：「累紲所以束縛人。」若此作「累紲」，則注文不當在後，蓋上言「束縛桎梏」，故後人以爲複而臆改耳。九合諸侯，一匡天下。使管仲出死捐軀，不顧後圖，豈有此霸功哉！今人君論其臣也，不計其大功，總其畧行，而求其小善，則失賢之數也。畧，大也。小善，忠也。數，術也。○寧案：畧不當訓大，中立本「大」下有「畧」字。又小善不得曰忠，「忠」上當有「小」字。故人有厚德，無問其小節；而有大譽，無疵其小故。○王念孫云：「問」當爲「閒」。方言曰：「閒，非也。」（襄十五年左傳「且不敢閒」，論語先進篇「人不閒於其父母昆弟之言」，孟子離婁篇「政不足閒也」，趙岐、陳羣、孔穎達諸儒，皆訓閒爲非。)「疵」讀爲「訾」。」(莊子山木篇「無譽無訾」,呂氏春秋必己篇作「疵」。荀子不苟篇正義「直指擧人之過,非毀疵也」。) 無閒與無訾同義,故廣雅曰:「閒,訾諀也。」(「諀」與「毀」同。)今本「閒」誤爲「問」,則非其指矣。文子上義篇正作「無閒其小節」。○寧案:王校疑未必是也。道應篇:「甯戚干齊桓公,桓公將任之。羣臣爭之曰:『客,衞人也。衞之去齊不遠,君不若使人問之。問之而故賢者也,用之未晚。』桓公曰:『不然。問之,患其有小惡也。以人之小惡而忘人之大美,此人主之所以失天下之士也。』凡聽必有驗,一聽而弗復問,合其所以也。且人固難合也,權而用其長者而已矣。」則此問字恐不誤。且文子上義篇景宋本、纘義本皆作「問」,不作「閒」也。

夫牛蹏之涔,不能生鱣鮪,涔,雨水也,滿牛蹏迹中,言其小也,故不能生鱣鮪也。鱣,大魚,長丈餘,細鱗黃首,白身短頭,口在腹下。鮪,大魚,亦長丈餘,仲春二月,從西河上,得過龍門,便爲龍。先師説云也。○陶方琦云:大藏音義八十九引作「牛蹏之窪,不生鱣鮪」,許注:「窪,謂小水也。」案説文:「窪,窊也。」劉子新論觀量篇「蹏窪之内,不生蛟龍」,又忘瑕篇「牛蹢之窪,不生魴鱮」,即用許注本。○邵瑞彭云:詩正義引陸疏及爾雅郭注並云:「口在頷下。」「腹」字乃「頷」字之誤。○寧案:注「西河」各本作「河西」誤倒,道藏本作「河面」,尤非。漢書地理志「黑水西河惟雍州」,師古曰:「西河卽龍門之河也,在冀州西,故曰西河。」而蜂房不容鵠卵,房,巢也。○寧案:太平御覽九百十六引鵠作鴻,疑是許本。呂氏春秋諭大篇高注引作「蠭房不能容鶴卵」,鵠、鶴古通。從呂氏春秋引正文「不」下有「能」字,與上句同例。小形不足以包大體也。

夫人之情莫不有所短。誠其大畧是也,雖有小過,不足以爲累;誠其實。畧其行。○吴承仕云:注文不可通,當作「誠,實。畧,行」。二「其」字並衍文也。説林篇「其鄉之誠也」,注云:「誠,實。」主術篇「是故有大畧者」,注云:

「畧，行道也。」重言曰行道，單言之則或曰行，或曰道。此注以實訓誡，以行訓畧，合在「誡其大畧是也」句下。今本誤植於後，又有衍字，故文不成義。○向宗魯云：注二「其」字誤衍。若其大畧非也，雖有閭里之行，未足大舉。舉，用。夫顏喙聚、梁父之大盜也，梁父、齊邑，今屬太山。○王念孫云：「喙」當爲「啄」，字之誤也。顏啄聚、左傳哀二十七年、吕氏春秋尊師篇、韓子十過篇並作顏涿聚，韓詩外傳作顏斲聚，説苑正諫篇作顏燭趨，漢書古今人表作顏燭雛，晏子春秋外篇作顏燭鄒，並字異而義同。啄與涿、斲、燭聲竝相近，喙則遠矣。啄、喙二字，書傳往往相亂。○寧案：尸子勸學篇亦作顏涿聚。而爲齊忠臣；段干木，晉國之大駔也，而爲文侯師；駔，驕怚。一曰：駔，市儈也。言魏國之大儈也。○陶方琦云：御覽八百二十八、白帖八十三引許注：「駔，市儈。」案二家文義並異。所謂一曰，即是許説，如俶真訓「敦圄」注例也。後漢郭太傳注引説文：「駔，會也，謂合兩家之買賣，如今之度市也。」索隱二十八引淮南注曰：「干木、度市之魁也。」亦疑是許注。類篇引説文：「駔，一曰市會。」市會即市儈，與淮南訓正同。○寧案：吕氏春秋尊師篇：「段干木，晉國之大駔也。」高注：「駔，廥人也。」「廥」當作「儈」，則又高承許説也。孟卯妻其嫂，有五子焉，然而相魏，寧其危，解其患；孟卯，齊人也。及爲魏臣，能安其危，解其患也。戰國策曰芒卯也。○莊逵吉云：古孟、芒同聲，故通用。○向宗魯云：列女傳母儀篇：「魏芒慈母者，魏孟陽氏之女，芒卯之後妻也，有三子。前妻之子有五人」云。據此則有五子之前妻，乃其嫂也。○寧案：注「能安其危，解其患也」，以安釋寧，注爲贅設。蜀藏本作「能安其危，國賴其勳也」，是也。以「賴其勳也」申言寧危解患之義。景宋本作「類其勳也」，「類」字即「賴」字形誤。中立本作「建其勳」，亦非。又「魏臣」，「臣」當爲「相」，「相」字脱左半，因誤爲「臣」耳。中立本正作「相」，與正文合。景陽淫酒被髮，而御於婦人，威服諸侯；景陽，楚將。此四人者，皆有所短，然而功名不滅者，其畧得也。畧猶道也。季襄陳仲子，立節抗行，不入洿君之朝，不食亂世之食，遂餓而死，季襄魯人，孔子弟子。陳仲子齊人，孟子弟子，居於陵。○王念孫云：孔子弟子無季襄，「襄」皆當爲「哀」，字之誤也。史記仲尼弟子傳「公皙哀字季次」，（索隱引家語作公皙克，「克」亦「哀」之誤。）此言季哀卽季次也，故高注云然。弟子傳載孔子之言曰：「天下無行，多爲家臣，仕於都，唯季次未嘗仕。」游俠傳曰：「季次、原憲，懷獨行君子之德，義不苟合當世，終身空室蓬户，褐衣疏食不厭。」此云立節抗行，不入洿君之朝，不食亂世之食，説與史記畧同。○寧案：季次，史記集解引家語以爲齊人。又案：孟子滕文公篇曾論及陳仲子，高以爲孟子弟子，誤。不能存亡接絶者何？小節伸而大畧屈。伸，用。屈，廢也。故小謹者無成功，訾行者不容於衆，好揜人之善，揚人之短，訾毁人行，自獨卑藏，衆人所疾而不容之也。一曰：訾，毁也，行其毁缺者，不爲衆人所容。○梁玉繩云：大雅桑柔「自獨俾臧，」陸氏節南山釋文：「卑，本又作俾同，必爾反。後皆放此。」又臧、藏通用。○李哲明云：詩桑柔篇云：「自獨俾臧。」此注「卑藏」卽「俾臧」之誤。吕覽知度篇：「人主自智而愚人，自巧而拙人。」高注云：「自智謂人愚，自巧謂人拙。」卽引此詩，亦可以爲斯注之義。○寧案：中立本「藏」作「臧」。體大者節疏，蹠距者舉遠。疏，長。蹠，足。距，大也。○寧案：説林篇云：「蹠巨者志遠。」此「距」卽「巨」之借字。自古及今，五帝三王，未有能全其行者也。故易曰：「小過，亨，利貞。」言人莫不有過，而不欲其大也。夫堯、舜、湯、武，世主之隆也，隆，盛。齊桓、晉文，五霸之豪英也。然堯有不慈之名，謂天下不以予子丹朱也。舜有卑父之謗，謂瞽瞍降在庶人也。湯、武有放弒之事，殷湯放桀南巢，周武弒紂宣室。五霸有暴亂之謀，齊桓、晉文、宋襄、楚莊、秦穆，德未能純，皆有争奪之驗，故曰「有暴亂之謀」也。是故君子不責備於一人。○寧案：文本呂氏春秋當務篇、舉難篇，莊子盜跖篇畧同。

方正而不以割，廉直而不以切，博通而不以訾，文武而不以責。文武備具，而不責備於人也。○寧案：本老子第五十八章。注，道藏本、中立本、景宋本「文武」下有「以」字。「以」與「已」同，疑當爲「己」。求於一人則任以人力，任其力所能任也。○王念孫云：「求於一人」，劉本無「一」字是也。道藏本有「一」字者，因上文「責備於一人」而誤。求於人與自修相對爲文，「人」上不當有「一」字。下文「責人以人力，自脩以道德」，即其證。文子上義篇作「於人以力，自修以道」。自脩則以道德。責人以人力，易償也；自脩以道德，難爲也。難爲則行高矣，易償則求澹矣。夫夏后氏之璜，不能無考，半璧曰璜，夏后氏之珍玉也。考，瑕釁也。○洪頤煊云：「考」當作「𦒷」。說文：「𦒷，老人面如點也。从老省，占聲。」與「玷」字通用。譌脱作「考」。○楊樹達云：洪校改「考」爲「𦒷」，其説非也。說林篇云：「白璧有考，不得爲寶。」文以考、寶爲韻，知此「考」決非誤字。近人陶鴻慶讀「考」爲「朽」，是也。○寧案：文選辨命論注引作「夏后之璜」，無「氏」字，是也。夏后之璜，明月之珠，對文。今本「氏」字蓋涉注文「夏后氏」而衍也。又案：「考」疑當作「耇」。說文：「老人面凍黎若垢」，與注義合。耇，古厚切，考，苦浩切，音近字通。又案：注「半璧曰璜」，（精神篇注同。）景宋本作「半圭曰章」，（「章」當爲「璋」。）道藏本作「半圭曰璜」，茅本同，中立本作「半圭曰璋」。疑當作「半圭曰璋，半璧曰璜」。景宋本、中立本奪下句，道藏本、茅本奪「曰璋半璧」四字。說文：「半圭爲璋」，「璜，半璧也。」正文無「璋」字，蓋注家連類而及。若如今本，則無以釋舊本所以致誤矣。三本可互校。明月之珠，不能無纇，夜光之珠，有似月光，故曰明月。纇，磐若絲之結纇也。○孫志祖云：文選辨命論注引高注：「考，不平也。纇，瑕也。」與此注文迥異。○陶方琦云：文選班固兩都賦注、李蕭遠運命論注引許注：「夜光之珠，有似明月，故曰明月也。」按此許注羼入高注本者，故同。文選兩都賦李善注曰：「高誘以隨侯爲明月，許慎此明月爲夜光。」是許、高注本異，此注定爲許義無疑。○寧案：注「磐」字當是「譬」字之誤。唐本玉篇糸部引許注：「纇，絲纇也。」説文：「纇，絲結也。」與此合。而辨命論注引高注與此迥異，爲此訛許爲高之確證。陶説是也。説林篇「白璧有考」，高注：「考，釁污也。」與上句注正同。辨命論注引高注：「考，不平也。纇，瑕也。」證之本文及説林篇注，疑當作「考，瑕也。纇，不平也。」蓋傳寫譌互。然而天下寶之者何也？其小惡不足妨大美也。○寧案：藝文類聚寶部引「不足」下有「以」字。今志人之所短，而忘人之所脩，而求得其賢於天下則難矣。○王念孫云：「得其賢乎天下」，衍「其」字。藝文類聚寶部上引此無「其」字。○寧案：王説是也。文子上義篇襲此文作「而欲求賢于天下」，亦無「其」字。夫百里奚之飯牛，○寧案：景宋本有注云：「百里奚虞人也，自鬻爲秦養飯牛，得五羖羊皮，號爲五羖大夫也。」下文伊尹、太公、甯戚皆注，不得百里奚無注，當據補。又案：「自鬻爲秦養飯牛」，文不成義。孟子萬章篇「或曰：百里奚自鬻於秦養牲者五羊之皮食牛以要秦穆公」，此高注所本，「飯牛」上當沾「牲者」二字。伊尹之負鼎，伊尹負鼎俎調五味以干湯，卒爲賢相。太公之鼓刀，太公河内汲人，有屠釣之困，卒爲文王佐，翼武王伐紂也。寧戚之商歌，寧戚，衛人也，商旅于齊，宿郭門外，疾世商歌以干桓公。桓公夜出迎客，聞之，舉以爲大田。事在道應訓也。○吴承仕云：「事在道應訓也」，朱本作「其歌曲在道應説也」。承仕案：朱本是也。許、高二家，僅舉篇題，不加「訓」字。本作道應訓者，明是後人輒改。又案：御覽五百七十二引道應本文，有歌曰：「南山粲，白石爛，短褐單裳長止骭。生不逢堯與舜禪，終日飼牛至夜半，長夜漫漫何時旦。」計二十四字，與鄒陽傳集解引應劭説同，與書鈔、類聚引三秦記中所載歌辭，則稍有出入，疑御覽所引二十四字，當是道應篇許慎注，非淮南本文也。使淮南自有明文，則高誘注吕氏春秋舉難篇必不以碩鼠之詩，爲商歌之曲矣。此注言歌曲在道應説者，高誘謂前注道應時，已舉其歌曲，此注即不再出。至高誘所稱歌曲，其辭云何，今未可得詳。其美有存焉者矣。衆人見其位之卑賤，事之洿辱，而不知其大略，以爲不肖。及其爲天子三公，而立爲諸侯賢相，乃始信於異衆也。信，知也。○劉台拱云：「而立爲」三字衍。○馬宗霍云：本文天子三公與諸侯賢相，分承上文百里奚、伊尹、太公、寧戚而言，當相屬爲一句，同領於句首「及其爲」三字之下。句中「而立爲」三字疑爲衍文，蓋諸侯之相亦不得謂之立也。下句「乃始信於異衆」，高訓信爲知。余案「於」猶「其」也。言乃始知其異衆也。劉淇助字辨畧引書金縢「于後公乃爲詩以貽王，名之曰鴟鴞」，庾信哀江南賦「於時朝野歡娱，池臺鐘鼓」。謂「于後猶云其後，於時猶云其時，」亦「於」通作「其」之旁證。惟劉氏所舉者，「於」字在句首，本文「於」字在句中，爲詞例之小異耳。或者不知「於」可通「其」，疑「信於異衆」爲「信異於衆」之誤倒，則真誤矣。夫發于鼎俎之閒，伊尹。出于屠沽之肆，肆，列也。謂太公、吕尚也。解于累紲之中，累紲所以束縛人。謂管仲。興于牛頷之下，興，起也。謂百里奚也。頷讀「合索」之合。○寧案：「合索」義不可解。「索」當爲「集」，形近而誤。景宋本作「合集」。洗之以湯沐，祓之以爟火，立之于本朝之上，倚之于三公之位，爟火，取火於日之官也。周禮：「司爟掌行火之政令。」火所以祓除不祥也。立，置也。本朝，國朝也。○寧案：注，「爟火」，「火」字涉正文而衍。高以爟爲司爟，有「火」字則義不可通。周禮夏官：「司爟，掌行火之政令。」鄭注：「鄭司農説以鄹子曰：「春取榆柳之火，夏取棗杏之火，季夏取桑柘之火，秋取柞楢之火，冬取槐檀之火。」據鄭注則高注不當云取火於日。說文：「爟，取火於日官名。周禮曰：『司爟掌行火之政令。』从火雚聲。或从亘。」以爟、烜爲一字。案周禮秋官：「司烜氏掌以夫遂取明火於日，以鑒取明水於月。」說文謂「取火於日官名」卽秋官司烜，謂「掌行火之政令」，卽夏官司爟。許君既以二字爲一字，故又合二官爲一官。若謂高從許說，則注云「取火於日之官」，是也。若謂高從鄭注，則「日」字當是「木」字，蓋後人據說文所改。考呂氏春秋本味篇「爝以爟火」，高注：「周禮：司爟掌行火之政令。」又贊能篇「被以爟火」，注同。皆不及秋官司烜氏，疑是高從鄭注。內不慙於國家，外不愧於諸侯，符勢有以內合。內合于君。○寧案：集證本句末沾「也」字，是也。故未有功而知其賢者，堯之知舜；○寧案：羣書治要引「舜」下有「也」字，是也。呂氏春秋審應篇云：「未有功而知其聖也，是堯之知舜也；待其功而後知其聖也，是市人之知舜也。」（今本後二句「聖」、「舜」二字互誤，據俞樾校改。）文雖小異，而句末有「也」字同。功成事立而知其賢者，市人之知舜也。爲是釋度數而求之於朝肆草莽之中，其失人也必多矣。爲上自任耳目聰明以得賢人之故，不復用度量之術取人，而亟求賢于朝肆之列，草莽之中，失賢人必多矣，何可求賢也？○寧案：注，道藏本、中立本、景宋本作「何言求賢也」，疑「言」上脫「可」字。今本「可」下脫「言」字。茅本正作「何可言求賢也」。何則？能效其求，而不知其所以取人也。

夫物之相類者，世主之所亂惑也；嫌疑肖象者，衆人之所眩耀。肖象，似也。嫌疑，謂白骨之肖象牙也，碧盧似玉，蛇牀似麋蕪也。○盧文弨云：「眩耀」下當有「也」字。○寧案：盧說是。中立本有「也」字。故狠者類知而非知，狠者自用，像有知，非真知。○陶方琦云：羣書治要引許注：「狠，慢也。」按：二注正異。說文作「狠，盭也」，義亦同。愚者類仁而非仁，愚者不能斷割，有似於仁，非真仁也。○向宗魯云：治要、爾雅疏兩「仁」字皆作「君子」，是許本。戇者類勇而非勇。戇者不知畏危難，有似於勇，非真勇。使人之相去也，若玉之與石，美之與惡，則論人易矣。夫亂人者，芎藭之與藁本也，蛇牀之與蘪蕪也，此皆相似者。言其相類，但其芳臭不同。猶小人類君子，但其仁與不仁異也。○王念孫云：「美之與惡」本作「葵之與莧」。葵與莧不相似，故易辨，此言物之不相似者；下言物之相似者：皆各舉二物以明之。若云美之與惡，則不知爲何物矣。蓋俗書「美」字作「美」，「葵」字作「葵」，「葵」之上半與「美」相似，因誤而爲「美」。後人不解其故，遂改爲美之與惡耳。羣書治要及爾雅疏、埤雅、續博物志引此，並作葵之與莧，是其證。又案：上既言亂人，則下不必更言相似。且正文既言相似，則注不必更言「言其相類」矣。爾雅疏引許注云：「此四者，藥草臭味之相似。」然則「此皆相似」四字，蓋後人約記許注於正文之旁，而寫者因誤合之也。（茅本又於「相似」下加「者」字，而莊本從之，謬矣。）史記司馬相如傳索隱、爾雅疏、本草圖經、埤雅、續博物志所引皆無此四字。○陶方琦云：爾雅釋草正義引許注：「此四者，藥草臭味之相似，惟治病則力不同。」按：二家注文異，足徵許、高之別。北宋時尚有許注殘本，故引文尚異。○向宗魯云：治要、爾雅疏、埤雅「石」下「惡」下皆有「也」字。又爾雅疏、埤雅「芎藭」上有「若」字，今據上文及治要、史記索隱、本草圖經、續博物志引補。○于省吾云：按芎藭卽营藭。說文：「营藭，香草也。」芎，司馬相如說「营或从弓」。史記司馬相如傳「芎藭昌蒲」，索隱引郭璞「今歷陽呼爲江離」。山海經西山經「其草多葯蘼芎藭」，注：「芎藭一名江蘺。」○寧案：王校是也。然景宋本「相似」下有「者」字，似非茅本所加。故劍工惑劍之似莫邪者，唯歐冶能名其種；歐冶，良工也。玉工眩玉之似碧盧者，唯猗頓不失其情：碧盧，或云碱砆。猗頓，魯之富人，能知玉理，不失其情也。○俞樾云：上云「劒工惑劒之似莫邪者」，莫邪是良劍之名，則碧盧亦必是美玉之名。地形篇「碧樹瑶樹在其北」，高注曰：「碧，青玉也。」是其義也。下文云：「闇主亂於姦臣小人之疑君子者。」然則莫邪、碧盧是喻君子，非喻小人。高注曰「碧盧或云碔砆」，失之。○向宗魯云：俞説大謬。金樓子立言上篇：「碧盧似玉，猗頓別之，白骨似牙，離婁別之。」亦以碧盧爲似玉者。吕氏疑似篇：「玉人之所患，患石之似玉者，相劒者之所患，患劍之似吴干者。」即淮南所本。修務篇「唐碧堅忍之類」，注亦云：「唐碧石似玉。」○楊樹達云：尸子治天下篇云：「智之道莫如因賢。譬之，猶相馬而借伯樂也，相玉而借猗頓也。」○寧案：向説是也。俞引墬形篇高注「碧，青玉也」爲證，不知彼「玉」字乃「石」字之誤。文選西都、上林、子虚、籍田諸賦李善注引高注皆作「碧，青石也」。又案：高注「猗頓，魯之富人」，見孔叢子、史記貨殖列傳。

闇主亂于姦臣小人之疑君子者，○于省吾云：按「疑」應讀作「儗」。漢書食貨志下「疑於南夷」，注：「疑讀曰儗。」儗猶比也。禮記曲禮下「儗人必於其倫」，注：「儗猶比也。」○寧案：于説未爲碻詁。上文云：「惑劍之似莫邪者，眩玉之似碧盧者，此云亂于姦臣小人之疑君子者，則疑亦似也。孟子盡心篇：「居之似忠信，行之似廉絜。孔子曰：惡似而非者。」即此疑字之義。漢書司馬相如傳大人賦：「過虞舜於九疑。」師古曰：「疑，似也。」知疑有似義。

唯聖人能見微以知明。故蛇舉首尺，而脩短可知也；象見其牙，而大小可論也。薛燭庸子，見若狐甲於劒而利鈍識矣；薛，齊邑也。燭庸氏子通利劍。○俞樾云：「狐甲」之義不可曉。「狐」疑「爪」字之誤。荀子大畧篇「争利如蚤甲而喪其掌」，楊注曰：「蚤與爪同。」此爪甲連文之證。若爪甲者，言其小也。言燭庸子之於劍，止見若爪甲者，而已識其利鈍矣。下文曰：「臾兒易牙，淄澠之水合者，嘗一哈水而甘苦知矣。」「一哈」言其少也，與此文正一律。○

子省吾云：按俞説是也。然尚未知古「狐」字本省作「瓜」，因而致譌也。寽子壺：「命瓜君寽子作鑄尊壺。」命、令金文同用，「命瓜」即「令狐」。是其證。臾兒、易牙，淄、澠之水合者，嘗一哈水而甘苦知矣。臾兒、易牙，皆齊之知味者。哈，口也。○陶方琦云：莊子音義引許注：「俞兒，黃帝時人。狄牙即易牙，齊桓公時識味人也。」按二注文異。莊子音義又引淮南一本作臾兒，注云：「臾兒亦齊人。」即今高注。知與許注本異也。俞跗，揚雄解嘲作臾柎，俞、臾古通。簡狄，詩緯作簡易，狄、易亦古通。大戴禮「桓公任狄牙」，揚子法言「狄牙能喊」，皆作狄牙。文選琴賦「狄牙喪味」，注引淮南「淄、澠之水合，狄牙嘗而知之」，是即許本作狄牙之證。今道應作易牙，亦當改正。故聖人之論賢也，○劉台拱云：「故」字衍。見其一行，而賢不肖分矣。孔子辭廩邱，終不盜刀鉤；廩邱，齊邑，今屬濟陰。齊景公養孔子，以言未見從，道未得行，不欲虛祿，辭而不受，故不復利人刀鉤也。○寧案：事見呂氏春秋高義篇，又見説苑立節篇。許由讓天子，終不利封矦。許由隱者，陽城人。堯欲以天下與之，洗耳而不就，故曰不利于封矦也。○于鬯云：孔子既廩丘而辭之，則區區刀鉤，必無盜之之理。許由既天子而讓之，則區區封矦，必無利之之理。高注未得。○寧案：「天子」當作「天下」。高注「堯欲以天下與之」，則正文本作「讓天下」明矣。論衡書虛篇：「許由讓天下，不嫌貪封矦。」即本於淮南，正作「讓天下」。又高注「故曰不利于封矦」，道藏本、中立本、景宋本「于」作「於」。終蓋、於草書形似，本作「終不利封侯」，誤作「於不利封侯，」後人倒作「不利於封矦」，又書作「于」耳。故未嘗灼而不敢握火者，見其有所燒也；未嘗傷而不敢握刃者，見其有所害也。由此觀之，見者可以論未發也，○顧廣圻云：「見」下有脱字。○寧案：「見」下疑脱「已形」二字。觀小節、知大體爲對，見已形、論未發爲對。見已形可以論未發，故兵畧篇曰「形見者人爲之功」，又曰「形見則勝可制也」。故説山篇曰：「得道者形不可得而見。」可以證此。齊俗篇「見形而施宜」，太平御覽五百五十五引脱「形」字，與此脱文相似。而觀小節可以知大體矣。○寧案：「可」當爲「足」，涉上而誤。道藏本、中立本、茅本、景宋本皆作「足」。故論人之道，貴則觀其所舉，富則觀其所施，窮則觀其所不受，賤則觀其所不爲，貧則觀其所不取。視其更難，以知其勇；○寧案：「視其更難」，義不可通。「更」當作「處」。「處」字俗書作「䖏」，缺壞而誤。史記藺相如傳：「知死必勇，非死者難也，處死者難也。」故曰「視其處難」也。文子上義篇作「視其所處難」，是其證。動以喜樂，以觀其守；委以財貨，以論其仁；振以恐懼，以知其節；則人情備矣。○梁玉繩云：呂氏論人篇畧同。

古之善賞者，費少而勸衆；趙襄子行之是。善罰者，刑省而姦禁；齊威王行之是也。善予者，用約而爲德；秦穆公行之是。善取者，入多而無怨。齊桓公行之也。○寧案：注「之」下當有「是」字，與上三注同例。

趙襄子圍於晉陽，罷圍而賞有功者五人，高赫爲賞首。左右曰：「晉陽之難，赫無大功，今爲賞首何也？」智伯求地于趙襄子，不與，智伯率韓、魏以圍之，三月不克。趙氏之臣張孟談潛與韓、魏通謀，反智伯而殺之，張孟談之力也。故曰高赫無大功也。襄子曰：「晉陽之圍，寡人社稷危，國家殆，羣臣無不有驕侮之心，唯赫不失君臣之禮。」故賞一人而天下爲忠之臣者，莫不願忠於其君。此賞少而勸善者衆也。○王念孫云：「天下爲忠之臣者」，當作「天下之爲臣者」。呂氏春秋義賞篇引孔子曰：「賞一人而天下之爲人臣者，莫敢失禮。」即淮南所本也。今本「之爲」二字誤倒，又衍一「忠」字。「莫不終忠於其君」，終，盡也，言莫不盡忠於其君也。茅一桂不曉終字之義，遂改「終忠」爲「願忠」，而莊本從之，謬矣。道藏本、劉本、朱本竝作「終忠」。「此賞少而勸善者衆也」當作「此賞少而勸衆者也」。上文云「古之善賞者，費少而勸衆」，正與此句相應。下文曰「此刑省而姦禁者也」，「此用約而爲德者也」，「此入多而無怨者也」，句法竝與此同。今本「衆者」二字誤倒，又衍一「善」字。（「善」字涉下文「勸善」而衍。）○顧廣圻云：「賞」當依上文作「費」。○劉文典云：「天下爲忠之臣者」，當作「天下之爲人臣者」。韓非子難一篇：「賞一人，而天下爲人臣者莫敢失禮矣。」說苑復恩篇：「賞一人而天下之人臣莫敢失君臣之禮矣。」呂氏春秋義賞篇亦作「天下之爲人臣者」。王氏謂「之爲」二字倒，又衍「忠」字，是也。惟未知「臣」上敚「人」字耳。○寧案：景宋本作「終忠」。齊威王設大鼎於庭中而數無鹽令曰：○梁玉繩云：史記田齊世家作烹阿大夫。「子之譽，日聞吾耳。察子之事，田野蕪，倉廩虛，囹圄實，子以姦事我者也。」乃烹之。齊以此三十二歲道路不拾遺。○孫志祖云：三十二歲當從史記作二十餘年。齊威王在位三十六年，除去初卽位九年，止二十七年也。此刑省姦禁者也。○寧案：依上下文「刑省」下當有「而」字。秦穆公出遊而車敗，右服失馬，服，中失馬。○王念孫云：「右服失馬」，「馬」字因注文而衍。服爲中央馬，則不須更言馬矣。呂氏春秋愛士篇正作「右服失」。（「失」與「佚」同。）鄭風大叔于田箋：「兩服，中央夾轅者。」義與高注同。各本「央」作「失」，因正文而誤。○寧案：又見韓詩外傳十、說苑復恩篇。野人得之。穆公追而及之岐山之陽，○寧案：韓詩外傳作「莖山」。野人方屠而食之。穆公曰：「夫食駿馬之肉而不還飲酒者傷人。吾恐其傷汝等。」偏飲而去之。處一年，與晉惠公爲韓之戰。處一年者，謂飲食肉人酒之明年也。晉惠公夷吾倍秦納己之賂，秦興兵伐晉，戰於晉地韓原也。

晉師圍穆公之車，梁由靡扣穆公之驂，獲之。梁由靡晉大夫。扣猶牽也。將獲穆公。○王念孫云：高注云「將獲穆公」，則正文「獲」上有「將」字也。將獲未獲，故人得而救之；若已爲晉所獲，則不能救矣。食馬肉者三百餘人，皆出死爲穆公戰於車下，遂克晉，虜惠公以歸。此用約而爲德者也。齊桓公將欲征伐，甲兵不足，令有重罪者出犀甲一戟，犀甲取其堅也。戟，車戟也，長丈六尺。「犀」或作「三」，直出三甲也。○楊樹達云：國語齊語云：「制重罪贖以犀甲一戟，輕罪贖以鞼盾一戟。」則「犀」或作「三」者，非也。○寧案：楊說是。管子中匡篇「死罪以犀甲一戟」，小匡篇「制重罪入以兵甲犀脅二戟」，文雖小異，字亦作「犀」不作「三」。又案「長丈六尺」，齊語注作「柲長丈六尺」。廣韻：「柲，戟柄。」疑此亦當有「柲」字。有輕罪者贖以金分，輕，小也。以金分，出金隨罪輕重有分兩也。○寧案：正文言「贖以金分」，注文「出金」下當有「贖」字。齊語注作「以金贖有分兩之差」。有贖字。太平御覽三百三十九引注「出金」下有「匱」字，匱卽贖字形譌（貴、賣形似）是其證。訟而不勝者出一束箭。不勝，猶不直也。箭十二爲束也。百姓皆說。乃矯箭爲矢，治箭之筓好者也。○莊逵吉云：太平御覽引「筓」作「竿」是。○寧案：箭下當有「而」字，與下句一律。注，「筓」字，諸本作如是，蓋「箝」字之誤也。「箝」俗作「筓」，與「筓」形近。莊從太平御覽引作「竿」，非是。說文：「矯，揉箭箝也。」，是其證。然高注疑脫誤。鑄金而爲刃，刃，五刃也，刀、劍、矛、戟、矢也。以伐不義而征無道，遂霸天下。此入多而無怨者也。故聖人因民之所喜而勸善，因民之所惡而禁姦。○寧案：中立本、景宋本「而禁」作「以禁」，太平御覽六百三十六引同，當據改。故賞一人而天下譽之，罰一人而天下畏之。故至賞不費，賞當賞，不虛費。至刑不濫。刑當刑，不傷善。濫讀收斂之「斂」。孔子誅少正卯而魯國之邪塞，少正，官；卯，其名也。魯之諂人。孔子相魯七日，誅之於東觀之下，刑不濫也。子產誅鄧析而鄭國之姦禁。鄧析詭辯，姦人之雄也。子產誅之，故姦禁也。傳曰：「鄭駟歂殺鄧析而用其竹刑。」鄧析制刑，書之于竹，鄭國用之，不以人廢言也。○寧案：注「故姦禁也」，「禁」當爲「止」，正釋禁字，涉正文而誤。道藏本、中立本、景宋本皆作「止」。鄭駟歂殺鄧析，見左傳定公九年。以近喻遠，○寧案：喻，景宋本作論，道藏本作諭。說山篇「以近論遠」，高注：「論，知也。」以小知大也。故聖人守約而治廣者，此之謂也。

天下莫易於爲善，而莫難於爲不善也。爲善，靜身無欲，信仁而已，順其天性，故易。爲不善，貪欲無猒，毀人自成，戾其天性，故難也。○寧案：注「順其天性」，道藏本、中立本、景宋本「順」皆作「慎」，古通用。茅本改作「順」而莊本從之也。所謂爲善者，靜而無爲也；所謂爲不善者，躁而多欲也。適情辭餘，無所誘惑，循性保真，無變於己，故曰爲善易。越城郭，踰險塞，姦符節，盜管金，篡弒矯誣，非人之性也，故曰爲不善難。姦，私，亦盜也。符節成信也，而盜取之。管，壯籥也。金，印封，亦所以爲信也。固，閉臧也。篡弒，下謀上也。矯，善作君命。誣，以惡覆人也。皆非人本所受天之善性也。○王念孫云：如高注，則「金」字當爲「璽」字之誤。然「金」與「璽」字不相似，「璽」字無緣誤爲「金」。蓋俗書「璽」字或作「⿱大金」，因誤爲「金」矣。五音集韻云：「璽」俗作「⿱大金」。○吳承仕云：注「壯」當爲「牡」。凡鑰器，入者謂之牡，受者謂之牝。說林篇「可以粘牡」，注云：「牡，門户籥牡」是也。字譌作「壯」，義不可通。○寧案：「壯」，中立本正作「牡」。又「善作君命」，道藏本、景宋本「善」作「擅」，應據正。今人所以犯囹圄之罪，而陷於刑戮之患者，由嗜慾無厭，不循度量之故也。何以知其然？天下縣官法曰：「發墓者誅，竊盜者刑。」此執政之所司也。夫法令者網其姦邪，勒率隨其蹤跡，勒，主問吏。率，大任也。○王念孫云：「法令」下衍「者」字。法令罔其姦邪，勒率隨其蹤跡，相對爲文。○洪頤煊云：漢書主問吏無名爲「勒」者。「勒」當是「鞫」字之譌。張湯傳「訊鞫論報」，師古曰：「鞫，問也。」「鞫」字譌脱作「勒」。○吴承仕云：大任之訓，義不可通，疑當作「火伯」。古今注曰：「伍伯，一伍之伯也。一曰户伯。一曰火伯。」此云勒率，蓋嗇夫游徼之流，火伯亦其類也。今作「大任」，竝形近之譌。○馬宗霍云：勒率與法令相對爲文。説文革部云：「勒，馬頭絡銜也。」引申之與羈同義。率部云：「率，捕鳥畢也。」引申之，捕亦謂之率。勒率隨其蹤跡，猶言羈紲逮捕隨踵而至也。高釋勒爲主問吏者，蓋亦謂羈紲而問之，與本義亦相因，疑相承有此訓。洪氏以「勒」爲「鞫」誤，未必是。○寧案：馬説是也。下文「齊人有盜金者，勒問其故」，吕氏春秋去宥篇作「吏搏而束縛之，問曰」。淮南文本去宥，是勅問正羈紲而問之之義。彼「勒」字高注亦云「主問吏」，知此「勒」字不誤也。無愚夫惷婦，皆知爲姦之無脱也，犯禁之不得免也。然而，不材子不勝其欲，蒙死亡之罪，而被刑戮之羞。蒙，冒。然而立秋之後，○王念孫云：下「然而」二字，因上「然而」而衍。「立秋之後」五句，卽承上死亡之罪、刑戮之羞言之，不當更有「然而」二字。司寇之徒繼踵於門，而死市之人血流於路。○寧案：説山篇「當死市者以日爲短」，王念孫校「死市」本作「市死」。此「死市」應與彼同。何則？惑於財利之得，而蔽於死亡之患也。夫今陳卒設兵，兩軍相當，將施令曰：「斬首拜爵，而屈撓者要斬。」○王念孫云：「夫今」當爲「今夫」，「斬首」下脱「者」字。斬首者拜爵，屈撓者要斬，相對爲文。羣書治要引此有「者」字。然而，隊階之卒，皆不能前遂斬首之功，遂，成也。○王念孫云：「隊階」二字，義不可通，當從羣書治要所引作「隊伯」，字之誤也。（左畔作「阝」，因「隊」字而誤。右畔作「皆」，則因下文「皆」字而誤。）逸周書武順篇曰：「五五二十五曰元卒，四卒成衛曰伯。」是百人爲伯也。通典兵一引司馬穰苴曰：「五人爲伍，十伍爲隊。」是隊爲伯之半，故曰隊伯之卒。

而後被要斬之罪，是去恐死而就必死也。故利害之反，禍福之接，不可不審也。

事或欲之，適足以失之；或避之，適足以就之。楚人有乘船而遇大風者，波至而自投於水。○王念孫云：「波至而」下，當有「恐」字。下文「惑於恐死而反忘生也」，即承此句言之。羣書治要、意林、藝文類聚舟車部、白帖六十三、太平御覽地部三十六、舟部二引此皆作「波至而恐」。○劉文典云：羣書治要引無「楚」字，「人有」作「有人」。○寧案：羣書治要引無「楚」字，「人有」作「有人」，非是。此言「楚人」，與下言「齊人有盜金者」、「北楚有任俠者」、「宋人有嫁子者」其例正同。說山篇「人有嫁其子而教之曰」、「人有多言者猶百舌之聲」、「人有昆弟相分者」，說林篇「人有盜而富者」，皆作「人有」不作「有人」也。非不貪生而畏死也，惑於恐死而反忘生也。故人之嗜欲亦猶此也。

齊人有盜金者，當市繁之時，至掇而走。勒問其故曰：「而盜金於市中，何也？」繁，衆也。勒，主問吏。故猶意也。而，汝也。對曰：「吾不見人，徒見金耳。」志所欲，則忘其爲矣。○寧案：「志所欲」，「所」上當有「有」字。文子下德篇正作「志有所欲」。呂氏春秋去宥篇作「大有所宥」，文雖畧異，作「有所」同。是故聖人審動靜之變，而適受與之度，理好憎之情，和喜怒之節。夫動靜得則患弗過也，○王念孫云：「過」當從劉本、朱本作「遇」，字之誤也。受與適則罪弗累也，好憎理則憂弗近也，喜怒節則怨弗犯也。故達道之人，不苟得，不讓福，○俞樾云：「讓」當爲「攘」。詮言篇「不能使福必來，信己之不攘也」，高注曰：「攘，却。」

此云不攘福，義與彼同。○寧案：「讓」與「攘」同，俞氏無庸改字。史記太史公自序「小子何敢讓焉」，漢書司馬遷傳作「小子何敢攘焉」。師古曰：「攘，古讓字。」是其證。又案：此「福」字當作「禍」。上句「不苟得」即言福，與下句「不讓禍」，福禍對舉。人皆欲福，故曰不苟得，人皆遠禍，故曰不讓禍。若作「不讓福」，則是俱言福而不言禍，與上文患弗過，罪弗累，憂弗近，怨弗犯，不相應矣。詮言篇「不能使禍不至，信己之不迎也，不能使福必來，信己之不攘也」，彼言不迎禍，不攘福，此言不苟得福，不却攘禍，行文異而以禍福對舉同，今本蓋後人妄改。文子下德篇正作「不苟得，不讓禍」。是其證。

其有弗棄，非其有弗索，常滿而不溢，恒虛而易足。虛，無欲也。○劉家立云：「常滿而不溢，恒虛而易足」，「不」字乃衍文。此言滿則恒溢，不若虛而常足，衍一「不」字，則文義不明，且與上兩句不對也。文子下德篇正作「恒滿而溢，常虛而易足」。○寧案：劉說謬誤不可從。此承上文「適受與之度」言之。適受與之度，在於無欲，無欲則能得其適，故能處滿，亦能處虛。其有弗棄，是滿也，滿而不溢，得其適也；非其有弗索，是虛也，虛而易足，亦得其適也。劉氏謂「此言滿則恒溢，不若虛而常足，」若然者，則豈亦謂其有弗棄，不若非其有弗索歟？是非淮南意也。且文子纘義本、子彙本皆作「常滿而不溢」，劉氏於文義未甚了了，故引誤本以證成其說也。今夫霤水足以溢壺榼，而江、河不能實漏巵，○寧案：說文：「霤，屋水流也。」通溜。左傳宣公二年「三進及溜」，正義曰：「溜，謂簷下水溜也」。故人心猶是也。自當以道術度量，食充虛，衣禦寒，則足以養七尺之形矣。若無道術度量而以自儉約，則萬乘之勢不足以爲尊，天下之富不足以爲樂矣。諭若桀與紂，無道術度量，不得爲匹夫，何尊樂之有乎？○向宗魯云：「而以自檢約」五字，羣書治要無。案「儉」當爲「檢」，「而」字衍文。謂不以道術度量檢束其身心，則雖爲天子，猶不知足也。注説未得文意。孫叔敖三去令尹而無憂色，爵禄不能累也；不以爵禄累其身也。荆佽非兩蛟夾繞其船而志不動，怪物不能驚也。勇而不惑。聖人心平志易，精神内守，物莫足以惑之。

夫醉者，俛入城門，以爲七尺之閨也；超江、淮，以爲尋常之溝也：酒濁其神也。怯者，夜見立表，以爲鬼也；見寢石，以爲虎也：懼揜其氣也。揜，奪也。○寧案：荀子解蔽篇：「冥冥而行者，見寢石以爲伏虎也，見植林以爲後人也，冥冥蔽其明也。醉者，越百步之溝以爲蹞步之澮也，俯而出城門以爲小之閨也，酒亂其神也。」此淮南文所本。又況無天地之怪物乎！○向宗魯云：「無」當作「夫」。○寧案：向説是也。景宋本「無」作「无」，是其致誤之迹。夫雌雄相接，陰陽相薄，羽者爲雛鷇，毛者爲駒犢，柔者爲皮肉，堅者爲齒角，人弗怪也；水生蠬蜃，○劉台拱云：「蠬」當作「蛖」，同「蚌」。音棒。説山訓「明月之珠，出於蛖蜃」，説林訓注：「蛖，大蛤。」○于省吾云：劉説是也。墬形篇「硥魚在其南」，注：「硥讀如蚌也。」亦其證也。○寧案：「蠬」蓋「蛖」之俗字。景宋本正作「蛖」。又説山篇「蠃蛖應於下」，「明月之珠，出於蛖蜃，」蜀藏本皆作「蠬」。墬形篇「硥魚在其南」，蜀藏本亦作「礲」。山生金玉，人弗怪也；老槐生火，久血爲燐，人弗怪也。血精在地，暴露百日則爲燐，遥望炯炯，若燃火也。○陶方琦云：詩東山正義引許注：「兵死之血爲鬼火」。案：二注文異。説文粦下云：「兵死及牛馬之血爲粦。粦，鬼火也。」與注淮南説同。論衡論死篇：「人之兵死也，人言其血爲燐」。張華博物志襍説篇云：「鬭戰死亡之地，其人馬血積年化爲燐。」竝與許義合。○劉文典云：御覽八百六十九引注「遥望炯炯若燃火也」，作「遠望若野火也」。○寧案：宋本太平御覽引注「遠」仍作「遥」。山出梟陽，梟陽，山精也。人形，長大，面黑色，身有毛，足反踵，見人而笑。

〇莊逵吉云：梟陽見爾雅。程敦云：「説文解字作梟羊。」「陽」與「羊」古字通也。嚴忌哀時命又作梟楊。山海經謂之贛巨人。〇劉文典云：文選上林賦注引高注作：「梟羊，山精也，似遽類。」**水生罔象，**水之精也。國語曰：「龍罔象也。」〇陶方琦云：説文虫部蛧字下引許注：「蛧蜽狀如三歲小兒，赤黑色，赤目、長耳、美髮。」案説文所引淮南王説，當是後人記許君注淮南説於旁，與上「芸艸」一條例同。魯語曰：「木石之怪曰夔蛧蜽，水之精曰龍罔象。」高作罔象，故引國語；許作蛧蜽，正與高異。其實罔象、罔兩，古訓亦不甚分。法苑珠林引夏鼎志：「罔象如三歲兒，赤目，黑色，大耳，長臂，赤爪，索縛則可得食。」訓與許説蛧蜽同，知許説必有本也。一切經音義二引淮南説：「狀如三歲小兒，赤黑色，赤目，赤爪，長耳，美髮。」知今説文脱「赤爪」二字，應補。説文：「蛧蜽，山川之精物。」又道應篇「罔兩問於景曰」，許注：「罔兩，水之精物也。」（玉篇作「魍魎，水神，如三歲小兒，赤黑色。」左氏音義亦云「罔兩，水神。」）此實許本「水生蛧蜽」之證。**木生畢方，**木之精也。狀如鳥，青色，赤腳，一足，不食五穀。**井生墳羊，**土之精也。魯季子穿井獲土缶，其中有羊是也。〇寧案：「井」當作「土」，涉注文「井」字而誤。上文「山出梟羊」，注云「山精也」；「水生罔象」，注云「水之精也」；「木生畢方」，注云「木之精也」。此注云「土之精也」，是正文「井」當爲「土」也。且穿土爲井得墳羊，是墳羊在土不在井也。漢書五行志云：「羊者，地上之物，幽於土中。」皆其證。國語魯語正作「土之怪曰墳羊」。明道本「墳」作「羵」。宋庠曰：「作羵非，説文無羵字。」又案：注季子當作季桓子，據魯語補「桓」字。**人怪之，聞見鮮而識物淺也。天下之怪物，**〇寧案：「天下」疑當作「天地」。此承上文「何況夫天地之怪物乎」言之，作「天下」則文不相應。**聖人之所獨見；利害之反覆，知者之所獨明；**達也。**同異嫌疑者，世俗之所眩，**惑也。〇寧案：此當讀作「天地之怪物，（逗）

聖人之所獨見，（句）利害之反覆，（逗）知者之所獨明，（句）達也。（句）同異嫌疑者，（逗）世俗之所眩，（句）惑也。」（句）中立本無「達」字，「獨見」下衍「也」字。劉家立集證，不得其讀，删下「獨」字，以明達連文，眩惑連文，其失甚矣。夫見不可布於海内，聞不可明於百姓，是故因鬼神禨祥而爲之立禁，禨祥，吉凶也。禁，戒也。總形推類，而爲之變象。何以知其然也？世俗言曰：「饗大高者而彘爲上牲，大高，祖也。一曰：上帝。葬死人者裘不可以藏，相戲以刃者太祖軵其肘，軵，擠也。讀近茸，急察言之。○劉台拱云：覽冥訓「軵車奉饟」，注：「軵，推也。軵讀楫拊之拊也。」説林訓「倚者易軵也」，注，「軵讀軵濟之軵」。説文「軵，反推車，令有所付也。从車从付。讀若茸，而隴反。」○梁玉繩云：注，「察」疑「氣」之訛。（顧廣圻説同。）○譚獻云：察，切一聲。○寧案：劉引覽冥訓「楫拊之拊」當作「揖付之揖」，引説林訓「軵濟之軵」當作「軵擠之軵」。枕户橉而卧者鬼神蹠其首。」○楊樹達云：玉篇木部云：「楚人呼門限爲橉。」説山篇曰：「劗靡弗釋，牛車絶轔。」高注云：「楚人謂門切爲轔」。「轔」與「橉」同。此皆不著於法令，而聖人之所不口傳也。○向宗魯云：下「不」字衍文。謂世俗之言，雖不著於法令，而含義甚深，乃聖人之所口傳也。覩下文可知。夫饗大高而彘爲上牲者，非彘能賢於野獸麋鹿也，而神明獨饗之，何也？以爲彘者，家人所常畜而易得之物也，故因其便以尊之。裘不可以藏者，非能具綈綿曼帛温煖於身也，○劉文典云：「藏」即「葬」字之或體。説文「葬」篆説解「臧也」。「臧」當爲「藏」。禮記檀弓：「葬也者，藏也。」列子楊朱篇：「及其死也，無瘞埋之資，一國之人受其施者，相與賦而藏之。」○楊樹達云：「綿」疑當作「錦」，「曼」假爲「縵」。説文云：「縵，繒無文也。」「藏」讀爲「葬」，詳見後人間篇「掘藏之家」下。○寧案：「非能具綈綿曼帛温煖於身也」，與上下文義不相屬，「非」下當有「裘不」二字，謂非以裘不能如綈綿曼帛之可温煖於死者之體也。諸本皆脱，中立本有二字，據沾。世以爲裘者，難得貴賈之物也，曼帛，細帛也。裘，狐之屬也，故曰貴賈之物。○寧案：「世」字疑涉下「後世」而衍。上文「以爲僥者」上無「世」字，此應與同例。而不可傳於後世，無益於死者，而足以養生，故因其資以讋之。資，用也。讋，忌也。○王念孫云：裘無益於死者，而足以養生，故曰「可傳於後世」。劉本作「不可傳於後世」，「不」字因上文「不可以藏」而衍。諸本與劉本同，唯道藏本無「不」字。○寧案：王説是也，中立本、景宋本亦無「不」字。又案：注「讋，忌也」，道藏本、景宋本「忌也」作「忌恐」，説文「讋」通「慴」，「慴，懼也。」恐亦懼也。疑讀者書恐字於側，遂亂入注中。相戲以刃，太祖軵其肘者，夫以刃相戲，必爲過失，過失相傷，其患必大，無涉血之仇争忿鬭，而以小事自内於刑戮，愚者所不知忌也，故因太祖以累其心。累，恐也。枕户橉而卧，鬼神履其首者，使鬼神能玄化，則不待户牖之行，○莊逵吉云：太平御覽引作「不待户牖而行」是。○王念孫云：「之」當作「而」。太平御覽居處部十二引此正作「不待户牖而行」。若循虚而出入，則亦無能履也。虚，孔竅也。○莊逵吉云：太平御覽引作「無履也」，無「能」字。夫户牖者，風氣之所從往來，而風氣者，陰陽相捔者也，○劉台拱云：「相捔」當作「粗觕」，「粗觕」猶「麤觕」。何休注公羊云「取其麤觕」，又云「用意尚麤觕」是也。○楊樹達云：景宋本作「粗捔」，劉校似近之。然陰陽粗觕，文不成義，景宋本誤也。愚謂「相」字不誤。「捔」當作「䚗」，「䚗」卽「觸」字，本書齊俗篇云「獸窮則䚗」是也。「䚗」書作「觕」，又誤作「捔」耳。集證本改從劉校，非是。○馬宗霍云：「捔」字不見於説文。廣雅釋言云：「捔，掎也。」尋左氏襄公十四年傳：「譬如捕鹿，晉人角之，諸戎掎之。」孔穎達疏曰：「角之，謂執其角也，掎之，謂戾其足也。」廣雅以「掎」釋「捔」，疑卽本之左傳。捔、掎蓋皆搏擊之名，對言有别，故孔疏以執角戾足分訓之。散言可通，故廣雅以捔、掎爲同義。古者有「角」無「捔」，「捔」卽後起之專字，左傳則假「角」爲之耳。然則淮南本文「陰陽相捔」，猶言「陰陽相角」。白虎通禮樂篇云：「角者，躍也。陽氣動躍。」又五行篇云：「角者，氣動躍也。」陰陽本主氣言。莊子齊物論「大塊噫氣，其名爲風」，風卽二氣迴薄動盪之所起也，故淮南謂風氣爲陰陽相捔矣。劉台拱淮南補校謂「相捔當作粗觕，猶麤觕」，非是。離者必病，離，遭也。故託鬼神以伸誡之也。○寧案：伸，中立本、景宋本作申，古今字。凡此之屬，皆不可勝著於書策竹帛而藏於官府者也，故以禨祥明之。爲愚者之不知其害，乃借鬼神之威以聲其教，所由來者遠矣。○寧案：易觀彖曰：「聖人以神道設教而天下服矣。」本節卽申其義。而愚者以爲禨祥，而狠者以爲非，唯有道者能通其志。今世之祭井竈門户箕箒臼杵者，非以其神爲能饗之也，○于鬯云：此言今世，當指淮南之時。箕箒臼杵亦有祭，此可以見漢俗。恃賴其德，煩苦之無已也，是故以時見其德，所以不忘其功也。觸石而出，膚寸而合，○寧案：語出僖公三十一年公羊傳。何休注：「側手爲膚，按指爲寸。」玉篇廣韻引「膚」皆作「扶」。禮記投壺云：「室中五扶，堂上七扶，庭中九扶。」鄭注：「鋪四指曰扶。春秋傳曰：膚寸而合。」不崇朝而雨天下者，唯太山；崇，終也。日旦至食時爲終朝。赤地三年而不絶流，澤及百里而潤草木者，唯江、河也。是以天子秩而祭之。○向宗魯云：「百里」當從公羊傳作「千里」，「江河」當作「河海」。○寧案：向説非也。公羊傳云：「山川有能潤於百里者，天子秩而祭之。」此淮南所本。向氏蓋據公羊「河海潤千里」句以改此文，則天子祭潤千里之河海，無以明其亦祭潤百里之山川矣。舉其小者而大者可諭也。且百川歸海，海不得言不絕流。故馬免人於難者，其死也葬之；牛其死也，葬以大車爲薦。○王念孫云：藝文類聚獸部上、太平御覽禮儀部三十四、獸部八引此並作：「故馬免人於難者，其死也，葬之以帷爲衾；牛有德於人者，其死也，葬之以大車之箱爲薦。」今本「葬之」下脱去「以帷爲衾」四字，「牛」下脱去「有德於人者」五字，「葬」下脱去「之」字，「大車」下脱去「之箱」二字，當補入。○劉文典云：意林引此文作「馬免人於難者，死，葬之以蓋，蒙之以衾；牛有德於人者，死，葬之以大車。」○寧案：王校是也，疑猶有未善。宋本鮑本太平御覽五百五十五（禮儀部三十四。）引作「馬免人於難者，死也葬之以帷幪爲衾；牛有德於人，其葬之大車之箱」。八百九十六（獸部八。）引作「馬免人於難者，其死也，葬之以帷；牛有德於人者，其死也，葬之以大車之薦」。藝文類聚九十三引作「免人於難者，葬之以帷爲衾」。三引皆大同而小異。意林引作「馬免人於難者，死葬之以蓋，蒙之以衾；牛有德於人，葬之以大車」。（劉引「有德於人」下衍「者死」二字。）太平御覽五百五十五引有「幪」字，意林引「蒙」字即「幪」之誤。說文作「幏」，蓋衣也。「幪」乃「幏」之俗書。王校疑當作「葬之以帷幏爲衾」，下「者」字衍。牛馬有功，猶不可忘，又況人乎？此聖人所以重仁襲恩。襲亦重累。故炎帝於火而死爲竈，炎帝神農，以火德王天下，死託祀于竈神。禹勞天下而死爲社，勞天下，謂治水之功也。託祀于后土之神。○方苞云：「禹勞天下而死爲社」，蓋周末禨家因商以後以棄易柱而爲是說，與內外傳異，於他書無攷，無稽之談也。○寧案：注「託祀」上依上下文注例當有「死」字。太平御覽五百三十二引正有「死」字。后稷作稼穡而死爲稷，稷，周棄也。○王念孫云：「炎帝於火」，本作「炎帝作火」。「於」字或書作「扵」，形與「作」相似而誤。太平御覽火部二引作「於」，亦後人依誤本改之。其居處部十四引此正作「作」。史記孝武紀索隱、藝文類聚火部、廣韻竈字注引此并作「作」。「禹勞天下」，「勞」下本有「力」字，故高注曰：「勞力天下，謂治水之功也。」今本無「力」字者，後人誤以爲衍文而刪之耳。古者謂勤爲力。（大雅烝民箋：力猶勤也。）勞力天下，猶言勤勞天下。泰族篇曰「夙興夜寐而勞力之」是也。倒言之則曰力勞，主術篇曰：「民貧苦而忿争，事力勞而無功」是也。藝文類聚禮部中引此無「力」字，亦後人依誤本刪之。太平御覽禮儀部十一引正文注文並作「勞力」。論衡祭意篇「或曰，炎帝作火，死而爲竈；禹勞力天下，死而爲社」，所引即淮南之文。「后稷作稼穡」，「后稷」本作「周棄」，此亦後人以意改之也。昭二十八年左傳曰：「周棄亦爲稷，自商以來祀之。」魯語曰：「夏之興也，周棄繼之，故祀以爲稷。」此皆淮南所本。藝文類聚禮部中、太平御覽禮儀部十一引此並作「周棄」。高注當云「周棄，后稷也」。今本云「稷，周棄也」，此亦後人所改。○寧案：太平御覽五百三十二引注曰：「種曰稼，斂曰穡，死託祀於稷官之神。」上文炎帝、禹，下文羿，皆釋其所以託祀爲神，不得周棄獨無，蓋今本誤脱。**羿除天下之害而死爲宗布，此鬼神之所以立。**羿，古之諸侯。河伯溺殺人，羿射其左目，風伯壞人屋室，羿射中其膝。又誅九嬰、窫窳之屬，有功於天下，故死託祀於宗布。祭田爲宗布謂出也。一曰：今人室中所祀之宗布是也。或曰：司命傍布也。此堯時羿，非有窮后羿。○孫詒讓云：此注譌捝不可通。以意求之，「祭田爲宗布謂出也」，當作「祭星爲布，宗布謂此也」。爾雅釋天云：「祭星曰布。」即高所本。（今本「星」譌「田」，「此」譌「出」，又捝一「布」字。）但高釋宗布三義，並肊説難信。竊疑即周禮黨正之祭禜，族師之祭酺。鄭注云：「禜謂雩禜，水旱之神。酺者，爲人物烖害之神也。」（禜、宗，酺、布，聲近字通。禮記祭法「雩禜」，禜亦作宗。）禜、酺並禳除烖害之祭。羿能除害，故託食於彼，義亦正相應也。○盧文弨云：注末三句疑出後人所附益。○劉家立云：「此鬼神之所以立」，「立」下應有「祀」字。蓋爲竈、爲社、爲稷、爲宗布，皆言祀事，則有「祀」字方可結束上文，且與「此聖人所以重仁襲恩」正相因爲句也。脱去「祀」字，義不可通，「之」字亦是衍文。○寧案：上言炎帝死所以立爲竈神者，以其作火；禹死所以立爲社神者，以其勞力天下；周棄死所以立爲稷神者，以其作稼穡；羿死所以立爲宗布神者，以其除天下之害。故曰「此鬼神之所以立」。蓋謂立諸神之所由來，（「鬼」字連類而及。）文自通，劉説非是。

北楚有任俠者，其子孫數諫而止之，不聽也。縣有賊，大搜其廬，事果發覺，夜驚而走，追，道及之。其所施德者，皆爲之戰，得免而遂。○向宗魯云：説文：「遂，亡也。」又疑「遂」當爲「遯」，古「遯」字。反，語其子曰：「汝數止吾爲俠，今有難，果賴而免身，而諫我不可用也。」知所以免於難，而不知所以無難，論事如此，豈不惑哉！宋人有嫁子者，告其子曰：「嫁未必成也，有如出，不可不私藏。私藏而富，其於以復嫁易。」其子聽父之計，竊而藏之。若公知其盜也，逐而去之。其父不自非也，而反得其計。知爲出藏財，而不知藏財所以出也。爲論如此，豈不勃哉！○向宗魯云：「若公」當從宋本、藏本作「君公」。爾雅釋親：「姑舅在則曰君舅、君姑。」君公即君舅也。釋名：「夫之兄曰公，公，君也，君，尊稱也。又曰兄伀，言是己所敬忌，見之怔伀，自肅齊也。俗或謂舅曰伀，亦如之也。」「公」與「伀」字亦作「妐」。○寧案：事見呂氏春秋遇合篇、韓非子説林上篇。今夫僦載者，救一車之任，極一牛之力，爲軸之折也，有如轅軸其上以爲造，不知軸轅之趣軸折也。○楊樹達云：「如」字景宋本同。漢魏叢書本作「加」，是也。「有」與「又」同。「造」，劉台拱讀爲「簉」，是也。○馬宗霍云：劉台拱謂「救」當作「致」。余謂「救」與「逑」通。說文辵部云：「逑，斂聚也。虞書曰：旁逑孱功。」人部孱下引虞書又作「旁救孱功」，即「救」通作「逑」之證。敦煌唐寫本尚書釋文殘卷堯典篇亦作「救」，云：「音鳩。聚也。」然則「救一車之任」，猶言斂聚一車所能任載之物也。劉校未可從。又案「有如轅軸其上以爲造」，「如」字義不可說。漢魏叢書本、崇文書局本「如」竝作「加」。二字形近，作「加」是也。「有」字當讀爲「又」。「造」字劉台拱謂「造讀曰簉，副也。左昭十一年『薳氏之簉』，釋文作䓴。初又反。附正義者作造。」案此所謂「附正義者作造」，指左傳注疏本所附釋文而言。要可爲「造」通作「簉」之證。文選張衡西京賦「屬車之簉」，薛綜注云：「簉，副也。」彼正說車，尤可以證本文。說文無「簉」，艸部有「䓴」，訓「艸皃」，亦非此義。古蓋假「造」爲之耳。此蓋言僦載者恐車軸之折，又加一轅軸於車上以爲副貳，欲以備之，而不知反增其重，適以趣軸之折也。下文云：「楚王之佩玦而逐菟，爲走而破其玦也，因佩兩玦以爲之豫。」本文「造」字與下文「豫」字相對爲義。○蔣禮鴻云：此有誤衍。原文當云「爲軸之折也，又加轅軸上以爲造，不知轅之趣軸折也。」「有」讀作「又」，「造」讀如「䓴」，輔貳之意。○寧案：楊、馬二氏校「如」爲「加」，是也，中立本「如」亦作「加」。然蔣校刪「其」字，「不知」下刪「軸」字，則義不可通。既云爲軸之折也，則將加軸以副軸，今乃加轅於軸上，以轅副軸，將焉用也？竊謂「轅軸」以下不誤。爲軸之折也，故加軸以副軸，復加轅以副轅，連類及之耳。**楚王之佩玦而逐菟，爲走而破其玦也，因佩兩玦以爲之豫。兩玦相觸，破乃逾疾。**○劉文典云：御覽九百七引作「楚王佩玦逐菟，馬速玦破，乃取兩玦重而著之，其破疾愈」。○寧案：劉據鮑本太平御覽引作如是。宋本太平御覽作「楚王佩玦逐兎，爲速破，乃取兩玦重而著之，其破愈疾」。兩本皆有誤，疑是約文。亂國之治，有似於此。

夫鴟目大而眎不若鼠，蚈足衆而走不若蛇，物固有大不若小，衆不若少者。及至夫彊之弱，弱之彊，危之安，存之亡也，非聖人孰能觀之！大小尊卑，未足以論也，唯道之在者爲貴。何以明之？天子處於郊亭，則九卿趨，大夫走，坐者伏，倚者齊。當此之時，明堂太廟，懸冠解劒，緩帶而寢，非郊亭大而廟堂狹小也，○顧廣圻云：「狹」疑衍。至尊居之也。天道之貴也，○向宗魯云：「天」字乃「夫」字之誤。上文云：「唯道之在者爲貴」，此云「夫道之貴也，非特天子之爲尊也」，文正相應。作「天」則失其義矣。非特天子之爲尊矣，所在而衆仰之。夫蟄蟲鵲巢，皆鄉天一者，○劉家立云：「蟄蟲鵲巢」當作「蟄户鵲巢」。天一方位向陽，故蟄鵲皆向陽而坯户架巢也，作「蟄蟲」則義不可通矣。此傳寫之誤。至和在焉爾。○楊樹達云：「天一」疑當作「太一」。帝者誠能包稟道，○寧案：「包稟道」不成文句，有譌誤。劉家立集證改作「稟天道」，未敢輒從。上文云：「蟄蟲鵲巢，皆鄉天一者，至和在焉爾。」楊樹達謂「天一」當作「太一」。疑此「包稟道」當是「秉太一」之誤，正承「皆向太一」言之也。下句「合至和」，正承「至和在焉爾」言之。是其證。本經篇云：「帝者體太一」，又云「秉太一者」，故此文云「帝者誠能秉太一」也。今作「包稟道」，當是「秉太一」三字譌脱，後人妄補。合至和，則禽獸草木莫不被其澤矣，而況兆民乎？

淮南子集釋卷十四

漢涿郡高誘注○陶方琦云：此篇許注。

詮言訓

詮，就也，就萬物之指，以言其徵，事之所謂，道之所依也。故曰詮言。

洞同天地，渾沌爲樸，未造而成物，謂之太一。太一，元神，總萬物者。同出於一，所爲各異，有鳥、有魚、有獸，謂之分物。○劉家立云：有鳥、有魚、有獸，謂之分物，獨無「有蟲」二字，乃脱文也。蟲、魚、鳥、獸，皆爲方物，無此二字，則備物不全；且蟲、魚、鳥、獸，固文中所恆用，而無單言魚、鳥、獸也。謂之分物，「分」乃「方」字之誤。下文「方以類別，物以羣分」，則爲「方」字明矣。作「分」者，乃涉下文而誤也。方以類別，物以羣分，性命不同，皆形於有。隔而不通，分而爲萬物，莫能及宗。謂及己之性宗，同于洞同。○王念孫云：「及」皆當爲「反」，字之誤也。宗者，本也，言莫能反其本也。下文云「能反其所生」，即反宗之謂。故高注曰「反己之性宗」也。說山篇曰：「吾將反吾宗矣。」又曰：「牆之壞，愈其立也；冰之泮，愈其凝也：以其反宗。」高注並云：「宗，本也。」是其證。「分而爲萬物」，文選演連珠注引作「分爲萬殊」。案：上文既云「物以羣分」，此無庸復言分爲萬物，疑作「萬殊」者是也。今本「殊」作「物」，蓋涉下文「萬物」而誤。○馬宗霍云：此文疑本作「分而爲萬」，與上句「隔而不通」相對，皆四字爲句。「物」字蓋涉下文誤衍。演連珠注引作「分爲萬殊」者，陸機原文云：「不觀萬殊之妙。」李善因釋彼「萬殊」，故改易此文以就之耳。李注引書多此例。此文「物」爲衍字，未必是「殊」字之誤也。故動而謂之生，死而謂之窮。○寧案：道藏本上「謂」字作「爲」，景宋本兩「謂」字皆作「爲」，「爲」「謂」古同。皆爲物矣，非不物而物物者也，物物者亡乎萬物之中。不物之物，恍惚虛無。物物者，造萬物者也。此不在萬物之中也。○王念孫云：莊本改「亡」爲「存」，正與此義相反。○楊樹達云：今莊本作「亡」不作「存」，豈王氏偶誤邪？抑後莊氏改訂邪？○寧案：尋此文之意，蓋謂動而謂之生，死而謂之窮，皆萬物自身規律使然，非有不物者而物物也。注以爲恍惚虛無則可，謂此不在萬物之中，恐非本文「亡」字之義。亡，謂其在萬物中而非萬物也。作「存」字亦可通，自身規律故曰存，義無逆反，竊謂存字於義爲長。

稽古太初，人生於無，○莊逵吉云：太平御覽此下有注云：「當太初天地之始，人生於無形，無形生有形也。」形於有，○寧案：太平御覽一引「形」上有「成」字。有形而制於物。○莊逵吉云：太平御覽此下有注云：「爲物所制。」能反其所生，若未有形，謂之真人。真人者，未始分於太一者也。聖人不爲名尸，尸，主也。不爲謀府，不爲事任，不爲智主。藏無形，行無迹，遊無朕。朕，兆也。○寧案：莊子應帝王篇：「無爲名尸，無爲謀府，無爲事任，無爲知主，體盡無窮而遊無朕。」此淮南所本。今本「不爲名尸」，道藏本、茅本、景宋本作「不以名尸」。玉篇：「以，爲也。」今作「爲」，蓋莊伯鴻據莊子所改。又案：唐本玉篇舟部引「行無迹，遊無朕。」許注：「朕，兆也。」與此合。不爲福先，不爲禍始，保於虛無，動於不得已。欲福者或爲禍，欲利者或離害。故無爲而寧者，失其所以寧則危；無事而治者，失其所以治則亂。○寧案：「無爲而寧者」，「無事而治者」，衍兩「無」字。此承上文「欲福者或爲禍，欲利者或離害」言之。欲福者，爲以求寧，欲利者，事以求治，皆有所待者也。故曰

「失其所以寧則危」，「失其所以治則亂」也。若作「無爲而寧」，「無事而治」，則無所待，惡得而云「失其所以寧」「失其所以治」乎？文子符言篇續義本作「故求爲寧者，失其所寧卽危；求爲治者，失其所治則亂。」是其明證。星列於天而明，故人指之；義列於德而見，故人視之。人之所指，動則有章；人之所視，行則有迹。動有章則詞，行有迹則議，○王引之云：「詞」當爲「訶」。凡隸書「可」字之在旁者，或作「司」。（漢魯相史晨饗孔廟後碑「雅歌吹笙」，「歌」作「歌」。冀州從事郭君碑「凋柯霜榮」，「柯」作「柯」。）故「訶」字或作「詞」，形與「詞」相似，因誤爲「詞」。訶，謂相譏訶也，動有章則人訶之，行有迹則人議之也。說林篇曰：「有爲則議，多事固苛。」高注曰：「蘇秦爲多事之人，故見議見苛也。」「苛」與「訶」同。「議」字古讀若「俄」。（小雅北山篇「或出入風議」，與「爲」爲韻，「爲」讀若「譌」。淮南俶真篇「立而不議」，與「和」爲韻。史記太史公自序「王人是議」，與「禾」爲韻。）故此及說林篇皆以「訶」、「議」爲韻，若作「詞」則失其韻矣。故聖人揜明於不形，藏迹於無爲。王子慶忌死於劍，王子慶忌者，吴王僚之弟子。闔閭弑僚，慶忌勇健，亡在鄭。闔閭畏之，使要離刺慶忌。○盧文弨云：左傳慶忌適楚。吕覽吴越春秋並云在衞。○寧案：吕氏春秋忠廉篇、本書說山篇注皆以慶忌爲吴王僚子，與此不同，蓋許、高之異。羿死於桃棓，棓，大杖，以桃木爲之，以擊殺羿。由是以來，鬼畏桃也。○陶方琦云：御覽三百五十七引許注：「棓，大杖，以桃木爲之，擊殺羿，是以鬼畏桃也。」按：說文：「棓，棁也。」謂大杖也。依元應引補入。通俗文：「大杖曰棓。」開元占經中官占引石氏曰：「天棓五星，天之武備。棓者，大杖，所以打賊也。」說山訓「羿死桃部不給射」，高注：「桃部，地名。」與許說正異。（顧氏日知録謂：「淮南子詮言訓作大杖解，于說山訓作地名解，一人注書而前後若此。」琦案：此正許注八篇，高注十三篇之分，顧氏蓋未之知也。）○于鬯云：羿善射，故死於射，與上文言「王子慶忌死於劍」，下文言「蘇秦死於口」同義例。然則桃棓當是弓名。高注「棓，大杖」，似未確。攷工輪人記部廣，鄭注引司農云：「部，蓋斗也。」賈釋云：「蓋之斗，四面鑿孔，内蓋弓者，於上部高隆穹然，謂之爲部。」朱駿聲説文通訓云：「部叚借爲棓。蓋弓象五指掊物之形，故謂之掊。」按掊、部、棓皆諧音聲。據朱所釋，部不但是蓋斗之名，實兼蓋弓而言。弓之號桃棓，儻亦如蓋弓之號部與？説山訓「羿死桃部」，彼注又以桃部爲地名，則以下句「子路菹於衛」比例，卻較此大杖之説爲可備。或云彼高注，此許注也。○寧案：大藏音義四十一、八十四、九十七引許注：「棓，大杖也。」四十一又云：「作棒俗字。」子路菹於衛，○寧案：于氏疑弓號桃棓，理或然也。于氏又疑説山注以桃部爲地名，以下句「子路菹於衛」比例，較大杖之説爲可備。竊疑「衛」字恐非原文。此蓋舉例説明「皆溺其所貴」，死於劍，死於桃棓，死於口，皆溺其所貴也，而子路所貴爲何獨不及。且慶忌、羿、蘇秦三句皆有注，子路句不得無注。蓋「子路菹於」下脱一字及注文，後人無據，臆補「衛」字，故與前後三句不類耳。蘇秦死於口。蘇秦好説，爲齊所殺。○楊樹達云：上文云「王子慶忌死於劍，羿死於桃棓」，皆舉所以死之器爲言。此云「子路菹於衛，蘇秦死於口」，一言其死之所在，一言其致死之因，爲文不類。疑「口」爲「齊」之誤也。下文云「蘇秦善説而亡身」，注云：「蘇秦死於齊也。」蓋許於此用彼文爲釋，而彼文則用此文爲釋。○寧案：楊謂「口」當爲「齊」，非是。此言「聖人揜明於不形，藏迹於無爲」，「虎豹之彊來射，蝯狖之捷來措」。曰「死於劍」，「死於桃棓」，「菹於衛」，「死於口」，皆明其不得其死，以反承「揜明於不形，藏迹於無爲」。若作「死於齊」，以死之所在與上句衛字爲類，則不足以明蘇秦不得其死，與上三句皆不類，亦文不相承矣。且注云「蘇秦好説」，正釋「口」字。下文云「蘇秦善説而亡身」，亦謂死於口，文義正同。彼注云「蘇秦死於齊也」，猶此注「爲齊所殺」，非此「口」當爲「齊」，而用此文爲釋也。人莫不貴其所有而賤其所短，○王念孫云：貴與賤相反，長與短相反，若有與短則非相反之名。「有」當爲「脩」，字之誤也。脩，長也。言人皆貴其所長而賤其所短也。淮南王避父諱，故不言長而言脩。然而皆溺其所貴而極其所賤，所貴者有形，所賤者無眹也。故虎豹之彊來射，蝯狖之捷來措。人能貴其所賤，賤其所貴，可與言至論矣。

自信者，不可以誹譽遷也，知足者，不可以勢利誘也。故通性之情者，不務性之所無以爲；人性之無以爲者不務也。通命之情者，不憂命之所無柰何；○寧案：莊子達生篇：「達生之情者，不務生之所無以爲；達命之情者，不務知之所無奈何。」此淮南所本。「性」與「生」同。通於道者，物莫不足滑其調。○王念孫云：「物莫不足滑其調」，當作「物莫足滑其和」。滑，亂也。（見原道、俶真、精神三篇注及周語、晉語注。）言通於道者，物莫能亂其天和也。今本「莫」下衍「不」字，（因上文兩「不」字而衍。）「和」字又誤作「調」。原道篇曰：「不以欲滑和。」俶真篇曰：「不足以滑其和。」精神篇曰：「何足以滑和。」莊子德充符篇曰：「不足以滑和。」諸書皆言滑和，無言滑調者。且和與爲、何爲韻。（「爲」古讀若「譌」，說見唐韻正。）若作「調」，則失其韻矣。又兵畧篇：「敵若反靜，爲之出奇。彼不吾應，獨盡其調，若動而應，有見所爲。彼持後節，與之推移。彼有所積，必有所虧。精若轉左，陷其右陂。敵潰而走，後必可移。」案：「獨盡其調」，「調」亦當爲「和」。（注同。）和與奇、爲、移、虧、陂爲韻。（奇、爲、移、虧、陂，古音皆在歌部，說見唐韻正。）若作「調」則失其韻矣。又泰族篇「五行異氣而皆適調，六藝異科而皆同道」，本作「五行異氣而皆和，六藝異科而皆通」，因「和」誤爲「調」，「通」誤爲「道」，後人遂於「道」上加「同」字，又於「調」上加「適」字，以成對句，而不知其謬也。

太平御覽學部二引作「五行異氣而皆和，六藝異科而皆道」，「道」字雖誤，而「和」字不誤，且上句無「適」字，下句無「同」字。舊本北堂書鈔藝文部一引此正作「五行異氣而皆和，六藝異科而皆通」。泰族又云：「聖人兼用而財制之，失本則亂，得本則治。其美在調，其失在權。水火金木土穀異物而皆任，規矩權衡準繩異刑而皆施，丹青膠漆不同而皆用。各有所適，物各有宜。」案：「其美在調」，「調」亦當爲「和」。之、治爲韻，和、權、施、宜爲韻。（和、施、宜古音在歌部，權在元部，歌、元二部古或相通，説見泰族「陰陽化」一條下。）若作「調」則失其韻矣。文子上禮篇正作「其美在和，其失在權」。泰族又云：「今目悦五色，口嚼滋味，耳淫五聲，七竅交爭，以害其性，日引邪欲而澆其身夫調，身弗能治，柰天下何！」案：「日引邪欲而澆其身夫調」，本作「日引邪欲而澆其天和」，即原道所云「以欲滑和」也。文子下德篇作「日引邪欲，竭其天和，身且不能治，柰天下何」，是其明證矣。今本「澆其」下衍「身」字，（因下文而衍。）「天」誤爲「夫」，「和」誤爲「調」，遂致文不成義。且聲、爭、性爲韻，和、何爲韻，若作「調」則失其韻矣。「和」、「調」二字形聲皆不相近，無因致誤，而以上五段「和」字皆誤作「調」，殊不可解。〇寧案：詮言、兵畧、泰族三篇皆許注，是許本以「調」爲「和」。許多假字，而王氏以爲「調」字皆「和」字之誤，恐非是。

詹何曰：「未嘗聞身治而國亂者也，未嘗聞身亂而國治者也。」〇寧案：二語又見道應篇對楚莊王問。矩不正，不可以爲方；規不正，不可以爲員；身者，事之規矩也，未聞枉己而能正人者也。原天命，治心術，理好憎，適情性，則治道通矣。原天命則不惑禍福，治心術則不妄喜怒，理好憎則不貪無用，適情性則欲不過節。不惑禍福則動靜循理，不妄喜怒則賞罰不阿，不貪無用則不以欲用害性，〇王念孫云：劉本無下「用」字，是也。此因上「用」字而衍。〇俞樾云：下用字衍文。文子符言篇作「不貪無用，即不以欲害性」，是其證。○寧案：王、俞說是也。中立本作「不以欲而害性」，當是明人臆改。欲不過節則養性知足。凡此四者，弗求於外，弗假於人，反己而得矣。天下不可以智爲也，不可以慧識也，不可以事治也，不可以仁附也，不可以强勝也。五者皆人才也，德不盛，不能成一焉。德立則五無殆，五見則德無位矣。五事皆見，而德無所立位。故得道則愚者有餘，失道則智者不足。渡水而無游數，雖強必沈；有游數，雖羸必遂；又況託於舟航之上乎！

爲治之本，務在於安民。○寧案：齊民要術種穀篇引作「務在安民」，無「於」字。此言「務在」，下言「在於」，疑此涉下而衍。安民之本，在於足用。足用之本，在於勿奪時。○寧案：齊民要術種穀篇引注云：「言不奪民之農要時。」勿奪時之本，在於省事。省事之本，在於節欲。○寧案：齊民要術種穀篇引注：「節止欲貪。」說文：「欲，貪欲也。」與引合。節欲之本，在於反性。○寧案：齊民要術種穀篇引注：「反其所受於天之所性也。」（「所性」當爲「正性」。）反性之本，在於去載。去浮華載於亡者也。○李哲明云：去載者，去飾也。兵畧篇「載以銀錫」，注：「載，飾也。」○馬宗霍云：周禮春官大宗伯「大賓客則攝而載果」，鄭注：「載，爲也。」淮南本文「去載」之「載」，疑當取義於爲，言反性之本在於去爲也。爲卽作爲，無所作爲，任其自然，斯虛矣。故下文又承之曰：「去載則虛」也。許注「去浮華載於亡」，「亡」字義不可通。「亡」與「心」形近，疑爲「心」字傳寫之譌。許君蓋以載爲任載之義，心無所載則虛，與下文亦相應。原心所以反性，又與下文「能原其心者必不虧其性」互照。劉家立淮南集證改注文「亡」字爲「外」，未知何據。去載則虛，虛則平。平者，道之素也；虛者，道之舍也。能有天下者，必不失其國；能有其國者，必不喪其家；能治其家者，必不遺其身；能脩其身者，必不忘其心；能原其心者，必不虧其性；能全其性者，必不惑於道。故廣成子曰：「慎守而內，周閉而外，廣成子，黃帝時人也。○陳直云：西漢方士好言廣成子。如新疆發現王莽時絲帛，上繡有「新神靈廣成壽萬年」是也。多知爲敗。毋視毋聽，抱神以靜，形將自正。」○寧案：莊子在宥篇：「廣成子曰：無視無聽，抱神以靜，形將自正。必靜必清，無勞汝形，無摇汝精，乃可以長生。目無所見，耳無所聞，心無所知，女神將守形，形乃長生。慎女內，閉女外，多知爲敗。」此約引。不得之己而能知彼者，未之有也。故易曰：「括囊，無咎，無譽。」○寧案：坤六四爻辭，正義曰：「括，結也。囊所以貯物，以譬心藏知也。閉其知而不用，故曰括囊。功不顯物，故曰无譽。不與物忤，故曰无咎。」

能成霸王者，必得勝者也；能勝敵者，必強者也；能強者，必用人力者也；能用人力者，必得人心也；能得人心者，必自得者也；能自得者，必柔弱也。○寧案：「必得人心也」，「心」下當有「者」字，與上下文一律。文子符言篇、下德篇皆有「者」字。又「必柔弱也」，「柔弱」下亦當有「者」字。符言篇作「必柔弱者也」。強勝不若己者，至於與同則格；言人力能與己力同也，己以強加之，則戰格也。○楊樹達云：說文丰部云：「挌，枝挌也。」此假「格」爲「挌」，許以戰格說之，似非其義。柔勝出於己者，其力不可度。故能以衆不勝成大勝者，唯聖人能之。○寧案：莊子秋水篇：「故以衆小不勝爲大勝也，爲大勝者，唯聖人能之。」此淮南所本。

善游者，不學刺舟而便用之；勁筋者，不學騎馬而便居之；輕天下者，身不累於物，故能處之。泰王亶父處邠，狄人攻之，事之以皮幣珠玉而不聽，乃謝耆老而徙岐周，百姓攜幼扶老而從之，遂成國焉。推此意，四世而有天下，不亦宜乎！四世：太王、王季、文王、武王。無以天下爲者，必能治天下者。霜雪雨露，生殺萬物，天無爲焉，猶之貴天也。厭文搔法，厭，持也。搔，勞也。○李哲明云：「厭」即「擪」，與搔對文。説文：「厭，一指按也。」「按」同「案」，據也，據謂杖持，故此注徑云「持也」。説文：「搔，括也。」括有總括之義。勞而後理，故訓搔爲勞。言有司按據文書，挈括法度，以勤其事也。○楊樹達云：李説厭爲按據，是也。搔，許釋爲勞，勞法文義難通。李釋搔爲括，説亦牽强。愚謂搔當讀爲操。説文云：「操，把持也。」廣雅釋詁云：「操，持也。」「搔法」即操法。韓詩外傳作「執法」，執亦持也。蓋搔、操二字音近，故古多通作。禮記襍記篇云：「緦冠繰纓。」繰纓，荀子正論篇作「慅嬰」。淮南之假「搔」爲「操」，猶荀子之以「慅」爲「繰」矣。又按左傳「鄢陵」，氾論篇作「陰陵」，假覃部字爲寒部字。疑此文亦假添部之厭字爲寒部之按字也。○馬宗霍云：許注云：「厭，持也。搔，勞也。」案厭無持義，搔無勞義。或謂説文手部：「擪，一指按也。」廣韻上聲五十琰、入聲二十九葉竝云：「擪，持也。」擪從厭聲，故厭可訓持。然文而曰持，尚可説。法而曰勞，古無是語也。余疑注文本當作：「厭，勞也。搔，持也。」傳寫互易，遂不可通。案説文厂部「厭從猒聲」，古通作「猒」。説文甘部「猒，飽也。」段玉裁謂「飽足則人意倦矣，故引申爲猒倦」。説文人部「倦，罷也」。罷通作「疲」。説文疒部：「疲，勞也。」故本注訓厭爲勞矣。文謂文書，即官中案牘。厭文者，猶言勞於案牘也。説文手部：「搔，括也。」「括，絜也。」案：糸部：「絜，麻一耑也。」括之訓絜，蓋爲「挈」之借字。挈者縣持也，縣者系也，故「絜」可通「挈」。禮記大學篇「是以君子有絜矩之道也」，鄭注云：「絜猶挈也。」周禮夏官序官「挈壺氏」，鄭注云：「挈讀如絜髮之絜。」皆其證。搔既訓括，而括義爲挈，挈義爲持，故本注訓搔爲持矣。「法」謂法度。「搔法」者，猶言挈持法度也。勞於案牘，所以治官；挈持法度，所以理民：二者皆有司之事也。○于省吾云：按注訓搔爲勞，蓋讀「搔」爲「慅」。爾雅釋訓「庸庸慅慅，勞也。」然「勞法」不詞，「慅」應讀作「操」。詩白華「念子懆懆」，懆懆即慅慅。廣雅釋訓「慅慅，憂也」。荀子正論「慅嬰」注：慅嬰「當爲澡嬰」。是從蚤從喿字通之證。操亦持也。「厭文」與「操法」對文。注訓厭爲持者，儀禮鄉射禮「賓厭衆賓」，注：「引手曰厭。」是其證。○寧案：注「勞」當爲「扴」，今本乃後人妄改。說文：「搔，刮也。」「扴，刮也。」（段注：「刮，小徐作捪，譌。大徐不誤。」王念孫云：「刮、捪古通用。」見廣雅釋詁疏證。）是搔、扴同義。大藏音義八十八引許注淮南子云：「搔，扴也。」（今本「扴」誤作「抓」。）與說文合，即此處注文。廣雅釋詁「抓，搔也。」「抓」亦當爲「扴」，二形相似，疏證未詳其譌。釋魚「爪，龜也。」（疏證曰未詳。）大戴禮曾子天圓篇：「介蟲之精者曰龜。」故「爪」即「介」之誤。是其證。李釋「搔」爲「括」，云「挈括法度」，其義是也。惟不知「勞」乃「扴」之誤字，又強爲牽合耳。治官理民者，有司也，君無事焉，猶尊君也。○寧案：集證本「猶」下補「之」字，是也。上文「猶之貴天也」，文同一例。韓詩外傳二第十章正作「猶之尊君也」。辟地墾草者，后稷也；決河濬江者，禹也；聽獄制中者，皋陶也；○寧案：尸子仁意篇「制」作「折」，制、折古通用。尚書呂刑篇「折民惟刑」，論語顏淵「片言可以折獄者」，折民猶制民，折獄猶制獄也。有聖名者，堯也。故得道以御者，身雖無能，必使能者爲己用。不得其道，伎藝雖多，未有益也。方船濟乎江，有虛船從一方來，觸而覆之，雖有忮心，必無怨色。有一人在其中，一謂張之，一謂歙之，持舟楫者謂近岸爲歙，遠岸爲張也。○劉文典云：莊子山木篇作「有一人在其上，則呼張歙之。」司馬注：「張，開也。歙，歛也。」○寧案：唐本玉篇引「歙」作「欱」，云「呼合反。太玄經『上欱下欱，出入九虛』，宋忠曰：『欱，合也。』」又歙「呼及、戶業二反。說文：『縮鼻也。』」二字音義皆近，古通用。再三呼而不應，必以醜聲隨其後。向不怒而今怒，向虛而今實也。人能虛己以遊於世，孰能訾之！釋道而任智者必危，棄數而用才者必困。有以欲多而亡者，未有以無欲而危者也；有以欲治而亂者，未有以守常而失者也。故智不足免患，○劉文典云：「智不足免患」與下「愚不足以至於失」不一律，「足」下當有「以」字。羣書治要引正作「故智不足以免患」。愚不足以至於失寧。○楊樹達云：文當於「寧」字讀斷，與「免患」爲對文。上文云「失其所以寧則危」，是其證也。集證於「失」字斷句，「寧」字下屬，誤。○馬宗霍云：劉據治要引謂上句「足」下當有「以」字，是也，其讀下句至「失」字絕之，非也。「失」字當與「寧」字連讀。上文有云，「故無爲而寧者，失其所以寧則危」，是「失寧」連文之證。劉家立亦於「失」字斷句，「寧」字下屬，誤與文典同。守其分，循其理，失之不憂，得之不喜，故成者非所爲也，得者非所求也。入者有受而無取，出者有授而無予，因春而生，因秋而殺，所生者弗得，所殺者非怨，則幾於道也。○寧案：得，道藏本、景宋本皆作「德」。又案「非」字疑當作「弗」，謂所生者弗德其生，所殺者弗怨其殺。若作「非怨」，義則有殊。文子道德篇作「所生不德，所殺不怨」，是其證。又「也」字集證本改「矣」，是也。下文「而幾於道矣」，其比同。

聖人不爲可非之行，不憎人之非己也；修足譽之德，不求人之譽己也。不能使禍不至，信己之不迎也；不能使福必來，信己之不攘也。攘，却也。○寧案：以上文例之，疑「迎」、「攘」二字互誤。若作不迎禍，不攘福，人皆如是也，何必聖人？下文云：「不知道者，福至則喜，禍至則怖。」喜故迎，怖故攘。聖人反是。汜論篇「不苟得，不讓福」，「福」乃「禍」字之誤。文子下德篇正作「不讓禍」。「讓」與「攘」同。説在汜論訓。禍之至也，非其求所生，故窮而不憂；福之至也，非其求所成，故通而弗矜。矜，自伐其功也。知禍福之制，不在於己也，○寧案：「制」當作「至」，承上「禍之至也」「福之至也」二「至」字言之。下文云：「君子爲善，不能使福必來；不爲非，而不能使禍無至。福之至也，非其所求，故不伐其功；禍之來也，非其所生，故不悔其行。內脩極而橫禍至者，皆天也，非人也。」文與此小異而大同。彼言「內脩極而橫禍至者，皆天也，非人也」，即此言「知禍福之至不在於己也」，是「制」字蓋聲近而誤。蜀藏本正作至。故閒居而樂，無爲而治。聖人守其所以有，不求其所未得。求其所無，則所有者亡矣；脩其所有，則所欲者至。○王念孫云：「求其所無」，本作「求其所未得」。「脩其所有」，本作「脩其所已有」。此皆承上文而申言之，不當有異文。今本作「求其所無」，「脩其所有」，皆後人以意改之也。羣書治要引此正作「求其所未得」，「脩其所已有」。文子符言篇同。下文亦云：「不知道者，釋其所已有，而求其所未得。」○寧案：中立本「至」下有「矣」字，與上句一律，羣書治要引同，據沾。故用兵者，先爲不可勝，以待敵之可勝也；治國者，先爲不可奪，以待敵之可奪也。舜脩之歷山而海內從化，文王脩之岐周而天下移風。使舜趨天下之利，而忘脩己之道，○寧案：「使」下衍「舜」字。上言舜與文王，此不得獨舉舜。身猶弗能保，何尺地之有！故治未固於不亂，治不亂之道，尚未牢固也。而事爲治者必危；○金其源云：按國策齊策「固不求生」，注：「固，必也。」言脩己以安百姓，未必有治而無亂。但以治爲事者，必至危亡也。行未固於無非，而急求名者必剄也。○俞樾云：襄二十七年公羊傳：「我卽死，女能固納公乎？」秦策：「王固不能行也。」何休，高誘注並曰：「固，必也。」「治未固於不亂」，「行未固於無非」，言爲治未必不亂，爲行未必無非也。下文曰：「爲義之不能相固，威之不能相必也。」是可知固必同義。高此注以尚未牢固說之，其義轉迂。○呂傳元云：俞說非也。「治未固於不亂」，高訓「尚未牢固」，是也。下文「行未固於無非」，文子符言篇作「行未免於無非。」此作「固」者，後人因上「固」字而誤也。未能免去無非，與治未牢固於不亂，語正相因。且高注「尚未牢固也」於上「固」字之下，足證下「固」字爲後人所改易也。○楊樹達云：許說固誤，俞說亦失之。如俞說，則文言未固不亂，未固無非可矣，何乃言未固於不亂，未固於無非乎？今案固謂堅固，未固猶言莫固。此謂不亂爲最固之治，無非爲最固之行也。下文云「福莫大無禍，利莫美不喪」，文例與此正同。特彼文用「莫」字，此文用「未」字，爲異耳。○寧案：楊謂未固猶言莫固，則「治莫固於不亂，而事爲治者必危；行莫固於無非，而急求名者必剄」，兩兩義不相屬。俞訓固爲必，是也。然謂「爲治未必不亂，爲行未必無非」，以「未必」連文，省「於」字，非也。竊謂當以「必於」連文。於猶其也。說山篇「夜之不能脩其歲也」，卽謂修於歲，「尾生死其梁柱之下」，卽謂死於梁柱之下，是其例。必其不亂則不可亂，必其無非則無可非。若未臻於此，故曰「而事爲治者必危」，「而急求名者必剄也」。「固於不亂」，「固於無非」，卽上文「先爲不可勝」，「先爲不可奪」之義。許注「牢固」猶必也。呂氏改下固字，非。福莫大無禍，利莫美不喪。動之爲物，不損則益，動，有爲也。○陶方琦云：羣書治要引許注正同。不成則毀，不利則病，皆險也，險，言危難不可行。○陶方琦云：羣書治要引許注：「險言危難。」敓「不可行」三字。說文：「險，阻難也。」說正同。道之者危。○楊樹達云：「不損則益」，景宋本同。

集證本作「不益則損」，是也。下文云：「不成則毀，不利則病。」如云不損則益，則與二句不類矣。且文云「皆險也」，若作不損則益，又與下文不貫矣。又劉家立云：「『道之者危』，當作『道之危者也』。言損益、成毀、利病，皆道之危險者也。今作道之者危，則非其指矣。此由寫者誤倒，又脱去『也』字。今改正。」樹達案：劉氏妄改，謬也。道者，由也，行也。之指險而言，謂行險者必危也。果如劉説，不與上句「皆險也」語意重複乎？○馬宗霍云：「不損則益」，疑當作「不益則損」。益、成、利義相承，爲一類，損、毀、病義相承，爲一類，三句詞例當同。若作不損則益，不徒失其義類，且亦不得謂之「皆險」矣。羣書治要所引已如此。惟文子符言篇有云：「故福莫大于無禍，利莫大于不喪。故物或益之而損，損之而益。夫道不可以勸就利者，而可以安神避害。故常無禍，不常有福；常無罪，不常有功。」彼卽襲用淮南此節之文。雖語意竄易，不與本文全合，然先言益，後言損，疑卽從「不益則損」一句蜕出。是所據或爲古本，不同於今也。「道之者危」，道猶蹈也。劉熙釋名釋道篇：「道，蹈也，言人所踐蹈也。」列子黄帝篇「向吾見子道之」，張湛注云：「道當爲蹈。」皆「道」可通「蹈」之證。本句承上文「皆險也」來，險則難行，故曰蹈之者危也。劉家立淮南集證改「道之者危」作「道之危者也」，而謂此由寫者誤倒，又脱去「也」字，大謬。故秦勝乎戎而敗乎殽，秦穆公勝西戎，爲晉所敗於殽。楚勝乎諸夏而敗乎柏莒。楚昭王服諸夏，而吴敗之柏莒。○莊逵吉云：柏莒卽柏舉，古字通用也。○梁玉繩云：注「昭王」二字疑衍。昭王未嘗服諸夏。故道不可以勸而就利者，而可以寧避害者。○王念孫云：「勸」下「而」字，因下句而衍。文子符言篇無「而」字。故常無禍，不常有福；常無罪，不常有功。○俞樾云：常與尚通。史記衛綰傳「劍尚盛」，漢書「尚」作「常」，漢書賈誼傳「尚憚以危爲安」，賈子宗首篇「尚」作「常」，並其證。

聖人無思慮，無設儲，來者弗迎，去者弗將。將，送也。人雖東西南北，獨立中央。故處衆枉之中，不失其直；天下皆流，獨不離其壇域。○于鬯云：文子符言篇作「與天下並流，不離其域」，「與」字似宜據彼補，無「與」字，不成義也。故不爲善，不避醜，遵天之道；不爲始，不專己，循天之理；不豫謀，不棄時，與天爲期；不求得，不辭福，從天之則。○王念孫云：「善」當爲「好」。「不爲好，不避醜，遵天之道」，猶洪範言「無有作好，遵王之道」也。今作「不爲善」者，後人據文子符言篇改之耳。好、醜、道爲韻，始、己、理爲韻，謀、時、期爲韻，得、福、則爲韻，若作「善」則失其韻矣。不求所無，不失所得，內無㫄禍，外無㫄福。○王念孫云：「㫄」字義不可通。文子符言篇作「奇禍」、「奇福」，是也。俗書「奇」字作「竒」，「㫄」字作「旁」，二形相似而誤。禍福不生，安有人賊！爲善則觀，衆人之所觀也。爲不善則議。觀則生貴，議則生患。○王引之云：「貴」當爲「責」，字之誤也。此言爲善則觀之者多，觀之者多則責之者必備。下文曰「責多功鮮，無以塞之」，正謂此也。文子符言篇作「爲善卽勸，勸卽生責。」○呂傳元云：按「觀」皆當爲「勸」，字之訛也，言爲善則衆人相勸勉也。若作「觀」則義不可通。「觀」與「勸」形近致訛。（孟子「而民歡樂之」，孫氏音義云：「歡樂本亦作勸樂。」彼文「歡」作「勸」，猶此文「勸」作「觀」也。）文子符言篇正作「勸」。當據改。○寧案：呂說非也。下文云：「服不視，行不觀，言不議。」許注云：「其所服，衆人不觀視也。」文子符言篇作「服不褋，行不觀」，彼言「行不觀」，與此「爲善則觀」，兩「觀」字義同，何言義不可通也？且文子襲此文云：「爲善卽勸，爲不善卽觀。」如呂說，則彼「觀」字及此下文「行不觀」，將何以改之？文子不可據。故道術不可以進而求名，而可以退而脩身；○寧案：「而可」，莊本作「不可」，據道藏本、中立本、茅本、景宋本改正。不可以得利，而可以離害。故聖人不以行求名，不以智見譽。法脩自然，己無所與。○王念孫云：「脩」當爲「循」。（說在原道訓。）○呂傳元云：「不以智見譽」「見」當爲「求」，字之誤也。此與「不以行求名」對言也，言聖人不求名，不求譽也。文子符言篇正作「求」。「法脩自然」當作「治隨自然」。「法脩」與「治隨」形近而誤。上文「無以天下爲者，必能治天下」，又「治國者，先爲不可奪，以待敵之可奪也」，又「故治未固於不亂，而事爲治者必危」，合上文觀之，知此當作「治」，不當作「法」也。文子符言篇正作「治隨自然」。○寧案：下文「欲見譽於爲善而立名於爲賢，則治不脩故而事不須時」，正承此而正反以明之，呂校「法脩」爲「治隨」，是也。改「見」爲「求」則非。慮不勝數，行不勝德，事不勝道。爲者有不成，求者有不得，人有窮而道無不通，與道爭則凶。故詩曰：「弗識弗知，順帝之則。」○梁玉繩云：毛詩「不識不知」，賈誼書君道篇引作「弗識弗知」，與此同。有智而無爲，與無智者同道；有能而無事，與無能者同德。其智也，告之者至，然後覺其動也；使之者至，然後覺其爲也。○俞樾云：「使之者至」上當有「其能也」三字。上文云：「有智而無爲，與無智者同道，有能而無事，與無能者同德。」下文云：「有智若無智，有能若無能。」皆以智、能對舉，故知此亦當然。有智若無智，有能若無能，道理爲正也。故功蓋天下，不施其美，澤及後世，不有其名，道理通而人僞滅也。○寧案：景宋本「僞」作「爲」，爲即僞字。「也」當作「矣」。文子符言篇襲此文作「道理達而人材滅矣」。名與道不兩明，人受名則道不用，道勝人則名息矣。○王念孫云：「受」當爲「愛」，字之誤也。愛名則不愛道，故道不用也。文子符言篇正作愛。又下文「喜德者必多怨，喜予者必善奪。唯滅迹於無爲，而隨天地自然者，唯能勝理而爲受名。名興則道行，道行則人無位矣」。案此當作「唯滅迹於無爲，而隨天地自然者，爲能勝理而無愛名。名興則道不行，道行則人無位矣」。（人如「人心」「道心」之人，上文高注云：「無位，無所立也。」）即上文所謂「人愛名則道不用，道勝人則名息」也。今本「爲能」誤作「唯能」，「無愛名」誤作「爲受名」，「道不行」又脱「不」字，則上下文皆不可通矣。韓詩外傳云：「唯滅迹於人，能（與而同。）隨天地自然，爲能勝理而無愛名。名興則道不用，道行則人無位矣。」是其證。「勝理」二字，説見後「勝心」一條下。道與人競長。章人者，息道者也。章，明也。息，止也。人章道息，則危不遠矣。○寧案：三「人」字皆當爲「名」，涉上文「道勝人」而誤也。上文本以名、道對舉，曰「名與道不兩明」，若作「道與人」則文不相承矣。又下文云：「故世有盛名，則衰之日至矣。」又云：「脩其理則巧無名。」又云：「君子脩行而使善無名。」又云：「善有章則士争名。」皆稱名以闡明名章道息之理。下文「名興則道不行」，即此名章道息之義。若作「人」，則與下文不應矣。文子符言篇作「道息而名章即危亡」，是其證。故世有盛名，則衰之日至矣。欲尸名者必爲善，欲爲善者必生事，事生則釋公而就私，背數而任己。○王引之云：「貨」當爲「背」，字之誤也。背數而任己，謂背自然之數，而任一己之私，與上句「釋公而就私」同意。文子符言篇作「倍道而任己」，「倍」與「背」同。下文又云：「君好智則背時而任己，棄數而用慮。」○寧案：宋本、藏本「背」作「貨」，故王校云然。莊本不誤。欲見譽於爲善，而立名於爲質，則治不脩故，而事不須時。○王念孫云：「質」當爲「賢」，賢、質草書相似，故「賢」誤爲「質」。（逸周書官人篇「有隱於仁賢者」，大戴禮「賢」誤作「質」。）「爲賢」與「爲善」義正相承。文子作「見譽而爲善，立名而爲賢」，是其證。（今本「循」作「脩」，「順」作「須」，竝誤。説見原道「循」誤爲「脩」下。）又下文：「無須臾忘爲質者，必困於性；百步之中，不忘其容者，必累其形。」案此當作「無須臾忘其爲賢者，必困於性；百步之中，不忘其爲容者，必累其形。」今本上二句内脱「其」字，下二句内脱「爲」字。（「爲容」與「爲賢」相對。百步之中而必爲儀容，則形不勝勞，故曰必累其形。脱去「爲」字則文義不明。）「賢」字又誤爲「質」，此即承上「欲立名於爲賢，則治不循故，事不順時」言之。故高注曰：「常思爲賢，不循自然，則性困也。」（今本高注「賢」字亦誤爲「質」。）文子作「夫須臾無忘其爲賢者，必困其性；百步之中，無忘其爲容者，必累其形」。是其證。治不脩故則多責，事不須時則無功。責多功鮮，無以塞之，則妄發而邀當，妄爲而邀中。功之成也，不足以更責；更，償也。事之敗也，不足以敝身。○王念孫云：「不足以獘身」，「不」字涉上文而衍。此言功成則不足以償其責，事敗則適足以斃其身也。文子符言篇作「事敗足以滅身」，是其證。○于省吾云：王説未允。「獘」應讀作「蔽」，蔽謂覆蓋，不足以覆蓋其身，亦即滅身之義。文子改「獘」爲「滅」，故删「不」字，不應據彼以改此也。故重爲善若重爲非，而幾於道矣。

天下非無信士也，臨貨分財，必探籌而定分，探籌，捉籌也。○陳直云：荀子君道篇云：「探籌投鉤者，所以爲公也。」郝懿行解「探籌」如後世掣籤是也。以爲有心者之於平，不若無心者也。天下非無廉士也，然而守重寶者，必關户而全封，○俞樾云：「全」字無義，乃「壐」字之誤。國語魯語「追而與之壐書」，韋注曰：「壐書，壐封書也。」此「壐封」二字之證。時則篇曰：「固封壐。」封壐與壐封同。五音集韻曰：「壐俗作⿱尒土。」與「全」字形相似，故誤爲「全」矣。氾論篇「盜管金」，高注曰：「金印封，所以爲信。」「金」亦「壐」字之誤。彼「壐」誤爲「金」，此「壐」誤爲「全」，其誤正同。○寧案：文子符言篇作「全封」，劉子去情篇用此文亦作「全」，玉篇：「全，具也，完也。」全封，謂完具其封緘也。莊子曰「攝緘縢，固扃鐍」，彼曰攝，曰固，此曰全，其義同。全封與關户對文，疑非誤字。以爲有欲者之於廉，不若無欲者也。人舉其疵則怨人，舉説己之疵則怨之。鑑見其醜則善鑑。鑑，鏡也。鏡見人之好醜，以爲美鏡也。○寧案：注「美」字當爲「善」，形近而譌。此釋「鑑」字曰：「鑑，鏡也。」「善」字無庸注釋，故不曰「善，美也」。道藏本、中立本、茅本、景宋本皆作「善鏡」。人能接物而不與己焉，則免於累矣。而不與己，若鏡人形而不有好憎也。○吴承仕云：「若鏡人形」，「鏡」下疑脱一「見」字。上文注云：「鏡見人之好醜。」此注言鏡見人形，蓋以事合喻，不得以鏡爲動詞明矣。公孫龍粲於辭而貿名，公孫龍以白馬非馬、冰不寒、炭不熱爲論，故曰貿也。○馬宗霍云：説文貝部：「貿，易財也。」小徐繫傳通釋云：「貿猶亂也，交互之義。」本文「貿名」與下文「亂法」爲對，貿亦當訓亂，謂公孫龍詭辭而亂名也。鄧析巧辯而亂法，鄧析教鄭人以訟，訟不俱回，子産誅之也。蘇秦善説而亡蘇秦死於齊也。國。○王念孫云：「亡國」當作「亡身」，故高注曰「蘇秦死於齊也」。今本「身」作「國」者，涉下文「治國」而誤。又案：高注本在「蘇秦善説而亡身」之下，今本在「亡」字之下，「國」字之上，則是以「亡」字絶句，而以「國」字下屬爲句，大謬。（此句與上二句相對爲文，若讀「蘇秦善説而亡」爲句，則與上二句不對。下文「由其道則善無章，循其理則巧無名」，亦相對爲文。若讀「國由其道」爲句，則文不成義。）由其道則善無章，脩其理則巧無名。○寧案：「脩」字王念孫校作「循」，説在原道訓。又案：下文「激而上之，非巧不能」，即承此巧字言。景宋本作「功無名」，非是。故以巧鬬力者，始於陽，常卒於陰；言智巧之所施，始之於陽善，終於陰惡也。以慧治國者，始於治常卒於亂。○楊樹達云：莊子人閒世篇云：「且以巧鬬力者，始乎陽，常卒乎陰，大至則多奇巧；以禮飲酒者，始乎治，常卒乎亂，大至則多奇樂。」使水流下，孰弗能治；激而上之，非巧不能。故文勝則質揜，邪巧則正塞之也。

○楊樹達云：「之」字景宋本同。按：字當衍。劉家立集證本無「之」字是也。○寧案：楊說非。孟子梁惠王篇「則苗浡然興之也」，「之」字用法與此同。

德可以自脩，而不可以使人暴，道可以自治，而不可以使人亂。雖有聖賢之寶，不遇暴亂之世，可以全身，而未可以霸王也。

○俞樾云：「寶」字無義，疑當作「資」。荀子性惡篇「離其資」，楊注曰：「資，材也。」謂雖有聖賢之材也。「資」與「寶」形似而誤。○于鬯云：「寶」字疑「實」字之誤。○馬宗霍云：禮記檀弓下「仁親以爲寶」，鄭玄注云：「寶謂善道可守者。」廣雅釋詁三云：「寶，道也。」論語陽貨篇「懷其寶而迷其邦」，皇侃疏云：「寶猶道也。」邢昺疏云：「寶以喻道德。」據此則寶有道義。「寶」、「道」古音同在幽部，爲疊韻字。淮南本文之「寶」，亦當訓道。「雖有聖賢之寶」，猶言雖有聖賢之道也。又案：老子第六十九章「輕敵幾喪吾寶」，河上公注云：「寶，身也。」呂氏春秋先己篇「嗇其大寶」，高誘注云：「大寶，身也。」以「身」字詁本文之「寶」亦通，言雖有聖賢之身也，與下句「可以全身」正相應。俞樾乃謂「寶字無義，疑當作資。資，材也。資與寶形似而誤。」疏矣。○于省吾云：按俞說非是。論語陽貨「懷其寶而迷其邦」，皇疏：「寶猶道也。」廣雅釋詁：「寶，道也。」王氏疏證云：「寶與道同義，故書傳多竝舉之。禮運云：『天不愛其道，地不愛其寶。』呂氏春秋知度篇云：『以不知爲道，以奈何爲寶。』太元元衝云：『睟，君道也，馴，臣保也。』保與寶同。」按王說是也，可證俞改「寶」爲「資」之誤。○寧案：于鬯說近之。脩務篇云：「彼獨有聖智之實」，是其證。下文「非以寶幣」，蜀藏本作「實幣」，正「寶」、「實」相誤之例。又案：「聖賢」當依道藏本、景宋本作「賢聖」。

湯、武之王也，遇桀、紂之暴也。桀、紂非以湯、武之賢暴也，湯、武遭桀、紂之暴而王也。故雖賢王必待遇。遇者，能遭於時而得之也，非智能所求而成也。君子脩行而使善無名，布施而使仁無章，故士行善而不知善之所由來，民澹利而不知利之所由出，故無爲而自治。善有章則士争名，利有本則民争功，二争者生，雖有賢者弗能治。故聖人揜迹於爲善，而息名於爲仁也。

外交而爲援，事大而爲安，不若内治而待時。凡事人者，非以寶幣，必以卑辭。事以玉帛，則貨殫而欲不饜；卑體婉辭，則諭説而交不結；約束誓盟，則約定而反無日；反，背叛也。雖割國之錙錘以事人，六兩曰錙，倍錙曰錘。○寧案：荀子富國篇：「事强暴之國難，使强暴之國事我易。事之以貨寶，則貨寶單而交不結；約信盟誓，則約定而畔無日；割國之錙銖以賂之，則割定而欲無猒。」此淮南文所本。説文：「錙，六銖也。」「錘，八銖也。」「二十四銖爲一兩。」此篇許注，當從説文訂正。説山篇高注錙、錘與説文同，天文篇高注「十二銖當半兩」，亦與説文合，知是高從許説。據説文則四錙爲一兩。錙錘固小數，安得云「六兩曰錙，倍錙曰錘」乎？楊倞注則以爲「八兩爲錙」，説又異。吕氏春秋應言篇高注「錙錘，銖兩也」，則概言其小數也。而無自恃之道，不足以爲全。若誠外釋交之策，而慎脩其境内之事，○陳觀樓云：「外釋交之策」，當爲「釋外交之策」。上文「外交而爲援」，是其證。盡其地力，以多其積，厲其民死，以牢其城，上下一心，君臣同志，○寧案：「同志」當作「一志」。今作「同」者，蓋後人以與上「一」字複而臆改之也。不知下文云：「故立君以一民，君執一則治」；又云：「夫無爲則得於一也。一也者，萬物之本也」；又云：「故君失一則亂」：皆承此「一」字言之。若作「同」則上下不相應也。蜀藏本正作「君臣一志」。與之守社稷，斅死而民弗離，○楊樹達云：孟子梁惠王下篇：「與民守之，効死而民弗去。」「斅」與「効」音同通假。則爲名者不伐無罪，而爲利者不攻難勝，此必全之道也。

民有道所同道，有法所同守，民凡所道行者同道，而法度有所共守也。爲義之不能相固，威之不能相必也，故立君以一民。君執一則治，無常則亂。君道者，非所以爲也，所以無爲也。何謂無爲？智者不以位爲事，勇者不以位爲暴，仁者不以位爲患，可謂無爲矣。○王念孫云：「劉本『患』作『惠』。案：劉本是也。『不以位爲惠』，謂不假位以行其惠也。爲惠與爲暴相對。主術篇曰：『重爲惠，重爲暴，則治道通矣。』義與此同。○寧案：王說是也。事與智相應，暴與勇相應，惠與仁相應，作「患」則與仁不相應矣。文子道德篇正作「仁者不以位爲惠」。夫無爲，則得於一也，一也者，萬物之本也，無敵之道也。凡人之性，少則猖狂，壯則暴強，老則好利。一人之身既數變矣，○俞樾云：上「身」字當作「人」。氾論篇曰：「故一人之身而三變者，所以應時矣。」文義與此同。○寧案：道藏本、景宋本作「一身之身」，故俞校云然。中立本、莊本作「一人之身」。又況君數易法，國數易君，人以其位，通其好憎，下之徑衢，不可勝理。故君失一則亂，甚於無君之時，故詩曰：「不愆不忘，率由舊章。」此之謂也。君好智則倍時而任己，棄數而用慮。天下之物博而智淺，以淺澹博，未有能者也。獨任其智，失必多矣。故好智，窮術也。好勇則輕敵而簡備，自偩而辭助。自偩，自恃也。辭助，不受傍人之助也。一人之力以禦強敵，○王念孫云：「圍」當爲「圉」，字之誤也。「圉」與「禦」同。劉績改「圉」爲「禦」，而莊本從之，義則是而文則非矣。○寧案：宋本、藏本作「圍」，王校是也。兵畧篇「莫之應圉」，圉卽禦。不杖衆多而專用身才，〇寧案：杖，諸本同，説文「杖，持也」。漢書李尋傳：「近臣已不足杖矣。」師古曰：「杖，謂倚任也。」集證本改「仗」，不知乃後起俗字。必不堪也。故好勇，危術也。好與，則無定分。上之分不定，則下之望無止。若多賦斂，實府庫，則與民爲讐。少取多與，數未之有也。故好與，來怨之道也。仁智勇力，人之美才也，而莫足以治天下。由此觀之，賢能之不足任也，而道術之可脩明矣。〇寧案：王念孫云「脩」當爲「循」，説在原道訓。孫詒讓説同。

聖人勝心，心者，欲之所主也。聖人止欲，故勝其心，而以百姓爲心也。〇寧案：注「欲之所主也」，主當爲生，據宋本、藏本正。衆人勝欲。心欲之而耐勝止也。〇王念孫云：勝，任也。言聖人任心，衆人任欲也。耳目之官不思而蔽於物，心之官則思。聖人先立乎其大者，則其小者不能奪，故曰「聖人任心」也。若衆人則縱耳目之欲，而不以心制之，故曰「衆人任欲」也。下文曰「食之不寧於體，聽之不合於道，視之不便於性，三關交争，（高注：「三關，謂食視聽。」今本正文「三關」作「三官」，注作「三官，三關，食視聽」，皆後人以意改之也。主術篇曰：「目妄視則淫，耳妄聽則惑，口妄言則亂。夫三關者，不可不愼守也。」今據以訂正。）以義爲制者，心也。」又曰：「耳目鼻口不知所取去，心爲之制，各得其所。」皆其證矣。説苑説叢篇曰：「聖人以心導耳目，小人以耳目導心。」卽此所謂「聖人勝心，衆人勝欲」也。説文：「勝，任也。」任與勝聲相近。任心、任欲之爲勝心、勝欲，猶戴任之爲戴勝。（月令「戴勝降於桑」，呂氏春秋季春篇作戴任。）高解「聖人勝心」曰：「心者，欲之所生也。聖人止欲，故勝其心。」則誤以勝爲勝敗之勝矣。如高説，則是心與耳目口無以異，下文何以言「三關交争，以義爲制者心」乎？又解「衆人勝欲」曰：「心欲之而能勝止也。」心欲之而能勝止，則是賢人矣，安得謂之衆人乎？且下文言「欲不可勝」，則勝之訓爲任明矣。文子符言篇作「聖人不勝其心，衆人不勝其欲」，此亦未解「勝」字之義而以意改之也。又下文「唯滅迹於無爲而隨天地自然者，爲能勝理而無愛名」，（此句今本多誤字，辯見前「受名」下。）勝亦任也，言任理而不愛名也。隨天地自然，即所謂任理也。吕氏春秋適音篇「勝理以治身，則生全矣」，亦謂任理爲勝理也。高注曰：「理，事理，情欲也。勝理去之。」以事理爲情欲，義不可通。皆由誤以勝爲勝敗之勝，故多抵牾矣。○金其源云：「聖人勝心，衆人勝欲」，高注均以止解勝。於「勝心」則謂「心者，欲之所主也。聖人止欲，故勝其心，而以百姓爲心也。」於「勝欲」則謂「心欲之而耐勝止也」。按説文：「勝，任也。」孟子云：「盡其心者，知其性也。」故説文繫傳通論：「於文，心生爲性。」是心即性也。勝心謂任性，勝欲謂任欲。故下云「聖人損欲而從事於性」，衆人則反是。如作止解，則上之「勝欲」與下「欲之不可勝」，矛盾矣！○寧案：注「而耐勝止也」，「耐」道藏本、景宋本皆作「能」。「能」、「耐」古通，改「耐」無謂。「止」則「之」字形譌。景宋本作「而能勝之也」。高注釋勝義固非，然亦非出止字解勝。**君子行正氣，小人行邪氣。內便於性，外合於義，循理而動，不繫於物者，正氣也。重於滋味，淫於聲色，發於喜怒，不顧後患者，邪氣也。邪與正相傷，欲與性相害，不可兩立，一置一廢，**○寧案：「置」，道藏本、中立本、茅本、景宋本皆作「植」。太平御覽七百二十引同。文子符言篇亦作「植」，俶真篇高注：「植，立也。」植、置古通。論語微子「植其林而芸」，漢石經作「置」。**故聖人損欲而從事於性。**○王念孫云：此本作「故聖人損欲而從性」。上文曰：「欲與性相害，不可兩立。」故此言損欲而從性也。後人改「從性」爲「從事於性」，則似八股中語矣。文子符言篇正作「損欲而從性」。太平御覽方術部一引此作「損欲而存性」。雖「存」與「從」不同，而皆無「事」

於」二字。○寧案：宋本、鮑本太平御覽七百二十引誤同今本。目好色，耳好聲，口好味，接而説之，不知利害嗜慾也。○顧廣圻云：「嗜」疑當作「者」，「不知利害者」與下文「以義爲制者」一例。「慾也」二字另爲句，承「衆人勝欲」，（欲、慾同字）與下文「心也」承「聖人勝心」一例。○寧案：顧説是也。「者」與「耆」形近，因誤爲「嗜」耳。孟子告子篇：「耆秦人之炙，無以異於耆吾炙。」音義：「耆，本亦作嗜。」嗜本字，耆假字。主術篇：「者欲見於外」，「嗜欲」誤作「者欲」。此「嗜」「者」互誤之證。食之不寧於體，聽之不合於道，視之不便於性，三官交争，三官，三關，謂食、視、聽也。○寧案：關、官通。高本作關，主術篇乃高本；許本作「官」，此文本吕氏春秋貴生篇，吕氏正作「官」。注「三關」二字乃後人所加。王校非是。以義爲制者，心也。割痤疽，非不痛也，飲毒藥，非不苦也，然而爲之者，便於身也。渴而飲水，非不快也，饑而大飧，非不澹也，然而弗爲者，害於性也。○楊樹達云：古書以湯與水爲對文。孟子云：「冬日則飲湯，夏日則飲水。」湯謂沸水，水謂生水也，故文云害性。「飧」字誤，當作「餐」。説文云：「餐，吞也。」景宋本同誤。○寧案：饑當爲飢，據宋本、藏本訂正。此四者，耳目鼻口不知所取去，心爲之制，各得其所。○俞樾云：「鼻」字衍文也。上文云：「目好色，耳好聲，口好味，接而説之，不知利害嗜慾也。食之不寧於體，聽之不合於道，視之不便於性，三關交争，以義爲制者心也。」然則此承上文而言，亦當止言耳目口，不當兼言鼻。今衍「鼻」字者，蓋後人據文子符言篇增入。不知彼文上言「目好色，耳好聲，鼻好香，口好味」，故下言耳目鼻口；此文上言「目好色，耳好聲，口好味」，故下止言耳目口。兩文不同，未可據彼以增此也。○楊樹達云：俞説非也。此文言割痤飲毒，雖痛苦而爲之，渴飲水，飢大餐，以有害而不爲。如此類之事，皆須權衡利害輕重，非耳目鼻口之所能爲，獨心能爲之也。與上「目好色」三句文不相涉，不當以彼文無「鼻」而删去此文之鼻字也。劉家立集證不知俞説之誤，删「鼻」字以從之，誤矣。○寧案：俞氏欲去「鼻」字，誤矣。呂氏春秋貴生篇云：「夫耳目鼻口，生之役也。耳雖欲聲，目雖欲色，鼻雖欲芬香，口雖欲滋味，害於生則止，在四官者，不欲利於生者則弗爲。由此觀之，耳目鼻口不得擅行，必有所制。」此正淮南所本，則「口好味」上有「鼻好香」句審矣，「鼻」字非衍文也。劉文典云：「俞氏不據文子以證上文之脱失，反以『鼻』字爲後人據文子增入，謬矣。惟余亦未在他處尋得更的確之證據，故未敢駁之耳。」劉氏不據呂氏春秋何也？（劉説見胡適淮南鴻烈集解序。）楊樹達雖以爲「鼻」字不當删，但又以爲上文「目好色」三句亦自是，蓋以下有「三官交争」句故耳。不知「目好色」七句與「食之不寧於體」六句竝列爲文，三官者，自就食聽視三者言之。後人不知，反以爲「鼻好香」三字臆削之由。楊氏謂耳目鼻口與「目好色」三句無涉，不知「三官」句乃真與「目好色」四句無涉矣。對照呂氏春秋與淮南，自當知之。由是觀之，欲之不可勝明矣。凡治身養性，節寢處，適飲食，和喜怒，便動静，使在己者得，○寧案：「使在己者得」，「使」當爲「内」。上文云：「耳目鼻口不知所取去，心爲之制，各得其所。」所謂「内」即指心言之。曰「節寢處，適飲食，和喜怒，便動静」，即心爲之制而内在己者得也。若作「使在己者得」，則其義不明。目好色，耳好聲，鼻好香，口好味，無一而非在己者。然而耳目鼻口外也，非内也。文子符言篇作「内在己者得」。杜道堅纘義云：「真道養神，人道養形，在内者得，在外者輕。」紀案：「内，一本作則，證之纘義云『在内者得』，當以内字爲正。」是其證矣。道藏本、中立本「使」正作「内」。而邪氣因而不生，豈若憂瘕疵之與痤疽之發，而豫備之哉！○王念孫云：「『邪氣因而不生』本作『邪氣自不生』，言治身養性皆得其道，則邪氣自然不生，非常恐其生而豫備之也。今本作「邪氣因而不生」者，「自」誤爲「因」，（隸書「因」或作「囙」，與「自」字相似而誤。）後人又加「而」字耳。太平御覽引此正作邪氣自不生。又案：「興」與「發」同義，各本「興」誤作「與」，今據太平御覽引改。夫函牛之鼎沸，而蠅蚋弗敢入，函牛，受一牛之鼎也。○梁玉繩云：後漢書劉陶傳注引淮南子曰：「函牛之鼎沸，則蛾不得置一足焉。」又文苑邊讓傳注引莊子逸文曰：「函牛之鼎沸，蟻不得措一足焉。」（又見御覽九百四十七。）崑山之玉瑱，崑山，昆侖也。瑱，式也。○吳承仕云：楊樹達曰：「玉瑱與鼎沸對文，瑱、沸皆爲動字，注蓋訓瑱爲飾。說文飾讀若式，兩字音同，傳寫者因聲近而誤爲式。」承仕案：楊說近之。然御覽九百四十五引此，文、注並同，惟瑱訓鎮，與今本異。瑱、鎮聲近。周禮春官典瑞：「王執鎮圭。」故書「鎮」皆作「瑱」，則御覽引注是也。鎮、式字形絶遠，正不審其何以致譌。○楊樹達云：說文云：「瑱，以玉充耳也。」「玉瑱」似可連讀。然上文云：「函牛之鼎沸。」「函牛之鼎」爲逗，則此「崑山之玉」亦當爲逗，不當以「玉瑱」連讀也。「瑱」當讀爲「縝」。禮記聘義篇說君子比德於玉之事云：「縝密以栗，知也。」鄭注云：「縝，緻也。」蓋崑山之玉，文理緻密，畧無罅隙，故塵垢弗能污，與上句「函牛之鼎沸，蠅蚋弗敢入」，文正相對。作瑱者，以瑱、縝聲類同，假借耳。注文「式」，景宋本作「弍」，皆是誤文。御覽引注作「鎮」，「鎮」殆是「縝」字之誤，蓋許正讀「瑱」爲「縝」也。（余昔年曾謂注文「式」爲「飾」之誤字，說非是，今正之。）○寧案：鮑本太平御覽引注瑱訓鎮，宋本引同今本。而塵垢弗能污也。聖人無去之心而心無醜，無取之美而美不失。○馬宗霍云：此文兩「之」字猶「於」也，言聖人無去於心而心無醜，無取於美而美不失也。醜不内萌，故曰無去於心。美不外致，故曰無取於美。質言之，即醜者聖人所本無，美者聖人所固有也。故祭祀思親不求福，饗賓脩敬不思德，唯弗求者能有之。言不求而所求至也。

處尊位者，以有公道而無私說，故稱尊焉，不稱賢也。有大地者，以有常術而無鈐謀，故稱平焉，不稱智也。〇楊樹達云：「鈐謀」即「權謀」，故與「常術」爲對文。本書鈐、權通用。大抵本書覃、添部字與寒部字多通作。此以「鈐」爲「權」，猶氾論篇之以「陰」爲「鄢」也。〇馬宗霍云：玉篇鈐下云：「車轄也。」（今本作車鍇，「鍇」即「轄」之俗。）說文以鍵爲車轄，玉篇作「鈐」，則「鈐」即「鍵」之通借字。車轄者，劉熙釋名釋車篇云：「轄，害也，車之禁害也。」禁害猶要害。轄爲貫軸頭之鐵，所以制轂之突出，在車中居禁要之地，故鈐鍵亦有禁要之義。郭璞爾雅序云：「六藝之鈐鍵。」邢昺疏以「鏁鑰」釋之。又星名有鉤鈐。晉書天文志上云：「鉤鈐主關籥。」「籥」與「鑰」同。說文本字作「𨷲」。關籥、鏁鑰，亦取義於禁要。由禁要之義而廣之，則爲祕，爲密。然則本文之鈐謀，猶言祕謀、密謀矣。祕謀與常術相對，猶上文以私說對公道也。無祕謀則無所用智，故又曰不稱智也。又案本書中「鈐」「權」二字多通用，釋鈐謀爲權謀亦得。內無暴事以離怨於百姓，外無賢行以見忌於諸侯，上下之禮襲而不離，而爲論者莫然不見所觀焉，〇楊樹達云：襲，合也。「禮襲而不離」，文不可通，「禮」疑「體」字之誤。「莫」當讀爲「嗼」。說文云：「嗼，啾嗼也。」〇馬宗霍云：說文茻部云：「莫，日且冥也。从日在茻中。」引申之義通作「漠」。廣雅釋言云：「莫，漠也。」禮記內則篇鄭玄注：「魄，莫也。」又莊子齊物論郭象注：「取其寂莫之情耳。」陸德明兩書釋文竝云：「莫本作漠。」皆其證。淮南此文之「莫然」猶漠然也。漠然者，寂無所見之貌。又案說文見部云：「觀，諦視也。」視之古文作「眎」。「𠀚」又「示」之古文。故「觀」引申之義通作「示」。漢書宣帝紀「饗賜單于觀以珍寶」顏師古注，又叙傳下「周穆觀兵」顏引張晏注，竝云：「觀，示也。」是其證。本文之「觀」亦當取觀示之義。示者，說文云：「天垂象，見吉凶，所以示人也。」凡有形象見於外者，皆謂之示。不見所觀，猶言不見所示也。故下文云「此所謂藏無形者」，「無形」卽無所示也。此所謂藏無形者。非藏無形，孰能形！形，形而言之，筮見也。三代之所道者，因也。故禹決江河，因水也；后稷播種樹穀，因地也；湯、武平暴亂，因時也。故天下可得而不可取也，不可强取。霸王可受而不可求也。在智則人與之訟，在力則人與之爭。○王念孫云：「在」皆當爲「任」，字之誤也。言當因時而動，不可任智任力也。上文曰：「失道而任智者必危。」又曰：「獨任其智，失必多矣。故好智，窮術也。」「好勇，危術也。」皆其證。未有使人無智者，言己不能使敵國遇而無智也。○寧案：「遇而無智」，道藏本遇作「愚」，愚、遇古通。下文「一人雖愚」，鮑刻本太平御覽四百九十六引「愚」作遇。有使人不能用其智於己者也；使人之智不能于己。○吴承仕云：「不能于己」，「于」當爲「干」，干，犯也。「干」、「于」形近致譌。論衡死僞篇「干上帝之尊命」，「干」誤爲「于」，本或誤爲「於」，是其比。（或謂「于」上誤奪「用」字，説亦可通。）○寧案：以下句注文例之，「于」上沾「用」字是也。未有使人無力者，有使人不能施其力於己者也：言己不能使人無智力，但能使人不以智力加於己。○寧案：上句言智，此句言力，注文二「智」字涉上而衍。此兩者，常在久見。○蔣禮鴻云：「久」當作「不」，「常」讀作「尚」。本篇貴尚字通以常爲之。上文「常無禍，不常有福；常無罪，不常有功」，俞樾已言之。下文「國以全爲常，身以生爲常」，「常」亦通「尚」。「此兩者，常在不見」，乃承上文而言。兩者，謂使人不能用其智於己，不能用其力於己也。言欲如此，則尚在不見，不見則彼莫測我之所以，而不能用其智力於我矣。下文曰「故君賢不見，諸侯不備；不肖不見，則百姓不怨」，又承此而言之。又曰「聖人内藏，不爲物倡」，（今本「倡」上有「先」字，依俞樾説删。）亦此義也。校者不知「常」當讀「尚」，謬謂常、久對文，改「不」作「久」，而大失書旨矣。故君賢不見，諸侯不備；不肖不見，則百姓不怨。百姓不怨，則民用可得；諸侯弗備，則天下之時可承。若湯、武承桀、紂而起。○寧案：「君賢不見」下，依下文例當有「則」字，而今本脱之也。中立本正作「則諸侯不備」。又「諸侯弗備」，弗當爲「不」。此乃重述上句，不當有異文。事所與衆同也，功所與時成也，聖人無焉。故老子曰：「虎無所措其爪，兕無所措其角」，○寧案：今本老子第五十章「兕無所投其角，虎無所措其爪」，文畧異。蓋謂此也。鼓不滅於聲，故能有聲；鏡不没於形，故能有形。○王念孫云：「滅」當爲「臧」，「没」當爲「設」，皆字之誤也。（「臧」字俗書作「臧」，形與「滅」相似。「設」與「没」草書亦相似。）「臧」古「藏」字。鼓本無聲，擊之而後有聲；鏡本無形，物來而後有形。故曰「鼓不藏於聲」，「鏡不設於形」。作「滅」作「没」，則義不可通矣。文選演連珠注引此作「鏡不設形，故能有形」，文子上德篇作「鼓不藏聲，故能有聲；鏡不設形，故能有形」，是其證。○于鬯云：此當云「鼓滅於聲，故能有聲；鏡没於形，故能有形。」兩「不」字疑衍。唯文子上德篇亦云「鼓不藏聲，故能有聲；鏡不没形，故能有形」，亦有兩「不」字，則兩「不」字或是語辭。古人用「不」字有但爲語辭者，説詳王引之經傳釋詞。○馬宗霍云：文選李善注所引本作「鏡不設形，故能形也」，下句不作「有形」。王氏所稱，改就淮南此文耳。李注又引高誘曰：「鏡不豫設人形貌，清明以待人形，形見則見之。」此則王氏未轉引。其實高説即本文之注也。今本此篇爲許注，而本文無注。余疑作「設」或爲高本，而作「没」爲許本。文子上德篇亦作「鏡不没形」，文子舊注云：「鼓不藏聲，鏡不藏形，故能有聲有形也。」此正以「藏形」釋「没形」。没猶藏也，尤足爲文子本作「没形」之證。王氏所稱，亦改作「設形」以就其説，非文子原語也。然則王氏所校，謂「滅」當爲「臧」，是也。謂「没」當爲「設」，衹可以證高本，未可以證許本也。王氏引書頗喜改字，是其小失，兹坿及之。○寧案：

馮説是也。原道篇云：「夫鏡水之與形接也，不設智故，而方圓曲直弗能逃也。是故響不肆應，而景不一設。」即此高本作「設」之證。又覽冥篇云：「故聖若鏡，不將不迎，應而不藏。」許本作「没」，故文子舊注以此藏字釋没也。據文選引則高本當作「鼓不藏聲，故有聲也」。鏡不設形，故能形也。」金石有聲，弗叩弗鳴；管簫有音，弗吹無聲。○王念孫云：劉本依文子改「弗聲」爲「無聲」，而諸本皆從之。案劉改非也。白虎通義曰：「聲者，鳴也。」言管簫有音，弗吹弗鳴也。兵略篇曰：「彈琴瑟，聲鐘竽。」亦謂鳴鐘竽也。劉誤以聲爲聲音之聲，故依文子改之耳。「金石有聲」，「管簫有音」，音亦聲也。（此謂聲音之聲。）「弗叩弗鳴」，「弗吹弗聲」，聲亦鳴也。（與聲音之聲異義。）若云「弗吹無聲」，則與上文不類矣。聖人內藏，不爲物先倡，○俞樾云：「先」字衍文。先即倡也，言倡不必言先。文子上德篇正作「不爲物唱」，無「先」字。○寧案：「物」字疑涉下而衍。「先倡」與「內藏」對文。原道篇「不爲先唱，感而應之」可證。文子文有改易。事來而制，物至而應。飾其外者傷其內，扶其情者害其神，○寧案：「扶其情」，道藏本、中立本、茅本「扶」作「失」，非。説文：「扶，左也。」「左，手相助也。」情謂情欲。「飾其外」，「扶其情」，「見其文」，義竝相近，作「失」則義相反矣。見其文者蔽其質。○顧廣圻云：文子符言篇作「蔽其真」，與韻叶。無須臾忘爲質者，必困於性，常思爲質，不脩自然，則性困也。○寧案：注「脩」當爲「循」。百步之中，不忘其容者，必累其形。○寧案：王念孫云：「忘爲質者」，當作「忘其爲賢者」。「不忘其容者」，當作「不忘其爲容者」。（見上文「立名於爲質」下。）王校是也，然猶未盡。此當作「夫須臾無忘其爲賢者，必困其性；百步之中，不忘其爲容者，必累其形。」無忘其爲賢者，與不忘其爲容者相對爲文，「無」字在「須臾」上則句式不一律，且不對矣。蓋「夫」字誤作「无」字，又寫作「無」，後人以兩「無」字義不可通，故删下「無」字以就上

「無」之誤耳。且「夫」字以上，泛論精神文質，「夫」字以下，具論爲賢爲容，與上文「立名於爲賢」相應，故以「夫」字冠首爲起下之詞。無「夫」字則與上文「飾其外者傷其内」三句並列，非其義矣。文子符言篇正作「夫須臾無忘其爲賢者」，是其證。故羽翼美者傷骨骸，鵠鷹一舉千里，則形如塵芳，以其翮美也。○馬宗霍云：注文「塵芳」二字未詳，疑當作「塵埃」。莊子逍遥遊篇「野馬也，塵埃也」，郭象注曰：「此皆鵬之所馮以飛者耳。」陸德明釋文引崔譔云：「天地間氣蓊鬱似塵埃揚也。」據此則本文之注，或借以喻鵠鷹高舉之形，言其同於塵埃之輕浮也。○寧案：馬疑「芳」當爲「埃」，然芳、埃二形不相似，無由致誤。盧文弨疑「芳」當爲「勞」而無説，佛家有「塵勞」語，其義與此無涉。疑是「芥」字形譌。枝葉美者害根莖，能兩美者，天下無之也。○孫詒讓云：「莖」文子符言篇作「荄」，與骸、之協韻，是也。「荄」、「莖」形近而誤。

天有明，不憂民之晦也，百姓穿户鑿牖，自取照焉。地有財，不憂民之貧也，百姓伐木芟草，自取富焉。至德道者若邱山，嵬然不動，行者以爲期也。行道之人，指以爲期。○陳直云：「嵬」爲「魏」字之假借，即「巍」字省文。漢瓦有「嵬氏冢舍」，即魏氏也。○寧案：注據道藏本、中立本句末補「趨至」二字。直己而足物，己，己山也。言山特自生萬物以足百姓，不爲百姓故生之也。不爲人贛，用之者，亦不受其德，故寧而能久。天地無予也，故無奪也；日月無德也，故無怨也。喜德者必多怨，喜予者必善奪。唯滅迹於無爲，而隨天地自然者，唯能勝理，理，事理，情欲也。勝理去之。而爲受名。名興則道行，道行則人無位矣。故譽生則毁隨之，善見則怨從之。○王念孫云：劉本依文子符言篇改「怨」爲「惡」。案：劉改是也。譽與毁對，善與惡對。道藏本作「怨」者，涉上文兩「怨」字而誤。利則爲害始，福則爲禍先。唯不求利者爲無害，唯不求福者爲無禍。侯而求霸者必失其侯，霸而求王者必喪其霸。故國以全爲常，霸王其寄也；身以生爲常，富貴其寄也。能不以天下傷其國，而不以國害其身者，爲可以託天下也。言不貪天下之利，故可以天下託也。○王念孫云：「焉」猶「則」也。老子「故貴以身爲天下，則可寄天下」，道應篇引作「焉可以託天下」，是其證。（荀子禮論篇「三者偏亡，焉無安人」，史記禮書作「則無安人」，是焉與則同義。詳見老子「信不足焉有不信焉」下。）道藏本、劉本、朱本並作「焉」。茅一桂不解「焉」字之義而改「焉」作「爲」，莊本從之，謬矣。不知道者，釋其所已有，而求其所未得也。苦心愁慮，以行曲故。○馬宗霍云：本書「曲故」二字連用，又見俶真篇。高誘彼注云：「曲故，曲巧也。」則此文「以行曲故」，猶言以行曲巧也。劉家立淮南集證乃增「私」字於「曲」字之上，作「以行私曲」，而以「故」字下屬爲句，謬矣。福至則喜，禍至則怖，神勞於謀，智遽於事，○俞樾云：「遽」讀爲「劇」。說文力部：「勞，劇也。」然則劇亦勞也。劇於事，謂勞於事也。「遽」「劇」古通用。公羊宣六年傳釋文曰：「劇本作遽。」禍福萌生，終身不悔，己之所生，乃反愁人。禍福皆生於己，非旁人也。○寧案：太平御覽七百三十九引「愁人」作「怨人」，「怨」字是也。荀子法行篇曰：「無身不善而怨人。」又曰：「身不善而怨人，不亦反乎！」又曰：「怨人者窮，怨天者無識，失之己而反諸人，豈不亦迂哉！」又韓詩外傳二第九章：「身不善而怨他人。」皆義與此同，是其證。不喜則憂，中未嘗平，持無所監，謂之狂生。持無所監，所監者非元德，故爲狂生。○王念孫云：李善注文選任昉哭范僕射詩曰：「淮南子曰：『臺無所監，謂之狂生。』高誘曰：『臺，持也。所鑒者非元德，故爲狂生。臺古握字也。』」案：如李注所引，則今本正文及高注皆經後人刪改明矣。又案：「臺」與「握」不同字，「臺」當爲「𡔷」，字之誤也。說文：「𡔷，古文握。」故高注云：「臺，持也。」又云：「𡔷，古握字也。」後人不知「臺」爲「𡔷」之誤，而改「臺」爲「持」，又改高注「臺，持也」爲「持無所監」，並刪去「臺古握字也」五字，以滅其跡，甚矣其妄也！○盧文弨云：李善注文選任念昇哭范僕射詩引此作「臺無所鑒」，並引高注作「臺，持也。所鑑者非元德，故爲狂生。臺古握字也」。段君玉裁謂高注當作「臺，持也。所鑒者，元德也。持無所鑒，所持者非元德，故謂之狂生」。案臺訓持見俶真訓注。○寧案：據文選注引，則今注乃高注羼入，非許注也。人主好仁，則無功者賞，有罪者釋；好刑，則有功者廢，無罪者誅。及無好者，誅而無怨，施而不德，放準循繩，身無與事，若天若地，何不覆載？故合而舍之者君也，○楊樹達云：「合而舍之」義不明，文子道德篇作「合而和之」。制而誅之者法也。民已受誅，怨無所滅，謂之道。○王念孫云：「怨無所滅」，文子道德篇作「無所怨憾」是也。道固當誅，故受誅者無所怨憾。今本「怨」字誤在「無所」上，「憾」字又誤作「滅」，則文不成義。道勝，則人無事矣。

聖人無屈奇之服，屈，短。奇，長也。服之不衷，身之災也。○王念孫云：屈奇猶瑰異耳。周官閽人「奇服怪民不入宮」，鄭注曰：「奇服，衣非常。」「屈奇之服」即奇服也。司馬相如上林賦「摧崣崛崎」，義與屈奇相近。屈奇雙聲字，似不當分爲兩義也。○陶方琦云：一切經音義十二、又十五引許注：「屈，短也。奇，長也。」按二注文正同。漢書廣川惠王越傳「謀屈奇」注：「屈奇，異也。」說苑君道篇：「則未有布衣屈奇之士。」許注以屈爲短，即說文「屈，無尾也」之訓。以奇爲長，即漢書「操其奇贏」之訓。○寧案：原本玉篇可部亦引許注：「屈，短也。奇，長也。」與此合。無瑰異之行，服不視，其所服，衆不覶視也。○馬宗霍云：疑此注當在「行不覶」下，當作「其所服行，衆不覶視也」。此蓋總承上文而爲之注，傳寫「服」下敓去「行」字，因又移注於「服不視」下。不悟注中「觀」字本承正文之「行」言。若無「行」字，則但云「其所服衆不視也」已足，何爲「觀視」竝出邪？行不觀，言不議，通而不華，窮而不懾，榮而不顯，隱而不窮，○寧案：「隱而不窮」與上「窮」字複，文子符言篇作「隱而不辱。」異而不見怪，容而與衆同，無以名之，此之謂大通。升降揖讓，趨翔周遊，不得已而爲也，○寧案：遊當爲旋，形似而誤。精神篇「趨翔周旋，詘節卑拜」，是其證。非性所有於身，情無符檢，情無符檢，非所樂也。行所不得已之事，揖讓者，不得已而爲。而不解構耳，豈加故爲哉！豈故者，遭時宜而制禮，非故爲也。○于鬯云：姚廣文云「加」衍字。注「豈故」連文，可證無「加」字。○馬宗霍云：注文未釋「解構」之義。本書俶真篇「孰肯解構人間之事」，高氏彼注云：「解構猶會合也。」則「解構」與「邂逅」同。「邂逅」見詩鄭風與唐風。鄭風毛傳云：「邂逅，不期而會。」知高注會合之訓，即本諸毛傳。說文無「邂逅」字。陸德明詩釋文謂「邂本亦作解，逅本又作逅」，是詩之「邂逅」，本有作「解逅」者。「構」猶「逅」也。不期而會爲偶然之事，引申之，凡事之偶然者，皆得謂之邂逅。然則淮南此文之「而不解構耳」，不猶非也，猶言而非偶然也。非偶然與上句之「不得已」，下句之「豈故爲」，義正相應。○于省吾云：按人間篇「或解搆妄言而反當」，「構」「搆」字通。亦作解垢。莊子胠篋：「解垢同異之變多，則俗惑於辯矣。」釋文引崔注：「解垢，詭曲之辭。」此言而不解構即而不詭曲耳。○向宗魯云：爲一作焉是也。注「豈故」云云。複舉正文，無爲字甚明。下云「非故爲」，乃加爲字以釋之耳。今本乃後人誤讀注文而改。（宋本作「爲」乃補葉。）○寧案：姚謂「加」衍字，向謂「爲」當爲「焉」，是也。上文云「升降揖讓，趨翔周旋，不得已而爲也」，「豈故」下乃蒙上而省「爲」字，故注補出省文以明之。故不得已而歌者，不事爲悲；不得已而舞者，不矜爲麗。○蔣禮鴻云：「矜」當作「務」，字之誤也。兵畧篇「今天下皆知事治其末，而莫知務修其本」，泰族篇「夫指之拘也，莫不事申也，心之塞也，莫知務通也」，又曰「今不知事脩其本，而務治其末」，皆以事、務對文，是其證也。「歌舞而不事爲悲麗者」句，「不」字衍。○寧案：「矜」當作「務」，蔣説是也。主術篇曰：「爲智者務爲巧詐，爲勇者務爲鬥爭。」此云「不務爲麗」，其比同。又氾論篇曰：「見柔懦者侵，則矜爲剛毅；見剛毅者亡，則矜爲柔懦。」王念孫曰：「矜皆當爲務。」又「務」誤爲「矜」之例。歌舞而不事爲悲麗者，皆無有根心者。中無根心，强爲悲麗。○楊樹達云：據許注，「歌舞而不事爲悲麗者」，衍「不」字。善博者不欲牟，博其綦，不傷爲謀也。○吴承仕云：御覽七百五十四引注云：「博以不傷爲牟。牟，大也，進也。」承仕案：洪興祖楚辭補注引注云：「博其綦，不傷爲牟。」今本注作「謀」者，聲近而誤。○向宗魯云：「其綦」當爲「六綦」。古「其」字作「亓」，與「六」相似，常互誤。○馬宗霍云：楚辭招魂篇「成梟而牟」，王逸注云：「倍勝爲牟。」洪興祖楚辭補注引淮南此文，又引注云：「博其綦，不傷爲牟。」今本注文作「爲謀」，疑當從洪氏所引爲是。然不傷似不如王逸訓倍勝之允。善博者不欲倍勝，與下句「不恐不勝」意正相銜。若依許注訓不傷，則不欲不傷，義反窒矣。○于省吾云按楚辭招魂「成梟而牟」，注：「倍勝爲牟。」楚策：「夫梟之所以能爲者，以散綦佐之也。夫一梟之不勝五散亦明矣。」史記范雎蔡澤列傳「君獨不觀夫博者乎？或欲大投，或欲分功。」索隱：「言夫博奕，或欲大投其瓊以致勝，或觀其勢弱，則大投地分，而分功以遠救。」按不欲牟謂五散分功，不欲以一梟取勝也。下云「不恐不勝，平心定意，投得其齊，行由其理，雖不必勝，得籌必多」。前後義正相銜。不恐不勝，平心定意，捉得其齊，齊，得其適也。○王念孫云：「捉」當爲「投」。投得其齊，謂投箸也。秦策曰：「君獨不觀博者乎？或欲大投，或欲分功。」「行由其理」，謂行棊也。楚辭招魂注曰：「投六箸，行六棊，故爲六博。」是也。隷書「投」字或作「投」，「捉」字或作「捉」，二形相似，故「投」誤爲「捉」。太平御覽工藝部十一引此正作「投」。

行由其理，雖不必勝，得籌必多。何則？勝在於數，不在於欲。

欲勝也。

駎者不貪最先，

駎，競驅也。○劉績云：駎，除救切。○莊逵吉云：「駎」卽「騁」字省文。孫編修、程文學皆說如是。○孫志祖云：玉篇馬部有「駎」字，除救切，廣韻在四十九宥，注皆訓爲競馳，與高誘注正合，非騁之省文也。○王念孫云：劉注及孫頤谷說是也。玉篇廣韻競馳之訓，既本於高注，則讀「駎」爲「胄」，亦必本於高注。今本高注有義無音，寫者脫之耳。駎之言逐也。（逐，駎古同聲。大畜九三「良馬逐」，釋文：「逐，如字。鄭本作逐逐，云兩馬走也。一音胄。」海外北經「夸父與日逐走」，郭注：「逐音胄。」）晉灼注漢書五行志曰：「競走曰逐。」故高注言「競驅」。若是「騁」字，則但可訓爲驅，不可訓爲競驅矣。與人競驅，故云「不貪最先，不恐獨後」。若但曰騁，則無先後之可言矣。孫、程必以爲「騁」之省文者，徒以說文無「駎」字故耳，不知是書之字，固有說文所不收者。且馳謂之騁，競驅謂之駎，一從甹聲，一從由聲，（駎從由聲，與胄、宙同。）不得以甲代乙也。○劉家立云：「駎」上依上文增「善」字。○陳直云：莊逵吉謂「駎」卽「騁」字省文是也。毛公鼎之「政甹朕立」，卽「由」之初字也。

不恐獨後，緩急調乎手，御心調乎馬，雖不能必先載，馬力必盡矣。

○顧廣圻云：「能」、「載」皆衍。○向宗魯云：宋本「載」作「哉」，是也。○寧案：此當於「載」字句絶。「載」通「哉」。詩大雅文王「陳錫哉周」，毛傳「哉，載也」。疏正義曰：「哉與載古字通用。」昭公十年左傳引「哉」作「載」。宣公十五年左傳引作「哉」，石經、宋本、纂圖本、監本、毛本作「載」。是其證。俶真篇：「其形雖有所小用哉，然未可以保於周室之九鼎也。」說林篇：「雖不能與終始哉，其鄉之誠也。」人間篇：「雖愉樂哉，然而急風至未嘗不恐也。」要畧篇：「雖未能抽引玄妙之中才，繁然足以觀終始矣。」（「才」亦讀爲「哉」。）皆與此同一句式。景宋本作「哉」，疑許、高之異也。道藏本作「而」，蓋後人不知「雖哉」之式，改「哉」爲「而」，謬甚。顧說尤非。何則？先在於數，而不在於欲也。是故滅欲則數勝，棄智則道立矣。賈多端則貧，工多技則窮，心不一也。○劉文典云：御覽八百二十九引注云：「賈多端非一。」○吳承仕云：齊民要術貨殖篇引此文高誘注曰：「賈多端，非一術。工多技，非一能。故心不一也。」今御覽引注闕畧不全，蓋傳寫失之。故木之大者害其條，水之大者害其深。○楊樹達云：「條」當讀爲「修」，字之假也。修者，長也，淮南書諱「長」，故凡「長」皆云「修」。木圍大則不必長，故云「木之大者害其修」，與下句「水之大者害其深」文正相對。漢書高惠高后文功臣表修侯周亞夫，師古曰：「修讀爲條。」是「修」、「條」二字古通之證。劉家立不知「條」爲「修」之假字，改「條」爲「根」，謬矣。有智而無術，雖鑽之不通；雖有智慧，鑽之彌牢，無術不能達也。○王念孫云：「通」本作「達」，此後人以意改之也。術、達爲韻，道、守爲韻，改「達」爲「通」，則失其韻矣。據高注云：「無術不能達」，則正文作「達」甚明。○寧案：「不」下當有「能」字，故許注云：「無術不能達也。」「雖鑽之不能達」，「雖得之弗能守」對文。中立本有「能」字。又案：注「牢」當爲「堅」，避隋諱也。「鑽之彌堅」，語出論語子罕篇。有百技而無一道，雖得之弗能守。故詩曰：「淑人君子，其儀一也。其儀一也，心如結也。」君子其結於一乎！○劉文典云荀子勸學篇引此詩：「俶人君子，其儀一兮。其儀一兮，心如結兮。」楊注引毛傳：「鳲鳩之養七子，旦從上而下，暮從下而上，平均如一。善人君子，其執義亦當如尸鳩之一。執義一則用心堅固，故曰心如結也。（「平均如一」下，今以爲箋文，非。）

舜彈五絃之琴，而歌南風之詩，以治天下。古琴五絃，至周有七律，增爲七絃也。南風，愷樂之風。周公殽臑不收於前，臑，前肩之美也。○莊逵吉云：史記龜策傳曰：「取前足臑骨。」徐廣曰：「臑，臂。」説文解字云：「臑，臂，羊矢也。」吴人沈彤云：「解字誤豕爲矢，令人難解，蓋謂羊豕之臂耳。」○盧文弨云：禮記少儀釋文引作「臂羊矢」。説文繫傳云：「骨形象羊矢，因名。」沈冠雲之説殆不然。○王引之云：大雅既醉箋：「殽，牲體也。」牲體多矣，不應獨言臑。「臑」當爲「腝」。（奴低反。凡隸書從耎從需之字多相亂，故「腝」誤爲「臑」。）説文：「腝，有骨醢也。」或作「臡」。爾雅：「肉謂之醢，有骨者謂之臡。」周官醢人「朝事之豆，其實有麋臡、鹿臡、麇臡」是也。殽，俎實也。腝，豆實也。殽腝猶言俎豆耳。殽腝、鐘鼓各爲一物，文正相對。○向宗魯云：王説是也。注文不成義，當作「腝，有骨之羹也」。今本「骨」誤爲「肩」，「羹」誤爲「美」，皆由形似致誤。後人又改「有」爲「前」，不知許注自用釋器文也，易「醢」爲「羹」耳。○寧案：「舜彈五絃之琴」至「使人爲之也」，文本韓詩外傳四第七章。又尸子分篇：「周公之治天下也，酒肉不徹於前，鐘鼓不解於懸。」又互見泰族篇。鐘鼓不解於縣，以輔成王，而海内平。匹夫百晦一守，百晦之田，一夫一婦守也。○于鬯云：據注似「匹夫」下原有「匹婦」二字。○寧案：荀子王霸篇：「人主者，以官人爲能者也。匹夫者，以自能爲能者也。人主得使人爲之，匹夫則無所移之，百畝一守，事業窮，無所移之也。今以一人兼聽天下，日有餘而治不足者，使人爲之也。」楊倞注：「百畝一夫之守。」又韓詩外傳曰：「匹夫百畝一室，不遑啟處，無所移之也。夫以一人而兼聽天下，其日有餘而治不足，使人爲之也。」此淮南文所本。于氏以爲「匹夫」下原有「匹婦」二字，非是。注云「一婦」，蓋足「一夫」之義。不遑啟處，無所移之也。遑，暇也。啟，開也。○楊樹達云：詩四牡云：「不遑啟處。」采薇云：「不遑啟居。」傳箋並訓啟爲跪，是也。訓開不合。○寧案：修務篇「不違啟處」，高注：「啟，跪。」與詩傳箋合，楊說是。以一人兼聽天下，日有餘而治不足，使人爲之也。處尊位者如尸，守官者如祝宰。尸雖能剝狗燒彘，弗爲也，弗能無虧；尸不能治狗，事不虧也。○吳承仕云：莊本注文作「狗事」，此文疑當作「尸不能治狗彘，事不虧也」。各本並有奪文。○寧案：吳說是也。道藏本事作彘。俎豆之列次，黍稷之先後，雖知，弗教也，弗能害也。○王念孫云：「弗能無害」，謂雖弗能，亦無害於事也。故下文云：「弗能祝者，不可以爲祝，無害於爲尸。」莊本「害」上敓「無」字，蓋爲劉本所誤。○寧案：道藏本、景宋本「害」上皆有「無」字，故王校云然。不能祝者，不可以爲祝，無害於爲尸。無害者，可以爲尸也。不能御者，不可以爲僕，無害於爲佐。佐，君位也。○俞樾云：高注曰「佐，君位也」，則正文及注「佐」字均當作「左」。禮記曲禮篇正義曰：「車行則有三人，君在左，僕人中央，勇士在右。」是左爲君位也。今加人旁作「佐」，則失其旨矣。故位愈尊而身愈佚，身愈大而事愈少。○蔣禮鴻云：「身愈大而事愈少」，義不可通，「身」字誤也。宋本作「宮」，「宮」乃「官」字之誤。上文曰：「處尊位者如尸，守官者如祝宰。」與此並以官位相對，是其證。譬如張琴，小絃雖急，大絃必緩。○顧廣圻云：「琴」疑「瑟」。○寧案：顧說是也。繆稱篇：「治國譬若張瑟，大絃絚則小絃絶矣。」泰族篇：「故張瑟者，小絃急而大絃緩。」字皆作「瑟」。無爲者，道之體也；執後者，道之容也。無爲制有爲，術也；執後之制先，數也。○向宗魯云：下「執」字涉上而衍。無爲與有爲相對，後與先相對，不當有「執」字。下文「後之制先，靜之勝躁，數也」，即其明證。○寧案：向說是也。原道篇亦云「夫執道理以耦變，先亦制後，後亦制先」，後先相對。放於術則強，審於數則寧。今與人卞氏之璧，○寧案：道藏本、景宋本「卞」作「弁」，古「卞」字。未受者，先也；求而致之，雖怨不逆者，後也，三人同舍，二人相争，争者各自以爲直，不能相聽，一人雖愚，必從旁而決之，非以智，不争也。○莊逵吉云：吴處士江聲云：應作「非以智也，以不争也。」參之下文，當是。攷明中立四子本，本作「非以智也，以不争也」，知傳刻原有異同。但藏本如是，故不遵改。○劉文典云：吴説是也。御覽四百九十六引作「三人同行，二人相與争，智者各目以爲直，不能相聽，一人雖遇，必從而決之，非以智也，以不争也」。文雖小異，然足正今本敚誤。○寧案：江聲號艮庭元和人。劉以爲吴説，何也？劉所據乃鮑刻太平御覽。宋本「相」下有「與」字，無「旁」字，餘同今本。兩人相鬭，一羸在側，羸，劣人也。助一人則勝，救一人則免，鬭者雖强，必制一羸，非以勇也，以不鬭也。由此觀之，後之制先，静之勝躁，數也。倍道棄數，以求苟遇，變常易故，以知要遮，過則自非，中則以爲候，闇行繆改，終身不寤，此之謂狂。有禍則詘，有福則贏，有過則悔，有功則矜，遂不知反，此謂狂人。○劉文典云：「此謂狂人」，本作「此之謂狂」與上文「此之謂狂」一律。御覽七百三十九引此文正作「此之謂狂」，是其證。○寧案：兩「此之謂狂」重出，於文爲累，太平御覽引疑涉上而誤。員之中規，方之中矩，行成獸，有謂古禮執羔麑鹿，取其跪乳，羣而不黨。○洪頤煊云：「行成獸」，言有迹可法。○俞樾云：「成獸」之文，殊不成義。高注曲爲之説，非也。「獸」疑「獻」字之誤。隸書「獸」或作「獸」，見桐柏廟碑，形與「獻」似，故「獻」或誤爲「獸」。周官庖人職「賓客之禽獻」，注曰：「獻，古文爲獸。杜子春云當爲獻。」是其例也。論語八佾篇「文獻不足故也」，文、獻對文，自有所本。行成獻，止成文者，獻，賢也，言行則成賢善，止則成文采也。字誤作獸，則不可通矣。○楊樹達云：許以羔麋鹿跪乳釋「行成獸」，固爲未諦。俞氏遂欲改字，非也。行成賢善，義豈可通！抑與將少將衆何涉乎！今按行成獸，乃謂勒衆時行陣之名，猶左傳云鸛鵝之陳之比，故下文云「可以將少，不可以將衆」也。泰族篇云：「員中規，方中矩，動成獸，止成文，可以愉舞，而不可以陳軍。」與此文大同，可以參證。彼文亦作「成獸」，「獸」非誤字，明矣。○向宗魯云：泰族篇云：「員中規，方中矩，動成獸，止成文，可以愉舞而不可以陳軍。」則員方獸文，皆謂舞之形式，非以將兵言也。○馬宗霍云：下文云「可以將少而不可以將衆」，是淮南此節本以將兵爲喻，行止二句當指軍容而言。許注以古禮執羔麑鹿釋行成獸，固爲曲說。俞氏欲改獸爲獻，雖若有據，然訓獻爲賢而以行成賢善釋之，尤不可通。洪説近之，但亦無所取證。今案禮記曲禮上「行，前朱鳥而後玄武，左青龍而右白虎」，鄭玄注云：「以此四獸爲軍陳，象天也。」孔穎達疏云：「此明軍行象天文而作陳法也。前南後北，左東右西。朱鳥、玄武、青龍、白虎，四方宿名也。軍前宜捷，故用鳥。軍後須殿捍，故用玄武。玄武，龜也。龜有甲，能禦侮用也。左爲陽，陽能發生，象其龍變生也。右爲陰，陰沈能殺，虎沈殺也。軍之左右，生殺變應，威猛如龍虎也。何胤云：『如鳥之翔，如蛇之毒，龍騰虎奮，無能敵此四物。』鄭注『四獸爲軍陳』，則是軍陳之法也。但不知何以爲之耳。」孔疏又云：「朱雀是禽，而揔言獸者，通言耳。言爲軍陳者，則四獸各有軍陳之法。故昭二十一年宋人與華亥戰，云『鄭翩願爲鸛，其御願爲鵝。』又兵書云：善用兵者似率然。率然者常山蛇，擊其首則尾至，擊其尾則首至，擊其中則首尾俱至。是其各有陳法也。」據此，知古軍陳之法，蓋有取象於獸者，是之謂行成獸。泰族篇亦有此文，義同。○金其源云：案本書説山訓「介蟲之動以固」，注：「動，行也。」周禮天官庖人「共喪紀之庶羞，賓客之禽獻」，後鄭注：「獻，古文爲獸。」又春官司尊彝「鬱齊獻酌」，先鄭注：「獻讀爲儀。」是以書大誥「民獻有十夫」，尚書大傳作「民儀有十夫」。然則行，動也，獸爲獻之古文，儀又爲獻之通假，行成獸者，動成儀也，故下句對止成文。其後泰族訓「行成獸，止成文」同。○寧案：「行成獸，止成文」，蓋謂行止皆成文章，獸亦文也，故俶真篇曰「文章成獸」。又本經篇「發動而成於文」，高注：「發，作也。動，行也。」繆稱篇：「動於近，成文於遠。」二文即行動成文之意。今止言文而行言獸者，變文成義耳。此皆緐文縟節，可行之窔奧之間，故曰「可以將少而不可以將衆」，泰族曰「可以愉舞而不可以陳軍」也。馬謂軍陳之法，則前後抵牾矣。

止成文，文謂威儀文采。可以將少而不可以將衆。蓼菜成行，蓼菜小，皆有行列也。瓶甌有堤，堤，瓶甌下安也。○楊樹達云：「堤」當讀爲「提」。說文云：「提，挈也。」瓶甌有提，提謂用手提挈之處，舊說未是。泰族篇云：「甂甌有𦸸。」「𦸸」亦「提」之假字。○陳直云：高注語意不明。「堤」當爲「提」字之假借。說文：「提，挈也。」謂瓶甌有兩耳，可以用繩提挈也。○寧案：楊、陳說非也。「堤」泰族篇作「𦸸」，𦸸字是也。景宋本此正文作「堤」，注作「𦸸」，是正文誤而注不誤。「𦸸」乃「匙」之借字。「匙」或作「㮛」，故以形近誤爲「堤」也。說文：「匙，匕也。」太平御覽七百六十引三禮圖云：「匕以載牲體。」詩大東「有捄棘匕」，傳：「匕所以載鼎實。」與許注訓安義合。瓶甌下安，謂瓶甌下坐也。（安得訓坐，馬氏宗霍有說，在泰族篇。）量粟而舂，數米而炊，可以治家，而不可以治國。滌杯而食，洗爵而飲，浣而後饋，饋，進食也。可以養家老，而不可以饗三軍。非易不可以治大，非簡不可以合衆。大樂必易，大禮必簡。易故能天，簡故能地。大樂無怨，大禮不責，四海之內，莫不繫統，故能帝也。

心有憂者，筐牀衽席弗能安也，衽，柔弱也。○寧案：筐牀，主術篇作「匡牀」。說文：「匡或从竹。」蓋許作「筐」，高作「匡」。高注云：「匡，安也。」莊子齊物論「與王同筐牀」，釋文司馬云：「筐牀，安牀也。」菰飯犓牛弗能甘也，菰，凋胡也。琴瑟鳴竽弗能樂也。患解憂除，然後食甘寢寧，居安游樂。由是觀之，生有以樂也，死有以哀也。○蔣禮鴻云：「生」，宋本作「性」，是也，當據改。「死」字衍。「性有以樂也有以哀也」作一句讀。下云：「今務益性之所不能樂，而以害性之所以樂，故雖富有天下，貴爲天子，而不免爲哀之人。」正承此句而言，豈云死而後哀哉！「性」誤作「生」，校者乃輒加「死」字耳。○寧案：道藏本「生」亦作「性」，字通，因以致誤。今務益性之所不能樂，而以害性之所以樂，故雖富有天下，貴爲天子，而不免爲哀之人。凡人之性，樂恬而憎憫，憫，憂有所在也。樂佚而憎勞。心常無欲，可謂恬矣；形常無事，可謂佚矣。遊心於恬，舍形於佚，以俟天命，自樂於内，無急於外，雖天下之大，不足以易其一槩，○馬宗霍云：一槩猶一節也。文選馬融長笛賦「老莊之槩也」，李善注云：「槩猶節也。」是其證。○于省吾云：按詩載馳傳「進取一槩之義」，疏：「一槩者，一端。」文選長笛賦「老莊之槩也」，注：「槩猶節也。」一節與一端義同。日月廋而無溉於志，廋，隱也。溉，灌也。己自隱藏，不以他欲灌其志也。○李哲明云：注訓溉於志爲灌其志，義似未愜，疑當爲「概」。莊子至樂篇「我獨何能無槩然」，司馬云：「槩，感貌。」史記范蔡列傳「而不概於王心邪」，句意與此相類，言雖日月晦藏，而無所繫置於心也。又疑「一概」是「一介」之誤。孟子「柳下惠不以三公易其介」，伊尹「禄之以天下弗顧」而「一介不以取人」，正與此文意同。公羊文十二年傳「惟一介」，注：「一介猶一槩。」故此文以同音寫爲「一槩」，遂易下「概」字爲「溉」，固理之所有也。○金其源云：按史記五帝本紀「西戎、析支、渠廋、氐、羌」，列子周穆王「至於巨蒐氏之國」，渠廋作巨蒐。

公羊桓公四年「秋曰廋」，釋文：「廋亦作蒐。」是「廋」、「蒐」古通。爾雅釋詁：「蒐，聚也。」左傳哀公十七年「陳人恃其聚」，注：「聚，積聚也。」詩檜風匪風「溉之釜鬵」，說文引作「概」。故「溉」、「概」經傳多通用。下文「名利充天下，不足以概志」，卽用「概」爲「溉」。史記申不害傳「則無以其難概之」，索隱：「概猶格也。」爾雅釋天「太歲在寅曰攝提格」，注：「格，起也。」史記樂書「粗厲猛起」，正義曰：「起，動也。」是日月廋者，日月積也，溉於志者，動於志也，言日月雖積，而終無動於其志也。○于省吾云：按注訓溉爲灌，至爲迂曲。莊子至樂「我獨何能無槩然」，釋文引司馬注：「槩，感也。」「槩」同「概」通「溉」。史記范雎蔡澤列傳「而不概於王心邪」，集解引徐廣「概一作溉，音同」。文選七發「於是澡槩胷中」，注：「槩與溉同。」是其證。此言「而無溉於志」，卽而無感於志也。故雖賤如貴，雖貧如富。大道無形，大仁無親，大辯無聲，大廉不嗛，大勇不矜，五者無棄而幾鄉方矣。方，道也，庶幾向于道也。

軍多令則亂，酒多約則辯。亂則降北，辯則相賊。故始於都者常大於鄙，始於樂者常大於悲，其作始簡者，其終本必調。○王念孫云：兩「大」字一「本」字皆義不可通。此文當作「故始於都者常卒於鄙，始於樂者常卒於悲，其作始簡者，其終卒必調。」莊子人間世篇：「且以巧鬭力者，始乎陽，常卒乎陰。以禮飲酒者，始乎治，常卒乎亂。凡事亦然，始乎諒，常卒乎鄙。其作始也簡，其將畢也必巨。」卽淮南所本也。（上文曰：「故以巧鬭力者，始於陽，常卒於陰。以慧治國者，始於治，常卒於亂。」亦本莊子。）今本上兩「卒」字作「大」，下一「卒」字作「本」者，隸書「卒」或作「卆」，「本」或作「夲」，二形相似，故「卒」誤爲「本」。（墨子備高臨篇「足以勞卒，不足以害城」，漢書游俠傳「其陰賊著於心，卒發於睚眦」，今本「卒」字並誤作「本」。）上兩「本」字又脫其下半而爲「大」耳。○俞樾云：王說是矣。

惟調之言和也、合也，與簡字之義，殊不相應。「調」當作「𫑡」。玉篇多部：「𫑡，丁幺切，多也，大也。」「其作始簡者，其終卒必𫑡」，言始於少而終於多也。莊子人間世篇曰：「其作始也簡，其將畢也必巨。」巨者，大也。大與多義相近，故玉篇𫑡訓多，亦訓大，且其字亦或從大作「奝」也。○馬宗霍云：說文言部云：「調，和也。」段玉裁校正作「龢也」。龠部云：「龢，調也。」與調之訓龢爲轉注。則段校是也。龢從龠得義。龠者，「樂之竹管三孔以和衆聲也」。衆聲相和謂之調。則調由本義引申之，自有衆多之意。衆與簡義正相應。𫑡字始見廣雅釋詁，訓曰「大也」，即玉篇所自出。然不見於說文。經傳亦未有用之者。蓋爲後起俗字。俞氏欲易「調」爲「𫑡」，殊失之好異。劉家立淮南集證逕依俞說擅改本文，謬矣。○寧案：俞說固失之好異，馬說亦牽强難從。愚謂「調」即「詎」之誤字。「詎」通「巨」。漢書高帝紀：「沛公不先破關中兵，公巨能入乎？」師古曰：「巨讀若詎。」是其證。蓋淮南即用莊子文也，不必作迂曲之論。今有美酒嘉肴以相饗，卑體婉辭以接之，欲以合歡，爭盈爵之間，反生鬭，爵所以飲，爭滿不滿之間。○王念孫云：文選鮑照結客少年場行注引此，「以相饗」，「饗」上有「賓」字，「反生鬭」，「反」上有「乃」字，句法較爲完繕。○于省吾云：王說非是。「反」上不必增「乃」字。「饗」上增「賓」字，於文尤贅。鬭而相傷，三族結怨，反其所憎，此酒之敗也。詩之失僻，詩者，衰世之風也，故邪而以之正。小人失其正，則入于邪。樂之失刺，鄉飲酒之樂歌鹿鳴，鹿鳴之作，君有酒肴，不召其臣，臣怨而刺上者非也。○吴承仕云：陳喬樅曰：此說與史記十二諸侯年表及蔡邕琴操並合，是高誘用魯詩之明證。承仕案：近人以篇題注文，分別許高異本，以詮言篇爲許慎注。然許慎所治，毛詩學也，不宜以鹿鳴爲刺詩。而陳喬樅引高誘詩說，皆爲魯學，文證甚明，則此注爲高誘義，於理爲近。或許慎隨順本文，故以魯學說之，不固守毛義也。禮之失責。禮無往不復，有施于人則責之。徵音非無羽聲也，羽音非無徵聲也，五音莫不有聲，而以徵羽定名者，以勝者也。徵音之中有羽聲，而以徵音名之者，羽音徵，以著言者也。○顧廣圻云：注：「羽音徵」，「徵」當作「微」。下「言者」二字疑衍。○吴承仕云：注「羽音徵」，「徵」當作「微」。謂羽微而徵著，故以徵音名也。「羽音微」，「音」亦當作「聲」，以本文勘之，可知。各本「微」作「徵」，形近而誤。故仁義智勇，聖人之所備有也，然而皆立一名者，立一名，謂仁義智勇兼以聖人之言。言其大者也。陽氣起於東北，盡於西南；陰氣起於西南，盡於東北。陰陽之始，皆調適相似，日長其類，以侵相遠，言陽氣自大寒日月長温，以至大熱，與大寒相遠也。○楊樹達云：説文云：「侵，漸近也。从人又持帚，若埽之進。又，手也。」此文「以侵相遠」，正謂以漸相遠，與説文訓合。疑許卽本淮南義以説字也。今通作「浸」字。劉家立集證不知「侵」爲「浸」之本字，妄改「侵」爲「浸」，陋矣。或熱焦沙，或寒凝水，故聖人謹慎其所積。水出於山而入於海，稼生於野而藏於廩，見所始則知終矣。席之先雚蕈，席之先所從生，出于雚與蕈葦也。○楊樹達云：「雚」字景宋本同。劉家立集證本字作「萑」，是也。説文云：「萑，薍也。」經傳通作「萑」。周禮司几筵云：「其柏席用萑。」儀禮公食大夫禮記云：「加萑席尋。」又特牲饋食禮云：「藉用萑。」皆席簟用萑之證。「雚」字以形音並近而誤耳。樽之上玄樽，樽，酒器，所尊者玄水。俎之先生魚，祭俎上肴以生魚也。豆之先泰羹，木豆謂之豆，所盛泰羹，不調五味也。○王念孫云：此本作「席之上先雚簟，樽之上先玄酒，俎之上先生魚，豆之上先泰羹。」「席之上」三字連讀，「先雚簟」三字連讀，下三句並同。後人不曉文義而以意删之，或删「上」字，或删「先」字，斯爲謬矣。藝文類聚服飾部上、太平御覽服用部十並引此「席之上先雚簟，樽之上先玄酒」，初學記器物部引此「豆之上先太羹」，是其證。○劉文典云：初學記服食部引注云：「太羹，肉湆。」○楊樹達云：上、先同義，故文或言上，或言先，文雖異而義則一也。荀子禮論篇云：「故樽之尚玄酒也，俎之尚生魚也，俎之先大羹也，（按此「俎」字當作豆。）一也。」此即淮南所本。「尚」與「上」同。荀子兩言尚而一言先，猶此文之兩言先而一言上也。史記禮書云：「故尊之上玄酒也，俎之上腥魚也，豆之先大羹，一也。（「先」字今本作「上」，誤，索隱本作「先」不誤。）兩言「上」而一言「先」，與荀子同。大戴禮記三本篇云：「尊之尚玄酒也，俎之生魚也，（「生」上脱一字。）豆之先大羹也，一也。」亦或作「尚」，或作「先」，不以「上先」爲連文也。王氏云當作「上先」，而以「上」字爲逗，成何文義乎！王氏過信類書，既不徵之羣籍，又不顧文義之安，甚矣其蔽也！○蔣禮鴻云：荀子禮論篇曰：「尊之尚玄酒也，俎之尚生魚也，豆之先太羹也，一也。」大戴禮記禮三本篇、史記禮書文大同，皆以五字成文。王説之誤，蓋不待辨。雚當作萑。

此皆不快於耳目，不適於口腹，而先王貴之，貴之，所祭宗廟也。○吴承仕云：藏本作「貴之以祭宗廟也」。莊本「以」作「所」，應據正。先本而後末。○寧案：太平御覽七百八引「末」下有「也」字，當據沾。聖人之接物，千變萬軫，必有不化而應化者。○馬宗霍云：文選枚乘七發「初發乎或圍之津涯，荄軫谷分」，李善注引許慎淮南子注曰：「軫，轉也。」可補此文之注。「千變萬軫」，猶言千變萬轉也。説文車部軫本訓「車後横木」，車以轉爲用，軫隨車轉，故引申之亦有轉義矣。劉家立淮南集證改「軫」爲「抮」，非也。○寧案：大藏音義十八、七十三引許注：「軫，轉也。」夫寒之與煖相反，大寒地坼冰凝，火弗爲衰其暑；大熱爍石流金，火弗爲益其烈：寒暑之變，無損益於己，質有之也。言人質不可變于火。○王引之云：「火弗爲衰其暑」，「暑」當爲「熱」，「大熱爍石流金」，「熱」當爲「暑」，二字互誤。火可言熱，不可言暑，且熱與烈爲韻，若作暑則失其韻矣。下文「寒」、「暑」二字，正承「大寒」、「大暑」言之，若云大寒、大熱，則又與下文不合矣。太平御覽火部二引此，熱、暑二字互誤已與今本同。文選演連珠注引此正作「火弗爲衰其熱」。「質有之也」，「之」當爲「定」，言火有一定之質，故不爲寒暑損益也。「定」字俗書作「㝎」，因誤而爲「之」。御覽引此已誤。○寧案：「冰凝」當作「水凝」，字之誤也。上文云：「或寒凝水」，是其證。道藏本、中立本、景宋本皆作「水凝」。聖人常後而不先，常應而不唱；不進而求，不退而讓；隨時三年，時去我先，去時三年，時在我後；○呂傳元云：按「先」當爲「走」，走與後韻，若作「先」便失其韻矣。宋本正作「走」。文子符言篇同。○寧案：宋刊節本作「隨時三年，時去我走，先時三年，時在我後」，今本疑「走先」二字誤倒，「走」又以形近誤作「去」耳。蓋前二句謂不進而求，後二句謂不退而讓，如今本則義不可說。無去無就，中立其所。天道無親，唯德是與。有道者，不失時與人；失時，失其時。非失其時以與人。無道者，失於時而取人。直己而待命，時之至不可迎而反也；要遮而求合，時之去不可追而援也。故不曰我無以爲而天下遠，不曰我不欲而天下不至。古之存己者，樂德而忘賤，故名不動志；不以名移志也。樂道而忘貧，故利不動心。名利充天下，不足以概志，故廉而能樂，靜而能澹。故其身治者，可與言道矣。

自身以上至於荒芒爾遠矣，身以上，從己生以前至于荒芒。荒芒，上古時也，故遠矣。自死而天下無窮爾滔矣，從己身死之後，至天地無窮。滔，曼長也。○王念孫云：兩「爾」字義不可通，劉本「爾」作「亦」，是也。「亦」

字俗書作「尓」，與「亦」相似，「亦」誤爲「尓」，後人因改爲「爾」矣。○寧案：王説是也，中立本兩「爾」字亦作「亦」。然校未盡也。「自死而天下無窮」，義不可通，有脱誤。疑當作「自死而下至天地無窮」，與上句「自身以上至於荒芒」對文。許注「從己身死之後」，即釋「自死而下」，注云「天地」，知正文當作「天地」也。今本蓋脱「至」字「地」字，文不成義，故後人遂將「下天」二字倒轉耳。道藏本、中立本、茅本、景宋本作「自死而天地無窮」，有「地」字，與注合，無「至」字，又脱「下」字。可互校。

以數褋之壽，褋，帀也。從子至亥爲一帀。○莊逵吉云：太平御覽引作「以數帀之壽」。有注云：「帀猶至也。或作卒。卒，盡也。言垂盡之年，不足以憂天下之亂，猶泣不能使水多也」。與此本既不同，注義又異。○于鬯云：此當以作「卒」爲是。作「褋」者固非，作「帀」者亦非，而訓卒爲盡更非。數者促也，卒者猝也，而音即從之。故數卒實雙聲連語，聲轉即爲倉猝，皆迫急之義，對上文「遠」字「滔」字而言也。上文云：「自身以上至於荒芒亦遠矣，自死而天地無窮亦滔矣。」然則豈能以倉猝之年憂天下乎？故曰「以數卒之壽，憂天下之亂，猶憂河水之少，泣而益之也」。○楊樹達云：「褋」字從集聲，「集」，古音在合部，「帀」，古音在帖部，二部音最近，此許讀「褋」爲「帀」。一切經音義卷十一云：「咂，古文嗛。」此「帀」、「集」相通之證也。○寧案：注，道藏本、中立本、茅本、景宋本「帀也」下皆有「人生子」三字。氾論篇高注：「陰陽未分時，俱生於子」，五行起運説如是也。三字今本脱，當補。**憂天下之亂，猶憂河水之少，泣而益之也。**○劉文典云：藝文類聚九十七引作「龜三千歲，蜉蝣不過三日。人以數離之壽，憂天下之亂，猶憂河水之少而泣以益之也」。○寧案：尸子：「子思曰：今以一人之身，憂世之不治而涕泣不禁，是憂河水濁而以泣清之也。」（藝文類聚三十五、太平御覽三百八十七引。）又見孔叢子抗志篇。文子符言篇襲此文作「老子曰：以數算之壽，憂天下之亂，猶憂河水之澗，泣而益之也」。藝文類聚九十七引「雜」誤爲「離」，文句謬倒。龜三千歲，龜吐故納新，故壽三千歲。浮游不過三日，浮游，渠略也，生三日死。以浮游而爲龜憂養生之具，人必笑之矣。故不憂天下之亂，而樂其身之治者，可與言道矣。君子爲善，不能使福必來；不爲非，而不能使禍無至。福之至也，非其所求，故不伐其功；禍之來也，非其所生，故不悔其行。內脩極極，中。而橫禍至者，皆天也，非人也。故中心常恬漠，累積其德；○王引之云：「累積其德」，當依文子符言篇作「不累其德」。累，讀如負累之「累」。言中心恬漠，外物不能累其德也。（下二句云：「狗吠而不驚，自信其情」。「自信其情」與「不累其德」文正相對。呂氏春秋有度篇曰：「惡、欲、喜、怒、哀、樂六者，累德者也。」）寫者脱去「不」字，校書者又誤讀累爲積累之「累」，因加「積」字耳。狗吠而不驚，自信其情。故知道者不惑，知命者不憂。萬乘之主卒，葬其骸於廣野之中，祀其鬼神於明堂之上，廟之中謂之明堂也。○劉家立云：今本「神」上有「鬼」字，此誤衍也。祀其神，謂祀其神主也。若作「鬼神」，則義不可通矣。下云「神貴於形也」，則無「鬼」字明矣。○楊樹達云：「廣野」與「曠野」同。鬼爲人鬼，神爲天神，萬乘之主卒，乃人鬼，非天神也。「鬼神」，「神」字若非衍字，亦因鬼而連言及神，乃古書通例。劉氏據「神貴於形」句删去「鬼」字，釋神爲神主，不通古義，妄爲訓釋删竄，甚矣其傎也。「神貴於形」，明以神、形對言，即今言精神之意，豈謂鬼神之神乎。○寧案：楊説未必是，劉删鬼字未必非也。「祀其神於明堂之上」與「葬其骸於廣野之中」對文，作「鬼神」則不對矣。若謂「神」字衍文，則下文許注何以曰「人神在堂」，而不曰「人鬼在堂」，或曰「鬼神在堂」乎？愚謂言神不言鬼者，蓋所以尊之矣。氾論篇：「炎帝死而爲竈」，注：「死託祀於竈神。」「禹死而爲社」，注：

「託祀於后土之神。」又覽冥篇高注：「傅説死，託精於辰尾之星。」是託祀於竈神，託祀於后土之神，託精於辰尾，與此祀其神於明堂之上，其義一也。或曰：宋本無「鬼」字。神貴於形也。以人神在堂而形骸在野。故神制則形從，神制，謂情也，情欲使不作也，而形體從心以合。○吴承仕云：注文義不可通，疑當作「神制，謂制情欲使不作也。」然亦不能甄定。形勝則神窮，形勝，謂人體躁動，勝其精神，神窮而去也。○俞樾云：文子符言篇作「故神制形則從，形勝神則窮」，當從之。此申明上文神貴於形之義，言可使神制形，不可使形勝神也。觀高注則其所據本已誤。○楊樹達云：原文不誤。制謂宰制，非謂制人也。原道篇云：「故以神爲主者，形從而利，以形爲制者，神從而害。」此文「神制」，謂神爲宰制，卽彼文之「以神爲主」也。此文「形勝」，卽彼文之「以形爲制」也。文子多因不解淮南之文而誤改，不足據也。○于省吾云：按此文神對形言，形對神言，「神制」謂神制形也，「形勝」謂形勝神也。文子作「故神制形則從，形勝神則窮」，不逮此文之古質矣。且但言從、言窮，不如形從、神窮之明憭矣。聰明雖用，必反諸神，聰明雖用，于内以守，明神安而身全。○寧案：注「明神安而身全」，「明」字疑當爲「則」，形近而譌。謂之太沖。沖，調也。